中国炼油与化工企业高峰论坛论文集(2023年)

中国石油学会　编

中国石化出版社

图书在版编目(CIP)数据

中国炼油与化工企业高峰论坛论文集(2023年) / 中国石油学会编. —北京：中国石化出版社，2021.12
ISBN 978-7-5114-6448-4

Ⅰ.①中… Ⅱ.①中… Ⅲ.①石油化工企业-中国-文集 Ⅳ.①F426.22-53

中国版本图书馆CIP数据核字(2021)第229308号

中国石化出版社出版发行
地址:北京市东城区安定门外大街58号
邮编:100011 电话:(010)57512500
发行部电话:(010)57512575
http://www.sinopec-press.com
E-mail:press@sinopec.com
北京富泰印刷有限责任公司印刷
全国各地新华书店经销
*
880×1230毫米 16开本 30.75印张 938千字
2023年2月第1版 2023年2月第1次印刷
定价:380.00元

《中国炼油与化工企业高峰论坛论文集(2023年)》

编 委 会

前　言

当前全球经济步入复苏轨道，我国经济稳定增长，炼油化工市场机遇和挑战并存。从机遇看，进口原料管控力度加大，原油市场秩序进一步规范；行业高质量转型发展需求将带来炼化技术、装备变革；部分基础化工产品、高端材料仍然存在较大市场空间。从挑战看，成品油需求增长缓慢，“油转特”“油转化”需求压力增大；炼化一体化技术路线仍需要优化和完善；生物航煤和低硫船燃等产品量价齐升、产业规范化发展尚有瓶颈。作为国民经济支持产业，我国炼油化工行业集中度不断提升，大型化、一体化、基地化、集约化趋势显著；随着碳达峰、碳中和目标持续推进，能源结构加速向低碳化、无碳化演变，洁净化、数字化、多元化成为能源发展的刚性要求和必然趋势，转型升级发展已经成为全球炼油化工行业的共识。

为了深入贯彻落实党的二十大精神和中央经济工作会议精神，建设新型能源体系，加快实现炼油化工行业高水平自立自强，强化企业创新主体作用，推进行业新技术、新产品开发，促进企业技术与管理双轮驱动、同步提升，全面助力企业以科技创新培育高质量发展新动能，中国石油学会联合中国石油、中国石化、中国海油、国家能源、中国中化、延长石油等企业定于2023年2月22–24日在北京市召开“中国炼油与化工企业高峰论坛”。

论坛特邀国家相关部委领导，两院院士，中国石油、中国石化、中国海油、国家能源、中国中化、延长石油等主管领导和专家，国内外大专院校、科研机构专家和学者与会，深度围绕炼油化工行业创新发展、产品开发、技术瓶颈、新技术推广应用等开展专题交流，共同分享新成果。论坛设置开幕式暨主论坛、高端学术特邀报告会、专题分论坛和“中国炼油与化工新技术与成果展示”等内容。

本次会议得到了国家有关部委以及中国石油、中国石化、中国海油、国家能源、中国中化、延长石油等单位的大力支持，行业内各企事业单位、科研院所等踊跃投稿。大会共征集论文240余篇，经过专家审稿，将其中91篇收入论文集出版，内容涵盖炼化一体化技术、催化剂、工艺和设备等方面，整体上反映了国内炼油化工行业研究成果、技术、方法、新产品等最新进展，具有较高的学术水平和实用价值。

本书编委会
2023年2月

目录

工艺

催　化

设 备

炼油厂工艺装置结构调整趋势

杨维军　孙会东　吕清龙
（中国石油天然气股份有限公司规划总院）

摘　要　从分析近5年中国炼油厂工艺装置结构现状出发，阐述了在汽柴油标准不断升级及市场需求变化的背景下，中国炼油装置结构的变化主要体现为重整和加氢裂化装置规模迅速提高、加氢精制装置能力大幅增长。探讨了成品油和化工品市场及汽柴油标准升级趋势，分析了未来炼油厂的装置构成整体从燃料型向燃料-化工型灵活转变。进而提出了新型炼化企业可不再以催化裂化为核心进行炼油加工流程设计而转变为全加氢型加工流程的观点。

关键词　炼油装置　催化裂化　汽柴油　标准

2019年，中国炼油能力达到8.6×10^8 t/a，位居世界第二。在中国经济发展进入新常态、经济增速放缓的背景下，考虑可替代能源的快速发展。预计中国成品油消费将在2025年左右达到峰值。近年，民营及外资企业高起点进入炼化行业，大型炼化项目陆续投产，将进一步加剧国内炼油产能的过剩。当前炼油行业在供需双重挤压下，竞争压力逐渐增加，在今后发展中仍将不断面临新标准和新要求。炼油厂为适应发展需要，进行装置结构调整和转型升级已是必然。本文重点分析研究未来炼油厂工艺装置结构的重要变化趋势。

1　中国炼油厂工艺装置结构现状

1.1　典型炼油厂的装置构成

炼油厂工艺装置结构主要与原油性质和产品结构有关。重油加工大体上可分为加氢和脱碳两种路线。重油加工路线选择是影响装置结构的关键所在。重油加氢已经开发了固定床、沸腾床、悬浮床和移动床四种工艺类型，而重油脱碳从工艺本质上可分为物理过程和化学过程两大类，主要包括溶剂脱沥青、焦化和催化裂化三种脱碳工艺。以中国某加工高硫原油的燃料型炼油厂为例，该炼油厂主要工艺装置包括常减压、重整、加氢裂化、渣油加氢、催化裂化、汽柴油加氢精制等装置，工艺装置流程示意图见图1。

1.2　中国炼油装置结构近五年变化情况

近5年，中国炼油装置结构发生了较大的变化，从表1可以看出主要有以下3个方面特点。

一是催化裂化和焦化装置仍然是加工重油的主要手段。2019年，中国催化裂化和焦化装置能力占一次加工能力比例分别在27%和13%左右，尤其是以催化裂化为核心装置的加工流程仍然是炼化企业的主流选择。

二是受市场需求影响，中国重整和加氢裂化的装置规模迅速提高，其中重整的规模增长将近一倍，加氢裂化占一次加工能力比例由2015年的8.6%提高到2019年的13.3%。中国消费柴汽比由2015年的1.52降至2019年的1.15，柴油需求下降，汽油需求增长，芳烃、乙烯等化工品需求不断增长，炼油厂从燃料型向燃料-化工型转变已成共识。新建炼化一体化项目通过油品深度转化，大幅增加化工原料产品占比，大大降低了成品油收率。2018年投产的恒力石化、2019年投产的浙江石化的成品油收率分别在50%和40%左右。

三是随着加工原油劣质化，中国加氢精制装置能力大幅增长。近年来，新增炼化项目基本布局在沿海地区，主要加工海上进口高硫原油。随着成品油质量标准的不断提高，蜡油、渣油加氢处理能力及汽柴油加氢精制装置能力提高幅度较大。

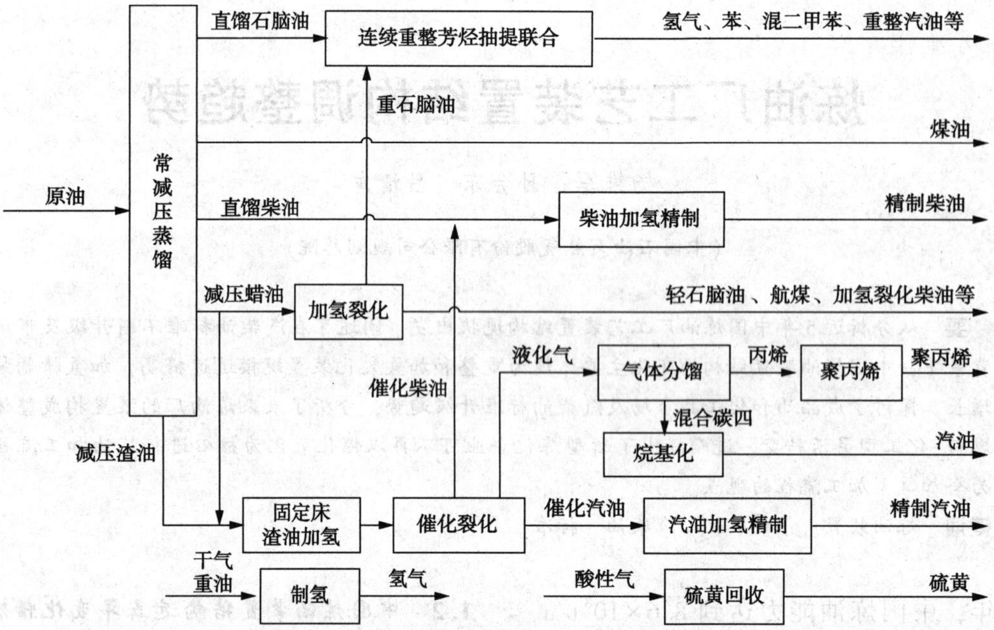

图1　中国某燃料型炼油厂工艺装置流程示意图

表1　2015—2019年中国炼油装置结构变化情况

项目	2015年		2016年		2017年		2018年		2019年	
	装置加工能力/($10^4t\cdot a^{-1}$)	占一次加工能力之比/%	装置加工能力/($10^4t\cdot a^{-1}$)	占一次加工能力之比/%	装置加工能力/($10^4t\cdot a^{-1}$)	占一次加工能力之比/%	装置加工能力/($10^4t\cdot a^{-1}$)	占一次加工能力之比/%	装置加工能力/($10^4t\cdot a^{-1}$)	占一次加工能力之比/%
一次加工能力	75366		79155		80915		83140		85990	
二次加工能力	71761	95.22	74511	94.13	80431	99.40	87301	105	94896	110.36
催化裂化	20361	27.02	20901	26.41	21711	26.83	22131	26.62	23401	27.21
延迟焦化	10051	13.34	10051	12.70	10311	12.74	10531	12.67	10991	12.78
催化重整	5245	6.96	5735	7.25	6905	8.53	9085	10.93	10425	12.12
加氢裂化	6484	8.60	6634	8.38	7304	9.03	8944	10.76	11434	13.30
加氢精制	29620	39.30	31190	39.40	34200	42.27	36610	44.03	38645	44.94

2　石化产品市场需求及质量升级预测

2.1　*成品油市场需求预测*

2019年，中国经济增长GDP增速6.1%，较2018年下滑0.4个百分点；成品油表观消费3.1×10^8t，同比降低约3.4%。成品油需求2020年受新冠肺炎疫情的影响下降后反弹增长，但较“十三五”期间的年均增速明显放缓，预计2025年前后成品油需求到达峰值约3.3×10^8t，柴汽比下降到0.98左右。中国成品油表观消费量变化趋势见图2。

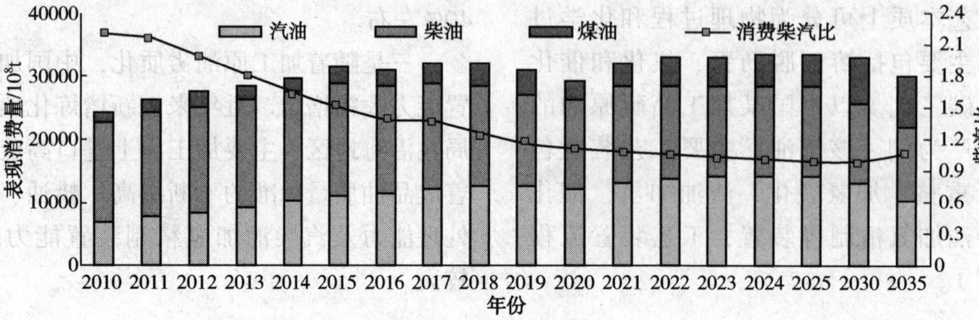

图2　中国成品油表观消费量变化趋势

对成品油表观消费量的影响因素进行了分析。首先，受乘用车保有量增幅放缓、节能降耗、替代能源发展等因素的影响，汽油消费增幅有震荡下行趋势，2019 年汽油表观消费量约 $1.27×10^8$t，预计 2025 年左右达到峰值约 $1.40×10^8$t。其次，从柴油各行业用油占比变化趋势来看，柴油车用油占比不断上升，但增幅放缓；农业用油和农用车用油总体呈下降趋势，其他行业用油占比较小，基本呈持平或稳中有降的趋势，中国柴油消费量在 2015 年达到峰值约 $1.73×10^8$t，然后震荡下行，2019 年降至 $1.46×10^8$t，预计 2025 年降至 $1.38×10^8$t 左右。再次，随着航空客货运输量的增长，航空煤油消费量也逐年增加，2019 年全国民航航空煤油消费量 $3689×10^4$t，同比增长 5.1%；尽管高铁对中短程运距航空需求形成替代，但居民可支配收入提高、航空运输设施不断完善，中国煤油需求仍将保护较快增长，预计 2025 年中国煤油需求将升至约 $5400×10^4$t。

2.2 汽柴油质量升级预测

随着国家环保要求的不断提高，对汽柴油质量要求越来越严苛，要求有害物质含量也不断降低。

目前电动力及生物质燃料使用量显著增长，氢能源崭露头角，车用天然气仍是替代主力。2019 年替代燃料总量 $3670×10^4$t，占汽柴油表观消费量的 13.4%，其中，车用天然气占比 57% 左右。预计 2025 年替代汽柴油总量将达到约 $5600×10^4$t，占汽柴油消费量的 20%以上。

新能源汽车发展将倒逼传统燃油车环保标准不断提高，车用汽油为应对电动汽车、氢能源燃料电池等新能源汽车环保概念的挑战，必然要求硫、芳烃、烯烃等有害组分的含量不断降低，2019 年下半年北京开始研究第七阶段车用汽柴油标准，即“京Ⅶ”标准，预计汽油中烯烃含量限值下降到 10%左右、芳烃含量限值下降到 25%，较京Ⅵ和国Ⅵ标准要求大幅提高。未来标准极限情况可能会趋近于零含量，即汽油组成近似于纯烷烃高辛烷值组分，主要成分为异辛烷。这类组分要通过烷烃异构化、烯烃与烷烃烷基化获得。汽油质量变化历史及趋势预测见图 3。

柴油标准主要是硫含量和多环芳烃含量进一步降低，理想组分为链烷烃，柴油质量变化历史及趋势见图 4。

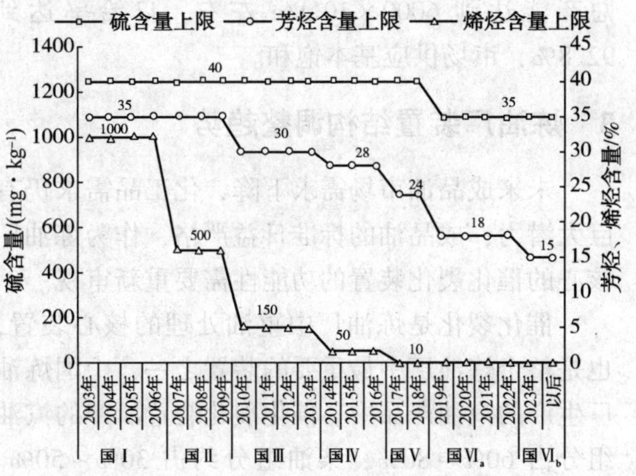

图 3 汽油质量变化历史及趋势

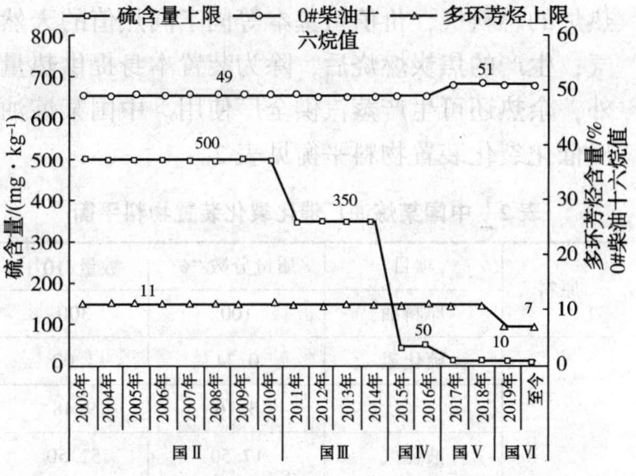

图 4 柴油质量变化历史及趋势

2.3 化工品市场需求预测

进入 21 世纪以来，中国乙烯产能和消费量均保持快速增长，2019 年产能 $2927×10^4$t/a，乙烯当量消费量 $5295×10^4$t/a。人均乙烯当量消费量 38kg/a，相较工业发达的西欧（约 56kg/a）和美国（约 87kg/a）仍有较大差距。预计到 2025 年，中国乙烯当量需求量达到 $6100×10^4$t，按照目前在建乙烯产能推算，2025 年乙烯缺口将超过 $1000×10^4$t。

2019 年，中国丙烯当量消费量达 $4230×10^4$t，较 2015 年年均增长 5.9%；产能达 $4061×10^4$t/a，产量 $3288×10^4$t，自给率 77.7%，较 2015 年增加了 5.1 个百分点。未来 10 年，丙烯需求量仍将保持 3%~4%的增长速度，预计 2025 年达 $5400×10^4$t。丙烯产能也将同步快速扩张，截至 2019 年底在建及规划蒸汽裂解制丙烯项目 19 个，煤/甲醇制烯烃项目 16 个，丙烷脱氢项目 11 个，合计新增产能约 $3000×10^4$t/a。预计 2025 年，丙烯

总产能达到 6000×10^4 t/a 左右，自给率达到92.8%，市场供应基本饱和。

3 炼油厂装置结构调整趋势

未来成品油市场需求下降，化工品需求仍有巨大潜力，成品油的标准日益严格，作为炼油厂核心的催化裂化装置的功能性需要重新审视。

催化裂化是炼油厂中重油处理的核心装置，也是整个炼油厂中最重要的装置之一，中国炼油厂生产的汽油产品中，催化裂化装置所产的汽油组分占60%~80%，柴油组分约占30%~50%。除生产汽柴油产品外，催化裂化装置还承担着其他角色，其生产的干气通常作为其他工艺装置加热炉的燃料气，价值可基本等同于同热值的天然气；生产的焦炭燃烧后，除为装置本身提供热量外，余热还可生产蒸汽供全厂使用。中国某炼油厂催化裂化装置物料平衡见表2。

表2 中国某炼油厂催化裂化装置物料平衡

	项目	质量分数/%	数量/10^4t
原料	原料油	100	300
产品	硫化氢	0.34	1.02
	干气	3.16	9.48
	液化气	17.50	52.50
	汽油	46.70	140.10
	柴油	19.40	58.20
	油浆	3.50	10.50
	焦炭	9.10	27.30
	损失	0.30	0.90

在目前的汽油标准下，催化汽油组分经加氢脱硫处理后，与其他组分油调和，可作为成品汽油出厂销售。但在未来的汽油标准下，即使经过加氢处理和组分调和，汽油中仍含有较多的烯烃和芳烃，很多炼油厂将不能满足标准要求，中国某炼油厂催化汽油加氢前后质量指标的对比见表3。催化裂化生产的柴油组分同样性质较差，其十六烷值仅为30左右，无法直接作为产品出厂，同样需要经加氢改质后才能作为柴油调和组分。

表3 中国某炼油厂催化汽油加氢前后质量指标的对比

续表

质量指标		加氢前	加氢后
密度(20℃)/(kg·m^{-3})		710.7	711.1
硫含量/(μg·g^{-1})		150	14
研究法辛烷值(RON)		90	89.1
二烯值/[gI·(100g)$^{-1}$]		2.61	1.12
族组成	烷烃/%	42.6	47.1
	烯烃/%	46.5	42.9
	芳烃/%	10.9	10.0

为适应中国石化产品需求变化和产品质量升级，对于已有的燃料型炼油厂，可将催化裂化装置由生产汽柴油向多产化工原料进行转变，即改造为催化裂解装置，多产乙烯、丙烯和液化气等化工原料。中国石油化工股份有限公司石油化工科学研究院(简称石科院)开发的DCC、CPP渣油催化裂解工艺，凯洛格·布朗·路特(KBR)集团公司开发的Superflex烯烃催化裂解技术、K-COT轻烃或石脑油催化裂解工艺，都可以实现这一目标。

对于新建的燃料-化工型炼油厂或炼化一体化项目，在能够解决供热燃料的情况下，可不建设催化裂化装置，这样即减少生产成品油，也不必建设原料预处理、气体分馏、汽油加氢、柴油加氢、再生烟气脱硫脱硝等催化裂化配套装置，将重油通过加氢裂化的手段实现原料轻质化，增产化工原料。以中国某全加氢型炼化一体化炼油厂为例，其装置流程示意图见图5，主要工艺装置包括常减压、加氢精制、加氢裂化、重油分离、制氢、异构化或正异构分离、烷基化、硫黄回收等装置。

未来炼油厂的工艺装置构成将更清洁、更高效，综合商品率明显提高。整体功能也从燃料型向燃料-化工型灵活转变，具体特点如下：

一是可生产符合未来产品标准的清洁车用燃料。

二是没有传统炼油厂高能耗的催化裂化装置及相关的前后续加工装置。

三是加氢裂化可采用多产化工原料的操作工艺，馏分油经加氢裂化处理后重石脑油可作为重整原料，轻石脑油等可作为乙烯裂解原料，生产乙烯、丙烯及相关产品。

四是优化渣油加工过程，原油中的少量劣质残渣油作为制氢原料或作全厂燃料，也可作为沥青产品出厂。

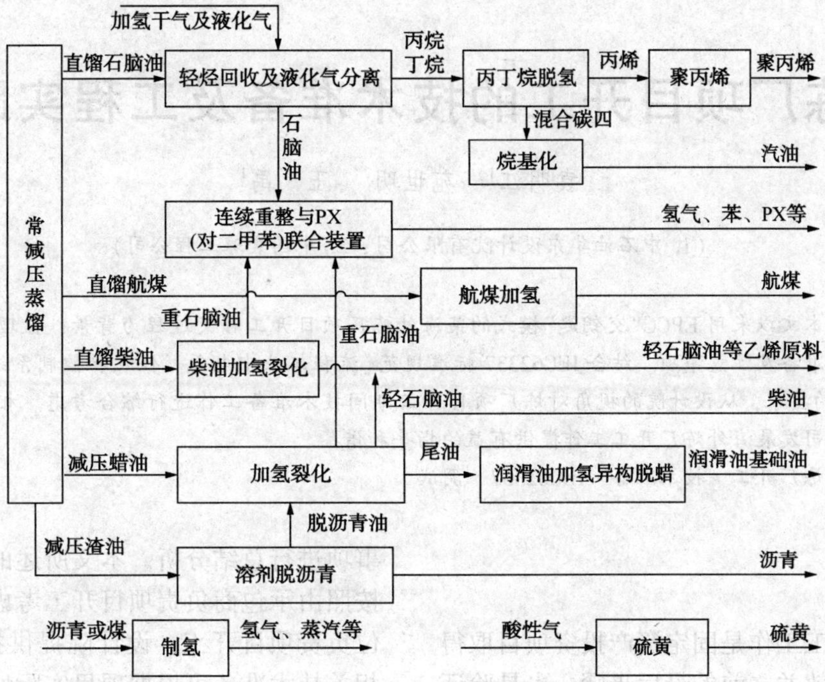

图 5 中国某全加氢型炼油厂工艺装置流程示意图

4 结束语

中国成品油消费需求预计 2025 年左右达到峰值，但化工需求增长将支撑石油消费持续增长。未来成品油消费需求下降，新能源快速发展及环保日益严格，将加快推动成品油质量升级。

现有催化裂化装置功能将向多产化工原料转变，可改造为渣油催化裂解装置，如石科院开发的 DCC、CPP 等工艺，也可改造为轻烃或石脑油催化裂解装置，如 KBR 公司的 Superflex、K-COT 工艺。预计未来将有更多的新建燃料-化工型炼油厂或炼化一体化项目向全加氢型工艺转变，以催化裂化为核心的重油加工路线或不再是主流。

参 考 文 献

[1] 金云，费华伟．中国炼油工业现状与发展趋势[J]．国际石油经济，2017，25(5)：61-66.

[2] 刘朝全，姜学峰．2019 年国内外油气行业发展报告[M]．第 1 版．北京：石油工业出版社，2020，128-129.

[3] 李宇静，台向敏，赵云峰．我国炼油行业新格局、新挑战、新探讨[J]．化学工业，2017，35(4)：1-9.

[4] 张硕，乞孟迪，吕晓东，等．“碳中和”愿景下炼油化工行业发展趋势展望[J]．油气与新能源，2021，33(1)：18-22.

[5] 瞿亮，魏航宇，陈慧敏，等．中国石化产业发展分析与思考[J]．石油规划设计，2021，32(1)：20-24.

[6] 王志刚，袁明江，陈红，等．未来炼厂中催化裂化装置的定位及设计思考[J]．中外能源，2014，19(2)：65-69.

[7] 孙丽丽．新型炼油厂的技术集成与构建[J]．石油学报(石油加工)，2020，36(1)：1-10.

[8] 孙会东，邢定峰，张福琴．重油脱碳工艺技术研究进展[J]．石油科技论坛，2018(6)：37-41.

炼厂项目开工的技术准备及工程实践

袁明江[1] 苑世明[2] 王 禹[1]

(1. 中石油华东设计院有限公司；2. 中国寰球工程公司)

摘 要 本文以采用EPCC“交钥匙”模式的某海外炼厂项目开工移交过程为背景，梳理了炼厂项目的开工前的技术准备及注意事项。结合IEC62337标准规范《流程工业中电气、仪表和控制系统试车-具体阶段和里程碑》的要求，从设计院的视角对炼厂项目开工期间技术准备工作进行综合考虑。相关总结分析可以国际工程公司发展海外炼厂开工工作提供有益的指导和借鉴。

关键词 炼厂开工 技术准备 IEC62337 调试

1 概况

炼厂项目开工工作是固定资产投资项目取得经济效益和社会效益之前的最后步骤，也是验证工程设计单位工程技术水平的关键环节。炼厂开工工作往往伴随着较高的安全风险，直接关系着建设单位、总包单位和设计单位的技术声誉。化学工业建设项目试车规范(HG 20231—2014)中仅对流程工业的总体试车方案、预试车、冷试车、热试车、性能考核、验收移交等内容做了概述性的说明。到目前为止，我国炼化行业还没有一套体系文件或标准规范详细规定了炼厂项目开工技术准备工作的具体内容和注意事项。

炼厂项目开工调试涉及人员动迁、物资(材料)准备、技术准备、培训、保运、综合协调等多个方面的工作。专业的开工队伍和工程技术人员也是炼厂项目开工过程必须的技术准备，开工人员和培训等工作不在本文讨论范围内。一般来讲，炼厂项目在开工调试期间和投产前，都需要工程设计人员参与三查四定并提供开工技术支持。特别是海外炼厂项目的开工准备阶段，充分的技术准备是项目开车成功的重要保障。技术准备作为其中的纵向纽带，与各方面的准备工作密切关联，特别是由工程公司拿总设计的全厂项目，开工前的技术准备涉及范围广，需引起特别的关注。

为进一步做好工程公司参与设计、技术支持以及总承包的炼厂项目，实现一次性安全、环保开车成功，现以海外某炼厂项目开工前的技术准备为背景，并结合对IEC62337《流程工业中电气、仪表和控制系统试车-具体阶段和里程碑》的要求，对炼厂项目的开工前的技术准备及注意事项进行总结分析。本文所述的相关技术准备是按照由承包商负责项目开工考虑，对于由建设单位负责项目开工，设计院提供技术支持的项目，相关技术准备可根据项目实际情况酌情核减。

2 技术准备

炼厂项目开工工作必须设立专门的开工指挥机构，指挥机构下各部门工作职责明确。设计院通常是在开工指挥部领导下开展技术支持工作，除了参与三查四定、问题整改、销项；根据变更修改设计方案、业主培训等工作之外，设计人员还可提供更全面的技术支持，包括催化剂、药剂采选，装置标定、性能考核等。开工过程设计相关的技术准备主要包括开工技术资料、重要技术文件、技术方案、技术规定和关键核算。

2.1 技术资料

开工技术资料主要包括专利商文件、设计文件、技术协议、厂家资料等，参与开工各方人员需尽可能熟悉这些技术资料。该项目中，根据合同承包商还需向业主提交开工技术文件，主要是各单元的操作手册、开工方案、应急预案，各主要设备(加热炉、大型机组、撬装设备)使用和维护手册、化学药剂加注规程、消防系统、火灾报警系统、安全系统使用规程等。

开工技术资料的准备重点：重要设计图纸(最终版，含设计文件清单)、三维设计模型、厂家资料(重要技术协议，特别是重要机组、撬块的资料)、工艺包文件(如适用)、设计说明书、开工指南(可由设计院或开工专家编写，含关键装置的开工要点、关键步骤，如催化反再控制，料位、藏量)。DCS/SIS组态说明(厂家提供)、三查四定意见及销项结果。参与项目开工的技术人员必须熟悉这些技术资料。开工管理机构负责协调保证技术资料齐全，且为有效的版本，杜绝过期版本的设计文件。

根据IEC62337，其中重要的设计资料的为：

(1) 管道和仪表图(P&ID)。

(2) 设备索引。

(3) 设备规格书。

(4) 设备操作手册。

(5) 功能图或逻辑图。

(6) 回路列表、回路图、回路表。

(7) 危险区域分类图，电气仪表平面图，机柜布置图。

2.2 技术文件

开工过程的重要技术文件，主要是以下几类：

(1) 工艺包偏离统计表、设计变更确认登记表。

(2) 开工总加工流程、全厂储罐配置信息表。

(3) 全厂开工统筹图及各单元开工统筹图。

(4) 催化剂、化学药剂清单，催化剂、药剂的安全规格书MSDS，催化剂装填、卸车方案。

(5) 各单元及全厂的环保控制指标(如烟气排放浓度要求)。

(6) 专用工具和设备清单。

(7) 备品、备件清单。

(8) 开工物料储备计划。

(9) 安全手册及分析化验手册。

其他开工过程的相关技术文件，还包括由总包商及其开工、设计单位编制的文件，由各单元的培训方案、工艺卡片、性能测试方案、装置标定和测试报告等。

该项目一、二期工程供新编开工技术文件410份，编制这些文件，大多基于详设文件和厂家随机资料。业主对提交的初版文件进行审查，承包商需按照业主意见进行修改完善。本项目委托当地设计院进行以上技术文件的编制，一是，该设计院参与了该项目的设计转化，熟悉项目资料，有利于加快编制进度；二是，对于当地设计院，编制语言(俄语)不是问题，而且与业主方沟通顺畅。该炼厂之前的另外一个工程，由国内单位编制的开工技术资料，再由当地翻译公司翻译后提交给业主，业主表示根本无法看懂，前前后后经过多次修改、澄清，才勉强通过审批。

2.3 技术方案

开工相关的技术方案主要是指开工总体方案、单体/单元/系统开工方案、工艺规程及应急预案、全厂及单元标定方案(或性能测试方案)、大机组试车方案等。这些技术方案必须是得到评审且获得批准后的方案。其中的性能测试方案需满足项目合同中规定技术要求和性能指标。

在总体开工方案中，需明确各单元开工原料、开工用油(如石脑油或柴油)、蒸汽、氮气、燃料等的来源、数量和品质，做好氢气、燃料、蒸汽的全厂平衡和全厂产品调和。开工各个阶段的不合格品、污油、中间物料的临时储存及去向。其中的投料试车方案中还要包含应急安全预案。对于重要的单项操作，如氢气引入，加热炉烘煮炉通常编制单项技术方案。图1是某炼厂项目开工过程，催化裂化装置相关的油品调度流程。

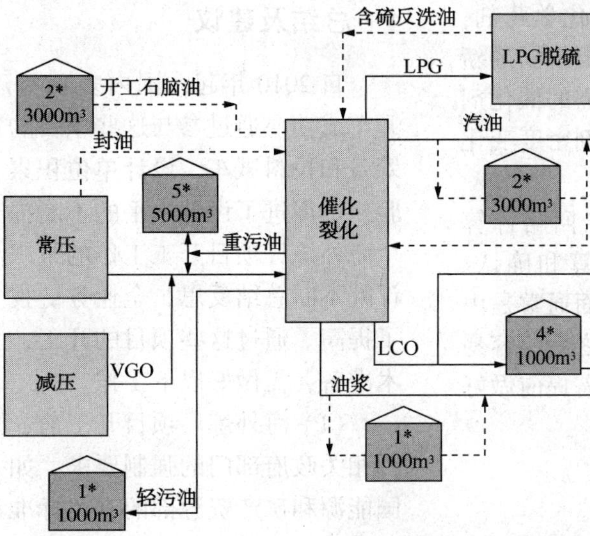

图1 催化装置开工油品调度流程

2.4 技术规定

从联动试车到投料试车阶段，甚至在此之前的三查四定、单机试运(通常定义为施工阶段)，各项操作均要依据相关的技术规定。如果涉及催化剂的无氧装填的操作必须由专业公司及人员来操作。本项目中涉及的开工调试相关技术规定如表1所示。

表1　H炼厂项目涉及的技术规定

序号	技术规定名称	序号	技术规定名称
1	管道清理规程	12	投电程序
2	清洁水压冲洗规程	13	盲板及隔离程序
3	清洁动力冲洗	14	化学处理程序
4	清洁空气吹扫	15	机械功能测试
5	化学清洗(脱脂)程序	16	系统强度测试程序
6	蒸汽吹扫	17	制冷干燥程序
7	电机单机试运	18	启动安全评估(PSSR)
8	汽轮机单机试运规程	19	化学清洗(锅炉)程序
9	催化剂装填	20	P&ID的一致性程序
10	油冲洗	21	现有单元及系统甩头实施规程
11	干燥程序		

2.5 关键核算

对于老炼厂的改造项目，需注意对新老系统合并后的利旧部分进行核算，核算确认能够满足该单元的整体功能。

设计中需提前考虑好催化剂、化学药剂的装填、卸出方式，并提供必需的设计接口。酸、碱等化学品在一些国家有较为严格的安全管理规定(如安全围栏、24小时监控等)，需考虑到卸车、储存等开工相关工作，提前策划好解决方案，以免增加后续开工工作困难。催化剂及化学药剂，在供货商提供厂家数据资料之后，需要根据最新的产品消耗特性，再次核算该单元所需的催化剂及化学药剂数量能够满足要求。催化剂密度变化时，采购的质量数量也随之变化。

建议设计院对工艺包单元的复杂回路计算(如催化线速、藏量)进行必要的核算和确认。大型机组和机泵的震动核算、机组方面通常是由机组厂家完成核算。炼油装置大型化之后，容易出现高温大直径管道的热涨现象，也需提前做好核算和监测。

3 技术检查及确认

开工前的相关技术检查和确认也是重要的技术准备工作，这需要根据项目的特点提前准备技术检查和确认的工作清单，表2是某炼厂项目开工技术检查和确认的清单。在这方面，国际工程公司通常有较为详细的技术传承，国内工程公司需逐渐积累完善，不断提高综合技术服务的能力和水平。

表2　炼厂项目开工前技术检查及确认

序号	检查内容	检查结果
1	已组织过开工策划会，有会议纪要	
2	涉及的各单元、各系统开工顺序已明确	
3	成品、中间产品的储存方案，存储时间已明确	
4	燃料平衡及燃料来源得到落实	
5	燃料系统有稳定措施，如设置LPG汽化措施	
6	开工汽油、柴油、石脑油、燃料油的数量已明确，来源有保证	
7	已完成项目开工难点分析及应对措施	
8	催化剂、化学药剂清单，已到货，检验合格	
9	润滑油、润滑脂清单，已到货，检验合格	
10	开工备品备件清单，已到货，检验合格	
11	化验分析项目、频率与方法已确定，采样点位置已明确	
12	盲板表	
13	其他技术准备	

4 总结及建议

自2010年起，国内多套新建炼厂项目一次开车成功。通过参与这些项目的三查四定、开工筹备和投料试车，设计单位积累了宝贵的开工经验，也促进了设计水平的不断提升。随着近期几个海外炼厂项目开工工作的组织和实施，国内设计院不断总结反思，全业务链技术保障能力得到了提高。通过这些项目的开工，为做好开工前技术准备，需做好以下工作。

(1) 海外炼厂项目开工前，需清楚项目所在国相关政府部门的强制要求，如H炼厂项目，H国能源和矿产资源部的有关标准和要求，需由当地注册的技术公司编制工艺工程、应急预案，而开工方案不在此要求范围内，可由国内开工对自行编制。

（2）装置开工前，参加开工的相关人员，需注意了解同类装置安全事故案例，了解本装置开工的主要风险及安全注意事项。设计院可以延伸技术服务范围，提供更多的工程增值服务，可以探索包括编写开工技术文件，如性能测试方案、装置标定方案、操作手册、应急预案，梳理开工备品备件等。

（3）UOP 等国际公司在执行现场检查等作业时，都会有专门的检查表，技术人员严格按照此表格检查即可。而这些检查表是各自公司的技术传承，体现了公司的知识和专业的积累。为了更好地执行炼厂项目的开工工作，国内工程公司也需要知识和经验的传承，以提高技术服务的综合保障能力。

参 考 文 献

［1］袁明江．哈萨克斯坦炼厂项目开工总结及设计反思［J］，寰球科技，2017.35(10)：21-24..

［2］宋跃军．大型海外炼厂项目的开工准备及工程实践［J］，国际工程与劳务，2018，4：67-69.

［3］宋跃军，李研，袁明江．海外炼厂开工中催化剂及化学药剂问题的策略分析［J］，《中外能源》，2018，23(3)：55-59.

［4］李岐东，陈保华．某大型炼油项目开工工作总结及对设计工作的几点启示［J］，化工设计，2012，22(6)：3-6.

柴油加氢装置风险分析技术研究及应用

李其伦　刘钰祺　方东兴　任克韶

(中国石油大连石化公司)

摘　要　文章通过收集PID图纸，生产操作规程等大量资料，对柴油加氢装置中不同设备的危险性进行总结；对全装置进行危险与可操作性定性分析，筛选出中高以上风险，并进行事故场景描述，确定初始事件和已有保护层，根据初始事件和保护层的失效概率，采用保护层分析法计算事故剩余概率，对于后果不可接受的场景，对安全仪表系统的安全仪表功能进行安全完整性等级(SIL)验证，对于验证不满足要求的，提出了相关改进方案。

关键词　柴油加氢装置　HAZOP LOPA SIL　安全仪表　安全完整性等级

1　装置简介

1.1　装置概况

文章以某厂柴油加氢装置为研究对象，进行一次较为全面的安全风险技术评估。该装置设计规模为200×10^4t/a，年运行时间为8400h，操作弹性为60%～110%。装置由压缩机、反应、分馏及公用工程等部分组成。

该装置加工的原料油包括催化柴油、直馏柴油、渣油加氢柴油，设置一台三床层加氢反应器，反应部分设置为炉前混氢，分馏部分采用脱硫化氢汽提塔单塔汽提流程，产品出装置前设置减压干燥塔脱水。装置的主要产品为精制柴油，满足国Ⅵ排放标准。装置设备共210余台，见表1。

表1　柴油加氢装置主要设备

设备名称	数量
反应器	1台
加热炉	1座
塔	4台
容器	58台
换热器	11台
空冷	23台
机泵	76台
风机	2台
压缩机	3台
过滤器	1组
其他小型设备	37台

1.2　生产工艺流程

原料油进装置后经过滤与氢气混合，混氢油与反应产物换热后进入加热炉，经加热至设定温度后进入反应器，在催化剂的作用下进行加氢精制反应，发生烯烃加氢饱和，芳烃加氢饱和，加氢脱硫、加氢脱氮、加氢脱氧等反应，将原料油中的硫、氮、氧等化合物转化为硫化氢、氨和水。在反应器第一二床层间、第二三床层间设置有冷氢流程，在生产运行中通过调节床层间急冷氢流量以保持各床层温升。从反应器底部出来的反应产物，经过高压换热器换热后，依次经过热高分、冷高分进行油、气、水三相分离。外供的新氢经新氢机升压后与装置内循环氢混合，混合后的氢气经热高分气换热后与原料油混合。

自反应部分来的高分油及低分油混合进入脱硫化氢汽提塔，塔底通入汽提蒸汽，塔顶油气经空冷冷凝后进入塔顶回流罐，在0.6MPa压力下进行油、气、水三相分离。油相经汽提塔顶回流泵升压后一部分作为汽提塔顶回流返回塔顶，一部分作为不合格石脑油外送出装置。脱硫化氢汽提塔底油经换热后进入减压干燥塔，在负压条件下脱除油品中夹带的水，经产品泵升压后冷却至50℃出装置。

1.3　装置主要危险物质和设备

装置主要危险物质包括氢气、柴油、燃料气等，其主要危险物质特性见表2。

表2 主要危险物质特性

序号	名称	常温状态	闪点/℃	爆炸极限/v%	性质	火灾危险类别	毒性
1	氢气	气体	<-50	4.1-74.2	易燃易爆	甲	—
2	燃料气	气体		3-13	易燃易爆	甲	Ⅲ
3	石脑油	液态	<-2		易燃易爆	甲	Ⅳ
4	柴油	液态	45-120	1.5-4.5	易燃	丙	Ⅳ

装置最关键的设备包括加氢反应器、高压换热器、循环氢压缩机、热高分气空冷、热高压分离器、冷高压分离器、加热炉等。装置主要设备危险因素见表3。

表3 柴油加氢装置主要设备危险因素表

设备	主要危险、有害物质	危险性
反应器	油、油气、氢气、硫化氢	高温、超压、泄漏后易燃易爆、有毒
高压换热器	油、油气、氢气、硫化氢	高温、超压、泄漏后易燃易爆、有毒
加热炉	油、油气、氢气、硫化氢	高温、超压、泄漏后易燃易爆、有毒
循环氢压缩机	氢气、硫化氢、烃类气体	泄漏后易燃易爆、有毒
高压空冷	油、油气、氢气、硫化氢	高温、超压、泄漏后易燃易爆、有毒
高压分离器	油、油气、氢气、硫化氢	高温、超压、泄漏后易燃易爆、有毒
脱硫化氢汽提塔	油、油气、干气、硫化氢	泄漏后易燃易爆、有毒

（1）反应器

反应设备属于甲类火灾危险设备，加氢脱硫、加氢脱氮、烯烃加氢饱和、芳烃加氢饱和等都是强烈的放热反应，因此控制加氢反应器床层温度非常重要。对于床层内催化剂，提高反应温度有利于硫、氮等杂质的脱除，提高加氢反应速率，但过高的反应温度会使金属杂质、焦炭等沉积在活性较高的催化剂表面，从而使催化剂迅速失活，造成床层压降上升，破坏设备结构甚至影响装置运行，还有可能会导致装置停工。

（2）加热炉

装置设1座加热炉，为反应进料加热炉，燃料为脱硫后燃料气，被加热介质为原料油和氢气。原料油和氢气在加热炉内不断被加热，到达所需温度后进行反应器。加热炉为其他系统源源不断提供热源，一旦发生事故，如炉管破裂、加热炉闪爆等，后果将非常严重。

（3）循环氢压缩机

循环氢压缩机相当于装置的心脏，一旦停运装置将被迫停工。该设备的主要功能是为加氢反应提供反应所需的氢气，保证反应系统中氢气循环，带走反应器内加氢反应放出的热量，控制好反应温度，避免反应器内温度过高。由于氢气经压缩后压力很高，所以容易导致管线、阀门、法兰、压缩机缸体等部件损坏从而发生泄漏。由于氢气易燃易爆，遇明火或遇热就有着火爆炸的危险，如果循环氢带液严重会使设备损坏，引起“撞缸”现象，损坏压缩机，造成氢气泄露，发生着火爆炸。

（4）高压分离器

高压分离器包括热高压分离器和冷高压分离器，高压分离器是反应产物中油、气、水三相分离的设备。如果分离器内液位过高，油气分离效果变差，可能会使循环氢带液从而损坏循环氢压缩机；如果分离器内液位、界位过低，或者液位、界位控制阀故障，可能会发生窜压工况，引起低压设备超压爆炸事故。

（5）分馏塔区

分馏塔区设备主要包括脱硫化氢汽提塔、减压干燥塔、塔顶空冷器、塔顶回流罐等。正常生产中，塔器内多为易燃易爆、有毒介质，随着使用年限的增加，塔、器及塔顶管线的壁厚会逐渐减薄，高温热油一旦泄漏就可能引起火灾爆炸事故，硫化氢气体泄漏可能会发生人员中毒事故。尤其是在温度、压力变化幅度较大时，如开工初期、停工阶段或者生产波动时期，发生管线破裂泄漏的几率增大，造成油品泄漏着火爆炸、人员中毒事故。

2 风险分析

HAZOP 分析关注生产装置运行状态，进行定性分析，对于采用 HAZOP 方法分析出的严重后果，采用 LOPA 方法进行半定量分析，通过事故场景模拟，根据 LOPA 计算得出剩余风险，对于不可容忍的偏差，要通过添加安全仪表系统(SIS)实现安全仪表功能(SIF)，确定 SIL 等级，并对 SIL 等级进行验证，这就是完全定量分析，得到 SIL 是否满足需要的等级(图 1)。

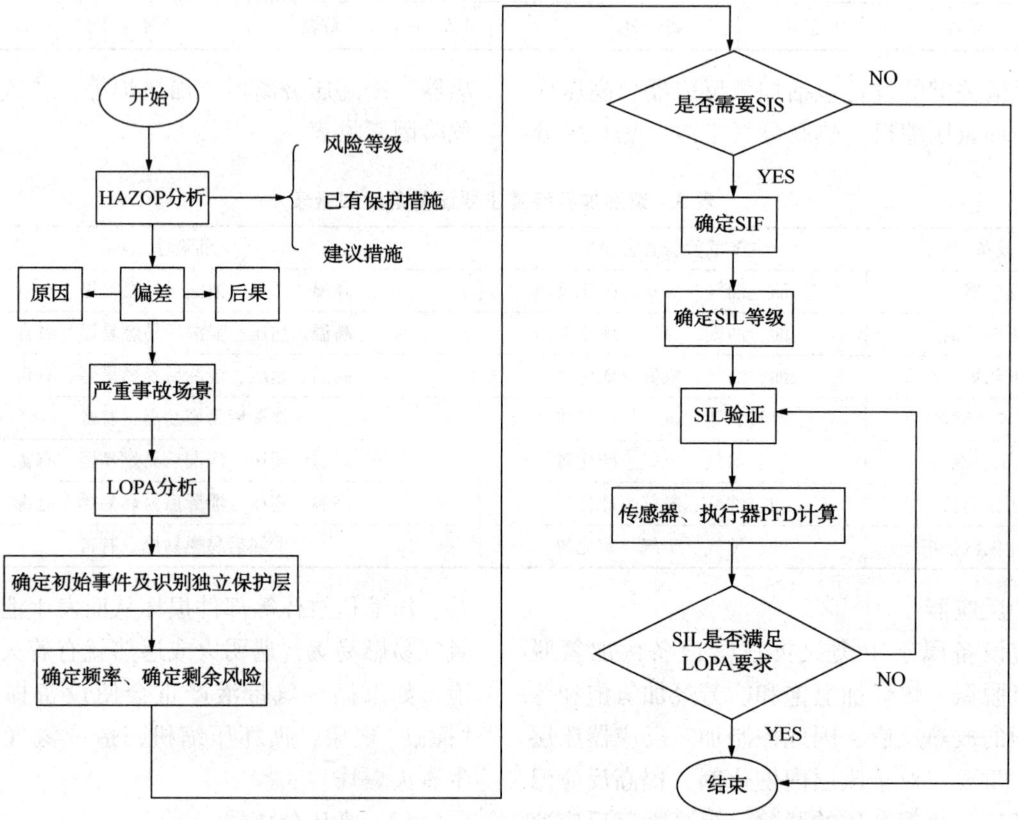

图 1 集成 HAZOP、LOPA、SIL 三种方法分析体系

2.1 HAZOP 分析

分析前收集齐全该装置的工艺流程图、PID 图、操作规程、设备信息表、基础设计等资料。将该装置划分为 29 个节点，具体划分描述见表 4。

表 4 柴油加氢装置 HAZOP 节点

节点编号	节点名称
节点 1	原料油过滤器、原料油-汽提塔底油换热器、原料油空冷、原料油缓冲罐
节点 2	反冲洗污油罐、反冲洗污油泵
节点 3	反应进料泵、反应产物-混氢油换热器、反应进料加热炉
节点 4	反应器
节点 5	热高分气-混氢换热器、热高压分离器、热高分气空冷、热高分气-反应注水混合器
节点 6	冷高压分离器
节点 7	冷低压分离器
节点 8	反应产物注水罐、反应产物注水泵
节点 9	循环氢脱硫塔
节点 10	富胺液闪蒸罐
节点 11	贫胺液加热器、贫胺液缓冲罐、干气脱硫贫溶剂泵、循环氢脱硫塔贫溶剂泵
节点 12	循环氢压缩机、循环氢压缩机入口分液罐
节点 13	新氢压缩机入口分液罐、新氢压缩机二级入口分液罐、新氢压缩机、新氢压缩机级间冷却器
节点 14	脱硫化氢汽提塔、汽提塔顶空冷器、汽提塔顶回流罐、原料油-汽提塔底油换热器、汽提塔底油空冷、汽提塔顶回流泵、汽提塔顶酸性水泵
节点 15	减压干燥塔、干燥塔顶空冷、干燥塔顶后冷器、干燥塔顶分水罐、干燥塔顶抽真空系统、低温热水-精制柴油换热器、精制柴油空冷

续表

节点编号	节点名称
节点 16	含硫污水闪蒸罐
节点 17	干气脱硫塔入口分液罐、干气脱硫塔、脱硫干气分液罐
节点 18	高压放空分液罐
节点 19	低压放空分液罐
节点 20	地下污油罐、污油泵
节点 21	低压氮气系统、中压氮气系统
节点 22	净化风罐与非净化风系统
节点 23	循环水、除盐水、伴热水、低温热水、新鲜水系统
节点 24	低压蒸汽系统
节点 25	燃料气分液罐
节点 26	地下溶剂罐、地下溶剂泵
节点 27	硫化剂罐
节点 28	阻垢剂罐、缓蚀剂罐、缓蚀剂泵、阻垢剂泵、卸车泵
节点 29	反应进料加热炉

HAZOP 共发现问题、提出建议措施 166 条，主要建议有：

(1) 仪表控制，增加了必要的控制、报警设施。如建议循环氢脱硫塔(C－101)压差指示 PDI11403 增设高报警；建议加热炉出口温度 TXI10703A/B 二取二联锁的热电偶故障开路时，温度指示值向上至最大值，保证开路情况下，仍可正常联锁停炉。

(2) 增设防止物料互窜的措施。建议在冷低分油与热高分油管线汇合点前管线设置单向阀；自循环氢压缩机入口分液罐(V－111)来废氢管线注入点与富胺液闪蒸罐来注入点之间设置单向阀等。

(3) 增加设备防腐措施。因热高压分离器空冷器入口段腐蚀较严重，建议热高压分离器空冷器(A－101A～D)管束进口管线 600mm 处采取防腐蚀措施；鉴于以往事故的经验教训，建议设计考虑注水点插入热高分气管道部分设计满足抗腐蚀要求；建议定期对塔顶回流罐含硫污水的铁离子含量进行分析，及时监控设备腐蚀情况。

本次 HAZOP 识别到装置的主要风险见表 5。

表 5　HAZOP 分析出的主要风险

序号	后果	偏差	过程简述	备注
1	人员伤亡	流量无	进料中断，氢气反窜进入原料缓冲罐 V－101，造成 V－101 超压泄漏，引起火灾、爆炸，造成 1～2 人死亡。	
2	人员伤亡	压力低	反应进料加热炉主燃料气压力低，导致炉膛熄火闪爆，造成死亡 1～2 人。	
3	人员伤亡	压力低	反应进料加热炉长明灯燃料气压力低，导致炉膛熄火闪爆，造成死亡 1～2 人。	
4	人员伤亡	流量低	反应产物注水泵出口流量低，造成反应产物反串至反应产物注水罐 V－105，造成超压泄漏，引发火灾爆炸，造成 1～2 人死亡。	
5	人员伤亡	流量低	高压贫胺泵出口流量低，造成循环氢反串至贫胺液缓冲罐 V－107，造成超压泄漏，引发火灾爆炸，造成 1～2 人死亡。	
6	人员伤亡	液位低	循环氢脱硫塔液位过低，循环氢窜入富胺液闪蒸罐 V－108，造成超压泄漏，引发火灾爆炸，造成 1～2 人死亡。	
7	人员伤亡	机故障	鼓风机故障停，造成 F101 熄火，易造成炉膛闪爆，造成 1～2 人死亡。	
8	人员伤亡	机故障	引风机故障停，炉膛压力升高，严重时炉膛正压，造成喷火伤人事故。	
9	着火爆炸	液位低	冷高压分离器液位过低，冷高分气窜入冷低压分离器 V－104，造成超压破裂，发生火灾爆炸事故。	

续表

序号	后果	偏差	过程简述	备注
10	设备损坏	液位高	循环氢压缩机入口缓冲罐液位高，循环氢带液损坏循环氢压缩机 K-102。	
11		液位高	新氢压缩机入口缓冲罐液位高，新氢带液损坏新氢压缩机 K-101A/B。	
12		液位高	原料油缓冲罐 V-101 液位高，造成储罐超压破裂，设备损坏，装置停工。	
13		液位低	原料油缓冲罐液位低，反应进料泵 P-101A 抽空损坏。	
14		流量低	反应进料流量低，造成加热炉炉管结焦损坏。	
15		温度高	反应进料加热炉出口温度高，严重时造成反应器飞温，损坏催化剂。	
16		液位低	热高压分离器液位过低，热高分气窜入脱硫化氢汽提塔 C-201，造成超压破裂，损坏设备。	
17		液位低	反应产物注水罐液位低，造成反应产物注水泵 P-102A/B 抽空损坏。	
18		液位低	贫胺液缓冲罐液位低，造成高压贫胺泵 P-103A/B 抽空损坏。	
19		液位高	脱硫干气分液罐液位高，干气带液严重，造成加热炉发生炉膛火灾，损坏加热炉。	
20		液位低	阻垢剂罐液位低，造成阻垢剂泵 P-306A/B 抽空损坏。	
21		液位低	缓蚀剂罐液位低，造成缓蚀剂泵 P-307A/B 抽空损坏。	

2.2 LOPA 分析

HAZOP 分析发现装置的主要风险包括人员伤亡、着火爆炸、设备损坏三大类，其中人员伤亡主要包括两种情况：一是高低压互窜导致着火爆炸、人员伤亡，如进料中断氢气反窜原料罐、注水中断导致高压油气反窜至注水罐等；二是加热炉爆炸伤人，如反应进料加热炉主燃料气压力低导致炉膛熄火闪爆，鼓风机故障停运造成反应进料加热炉熄火，炉膛闪爆。针对上述两类情况，逐个进行 LOPA 分析，本文节选了 2 个案例。

2.2.1 进料中断氢气反窜至原料缓冲罐 V-101

加氢装置高低压互窜风险极大，一旦发生窜压，极有可能会导致着火爆炸等恶性事故。根据过程危险分析及良好的实践，根据已有联锁台账和已经开展的 HAZOP 分析，对原料罐窜压事故剧情进行分析，确定相关 SIF，分析结果见表 6。

表 6　原料罐防窜压 SIF 确定

序号	事故剧情	SIF 描述
1	进料中断，氢气反串进入原料缓冲罐 V-101，造成 V-101 超压泄漏，引起火灾、爆炸，造成 1~2 人死亡。	反应进料泵 P-101A 运行状态回讯开关断开联锁关闭反应进料泵出口电动阀 XXV-10501。
2	进料中断，氢气反串进入原料缓冲罐 V-101，造成 V-101 超压泄漏，引起火灾、爆炸，造成 1~2 人死亡。	反应进料泵出口流量 FXT-10504A/B/C(2oo3)低低联锁停反应进料泵 P-101A、关闭切断阀 XXV-10503、关闭加热炉主火嘴 XXV-10701。

注：在该事故剧情中，反应进料泵 P-101B 与 P-101A 所需 SIF 一致，因此在该表中仅列出 P-101A 的 SIF 描述。在后续 SIL 定级、验证中均说明 P-101A 的情况。

(1) SIL 定级

SIF1：反应进料泵 P-101A 运行状态回讯开关断开联锁关闭反应进料泵出口电动阀 XXV-10501

SIL 等级要求为 SIL2，具体定级过程见表 7。

SIF2：反应进料泵出口流量 FXT-10504A/B/C(2oo3)低低联锁停反应进料泵 P-101A、关闭切断阀 XXV-10503、关闭加热炉主火嘴 XXV-10701

SIL 等级要求为 SIL2，具体定级过程见表 8。

表 7 SIF1 定级表

事故剧情	后果		可容忍的概率	初始事件		使能事件			未削减事件频率	独立保护层			削减后事件频率	风险降低因子	SIL 要求		LOPA 建议	备注
	描述	等级		描述	概率	类型	描述	概率		类型	设置情况	PFD			SIF 描述	SIL 等级要求	描述	
进料中断，氢气反串进入原料缓冲罐 V-101	造成 V-101 超压泄漏，引起火灾、爆炸，造成 1~2 人死亡	4	1.00E-05	P-101A 故障停运	0.1	使用率	一开一备	1	4.2E-03	本质安全设计	NA	1	4.2E-03	420	反应进料泵 P-101A 运行状态回讯开关断开联锁关闭反应进料泵出口电动阀 XXV-10501	SIL2		
						点火概率	一般工艺区	0.5		BPCS	NA	1						
						人员暴露	1 小时巡检一次，每次装置停留 5min，年操作 8000h	0.084		报警及人员响应	NA	1						
						死亡率	爆炸	1		安全仪表	NA	1						
										物理防护	NA	1						
										释放后保护措施	NA	1						
										其他	NA	1						

表8　SIF2定级表

事故剧情	后果		可容忍的概率	初始事件		使能事件			未削减事件频率	独立保护层			削减后事件频率	风险降低因子	SIL要求		LOPA建议	备注
	描述	等级		描述	概率	类型	描述	概率		类型	设置情况	PFD			SIF描述	SIL等级要求	描述	
进料中断，氢气反串进入原料缓冲罐V-101	造成V-101超压泄漏，引起火灾、爆炸，造成1~2人死亡	4	1.00E-05	P-101A故障停运	0.1	使用率	一开一备	1	4.2E-03	本质安全设计	NA	1	4.2E-03	420	反应进料泵出口流量FXT-10504A/B/C(2oo3)低低联锁停反应进料泵P-101A、关闭切断阀XXV-10503、关闭加热炉主火嘴XXV-10701	SIL2		
						点火概率	一般工艺区	0.5		BPCS	NA	1						
						人员暴露	1小时巡检一次，每次装置停留5min，年操作8000h	0.084		报警及人员响应	NA	1						
						死亡率	爆炸	1		安全仪表	NA	1						
										物理防护	NA	1						
										释放后保护措施	NA	1						
										其他	NA	1						
				原料缓冲罐液位低	0.1	使用率	一开一备	1	4.2E-03	本质安全设计	NA	1	4.2E-04	42				
						点火概率	一般工艺区	0.5		BPCS	NA	1						
						人员暴露	1小时巡检一次，每次装置停留5min，年操作8000h	0.084		报警及人员响应	LICA10201低报	0.1						
						死亡率	爆炸	1		安全仪表	NA	1						
										物理防护	NA	1						
										释放后保护措施	NA	1						
										其他	NA	1						

（2）SIL 验证

SIF1：反应进料泵 P-101A 运行状态回讯开关断开联锁关闭反应进料泵出口电动阀 XXV-10501。SIL 等级目标为 SIL2，验证结果为 SIL0，不合格。具体验证过程见图 2。

反应进料泵P-10LA运行状态回讯开关断开联锁关闭反应进料泵出口电动阀XXV-10501

Project Name	200 万柴油加氢
Unit/Process Area	柴油加氢
SIF Tag	SIE4
SIF Description	反应进料泵 P-101A运行状志回讯开关断开联频关闭反应进料泵出口电动阀XXV-10501
SIF Reference	
Respoansible	
Analysis Date	
Mission Time	15 years

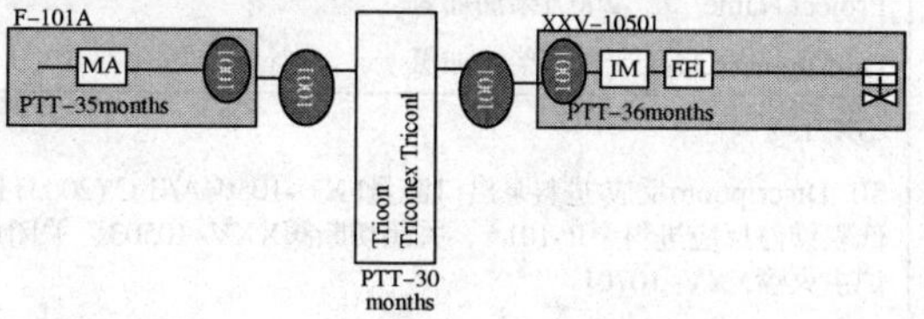

Safety Instrumeuted Fumction Performance	
Target SIL	2
Target RRF	100
Achieved SIL	0
PFDavg	1.00E-01
SIL (PFDavg)	0
SIL(Arch. Constraints IEC 61511:2016)	2
SIL (Systematic Capability)	-
Achieved RRF	10
MTTES (years)	43.69

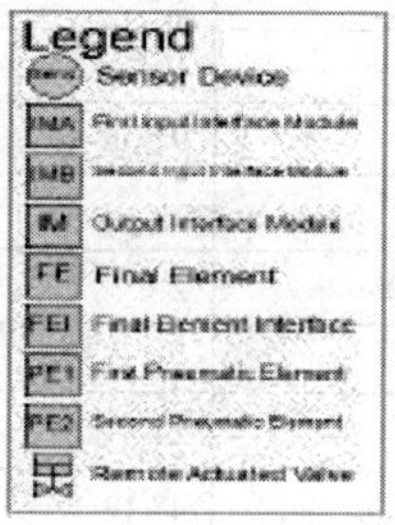

ⓒ2017 exida comL LC.

	PFDavg	MITTFS	SILac
Semsor Part	9.47E-03	128.05	2
Logic Solver Part	3.59E-05	703.66	3
Final Element Part	9.15E-02	73.22	2

Remarlcs: The SIF operates in Low demand mode.

Field Equipment MCI: 2- Good repair- 90% Logic Solver MCI: 2- Good repair -90%

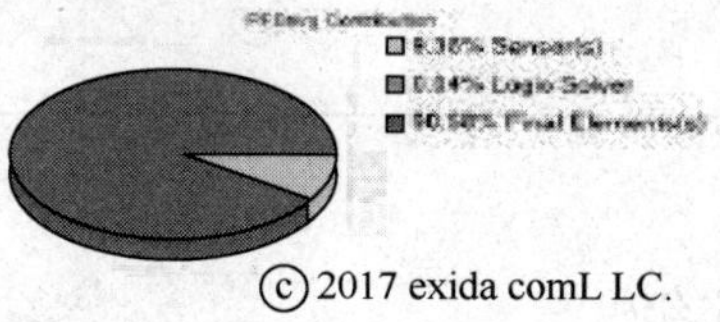

ⓒ2017 exida comL LC.

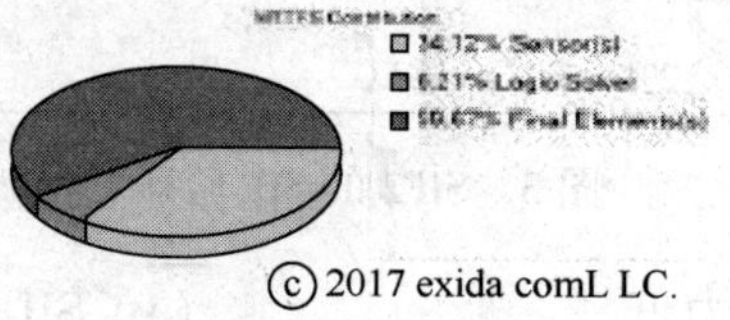

ⓒ2017 exida comL LC.

图 2　SIF1 的 SIL 验证

SIF2：反应进料泵出口流量 FXT-10504A/B/C(2oo3)低低联锁停反应进料泵 P-101A、关闭切断阀 XXV-10503、关闭加热炉主火嘴 XXV-10701。SIL 等级目标为 SIL2，验证结果为 SIL1，不合格。具体验证过程见图 3。

（3）SIL 建议

针对 SIF1、SIF2 验证结果与目标 SIL 等级不一致的情况，提出如下整改建议方案：

建议方案一：在联锁动作中增加切断电动阀 XXV10501 动作，与 XXV10503 构成冗余结构，防止反串，增加冗余后，能满足 SIL2 等级要求。

建议方案二：提供滤后原料油缓冲罐 V101 安全阀 PSV101AB 泄放量计算书，若能满足高压氢气串入工况，则该联锁 SIL 等级降为 SIL1 等级。则目前联锁配置能满足 SIL 等级要求。

建议方案三：滤后原料油缓冲罐 V101 安全

阀 PSV101AB 泄放量计算书不能满足高压氢气串入工况情况下，更换滤后原料油缓冲罐 V101 安全阀 PSV101AB 使其泄放量满足高压串入工况，可降低 SIL 级别为 SIL1。

反应进料泵出口流量EXT-10504AB/C (2003) 低低联锁停反应进料泵P-101A、关闭切断阀XXV-10503、关闭加热炉主火嘴XXV-10701

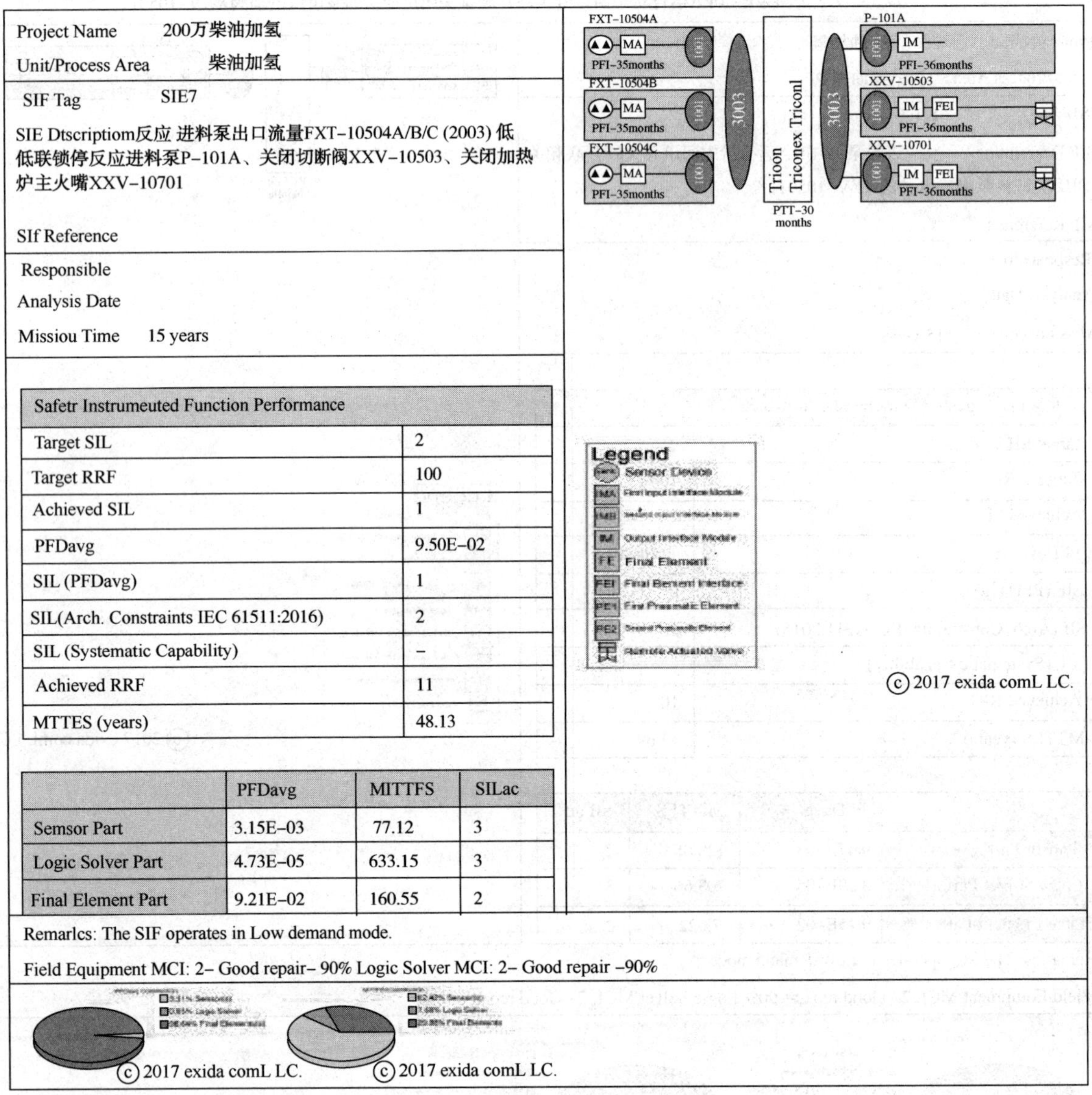

图 3　SIF2 的 SIL 验证

2.2.2　反应进料加热炉主燃料气压力低

根据已有联锁台账和已经开展的 HAZOP 分析，对反应进料加热炉主燃料气压力低事故剧情进行分析，确定相关 SIF，分析结果见表 9。

表 9　反应进料加热炉主燃料气压力低 SIF 确定

序号	事故剧情	SIF 描述
1	反应进料加热炉主燃料气压力低，导致炉膛熄火闪爆，造成死亡 1~2 人	反应进料加热炉主燃料气压力 PXT-10710A/B/C(2oo3)低低联锁关闭加热炉主火嘴 XXV-10701

(1) SIL 定级

SIF3：反应进料加热炉主燃料气压力 PXT-10710A/B/C(2oo3)低低联锁关闭加热炉主火嘴 XXV-10701

SIL 等级要求为 SIL1，具体定级过程见表 10。

(2) SIL 验证

SIF3：反应进料加热炉主燃料气压力 PXT-10710A/B/C(2oo3)低低联锁关闭加热炉主火嘴 XXV-10701。SIL 等级目标为 SIL1，验证结果为 SIL1，合格。具体验证过程见图 4。

表 10 SIF3 定级表

事故剧情	后果		可容忍的概率	初始事件		使能事件			未削减事件频率	独立保护层			削减后事件频率	风险降低因子	SIL 要求		LOPA 建议	备注
	描述	等级		描述	概率	类型	描述	概率		类型	设置情况	PFD			SIF 描述	SIL 等级要求	描述	
反应进料加热炉主燃料气压力低	炉膛熄火闪爆，造成死亡1~2人	4	1.00E-05	燃料气管网压力波动	0.01	使用率	连续	1	8.40E-04	本职安全设计	NA	1	8.40E-04	84.00	反应进料加热炉主燃料气压力PXT-10704A/B/C(2oo3)低低联锁关闭加热炉主火嘴XXV-10701	SIL1		
						点火概率	靠近明火	1		BPCS	NA	1						
						人员暴露	1小时巡检一次，每次装置停留5min，年操作8000小时	0.084		关键报警及人员响应	NA	1						
						死亡率	爆炸	1		安全仪表功能	NA	1						
										物理防护层	NA	1						
										释放后保护措施	NA	1						
										其他	NA	1						

反应进料加热炉主燃料气压力PXT-10704A/B/C (2003) 低低联锁关闭加热炉主火嘴XXV-10701

Project Name　200万柴油加氢
Unit/Process Area　柴油加氢

SIF Tag　SIF13
SIF Descriptiom反应进加热炉主燃料气压力PXT-10704A/B/C (2003) 低低联锁关闭加热炉主火嘴XXV-10701
SIF Reference

Responsible
Analysis Date
Missiou Time　15 years

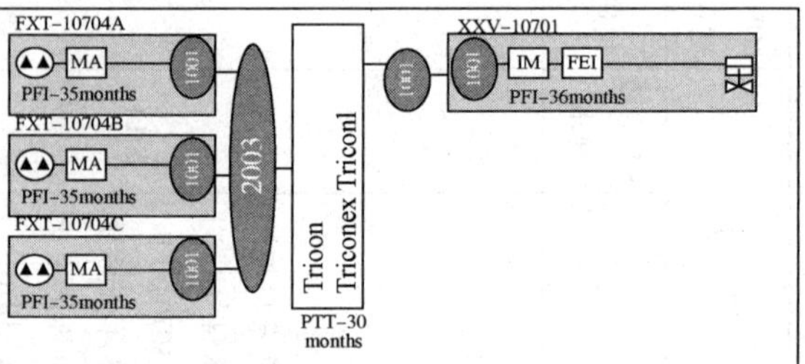

Safetr Instrumeuted Function Performance	
Target SIF	1
Target RRF	10
Achieved SIL	1
PFDavg	4.52E-02
SIL (PFDavg)	1
SIL(Arch. Constraints IEC 61511:2016)	2
SIL (Systematic Capability)	-
Achieved RRF	22
MTTES (years)	42.33

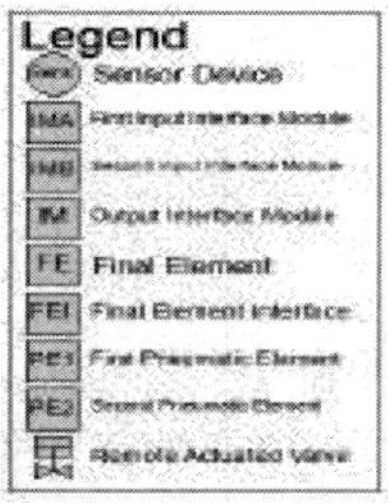

ⓒ2017 exida comL LC.

	PFDavg	MITTFS	SILac
Semsor Part	2.10E-03	166.15	3
Logic Solver Part	4.69E-05	646.83	3
Final Element Part	4.31E-02	62.27	2

Remarlcs: The SIF operates in Low demand mode.

Field Equipment MCI: 2- Good repair- 90% Logic Solver MCI: 2- Good repair -90%

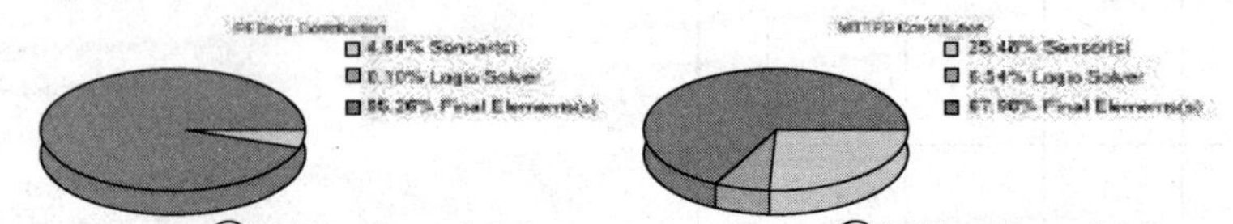

ⓒ2017 exida comL LC.　ⓒ2017 exida comL LC.

图 4　SIF3 的 SIL 验证

3　总结与展望

3.1　总结

本文通过对柴油加氢装置实施一整套完整的安全风险分析方法，形成一套较为成熟的分析体系，可将此分析体系应用于其他的石油化工生产装置中，本文取得的研究成果如下：

（1）收集柴油加氢装置操作规程、设备信息表、历次安全评估报告、原则流程图、PID 图等资料，结合现场监控数据，组织工艺、设备、安全、仪表、操作等人员对该装置进行 HAZOP 分析，筛选出装置主要风险及相应场景，进行 LOPA 分析。

（2）对于安全仪表功能进行 SIL 验证，针对验证结果与目标 SIL 等级不一致的情况，提出了有针对性的整改方案。

3.2　展望

文章对柴油加氢装置安全风险分析形成一套风险分析体系，若使其分析体系在石化行业变得更加成熟，其中还需要进行更深一步的研究分析。

（1）SIL 验证使用的失效数多来自国外数据

库，国内石化行业的发展、原料质量、装置设计的安全裕量、设备材质等都不完全相同，应收集全国范围内装置的事故历史，失效概率，建立我国石化行业设备元件失效大数据库，由于此项工程浩大，因此需要大量的人员进行收集研究，逐步形成国内自由的安全数据库。

（2）目前国内石化装置安全分析以定性分析居多，定性分析不如定量分析准确，应逐步在行业内推行定性与定量相结合的风险分析，通过设置最合适的安全仪表来降低成本。

参考文献

[1] 王煜．柴油加氢装置的设计与优化[D]．北京：北京化工大学，2015.

[2] 宋元宁，史立新．加氢装置主要危险性分析[J]．中国职业安全卫生管理体系认证，2004(2)：19-21.

[3] 姜荣宾．3Mt/a 柴油加氢精制装置危险有害因素分析及火灾爆炸事故后果评价[D]．上海：华东理工大学，2010.

山东省石油加工产业链协同减排路径研究

王　瑾　高新伟　朱　源

(中国石油大学(华东)经济管理学院)

摘　要　十四五”规划纲要提出了“碳强度控制为主，碳排放总量控制为辅”的双控目标，碳达峰与碳中和已成为我国“十四五”期间污染防治攻坚战的主攻目标。石油加工业不仅是国民经济中的支柱产业之一，也是一个能源密集型和高排放产业，具有高污染、高排放的特征；山东省作为地炼大省，CO_2排放量居全国首位，减排任务极重。虽然近年来山东省加快了对石油加工行业的整体改造，但在此过程中仍然面临着政策设计针对性、行业执行可行性、排污核算精确性等问题。针对以上问题，本文引入关键影响因素上下游产业链协同度指标，加入能源强度、产业链内部结构以及总体增加值等指标为控制变量，采用碳排放的STIRPAT模型进行估计，探究产业协同度对碳排放的作用效果与产业链协同减排可行性，结果表明山东省石油加工产业链之间紧密联系、相互牵制，产业链间协同度对行业CO_2排放量具有显著影响。最后根据分析结果提出相应的山东省石油加工业减排路径设计，为产业链协同发展实现节能减排提供政策建议。

关键词　石油加工产业　碳减排　产业链协同　协同减排

1　引言

随着“碳达峰”、“碳中和”目标的提出，中国减排路径的规划与减排目标的实现愈加迫切。石油加工业不仅是国民经济中的支柱产业之一，也是一个能源密集型和高排放产业，具有高污染、高排放的特征；山东省作为地炼大省，CO_2排放量居全国首位，减排任务极重，虽然近年来山东省加快了对石油加工行业的整体改造，但在此过程中仍然面临着政策设计针对性、行业执行可行性、排污核算精确性等问题，相关政策也难以针对性地解决行业高污染问题。因此，在环境问题严峻，产业内能源结构面临升级；新旧动能转换持续推进，行业成为重点改革对象；行业布局分散且污染严重，面临产能淘汰与技术升级的背景下，探索山东省石油加工行业的低碳发展模式、产业链上下游协同减排路径对山东省实现双碳目标尤为重要。

产业协同集聚概念由Ellison和Glaeser提出，衡量方法主要包括区位熵及其产业协同集聚指数方法、系统协同模型等；胡志强等学者认为产业集聚能够影响工业污染程度，且产业间协同集聚可以降低污染程度，张绚、刘华军等人则结合产业链与产业集群，就通过产业合作减少碳排放展开研究。目前工业碳减排路径主要是通过建模分析找到碳排放的关键影响因素，从而提出相应的碳减排路径。区域层面，根据我国工业数据得出碳排放的主要影响因素包括能源强度、产业结构和能源排放结等；行业层面则对工业中钢铁、水泥等高耗能行业分类也有针对性研究。应用模型主要包括在指数分解、IPAT模型等，STIRPAT模型作为IPAT模型的详细扩展形式，被广泛应用。

就石油加工业减排策略而言，行业层面，高树婷、Fan等对中国二氧化碳排放状况进行了分析预测；钱磊等讨论了低碳经济对石油工业发展的影响以及如何克服局限性和缓解压力；杨艳等介绍了世界上许多发达国家的低碳经济趋势，提出了发展我国石油和石化行业低碳经济的有效建议；白颐提出了石油化工行业发展低碳经济的七个主要方向。微观企业层面，Johansson研究发现不同的国际石油和石化公司公司可以制定自己的低碳策略；覃国军和穆献中结合了石油公司的实际生产和发展情况，剖析了传统的油气产业，规划低碳经济转变方式以及低碳增长的方向。

综上所述，目前对于石油加工业的低碳策略研究主要为工业低碳方面的行业延伸，缺乏行业产业链协同集聚相关研究与对石油加工产业链协同的量化分析。鉴于此，本文对石油加工产业链协同度和碳排放进行测算，并采用计量模型对碳排放的影响因素进行进一步分析，探究产业协同度对碳排放的作用效果与产业链协同减排可行性。最终结合山东省实际情况，提出企业的具体产业链协同减排路径设计，为实现石油加工行业低碳减排提供一定的政策建议。

2 研究思路与分析方法

本文首先分析山东省产业链协同与碳排放现状，引入并核算关键影响因素上下游产业链协同度指标，加入能源强度、产业链内部结构以及总体增加值等指标为控制变量，采用碳排放的STIRPAT模型进行估计，探究产业协同度对碳排放的作用效果与产业链协同减排可行性。最后根据本文分析，结合山东省石油加工产业链发展现状，对于企业方面提出具体的产业链协同减排路径设计，对于政府方面提出相应的政策建议。

2.1 STIRPAT 模型构建

本文扩展了STIRPAT模型，在经典模型中采用上下游产业结构因素，即石油加工行业总产值占上下游行业产值总额比重，对于模型能源消耗的衡量，采用总体能源强度指标，即分行业能源消耗占总产值比重，产业协同度以及产业结构、能源强度作为比重形式引入，探究产业协同度对碳排放的作用效果与产业链协同减排可行性：

$$c_{it}=\alpha+\beta_0 Sy_{it}+\beta_1 p_{it}+\beta_2 d_{it}+\beta_3 pl_{it}+\beta_4 t_{it}+\beta_5 s_{it}+e_{it} \tag{1}$$

式中，Sy 为石油加工产业上下游协同度，d 为石油加工产业上下游协同深度，pl 为石油加工产业上下游协同质量，具体计算过程见第三章，p 为产业用工人数的对数值，t 为能源强度，s 为上下游产业结构，q 为石油加工业总产值。

2.2 变量选取

因变量为山东省石油加工产业的碳排放量。考虑到数据可得性以及山东省炼化产业发展现状，统计东营、淄博、滨州、潍坊、济南、德州、烟台7市的二氧化碳排放量。

自变量为山东省石油加工业上下游分行业协同度。同时考虑到本文对整体石油加工行业上下游的针对性分析，引入了行业协同深度和协同质量加以衡量，但是会导致内生性问题，因此采用FGLS对异方差或自相关现象进行修正处理。

控制变量为石油加工产业链上下游产业结构，产业能源强度，行业总产值，行业总从业人数。具体变量选取如表1。

表1 变量选取与含义

变量名	计算方式/数据来源	含义	单位
c	详见下文	二氧化碳排放量	万吨
lnc	$lnc=LnC$	二氧化碳排放量的对数值	
Sy	详见下文	产业链上下游协同度	
se	石油加工产业总产值/上下游行业产值总额	产业链结构	
t	石油加工产业能源消耗量/产业总产值	能源强度	吨标准煤/元
Q	各市统计年鉴	石油加工产业总产值	
q	$q=LnQ$	石油加工产业总产值对数值	
PE	各市统计年鉴	石油加工产业用工人数	
pe	$pe=LnPE$	石油加工产业用工人数对数值	
dd	$LQ_{ju}+LQ_{jd}$	产业链上下游协同深度	
ql	$1-\frac{LQ_{ju}-LQ_{jd}}{LQ_{ju}+LQ_{jd}}$	产业链上下游协同质量	
dc	$\lvert LQ_{ju}-LQ_{jd}\rvert$	产业链上下游协同梯度	

2.3 数据处理

在选取面板数据的固定效应模型和随机效应模型的过程中，hausman检验结果显示 p 值接近于50%，不能拒绝原假设；通过对面板数据的异方差性检验，截面异方差检验以及序列相关性检验，模型存在明显的异方差性，不存在序列相关性。截面相关性检验中，p 值接近于10%的置信度，因此，静态面板数据模型存在一定的截面相关和异方差性，采用FGLS估计面板数据。

3 分析结果

3.1 指标核算结果

（1）山东省石油加工产业链协同现度核算

本文主要参考张虎(2017)的测度方法，首先通过区位熵指数来分析山东省石油加工产业协同集聚指数；其次通过基于经济活动集聚指标的差异性指标来刻画石油加工产业链上下游的协同集聚特点，式 2～式 3 中LQ_{ij}是 i 市 j 产业的区位熵指数，e_{ij}是 i 市 j 产业的全年平均就业人数；E_J是 j 产业从业总人数(i=1，2，…，11)(j=1，2…，4)，e_i是 i 市石油加工上下游产业总从业人数，E 是省内石油加工上下游产业的总从业人数。

LQ_{up}为石油加工产业上游，即原油开采行业，LQ_d为石油加工产业下游，即化学用品制造业，Sy 为各市上下游产业协同度，等式右边第一个括号内代表协同集聚指数的质量，第二个括号内代表协同集聚指数的深度，两项的和表明石油加工产业协同程度越高协同集聚质量高、深度广。因此，产业链上下游之间的产业协同度越高，协同性的集聚指数就越大，协同性也就越显著。

表 2　2007—2017 年山东省目标市石油加工产业协同度

	东营	淄博	滨州	潍坊	济南	德州	烟台
2007	2. 110762	3. 828497	4. 326645	3. 074131	3. 32794	2. 555359	1. 377787
2008	1. 738231	4. 316115	4. 32283	3. 097267	3. 649348	2. 484272	1. 433555
2009	2. 020366	4. 08028	3. 938882	2. 835663	3. 256946	3. 105532	1. 33769
2010	1. 712543	3. 921134	3. 484198	2. 350467	2. 659471	2. 2661	1. 242441
2011	1. 878171	4. 091364	4. 544749	2. 843119	3. 48433	3. 05155	1. 215494
2012	1. 969302	3. 982919	4. 24866	2. 794697	3. 611329	3. 158014	1. 112235
2013	1. 935349	4. 177896	4. 207871	2. 865622	3. 114157	2. 98172	1. 150865
2014	2. 077152	4. 034786	4. 264639	2. 829687	3. 002476	3. 07363	1. 137811
2015	2. 146528	4. 825051	4. 298674	2. 844319	3. 07501	3. 044742	1. 241592
2016	2. 158402	3. 910161	4. 299665	2. 866548	2. 904551	3. 035315	1. 105921
2017	2. 087718	3. 651006	4. 95869	2. 848165	2. 526132	2. 754859	1. 214764

$$LQ_{ij}=\frac{q_{ij}/q_j}{q_i/q} \quad (2)$$

$$S_y=\left(1-\frac{LQ_{ju}-LQ_{jd}}{LQ_{ju}+LQ_{jd}}\right)+(LQ_{ju}+LQ_{jd}) \quad (3)$$

根据山东省炼化企业分布状况，测算山东省石油加工产业链协同度，结果如表 2 所示。协同度较高的是经济较发达的淄博和滨州；东营市炼化能力远超其他市，但协同度却较低，可见其虽炼化能力较强，但产业链上下游完整性较低，整体协同发展程度也较低；淄博、滨州等地上游开采，中游石油加工业与下游化工行业协同度较高，产业链发展较完备。

（2）山东省石油加工业的碳排放量核算

表 3　各种终端燃料的CO_2排放热值　　单位：kg/TJ

原煤	型煤	焦炭	原油	汽油	煤油
94600	97500	10700	73300	69300	71900
柴油	燃料油	石脑油	润滑油	液化石油气	天然气
74100	77400	73300	73300	63100	56100

表 4　各市石油加工行业二氧化碳排放量核算值　　单位：万吨

	东营	淄博	滨州	潍坊	济南	德州	临沂	烟台
2007	3907. 53	5461. 65	2151. 28	936. 12	25. 01	219. 08	79. 36	4. 43
2008	3074. 96	5533. 20	1701. 44	1173. 57	1568. 85	277. 29	33. 73	3. 36

续表

	东营	淄博	滨州	潍坊	济南	德州	临沂	烟台
2009	4201.40	6036.85	1332.26	2493.48	1639.67	255.62	21.44	3.52
2010	4245.27	4925.35	2200.61	2309.29	1704.43	428.14	34.46	1.53
2011	4661.42	10223.76	1954.11	2495.94	1920.00	463.90	0.45	1.37
2012	6175.50	9613.03	132.77	2848.35	1920.00	537.54	0.41	0.23
2013	6216.55	10027.90	1047.58	2872.27	1844.22	510.45	9.65	1.54
2014	8376.58	6062.43	2561.80	3877.85	1810.73	913.59	9.77	1.36
2015	10833.85	6800.37	2936.22	4666.77	1740.28	777.75	2.20	0.86
2016	14856.79	7756.25	3264.41	6055.64	1713.84	845.24	2.73	0.10
2017	8040.43	8295.32	4615.88	6039.33	1246.32	845.28	1.43	0.03

考虑到数据可获得性，以及山东省石油加工产业发展现状，根据以上8市汇报的分行业能源消耗量数据，采用IPCC2006提供的各能源消耗产生的热值进行换算，将能源消耗转化为相应的二氧化碳排放量进行分析。涉及的能源消耗量数据来自历年各市统计年鉴中“工业能源消耗”部分，碳排放量根据此数据以及IPCC2006提供的碳排放指数结合我国能源燃烧热值(表3)计算所得各市的能源消耗量以及汇报统计的二氧化碳排放量如表4所示。

3.2 描述性统计

本章涉及的数据来源于山东省各市历年统计年鉴中的工业一章以及价格指数一章，根据年鉴中各年工业产品出厂价格指数以2006年为基期换算为可比价格。描述性统计见表5。

表5 描述性统计

变量名	N	se(mean)	mean	sd	min	max	p25	p50	p75
lnc	77	0.350	15.79	3.040	5.660	18.82	15.50	16.77	17.66
Sy	77	0.120	2.920	1.030	1.110	4.960	2.110	2.980	3.830
se	77	0.0200	0.270	0.150	0	0.570	0.160	0.270	0.390
t	77	0.140	2.110	1.190	0	4.660	1.590	2.360	2.880
q	77	0.220	14.64	1.950	9.580	17.32	14.40	15.19	15.77
pe	77	0.170	8.720	1.490	5.270	11.80	8.300	9.040	9.760
dd	77	0.110	2.250	0.940	0.0900	4.840	1.500	2.150	2.970
ql	77	0.0300	0.620	0.290	0.0500	0.970	0.440	0.750	0.830
dc	77	0.0800	0.790	0.680	0.0900	4.250	0.390	0.670	1

3.3 模型回归结果

根据模型构建进行回归估计，结果如表6所示，石油加工业上下游协同度(Sy)对整个产业CO_2排放量的减少有显著作用效果，具体而言，协同度每提升1%，减排约646千克。因此山东省石油加工产业协同减排是一个上下游共同作用、共同努力的过程。

表6 模型回归结果

	(1)	(2)	(3)	(4)	(5)	(6)
	fe	g_phet	g_par1	g_psar1	g_pcorr	g_all
Sy	−0.476	−0.149	−0.405	−0.608	−0.646**	−0.586* *
	(−0.606)	(−0.535)	(−0.459)	(−0.446)	(−0.252)	(−0.244)
se	0.840	0.300	0.802	1.038*	0.532***	0.517**
	(−0.673)	(−0.264)	(−0.613)	(−0.568)	(−0.197)	(−0.219)

续表

	(1)	(2)	(3)	(4)	(5)	(6)
t	0.400**	0.508***	0.595***	0.663***	0.611***	0.574***
	(-0.176)	(-0.059)	(-0.118)	(-0.106)	(-0.036)	(-0.042)
pe	0.114	0.325***	0.182	0.174	0.203***	0.208***
	(-0.253)	(-0.126)	(-0.186)	(-0.173)	(-0.065)	(-0.076)
q	0.577**	0.946***	1.050***	0.966***	1.047***	1.048***
	(-0.252)	(-0.088)	(-0.148)	(-0.148)	(-0.054)	(-0.068)
ql	0.780	0.548	1.021	1.125*	0.955***	0.878***
	(-0.764)	(-0.575)	(-0.680)	(-0.625)	(-0.285)	(-0.282)
dd	0.603	0.084	0.421	0.609	0.574**	0.554**
	(-0.469)	(-0.533)	(-0.433)	(-0.421)	(-0.241)	(-0.229)
_cons	4.828	-2.051***	-3.050***	-1.849	-2.694***	-2.730***
	(-3.461)	(-0.755)	(-1.011)	(-1.389)	(-0.567)	(-0.708)
N	77	77	77	77	77	77
R-sq	0.203					
r2_ w	0.203					

注：*、**、***分别表示10%、5%、1%的水平上显著。

此外，本文对于石油加工产业链上下游协同度还进一步区分了协同深度与协同质量，加入模型中共同分析。协同深度是石油加工产业上下游联系范围的衡量标准，协同范围的增加导致进入协同减排行动的企业增多，二氧化碳排放的基数不断提高，碳排放量也随之增加。协同质量提高也显著促进了二氧化碳排放，协同质量是协同梯度与协同深度的比值与1的距离，总体评价了产业链上下游协同度高低，协同质量越高，二氧化碳排放反而增加，有能源消耗结构改变的原因，协同质量越高说明协同深度与协同梯度越相近，因此要想实现产业链协同减排，须明确产业链分工，深化上下游协同，因地制宜实施协同政策。但上下游产业不能顾此失彼，须实现同步协同发展，才能实现对碳减排的抑制作用。这体现出上下游同源同路，同料同质的发展原则，只有兼顾到产业链每个环节，缩小各发展环节的发展差距，减排实施效果才更加显著。

3.4 稳健性检验

(1) 改变模型估计方法，设定不同截面间不同的自相关系数，在稳健性检验中采用考虑到面板数据的异方差和截面相关同时存在也包括截面间的序列相关性进行进一步估计，结果如表3-4列(6)所示。各变量但仍然高度显著，系数符号也未改变，原模型估计结果稳健。

(2) 替换模型变量，原模型采用协同度指标衡量石油加工产业上下游协同程度，并且为了全面考量产业链上下游协同度，引入了产业链上下游协同深度以及协同质量进行对比，在稳健性检验过程中，替换协同深度变量为协同梯度，即上下游行业区位熵之差值，描述性统计见表。回归结果见表7。

表7　稳健性检验结果

	(1)	(2)	(3)	(4)	(5)	(6)
	fe_d	g_phet_d	g_par1_d	g_psar1_d	g_pcorr_d	g_all_d
Sy	-0.279	-0.160	-0.287	-0.350*	-0.322***	-.311***
	(-0.595)	(-0.116)	(-0.269)	(-0.207)	(-0.080)	(-0.102)
se	0.879	0.344	0.854	1.247**	0.790***	0.737***
	(-0.677)	(-0.291)	(-0.600)	(-0.518)	(-0.181)	(-0.205)
t	0.400**	0.475***	0.533***	0.644***	0.551***	0.495***
	(-0.178)	(-0.060)	(-0.121)	(-0.105)	(-0.041)	(-0.044)

续表

	(1)	(2)	(3)	(4)	(5)	(6)
pe	0.155	0.320***	0.236	0.195	0.295***	0.258***
	(-0.252)	(-0.115)	(-0.189)	(-0.151)	(-0.071)	(-0.082)
q	0.598**	0.953***	0.945***	0.881***	0.968***	0.987***
	(-0.253)	(-0.087)	(-0.167)	(-0.143)	(-0.058)	(-0.076)
ql	1.952	1.256*	2.830*	2.938**	2.112***	2.414***
	(-2.129)	(-0.693)	(-1.537)	(-1.336)	(-0.466)	(-0.597)
dc	0.531	0.249	0.678	0.743**	0.559***	0.632***
	(-0.603)	(-0.237)	(-0.440)	(-0.360)	(-0.133)	(-0.162)
_cons	3.795	-2.484***	-2.919***	-1.95	-3.127***	-3.207***
	(-3.454)	(-0.759)	(-1.070)	(-1.357)	(-0.484)	(-0.665)
N	77	77	77	77	77	77
R-sq	0.192					
r2_w	0.192					

注：*、**、***分别表示10%、5%、1%的水平上显著。

协同度指标(Sy)以及协同梯度、协同质量虽然系数的绝对值减少，但结果仍然显著，石油加工产业上下游协同度对二氧化碳排放也显示出抑制作用，协同质量对于产业碳排放的促进作用也通过稳健性检验。产业链上下游协同质量提高，反而促进了二氧化碳排放，究其原因，考虑到协同质量提高后产业链整体原材料利用率更高，减少了原煤、原油等热值较低的原材料消耗，而对天然气、燃料油等热值较高的原材料消耗增多，影响本文二氧化碳排放量计算值的主要因素变为能源消耗量以及热值，因此，提高对热值高的能源消耗也会对二氧化碳排放产生一定的弱影响。其次，本文未考虑到热力以及电力消耗的能源消耗二氧化碳排放，一是由于数据可获得性较低，二是热力和电力部门有部分能源消耗仍来自于原煤、原油等基础能源，引入后会导致重复计算，对实证结果也会有一定影响，这也是未考虑到热力和电力消耗的主要原因。而正是由于热力和电力的排除，使得二氧化碳排放量可能被低估，协同深度与协同梯度对于二氧化碳呈显著的正向影响，但系数值较小，上下游联系越紧密，产生的二氧化碳排量增多，也有此原因，但总体协同度仍对二氧化碳排放量有显著的抑制作用，同时，此综合指标对现实的描述准确度更高，综合应考虑此指标的显著性和符号。产业链上下游协同度及能源强度、产值等重要变量对产业链减排的作用效果。

结果表明，产业链上下游协同度对二氧化碳排放量有显著的抑制作用，可以看出产业链上下游实现协同生产，优化协同质量，可以实现行业总体的二氧化碳排放。

4 结论及建议

4.1 结论

本文针对石油加工产业产能过剩，行业碳排放不断加剧的现状，对石油加工产业链上下游协同减排问题进行研究。从产业链协同角度出发，划分产业碳减排的关键影响因素，根据现有研究加入能源强度、产业链内部结构以及总体增加值等指标为控制变量，采用碳排放的STIRPAT模型进行估计，探究产业协同度对碳排放的作用效果与产业链协同减排必要性。结果表明产业链上下游协同度越高，产业二氧化碳排放量越低，产业链上下游协同是实现碳减排的必要途径。根据博弈模型和实证结果提出相应的山东省石油加工业减排路径设计，在政策制定过程中可以在新旧动能转换、鼓励产业协同创新行为、加快炼化一体化、建立微化工系统等方面进行完善。

4.2 路径设计与政策建议

4.2.1 山东省石油加工产业链协同减排路径设计

综合考虑到实证模型结果和产业链协同现状，规划出具体实现路径图如图1所示。

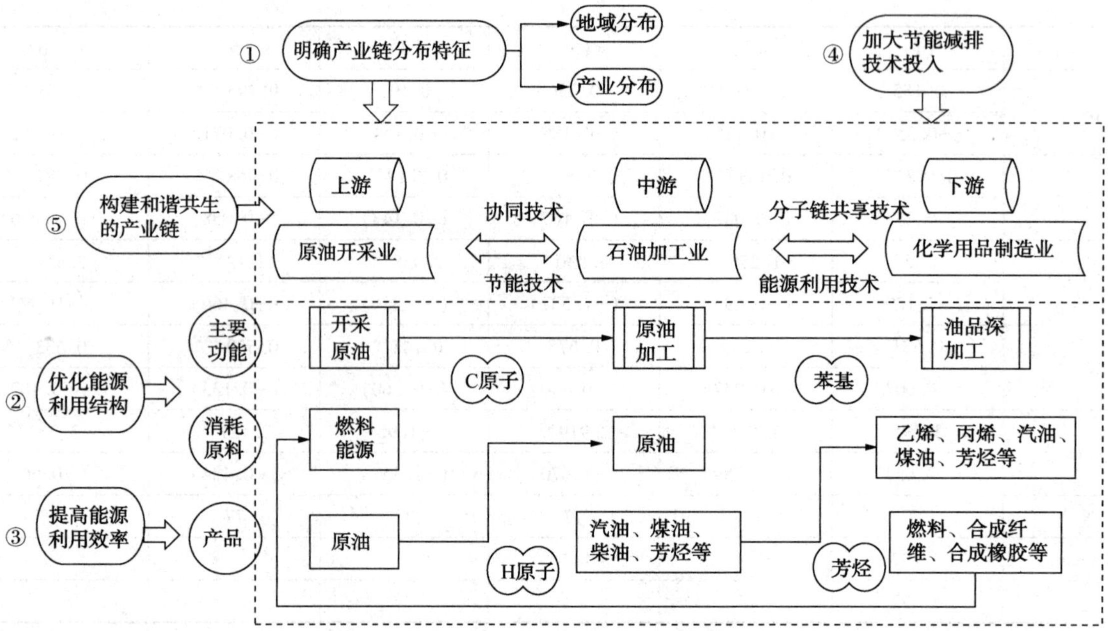

图1　山东省石油加工产业链协同减排路径设计图

(1)明确产业链分布特征。明确整个产业链的分布特征和分布形式，对于准确划分产业链，明确产业链分工，细化产业链减排任务分配都显得至关重要；同时，对于产业链协同度的测量准确性和所需基础数据的可获得性，产业链的明确步骤也必不可少；此外，需强调山东省石油加工产业链的地域分布特征。(2)优化行业能源利用结构。综合提高上下游能源利用效率，优化行业内能源利用结构，使得一次能源在上下游能够充分被消耗利用，最大程度地减少资源浪费。(3)提高行业能源利用效率。在炼化一体化的背景下，很多炼油企业也在向优化能源结构靠近。虽然行业性质意味着原油等作为行业的原材料短时间内难以迅速减少，但这也表现出行业上下游协同度提高的重要性，实现一体化后可以充分利用原材料，各能源资源在上下游企业间顺利流通，提高能源利用效率，也是对能源结构的一种优化。(4)加大节能减排技术投入。在意识到行业减排紧迫性的同时，统筹石油加工产业上游原油开采和下游化学用品制造行业之间的关联技术和协同技术。对于每个行业中的能源充分利用技术、高分子技术、节能技术等进行投入开发是关键一步，而对于行业间的协同技术、源头治理技术、分子链共享技术等是重要环节。(5)构建和谐共生的石油加工产业链。随着化工产品形式创新的进步和先进大数据的充分发展壮大，炼化一体化已成为世界范围内石化行业可持续发展的必不可少的选择。炼油行业面临着提高炼油质量和产品种类创新两方面的巨大压力，炼厂必须充分意识到由原油加工制造燃料型向化工材料燃烧并重型转变的意义和重要性，不断丰富原油加工流程和制造工艺。

4.2.2　山东省石油加工产业链协同减排政策建议

为产业链协同发展实现节能减排提供政策建议：(1)推进石油加工产业新旧动能转换政策。需要使用清洁生产和智能化控制等先进的技术手段来改善和升级企业现有的生产设备，提高其产品质量，减少消耗，减少温室气体的排放并增强行业内的竞争力。(2)鼓励产业协同创新行为。出台产业协同创新政策，鼓励产业链上下游信息共享，建立大数据平台，将各产业信息和案例设库共享，减少不必要的资源浪费。(3)建立试点加快炼化一体化进程。在推进炼化一体化的过程中，可以以打造新炼化一体化、企业，向世界级规模演进为主导，采用“化主油辅”一体化方案，逐步体现大乙烯、大芳烃的明显效益，加强市场竞争力。(4)建立石化行业微化工系统。因此，创新石油加工产业微化工生产技术，促进石油加工产业上下游制造工艺生产流程的功能强化和石油化工生产系统的设备专业化，提高企业能源、资源的综合利用效率，达到节约企业生产能耗的主要目的，改善生产过程中工艺的安全性。

参 考 文 献

[1] 刘晓龙，崔磊磊，李彬，等．碳中和目标下中国能源高质量发展路径研究[J]．北京理工大学学报(社会科学版)，2021，23(3)：1-8.

[2] Glenn E.，Edward L. G. Geographic Concentration in U. S. Manufacturing Industries：A Dartboard Approach [J]. Journal of Political Economy，1997，105(5)：889-927.

[3] 刘玉浩，池仁勇，施佐利．产业协同集聚对制造业效率的影响研究[J]．上海管理科学，2018，40(5)：97-101.

[4] 伍先福，产业协同集聚影响全要素生产率的空间效应研究——基于 246 个城市的空间杜宾模型实证[J]．广西师范大学学报：哲学社会科学版，2019，55(3)：88-101.

[5] 周小亮，宋立．生产性服务业与制造业协同集聚对产业结构优化升级的影响[J]．首都经济贸易大学学报，2019，21(4)：54-64.

[6] 王瑞雪，孙海清，朱彩霞．农业与旅游业耦合协调发展分析及前景预测——以云南省为例[J]．生态经济，2020(8)：107-113.

[7] 胡志强，苗健铭，苗长虹．中国地市工业集聚与污染排放的空间特征及计量检验[J]．地理科学，2018(2)：170-176.

[8] 肖周燕，沈左次．人口集聚、产业集聚与环境污染的时空演化及关联性分析[J]．干旱区资源与环境，2019(2)：1-8.

[9] 苗建军，郭红娇．产业协同集聚对环境污染的影响机制——基于长三角城市群面板数据的实证研究[J]．管理现代化，2019(3)：70-76.

[10] 张绚．天津火电行业大气颗粒物及温室气体协同减排情景研究[D]．南开大学，2013.

[11] 刘华军，刘传明，陈明华．中国工业 CO2 排放的行业间传导网络及协同减排[J]．中国人口·资源与环境，2016，26(4)：90-99.

[12] Adom P. K.，Bekoe W.，Franklin A. M，et al. Carbon Dioxide Emissions，Economic Growth，Industrial Structure，and Technical Efficiency：Empirical Evidence from Ghana，Senegal，and Morocco on the Causal Dynamics[J]. Energy，2012，47(1)：314-325.

[13] 魏一鸣．关于我国碳排放问题的若干对策与建议[J]．中国科学院院刊，2006(1)：45-48

[14] 周楠．我国工业碳排放测算及其影响因素[J]．经营与管理，2013(11)：51-56.

[15] 何维达，张凯．我国钢铁工业碳排放影响因素分解分析[J]．工业技术经济，2013(1)：3-10.

[16] 梁晓捷，王兵，张皓，等．钢铁行业能源效率与碳排放[J]．北京理工大学学报(社会科学版)，2016，18(2)：34-38.

[17] 赵建安，郑宗强，曹植，等．中国水泥生产碳排放系数省区空间差异性及成因分析[J]．资源科学，2016，38(9)：1791-1800.

[18] 李园，张传平，谢晓慧．中国二氧化碳排放差异及影响因素分析——基于工业分行业的实证分析[J]．工业技术经济，2012(8)：39-45.

[19] 邵帅，杨莉莉，曹建华．工业能源消费碳排放影响因素研巧——基于 STIRPAT 模型的上海分行业动态面板数据实证分析[J]．财经研究，2010，36(11)：16-27.

[20] 高树婷，张慧琴，杨礼荣，等．我国温室气体排放量估测初探[J]．环境科学研究，1994，7(6)：56-59.

[21] Fan Y.，Liu L. G.，Wei Y. M.，et al. Changes in Carbon Intensity in China：Empirical Findings from 1980 - 2003 [J]. Eeologieal Eeonomies，2007，62(4)：683-691.

[22] 钱磊，季远玲．低碳经济的发展对石油行业的深远影响[J]．价值工程．2010(15)：56-58.

[23] 杨艳，袁磊，赵星．低碳经济发展趋势与石油公司的对策[J]．石油科技论坛．2010(1)：42-44.

[24] 白颐．石油化工行业低碳经济发展关注点[J]．化学工业．2010(4)：36-37.

[25] Johansson D.，Rootzén J.，Berntsson T. Assessment of Strategies for CO_2 Abatement in the European Petroleum Refining Industry [J]. Energy，2012(42)：375-386.

[26] 覃国军．石油石化企业面临的低碳发展挑战和机遇[J]．油气田环境保护．2010(1)：26-28.

[27] 穆献中，冯孝刚，张志强．石油企业应在发展低碳经济中有所作为[J]．石油科技论坛，2010，28(2)：28-30.

[28] 张虎，韩爱华，杨青龙．中国制造业与生产性服务业协同集聚的空间效应分析[J]．数量经济技术经济研究，2017(2)：3-20.

C-NUM航煤液相加氢工业应用

张　红　梁成虎　石勤魁　蔡更生　杜学敏

(中国石油庆阳石化公司)

摘　要　中石油华东设计院有限公司通过消化吸收已有的液相加氢技术，借鉴杜邦、中石化已有装置的运行经验，充分利用液相加氢技术氢气快速溶解、液相停留时间长等优点，以此为基础开发了"无循环、上流式、多床层多点注氢液相加氢成套技术(C-NUM)"。航煤液相加氢精制技术具有大幅度降低装置投资和操作费用的特点，C-NUM加氢技术是一种新型液相航煤加氢技术，本装置的成功投产为C-NUM技术在液相航煤加氢的应用提供了生产实例，也证明了该技术的实用性。

关键词　航煤加氢　液相加氢　无循环　上流式

1　前言

随着社会经济的飞速发展，喷气燃料的社会需求也迅速增长，据统计数据显示，航煤消费量约占全国煤油消费量的80%。据统计2016年煤油消费为3025.8万吨，同比增加9.2%，是三大油品中增速最快的，十年来的年均增速约为10.1%。就目前而言我国航煤的主要来源是常减压装置的直馏航煤。主要加氢技术为滴流床加氢、液相循环加氢和液相无循环加氢技术，液相无循环加氢技术比较多样化，也日趋成熟，本装置是由中国石油工程建设有限公司华东设计分公司研制的无循环上流式液相加氢技术(C-NUM)、中国石油大学(华东)研制的FDG系列保护剂和FDS-103加氢精制催化剂以及浙江大学开发的反应器内件，生产满足《3号喷气燃料》(GB 6537—2018)要求的航煤产品。

庆阳石化公司原有一套20万吨/年航煤精制装置，采用中国石化石油化工科学研究院开发的"改进的磺化酞菁钴固定床脱硫醇精制"工艺，为非临氢技术。由于采用白土吸附脱硫，具有原料适应性差、白土置换费用高、置换后的白土为危废需进一步处理等问题。为了增加航煤产量并解决现有白土工艺带来的环保等问题，新建一套40万吨/年航煤加氢装置，采用无循环上流式液相加氢(C-NUM)成套技术。

2　工艺技术

2.1　工艺原理及技术创新点

目前，常规的加氢精制技术所采用的大都是滴流床加氢反应器，反应器内物流以气液两相的形式存在。在传统的滴流床反应器中，加氢反应仅发生在被烃类物流润湿的催化剂表面上。液体进料中溶解的氢气与进料中的杂质进行反应，逐渐地被消耗掉。为了发生加氢反应，氢气必须扩散并溶解在液态烃类物流的液膜中，所以氢气向液相中的扩散速率是加氢反应过程总动力学的重要因素，是加氢反应的控制步骤。

无循环上流式液相加氢技术使液体在上流式反应器内部为连续相、微过量氢气在反应器内形成鼓泡床，补充在加氢反应中消耗的氢气，取消高温高压液相循环泵，减少反应器内部液体中溶解氢的浓度梯度，消除有害气体循环，提高反应速度。

2.2　液相加氢工艺技术对比

目前，已经工业化的液相加氢技术主要有3种：美国杜邦IsoTherming技术、石油化工科学研究院(RIPP)和中国石化工程建设公司(SEI)联合开发的连续液相加氢(SLHT)技术、抚顺石油化工研究院(FRIPP)与洛阳石化工程工程(LPEC)开发的柴油液相加氢(SRH)技术。

各类工艺技术对比情况见表1。与传统滴流床工艺相比，所开发的C-NUM技术取消了气相循环系统，省去了冷高压分离器、冷高分气空冷器、循环氢压缩机等高压设备，减少了设备投资与占地。同时，采用液相加氢技术，反应物料的热量得以综合利用，显著降低装置能耗。采用C-NUM技术的装置能耗约为常规滴流床技术的68%，投资为常规滴流床投资86%。

表 1　液相加氢工艺技术对比表

项目	ISOtherming 工艺（下流式反应器）		SLHT 工艺（上流式反应器）		C-NUM 工艺（上流式反应器）		
	长庆石化		石家庄炼化				
	催柴：直柴=1：1.3	直柴	焦柴（8%）：直柴		青岛大炼油直柴	长庆直柴	长庆催柴：直柴=1：4
床层入口温度/℃	358	345	平均温度		平均温度		
床层出口温度/℃	371	350	360	370	370	350	360
床层温升/℃	13						
总压/MPa	6.4	6.4	9	9	8	7	8
空速/h^{-1}	1.55	1.55	1.5	1.4	1.2	1.5	1.5
混合柴油性质							
硫含量/（μg/g）	870	455	3570		15464	539	757
氮含量/（μg/g）	720	98	290		244	133	375
精制柴油性质							
硫含量/（μg/g）	35	7	25	8.5	9.5	7.8	7.6
脱硫率/%	95.98	98.46	99.3	99.76	99.94	98.55	99

2.3　反应部分主要操作条件对比对比

如表 2 所示，与传统滴流床技术相比，C-NUM 液相加氢技术主催化剂的体积空速均为 4.0h^{-1}，滴流床反应温度略高，反应温升相当，但 C-NUM 液相加氢技术的反应压力高于滴流床加氢技术，而氢油比正好相反。这是因为液相加氢技术通过将氢气溶解于原料油中来满足加氢反应所需氢气，取消传统的氢气循环系统，因此提高反应器入口压力有利于增加原料油的溶氢能力。而常规的滴流床加氢工艺需要借用循环氢系统维持较高的氢油体积比，克服扩散限制。C-NUM 液相加氢技术与抚顺石油化工研究院开发的 SRH 工艺相比，初、末期的操作条件基本一致。

表 2　反应器主要操作条件对比

项目	滴流床加氢		SRH 液相加氢		C-NUM 液相加氢	
	初期	末期	初期	末期	初期	末期
反应流向	下流式		下流式		上流式	
反应器入口压力/MPa(g)	2.0	2.0	3.5	3.5	4.0	4.0
主催化剂体积空速/h^{-1}	4.0	4.0	4.0	4.0	4.0	4.0
平均反应温度/℃	251	291	246	281	246	281
氢油比/（Nm^3/Nm^3）	80	80	7	8	7~11	7~11

2.4　主要设备对比

与传统滴流床加氢技术相比，液相加氢技术的工艺流程更为简单，不需要设置氢气循环系统所需要的空冷器、容器及压缩机等设备。SRH 工艺由于采用下流式反应，加氢反应器需设置排放气口和液位控制系统，同时需要设置排放气冷却及分液设施。

液相加氢技术开发了具有强剪切破碎功能的气液分布器、带有微鼓泡发生器的注氢管等成套反应器内构件，如图 1 所示，反应器内构件结构简单，反应器体积占用少，气液分布效果好，反应性能均一，工业试验装置反应器径向温差≯1℃。

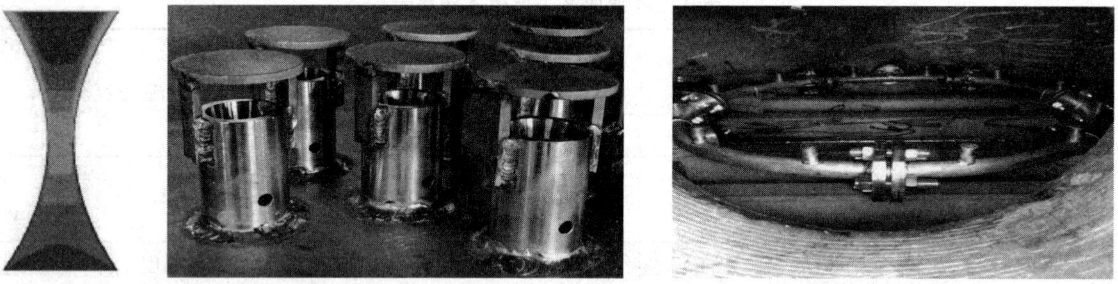

图 1　文丘里型微气泡发生器、文丘里分布管、气液分布器及注氢管现场照片

3　工艺路线概况及装置运行工况分析

3.1　工艺流程简介

原料油经原料油过滤器后进入原料油缓冲罐，经泵升压后与新氢混合，依次与精制航煤、反应流出物换热后进入反应进料加热炉，从反应器底部进入。反应器设置两个床层，在每个床层入口设置注氢点，反应流出物与混氢原料油换热后经减压后进入分馏塔，分馏塔底设置重沸炉，塔顶油气经空冷、水冷冷却后进入回流罐进行气、油、水三相分离，油相全回流。塔底航煤产品经换热后经硫化氢吸附罐脱除微量的硫化氢后，再经过滤器，注入抗氧剂后送出装置。航煤液相加氢工艺流程如图 2 所示。

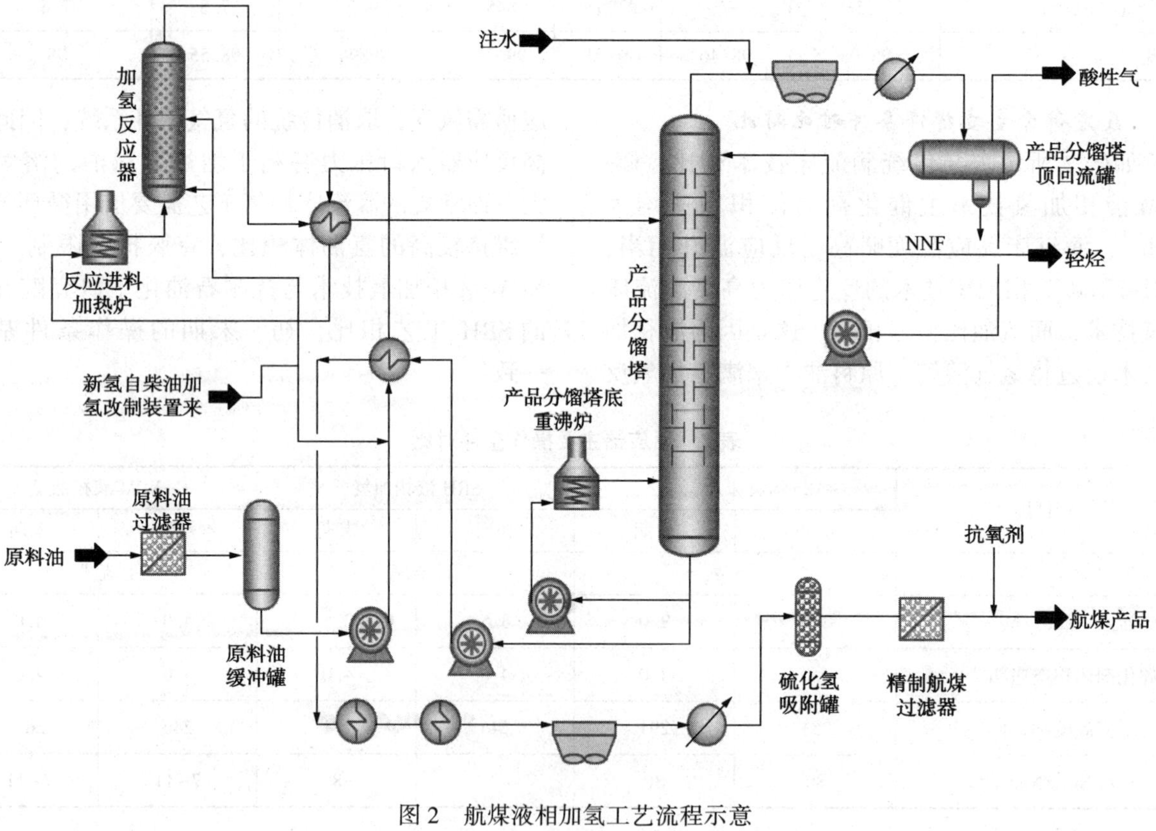

图 2　航煤液相加氢工艺流程示意

3.2　装置运行情况

该技术于 2017 年在庆阳石化进行工业化试验，装置于 2018 年 12 月一次开车成功，并于 2019 年 2 月通过国产航空(舰艇)油料鉴定委员会的认证，目前装置已平稳运行一年多时间。2019 年 9 月公司组织对该装置进行标定，加工负荷为 66%~80%。标定期间原料油性质见表 3。与设计数据相比，标定期间原料油初馏点和闪点降低，所夹带石脑油馏分量大，为满足航煤产品闪点要求，石脑油需在分馏塔顶拔出。

表 3　航煤加氢装置原料油性质

	9月4日8：00	9月5日8：00	9月6日8：00	设计
密度(20℃)/(kg/m^3)	784.7	784.2	784.4	784.3
馏程　HK/℃	144.8	146.2	141.4	151.9
10%	169.2	166.8	167.6	162.7
30%	180.6	176.6	176.2	169.5
50%	187.2	184.8	187.6	177.5
70%	192.2	193.0	192.8	188.4
90%	203.0	203.4	204.0	205.0
终馏点	218.6	223.6	220.0	216.9
总硫/(μg/g)	190.1	163.8	184.4	186
硫醇硫/(μg/g)	91	91	96	90
总氮/(μg/g)	1.4	1.4	1.1	1.0
闪点/℃	39.0	39.0	36.0	44
氯含量/(μg/g)	0.27	0.23	0.21	/
酸值/(mgKOH/100mL)	0.0015	0.0022	0.0017	0.005
冰点/℃	-50.4	-50.0	-49.8	-59.1
烟点/mm	27.2	27.1	27.2	28.6
芳烃/%	10.2	9.8	10.7	11.6
烯烃/%	2.1	1.9	1.2	/

标定期间反应器主要操作条件见表 4。与设计相比，反应温度低于设计值。为降低酸性气中硫化氢分压，保证航煤产品铜片腐蚀稳定在 1a 等级，注氢量大，氢油比大于设计值。

表 4　反应器主要操作条件

项　目		设计		操作
		初期	末期	
反应器入口压力/MPa		3.5		3.5
床层入口/出口温度/℃	第一床层	245/246	280/281	241
	第二床层	246/247	281/282	241
总温升/℃		2	2	0
平均反应温度/℃		246	281	241
反应器设计温度/℃		330		330
反应器设计压力/MPa		5.85		5.85
注氢量(纯氢)/(Nm^3/m^3)		7~8		14~16

标定期间精制航煤产品性质见表 5。从表中数据可以看出，航煤产品的各项指标均满足《3 号喷气燃料》GB 6537—2018 的要求。

表 5　精制航煤产品性质

	9月4日8：00	9月5日8：00	9月6日8：00	设计
密度(20℃)/(kg/m^3)	785.1	786.1	786.8	775~830
馏程　HK/℃	152.0	151.4	147.2	152
10%	171.0	169.0	170.4	≯205
30%	180.2	179.8	180.0	170

续表

	9月4日8:00	9月5日8:00	9月6日8:00	设计
50%	186.6	185.6	189.0	≯232
70%	191.4	190.6	191.0	189
90%	202.2	203.2	204.6	205
终馏点	216.4	216.2	219.8	≯300
总硫含量/(μg/g)	8.8	8.3	9.8	≯2000
硫醇硫/(μg/g)	<3	<3	3	≯20
总氮含量/(μg/g)	0.6	0.4	0.5	/
闪点/℃	44.0	43.0	41.0	/
铜片腐蚀/级	1a	1a	1a	≯1
酸值/(mgKOH/100g)	0.0013	0.0012	0.0013	≯0.015
冰点/℃	-50.4	-49.1	-49.2	≯-47
烟点/mm	27.2	27.1	27.2	≮25
动态氧化安定性(280℃，2h)	0.0 1级	0.0 1级	0.0 1级	/
静态氧化安定性/(mg/100mL)	4.8	4.5	5.2	/
银片腐蚀/级	0级	0级	0级	≯1
色度	>30	>30	>30	≮25
实际胶质	1.2	1.4	1.4	/
水反应	1b(界面情况) 2(分离程度)	1b(界面情况) 2(分离程度)	1b(界面情况) 2(分离程度)	/

标定期间装置物料平衡见表6。装置总液收为100%，但由于原料中夹杂着部分石脑油，为保证航煤产品闪点满足要求，并确保铜片腐蚀稳定于1a等级，塔顶外甩部分石脑油。

表6　物料平衡表

序号	物料名称	数值			设计
		wt%	kg/h	万吨/年	wt%
一	原料				
1	直馏罐区混合煤油	100.00	37000	31.08	100.00
2	重整氢	0.29	106.3	0.09	0.16
	合计	100.29	37106.3	31.17	100.16
二	产品				
1	航煤产品	94.34	34905.9	29.32	99.88
2	酸性石脑油	5.66	1680	1.41	
3	酸性气	0.09	34.1	0.029	0.28
4	损失	1.32	486.3	0.41	
	合计	100	36620	30.76	100.16

标定期间能耗计算见表7。装置设计能耗为4.86kg标准油/t原料，标定能耗为4.48kg标准油/t原料。

表 7　能耗计算表

序号	项目	小时耗量		原料单耗		耗能指标		单位能耗	设计原料单耗
		单位	数量	单位	数量	单位	数量	MJ/t	MJ/t
1	燃料	kg/h	285	kg/t	7.50	MJ/t	36.226	271.69	169.63
2	电	kW·h/h	235	kW.h/t	6.18	MJ/kWh	9.211	56.96	50.68
3	净化风	Nm^3/h	453	Nm^3/t	11.92	MJ/Nm^3	1.59	18.95	1.82
4	循环水	t/h	96	t/t	2.526	MJ/t	2.51	6.341	6.42
5	热进料	kW·h/h	929					88.01	32.13
6	低温热	kW·h/h	-2684					-254.27	-70.23
	合计							187.69	190.44
						4.48	kg 标准油/t 原料		4.86

4　社会效益情况及推广用前景

“无循环、上流式、多床层多点注氢液相加氢成套技术(C-NUM)”于 2017 年在庆阳石化 40 万吨/年航煤加氢装置上进行工业化试验，与引进系统外同类、同规模的航煤加氢装置相比，减少技术引进费用约 200 万元；与采用常规滴流床加氢技术相比，装置总投资减少 383 万元；在能耗方面，液相加氢技术比滴流床加氢技术能耗可低 3~4kg 标准油/t 原料，可减少操作费用约 400 万元/年，装置燃料气量减小，所产生烟气排放量降低。

5　结论

(1) C-NUM 技术在庆阳石化公司的首次成功应用验证了该技术的实用性，为该技术大规模应用提供了实例，有利于该技术和设计包的完善更新，同时也为本公司的产品多样性和提升效益奠定了基础。

(2) 本技术可应用于新建或改造柴油、航煤、润滑油及蜡油等加氢装置，生产国 VI 柴油、航空煤油、润滑油组分及 FCC 原料，为节能降耗、优化全厂加工方案和优质清洁燃料生产提供有力的技术支撑，从而提高企业效益，推动地方经济的发展。

参　考　文　献

[1] 李桂华. FH-40A 催化剂对煤油加氢装置的适应性试验[J]. 当代化工，34(06)：397-399.
[2] 郭蓉，姚运海，周勇. FH-40B 加氢精制催化剂的反应性能及工业应用[J]. 炼油技术与工程，2007，37(08)：58-60.
[3] 刘继华，郭蓉，宋永一. FH-40 系列轻质馏分油加氢精制催化剂研制及工业应用[J]. 工业催化，2007，15(07)：24-26.

典型煤化工项目低碳发展路径的技术经济评价

王　强　陶　怡　易学睿　步学朋　柯　彦

(国家能源集团技术经济研究院)

摘　要　双碳目标是我国对世界的庄严承诺，煤化工产业属于高碳排放类产业，探索低碳化发展路径迫在眉睫。本文以碳交易价100元/吨为基准，碳交易外购比例取5%，20%，50%三种情景，分别分析了节能减排、绿氢替代、绿电替代、原料低碳化、产品方案优化、二氧化碳末端利用等低碳路径的技术经济性，分析认为绿电加电驱方案单位产品的成本变动较小，是较为经济合理的低碳方案，当前建议优先选取绿电加电驱方案；其次是节能减排方案，应在项目前期阶段进行全项目优化。产品方案优化也是减排增效的有效途径，建议发展适合煤化工工艺的含氧化合物等产品，但还需要通过技术创新进一步降低成本。绿氢方案由于当前绿电价格较高，经济性较差，可作为储备技术先行试点。原料低碳化方案取决于天然气供应的可靠性以及国家政策。二氧化碳末端利用目前经济性不佳，建议进一步示范CCUS等利用路径，提高整体经济效益。

关键词　煤化工　节能减排　绿氢替代　绿电替代　原料低碳化　经济性

“十二五”以来，我国现代煤化工在工艺技术升级示范，产业化推广等方面取得积极进展，产业规模稳步增长，有力促进了煤炭的清洁高效转化利用，为国家能源安全发挥了积极作用。当前，煤化工面临绿色低碳发展和能耗双控制约，国家及多地对高能耗项目进行限制，煤化工产业要高质量发展，就需要在减碳、降低能耗等方面积极作为，向产品高端化、差异化、绿色化发展。国内相关企业、研究结构和高校纷纷展开对现代煤化工低碳发展路径的研究，从目前收集到的资料分析，主要包括节能减排、绿氢替代、绿电替代、原料低碳化、产品方案优化、二氧化碳末端利用等[1-7]，但这些路径的可行性最终还取决于其技术成熟度及其经济性，尚没有研究机构对这些路径的技术经济性进行全面的分析，本文在考虑目前我国已经开展的碳交易背景下，按照不同碳价情景，分析了不同路径的技术经济性，为产业低碳发展的路径提供支撑。

1　评价的边界条件

1.1　基准情景

以某70万吨/年煤制烯烃为测算基础，项目总投资约为225亿元，项目消耗原料煤约325万吨/年，燃料煤160万吨/年，外购电约3亿度。项目年排放CO_2约735.4万吨。

表1　典型煤制烯烃项目二氧化碳排放

序号	排放气体名称	CO_2排放量/(万t/a)	tCO_2/吨烯烃
1	低温甲醇洗尾气	388.6	5.8
2	锅炉烟气	322.4	4.8
3	各加热炉烟气	10.0	0.1
4	外购电	14.4	0.2
小计	735.4	10.9	

项目主产品为聚乙烯和聚丙烯，副产丙烷、碳5汽油等产品。项目单位主产品的成本如下表。

表2　典型煤制烯烃项目单位聚烯烃产品成本构成

序号	成本要素	元/吨
1	外购原材料费	1220
2	外购燃料及动力费	576
3	工资及福利费	358
4	修理费	617
5	其它费用	338
6	折旧费	1854
7	摊销费	92
8	利息支出	292
9	副产品抵扣	-505
	合计	4843

1.2　碳交易价格的选取

随着全国碳交易市场正式启动，火电行业已

经正式纳入碳市场，据了解，化工行业也将在“十四五”期间纳入。鉴于当前火电行业碳排放交易权基本是配额制，本文拟采用基准碳价下，不同征收比例对典型煤制烯烃项目成本的影响。基准碳价取100元/吨(2013年，欧盟执行削减配额政策以来，碳价格呈快速增长趋势，年均增幅约22%，考虑到国内情况与欧盟有所不同，本文取年均增幅15%，当前全国碳价约50-70元/吨，到“十四五”末约为100元/吨)，交易外购比例取5%，20%，50%，计取情景选取及成本变化如下表。

表3 煤制烯烃项目在不同交易权外购比例条件下增加成本情况表

外购比例	计取情景	吨产品增加成本(元/吨)
5%	参考火电行业2019-2020年全国碳市场配额缺口约5%。	55
20%	“十四五”规划纲要要求到2025年全国单位GDP碳排放强度下降18%。	220
50%	以欧盟碳碳排放总限额量逐渐下降4.2%，约2035年排放水平。	550

1.3 绿电价格的选取

考虑未来产业电气化水平的提高，电价对产业生产成本及节能减排将产业较大程度的影响，本研究考虑了未来新能源发电度电成本的下降，不同情景下电价计取详见下表。

表4 不同计取情景绿电价格情况表

绿电价格/(元/度)	计取情景
0.3	当前光资源较好地区平准化度电成本
0.15	随着新能源组件制造进步，成本下降50%
0.1	行业咨询机构预测2050年新能源成本

1.4 绿氢价格的选取

考虑未来新能源大力发展，煤化工与新能源深度耦合助力产业深度脱碳将变成可能。本研究中选取不同“绿氢”价格，分析绿氢价格对项目产品成本的影响。“绿氢”成本以新能源电解水制氢工艺测算。绿氢价格及计取情景选取如下表。

表5 不同计取情景下绿氢价格表

绿氢价格/(元/Nm^3)	计取情景
1.88	以电价0.3元/度计算
1.12	以电价0.15元/吨计算
0.88	以电价0.1元/度计算

备注：绿氢价格计算时考虑电解制氢每方氢气消耗5度电，当电价为0.3元/度时，电耗占完全成本的80%考虑。

1.5 其他低碳原料的选取

目前除绿氢以外，其他的低碳原料主要是甲烷，来源包括天然气、液化石油气、油田气等。一般天然气一段蒸汽转化制得的合成气中氢碳比大于3.7，煤气化制得的合成气中氢碳比约0.4-0.8，生产甲醇要求的氢碳比约2.05，因此单纯以天然气为原料生产甲醇时一般需采取补碳工艺，而单纯以煤为原料的甲醇装置需将煤气化粗煤气中的CO经变换后转化为H_2。因此，可以将煤炭和甲烷耦合，取长补短，减少水煤气变换的量，降低碳排放。

2 不同减碳路径的技术经济评价

2.1 节能降耗

分析认为，通过节能降耗，能够一定程度上提高项目整体能源利用水平，减少二氧化碳排放，但是，节能降耗一般是要付出代价的，即需要增加投资，但整体的运营成本不一定增加。

节能降耗手段包括工艺优化，整体网络优化，和设备单元优化，其中，整体网络优化又分为工艺换热网络优化、装置间热联合优化、大系统低温热综合利用优化等[8-14]。

下面举几个例子来解释节能优化的技术经济分析，例如，某项目煤气化装置采用加压粉煤气化技术替代水煤浆煤气化技术，全厂投资增加约10亿元，节约标准煤约130万吨/年，减排二氧化碳约245万吨/年，单位减排二氧化碳的投资为308元/吨，折算为成本约增加20.5元/吨二氧化碳。例如，某项目采用全变换气、部分变换气先不混合，进入酸性气体脱除装置分别吸收后再混合的方案。与混合吸收方案相比，此方案投资约增加6000万元，减排二氧化碳约30万吨/年，单位减排二氧化碳的投资为200元/吨，折算为成本约增加13元/吨二氧化碳。再例如，某项目风冷器总负荷约550万千瓦。与采用水冷器相比，增加投资约8亿元，但用电负荷减少约5.5万千瓦，减少电耗约4.5亿度/年，节省运行费用约1.8亿元/年，减排二氧化碳21万吨，单位减排二氧化碳的投资为3809元/吨，折算为成本约减少603元/吨二氧化碳。

通过以上举例分析，通过节能减排的手段降低碳排放往往需要增加投资，但不一定会增加成本，特别是对于新建项目，利用热夹点、水夹点等理论在整体网络方面做好优化，能够提高整体运营效率，减少碳排放。初步分析，通过节能减排，煤制烯烃项目的二氧化碳排放减排潜能约为10%以内。

2.2　与绿氢耦合

现代煤化工与绿氢耦合的工艺流程简图如下图所示，图中为理想情况，考虑由绿氢全部替代煤制氢。

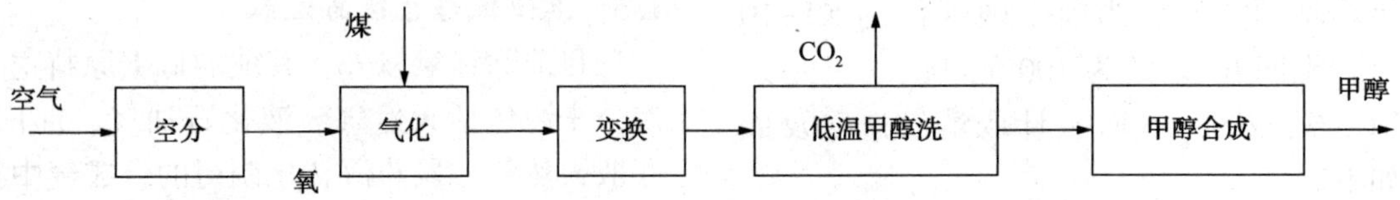

(a)典型现代煤化工项目工艺流程示意图

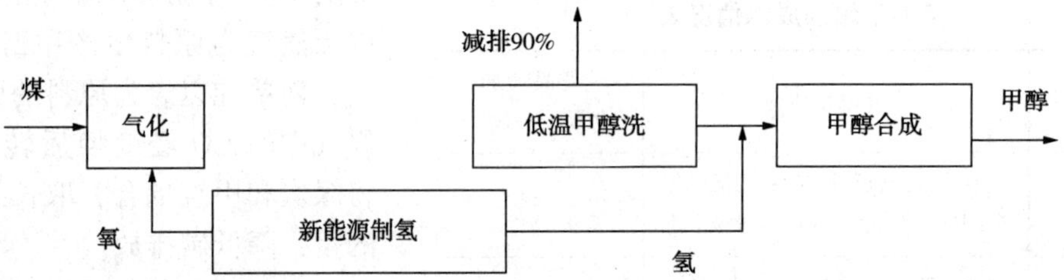

(b)现代煤化工项目与新能源制氢耦合流程示意图

图1　煤化工与新能源制氢耦合工艺流程示意图

未来煤制烯烃项目与“绿氢”的耦合对现有工艺单元变化影响主要体现在两方面。一方面是通过新能源绿电制氢，同时产生了氧气，经测算可以完全省去空分及变换等工艺装置，提高了煤炭转化效率。以水煤浆气化考虑，备煤、磨煤、气化、甲醇洗、硫回收等装置规模将减小38.5%，循环水装置规模将下降35.2%。工艺过程碳排放强度将下降95%以上。另一方面由于空分的取消不再需要高压蒸汽，通过优化蒸汽平衡，实现蒸汽梯级利用，有可能大幅缩减动力中心规模，大幅降低燃烧过程碳排放总量，该情景下需要外购部分电能。如果外购电是来源为火电，则原来动力中心的直接燃烧排放将转变为外购电的间接排放，该方面碳减排幅度不大。在不同绿氢价格下煤制烯烃产品成本变化如下表：

表6　不同绿氢价格下煤制烯烃产品成本变化表

序号	成本要素	基准情景	绿氢1.88元/方	绿氢1.12元/方	绿氢0.88元/方
1	外购原材料费	1220	750	750	750
2	外购燃料及动力费	576	534	534	534
3	工资及福利费	358	358	358	358
4	修理费	617	444	444	444
5	其它费用	338	338	338	338
6	折旧费	1854	1334	1334	1334
7	摊销费	92	92	92	92
8	利息支出	292	221	221	221
9	副产品抵扣	-505	-310	-310	-310
10	绿氢	—	4467	2661	2091
	合计	4843	8229	6423	5853
较原工艺成本增加		—	3385	1580	1010

备注：其中绿氢情景下，取消动力中心需要年外购电8.9亿度，以外购电0.4元/度考虑，计入外购燃料及动力费。

在与新能源绿氢耦合工艺情景下，考虑在不同外购碳交易权比例，引入绿氢后，总体碳排放下降约为60%，则各种情景下，可认为富余的碳指标可以到碳市场进行交易，如5%情景下，认为有55%的碳指标可以出售，各种情景成本变化如下表。

表7 不同外购碳交易权比例下不同绿氢价格下单位聚烯烃成本

基准情景	基准情景成本（元/吨）	绿氢价格（元/Nm^3）	出售碳指标收益（元/吨）	吨烯烃成本（元/吨）	较原工艺成本增加（元/吨）
5%征税情景	4898.2	1.88	600	7629	2731
		1.12	600	5823	925
		0.88	600	5253	355
20%征税情景	5063.2	1.88	327	7793	2729
		1.12	327	5987	924
		0.88	327	5417	353
50%征税情景	5393.2	1.88	109	8120	2726
		1.12	109	6314	921
		0.88	109	5744	350

由测算结果可知，绿氢价格在0.88-1.88元/Nm^3时，烯烃产品成本增加350-2726元/吨。在当前绿氢价格下，煤制烯烃与新能源耦合工艺经济性不高，但减碳效果较为明显，总体可以减排60%以上，未来如果绿氢价格下降到1元/Nm^3以下，采用绿氢的经济性则能够被市场接受。

2.3 与甲烷耦合

原料低碳化方案主要是和甲烷耦合发展。生产70万吨/年当量的聚烯烃产品，约需要38万Nm^3/h的氢气和17万Nm^3/h的一氧化碳，下面通过反应方程式，分析需要的天然气量和煤气化规模。

天然气转化的方程式可以简写如下，其实际生产中氢碳比约为3.7。

$$CH_4+H_2O \longrightarrow 3H_2+CO$$

煤炭气化的方程式比较复杂，主要反应方程式如下，煤气化制得的合成气中氢碳比约0.4-0.8。

$$C+O_2 \longrightarrow CO_2$$
$$C+1/2O_2 \longrightarrow CO$$
$$C+H_2O \longrightarrow CO+H_2$$
$$C+CO_2 \longrightarrow 2CO$$
$$CO+H_2O \longrightarrow CO_2+H_2$$

以此测算，则整体规模上，天然气转化生产的合成气规模大致为煤气化的2倍时，合成气中的氢碳比可以达到2（合成甲醇的要求）。以此测算，则需要约8万Nm^3/h的天然气（折合64000万Nm^3/年），气化规模则减小至原工艺路线的1/3，耗煤量减少到约100万吨/年。

从经济性的角度分析，需增加天然气转化装置，新增投资约10亿元，空分、气化等装置减少投资约16亿元，取消变换装置减少投资约2.5亿元，新增外购天然气64000万Nm^3，按照2元/m^3计算，新增成本12.8亿元/年，减少煤炭消耗250万吨/年，减少碳排放约400万吨/年，减少成本7.5亿元/年。

综合测算，投资减少约8.5亿元，单位产品的折旧成本和利息降低约100元/吨，原材料成本增加5.3亿元/年，单位产品的成本增加约791元/吨，合计单位产品的成本增加691元/吨，减少碳排放约400万吨/年，减碳比例约为54%。

如上所述，与甲烷耦合方案的单位产品成本增加约691元/吨，增幅不大。但是，由于我国天然气资源短缺，仅有延长石油等跨多能源领域的企业具备条件。此外，2012年修订的《天然气利用政策》指出：新建或扩建以天然气为原料生产甲醇下游产品的装置被增补进禁止类，因此，在当前情况下大规模采用天然气作为原料还需要政策支撑，未来随着页岩气等产业的发展，天然气供需得到改善后，该技术可作为低碳发展的备选方案。

2.4 电驱+绿电

现代煤化工项目的燃烧排放主要来自于自备

电厂的锅炉排放。自备电厂的锅炉主要用于提供全厂的蒸汽和电力，为了降低碳排放强度，可以考虑采用电驱替代汽驱，也就是用电替代蒸汽，而电可以从新能源发电采购，这样间接减少碳排放量。通过分析某典型煤制烯烃项目的蒸汽平衡，其9.8MPa高压蒸汽主要供应发电机组和空分透平(如图2)，其4.1MPa中压蒸汽主要供应甲醇循环机透平、MTO透平、烯烃分离透平、给水透平等(如图3)，通过分析，部分工艺蒸汽(如气化用蒸汽)、和防爆区的透平装置(如甲醇循环透平、烯烃分离透平)无法用电替代，其他大部分透平均可以采用电驱替代，蒸汽用量可以下降90%，而且煤化工项目的变换、甲醇合成等工艺装置本身副产大量蒸汽，基本可以满足以上无法用电驱替代的部分。可大幅降低燃烧排放的二氧化碳量。

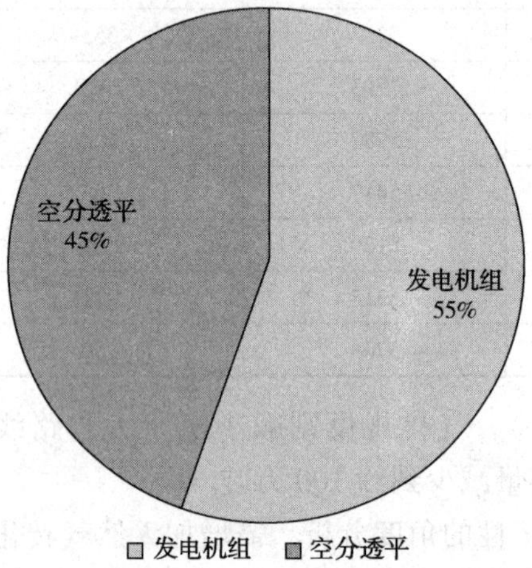

图2　9.8MPa高压蒸汽利用装置

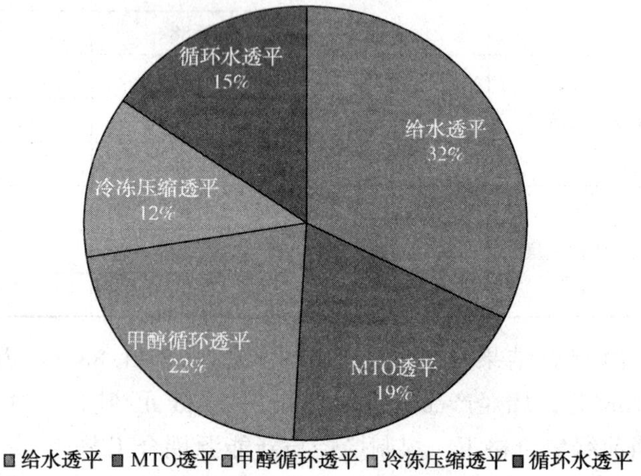

图3　4.1MPa中压蒸汽利用装置

采用电驱之后项目的成本变换分析如下，取消动力中心减少投资21.5亿元，汽驱改电驱的投资和成本并无明显增减，外购电增加24亿度，折旧成本减少约213.9元/吨，利息支出减少约33.6元/吨，外购电成本分别增加1074元/吨(0.3元/kWh)、537元/吨(0.15元/kWh)、358元/吨(0.1元/kWh)。

表8　不同绿氢价格下煤制烯烃产品成本变化表

序号	成本要素	基准情景	绿电(0.3元/kWh)	绿电(0.15元/kWh)	绿电(0.1元/kWh)
1	外购原材料费	1220	750.3	750.3	750.3
2	外购燃料及动力费	576.4	511.3	511.3	511.3
3	工资及福利费	358.2	358.2	358.2	358.2
4	修理费	617.4	444.2	444.2	444.2
5	其他费用	337.7	337.7	337.7	337.7
6	折旧费	1854.4	1640.5	1640.5	1640.5
7	摊销费	92.3	95	95	95
8	利息支出	291.6	258	258	258
9	副产品抵扣	-504.7	-504.7	-504.7	-504.7
10	外购绿电	—	1074	537	358
	合计	4843.3	4964.5	4427.5	4248.5
较原工艺成本增加		—	121.2	-415.8	-594.8

假设外购电均为绿电，则碳排放总量下降约46.8%，主要来自于动力中心的减排量。单位产品成本的变化如下：

表 9 电驱+绿电情景下单位聚烯烃成本变化表

基准情景	基准情景成本（元/吨）	绿电价格（元/kWh）	出售碳指标收益（元/吨）	吨烯烃成本	较原工艺成本增加（元/吨）
5%征税情景	4898	0.3	456	4509	-334
		0.15	456	3972	-871
		0.1	456	3793	-1050
20%征税情景	5063	0.3	292	4672	-391
		0.15	292	4135	-928
		0.1	292	3956	-1107
50%征税情景	5393	0.3	-35	4999	-394
		0.15	-35	4462	-931
		0.1	-35	4283	-1110

如表所示，全部情景下，购买绿电后，成本均要小于基准情景，一方面是新建项目如果采用电驱，与汽驱相比成本并无明显变化；另一方面，如果采用绿电，则可以大幅减少动力中心的碳排放，减排量可作为碳资产出售，获得部分收益，降低了单位产品的成本。当然，本研究所取的绿电价格较低，是基于未来绿电成本进一步下降的趋势判断，目前绿电价格还较高，经济性要弱于测算结果。

2.5 优化产品方案

现代煤化工以煤为原料，大多数经气化生成一氧化碳和氢气，从元素组成角度考虑，原料中包含了碳、氧和氢三种元素，因此，现代煤化工更适合生产含氧化合物，能够提高元素的利用效率，减少碳排放，而可降解塑料是其中较好的发展方向之一。以聚乙醇酸（PGA）为例，其碳排放强度仅为 3.5 吨/吨，是生产聚烯烃产品的约 1/3。目前，由于煤基可降解塑料尚处于工艺示范阶段，工艺成本较高，示范项目的规模也尚未达到经济规模，单位可降解塑料的成本大约在 1 万元/吨以上，未来随着技术的发展和项目规模的扩大，产品成本有望进一步降低，逐渐接近传统聚烯烃成本。

现代煤化工的另一条路径是煤直接液化，该路径的能源转化效率高达 58%，本身就是现代煤化工中低碳利用的较理想工艺，但是生产油品的同时，大量副产液化油渣，因此，利用好这些副产品至关重要。经研究，煤液化油渣中沥青类物质约占 50%，可作为针状焦、碳纤维端炭材料的原料[15]，通过加大开发力度研发新工艺、新技术，能够改善煤液化沥青品质、提高附加值，降低单位增加值碳排放强度。直接液化油渣经过萃取工艺生产高端沥青产品，吨产品的收益可增加 1000 元/吨以上，百万吨项目的万元增加值碳排放强度降低约 8%-10%。

此外，现代煤化工项目还要利用工艺本身的特点，向烯烃专用料、α-烯烃、高端军用油品、高端碳纤维、高端蜡、全系列可降解塑料、特种气体等领域发展，提高整体项目的附加值。

2.6 二氧化碳封存和利用

煤炭的碳氢原子比为 1.0 比 0.2，远高于石油的 2.0 比 1.6 和天然气的 4.0 比 1.0，因此现代煤化工项目生产过程中会大量排放二氧化碳。为实现减排需要将二氧化碳作为资源进行利用，从而实现现代煤化工低碳发展。现代煤化工二氧化碳排放源较集中、排放浓度较高，容易得到富集，二氧化碳捕集、利用与封存（CCUS）成本相对较低。根据全球碳捕集与封存研究院的数据，截至 2020 年底，全世界有 65 个商业 CCS 设施，利用 CCS 技术捕集的二氧化碳总量每年约 4000 万吨。中国共有 18 个捕集项目在运行，二氧化碳捕集量约 170 万吨。例如，某项目结合低温甲醇洗装置的工艺特点，直接从无硫中压甲醇富液中分离得到纯度为 99.6%的 CO_2，CO_2捕集成本约为 120 元/吨[16]。以此成本为基准进行测算，生产每吨烯烃 CO_2捕集成本约为 696 元。在对低温甲醇洗尾气 CO_2完全捕集情景下，考虑在不同外购碳交易权比例，总体碳排放下降约为 53.2%，则各种情景下，可认为富余的碳指标可以到碳市场进行交易，如 5%情景下，认为有 48.2%的碳指标可以出售，各种情景成本变化如下表。

表10　对低温甲醇洗尾气 CO_2 完全捕集情景下单位聚烯烃成本

基准情景	基准情景成本(元/吨)	出售碳指标收益(元/吨)	吨烯烃成本(含碳捕集)	较原工艺成本增加(元/吨)
5%征税情景	4898	525	5069	171
20%征税情景	5063	362	5397	334
50%征税情景	5393	35	6054	661

利用捕集的高浓度 CO_2 为原料，也可以进一步利用加工生产化学品，实现固碳的目的。例如，利用二氧化碳和氢气可合成甲醇，而甲醇又是重要的基本有机原料，下游可加工生产烯烃、甲醛、醋酸等多种化学品。

3　结论和建议

3.1　当前建议优先考虑绿电加电驱方案、节能减排方案，对项目经济性的影响在可接受范围内

推荐新建现代煤化工项目采用绿电加电驱的方案，除防爆区设备仍采用汽驱外，其他驱动设备全部改为电驱，并进一步论证缩小动力中心的可行性，同时，提前锁定绿电资源，确保购买绿电指标，以0.3元/kWh进行测算，绿电加电驱方案单位聚烯烃成本增加121.2元/吨，如考虑碳交易情景，则成本还可以有所下降，是较为经济合理的低碳方案。此外，在新建项目前期论证中，建议充分借鉴石油化工等行业的节能减排经验，对工艺换热网络优化、装置间热联合等进行优化，降低项目的能耗水平，减少工艺碳排放量。

3.2　未来综合考虑绿氢耦合、低碳原料和末端治理等方案，为产业低碳发展探索路径

分析认为，与绿氢耦合可以大幅降低现代煤化工碳排放，但由于绿氢价格取决于绿电价格，目前绿电价格仍在0.3元/kWh以上，以此测算的绿氢成本大约是煤制氢的3倍以上，在经济上尚不具备可行性，大规模应用的技术也尚不成熟，但可以作为示范项目对工艺、两种路线的耦合等进行先期示范，为未来更低绿电价格下的发展创造条件。煤制烯烃项目与甲烷耦合，可从原料端降低碳强度，通过测算，单位产品的成本增幅不大，主要取决于天然气价格，但是，由于我国天然气资源短缺，在当前情况下大规模采用天然气作为原料还需要突破原料制约、获得政策支持，未来随着页岩气等产业的发展，天然气供需得到改善后，该技术可作为低碳发展的备选方案。二氧化碳末端治理中，主要是CCS和CCUS、制甲醇等路径，其中CCS路线的 CO_2 捕集成本约为120元/吨，则生产每吨烯烃 CO_2 捕集成本约为696元/吨，考虑碳交易情况则可适当降低成本，未来建议探索CCUS等利用方案，提高经济性。

参考文献

[1] 刘殿栋. 现代煤化工产业碳减排、碳中和方案探讨. 煤炭加工与综合利用. 2021(5): 67-72.

[2] 谢克昌. “十四五”期间现代煤化工发展的几点思考[J]. 煤炭经济研究, 2020, 40(5): 1-2.

[3] 徐振刚. 中国现代煤化工近25年发展回顾、反思、展望[J]. 煤炭科学技术, 2020, 48(8): 1-25.

[4] 门卓武, 李初福, 李井峰. 现代煤化工技术开发的机遇与方向[J]. 能源科技, 2020, 18(8): 60-62.

[5] 吴潜, 龚华俊. 环保税对现代煤化工产业的影响分析[J]. 化学工业, 2019, 37(1): 4-9.

[6] 倪吉. 碳中和背景下, 大炼化和煤化工路该怎么走?. 中国石油和化工[J]. 中国石化, 2021(5): 44-47.

[7] 李晓岩. 现代煤化工进入转型重要时期“十四五”要分类施策适度发展[J]. 中国石油和化工, 2019(10): 78.

[8] 徐茂. 传统化工工艺优化中节能减排措施分析. 科学管理. 2020(11): 181-182.

[9] 谢艳丽, 王北星. 国际先进节能管理经验的启示与借鉴. 石油石化绿色低碳. 2017, 10(2): 1-13.

[10] 马锐. 基于煤化工产业的节能减排问题研究. 化工管理. 2020(7): 49-50.

[11] 权计忠. 节能减排技术在新型煤化工领域的应用分析. 当代化工研究. 2021(01): 103-104.

[12] 郑志云. 某化工企业技术改造项目投资决策研究. 浙江工业大学. 2020.

[13] 窦守花, 闫卫林. 石油化工企业节能减排的现状及对策. 当代化工研究. 2021(08): 95-96.

[14] 谢艳丽, 李远, 王北星, 蔡玉田. 以新思路推动节能产业可持续发展. 当代石油化工. 2020, 28(12): 43-46.

[15] 黄剑波等. 萃取剂组成和结构对煤直接液化油渣萃取行为的影响. 燃料化学学报. 2021: 1-9.

[16] 王维波等. 延长石油煤化工 CO_2 捕集、利用与封存(CCUS)工程实践. 非常规油气. 2021, 8(2): 1-7.

中压加氢改质工艺生产橡胶填充油

黄 灏

（中国石化荆门分公司）

摘 要 以减三线糠醛精制油为原料，经过中压加氢改质中试，不同反应条件下的反应产物颜色均较好；随着反应温度的提高，裂化反应也随之增大。中压加氢改质工业装置重质馏分经过酮苯脱蜡中试得到的脱蜡油 C_N 较高，达到当时暂定 90#橡胶填充油（一级）标准要求。酮苯脱蜡工业装置生产出的减三线中压加氢改质重质馏分脱蜡油经过润滑油加氢补充精制中试，得到的产品除 C_N 值略低以外，其他性能均满足当时暂定 90#橡胶填充油（一级）标准主要指标。工业化应用生产橡胶填充油时，采用微晶蜡加氢装置比采用润滑油加氢精制装置进行加氢补充精制时，其产品赛波特颜色要好得多。

关键词 加氢改质 酮苯脱蜡 补充精制 橡胶填充油

1 前言

中石化荆门分公司（以下简称“荆门石化”）以南阳－江汉石蜡基原油减三线馏分为原料，经过糠醛精制、酮苯脱蜡、加氢补充精制这种润滑油“老三套”工艺生产 MVI500 基础油。由于 MVI500 基础油市场行情和效益不好，荆门石化将其改产橡胶填充油，但由于受加氢补充精制装置反应压力等级的限制，生产的橡胶填充油颜色较差，内在质量也不高。为此，采用减三线馏分油经过糠醛精制、中压加氢改质、酮苯脱蜡、加氢精制等中压加氢改质工艺路线，将其转化为质量更好的环保型橡胶填充油。

2 中压加氢改质和酮苯脱蜡试验

2.1 中压加氢改质试验

试验在 100ml 固定床加氢装置上进行。试验时所用氢气为荆门石化制氢装置所提供的工业氢，氢气纯度大于 95.5%，试验时一次通过。中压加氢改质工艺一反采用 RL－1 催化剂，并在顶部装填 10%的 RG－1 保护剂，二反采用 RJW－2 催化剂。中压加氢改质工艺条件为：反应压力 12.0MPa，体积空速 $0.5h^{-1}/1.0h^{-1}$，氢油比 1000：1，二反温度（t－40）℃，只改变一反温度。试验原料采用荆门石化糠醛精制装置生产的减三线糠醛精制油。模拟中压加氢改质工艺的原料性质和试验结果见表 1。

表 1 模拟加氢改质工艺条件时原料及产品的性质

项 目	减三线糠醛精制油	加氢产品		
		一反温度/℃		
		t	t+20	t+40
闪点/℃	230	210	168	138
运动粘度（100℃）/（$mm^2 \cdot s^{-1}$）	6.793	5.801	4.714	3.362
颜色（拉维邦）/号	3.0	/	/	/
颜色（赛波特）/号	/	+30	+30	+30
折射率（70℃）	1.4635	/	1.4500	/
密度（20℃）/$kg.m^{-3}$	868.7	856.3	846.4	830.5
族组成				
C_P	71.40	/	75.29	/
C_N	20.45	/	22.09	/
C_A	8.15	/	2.62	/
减压馏程/℃				
HK	370	194	198	177
2%	408	310	243	242
10%	425	395	377	297
30%	435	425	422	405
50%	441	434	436	426
70%	449	442	445	440
90%	465	462	463	463
98%	486	481	485	476

由表 1 可见：减三线糠醛精制油经过中压加氢改质中试后，反应产物颜色均较好；随着反应

温度的提高，产品密度、闪点和黏度均下降，且馏分变轻，说明裂化反应随加氢反应温度的提高而增大。

2.2 加氢改质产物酮苯脱蜡试验

以一反温度(t+20)℃等加氢工艺条件下的加氢产物(命名为减三线加氢改质重质馏分B)为原料，进行酮苯脱蜡试验。参照加氢改质重质馏分的酮苯脱蜡工业化生产工艺条件，制定实验室中试酮苯脱蜡工艺条件，试验工艺条件见表2，酮苯脱蜡试验结果见表3。

表2 减三线加氢改质重质馏分B酮苯脱蜡中试工艺条件

项　目	工艺条件
溶剂组成(丁酮：甲苯)(质量比)	65：35
原料温度/℃	80
预稀释比(质量比)	0.5：1
脱蜡一次稀释比(质量比)	1.5：1
脱蜡一次稀释温度/℃	10
脱蜡二次稀释比(质量比)	1.0：1
脱蜡二次稀释温度/℃	-5
脱蜡三次剂油比(质量比)	1.8：1
脱蜡三次稀释温度/℃	-20
冷洗比(质量比)	0.8：1
冷洗温度/℃	-20
一段脱油一次稀释比(质量比)	2.0
冷洗比(质量比)	1.0：1
一段脱油过滤温度/℃	+10
二段脱油一次稀释比(质量比)	0.7
冷洗比(质量比)	1.0：1
二段脱油过滤温度/℃	+16

表3 减三线加氢改质重质馏分B酮苯脱蜡中试脱蜡油性能

项　目		分析结果	某公司90#橡胶填充油(一级)暂定标准主要指标	方法标准
倾点/℃		-9	夏天≯5，冬天≯-2	GB/T 3535
运动黏度(40℃)/($mm^2·s^{-1}$)		50.11	80~100	GB/T 265
运动黏度(100℃)/($mm^2·s^{-1}$)		6.803	报告	GB/T 265
黏度指数		87	/	
紫外芳烃/%		0.90	/	GB/T 11081
结构族组成(n-d-m)	C_P	63.09	报告	SH/T 0729
	C_N	36.55	≮35	
	C_A	0.36	≯5	
折光率(20℃)		1.45	报告	SH/T 0724
密度(20℃)/($kg·m^{-3}$)		871.2	报告	GB/T 1884—1885

从表3可见：因为试验室加氢改质后仅经过气提而没有经过实沸点切割，得到的减三线加氢改质重质馏分B粘度偏小，经过酮苯脱蜡中试后得到的脱蜡油粘度也较小，但C_N较高、C_A很低，说明通过切割是可能达到90#橡胶填充油暂定标准要求的。

3 减三线加氢改质重质馏分酮苯脱蜡试验

以上实验室试验为工业化加氢改质提供了工艺参数，加氢改质装置以石蜡基减三线油进行了工业化生产，得到减三线加氢改质重质馏分。从中压加氢改质装置馏出口采减三线加氢改质重质馏分，按照表2酮苯脱蜡中试工艺条件，以此为原料进行酮苯脱蜡中试，结果见表4。

从表4可见：加氢改质装置减三线加氢改质重质馏分经过酮苯脱蜡中试得到的脱蜡油C_N较高，达到90#橡胶填充油(一级)暂定标准要求，说明经过优化加氢改质和酮苯脱蜡工艺条件是可以生产优质橡胶填充油的。

表4 减三线加氢改质重质馏分酮苯脱蜡中试脱蜡油性能

项目		分析结果	某公司90#橡胶填充油(一级)暂定标准主要指标	方法标准
倾点		-15	夏≯5，冬≯-2	GB/T 3535
运动黏度(40℃)/($mm^2 \cdot s^{-1}$)		92.05	80~100	GB/T 265
运动黏度(100℃)/($mm^2 \cdot s^{-1}$)		9.668	报告	GB/T 265
黏度指数		78	/	
紫外芳烃/%		2.09	/	GB/T 11081
结构族组成(n-d-m)	C_P	63.57	报告	SH/ T0729
	C_N	35.98	≮35	
	C_A	0.45	≯5	
折光率(20℃)		1.4804	报告	SH/T 0724
密度(20℃)/($kg \cdot m^{-3}$)		875.5	报告	GB/T 1884—1885

4 减三线加氢改质重质馏分脱蜡油加氢补充精制试验

以酮苯脱蜡装置生产的减三线加氢改质重质馏分脱蜡油为原料，采用RJW-2催化剂，模拟润滑油加氢补充精制操作条件：反应压力4.0MPa，体积空速1.0h^{-1}，氢油比300∶1，二反温度260℃。试验时所用氢气为荆门分公司制氢装置所提供的工业氢，氢气纯度大于95.5%，试验时一次通过。加氢补充精制的原料性质和试验结果见表5。

表5 模拟加氢补充精制操作条件时原料及产品性质

项　　目	减三线脱蜡油	加氢精制产品	某公司90#橡胶填充油(一级)暂定标准主要指标
闪点/℃	242	253	≮200
倾点/℃	-12	-15	夏天≯5，冬天≯-2
运动黏度(40℃)/($mm^2 \cdot s^{-1}$)	87.56	93.82	80~100
颜色(赛波特)/号	+17	+27	≮+22
折射率(20℃)	1.4882	1.4794	报告
酸值/(mgKOH/g)	0.01	0.01	/
中和值/(mgKOH/g)	/	/	≯0.01
铜片腐蚀(100℃，3h)/级	/	1b	≮1
苯胺点/℃	113.4	/	报告
紫外芳烃/%	1.62	1.40	/
紫外吸光度(260nm)	/	0.963	报告
密度(20℃)/(kg/m^3)	875.7	871.0	报告
族组成			
C_P	63.44	67.82	报告
C_N	32.63	30.94	≮35
C_A	3.93	1.24	≯5

由表5可见：酮苯脱蜡装置减三线加氢改质重质馏分脱蜡油经过加氢补充精制中试，得到的产品除C_N值略低以外，其他性能均满足某公司90#橡胶填充油(一级)暂定标准主要指标。

5 工业化生产橡胶油质量跟踪

以减三线糠醛精制油(即表6中加氢改质原料)为原料，经过加氢改质得到的重质馏分作为酮苯脱蜡原料、再经过酮苯脱蜡得到脱蜡油(作为加氢精制原料)和加氢精制工艺(润滑油加氢和微晶蜡加氢装置两种工艺条件)流程生产目的产品橡胶填充油。

5.1　生产橡胶各过程产品质量

减三线糠醛精制油工业化生产橡胶填充油各过程产品典型性能见表6。

表6　工业化生产橡胶油各过程产品典型性能

分析项目	加氢改质原料	酮苯脱蜡原料	加氢补充精制原料	橡胶填充油	
				润滑油加氢精制	微晶蜡加氢精制
运动黏度(40℃)/($mm^2 \cdot s^{-1}$)	/	/	80.78	72.39	72.89
运动黏度(100℃)/($mm^2 \cdot s^{-1}$)	6.793	6.691	9.02	8.512	8.553
黏度指数		134(含蜡油)	82	85	85
颜色(拉维邦)/号	3.0	/	/	/	/
颜色(赛波特)/号	/	+21	/	+17	+29
闪点(开口)/℃	230	235	/	/	/
硫含量/%	0.231	<0.020	/	/	/
碱氮/($\mu g \cdot g^{-1}$)	231.5	1.574	/	7.841	1.739
中和值/(mgKOH/g)	0.156	/	/	/	/
残炭/%	0.01	/	/	0.01	0.01
倾点/℃	/	/	−8	−7	−7
减压馏程/℃					
HK	370	363	/	/	
2%	408	/	/	/	
5%	/	399	/	/	
10%	425	/	/	/	
30%	435	/	/	/	
50%	441	450	/	/	
70%	449	/	/	/	
90%	465	/	/	/	
98%	486	/	/	/	
500℃含量/%	/	94.0	/	/	
密度(20℃)/(kg/m^3)	868.7	852.0	/	/	
折光率(20℃)	1.4635	/	/	/	
铜片腐蚀(100℃, 3h)	/	/	/	1b	
碳型分布/% C_P	71.40	/	/	/	
碳型分布/% C_N	20.45	/	/	/	
碳型分布/% C_A	8.15	/	/	/	

从表6可见：工业化应用生产橡胶填充油时，采用微晶蜡加氢装置比采用润滑油加氢精制装置进行加氢补充精制时，其产品赛波特颜色要好得多。

5.2　讨论

工业化生产橡胶填充油工艺流程中，随着加氢改质装置改质反应器入口温度由(t+40)℃逐渐提高到(t+52)℃，这个条件已达到以往减三线糠醛精制油加氢改质的工艺条件，酮苯脱蜡油粘度呈现逐渐下降的变化趋势，造成最终产品粘度偏低。加氢补充精制部分先用微晶蜡加氢装置，因产品赛波特颜色较好，达到+27～+29，后期改润滑油加氢装置，因产品赛波特颜色不好，润滑油加氢补充精制反应温度由290℃逐步提高到320℃，赛波特颜色也只有+17～+18，这与微晶蜡加氢装置加氢反应压力高于润滑油加氢装置有关。加氢补充精制前后主要是改善颜色，其他性能变化不大。从得到的主产品的情况看，虽然条件苛刻，裂化较深，但目的产品粘度指数只有85左右，而以前以南阳江汉减三线为原料的加氢改质主产品脱蜡后粘度指数很容易超过100，说明加氢改质催化剂活性有所下降。此外，工艺装置反应温度>(t+40)℃，得到的产品质量低于试验装置反应温度(t+20)℃的，颜色甚至比试验装置t℃的还差，也可说明此问题。由于反应温度高、裂化深，C_N值明显下降。

6 结论

(1) 减三线糠醛精制油经过中压加氢改质中试后，反应产物颜色均较好；随着反应温度的提高，裂化反应也随之增大。但选择合适的反应温度，经过酮苯脱蜡中试后得到的脱蜡油C_N较高、C_A很低，通过切除少量轻组分是可以达到90#橡胶填充油暂定标准要求的。

(2) 加氢改质装置减三线加氢改质重质馏分经过酮苯脱蜡中试得到的脱蜡油C_N较高，达到90#橡胶填充油暂定标准要求，说明经过优化加氢改质和酮苯脱蜡工艺条件是可以生产优质橡胶填充油的。

(3) 酮苯脱蜡装置生产出的减三线中压加氢改质重质馏分脱蜡油经过加氢补充精制中试，得到的产品除C_N值略低以外，其他性能均满足某公司90#橡胶填充油(一级)暂定标准主要指标。若要C_N值较高，就需要使反应温度较低，但反应温度较低时，产品颜色较差，所以因根据客户的使用要求，找到反应温度的合适点。

(4) 工业化应用生产橡胶填充油时，采用微晶蜡加氢装置比采用润滑油加氢精制装置进行加氢补充精制时，其产品赛波特颜色要好得多。

参 考 文 献

[1] 黄灏，蒲祖国，苏光华等．加氢改质润滑油基础油的生产与应用[J]．石油炼制与化工，2003，34(9)：44-48.

[2] 黄灏，傅徐钢，周太云等．加氢改质轻脱沥青油生产优化[J]．石油炼制与化工，2009，40(11)：61-64.

[3] 黄灏，邓永生．加氢改质重质油酮苯脱蜡脱油工艺条件研究[J]．润滑油，2005，20(1)：25-29.

基于风险管理促进硫黄回收装置安全运行的几点思考

张金明[1]　张华东[2]　方志伟[2]

(1. 中国石油集团安全环保技术研究院有限公司；2. 中国石油吉林石化公司消防支队)

摘　要　本文基于对“风险”的概念和内涵进行研究梳理，总结提出风险管理理论的基本流程，以及风险管理与应急管理之间的逻辑关系。通过结合石化企业安全生产现状，提出硫黄回收装置安全运行风险点分析。同时从修订专项应急预案，建立有效安全机制，建设装置安全联锁，以及提供消防保障等方面提出具体措施。希望通过对风险管理理论基本流程梳理探索和典型装置分析，推进企业安全生产具体实践。

关键词　风险理论　管理流程　硫黄回收装置

当前，石油化工行业作为我国工业生产安全事故风险防范的重点行业领域，存在油气站库及罐区泄漏爆炸、管道泄漏爆炸及危化品泄漏水体污染、油气田井喷失控等多种典型事故灾难风险，由此造成的事故案例惨痛深刻。可是在具体生产实践过程中，依然存在风险管理理念认识不足，重事中应急管理，轻事前预防准备的现象。

因此，准确把握企业安全生产基本规律，正确深化认识安全风险，及时研判和化解，完善防范机制，实现关口前移、源头治理，是实现企业高质量发展，提高企业安全生产能力的必要途径。

1　风险的概念和内涵

1.1　风险的概念演变

关于“风险”的概念，在不同的历史环境变化中，存在不同的描述和解释。在国内，“风险”概念的萌芽可以追溯到先秦时期的“知幾察微”，用“幾”来表明事物最初的隐微苗头，显示出若有若无，不够明显的一种程度。在西方世界中，“风险”的概念是在海上贸易的巨大利益驱动下创造的，作为规避不确定性危险。随着时代发展，“风险”这个概念越来越具有现代意义的丰富内涵，如乌尔里希·贝克认为风险是“系统化处理现代化自身导致的危险和不安全感的方式。”美国学者 Hayens 认为“风险是潜在的损坏或损失的机会或可能性”。

1.2　风险的描述和内涵

从本质而言，风险就是不确定性。其定义随不同体系和管理需要进行了不同的描述，《职业安全健康管理体系规范》定义：某一特定危险情况发生的可能性和后果的组合；《石油天然气工业健康安全环境管理体系》定义：发生特定危害事件的可能性以及后果的严重性。

由此我们认定，风险的是由负面后果和概率两个基本因素关联组成的，这是包括石油化工等行业对风险概念的一个基本共识。从基本概念细分延伸，风险又与特定时间的危害因素、后果严重程度、发生频次和风险感知能力等有关。

2　风险管理的概念和内涵

美国著名投资者 Peter L Bernstein 曾发表观点，“区分现代与过去时代的界线标志，不是科技、技术、民主，而是人类对风险的掌握程度”，从现实中各类突发事件的发生，提醒我们不得不对风险管理进行再认识。

一般描述来说，风险管理就是对一定概率的不利事件进行评估、防范、准备和控制的一整套行动。对风险管理过程或程序而言，目前有学者将其分为四个过程，即识别、评估、控制和恢复。在最后的恢复环节，回顾性评定前三个过程，同时对潜在风险和可能失效的措施进行补救，并认为风险控制环节最为关键。

开展风险管理，不可回避的就是正确认识和处理风险管理与应急管理之间的关系。从《中华人民共和国突发事件应对法》来看，应急管理分为"预防、准备、响应、恢复"四个阶段，是一个全流程的管理，其对象主体是事件。而风险管理，也是一个过程管理，但其对象主体是风险。某种程度上，如果风险管理的处置阶段失败，也就意味着进入应急管理阶段。由此可以认为，应急管理的起点就是防止"风险"发展成"事件"，这两者之间区别和联系需要特别注意。

3 石油化工企业风险管理

对石油化工企业而言，由于生产链条涵盖上、中、下游多个环节，涵盖的风险较为繁杂。但石油化工企业重视生产、轻视安全管理，长效安全管理制度不健全，缺乏风险管理认识的情况仍然存在。以下从石油石化企业风险管理及典型装置风险防控实践进行具体分析。

3.1 风险管理流程

3.1.1 风险评估准备

明确合理的目标是风险管理的基础。作为风险管理的首要环节，就是对风险评估做充分的监测并确定标准，1992 年 Yates 和 Stone 提出了风险结构的三要素模型：潜在的损失，损失的大小和潜在损失发生的不确定性。石油化工企业风险因子众多，需要明确的是风险管理的目标不是消灭风险，而是清醒的认识并明确风险管理的目标，这就需要按照负面后果和发生概率对风险管理目标进行筛选。因此，从风险的基本内涵和特征因素分析，我们确定威胁度大、脆弱性强、控制力弱、社会关注度高、易诱发系统和综合性风险等特征作为石油化工企业风险评估管理标准。

3.1.2 风险评估

风险管理的重要阶段就在于准确的风险评估，这个阶段包含风险的正确辨识，包括对发生风险的类型、原因、方式、地点和影响对象及范围进行充分把握。在此基础上进行综合性、多因素风险分析，构建石油化工企业风险评价体系。根据风险评估准备阶段确立的标准，可通过日常隐患排查、调查统计分析、大数据分析等多种手段，结合石油化工企业行业定位和特性，将影响石油化工企业安全生产的主要风险归结为涉油气高风险，如泄漏、火灾、爆炸等方面。在此基础上分析这些重大风险发生的可能性及后果，确定风险等级，开展综合性量化分类，结合比较既定风险标准，确定风险管理的重点和优先级，有助于建立石油化工企业重大风险目标分析，准确把握石油化工风险稳定诱因分布和变化情况。

4 典型装置风险防控实践分析

4.1 硫黄回收装置概况

石油化工硫黄回收装置常规采用克劳斯制硫工艺制取液硫，装置共分酸性水汽提、硫黄回收、溶剂再生三个单元；由炼厂常减压、催化裂化、联合芳烃等装置排出酸性水汇聚于硫黄回收酸性水汽提储罐，经过先期除油处理后进行连续换热升温进入酸性水汽提塔，分离氨气与硫化氢，氨气经精制压缩贮存于液氨贮罐，硫化氢进入硫黄回收克劳斯系统进行焚烧，与溶剂再生单元而来的硫化氢会和共同生成二氧化硫，并经过处理转换为液硫存于硫池；硫池温度 110℃～160℃，液面上层存在大量硫化氢气体；克劳斯系统未完全焚烧的二氧化硫经过加氢重新转化为硫化氢，并在吸收塔内利用甲基二乙醇胺溶液吸收后进入溶剂再生单元；吸收塔顶将残余硫化氢焚烧后放入火炬排放，排放标准 2.11kg/h，浓度为 $304mg/m^3$，满足国家大气污染物排放标准(GB 16297)要求。溶剂再生单元将甲基二乙醇胺溶液与硫化氢分离后硫化氢返回硫黄回收单元，甲基二乙醇胺溶液再生重复使用(图 1)。硫黄回收主体以硫化氢循环焚烧生成二氧化硫制取硫黄，旨在节能环保和提质增效，同步辅助炼化装置产生的废水废气进行优化利用，在保障上游装置安全稳定运行的同时，为下游装置硫酸车间提供制取硫酸原材料，为苯酚丙酮及甲基丙烯酸甲酯(MMA)提供生产原材料保障。

4.2 硫黄回收装置风险主要风险点

4.2.1 硫化氢在硫黄回收单元克劳斯系统尾气燃烧炉内进行焚烧后产生单质硫，并存于硫池，该系统单质硫转化率为 93% 以上，硫池内除单质液硫外存有大量硫化氢，在硫池硫化氢处理流程发生故障后，硫化氢只能排于空气中，对空气环境造成严重污染，间接存在人员中毒、易燃易爆环境(图 2)。

$$3H_2S+3/2O_2 \longrightarrow 3H_2O+3/2S_2+471\times10^3MJ/kmol$$

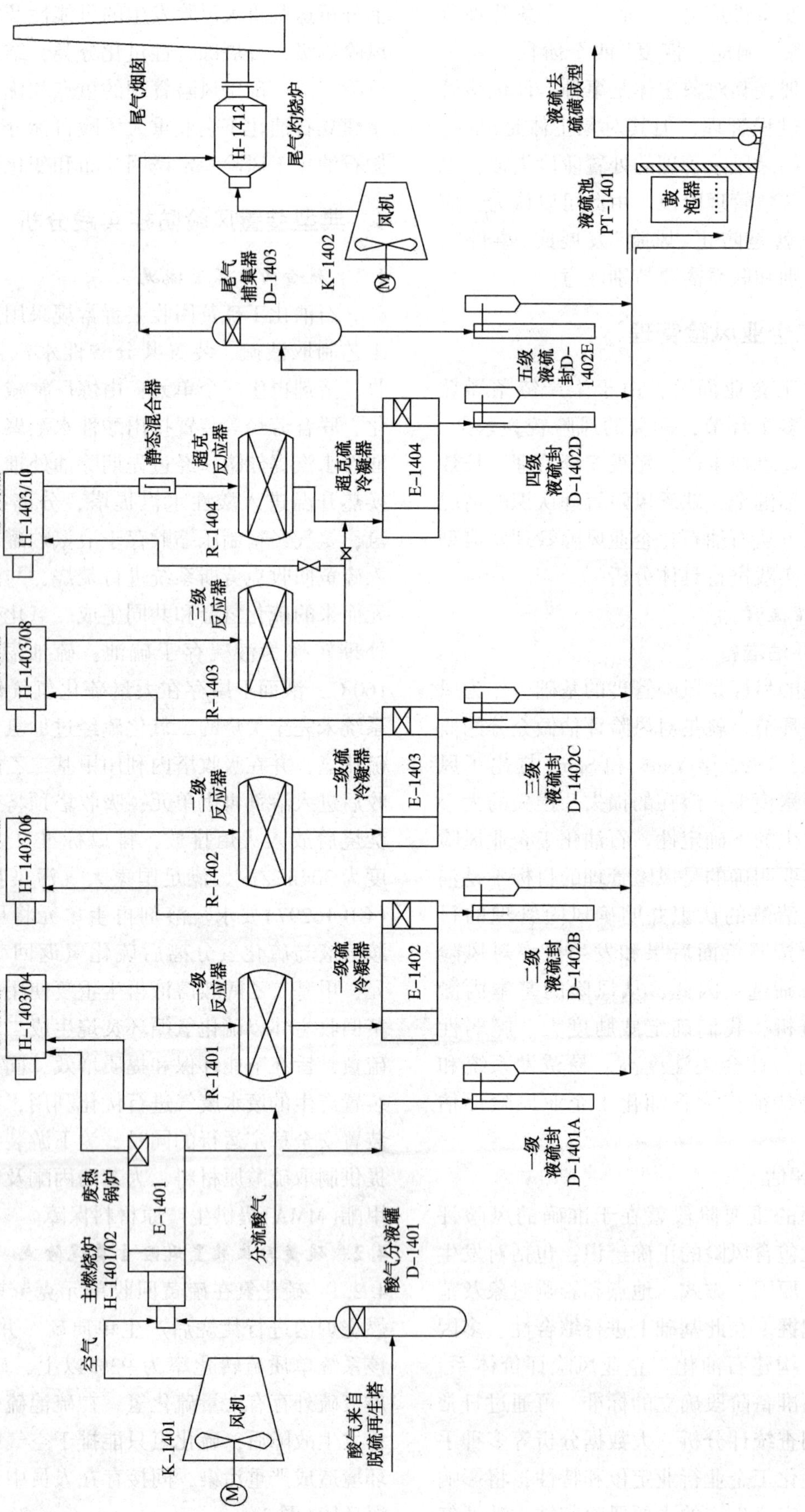

图1　硫黄回收装置回收工艺流程图

图2 硫黄回收单元克劳斯焚烧炉与液硫贮存

4.2.2 硫黄回收酸性水气体部分副产氨气，以年炼油量千万吨计，硫黄回收装置氨气再压缩为液氨后日产液氨2~3吨；结合液氨属性，装置的贮罐、管线、换热器、压缩机等设备一旦发生停车、泄漏，储罐气封失效，大量氨气发生泄漏，极易造成大面积污染、中毒、着火爆炸事故图3。

图3 硫黄回收单元氨精制系统

4.2.3 硫黄回收生产温度控制、流量控制的安全同步存在诸多隐患；硫黄捕集器、尾气引风机、冷凝器出口丝网在生产温度控制不稳定的情况下极易造成管线堵塞，低于工作温度设备内易会出现结块，高于工作温度设备内会出现结焦，长时间存在会导致装置单元停车，造成上游装置废水废料无处排放，致使全厂出现生产波动。

4.2.4 硫黄回收装置非硫化氢、氨气泄漏难以及时发现；如二氧化硫泄漏与空气中、或遇水易形成亚硫酸，具有强酸腐蚀作用；部分二氧化硫发生泄漏，在一定的环境下与装置内铁质物质发生反应形成硫化亚铁，并在空气中形成自燃。

4.3 硫黄回收装置风险评估

年千万吨石油加工企业配套硫黄回收装置酸性水年加工能力120万吨，年产流量2万吨；空气排放二氧化硫2.11kg/h、浓度为633mg/Nm^3，具备火灾爆炸、泄露中毒等多种危险因素，此类因素出现一是生产管理，生产装置高温高压多，硫化氢、氨气、酸性水等危险品、中间品种类多，流量大，危险品贮罐储量大，同时使用2套明火焚烧炉等多种安全风险因素；二是大型机组和关键设备多，仪表误显示、人员误操作、设备本体质量及故障问题极易引发连锁反应；同时数设备无切换备用，一旦发生泄漏、停运难以保证生产单元运转，极易引起装置全线停车；三是公用工程保障任务艰巨，装置高低压瓦斯、净化风、非净化风、氮气供应要保持连续不间断，水、电、气、风及DCS控制保障需做到数据准确，操作可控，一旦失效易发生火灾爆炸、全线停车等严重后果；四是“三废”排放管控不足，人为处置方式不当，在特定天气、特定环境下易形成环境污染，极短时间内既能造成严重的污染事件。

4.4 硫黄回收装置应急处置

硫黄回收装置为石油化工炼化提供重要保障，同时本体具备高温高压、易燃易爆、有毒有害等等多种特征，日常生产需建立健全应急处置方案。

4.4.1 修订专项应急预案

结合实际描述装置实际情况、生产流程、安全注意事项、具体物料、理化性质、处置方式等信息，着重强调生产过程中重要风险点及应急处置措施，具体负责人、联系方式及报警电话，明确应急处置注意事项及危险等级，确保事故事件科学有效应对。

4.4.2 建立有效安全机制

对标危险化学品配备重型防护服、空气呼吸器等安全防护装具并定时检查；依照规范建设固定消防设施，保证实时处于可用状态，定期组织事故应急演练，确保在事故状态下工作人员有序分工，科学处置，避免发生次生灾害及灾害扩大等情况。

4.4.3 建设装置安全联锁

不断完善装置生产过程中的退守措施完善建设；在关键节点、关键位置增设火炬线、循环线、切断阀、起跳阀等保障设施；当设备、管线在生产过程中发生安全事故时，各生产单元、生产线能够及时切断退守，实施物料放空燃烧、单元内部循环、入口全线转送、污水排放切换等措施，为生产提供最安全的退守保护，确保事故状态下为装置提供多种安全保障选择。

4.4.4 持续提供消防保障

始终保持化工消防队伍枕戈待旦，定期组织专项消防演练，结合装置硫化氢、氨气、酸性水等危险品开展模拟专项处置；消防队伍熟练掌握固定消防设施使用操作，预先做好关键风险点事故预判，靠前制定预案部署方案；配备适用消防装备，能够第一时间调集力量实施专业洗消，具备完成大面积、大范围泄漏及快速响应、快速处置能力，科学指挥、快速施救、有效疏散，坚决守住化工生产安全底线。

5　结束语

通过以上对风险和风险管理基本概念、流程梳理及案例研讨，对风险管理进一步深化认识。结合石油化工企业风险管理现状，提出风险评估准备的基本标准，依据风险基本特征确定风险评估目标。立足风险管理基本流程，提出风险评估的方法手段和涉油气泄漏、火灾、爆炸等重大风险。按照风险处置基本原则，确立提升风险意识，完善制度建设，加强信息技术支撑，以及开展情景构建演练和落实涉油气高风险作业现场保障措施。通过风险管理理念全流程探索分析，提出硫黄回收装置风险管理具体实践，有利于推动石油化工企业安全生产。

参 考 文 献

[1] 栾国华．石油石化应急管理工作的问卷调查与讨论[J]．油气田环境保护，2020(2)：52-56.
[2] 彭宗超．中国合和式风险治理的概念框架与主要设想[J]．社会治理，2005(3)：43-51.
[3] 刘宝霞．风险、危机、灾害的语义溯源-兼论中国古代链式风险治理流程思路[J]．清华大学学报：哲学社会科学版，2016(2)：185-194.
[4] 乌尔里希·贝克．风险社会[M]，何博闻．译，南京：译林出版社，2004 年．
[5] 景怀斌．公共危机心里-SARS 个案[M]．北京：社会科学出版社，2006 年．
[6] 刘景凯．以风险管理理论指导应急管理体系建设[J]．中国安全生产科学技术，2010(6)：95-98.
[7] 郑伟．新冠肺炎疫情对风险管理的启示[N]．中国银行保险报，2020-02-28.
[8] 周静龙．安全风险防范管理现状诊断及工作机制建设思路[J]．企业改革与管理，2020(04)：58-59.
[9] 唐忠渝，翟杨，刘建．天然气净化厂硫黄回收装置平稳运行的影响因素解析[J]．化工管理，2020(08)：155-156.

煤制烯烃行业首套蒸汽系统平衡的技术开发及工业应用

吕剑明　王书波

(国能新疆化工有限公司)

摘　要　化工行业大型企业或园区(包括石油化工与煤化工)一般都有多种蒸汽动力管网与动力站，既有产汽、副产汽又有用汽装置与设备，构成整个蒸汽系统。各种规格参数的管网蒸汽的平衡，不仅关系到企业的安全稳定生产运行，也直接影响整个企业的能耗与经济效益。文章简要论述了煤制烯烃行业首套蒸汽系统平衡的技术开发及工业应用，通过应用补汽余热机组平衡多参数多管网蒸汽系统，实现蒸汽合理、科学高效利用，实现节能减排，助力实现"双碳"目标，促进企业高质量发展。

关键词　烯烃　首套蒸汽系统平衡　技术开发　应用

1　引言(研究背景和目的)

大型化工行业大型企业或园区(包括石油化工与煤化工)由于多种工艺装置与采暖伴热的需要，一般都有多种蒸汽动力管网与动力站，既有产汽、副产汽又有用汽装置与设备，构成整个副产蒸汽，蒸汽系统比较复杂，除了考虑热电联产、工艺阶梯利用、工业拖动(如大型离心、压缩机、循环水、锅炉气动给水泵)外，由于有副产蒸汽加上不同的开工运行方式与季节不同，利用以上工艺技术手段不能完全满足蒸汽系统的科学合理高效平衡，有时还有多余的蒸汽排放。如国能包头煤化工等企业。

某公司在项目前期策划、研究与设计阶段也遇到此问题，组织开展了煤制烯烃行业首套蒸汽系统平衡的技术开发及工业应用，通过应用补汽余热机组平衡多参数多管网蒸汽系统，实现蒸汽合理、科学高效利用，实现节能减排，促进企业高质量发展。

2　技术思路和研究方法

2.1　通过对企业各工况蒸汽平衡的分析，夏季尚有285t/h难于平衡

蒸汽系统除去各等级工艺蒸汽负荷、工业拖动(空分压缩机、MTO压缩机、循环水汽动给水泵、动力站锅炉给水气动泵)负荷、动力站、高加、给水除氧等负荷外，夏季仍然多出装置副产1.6MPa蒸汽230t/h，副产0.46MPa蒸汽45t/h。且其副产蒸汽量随公司生产运行方式、冬、夏季节变化而变，波动大且调整频繁。公司五级蒸汽管网难于平衡。故目前国内其他单位选择部分蒸汽排大气进行平衡，导致大量蒸汽外排形成浪费、造成周边环境噪音污染(图1~图4)。如包头某煤化工等企业。

2.2　解决问题的技术思路

面对此问题，考虑了多种解决思路

1）若将此部分蒸汽直接用生产换热或城市供热最为经济，但生产需要热负荷已经全部考虑过了，厂区周边均是村庄且不集中分布面积大不利于集中供热，供热负荷受季节限制且没有调节平衡产汽手段。

即使可以使用，如换热器换热等调节灵敏度差，惯性大即不能完全平衡蒸汽又无法精确维持管网压力。

2）考虑周边企业使用此部分热能

一是周边没有企业需求，二十此部分蒸汽是随季节与公司生产装置变换的，冬季很少，不利于周边企业稳定利用。

3）采用余热发电机组来平衡蒸汽，解决此问题

经多方研究，确定采用余热发电机组来平衡蒸汽，将此部分蒸汽用于发电，即可平衡蒸汽系统，又有一定的经济效益。

(1）常规思路，上两种规格凝气机组解决问题。

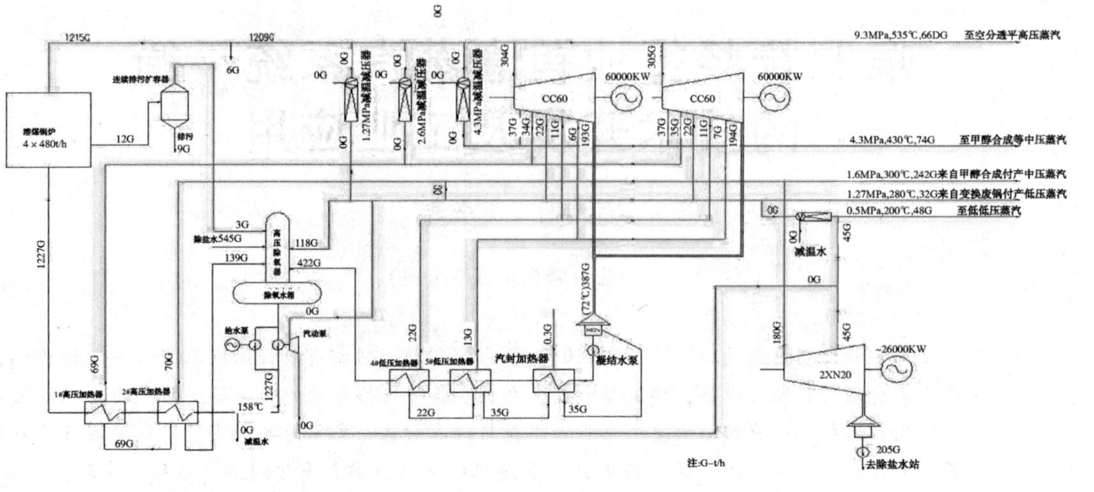

图1　夏季正常工况

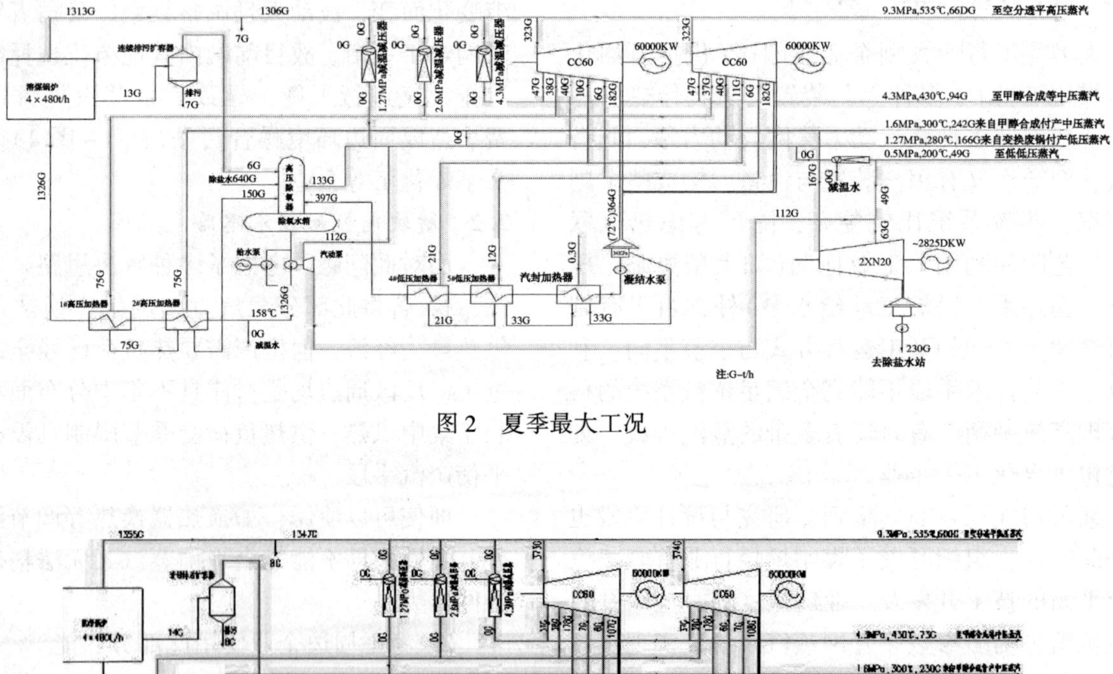

图2　夏季最大工况

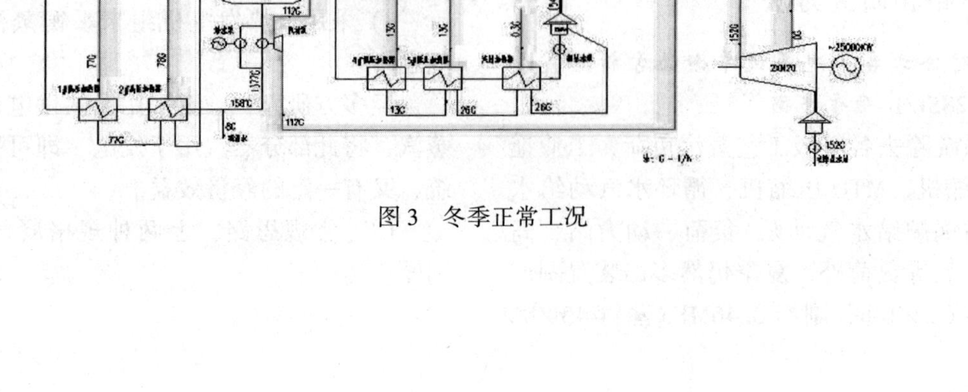

图3　冬季正常工况

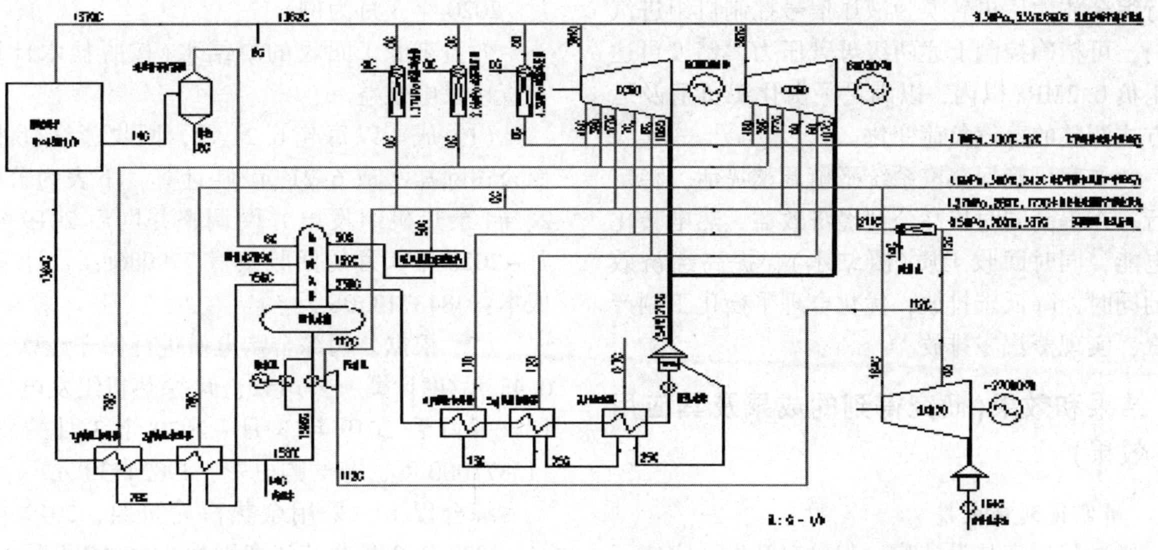

图 4　冬季最大工况

由于夏季多出装置副产 1.6MPa 蒸汽 230t/h，副产 0.46MPa 蒸汽 45t/h，系两种规格参数蒸汽。一般情况下余热机组也是一种参数蒸汽作为机组主蒸汽使用，形式采用冷凝机组，不带抽汽。而煤化工富余蒸汽(主要是装置副产)是两种规格的蒸汽，如果常规设置要设置 2 台不同规格的参数蒸汽机组，考虑备机，就要选择 4 台机组，无论占地、投资、运行维护成本都要翻倍，而且富余蒸汽负荷很不稳定，选择常规机组仍不能满足所有工况，有时还存在蒸汽排空的情况，这也是煤化工行业一直没有很好解决此问题的原因所在。

加之两个等级的蒸汽参数均属低位热能，尤其是 0.46MPa 蒸汽参数压力低、温度低，直接驱动汽轮机参数太低不好选型，即使应用，也存在末级叶片交受热产生金属热疲劳以及水蚀风险，降低机组使用寿命，这就为余热回收利用机组选择成为了难题。

(2) 创新思维，研发应用补汽注汽余热机组，一机消耗两种规格蒸汽实现蒸汽平衡

经多方调研，与各中小汽轮机厂交流，科学探索、大胆创新，提出采用补汽凝汽形式的汽轮机组工艺路线与方案。针对国内对此参数如何在设计上需要规避相应的风险。针对公司生产实际工况进行深入的分析与论证，分析运行典型工况为主汽最大，零补汽，主汽最大，补汽最大，主汽最小，补汽最大，主汽量达到多少可投补汽，以及上述工况蒸汽温度变化对汽轮机热膨胀、胀差以及轴向推力的变化影响。将上述问题与相关设计院及长动汽轮机厂进行热力平衡讨论，进行热力平衡计算及汽轮机金属材料校核，最终确定将 1.6MPa 作为汽轮机主蒸汽，0.46MPa 蒸汽作为补汽注入汽轮机，最终根据上述两机参数及热力计算确定，选用长动 20MW 汽轮机组，汽轮机共设 10 级，0.46MPa 蒸汽从 5 级后补入汽轮机。从而解决了小量低位蒸汽无法通过蒸汽汽轮机利用的问题或直接利用存在水蚀的潜在问题。实现一台机组同时回收两种规格的富余蒸汽，且适应富余蒸汽负荷大幅度变化工况。

经与对家汽轮机厂家对接核算，长江动力公司核算通过后，公司组织成达设计院、中国联合工程公司、中国长江动力集团有限公司，进行论证，最终确定工艺方案与机组型号，即选择配置两台长动 N20-1.6/0.46 补汽凝汽直接空冷余热机组，设计补汽流量 45t/h、主汽流量 80t/h。

具体核算后选型参数为：

主汽额定流量 80t/h，设计最大 90t/h；补汽额定流量 45t/h、设计最大 50t/h；在零补汽工况下主汽流量调节区间 45~90t/h，补汽额定工况下，主汽调节区间为 25~90t/h，主汽流量在 45t/h 以上，补汽调整区间为 0~50t/h。

此方案与机型满足在故障甩负荷时，对系统冲击不影响生产同时能够高效率回收两种不同规格蒸汽，配合系统减温减压器优化系统配汽方式，可确保多种变工况下余热全部回收利用。

余热汽轮机发电机组采用数字电液系统控制，使其能够快速灵敏调节汽轮机进汽量，通过将主汽压力、补汽压力模拟信号转换为数字信号

进行综合放大后再转换为液压信号控制机组进汽调门，可精确控制上述两级母管压力，精度可达到正负 0.2MPa 以内，以满足平衡化工负荷及运行方式调整的蒸汽负荷变化。

此方案可确保蒸汽系统平衡调整灵活，稳定运行，在提高同时提高公司经济效益，热电转化为电能，同时回收工质(凝结水)，提高经济效益的同时，降低碳排放，优化合理平衡化工副产蒸汽，实现蒸汽零排放。

3　结果和效果(研究得到的成果及其应用效果)

3.1　研究得到的成果

通过与厂家与设计院一起研究开发，完成了国内煤制烯烃行业首套蒸汽系统平衡的技术开发，也在企业进行了工业应用，成果显著。

(1) 实现煤化工工艺副产蒸汽平衡，全年冬夏季全工况无蒸汽排放，提高了煤化工行业经济、环保效益和煤炭综合利用效率。

(2) 通过将此部分富产蒸汽用于发电，即可回收工质，又回收利用了蒸汽热量，通过调整机组电负荷来平衡蒸汽，由于依托强大电网容量，此机组运行对电网系统质量及容量无任何影响。

(3) 采用补汽的方式将小量的低压低温蒸汽补入汽轮机低压段进行回收，即可平衡 0.46MPa 低压管网蒸汽又解决小量及处于低位热能蒸汽通过蒸汽汽轮机进行回收。

(4) 采用补汽注汽余热发电技术进行回收平衡蒸汽，可利用汽轮机电液数字控制系统精确、灵敏调节蒸汽，实现平衡调节的灵敏性。

(5) 采用补汽注汽余热发电技术进行回收利用不仅能够满足富产蒸汽负荷的变动调整回收，实现全工况蒸汽近零排放而且不受季节限制，同时既回收了工质、热量，提高了煤炭综合利用效率与整个企业能源利用效率，也实现了节能减排。

3.2　国内煤制烯烃行业首套蒸汽系统平的技术开发及工业应用效果

本技术在公司实施并应用，自 2019 年 3 月补汽机组投运以来，很好的平衡了多工况多参数蒸汽系统平衡，平衡能力强、调整灵敏，可满足系统长期安全稳定运行，效果显著，取得了良好的经济与环境效益。

1) 经济效益 5466.82 万元/年(2019 年 3 月~2020 年 3 月为例)

效益来源于回收的凝结水(按脱盐水计算)与直接发电效益

(1) 成本以每吨 6.21 元，回收蒸汽凝液按照公司除盐水成 6.21 元/吨计算，下表为公司#2、#4 余热机组发电并网调整并网后 2019 年 3 月~2020 年 3 月的回收蒸汽 779986t，合计节约成本：4843713.06 元。

(2) 根据公司综合购电量进行保守计算，按 0.43 元/度计算，公司#2、#4 余热机组发电并网调整并网后 2019 年 3 月~2020 年 3 月的发电 115871000 度，节约购电费：49824530 元。

综合以上，采用余热汽轮机组，2019 年 3 月~2020 年 3 月共节省费用为 5466.82 万元。

表 1 为公司 2019 年 3 月~2020 年 3 月发电、回收蒸汽报表。

表 1

#2、#4 余热机组时间	发电量/度	回收蒸汽量/吨
2019 年 3 月	9303900	75395
2019 年 4 月	12135900	85476
2019 年 5 月	15110500	107365
2019 年 6 月	19494300	131689
2019 年 7 月	21634200	165695
2019 年 8 月	9592300	45945
2019 年 9 月	3538500	20605
2019 年 10 月	16527000	95226
2019 年 11 月	7721700	46507
2019 年 12 月	812700	6083
2020 年 1 月	0	0
2020 年 2 月	0	0
合计	115871000	779986

2) 环保效益

由于补汽余热机组投运回收大量系统余热蒸汽，将蒸汽直接排放降为零排放，降低热污染、声污染与碳排放，保护环境，取得了良好的环境效益。

(1) 热量排放减少 814GJ/a

公司通过补汽余热汽轮机组的稳定运行，如果按蒸汽排放计算，公司每年(按 8000 小时，80%负荷计算)减少对空蒸汽排放量为 1024000 (64 * 8000 * 2) t/a，热量排放 2814GJ/a，减少了境热污染；

(2) 减少无效碳排放 1.57 万吨

回收利用的热量折标煤6021t/a，1万吨标煤＊X＊44＊.99/0.7143/12=2.6万吨

X=51.2%

6021t/a＊44＊.99/0.7143/12=1.57万吨。

3）社会效益

由于本公司首套补汽余热机组的成功投产运行，将对煤化工、煤制油包括类似石油化工企业起到积极的示范作用。随我国煤炭综合利用规模的扩大，煤化工行业坑口生产规模化，余热蒸汽集中量大，使之成套补汽余热机组多套甚至集群规模化，通过余热机组全工况（包括蒸汽管网异常波动工况）实时平衡蒸汽甚至完全替代各等级蒸汽管网异常工况下辅助平衡调节蒸汽的减温减压器，进一步提高煤化工煤炭的综合利用，具有巨大的经济、环境与社会效益，为企业的高质量发展，助力实现“双碳”目标与建设美丽中国具有广泛的前景。

4 结论（最终得到的认识和结论）

4.1 认识

（1）创新性思维是解决系统性问题的钥匙；

（2）大型化工企业蒸汽平衡是个复杂的系统性问题，要站在全局角度，对各种工况负荷进行全方位的分析才能完整找到问题所在；

（3）解决蒸汽系统平衡采用的技术方案的调整范围、平衡能力与灵敏性是成败的关键。

4.2 结论

利用补汽余热机组平衡大型化工企业多参数多管网蒸汽系统是行之有效的技术方案，2年多的运行实践表明，可以适应生产系统多种负荷、变工况的特定，具有平衡能力强，调节灵敏度高，可以满足系统安全稳定运行的要求。具有良好的经济效益、环境效益与社会效益，具有良好的、广阔的推广前景。

碳达峰、碳中和背景下CCUS的发展与挑战

方佳伟　孙　晴　张艳华　张卫东

(北京化工大学化学工程学院)

摘　要　针对我国碳达峰、碳中和的大背景，分析了我国碳排放的来源，围绕碳中和目标探讨了我国实现碳中和的可能路径，认为二氧化碳捕集、利用和封存(CCUS)是重要的终端技术路线。分析了我国CCUS的发展机遇和挑战，提出发展新型的低能耗吸收剂，并与强化采油(EOR)相结合，是我国实现大规模碳减排的重要手段。

关键词　碳达峰　碳中和　碳捕集　利用和封存

1　引言

温室气体导致的全球气候变暖对人类生存和发展的影响日益显著，减少CO_2排放已成为应对全球气候变化的关键共识和重要举措。面对严峻的气候变化问题，实现CO_2等温室气体减排，防止全球变暖，是一项关乎于全人类生存繁衍的战略性课题。2020年9月，国家主席习近平在联合国大会上做出庄严承诺，中国二氧化碳排放力争于2030年前达到峰值，努力争取2060年前实现碳中和。碳达峰、碳中和事关中华民族永续发展和构建人类命运共同体，已经被纳入生态文明建设整体布局。

我国从上世纪九十年代末《中华人民共和国节约能源法》开始，就持续出台碳减排方面的政策，积极推进生态文明建设。但我国碳排放体量大，预计2030年~2060年减排量将在3~5亿吨/年，可达约100个碳排放小国的排放总和。从时间上看，多数发达国家从碳达峰到碳中和的时间在50年以上，而中国只用25~30年，减排压力巨大。

在碳达峰、碳中和的背景下，碳捕集、利用与封存(CO_2 Capture Utilization and Storage，CCUS)作为终端的技术手段，将迎来前所未有的机遇和挑战。

2　CCUS面临的机遇和挑战

2.1　CCUS的机遇

我国2019年的碳排放量为98亿吨，其中各部分碳排放分布见图1。我国碳排放主要来源于能源消费和工业过程排放的CO_2，其中能源消费碳排放主要来源于化石燃料的燃烧，工业过程中碳排放主要来源于制氢。

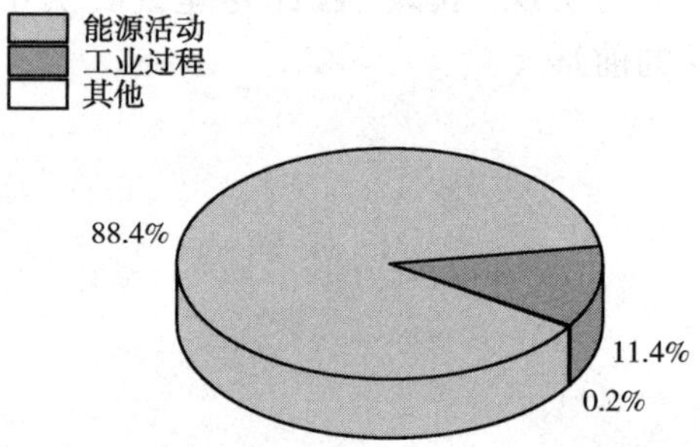

图1　2019年中国碳排放分布

结合我国碳排放来源，实现全社会碳中和应通过以下几方面进行：

(1) 实现能源结构转换，通过核能等清洁能源替代化石燃料。中国可能需将一次能源结构从当前的化石燃料占85%调整为清洁能源占85%。

(2) 寻找新的制氢途径，结合清洁能源的使用实现制氢工艺的脱碳。

(3) 发展碳汇以及碳捕获、利用和封存技术。

在国家政策方面，全国统一的碳交易市场将全面启动运行。目前我国的碳配额机制是免费分配协同现货交易，而在碳达峰和碳中和的背景下，我国万元GDP能耗在十四五规划期间要下降13.5%，因而未来碳配额将会进一步缩紧。随着碳排放市场的成熟，碳交易的价格或将达300~500元/吨CO_2。对于高耗能企业来说，碳排放量的超额使得生产成本显著增加，因而只能通过淘汰原有耗能旧技术而发展新技术或通过碳捕集技术将超出碳配额外的CO_2捕集下来。

在未来的20年内，预计我国的能源结构暂

不会有太大变化(能源消费见图 2)，因此大规模的碳捕集、利用和封存(CCUS)，是目前唯一可在未来 20~30 年内应用于现有最难减排的主要重工业设施、实现显著并直接减排的解决方案。

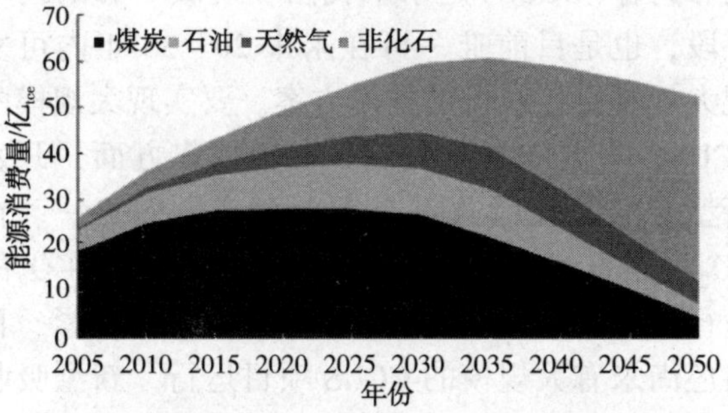

图 2　2℃目标导向推荐情景下的一次能源消费构成

在 CO_2 利用方面，CO_2 可利用的主要方式有强化采油(Enhanced Oil Recovery，EOR)、设施农业、化学品转化和食品加工等。据调查，可用于强化驱油的 CO_2 量有望超过 4000 万吨/年，CO_2 驱年产油量可达千万吨规模，CO_2 用于 EOR 的潜力巨大。设施农业通过增施二氧化碳气肥，发展农作物的碳汇作用。农作物的碳吸收速率约为 0.007t/($m^{-2}\cdot a^{-1}$)，若利用设施农业实现年捕集 10 万 tCO_2，需要的作物面积约 30km^2，即 4-5 万亩。2012 年我国设施农业面积 5796 万亩，已占世界总面积 85%以上，最大可利用 CO_2 达到亿吨/年。但由于设施农业分布广，对于一个常规规模的碳捕集项目所需的农作物面积较大，难以实现更大规模的 CO_2 利用。化学品转化目前总 CO_2 利用量约为 25 万吨，且仍处在中试阶段。用于食品加工的 CO_2 也很少。

综上，EOR 是唯一可实现大规模 CO_2 利用的途径。将 CCS 与 EOR 进行结合可实现规模化的碳捕集和利用。但目前碳捕集成本过高，仍是影响 CCS-EOR 技术大规模推广的一大关键。

2.2　CCUS 的挑战

在 CCS 技术当中，燃烧后烟气吸收法仍是最主要、最简便的方式。其中，化学吸收法占据主导地位。

化学吸收法主要包括热钾碱法、氨法、醇胺法等，其优缺点和工业应用实例如表 1 所示。

表 1　几种脱碳方法的比较和工业实例

方法	优点	缺点	工业应用实例
热钾碱	溶液吸收 CO_2 能力强、有机组分损失低，再生气纯度高、便宜	再生能耗高	锦西天然气化工厂、建峰化肥厂、金陵石化栖霞化肥厂
氨法	成本低，对 CO_2 脱除效率达 95%~99%左右，副产碳酸氢盐，解吸能耗低	氨气逃逸导致的氨水循环利用率低以及 NH_3 和 CO_2 难分离	广西水利电力建设集团有限公司田东电厂
MEA 法	成本低，对 CO_2 吸收速率快，吸收能力强	再生能耗高	大部分火力发电厂
MDEA 法	吸收容量大，再生能耗低	吸收 CO_2 速率低	中海油东方天然气处理厂，乌鲁木齐石化公司化肥厂

CO_2 捕集技术总成本整体偏高，其中 CO_2 捕集分离所占成本约为 CCS 总成本的 70%~80%，因此，降低 CO_2 捕集分离的成本是 CCUS 技术所面临的挑战。根据对吸收法成本的分析，CO_2 解吸能耗高是造成吸收法成本居高不下的主要原因。而解吸能耗中水蒸发潜热和吸收剂升温显热占总解吸能耗的 40%~50%，因此，为满足低成本高效率分离 CO_2 的需要，提供一种可以降低水蒸发潜热和升温显热的吸收剂具有重大意义。

3　新型吸收剂的发展

为解决传统吸收剂再生能耗高的问题，近年来许多研究者也致力于开发新型吸收剂体系用于 CO_2 捕集。

离子液体(ILs)吸收剂因其极低的蒸汽压、高热稳定性和无限的化学可调性，成为研究热点之一。研究表明，CO_2 在许多离子液体中都有很大的物理溶解度，但是其吸收能力受到物理吸收普遍存在的限制，因此许多学者考虑将 ILs 结合官能团来提高其与 CO_2 间的结合作用。目前离子液体应用的最大难题是其粘度太大，常见的离子液体粘度都在 200mPa·s 以上，而且离子液体的制备成本极高，通常需要大量的溶剂。

无水吸收剂由低蒸发焓和高沸点的溶剂与胺形成。Barzagli、Park 等对无水吸收剂的研究表明无水吸收剂在降低再生能耗方面存在着一定的优势，但是其劣势也十分明显：1. 无水吸收剂的吸收能力较水溶液下降，因此为达到相同的处理量，吸收剂的用量增加；2. 有机溶剂价格昂贵，吸收剂成本大幅增加。

相变化吸收剂被认为具有极大的降低能耗的潜力，其通常由胺类吸收剂和另一组分组成，因为其吸收 CO_2 后发生分相且 CO_2 集中于其中一相，只需将这一相送入解吸塔，减少了进入解吸塔的液量从而降低了解吸能耗。2009 年美国 3H 公司的 Hu 提出相变化吸收剂概念并迅速吸引了研究者的关注，法国石油科学研究院、德国多特蒙德大学的 Prof. Zhang、挪威科技大学的 Prof. Svendsen 和中国北京化工大学张卫东课题组、浙江大学方梦祥课题组、清华大学的王淑娟课题组均对此快速响应，进行了初步研究。

Zhang 课题组在国际上首先提出了相变化吸收剂的盐析和助溶机理，在此原理指导下，针对工业上普遍采用的 MEA 和 MDEA 开发了一系列性能优良且成本低廉的相变化吸收剂，并提出了针对高粘体系的膜闪蒸解吸工艺，有效解决了相变化吸收剂在工业化应用的关键难点(图 3)。

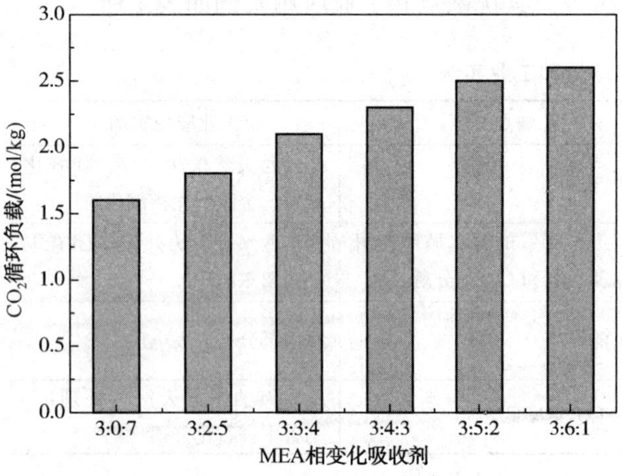

图 3 MEA 相变化吸收剂的循环负载

相变化吸收剂具有如下优势：

(1) 减少进入解吸单元的液量，可减少需要换热的液量，降低了吸收剂升温显热；(2)降低了水活度，减少了水蒸发量，降低了水蒸发潜热；(3) CO_2 富集在下液相，提高了吸收剂的 CO_2 负载有利于提高 CO_2 循环处理量。

面向 CO_2 捕集的新型吸收剂，因其能耗较低，被国内外学者进行广泛研究。然而，目前新型吸收剂的研究仍处于实验室阶段，未见工业级应用的报道，吸收剂的应用性能还未通过实际工业项目的考验。综上，面向工业应用的吸收剂的开发及优化，将成为未来 CO_2 吸收剂发展的主要目标。

4 结论与展望

在碳达峰、碳中和的背景下，我国各部门、各行业也迎来了不同的机遇和挑战。碳捕集、利用和封存(CCUS)是未来我国实现碳中和的终端手段，也是目前唯一可在未来 20~30 年内可实现大规模直接减排的技术方案。要实现大规模的 CCUS，降低成本是关键。在碳捕集方面，开发新型的低能耗吸收剂是重要研究方向之一。在 CO_2 利用方面，强化采油是可大规模利用 CO_2 的途径。我国碳达峰和碳中和任务重、时间紧，目前还尚未有大规模的 CCUS 项目运行。新型吸收剂在大规模碳捕集装置中的验证、碳捕集与强化采油耦合面临的运输和埋存等均是未来需要面临的问题。

参 考 文 献

[1] International Energy Agency. https：//www. iea. org/countries/china? language=zh[DB/OL].

[2] 中华人民共和国国民经济和社会发展第十四个五年规划和 2035 年远景目标纲要[M]. 北京：人民出版社，2021.

[3] 项目综合报告编写组.《中国长期低碳发展战略与转型路径研究》综合报告[J]. 中国人口·资源与环境，2020，30(11)：1-25.

[4] Mumford K A，Smith K H，Anderson C J，et al. Post-combustion capture of CO_2：results from the solvent absorption capture plant at Hazelwood power station using potassium carbonate solvent [J]. Energy & Fuels，2011，26(1)：138-146.

[5] Feron P，Jansen A. Capture of carbon dioxide using membrane gas absorption and reuse in the horticultural industry [J]. Energy Conversion and Management，1995，36(6)：411-414.

[6] Bates E D，Mayton R D，Ntai I，Davis J H. CO_2 Capture by a Task-Specific Ionic Liquid [J]. Journal of the American Chemical Society. 2002，124(6)：926-927.

[7] Burcu E，Gurkan，Juan C，Fuente，Elaine M，Mindrup，Lindsay E，Ficke，Brett F. Goodrich，Erica A. Price，William F. Schneider and Joan F. Brennecke. Equimolar CO_2 Absorption by Anion - Functionalized Ionic Liquids[J]. Journal of the American Chemical Society，2010，132(7)：p. 2116-2117.

[8] Shiflett MB，Kasprzak DJ，Junk CP，et al. Phase behavior of {carbon dioxide+[bmim][Ac]} mixtures [J]. The Journal of Chemical Thermodynamics. 2008，40(1)：25-31.

[9] Soutullo M D, Odom C I, Wicker B F, Henderson C N, Stenson A C, Davis J H. Reversible CO_2 Capture by Unexpected Plastic-, Resin-, and Gel-like Ionic Soft Materials Discovered during the Combi-Click Generation of a TSIL Library [J]. Chemistry of Materials. 2007, 19 (15): 3581-35833.

[10] Barzagli F, Lai S, Mani F. Novel non-aqueous amine solvents for reversible CO_2 capture [J]. Energy Procedia. 2014, 63: 1795-1804.

[11] Barbarossa V, Barzagli F, Mani F, Lai S, Stoppioni P, Vanga G. Efficient CO_2 capture by non-aqueous 2-amino-2-methyl-1-propanol (AMP) and low temperature solvent regeneration [J]. Rsc Advances. 2013, 3 (30): 12349-12355.

[12] Park S W, Choi B S, Lee J W. Chemical absorption of carbon dioxide with triethanolamine in non-aqueous solutions [J]. Korean Journal of Chemical Engineering. 2006, 23(1): 138-143.

[13] Hu L. Phase transitional absorption method [P]. USA. 2009.

[14] Aleixo M, Prigent M, Gibert A, Porcheron F, Mokbel I, Jose J, Jacquin M. Physical and chemical properties of DMXTM solvents [J]. Energy Procedia. 2011, 4: 148-155.

[15] Raynal L, Alix P, Bouillon P A, Gomez A, Nailly M L A, Jacquin M, Kittel J, Lella A D, Mougin P, Trapy J. The DMX™ process: An original solution for lowering the cost of post-combustion carbon capture [J]. Energy Procedia. 2011, 4: 779-786.

[16] Zhang J, Qiao Y, Agar D W. Improvement of Lipophilic-Amine-based Thermomorphic Biphasic Solvent for Energy-Efficient Carbon Capture [J]. Energy Procedia. 2012, 23: 92-101.

[17] Zhang J, Misch R, Tan Y, Agar D W. Novel Thermomorphic Biphasic Amine Solvents for CO_2 Absorption and Low-Temperature Extractive Regeneration [J]. Chemical Engineering & Technology. 2011, 34(9): 1481-1489.

[18] Ciftja AF, Hartono A, Svendsen HF. Experimental study on phase change solvents in CO_2 capture by NMR spectroscopy [J]. Chemical Engineering Science. 2013, 102: 378-386.

[19] Arshad M W, Fosbøl P L, Solms N V, Svendsen H Y, Thomsen K. Heat of Absorption of CO_2 in Phase Change Solvents: 2-(Diethylamino)ethanol and 3-(Methylamino)propylamine [J]. Journal of Chemical & Engineering Data. 2013, 58(7): 1974-1988.

[20] Pinto D D D, Zaidy S A H, Hartono A, Hallvard, F. Evaluation of a phase change solvent for CO_2 capture: Absorption and desorption tests [J]. International Journal of Greenhouse Gas Control. 2014, 28: 318-327.

[21] Pinto D D D, Knuutila H, Fytianos G, Haugen G, Mejdell T, Svendsen H F. CO_2 post combustion capture with a phase change solvent. Pilot plant campaign [J]. International Journal of Greenhouse Gas Control, 2014, 31(0): 153-164.

[22] Zhang W D, Jin X H, Tu W W, Ma M L, Cui C H. Development of MEA-based CO_2 phase change absorbent [J]. Applied Energy. 2017, 195: 316-323.

[23] Zhang W D, Jin X H, Tu W W, Ma M L, Cui C H. A Novel CO_2 Phase Change Absorbent: MEA/1-Propanol/H_2O [J]. Energy & Fuels. 2017, 31(4): 4273-4279.

[24] Yang F S, Jin X H, Fang J W, Tu W W, Yang Y, Zhang W D. Development of CO_2 phase change absorbents by means of the cosolvent effect [J]. Green Chemistry, 2018, 20: 2328-2336.

[25] Liu F, Fang M, Dong W, Tao W, Xia Z, Wang Q, Luo Z. Carbon dioxide absorption in aqueous alkanolamine blends for biphasic solvents screening and evaluation [J]. Applied Energy, 2019, 233-234 (JAN. 1): 468-477.

[26] Liu F, Fang M, Yi N, Wang T. Research on alkanolamine based physical-chemical solutions as biphasic solvents for CO2 capture [J]. Energy & Fuels, 2019. 33(11): 11389-11398.

[27] Xu Z, Wang S, Chen C. CO_2 absorption by biphasic solvents: Mixtures of 1, 4-Butanediamine and 2-(Diethylamino)-ethanol [J]. International Journal of Greenhouse Gas Control, 2013, 16: 107-115.

[28] Xu Z, Wang S, Qi G, et al. CO_2 Absorption by Biphasic Solvents: Comparison with Lower Phase Alone [J]. Oil & Gas Science and Technology-Revue d'IFP Energies nouvelles, 2013.

[29] Xu Z, Wang S, Chen C. Kinetics Study on CO_2 Absorption with Aqueous Solutions of 1,4-Butanediamine, 2-(Diethylamino)-ethanol, and Their Mixtures [J]. Industrial & Engineering Chemistry Research, 2013, 52 (29): 9790-9802.

适用于石油馏分研究的基团贡献法改进思路

刘　杨　张玉东　王晓斌　刘　川　牛玉龙

(中国石油锦州石化分公司)

摘　要　在石油馏分研究过程中，尤其是模拟计算过程中常采用虚拟组分法(假组分法)和真组分法。两种方法的主要区别是物性数据的获取方法不同。其中虚拟组分法是自定义一组或多组实沸点切割集，这些切割点定义每一个组分的沸程作为虚拟组分，虚拟组分其余的临界性质和物理性质，可以根据虚拟组分的平均沸点、平均相对分子质量和比重采用相应关联式得到。而真组分法的组分物性是把各个窄馏分的烃族化合物(烷烃、环烷烃、烯烃和芳香烃)，作为所要选定的真组分的候选组分，再查询现有已知数据获得物性数据，但结构复杂的纯物质很难得到，其物性需要通过基团贡献法得到。文献表明，真组分法较虚拟组分法更适用于石油馏分的研究模拟，但对于分子结构复杂的有机化合物，其物性数据很难通过纯物质测量得到，多采用基团贡献法来计算物性数据。分析技术的发展和大量研究机构的共同参与，基团贡献法不断随着补充完善，已经成为研究复杂化合物的重要工具。其中Marrero-Pardillo法既考虑价键两端基团的结构，又考虑环及双环的结构，符合通过结构描述石油馏分的需求。但该方法只能预测沸点和临界性质，不能预测热力学性质。Benson法能够计算摩尔生成焓等热力学性质，但不能计算沸点和临界性质。本文通过大量数据处理工作关联了Marrero-Pardillo法和Benson法的基团划分方式，建立了两种基团贡献法的联用方法，并编制了方便的物性计算工具，为石油馏分研究提供了一种新的思路。

关键词　基团贡献法　物性计算　石油馏分　虚拟组分　真组分

现代计算机模拟技术已经广泛的应用于石油炼化企业中。在模拟计算过程中，无论分离过程还是反应过程，组分的确定是至关重要的一环。组分的热力学性质、物理性质数据是否准确，是模拟的关键所在。石油及其产品是各种烃类和非烃类化合物组成的极为复杂的混合物。其中组分数量众多，以现有的分析手段，很难确知其详细的化学组成。与研究纯物质不同，石油馏分必须用特殊方法来描述。目前石油馏分的描述通常采用虚拟组分法(也称假组分法)，也有一些研究结构和学者采用真组分法。在国外文献的报道种，还提到了原油分子模拟技术。虚拟组分法、真组分法抑或其他石油馏分划分方法最终的目的都是为了确定组分的性质数据，来进行模拟计算。本文先介绍虚拟组分法和真组分法的基本概念和步骤，讨论两种方法获取物性数据的优缺点，然后提出一种通过改进的基团贡献法来获得物性数据的思路。

1　石油馏分描述方法简介

1.1　虚拟组分法(假组分法)

Katz和Brown在三十年代提出了“假组分”，即虚拟组分的概念。现代石油馏分汽液平衡和石油精馏的解析计算都是采用假多元系处理方法(也称假组分法)。石油馏分的虚拟组分处理就是利用可以测得的数据，如整个馏分的密度和恩氏蒸馏或实沸点蒸馏数据(ASTM D86，ASTM D1160A，STM D2887等)，采用适当步骤和关联确定各个虚拟组分的切割范围和性质。将分析数据转换成虚拟组分的过程分为以下四步：

(1)将原油划分为5~10℃窄馏分，每一窄馏分对应一种虚拟组分。虚拟组分在计算中可视为一种已知沸点的烃类物。自定义一组或多组实沸点切割集，这些切割点定义每一个组分的沸程。

(2)将每组蒸馏数据转化成标准大气压下的实沸点。

(3)从生成的工作曲线中可以确定每一个虚拟组分的标准沸点、平均相对分子质量、密度和粘度。将每条曲线生成的实沸点蒸馏曲线数据各自拟合成一条连续曲线，然后切割每根曲线，决定每个虚拟组分所占的百分比。

(4)对于每一个虚拟组分其余的临界性质和物理性质，可以根据虚拟组分的平均沸点、平均相对分子质量和比重采用相应关联式(Kesler-Lee，Riazi--Daubcrt，Winll，Edmister，APl 等经验关联式)计算得到。

虚拟组分法是被广泛应用的一种方法，它很好的应用于各种流程模拟软件当中，有美国 AspenTech 公司的 Aspen Plus、Hysys，美国 SimSci-Esscor 公司的 Pro/II，英国 PSE 公司的 gPROMS，美国 Chemstations 公司 ChemCAD，美国 WinSim 公司的 Design II，加拿大 Virtual Materials Group 的 VMGSim 等。是处理石油及其馏分最基本的方法。虚拟组分法也存在的问题也是显而易见的，各个虚拟组分的性质都需要经验关联式来估算。自 20 世纪 30 年代以来，研究学者所提出的石油馏分物性关联式很多，总体来说有以下问题：

(1) 物性计算的关联式较多，关联式的选择比较困难。

(2) 关联式之间性能存在较大差异，缺乏系统性，合理搭配各公式依赖研究人员的经验。

(3) 关联式多为经验公式，适用范围均较窄。

(4) 难以利用纯物质数据库及化工热力学方面现有成果，不利于物性方法的发展。

1.2　真组分法

1992 年，杜英生等提出了石油馏分的真组分算法，其核心思想是把石油馏分设想为仅由真正构烷烃构成的多元混合物。即用正构烷烃的常压沸点数据切割石油馏分的实沸点曲线，把切割出来的虚拟组分当作相应的正构烷烃处理，其物性数据均采用正构烷烃的确定的物性数据。王健红等利用石油馏分的实沸点蒸馏曲线，并根据原油的实际情况，提出了“实组分切割法”，采用单个实组分代替单个窄馏分的方法，选择的实组分主要是正构烷烃和芳烃。Eekert 等提出了描述石油馏分的“真组分法”，用不同窄馏分体现不同的分子结构信息，采用单个烃类化合物代替单个窄馏分的方法。

前文所述三种真组分法最终都是将窄馏分用烃类化合物来代替，方便利用现有的纯物质性质数据来进行下一步的工作。真组分法的具体步骤如下：

(1) 得到石油馏分的实沸点蒸馏曲线，或将得到的恩氏蒸馏曲线转化为实沸点蒸馏曲线。

(2) 定义一个切割集，用于切割蒸馏曲线。

(3) 将石油馏分按照实沸点蒸馏曲线切割成若干个窄馏分。

(4) 参考专著或文献中石油馏分烃类化合物数据，或实验测得的各窄馏分或全馏分的族组成或结构族组成分析数据，针对每个窄馏分，先收集属于这个窄馏分的烃族化合物(烷烃、环烷烃、烯烃和芳香烃)，作为所要选定的真组分的候选组分。

(5) 根据窄馏分的实际情况，从候选纯组分中选择最具代表性的物质将窄馏分代替。

利用真组分法描述石油馏分，石油馏分的化学组成就能够更加真实的反映出来，这样，很多物性参数就能够直接查到，不需要相应的关联式来估算，一些不能查到的物性也可以根据具体的结构，利用基团贡献法更准确、更方便的计算出来。所以，在一定程度上利用真组分法描述石油馏分比虚拟组分法更加有优势。

总的来说，石油馏分的真组分是在分析石油馏分组成的基础上，利用几十种具有特定的化学结构的化合物来表示石油的真实组分。这几十种化合物的基团组成是组成石油馏分的主要基团，其性质能够反映出石油馏分的性质，此种方法至少相较杜英生的正构烷烃真组分法能更精确地描述石油馏分的特性。石油馏分采用真组分描述后，其化学组成能够被更真实的反映出来，对于组成的物性，可以查询现有已知数据获得物性数据，但结构复杂的纯物质很难得到，其物性需要通过基团贡献法得到。

2　基团贡献法理论介绍与发展现状

2.1　基团贡献法的基本理论

基团贡献法的原理是把纯物质和混合物的物性看成是构成它们的基团对物性贡献的加和。运用热力学原理，推演出各种基团的贡献与物质物性之间的关联式；利用已有的大量实侧数据进行拟合，得到关联式中的基团参数及其他关联常数；然后用所到得的有限个基团参数与关联的数学模型来估算大量纯物质及混合物的物性。

基团贡献法预测物质物性成功与否，有三个重要的因素，首先是基团参数与物性的关联式有无充分的热力学理论基础，即估算所用的数学模型是否有物理基础；其次是拟合基团参数所选取的实验数据是否准确可靠；第三是基团划分方法是否适当，有无足够的细度。

2.2　基团贡献法的理论发展

自1923年Macleod提出计算液体等张比容的基团贡献法以后，六十年来基团贡献法得到了迅速的发展。德国学者Riedel在1952年最先有效地利用基团加和性原理来计算临界温度。1955年，Lydersen提出了第一个基团划分比较细致，估算结果较好的基团贡献方法。1968年，Benson法总结了600多种基团的热力学性质。1979年，Ambrose法被提出，其计算公式简单。1982年，Fedors论述的方法计算Tc时不需要正常沸点Tb。1984年，Joback在实验数据和基团划分上都对Lydersen法作了补充和改进，其通过回归分析得到关联式。马沛生等人在1990年对Ambrose法进行改进，所得方法计算精度优于Ambrose法。而且使用单位及式中各参数的意义与Joback法相同，1994年，Constantinou和Gani针对其他方法未考虑分子中相邻基团间的相互影响以及不能区分同分异构体等方面的缺陷进行了改进，引入了二级基团，从而提出了新方法，1996年，Wilson和Jasperson提出了能同时计算无机物和有机物的方法，1999年，Marrero-Pardillo提出了键贡献法，以基团对为划分方式，考虑了基团在分子中的环境差别。最近几年出现了张克武-张宇英法和定位分布基团贡献方法等新方法。

总体上来说，随着分析技术的发展和大量研究机构的共同参与，基团贡献法不断补充完善，已经成为研究复杂化合物的重要工具。在大量文献中都有基团贡献法成功计算物性数据的例子。

2.3　基团贡献法的基团划分依据

如前文所述，基团贡献法的应用，关键是基团的划分方式、依据，基团划分的方式、依据直接影响贡献法的计算精确程度。从基团贡献法发展的历史来看，从单纯的原子划分方式到有机物官能团划分方式，再到二级基团乃至考虑对位基团的键贡献基团对法，划分方法逐渐趋于合理，既考虑的基团在分子中的环境，又不至于使基团数量过多。归纳目前主要的基团贡献法基团划分法的划分依据为：

(1)按功能团划分基团，这是基团划分的最基本依据，因为每种功能团往往表现出有其独特的物理化学性质，即使在不同类型的分子中也是如此，在同系物分子中规律性尤其明显。这正好与划分结构单元的目的相符合，而功能团之所以具有独特的物理化学性质，正是由于它所具有的是特定原子间的特定相互作用。

(2)参照基团所在分子的主体结构及其特点将同一基团再加细分，如：OH基团，在醇与酚中表现出不一样的性质。

(3)按照分子的立体构型划定基团：顺反结构基团。

(4)在划分基团时往往把有共轭效应的基团分开：如1,3丁二烯中的C—C键比没有共轭分子中的C—C键要短一些。

(5)同系物的第一化合物被当作一个基团单独列出：如甲酸与羧基相连的是氢原子，而醋酸与羧基相连的是碳原子。

3　适用于石油馏分研究的基团贡献法改进

3.1　基团贡献法与石油馏分研究的关联

石油馏分以及石化中间产物中的化合物，尤其是重馏分中的化合物，含有复杂的支链结构，既含有环烷环又含有芳烃环，一个化合物可能存在多种环状结构。Marrero-Pardillo法既考虑价键两端基团的结构，又考虑环及双环的结构，符合通过结构描述石油馏分的需求。但该方法只能预测沸点和临界性质，不能预测热力学性质。Benson法能够计算摩尔生成焓等热力学性质，但不能计算沸点和临界性质。Constantinou-Gani基团贡献法的基团取自UNIFAC基团，而UNIFAC基团最初目的是计算活度，其基团更侧重官能团，由多个核心原子组成，如噻吩基团、吡啶基团、酰胺基团和烯烃基团等，但其二级基团的判断较为复杂。

前文所述，真组分法研究石油馏分较虚拟组分法(假组分法)有一定的优势，更符合石油馏分的真实情况。但真组分法与虚拟组分法不同，真组分的物性需要通过查询物性数据库中测量过的真实数据，对于没有取得纯物质物性数据则要通过基团贡献法得到(相较之下，虚拟组分法只需选择关联式进行计算)。考虑石油馏分研究涉及分离过程、反应过程模拟对沸点、临界性质和热力学性质数据均有需求。较为适合的方案是联合采用Marrero-Pardillo法计算沸点和临界性质，采用Benson法计算热力学性质。一共关注沸点、临界温度、临界压力、临界体积、摩尔生成焓和标准摩尔熵这六个物性。联用两种基团贡献法的关键在于基团划分法的统一，Marrero-Pardillo法使用的是基团对，理论上每种基团对等价于两个 Benson 法基团组合。由于 Benson 法规定的600多种基团中包含了大量无机元素基团，直接关联后数据过于庞大，对于石油馏分研究来说无必要。因此只需纳入 S、N、O、P 等石油馏分中常见元素，选取 106 个 Benson 法基团，和 175 个 Marrero-Pardillo 法基团对，共同构成石油馏分研究的基本基团划分方案(图 1 和图 2)。

		ΔH° f298	S° f298K	Cp° 298K	Cp° 400K	Cp° 500K	Cp° 600K	Cp° 800K	Cp° 1000K	Cp° 1500K
		kJmol-1	Jmol-1K-1	Jmol-1K-1	Jmol-1K-1	Jmol-1K-1	Jmol-1K-1	Jmol-1K-1	Jmol-1K-1	Jmol-1K-1
1	CH3-(C)	-42.19	127.29	25.91	32.82	39.35	45.17	54.5	61.83	73.59
2	CH3-(=C)	-42.19	127.29	25.91	32.82	39.35	45.17	54.5	61.83	73.59
3	CH3-(Ct)	-42.19	127.29	25.91	32.82	39.35	45.17	54.5	61.83	73.59
4	CH3-(Cb)	-42.19	127.29	25.91	32.82	39.35	45.17	54.5	61.83	73.59
5	CH3-(O)	-42.19	127.29	25.91	32.82	39.35	45.17	54.54	61.83	73.59
6	CH3-(CO)	-42.19	127.29	25.91	32.82	39.35	45.17	54.5	61.83	73.59
7	CH3-(N)	-42.19	127.25	25.95	32.65	39.35	45.21	54.42	61.95	73.67
8	CH3-(S)	-42.19	127.29	25.91	32.82	39.35	45.17	54.5	61.83	
9	CH2-(2C)	-20.64	39.43	23.02	29.09	34.53	39.14	46.34	51.65	59.65
10	CH2-(C,=C)	-19.92	41.02	21.43	28.71	34.83	39.72	46.97	52.24	60.11
11	CH2-(C,Ct)	-19.8	43.11	20.72	27.46	33.19	38.01	45.46	51.03	59.44

图 1　Benson 基团贡献数据示例

	A	B	C	D	E	F	G	H
1				tbk	tb*k	tck	pck	vck
2				K	K	K	bar	cm3/mol
3	1	CH3(1)		11.41	98.48	-0.0144	1.8345	58.6
4	2	CH2(2)		22.90	198.22	-0.0185	1.3731	56.6
5	3	CH(3)		34.09	264.13	-0.0161	0.9124	48.3
6	4	C(4)		48.08	328.01	-0.0102	0.4525	42.2
7	5	=CH2(1)		2.82	67.90	-0.0076	1.3750	50.5
8	6	=CH(2)		27.76	194.17	-0.0136	0.9144	47.8
9	7	=C(3)		31.63	258.41	-0.0119	0.4527	38.0
10	8	=C=(2)		28.10	223.18	-0.0079	0.4604	35.5
11	9	≡CH(1)		-10.06	61.28	-0.0115	0.9183	42.1
12	10	≡C(2)		34.38	221.38	0.0032	0.4602	37.7

图 2　Marrero-Pardillo 基团贡献数据示例

关联工作需要收集 Marrero-Pardillo 基团对数据和 Benson 基团数据外(175 * 106 = 18550 个数据)，还需建立一个基团对索引矩阵来关联两者的基团划分方法，即建立 Benson 基团和 Marrero-Pardillo 基团对的转换关系矩阵(图 3)。

		1	2	3	4	5
		CH3-(C)	CH3-(=C)	CH3-(Ct)	CH3-(Cb)	CH3-(O)
1	CH3- & CH3-	2				
2	CH3- &-CH2-	1				
3	CH3- & >CH-	1				
4	CH3- & >C<	1				
5	CH3- & =CH-		1			
6	CH3- & =C<		1			
7	CH3- & ≡C-			1		
8	CH3- & >CH- [r]	1				
9	CH3- & >C< [r]	1				
10	CH3- & =C< [r]				1	
11	CH3- & F-					
12	CH3- & Cl-					
13	CH3- & Br-					
14	CH3- & I-					
15	CH3- & -OH					1
16	CH3- & -O-					1
17	CH3- & >CO					
18	CH3- & -CHO					

图 3　Benson 基团和 Marrero-Pardillo 基团对的转换关系矩阵示例

然后按照 Marrero-Pardillo 基团对法(键贡献法)对目标化合物进行拆分，同时查询 Benson 和 Marrero-Pardillo 基团贡献数据(本文所用的基团贡献法数据来自于 Bruce E. Poling 等所著《The properties of gases and liquids》)。本文做了大量工作，将两个基团贡献法数据进行拆分关联，形成一个新的数据库(图 4)。

为方便查询联用基团贡献法数据，本文开发了一个基团贡献法物性计算软件，输入基团划分数据可以自动查询出关联物性数据。

对序号	基团对	tcbk	pcbk	vcbk	tbbk	Mtbk	C-bk	H-bk	C
1	CH3− & CH3−	-0.0213	-0.0618	123.2	113.12	30	2	6	
2	CH3− &−CH2−	-0.0227	-0.043	88.6	194.25	22	1.5	4	
3	CH3− & >CH−	-0.0223	-0.0376	78.4	194.27	19.3333	1.3333	3.3333	
4	CH3− & >C<	-0.0189	-0.0354	69.8	186.41	18	1.25	3	
5	CH3− & =CH−	0.8526	0.0654	81.5	137.18	21.5	1.5	3.5	
6	CH3− & =C<	0.1792	0.0851	57.7	182.2	19	1.3333	3	
7	CH3− & ≡C−	0.3818	-0.232	65.8	194.4	21	1.5	3	
8	CH3− & >CH− [r]	-0.0214	-0.0396	58.3	176.16	19.3333	1.3333	3.3333	
9	CH3− & >C< [r]	0.1117	-0.0597	49	180.6	18	1.25	3	
10	CH3− & =C< [r]	0.0987	-0.0746	71.7	145.56	19	1.3333	3	
11	CH3− & F−	-0.037	-0.0345	88.1	160.83	34	1	3	
12	CH3− & Cl−	-0.9141	-0.0231	113.8	453.7	50.45	1	3	

图4　Benson 和 Marrero−Pardillo 基团贡献法联用数据举例

3.2　适用于石油馏分研究的物性计算软件编程实现

基团贡献法无论哪种理论，都是基于大量的实验数据归纳总结的。根据基团查询和计算数据是一个繁琐的过程，尤其复杂化合物。本文开发的软件工具关联了 Marrero−Pardillo 基团对数据和 Benson 基团数据，只需将目标化合物按 Marrero−Pardillo 基团对划分规则划分后，输入工具软件，便可利用内置算法计算加和后的沸点和临界性质，同时自动将目标化合物按 Benson 基团划分法划分，查询计算加和后的热力学性质。

Matlab 编程环境一直以来擅长处理大量数据，其中心思想“矩阵”处理拥有丰富的函数和工具。将所收集的各种基团贡献法数据和基团划分方法形成矩阵，输入到程序中(图5)。

```
% Button pushed function: Button_4
function Button_4Pushed(app, event)
    data_matrix = xlsread('result/result2.xlsx'); %读取化合物基团表格
    M_P_Perssad_NUM_vec = data_matrix(:,1); %基团数量列
    %沸点计算
    tbbk1_SUM = sum(M_P_Perssad_NUM_vec'*data_matrix(:,7)); %基团沸点方法1沸点贡献
    tbbk2_SUM = sum(M_P_Perssad_NUM_vec'*data_matrix(:,8)); %基团沸点方法2沸点贡献
    Mtbbk_SUM = sum(M_P_Perssad_NUM_vec'*data_matrix(:,9)); %基团质量贡献
    B_P1 = (Mtbbk_SUM^-0.404) * tbbk1_SUM + 156 ; %沸点方法1计算GIC
    %B_P2 = tbbk2_SUM + 204.66 ;                     %沸点方法2计算GC
    app.KEditField.Value = B_P1;
    %app.KEditField_2.Value = B_P2;
    %临界温度计算
    tcbk_SUM = sum(M_P_Perssad_NUM_vec'*data_matrix(:,4));
    TC = B_P1/(0.5851-0.9286*tcbk_SUM -tcbk_SUM ^2);
    app.KEditField_2.Value = TC;
    %临界压力计算
    pcbk_SUM = sum(M_P_Perssad_NUM_vec'*data_matrix(:,5));
    C_bk_SUM = sum(M_P_Perssad_NUM_vec'*data_matrix(:,10));
    H_bk_SUM = sum(M_P_Perssad_NUM_vec'*data_matrix(:,11));
    F_SUM = sum(M_P_Perssad_NUM_vec'*data_matrix(:,18));
    Cl_SUM = sum(M_P_Perssad_NUM_vec'*data_matrix(:,19));
    Br_SUM = sum(M_P_Perssad_NUM_vec'*data_matrix(:,20));
    I_SUM = sum(M_P_Perssad_NUM_vec'*data_matrix(:,21));
    O_SUM = sum(M_P_Perssad_NUM_vec'*data_matrix(:,22)) + sum(M_P_Perssad_NUM_vec'*data_ma
    N_SUM = sum(M_P_Perssad_NUM_vec'*data_matrix(:,23)) + sum(M_P_Perssad_NUM_vec'*data_ma
    S_SUM = sum(M_P_Perssad_NUM_vec'*data_matrix(:,24)) + sum(M_P_Perssad_NUM_vec'*data_ma
```

图5　Matlab 矩阵处理代码示例

本质上，基团贡献法的特点是拆分化合物为基团，使拆分后的基团性质可测量、可加和。所以当基团性质矩阵建立完成后，可以进行各种操作编程，得到预期的结果。

为方便建立和使用软件，在算法编制好的基础上开发了用户界面，并实现一定功能(图6)。

软件第一步先创建目标化合物，将化合物拆分为基团对。选择基团对的形式，输入基团对的

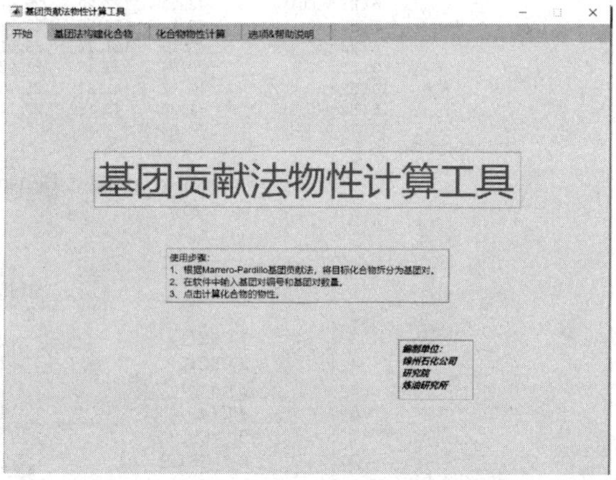

图6　计算工具启动界面

数量之后添加(基团对形式已经编号处理，熟悉之后可以直接输入编号减少输入工作量)。全部基团对添加后点击完成添加，进入下一步(图7)。

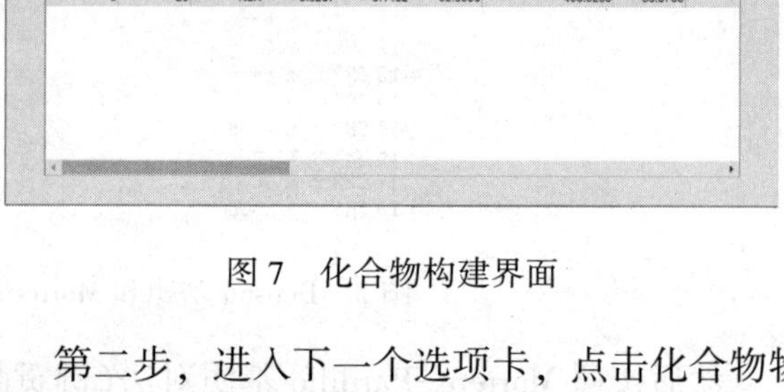

图7　化合物构建界面

第二步，进入下一个选项卡，点击化合物物性计算按钮便可以得到物性数据(图8)。

如需要计算的化合物全部计算完毕，点击下一个选项卡的查看计算结果按钮，会自动生成计算结果汇总表格，方便下一步工作(图9)。

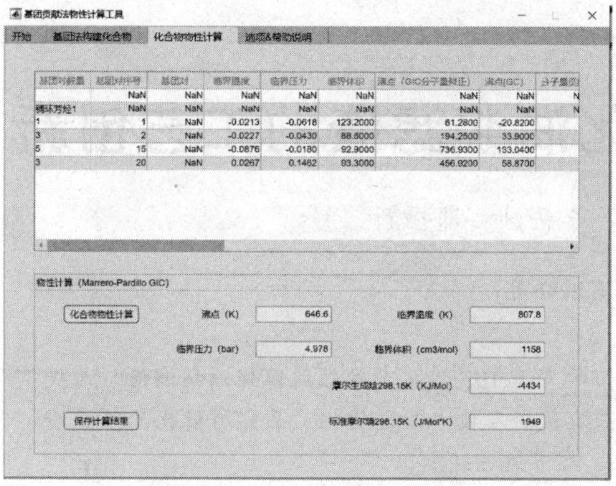

图 8　物性计算功能界面

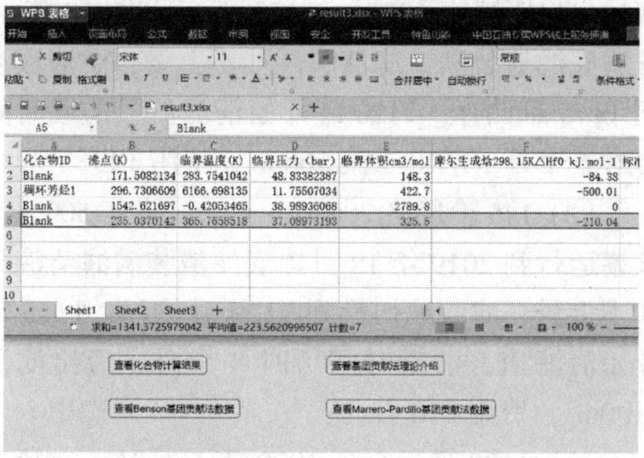

图 9　化合物物性计算结果查看界面

4　总结和展望

本文所做的主要工作是对石油馏分研究方法进行了思考，通过大量数据处理工作关联了 Marrero-Pardillo 法和 Benson 法的基团划分方式，建立了两种基团贡献法的联用方法，并编制了方便的物性计算工具。为石油馏分研究(尤其是采用真组分法进行石油馏分研究)的工作提供了一种更好的利用基团贡献法的途径，为相关工作提供方便。同时，该方法和工具软件也可以应用于其他需要进行复杂化合物性质计算的石油化工科学研究工作。

虽然本文探讨的 Marrero-Pardillo 基团对数据和 Benson 基团数据联用方式有助于真组分法研究石油馏分。但值得注意的是，其他基团贡献法理论例如 Constantinou - Gani 基团贡献法、Joback 基团贡献法以及发展中的其他基团贡献法理论研究所做的工作也有很多可取之处。就物性预测来说，哪一种方法计算预测的特定一类物性较为准确还没有定论，尚需要实验数据去验证。因此下一步工作考虑联用更多的基团贡献法数据，将多种物性计算方法展示出来进行并行比较，再筛选相对于具体工作更为准确的数据。

参　考　文　献

[1] 任丽丽. 真组分法石油馏分描述研究及其应用[D]. 山东：中国石油大学(华东)，2007.

[2] 杜英生，张涛，李鑫钢等. 石油馏分的真组分算法—物性及气液平衡的考察[J]. 石油炼制，1992，6：59-63.

[3] 李旦杰，王健红，方刚，等. 常减压蒸馏过程实时动态模拟[J]. 北京化工大学学报，2001，28(1)：82-86.

[4] Eckert E. Non-traditional characterization of petroleum mixtures in terms of selected components[J]. Collect Czech Chem Commum，1999，64：571-584.

[5] 张克武，张宇英. 评《石油化工基础数据手册续编》兼论基团贡献法发展的新方向[J]. 黑龙江大学自然科学学报，2002，19(3)：79-84.

[6] 江红艳. 定位分布贡献法估算有机物的沸点[J]. 广州化工，2015，(6)：36-38，56.

[7] B. E. Poling、J. M. Prausnitz、J. P. OConnell. The Properties of Gases And Liquids(Fifth Edition)，2001.

延迟焦化装置连续回炼催化油浆滤渣的工艺创新

和晓飞　何立柱　张奎山　李岳灿　邓福新

(中国石油云南石化有限公司)

摘　要　330万吨/年重油催化裂化装置每年约产生1万吨含有10%催化剂颗粒的催化油浆滤渣。为提高催化裂化油浆滤渣的附加值，通过技术融合创新，经过三次试验及技术改造优化，最终将催化油浆滤渣全部送入120万吨/年延迟焦化装置回炼，实现安全、环保、经济效益。

关键词　延迟焦化　催化裂化　油浆滤渣　长周期

1　概述

催化裂化是重质油轻质化最重要的加工手段之一，随着原油重质化程度不断加大，副产品催化油浆产量逐年增加，未经过滤的催化油浆含有大量催化剂粉末和稠环芳烃，在循环回炼过程中易使催化剂生焦并放出大量热，使装置的安全稳定性降低。

某公司炼油项目采用全加氢工艺流程，主要加工中缅原油管道输来的混合原油，其中科威特原油为50%，沙特轻质油为25%，沙特中质油为25%，属高硫中间基原油。其中330万吨/年重油催化裂化置是该炼油项目的重油加工核心装置，120万吨/年延迟焦化装置是重油加工补充装置之一。

330万吨/年重油催化裂化置(以下称催化装置)设计油浆收率9%，年产量29.7×10^4/t。公司为了提高油浆经济效益，在催化装置设置了油浆过滤器，将油浆中的固体物含量过滤到满足延迟焦化加工的要求(油浆滤清液固含量≤100PPm)做原料，过滤后产生滤渣液约1万吨/年，含固体物10%左右的滤渣液送至罐区沉降储存，沉降到一定时间将澄清液送至延迟焦化装置回炼，沉到罐底的滤渣通过人工从储罐中清出作为危废处理。

2　问题的产生

2.1　滤渣量大清理时间长费用高

(1)催化装置油浆过滤器与2017年11月份开工正常，产生的滤渣液储存到罐区T120罐，T120罐规格17m×15.84m，容积$3000m^3$，澄清液抽出口距罐底600mm，该罐运行到2018年11月罐底滤渣装满，滤清液泵抽不上量，滤渣液换到T145罐储存，T120罐开始清滤渣，清罐时间历时6个月、清出滤渣$500m^3$，费用120万元；

(2)145罐规格20m×16.08m，罐容$5000m^3$，该罐运行到2019年12月罐底滤渣装满滤清液泵抽不上量，滤渣液切换到T120罐储存，T145罐开始清滤渣，清罐时间历时8个月、清出滤渣$1100m^3$，费用270万元；

(3)T120罐运行到2020年6月又一次罐底滤渣装满，滤渣液换到T119罐储存，T120罐开始清滤渣，清罐时间历时6个月、清出滤渣$500m^3$，费用120万元；

(4)T119罐规格17m×15.84m，容积$3000m^3$，澄清液抽出口距罐底600mm，119罐运行到2020年12月装置停工检修，119罐清虑渣清出滤渣$400m^3$，费用110万元。

说明：2017年8月开工至2018年9月份催化装置油浆固含量在4.0~5.0g/L；2018年9月至2020年12月份油浆固含量在5.0~6.0g/L之间。

2.2　清罐作业风险高

罐区油浆滤渣罐内清出的含有大量催化剂的罐底油泥，需外委处置，2020年云南地区每吨处理费用均价2550元，开工后三年累计处理费用达637.5万元。

方案一：将该部分油浆滤渣送至污泥干化焚烧装置焚烧处理，但由于其中含油量高达50%~60%，为规避安全环保风险而未采用此方案。

方案二：将罐底油泥装入大桶，送至延迟焦化三泥回炼系统处理，或是送到动力站锅炉燃烧，整个过程操作复杂、存在安全风险，严重影响安全环保和清洁文明生产，只临时进行处置油浆滤渣。

2.3 澄清油处置安全隐患大

滤渣罐内经过沉降澄清后，上层的澄清油则是转入油浆滤清液储罐进行调配后作为延迟焦化装置原料，但由于澄清液难以控制固含量，而容易导致延迟焦化原料固含量超标，进而造成管线、阀门、设备磨损，影响延迟焦化装置安全平稳运行(图1)。

图1 延迟焦化装置部分设备磨损情况

3 解决思路及方案实施

为解决公司油浆滤渣难处理问题，提出将滤渣油浆直供进入延迟焦化装置焦炭塔内进行回炼处理的思路(图2)。并分三步走来实现目标。

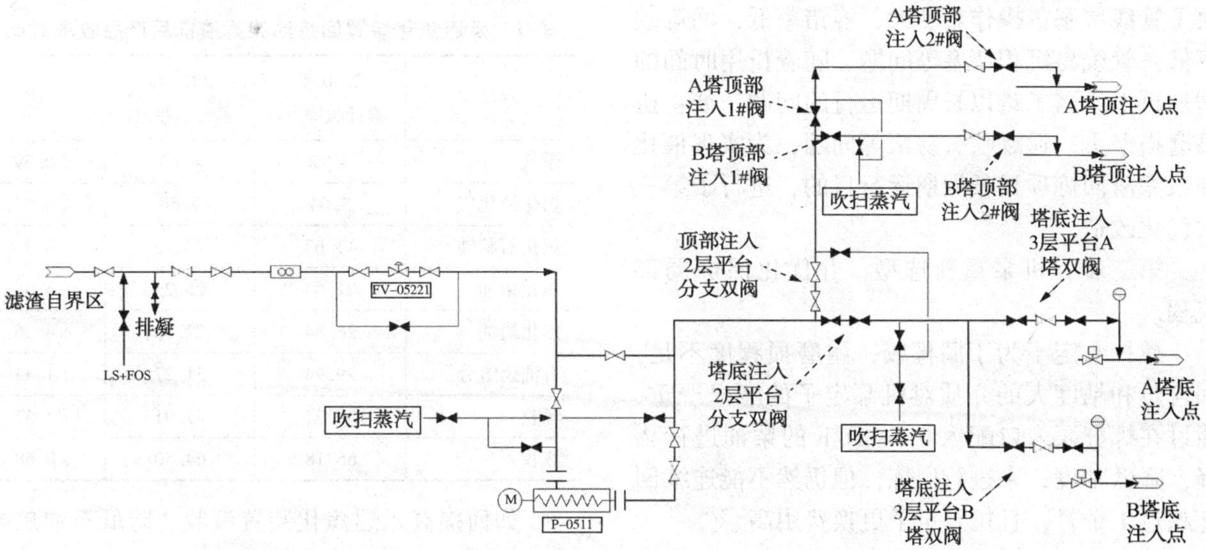

图2 油浆滤渣直进焦炭塔流程示意图

第一步，直铺管线，密闭直接送入焦炭塔内回炼处理，考验是否具备回炼能力。

经核算，延迟焦化装置焦炭塔内能够直接掺入FCC滤渣量为2~3t/h，该方法可以有效避免催化剂带入原料系统，从而避免对换热器、加热炉进料泵、系统管线弯头、控制阀、炉管等部位的磨损。

2020年6月第一步方案落实。通过试验验证了通过直入焦炭塔的方法，能够有效将滤渣进行反应分离，催化剂颗粒进入石油焦内，轻油组分反应蒸发进入产品系统。但同时暴露出不能连续回炼，操作难度大，容错率低，回炼效率低，管线易沉积堵塞等问题。为提高回炼效率，降低操作风险，提出流程优化，并增加缓冲罐等控制措施。

第二步的改造优化方案再次提出，主要内容有：

(1) 增加约27m³的缓冲罐，底部锥体，减少滤渣在内停留时间。

(2) 罐顶进行压力调节，保障泵入口压力。

(3) 增加一台大流量机泵，泵出口一路进焦炭塔，一路做回流起到罐内介质搅拌作用，在焦炭塔换塔期间进行回流控制以防止罐内沉积。

具体如图3所示。

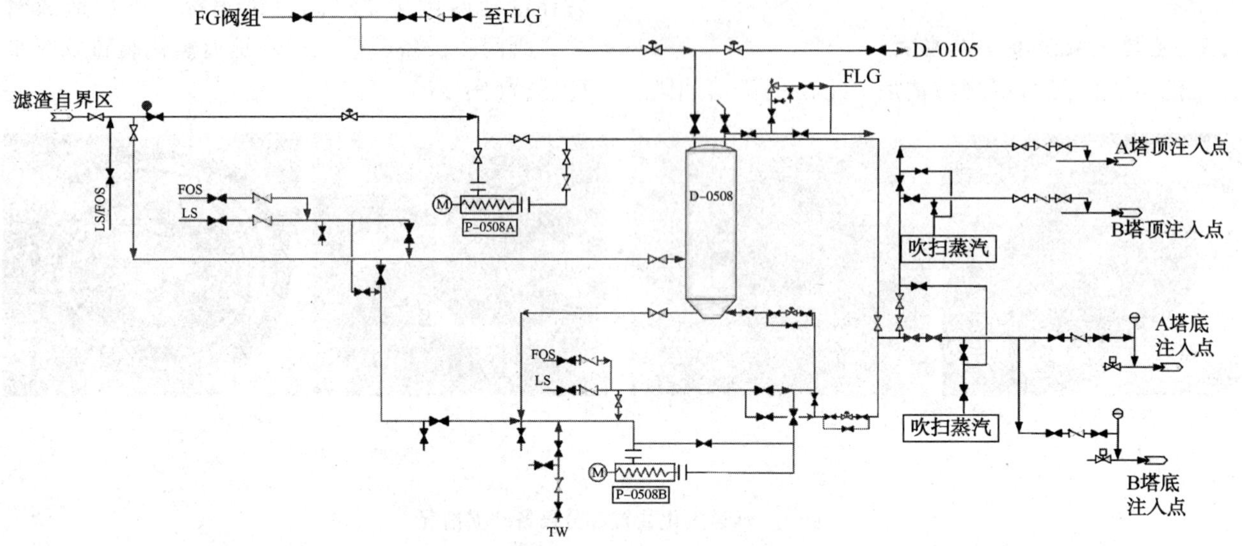

图3　油浆滤渣焦化装置内部改造流程示意图

2021年1月底，优化改造后的流程投用，基本上实现了连续回炼油浆滤渣的目的，同时解决了管线堵塞，操作难度大，容错率低，回炼效率低，管线易沉积堵塞等问题。随着投用时间的增加再次暴露了难以长周期运行的问题，如：机泵磨损严重、返罐喷头易堵等问题，为实现催化油浆滤渣回炼项目长周期运行目的，进行了第三次优化改造。

第三步，机泵重新选型，并优化回炼局部流程。

螺杆泵定子为丁腈橡胶，耐磨损程度不足，固含量和粘度大的介质对机泵定子的磨损严重。通过在螺杆泵入口配入0.5~1t/h的柴油进行稀释，降低粘度，来进行回炼，但仍然不能连续回炼超过1个月，且机泵定子更换费用高。

经攻关，利旧一台催化装置离心泵，并将滤渣罐抽出口改至锥体最底部，调整滤渣温度至90℃，已连续运行3个月，目前仍然稳定运行中。通过本轮实验性应用，实现了油浆滤渣连续长周期回炼的目的。

4　仍需攻克的难点

4.1　影响装置产品收率

因FCC油浆滤渣直接进入焦炭塔，在参与渣油缩合裂解反应时，催化剂颗粒形成了结焦核，加剧了缩合反应，同时影响裂解反应，使焦炭收率增加明显累计收率对比去年增加1.33%，焦化蜡油收率降低4.26%，柴油收率增加3.66%，总体轻收增加3.57%，液收降低0.68%(表1)。

表1　延迟焦化装置回炼油浆滤渣前后产品收率对比

	2020年累计收率/%	2021年累计收率/%	对比
干气	4.72	4.13	↓0.59
焦化液化气	3.04	2.50	↓0.54
焦化石脑油	13.67	14.12	↑0.45
焦化柴油	21.63	25.29	↑3.66
焦化蜡油	26.84	22.58	↓4.26
石油焦组分	29.94	31.27	↑1.33
轻收	38.34	41.91	↑3.57
液收	65.18	64.50	↓0.68

如何提高延迟焦化装置液收，降低石油焦收率，是进一步需要攻克的难题。

4.2　影响装置能耗

回炼油浆滤渣会影响焦化能耗，主要影响因素有：

(1) 影响急冷油量，导致预热产生的甩油和重蜡油无法作为急冷油消耗掉，需要与原料混合后作为循环油进入加热炉，造成能耗增加；

(2) 油浆滤渣进入装置，到焦炭塔顶吸收热量；

(3) 为保护油浆滤渣泵长周期运行，机泵入口用柴油保护，消耗量在0.8~1.0t/h，同样到焦炭塔顶吸收热量；

（4）滤渣泵电耗消耗，滤渣泵电机 18.5kW，搅拌器电机 7.5kW，目前满负荷运行，月耗电 18720kW·h，本月折合能耗 0.063kgEO/t。

回炼油浆滤渣能耗影响如表 2 所示。

表 2 延迟焦化装置回炼油浆滤渣能耗影响计算

序号	油品	流量/(t/h)	初始温度/℃	目标温度/℃	吸收热量/(MJ/h)	折合能耗/(kgEO/t)
1	甩油	3.61	140	494	3630.31	0.91272
2	重蜡油	2.5	350	494	1335.92	0.33587
3	滤渣	1.64	75	420	1384.37	0.34805
4	滤渣保护柴油	0.8	43	420	784.943	0.19735

注：计算所吸收的热未考虑汽化焓。

因回炼滤渣影响，焦化能耗增加 1.86kgEO/t 原料，进一步优化油浆滤渣回炼操作，以降低延迟焦化装置能耗。目前正在逐步提高催化装置油浆滤渣出装置温度，以降低热损失。

5 应用价值

滤渣回炼项目成功投用，为公司提质增效、安全环保、清洁文明生产作出贡献。通过该项目的投用，可节约费用 600 万~757.5 万/年，同时清罐作业可以减少至每 5~10 年一次，有效降低风险作业和环境污染源。

5.1 经济效益

（1）节省油泥危废处理 510 万~637.5 万元/年。

2020 年云南地区油泥危废处置费用均价 2550 元/吨，每年产生油浆滤渣约 1 万吨，固含量 10%，油泥中油含量 50%~60%，最终产生油泥约 2000~2500 吨/年，处理费用约 510 万~637.5 万元/年。

（2）节省油浆滤渣罐清罐费约用 206 万元/年。

自 2018 年至 2020 年清滤渣罐 4 次，共产生费用 620 万元。

（3）节省油浆滤渣沉降剂费用 90~120 万元/年。

为提高油浆滤渣内催化剂可以沉降速度，需要在油浆滤渣内加入沉降剂，根据技术协议，每吨油浆滤渣需要加入 800ppm 的沉降剂，每年节约沉降剂约 6~8 吨，每吨沉降剂 15 万元，节约费用 90 万~120 万元/年。

5.2 安全环保效益

（1）减少高风险清罐作业。

油浆滤渣属于易燃物品，罐内储存的油浆滤渣，易挥发、闪点低，爆炸极限宽，极易引起燃烧和爆炸。因此油罐清洗过程中的重大风险为火灾、爆炸、中毒、触电等，属于高风险危险作业。

（2）减少油泥污油及 VOC 排放。

因清罐作业是开放式作业，大量油泥通过人力清出罐体，过程中会产生大量油泥污染以及 VOC 排放，造成环境污染。

6 结论及技术创新点

催化油浆滤渣直供延迟焦化装置进行回炼，是炼厂催化油浆滤渣物料平衡的一个有效解决方案。可以合理利用焦化装置焦炭塔内反应热，将催化油浆滤渣进行密闭回炼，不但解决了炼厂滤渣物料平衡的难题，同时有效创造经济效益、安全环保效益。

参考文献

[1] 王峰．催化裂化油浆的加工工艺及进展[J]．当代化工，2003(1)：46~47.

[2] 瞿国华，延迟焦化工艺与工程(第二版)[M]．北京：中国石化出版社，2017：482-486.

稠油变压器油络合脱氮工艺的应用研究

王凯明　柯友胜　张霞玲　王　燕

(中石油克拉玛依石化有限责任公司炼油化工研究院)

摘　要　以变压器油糠醛精制油为原料，选择某国产脱氮剂，在实验室进行了变压器油基础油液相络合脱氮-白土补充精制组合工艺的探索试验。试验结果表明，与单纯的白土精制工艺相比，在精制变压器油满足国标GB/T2536质量指标要求的前提下，液相络合脱氮-白土补充精制组合工艺得到的精制变压器油基础油的总氮脱除率达到97%以上，白土用量减少60%，精制油品收率提高一个百分点。

关键词　变压器油　络合脱氮　白土精制　氧化安定性

1　前言

润滑油是以烃类化合物为主要组成的复杂混合物，其氧化安定性不仅与烃类物质有关，还与其中含有的少量非烃类物质(含硫、氮等杂环化合物)有关。氮化物尤其是碱性氮化物是影响基础油氧化安定性的主要成分之一，而某些硫化物的存在对油品的氧化有一定的抑制作用。在润滑油中碱性氮化物的特点是在氮原子上有一对未屏蔽的孤对电子，可与具有质子特征的脱氮剂或具有外层空轨道、离子半径较小的过渡金属离子化合物发生络合反应，形成络合物。在电场作用下络合物富集与精制油分离，或利用其与精制油的比重差自然沉降富集与精制油分离，达到脱去碱性氮化物的目的。

在润滑油基础油生产过程中，白土补充精制的缺点是白土用量大，精制油损失大，环保问题突出。润滑油液相脱氮-白土精制工艺就是针对白土补充精制的缺点开发的。脱氮精制是在一定的工艺条件下，采用脱氮选择性好、脱氮率高而脱硫率低的脱氮剂与糠醛精制油在液相状态下进行作用，通过脱氮剂与基础油中的碱性氮化物发生络合作用来降低油品中的碱氮含量，提高润滑油基础油的氧化安定性，而基础油的其他理化性能无明显变化。脱氮后的基础油再经过较小白土用量的白土精制过程，除去其中的微量脱氮残渣以及进一步脱除氮化物及胶质等非理想组分。脱氮精制不仅保证了基础油质量，而且还使白土用量大幅度下降，从而有效地减少了白土带油损失，提高了基础油的收率，最终提高装置的经济效益。

目前，中石油克拉玛依石化有限责任公司的变压器油基础油采用单纯白土精制工艺处理脱氮，存在白土用量较高、含油废白土排放量大等问题。在保证产品质量的前提下，本着保护环境、降低装置加工成本的原则，在实验室对变压器油基础油液相络合脱氮-白土补充精制组合工艺进行了探索试验。

2　试验方案

为了减少润滑油白土精制装置白土的用量，达到节能减排的目的，故用合适的脱氮剂来降低白土用量，在本试验中考察的是国内某公司提供的络合脱氮剂的脱氮效果。

2.1　原料

试验用油：取自变压器油糠精油和白土精制后变压器油基础油。

白土：采自白土精制装置。

脱氮剂：采用国内某公司生产的脱氮剂。

2.2　试验仪器

三口烧瓶、温度计、电动搅拌装置、电子天平、硫氮分析仪和电位滴定仪等。

2.3　试验方案

在实验室开展变压器油糠精油液相络合脱氮-白土精制组合工艺脱氮效果评价试验，具体评价方法分两步进行：

(1) 液相络合脱氮工艺：用干燥的烧瓶称量适量变压器油糠精油，加热至80℃时，按不同比例加入脱氮剂，在85℃左右恒温定速剧烈搅拌30min，保温沉降，上层清油即为脱氮精制油。

(2) 白土精制工艺：将装有制备的脱氮精制油的烧瓶安装氮气保护，然后加热至120～130℃，按不同比例加入白土，在120～130℃恒温搅拌30min，将油样沉降过滤，既得精制变压器油基础油。

3 络合脱氮试验条件考察

3.1 脱氮剂用量对碱性氮化物脱除率的影响

用干燥的烧瓶称量适量变压器油糠精油，加热至80℃后，按比例加入WSQ-2脱氮剂，在85℃左右恒温搅拌30min，保温沉降，上层清油即为脱氮精制油。通过络合脱氮剂加入量的变化考察对碱性氮化物脱除率的影响，实验结果详见表1。

表1 脱氮剂加入量对碱性氮化物脱除率的影响

分析项目	TN-1	TN-2	TN-3	TN-4	TN-5	TN-6	试验方法
脱氮剂加入量/%	0	0.1	0.2	0.25	0.3	0.35	
氮含量/(μg/mL)	47.6	18.1	4.2	2.4	1.8	1.5	ASTM D4629
碱性氮含量/(μg/g)	38.1	15.2	3.6	1.12	0.98	0.87	SH/T 0162
硫含量/(μg/mL)	125.6	123.5	122.2	121.8	119.6	119.5	ASTM D5453
中和值/(mgKOH/g)	0.01	0.01	0.01	0.01	0.01	0.01	GB/T 7304
碱氮脱除率/%	0	60	91	97	98	98	

由表1中试验数据可以看出，经过络合脱氮工艺，随着脱氮剂加入量的增加，变压器油糠精油中的碱性氮化物含量明显降低，当脱氮剂加入量达到0.25%时，碱氮化合物脱除率基本能够完全脱除，硫化物含量的损失较小，原因在于氮化物被脱除时，在氮化物的链或环上的硫同时也被脱除。总体来说，脱氮剂的使用起到了保硫脱氮的效果。

3.2 反应温度对碱性氮化物脱除率的影响

用干燥的烧瓶称量适量变压器油糠精油，加热至80℃后，WSQ-2脱氮剂的加入量为0.25%，在不同的反应温度下恒温搅拌30min，保温沉降，上层清油即为脱氮精制油。通过络合反应温度的变化考察对碱性氮化物脱除率的影响，实验结果详见表2。

表2 反应温度对碱性氮化物脱除率的影响

分析项目	TN-7	TN-8	TN-9	TN-10	TN-11	TN-12	试验方法
反应温度/℃	50	60	70	80	90	100	
氮含量/(μg/mL)	36.8	24.2	6.5	2.4	2.1	2.0	ASTM D4629
碱性氮含量/(μg/g)	20.4	6.9	3.5	1.12	0.95	0.90	SH/T 0162
硫含量/(μg/mL)	124.4	123.7	122.8	121.8	120.2	119.7	ASTM D5453
中和值/(mgKOH/g)	0.01	0.01	0.01	0.01	0.01	0.01	GB/T 7304
碱氮脱除率/%	46	82	90	97	98	98	

由反应温度对碱氮脱除率的影响可知，脱氮剂与油品中氮化物的反应与温度有着密切的关系。温度太低，油品粘度较大，不利于脱氮剂与氮化物的接触，也不利于生成物从油品中分离出来，导致脱氮率较低。温度升高，油品粘度降低，不仅有利于脱氮剂与氮化物的反应，也有利于生成物的分离。根据反应温度对碱氮脱除率曲线显示，较适宜的脱氮温度在80~90℃。

3.3 反应时间对碱性氮化物脱除率的影响

用干燥的烧瓶称量适量变压器油糠精油，加热至80℃后，WSQ-2脱氮剂的加入量为0.25%，在80~90℃的反应温度下恒温搅拌不同的时间，保温沉降，上层清油即为脱氮精制油。通过反应时间的变化考察对碱性氮化物脱除率的影响，实验结果详见表3。

表 3　反应时间对碱性氮化物脱除率的影响

分析项目	TN-13	TN-14	TN-15	TN-16	TN-17	TN-18	试验方法
反应时间/min	10	20	30	40	50	60	
氮含量/(μg/mL)	28. 4	4. 2	2. 4	1. 8	1. 3	1. 1	ASTM D4629
碱性氮含量/(μg/g)	15. 8	1. 24	1. 12	0. 98	0. 87	0. 82	SH/T 0162
硫含量/(μg/mL)	123. 6	123. 1	121. 8	121. 8	120. 2	120. 2	ASTM D5453
中和值/(mgKOH/g)	0. 01	0. 01	0. 01	0. 01	0. 01	0. 01	GB/T 7304
碱氮脱除率/%	59	97	97	97	98	98	

由表 3 中的分析数据和图 3 可以看出，在络合反应起始时，随着反应时间的增加，碱性氮化物含量明显降低。当反应进行至 20～30min，基本能够完全脱除变压器油糠精油中的碱性氮化物。因此，最佳反应时间为 20~30min。

3. 4　白土用量的考察

变压器油糠精油经过络合脱氮工艺处理后，虽然脱除了 95% 以上的氮化物和碱性氮化物，但是由于脱氮油中还含有少量的极性物质，必须经过白土处理进一步补充精制。试验条件为用干燥的烧瓶称量适量变压器油糠精油，加热至 80℃后，WSQ-2 脱氮剂的加入量为 0. 25%，在 80~90℃的反应温度下恒温搅拌 30min，保温沉降，上层清油即为脱氮精制油。脱氮精制油在不同白土用量的情况下进行白土补充精制试验，白土精制试验条件按照装置操作条件进行，白土精制时间为 30min，精制温度为 120～130℃。分析数据详见表 4。

表 4　白土用量对脱氮精制油的性能影响

分析项目	NB-1	NB-2	NB-3	NB-4	NB-5	NB-6	试验方法
样品名称	糠精油	脱氮油	试验样	试验样	试验样	馏出口	
脱氮剂用量/%	—	0. 25	0. 25	0. 25	0. 25	—	
白土用量/%	—	—	1	2	3	5	
氮含量/(μg/mL)	47. 6	3. 83	<1. 0	<1. 0	<1. 0	<1. 0	ASTM D4629
硫含量/(μg/mL)	125. 6	123	121	120	120	118	ASTM D5453
碱氮含量/(μg/g)	38. 1	0. 98	0. 0	0. 0	0. 0	0. 0	SH/T 0162
糠醛含量/(mg/kg)	0. 3328	0. 2934	0. 026	0. 019	0. 014	0. 010	BSEN 61198
酸值/(mgKOH/g)	0. 01	0. 01	0. 00	0. 00	0. 00	0. 00	GB/T 7304
碱氮脱除率/%	0	98	100	100	100	100	

由表 4 中分析数据可以看出，变压器油糠精油经过脱氮工艺后，氮化物含量和碱性氮化物含量均大大降低，经过白土吸附精制工艺处理后，均能完全脱除碱性氮化物含量，且氮化物含量均能降至 1μg/ml 的范围之内。变压器油糠精油经过络合脱氮-白土精制组合工艺处理后的精制油样与装置馏出口变压器油油样在氮化物脱除效果上相比，基本相当。具体理化性能还要进一步对精制油样进行分析比对。

4　络合脱氮-白土精制油样制备

试验条件为用干燥的烧瓶称量适量变压器油糠精油，加热至 80℃后，WSQ-2 脱氮剂的加入量为 0. 25%，在 80~90℃的反应温度下恒温搅拌 30min，保温沉降，上层清油即为脱氮精制油。脱氮精制油在 2% 白土用量的情况下进行白土补充精制试验，白土精制试验条件按照装置操作条件进行，白土精制时间为 30min，精制温度为

120~130℃。实验室制备油样与装置馏出口油样进行性质对比分析。

表 5　白土用量对脱氮精制油的性能影响

<table>
<tr><th colspan="2">分析项目</th><th>糠精油</th><th>脱氮-白土样</th><th>装置样</th><th>试验方法</th></tr>
<tr><td colspan="2">脱氮剂用量/%</td><td>/</td><td>0.25</td><td>/</td><td></td></tr>
<tr><td colspan="2">白土用量/%</td><td>/</td><td>2</td><td>5</td><td></td></tr>
<tr><td rowspan="2">运动黏度/(mm²/s)</td><td>100℃</td><td>/</td><td>2.375</td><td>2.382</td><td rowspan="2">GB/T 265</td></tr>
<tr><td>40℃</td><td>/</td><td>9.673</td><td>9.706</td></tr>
<tr><td colspan="2">密度(20℃)/(kg/m³)</td><td>/</td><td>884.0</td><td>883.8</td><td>SH/T 0604</td></tr>
<tr><td colspan="2">折光率, 20℃</td><td>/</td><td>1.4823</td><td>1.4822</td><td>SH/T 0205</td></tr>
<tr><td colspan="2">PCA/%</td><td>2.19</td><td>1.80</td><td>1.34</td><td>IP 346</td></tr>
<tr><td colspan="2">氮含量/(μg/mL)</td><td>53.6</td><td><1.0</td><td><1.0</td><td>ASTM D4629</td></tr>
<tr><td colspan="2">硫含量/(μg/mL)</td><td>191</td><td>172</td><td>171</td><td>ASTM D5453</td></tr>
<tr><td colspan="2">碱性氮含量/(μg/g)</td><td>41.9</td><td>0.0</td><td>0.0</td><td>SH/T 0162</td></tr>
<tr><td colspan="2">酸值/(mgKOH/g)</td><td>0.01</td><td>0.01</td><td>0.01</td><td>GB/T 264</td></tr>
<tr><td colspan="2">碱氮脱除率/%</td><td>/</td><td>100</td><td>100</td><td></td></tr>
</table>

由表 5 中变压器油糠精油经络合脱氮-白土精制组合工艺制备的精制油样的分析数据可以看出，能够较好的脱除变压器油糠精油中的碱性氮化物，总氮化合物含量也降至 1μg/ml 以下；与装置馏出口的白土精制油样相比，硫、氮化合物含量基本相当，精制效果处于同一水平。

对变压器油络合脱氮-白土精制工艺制备的精制变压器油与装置生产的精制变压器油进行性能全分析，分析数据详见表 6。

表 6　两种不同精制工艺制备的变压器油性能全分析

<table>
<tr><th colspan="2">分析项目</th><th>脱氮-白土样</th><th>白土样</th><th>试验方法</th></tr>
<tr><td colspan="2">脱氮剂用量/%</td><td>0.25</td><td>/</td><td></td></tr>
<tr><td colspan="2">白土用量/%</td><td>2</td><td>5</td><td></td></tr>
<tr><td colspan="2">运动黏度/(mm²/s)40℃</td><td>9.673</td><td>9.706</td><td>GB/T 265</td></tr>
<tr><td colspan="2">折光率, 20℃</td><td>1.4823</td><td>1.4822</td><td>SH/T 0205</td></tr>
<tr><td colspan="2">PCA/%</td><td>1.80</td><td>1.34</td><td>IP 346</td></tr>
<tr><td colspan="2">氮含量/(μg/mL)</td><td><1.0</td><td><1.0</td><td>ASTM D4629</td></tr>
<tr><td colspan="2">硫含量/(μg/mL)</td><td>172</td><td>171</td><td>ASTM D5453</td></tr>
<tr><td colspan="2">碱性氮含量/(μg/g)</td><td>0.0</td><td>0.0</td><td>SH/T 0162</td></tr>
<tr><td colspan="2">糠醛含量/(mg/kg)</td><td>0.0377</td><td>0.0185</td><td>BSEN 61198</td></tr>
<tr><td colspan="2">酸值/(mgKOH/g)</td><td>0.01</td><td>0.01</td><td>GB/T 264</td></tr>
<tr><td colspan="2">击穿电压/kV</td><td>68.2</td><td>70.5</td><td>GB/T 507</td></tr>
<tr><td colspan="2">介质损耗因数(90℃)</td><td>0.00017</td><td>0.00019</td><td>GB/T 5654</td></tr>
<tr><td colspan="2">界面张力(25℃)/(mN/m)</td><td>48.5</td><td>50.0</td><td>GB/T 6541</td></tr>
<tr><td rowspan="3">氧化安定性, 500h</td><td>酸值/mgKOH/g</td><td>0.38</td><td>0.56</td><td rowspan="3">NB/T 0811</td></tr>
<tr><td>沉淀/%wt</td><td>0.22</td><td>0.36</td></tr>
<tr><td>介质损耗因数(90℃)</td><td>0.113</td><td>0.205</td></tr>
</table>

由表 6 中两种不同工艺制备的变压器油精制油样的性质分析数据可以看出，两个精制油样的理化性能和电性能基本同在一个水平，从氧化数据上看，经过络合脱氮-白土精制工艺能提高变压器油的氧化安定性，各项性能指标均符合国标 GB/T2536 的指标要求。

5　经济效益估算

变压器油生产按年加工量 15 万吨计算，目前白土补充精制装置的物料平衡见表 7。

变压器油液相脱氮-白土补充精制工艺装置物料平衡见表 8。

表 7　白土工艺物料平衡表

白土加入量/(wt%)	入方		出方		精制油收率/(wt%)
	原料油/(吨/年)	白土/(吨/年)	白精油/(吨/年)	废白土/(吨/年)	
5.0	150000	7500	146136.36	11363.64	97.42

表 8　络合脱氮-白土精制工艺物料平衡表

脱氮剂加入量/(wt%)	白土加入量/(wt%)	入方			出方			精制油收率/(wt%)
		原料油/(吨/年)	脱氮剂/(吨/年)	白土/(吨/年)	精制油/(吨/年)	脱氮尾渣/(吨/年)	白土尾渣/(吨/年)	
0.25	2	150000	375	2997.75	148343.21	487.5	4542.04	98.90

根据各工艺的物料平衡等，比较白土工艺与脱氮-白土工艺的生产效益，如表 9。根据多家炼油厂使用总结，与白土工艺相比较，脱氮-白土工艺可节省滤纸滤布而降低成本 4 元/吨。

表 9　白土工艺与脱氮-白土工艺效益估算表

项目	白土工艺/(万元/年)		脱氮-白土工艺/(万元/年)	
剂耗	白土：7500×1300	975	脱氮剂：375×15500	581.25
			白土：2997.75×1300	389.71
			小计	970.96
油品损失	(150000-146136.36)×8000	3090.91	(150000-148343.21)×8000	1325.43
其他增效			150000×5	75
综合成本	975+3090.91	4065.91	970.96+1325.43-60	2236.39
综合增效	4065.91-2236.39=1829.52 万元/年			

综合考虑，液相络合脱氮-白土补充精制组合工艺可节省 60% 的白土，提高油品收率带来的收益可高达 1800 万元/a。

液相络合脱氮-白土补充精制组合工艺不仅可创造显著的经济效益，还具有如下优势：(1)每年可减少活性白土用量约 4500t，同时可节省含油废白土的环保排污费；(2)可大大降低工人的劳动强度，扩大过滤装置的生产能力。

6　结论

液相络合脱氮-白土补充精制组合工艺脱氮效果较为显著，能选择性地脱除氮化物，具有保硫脱氮的特性。同时，以液相络合脱氮-白土补充精制组合工艺精制的变压器油基础油与目前单纯由白土精制生产的变压器基础油性质相当。

液相络合脱氮-白土补充精制组合工艺能减少白土精制过程中的白土用量，部分解决了含油废白土的环保难题，达到了节能减排的目的；同时提高了精制变压器油基础油的收率，可显著提高装置的经济效益。

参 考 文 献

[1] 羊依智，姚佑美等．润滑油基础油采用 WSQ-2 脱氮剂的连续液相脱氮工艺[J]．石油炼制与化工，1998.29(7)：1-3.

[2] 高从然，范喜频等．溶剂脱氮-白土精制作何工艺提高润滑油基础油氧化安定的研究[J]．润滑油，2004.19(4)：25-28.

[3] 朴香兰，朱慎林．润滑油基础油的溶剂脱氮技术[J]．炼油设计，1999.29(10)：17-20.

克石化纳滤浓水降解 COD 技术研究

聂春梅　牛春革　方新湘　范跃超

（中石油克拉玛依石化有限责任公司炼油化工研究院）

摘　要　鉴于新环保法的压力，克石化纳滤浓水成为公司持续发展的一个环保制约因素。本文针对克石化纳滤浓水的水质特点，采用高级氧化技术对其进行处理，试验发现，臭氧投加总量、空速、催化剂填充量、臭氧注入方式均为高级氧化反应的主要影响因素。当臭氧投加量为 150g/h，催化剂填充量（v/v）为 90%，空速为 0.5h^{-1}，停留时间为 150min，臭氧投加浓度为 300mg/L 时，纳滤浓水 COD 可从 167.5～225mg/L 降低到平均值为 34.6mg/L，满足出水 COD 小于 60mg/L 的指标，吨水处理成本为 4.4 元/吨。

关键词　浓水　高级氧化　催化　组成分析

1　前言

目前，克石化公司通过两套分别为 170m^3/h 和 200m^3/h 污水处理装置进行污水深度处理和回用，2015 年新建一套 300m^3/h 的供锅炉用水的深度处理装置，总计浓水量可达 4800m^3/d。该纳滤浓水属高盐度高 COD 型废水，有机物成分复杂、有毒有害污染物多，COD 在 150～300mg/L 之间，经试验分析属难降解型有机物，尤其是废水中的烷基酚类，对生物有杀灭作用。目前，产生的纳滤浓水一般都是掺兑排放或在污水系统内自身循环，造成公司吨油水消耗量增加或在系统内不断循环累积，给后续工艺造成冲击。随着国家污水排放标准的不断升级、公司加工量不断扩充及纳滤浓水 COD 数值的不断提高，纳滤浓水的处理将成为公司亟待解决的难题。

2　实验部分

2.1　试验水源

本实验原料水取自克石化公司 200m^3/h 深度处理装置的纳滤浓水。该浓水 pH 为 7～8，COD 为 100～250mg/L，总溶解固体为 2526～4640mg/L，其中，氯离子为 1150～1311mg/L。经 GC-MS 分析，克石化纳滤浓水中，2，4-二叔丁基苯酚含量最高，为 67.7mg/L，占 30%以上（图 1）。

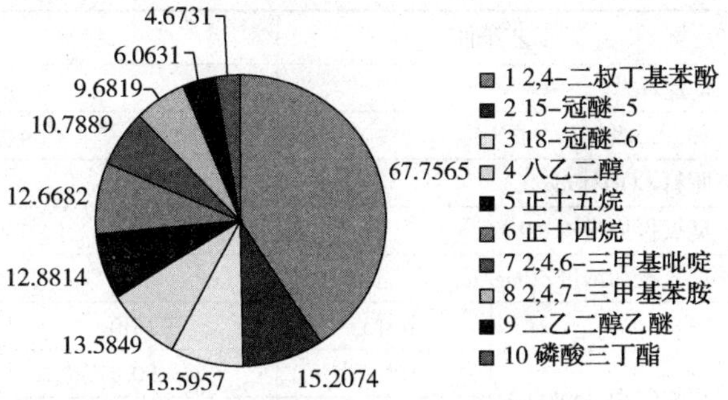

图 1　浓水中有机物组成分析

2.2　试验设备与仪器

中试高级氧化试验装置：由南京哈宁和炼化院合作开发设计。由空气压缩系统、变压吸附制氧系统、臭氧制备系统、催化氧化反应单元四部分构成。高级氧化试验装置设计空速为 0.3～2.5h^{-1}，催化剂由南京哈宁提供。

气相色谱质谱联用仪：型号为安捷伦 7890-5975C。丙酮为内标，内标加入量是 5ul，废水取样量 8ml，进样，20ml 顶空瓶中进行顶空-固相微萃取，固相微萃取纤维涂层是 PDMS/DVB，60℃萃取 30min。

其他分析仪器：COD 测定仪采用 CR3200 COD 消解仪，德国 WTW；photolab s6 光电比色计，德国 WTW；总有机碳（TOC）分析仪采用美国利曼，Torch；臭氧浓度检测仪采用北京山美水美，LIMICEN；pH 计采用 Cole-Parme® 公司的 pH/mV/Ion/℃电位计（Model 59003-35），取样测定。

2.3　试验方法

臭氧氧化实验：以纳滤浓水中 COD 的去除率为指标。纳滤浓水经泵进入一级催化氧化反应器的底部，与来自臭氧发生器的臭氧化空气在一级催化氧化反应器底部顺流接触，在催化剂的作用下，臭氧被吸收并直接或催化产生羟基自由基与有机物反应，当臭氧消耗完全时，污水由一级催化氧化反应器顶部溢流进入二级催化氧化反应器底部，与另一股来自臭氧发生器的臭氧化空气在二级催化氧化反应器底部顺流接触，臭氧或催化产生羟基自由基与未降解完全的有机物继续发生反应，出水由二级催化氧化反应器顶部溢流出，经过气水分离后最终进入稳定池，进而达标排放。试验过程中的尾气采用加热分解。试验出水按需求进行检测。

3 结果与讨论

试验前期，正常纳滤浓水的COD为150~170mg/L，试验后期，因新环保法提高了对外排水COD的要求，浓水被掺入二浮出水入口处，在污水系统内自身循环，由于浓水中有机物的可生化性较差，COD不断循环累积，使得试验期后期的浓水COD平均值为180~220mg/L，瞬时值多次高达240mg/L，并且有逐渐增加的趋势。

3.1 相同臭氧投加量，不同投加点个数考察

适当增加臭氧气体的投加点个数可有效增强气液传质，提高对纳滤浓水中有机物的去除率。当臭氧投加总量相同，空速均为1h^{-1}，分别考察臭氧不同投加点个数对浓水的高级氧化效果。如表1所示，采用两点投加方式的出水COD要低于一点投加方式，COD去除率高出14%。

表1　空速为1h^{-1}时的高级氧化效果对比

工艺条件		二级臭氧，一点投加		二级臭氧，两点投加	
空速/h^{-1}		1		1	
一、二级气量分配比		4/0		2/2	
原料COD/(mg/L)		172		163.6	
臭氧投加量/(g/h)		150		150	
臭氧投加浓度/(mg/L)		150		150	
出水COD/(mg/L)	取样点	平均值	去除率/%	平均值	去除率/%
	一级出水	90	47.7	107.4	34.4
	二级出水	80.4	5.6	54	32.6
	总出水	80.4	53.3	54	67

3.2 相同臭氧投加量，不同空速的考察

空速为单位时间单位体积的催化剂所处理的污水量，决定了污水在催化反应器中的停留时间。在催化剂一定的前提下，空速较小时，反应时间长，去除率较高，但单位时间内处理的水量小，吨水处理能耗高；空速较高时，虽然装置的处理能力增加，吨水处理能耗降低，但由于反应时间不够充分，污染物的去除率下降。因此，需要试验确定最佳空速。气体投加方式、臭氧投加量均相同，考察不同空速下的高级氧化效果。

高空速条件下COD的去除总量较大，但COD降幅小，出水COD不能满足新的污染物排放标准；当空速较小时，可对其进行深度处理，在臭氧投加量足够的前提下，出水COD满足新的污染物排放标准。当臭氧投加量为150g/h，投加浓度为300mg/L，催化剂填充量(v/v)为90%，空速为0.5h^{-1}，纳滤浓水COD可从167~224mg/L降低32~42mg/L，满足出水COD小于60mg/L的指标。见表2。

表2　不同空速下的高级氧化效果对比

工艺条件	二级臭氧，两级气量							
空速/h^{-1}	1		0.7		0.5		0.5	
臭氧投加量/(g/h)	150		150		150		150	
臭氧投加浓度/(mg/L)	150		214		300		300	
原料COD/(mg/L)	207		165		167.5		224	
出水COD/(mg/L)	平均值	去除率/%	平均值	去除率/%	平均值	去除率/%	平均值	去除率/%
	116.4	43.8	56.52	65.7	32	80.9	42	81.3
COD去除总量/(g/h)	90.6		75.93		67.75		91	

3.3 相同空速，不同臭氧投加量的考察

臭氧投加量直接影响着氧化效果和处理成本。投加量过低，达不到氧化的处理效果，投加量过高，水中的有机物易生成极性较强的中间产物，且还有可能增加臭氧副产物的生成量，进而大大增加臭氧发生系统投资和运行费用。因此臭氧投加量的选择是十分重要的。但是，臭氧投加量与有机物的去除率并不是成线性关系，最佳的臭氧投加量因水中有机物的种类和浓度不同而有所差异，应通过试验确定。空速、气体投加方式相同，考察不同臭氧投加量时的高级氧化效果。

如表 3 所示，臭氧投加量是高级氧化效果的关键因素。当臭氧投加量较高时，总的 COD 去除总量较高，出水 COD 较低。臭氧为投加量为 150g/h 较臭氧投加量为 75g/h 时的 COD 去除率高出 24%，但与 COD 的去除总量并不成比例。

表 3 空速为 0.5h^{-1}时的高级氧化效果对比

工艺条件	一级臭氧，两级气量		二级臭氧，两级气量	
空速/h^{-1}	0.5		0.5	
一、二级气量分配比	2/2		2/2	
原料 COD/(mg/L)	146		167.5	
臭氧投加量/(g/h)	75		150	
臭氧投加浓度/(mg/L)	150		300	
出水 COD/(mg/L)	平均值	去除率/%	平均值	去除率/%
	63.89	56.24	32	80.9

3.4 相同臭氧投加量，不同催化剂填充量的考察

臭氧催化氧化可将臭氧的强氧化性和催化剂的吸附、催化特性结合起来，能有效解决有机物降解不完全的问题。催化剂可提高臭氧的反应活性和利用率，提高有机物的降解率和矿化程度，因此，催化剂的填充量对 COD 的降解效果也有很大的影响。臭氧投加量和投加方式相同，考察不同催化剂填充量时的高级氧化效果。

如表 4 所示，浓水流量为 0.5m^3/h，臭氧投加总量为 150g/h，无催化剂时，出水 COD 较催化剂填充量为 90%时高出 75.7 个单位，催化剂填充量为 50%时，出水 COD 较催化剂填充量为 90%时高出 12.8 个单位。

表 4 不同催化剂填充量的考察

试验条件	无催化剂		50%填充量		90%填充量	
水量/(m^3/h)	0.5		0.5		0.5	
一、二级气量分配比	1/1		1/1		1/1	
臭氧投加量/(g/h)	150		150		150	
臭氧投加浓度/(mg/L)	300		300		300	
原料 COD(mg/L)	205		205		192.7	
出水 COD/(mg/L)	平均值	ΔCOD 去除率/%	平均值	ΔCOD 去除率/%	平均值	ΔCOD 去除率/%
	124.5	39.3	61.6	70	48.8	74.7

3.5 尾气组成分析

根据高级氧化反应机理和浓水 COD 理论氧气消耗量计算，高级氧化处理浓水后尾气中的氧含量依然较高，直接排放不经济。为此，通过取样分析尾气组成，判断是否具有再利用价值。

如表 5 所示，尾气中氧气浓度都大于 80%，满足臭氧发生器的进气氧浓度要求。但尾气中检测不出 CO_2 气体，判断是由于氢氧化钙的投加，与 CO_2 发生反应而得以去除，这也与反应过程 pH 的变化趋势相印证，即随着高级氧化反应的

进行，水的 pH 会逐渐降低。

表 5　尾气组成分析

气体组成		空速/h^{-1}			
		0.3	0.5	0.7	1
进气	氧气/%	91.2	88.32	88.4	90.5
尾气	氧气/%	90.32	87.06	87.11	88.9
	氮气/%	9.68	12.94	12.89	11.1

3.6　最佳条件下的运行结果

以前期试验考察确定的最佳中试反应条件为依据，进行试验稳定性考察。臭氧投加量为150g/h，投加浓度为 300mg/L；催化剂填充量(v/v)为 90%；空速为 0.5h^{-1}；停留时间为 150min；采用两级等比例注入臭氧气体。

运行期间，COD 的降解曲线见图 2，其他污染物排放标准见表 6。

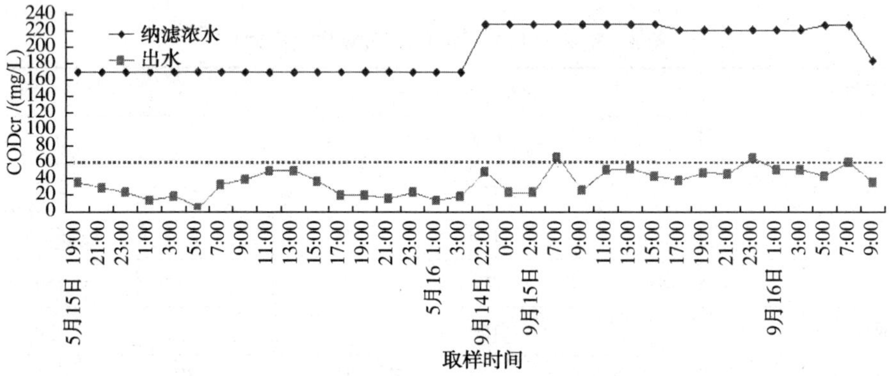

图 2　最佳运行条件下 COD 降解情况

由图 2 可知，在相同的工艺条件下，经高级氧化后，出水水质较稳定，但当纳滤浓水 COD 增加时，出水 COD 相应增加，当浓水 COD 为 218~225mg/L 时，出水 COD 个别超过 60mg/L，超出排放标准。此时，应适当增加臭氧投加量，保证出水稳定达标。当臭氧投加量为 150g/h，催化剂填充量(v/v)为 90%，空速为 0.5h^{-1}，停留时间为 150min，浓水中有机物去除情况如表 6 所示：

对照《石油炼制工业污染物排放标准》(GB 31570—2015)，经高级氧化后，出水中的 TOC、总氮、悬浮物(SS)等指标也满足新的污染物排放标准要求，详见表 7。

表 6　水中有机物去除情况

有机物名称	浓水	平均出水	总降解率
2,4-二叔丁基苯酚	67.7565	9.4537	86.0
15-冠醚-5	15.2074	0.2201	98.6
18-冠醚-6	13.5957	0.4181	96.9
八乙二醇	13.5849	—	≈100
正十五烷	12.8814	1.8459	85.7

表 7　中试达标排放水质

序号	污染物项目	纳滤浓水	高级氧化出水	GB 31570—2015
1	pH	7~8	8~9	6~9
2	悬浮物(mg/L)	10~20	66~76	70
3	化学需氧量 COD/(mg/L)	181~225	34.1	60
4	五日生化需氧量 BOD/(mg/L)	12~17	4~8	20
5	总氮/(mg/L)	1.6	1.2	40
6	总有机碳/(mg/L)	60~70	11.6~15.8	20
备注		其他指标未检测		

高级氧化水处理技术具有无需化学试剂，操作条件容易控制，无二次污染，加之化学稳定性高、无毒且成本低等潜在的优势。

最终，通过实验室研究形成一套适合克拉玛依石化公司纳滤浓水的处理方案，并于2017.10在公司污水提标改造项目3000单元中得以工业化应用，使出水满足国家标准《石油炼制工业污染物排放标准》(GB 31570—2015)的最新要求。

4 结论

4.1 通过有机物组成分析，克石化纳滤浓水的处理难度较大，依据水中残留的难降解型组分，可考虑从源头上处理，以进一步降低后续处理难度。

4.2 通过试验发现，臭氧投加总量、空速、催化剂填充量、臭氧的注入方式均为高级氧化反应的主要影响因素，臭氧投加量越大，空速越小，催化剂填充量越高，越有利于臭氧氧化反应，臭氧气体分级注入，可提高臭氧的利用率，进而增加氧化效果。当臭氧投加量为150g/h，催化剂填充量(v/v)为90%，空速为0.5h^{-1}，停留时间为150min，纳滤浓水COD可从167.5~225mg/L降低到平均值为34.6mg/L，满足出水COD小于60mg/L的指标，水中主要机物浓度的去除率大达86%以上。经高级氧化后，其他所测出水指标也满足新污染物排放标准要求。

4.3 采用实验室研究确定的技术方案，在克石化公司工业水车间实现了技术的工业化转化。自投产以来，新建的浓水催化氧化单元出水的COD、TOC、氨氮、硫化物、总氮、总磷、BOD、SS等均满足《石油炼制工业污染物排放标准》(GB 31570—2015)，达到项目预期技术指标，配合公司顺利完成了年度节水指标。经验证，实验室的研究路线可行、工艺可靠稳定，且符合克石化公司的浓水水质。

参 考 文 献

[1] 于旭霞.2,4-二叔丁基苯酚的合成[J].甘肃石油和化工，2012，(3)：22-24.

劣质重油悬浮床加氢裂化技术进展

黄新平　刘　钊　伍三军　王雪梅

(中石油克拉玛依石化有限责任公司炼油化工研究院)

摘　要　悬浮床加氢裂化技术在重油加工方面具有原料适用性强，转化率高的优点。本文对国内外的多种悬浮床加氢裂化工艺技术从工艺流程、催化剂和技术特点等方面进行了详细的对比总结。结果表明，未来悬浮床加氢裂化技术发展的重点是高效催化剂的研发和技术的工程化转化。

关键词　重油加工　悬浮床加氢裂化技术　催化剂　工业化

1　前言

随着常规石油资源日益减少和重油开采技术日臻成熟，原油的生产呈现重质化、劣质化的趋势。因此，劣质重油的轻质化将成为炼油行业必须面对的一个重要问题。渣油加氢工艺对于高杂质含量的渣油原料加工有较好的适应性，在劣质重油加工中发挥着越来越重要的作用。传统的重油固定床加氢处理工艺对原料要求残炭值低于15w%，总金属含量不超过200 μg·g^{-1}，在劣质重油加工的使用存在一定的限制，而沸腾床加氢与悬浮床加氢技术在劣质重油的加工中可以适应更劣质的减渣，但工艺流程和设备更复杂，投资也更高。渣油主要加工工艺技术对比见表1。在几种渣油加氢工艺中，重油悬浮床加氢裂化技术对原料的适应性最强，尤其是对其他几种渣油加氢工艺影响较大的高金属、高残炭原料，且转化率高，符合提高资源利用率的发展趋势。

表1　重油加工工艺对比

加工工艺		重油催化裂化	延迟焦化	重油固定床加氢	重油沸腾床加氢	重油悬浮床加氢
原料油性质	残炭/w%	<8%	没有限制	<15	<40	没有限制
	总金属含量/(mg·g^{-1})	<20	没有限制	<200	<400	没有限制
工艺条件	反应温度/℃	500~520	495~505	370~420	400~450	430~480
	反应压力/MPa	~0.1	0.1~0.3	15~20	>15	10~20
	空速/hr^{-1}	/	/	0.2~0.5	0.2~0.8	0.7~1.0
技术难易程度		中等	低	低	复杂	复杂
技术的成熟性		成熟	成熟	成熟	较成熟	基本成熟
装置投资		低	低	中等	较高	中等

2　国外重油悬浮床加氢裂化工艺的研究进展

目前，国外主要的炼油技术提供商均开展了重油悬浮床加氢裂化技术的研究，主要有意大利ENI公司的EST工艺、委内瑞拉Intevep与法国Axens合作开发的HDHPLUS-SHP工艺、KBR和BP公司合作开发的VCC工艺、UOP公司的Uniflex工艺等。

2.1　意大利ENI公司的EST技术

(1) 工艺流程和操作条件

EST技术的工艺流程(图1)：催化剂与原料混合后进行悬浮床加氢反应；反应产物经过分离分别得到气体、石脑油、柴油以及减压馏分油(VGO)和减压尾油；减压尾油采用C3或C4进行溶剂脱沥青，脱油沥青(主要是沥青质与催化剂)循环反应；脱沥青油与VGO作为进一步深加工的原料。EST技术的主要特点：①原料的适应性强；②原料油全部转化；③产品质量优良，汽柴油能够满足欧Ⅳ标准；④原料油中的金属全部脱除；⑤没有燃料油或焦炭产物；⑥催化剂的消耗很低。

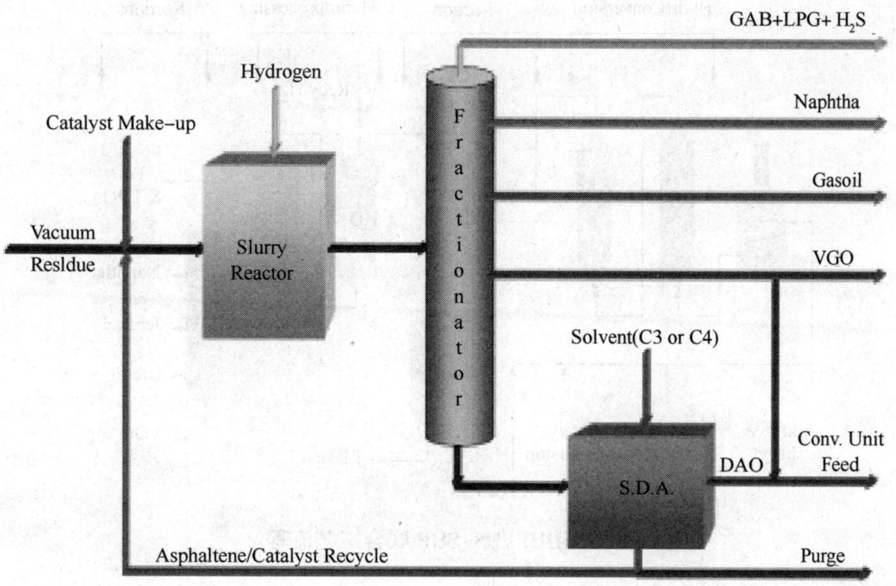

图 1 EST 技术的工艺流程

（2）催化剂

EST 减压渣油悬浮床加氢裂化所用的催化剂是一种油溶性母体在反应器中转化为以纳米级薄层形式存在的无载体的 MoS2，不会因金属和焦炭沉积在载体的孔隙中而出现堵塞问题，生焦的影响很小、表面积大和不存在传质扩散阻力，使 EST 催化剂比载体催化剂有更高的活性。

（3）半工业示范装置运行结果

建在 ENI 公司 Taranto 炼油厂的 5 万吨/年半工业示范装置于 2005 年底开始运转，装置稳定的运行情况和运行结果表明，EST 减压渣油悬浮床加氢裂化技术有较好的原料适应性和灵活性，脱金属率（HDM）大于 99%，脱残炭率（HDCCR）大于 97%，脱硫率（HDS）大于 85%，脱氮率（HDN）大于 40%，在技术上和经济上都是可行的。

（4）工业装置建设进展

ENI 公司于 2014 年在意大利 Sannazzaro 建设有一套加工能力是 115 万吨/年的悬浮床加氢工业装置，已经开工投产，是世界上第一套减压渣油悬浮床加氢裂化工业装置，其原则流程如图 2 所示。同时 2018 年 ENI 公司在国内中石化茂名石化建设一套 260 万吨/年的悬浮床加氢工业装置，浙江石化建设两套 300 万吨/年的悬浮床加氢工业装置，都在建设过程中。

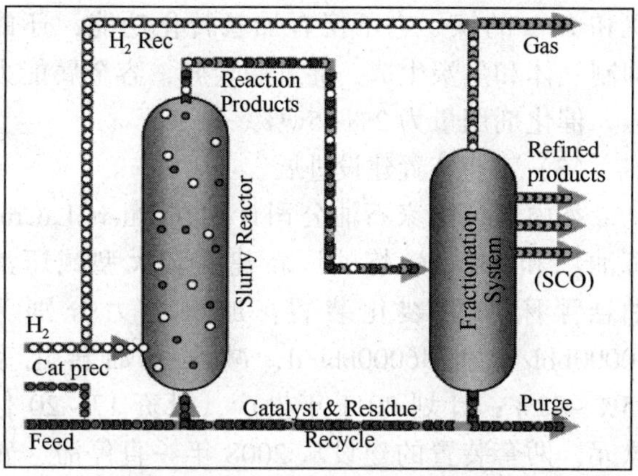

图 2 Sannazzaro 炼油厂悬浮床加氢裂化装置工艺流程

2.2 法国 Axens/IFP 公司与委内瑞拉 Intevep/PDVSA 合作开发的 HDHPLUS-SHP 技术

（1）工艺流程和操作条件

HDHPLUS-SHP 技术的主要特点是：①转化率可达 85～93% 的渣油催化加氢转化技术；②渣油在临氢、固体添加剂和催化剂的作用下转化为高价值的以轻组分为主的产物；③金属催化剂通常分散在渣油中，形成起催化作用的乳状液；④添加剂是一种通过机械破碎和热处理方式制备得到不同特性的材料，以控制反应器内的流体力学特征；⑤可以处理含硫、金属、沥青质的减压渣油；⑥反应器为圆柱形的内部具有泡沫上升空间的三相反应器（图 3）。

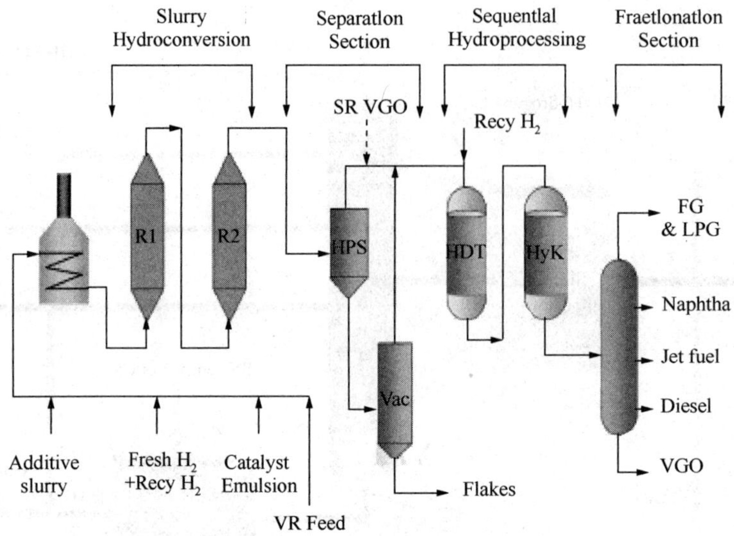

图3　HDHPLUS-SHP联合工艺流程

(2)催化剂

HDHPLUS所用的催化剂是委内瑞拉富产的一种天然矿物，成本很低，其中含4%~5w%的钒和1w%的镍。它不仅有加氢转化功能，还能抑制气体和焦炭生成，促进脱金属，容金属能力强。催化剂用量为2%~5w%。

(3)工业装置建设进展

委内瑞拉国家石油公司计划在PuertoLaCruz炼油厂和ElPalito炼油厂新建两套大型减压渣油悬浮床加氢裂化装置：加工能力分别为50000bbl/d和46000bbl/d，减压渣油转化率85%~92%；计划2011年投产，投资17~20亿欧元，两套装置的建设从2008年一直停滞，暂时没有进一步消息。

2.3　UOP公司的Uniflex工艺

(1)工艺流程和操作条件

Uniflex工艺的特点是含有催化剂的原料油和循环氢在各自加热炉中分别加热到反应温度，然后进入浆态床反应器底部反应，转化完后产物经冷却进入一系列分离器，气体循环返回反应器，液体分馏得到馏分油和未转化的沥青残渣，部分减压重瓦斯油循环返回浆态床反应器进一步转化。Uniflex工艺的反应温度为435~470℃，反应压力为14MPa。Uniflex工艺反应后会产生较多的沥青残渣，约占进料的10%，通常用作锅炉燃料。其工艺流程如图4所示。

(2)催化剂

Uniflex减压渣油悬浮床加氢裂化所用的催化剂是一种能抑制生焦的廉价催化剂，不会因焦

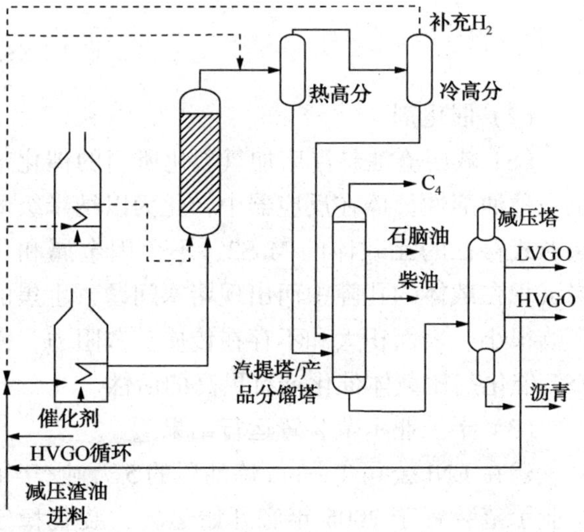

图4　Uniflex工艺流程示意图

炭和原料油中高含量的有机金属化合物而中毒。这种专用的纳米级固体化剂(硫酸铁-水化合物在反应器中转化为硫化铁)与原料油混合，可使重组分的转化率达到最高并抑制生焦。催化剂的用量决定于原料油质量和操作苛刻度。催化剂具有双功能，主要为裂化产物的稳定提供缓和的加氢活性，同时限制芳烃饱和。

(3)工业示范装置运行结果

加拿大Montreal炼油厂5000bbl/d工业示范装置曾以冷湖沥青的减压渣油为原料进行长期运转，结果表明能够实现高转化率并得到很高的中馏分油收率。在最苛刻的条件下运行，大于524℃馏分的转化率达到94w%，中馏分油收率是53%，C4~524℃收率略高于102%。

（4）工业装置建设进展

目前UOP公司提出的工业集成方案主要有两种：一种是Uniflex与加氢处理集成生产超低硫柴油，工艺流程如图5所示。另一种是Uniflex与加氢处理集成生产船用燃料油，其工艺流程如图6所示。UOP公司第一套工业装置将建在巴基斯坦卡拉奇炼厂100万吨/年，目前还在计划过程中，没有进一步的消息。

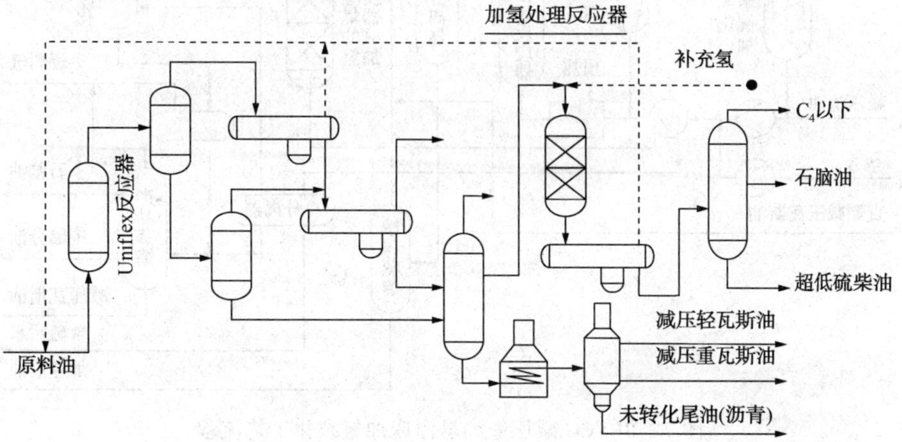

图5 Uniflex与加氢处理集成生产超低硫柴油工艺流程

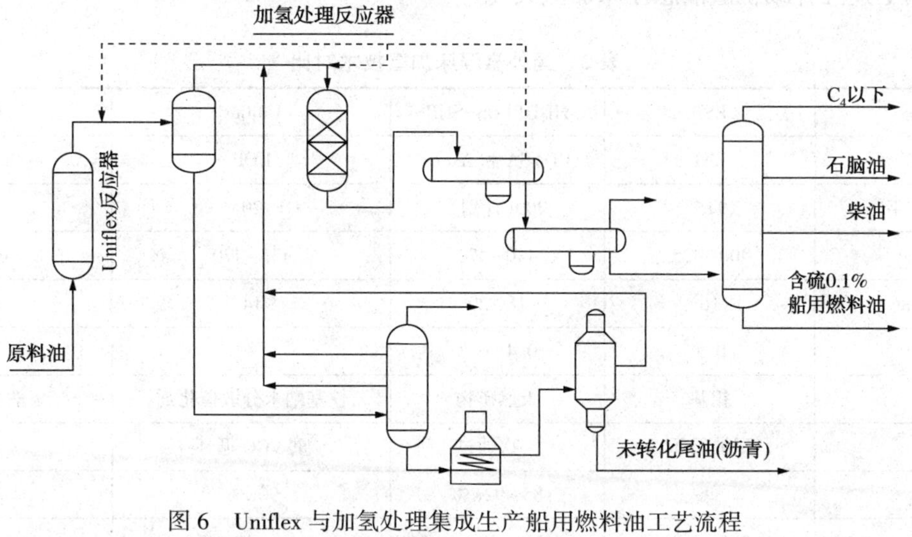

图6 Uniflex与加氢处理集成生产船用燃料油工艺流程

2.4 KBR公司和BP公司合作推出的VCC悬浮床加氢裂化技术

（1）工艺流程和操作条件

BPVCC减压渣油悬浮床加氢裂化工艺流程如图7所示。减压渣油与催化剂和氢气混合，经换热和加热至反应温度以后进悬浮床反应器。反应系统是几台反应器串联，以克服返混的不利影响。通常反应系统的操作压力较高，在18~20MPa之间。在热分离器中，转化产物与未转化尾油分离，未转化尾油从热分离器底部排出，进减压蒸馏塔回收馏分油后，剩下的加氢渣油从减压塔底排出。回收的馏分油与热分离器顶部得到的馏分油一起在加氢处理反应器中进一步加工。

（2）催化剂

BPVCC所用的催化剂是一种炼铝工业的废料或褐煤半焦，并且含有镍和铁，呈粉末状，其用量通常为不大于2%（质量分数），成本较低。

（3）工业示范装置运行结果

BP公司3500bbl/d工业示范装置已成功运转10多年，主要特点是渣油转化率在95%以上，高压操作，稳定性和可靠性高，可用原料多，产品收率分布灵活，产品质量符合清洁燃料标准。

（4）工业装置建设进展

2015年KBR公司和中国延长石油集团合作，建设两套45万吨/年悬浮床加氢裂化装置，装置运行一段时间后，出现问题，目前正在停工改造中。2017年KBR公司计划在俄罗斯建设270万吨/年悬浮床加氢裂化装置，目前还没有进一步报道。

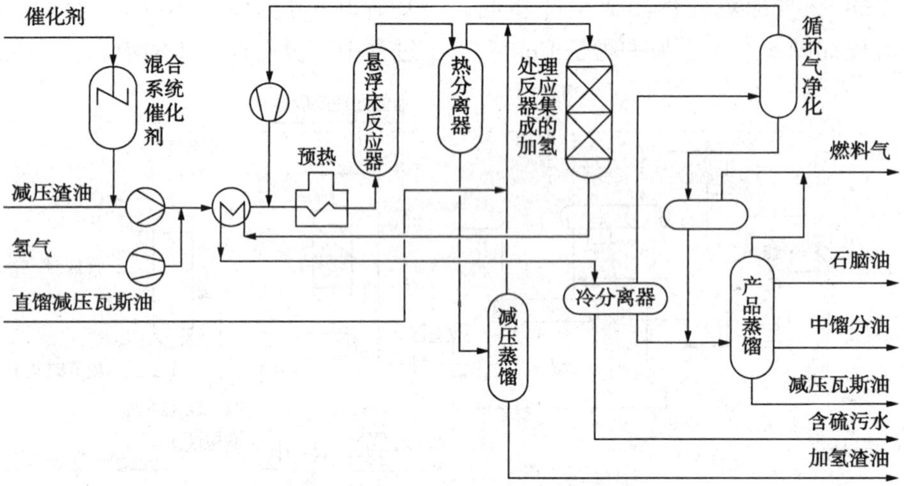

图7　BPVCC减压渣油悬浮床加氢裂化工艺流程

2.5　国外悬浮床加氢裂化技术比较总结

综合归纳上述几种减压渣油悬浮床加氢裂化技术的有关情况(表2)，对比结果如下。

表2　国外悬浮床加氢技术对比

工艺名称	EST	HDHPLUS-SHP	Uniflex	VCC
技术拥有商	ENI	PDVSA和Axens	UOP	BP和KBR
装置规模/万吨/年	115	200(计划)	20	45
反应温度/℃	400~425	440~470	435~470	440~485
反应总压力/MPa	16	18~20	14	18~23
空速/hr-1	0.3	0.4~0.7	/	0.5
催化剂类型	钼基	天然矿物	铁基纳米分散催化剂	天然矿物，褐煤
工艺路线	尾油循环	一次通过	重VGO循环	一次通过
单程转化率	低	85~92w%	90w%	95w%
尾油收率/w%	2.5~3.8	~10	~10	~5
工业化情况	实现	未实现	未实现	实现

(1) 操作条件和催化剂类型有差别

国外悬浮床加氢裂化技术大体上可以分为3类：第一类是采用较高的压力、成本较低的催化剂和较高的空速，悬浮床加氢裂化反应系统与生成油加氢处理(或加氢裂化)集成在一套装置中，有利于提高产品质量并节省投资和操作费用，这类技术包括BPVCC技术和HDHPLUS技术；第二类是采用较低的压力、成本较高的催化剂和较低的空速(新鲜原料)，悬浮床加氢裂化产品在另外的装置中加工，EST技术就属于这一类；第三类技术介于前两类之间，高压低空速，需要较大的压力容器，但稳定性好、灵活性大。

(2) 工艺方案有所不同

BPVCC、HDHPLUS和Uniflex都采用一次通过高转化率方案，Uniflex把部分减压重瓦斯油循环；EST采用低转化率未转化尾油多次循环方案，最终实现高转化率。

(3) 转化率有差异

减压渣油悬浮床加氢裂化技术成熟的首要标志就是转化率高，排出的尾油量少。上述4种技术均可实现高转化率，但都不是100%，都要排出一些尾油，有的还比较多。

EST 的单程转化率相对不高，但通过未转化尾油多次循环实现高转化率，大型工业装置设计排出的尾油量是新鲜原料的 2.5%~3.8%。

HDHPLUS 大型工业装置设计单程转化率在 85%~92%之间，沥青质转化率在 80%~85%之间，排出的尾油量低于新鲜原料的 10%。

BPVCC 工业示范装置的最高转化率是 95%，要排出 5%以上的尾油。BP 公司最近的报告称，当原料油转化率为 95% 时，沥青质转化率为 90%。

Uniflex 工业示范装置的最高转化率是 94%，未给出沥青质转化率的数据，但 UOP 公司的报告称，排出的尾油（沥青）量约占新鲜原料油的 10%。

（4）在建工业装置不多

目前 ENI 公司在意大利建设的 115 万吨/年工业装置于 2014 年投产。国内茂名石化正在建设 260 万吨/年工业装置，浙江石化正在建设两套 300 万吨/年工业装置。

KBR 公司建在我国延长石油公司，两套 45 万吨/年工业装置，2016 年投产；还有一套建在俄罗斯，原料为减压渣油，270 万吨/年，计划 2017 年投产，目前还没有获得工业装置正常运行的数据参数。

3 国内重油悬浮床加氢裂化工艺的研究现状

随着国内劣质原油加工数量的不断增加，国内对渣油悬浮床加氢的技术开发也有长足的发展，部分技术已经完成了工业示范装置的建设与开工。

3.1 中石油和中国石油大学（华东）联合开发的悬浮床加氢技术

中国石油与中国石油大学（华东）、抚顺石化公司、中国石油石化研究院、克拉玛依石化公司、清华大学、中国石化工程建设公司等单位联合开展重油悬浮床加氢裂化技术的实验室研究和工业化试验工作，并于 2004 年在中国石油抚顺石油三厂建成 5 万吨/年重油悬浮床加氢裂化工业化试验装置，装置由反应系统、常减压分馏系统、催化剂硫化分散系统组成，于 2004~2007 年期间内进行了三个阶段工业化试验。原设计催化剂为铁、钼、镍多金属水溶性催化剂，工艺条件为：反应温度 430~460℃，反应分压 9~13MPa。目前石油大学重新开发了新一代的多金属油溶性催化剂，但还没有经过工业示范试验应用。图 8 为石油大学悬浮床加氢工艺流程。

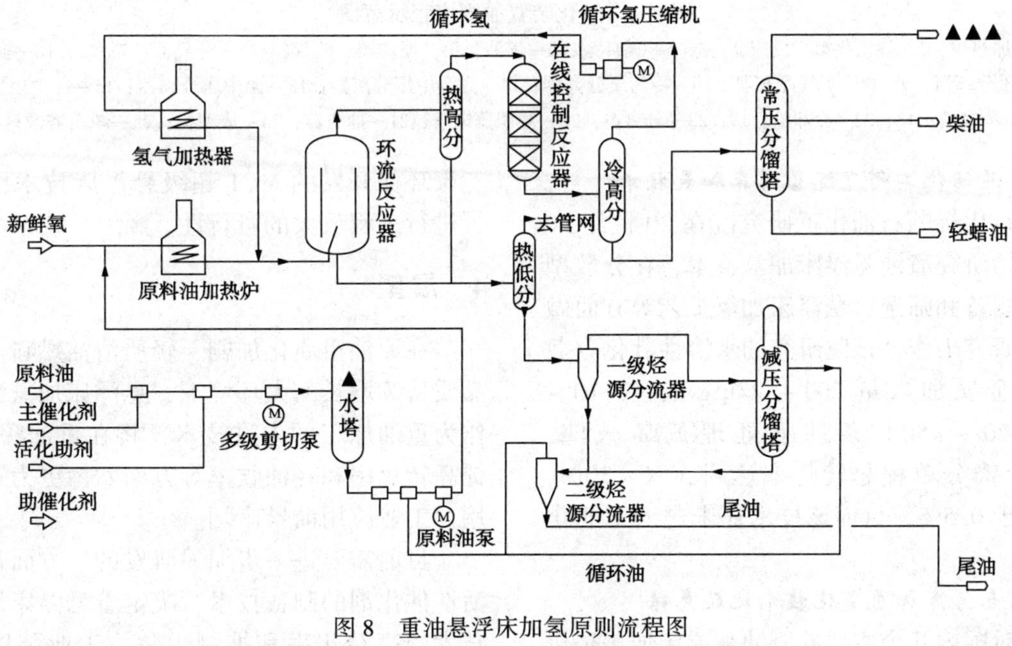

图 8 重油悬浮床加氢原则流程图

3.2 北京三聚环保公司和北京华石能源公司联合开发的超级悬浮床加氢技术

北京三聚环保公司和北京华石能源公司联合开发的超级悬浮床加氢 MCT 技术，该技术建立在 VCC 技术路线之上，由福州大学为其开发了非油溶非水溶铁系多金属固体粉末催化剂，并对将悬浮床段与加氢裂化(处理)段由一个循环系统调整为独立的两个系统，并在催化剂混合、尾渣分离与分馏系统均进行了相应的优化。该技术主要用于加工非常规原油(超重原油、油砂、页岩油)及渣油、催化油浆、焦油、沥青、煤焦油等重劣质原料，可大幅提升重劣质原料的转化率。工艺条件为：反应温度430~470℃，反应压力18~23MPa，反应空速0.5h^{-1}(新鲜进料)，总空速1.0h^{-1}，转化率大于95%。

北京三聚与北京华石于2016年在鹤壁建成一套5万吨MCT-10.8万吨加氢裂化/年工业示范装置，该装置于2016年2月首次开车成功后，加工原料以煤焦油为主，连续安全平稳运行6个月，悬浮床单元总转化率96%~99%，轻油收率92%~95%。

3.3 神华煤直接液化工艺技术

神华集团有限责任公司与北京煤化所合作开发了神华煤直接液化工艺技术，将煤磨碎成细粉后，与溶剂油混合制成煤浆，然后在高温、高压和催化剂存在的条件下，通过加氢裂化使煤中复杂的有机化学结构分子直接转化为清洁的液体燃料和其他化工产品。催化剂为铁系负载型催化剂，工艺条件为：反应温度440~460℃，反应压力18~20MPa，煤的转化率大于90%。2008年建成200万吨/年煤直接液化工业示范装置，是世界上第一套大型浆态床加氢工业装置，累计运行上万小时，工业化程度趋于成熟。图9为煤液化技术的主要流程示意图。

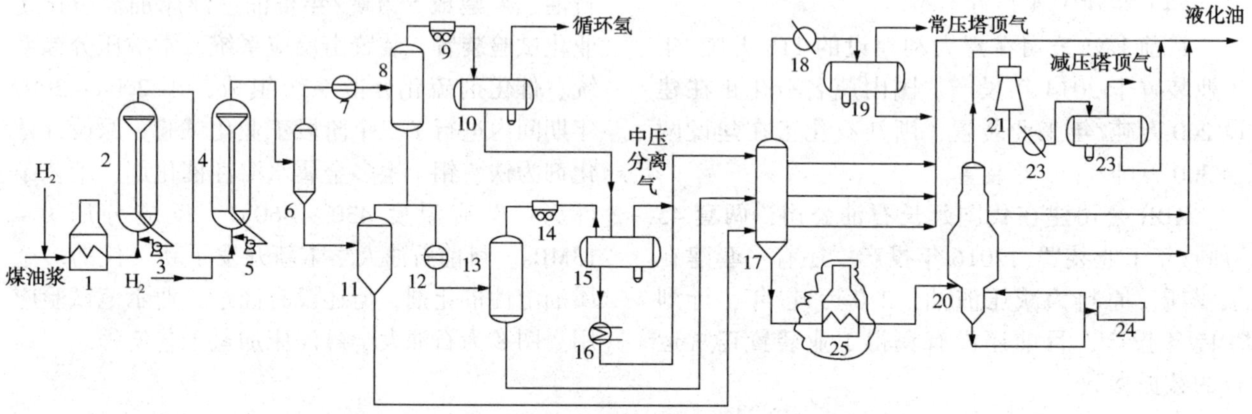

图9　煤液化装置原则流程示意图

1—煤浆加热炉；2—煤液化第一反应器；3，5—循环泵；4—煤液化第二反应器；6—高温高压分离器；7，12，16—换热器；8—温高压分离器；9，14—空气冷却器；10—冷高压分离器；11—高温中压分离器；13—温中压分离器；15—冷中压分离器；17—常压蒸馏塔；18，22—冷却器；19，23—分离器；20—减压蒸馏塔；21—抽空器；24—成型机；25—减压塔进料加热炉

3.4 抚顺石油化工研究院悬浮床加氢技术

中国石化抚顺石油化工研究院在20世纪90年代初开始研究渣油悬浮床加氢技术，在分散型催化剂的制备和筛选、悬浮床加氢工艺等方面做了大量的研究工作，该院研究的水溶性乳化分散催化剂，金属加入量200~400μg/g，在10~15MPa，420~450℃条件下处理孤岛减渣，524℃以上馏分单程总转化率达到50%~70%，生焦率低于0.5%，目前该技术还未进入工业化放大阶段。

3.5 国内悬浮床加氢裂化技术比较总结

通过对国内几个主要的渣油悬浮床加氢裂化技术的讨论可以发现，由于起步较晚，国内的渣油悬浮床加氢裂化技术研究的发展与国外企业相比进展较慢，大部分还停留在实验室阶段。北京三聚环保开发的MCT超级悬浮床技术已经具备了进行工程放大的可行性。

4 展望

在原油重质化加剧、轻质清洁燃料需求量和品质持续增长的大环境下，悬浮床加氢裂化技术作为重油加工的先进技术，将在重油深度加工、提高转化率和轻油收率等方面发挥更为重要的作用，工业应用前景广阔。

目前需要进一步加强研发的一方面是新型高活性催化剂的制备技术，决定着悬浮床加氢裂化技术的高转化率和抑制生焦，工业装置运行周期；另一方面需要进一步发展悬浮床加氢裂化技术的工程化转化，积累更多的工业运行经验，完善工艺流程优化和关键设备的长周期运行。

参 考 文 献

[1] 方向晨．国内外渣油加氢处理技术发展现状及分析[J]．化工进展，2011，30(1)：95-104.

[2] 张庆军，刘文洁，王鑫，等．国外渣油加氢技术研究进展[J]．化工进展，2015，34(8)：2988-3002.

[3] 陶梦莹，侯焕娣，董明，等．浆态床加氢技术的研究进展[J]．现代化工，2015，35(05)：34-37+39.

[4] 王明进，童凤丫．浆态床渣油加氢催化剂研究进展[J]．工业催化，2015，23(09)：659-665.

[5] 许可，侯焕娣，董明，李吉广，等．浆态床渣油加氢催化剂研究进展[J]．现代化工，2017，37(05)：55-58.

[6] 刘元东，郜亮，温朗友，宗保宁．浆态床重油改质技术新进展[J]．化工进展，2010，29(09)：1589-1596.

[7] 刘美，刘金东，张树广，张海洪，等．悬浮床重油加氢裂化技术进展[J]．应用化工，2017，46(12)：2435-2440.

[8] 倪术荣，徐伟池，吴显军，等．浆态床加氢裂化工艺技术进展[J]．炼油与化工，2018，29(06)：1-3.

[9] 李雪静，乔明，魏寿祥，等．劣质重油加工技术进展与发展趋势[J]．石化技术与应用，2019，37(01)：1-8.

应用氢夹点技术从炼厂排放气中回收氢气

吴斌超　张士元

(中石油克拉玛依石化有限责任公司)

摘　要　本文针对克石化炼厂排放气现状及运行中存在的问题，对氢夹点技术研究，建立混合氢源的模型。通过夹点图找出克石化炼厂氢夹点，用数学方法证明氢气网络存在优化的可能。根据夹点匹配原则，结合克石化炼厂现有条件，对重整装置PSA驰放气采用膜分离-PSA耦合工艺。对比单一的回收技术，耦合工艺扬长避短，兼顾各自优点，达到最优回收目标产物。改造实施后回收氢气纯度满足各加氢装置需求，每年增产氢气1218.5万方，每年创效约1600万元，值得在炼厂推广。

关键词　炼厂排放气　氢夹点　氢气回收　耦合回收工艺　实施效果

近年来我国政府要求炼化企业对其生产出来的成品油进行质量升级换代，以适应日趋严格的排放标准，这无疑是改善环境、治理雾霾等污染、促进绿色发展、增添民生福祉的重要举措。那么要降低成品油中的硫含量，必须对炼油企业生产出来的汽柴油产品进行深度加氢，这就极大地增加了炼油企业氢气的需求量，随着氢气产品的紧缺，必然引起了炼油企业想法设法从排放气中回收氢气来降低炼油成本，这就给从炼厂排放气中回收氢气提供了很好的发展机遇。

1　克石化炼厂排放气、氢气网络现状及运行存在问题

1.1　克石化炼厂排放气现状

克石化炼厂排放气分为两部分，这两部分没有本质的区别，区别在于回收工艺路线的不同，最终都汇入燃料气管网，充当装置加热炉燃料：第一部分是由火炬活塞式压缩机加压回收的气体，气体由各装置塔顶气及焦化装置放空气组成；第二部分是由80万吨/年连续重整PSA驰放气组成，由本装置螺杆压缩机加压送至燃料气管网。

如表1所示，炼厂尾气中氢气平均含量高达50.42%，也就是说大量宝贵的氢气资源充当廉价的加热炉燃料，氢气资源浪费严重。

1.2　克石化炼厂氢气网络现状

如表2所示，克石化炼厂氢气网络供需平衡，其中60%氢气是由3.5万方/时制氢装置提供，原料为外购天然气，因此生产成本高。

克石化炼厂运行存在的问题：一方面主要产氢装置是由天然气作为原料制氢，氢气生产成本高；另一方面是炼厂排放气中大量氢气没有回收而充当廉价的燃料使用，造成氢气资源的极大浪费。

表1　克石化炼厂排放气中氢气含量(共5个样)

组成	单位	2017.8.15	2017.9.15	2017.10.28	2017.11.28	2017.12.15	平均值
氢气	%	57.8	58.90	45.26	44.82	45.34	50.42

表2　克石化炼厂氢气网络平衡表

项目	装置名称	流量/($m^3 \cdot h^{-1}$)	纯度/V%	驰放气	纯度/V%
氢源	3.5万方/时制氢	33000	99	6000	66
	60万吨/年连续重整装置PSA	23000	96	5000	82.14
	氢源合计	56000			

续表

项目	装置名称	流量/($m^3 \cdot h^{-1}$)	纯度/V%	驰放气	纯度/V%
氢阱	一套高压加氢	8000	98	850	39.17%
	二套高压加氢	8000	98	950	57.21%
	120 万吨/年加氢改质	20000	92	1200	52.56%
	90 万吨/年柴油加氢	10000	92	800	6.71%
	8.5 万吨/年加氢处理	2000	95	50	32.4%
	30 万吨/年加氢脱酸	1500	92	100	43.2%
	5 万吨/年临氢降凝	1000	92	100	35%
	氢阱合计	56000			

2　氢夹点技术

2.1　氢夹点技术来源

夹点技术最早被成功应用在换热网络中，后来在 1999 年由 Alves 提出了采用氢气纯度作为推动力的氢夹点分析方法，同时建立了氢气网络中氢源和氢阱的概念来研究氢夹点技术。

2.2　氢源与氢阱

应用夹点法，首先要把与氢气相关的装置设置为氢源和氢阱。一般来说，氢阱指的是消耗氢气的装置，如高压加氢、汽柴油加氢装置。氢源指的是提供氢气的装置，如重整、制氢装置等。

2.3　建立混合氢源模型

经对加氢装置分析发现，加氢装置反应器入口氢气纯度需求并不是公用工程来的新氢，而是纯度高于加氢装置的混合氢，这就给我们提供另一种思路，在氢气网络中，氢阱需求的氢气不一定是由制氢装置生产，也可以从炼厂尾气中提纯的氢气，和氢源组成混合氢源进入氢阱，这样循环使用从而提高用氢效率。图 1 就是按照这种思维方式下耗氢装置的简化模型。

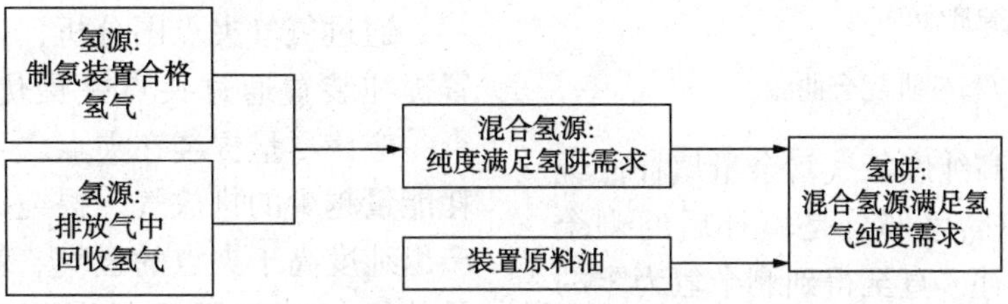

图 1　混合氢源模型

图 1 中，是氢气网络中的氢源与排放气中的提纯氢组成混合氢源与原料油参与反应，满足氢阱装置氢气需求，这样做的益处是既利用了炼厂排放气，又减少了公用工程新氢用量。

但是这个模型也存在两个限制性条件：一是排放气中回收氢源必须是其他装置供给的，不可能是本装置自己供给。因为如果本装置回收氢源进行内循环，就产生装置氢气系统内循环杂质积累与氢气纯度互相影响的缺点；二是混合氢不但要氢气纯度满足氢阱需求，而且其中 CO、CO_2 的含量也要满足氢阱的需求。

2.4　氢夹点图的画法

在氢气网络中，氢源纯度远远大于氢阱需求纯度对优化整个网络是没有意义的，由图 1 所示，可以从排放气中回收氢气和新氢组成混合氢源，只要混合氢源的纯度满足氢阱的需求纯度，这虽然降低了氢源的品质，但是却减少了公用工程新氢的耗量，因此可以通过找出氢气网络这个约束点来优化网络，约束点即为氢夹点。

氢网络夹点图的画法是先在图中分别画出每个物流的流量和纯度关系，以氢气流量为横坐标，纯度为纵坐标。然后按照氢气纯度由高到低的次序组合所有氢源物流，前一个氢源的终点与下一个氢源的起点的横坐标相同，所有的氢源连接一起即为氢源的复合曲线(图 2)。同理，氢阱按照氢气纯度由高到低的次序组合所有氢阱装置，即为氢阱的复合曲线。

同理，将所有氢阱连接即作出氢阱复合曲线。

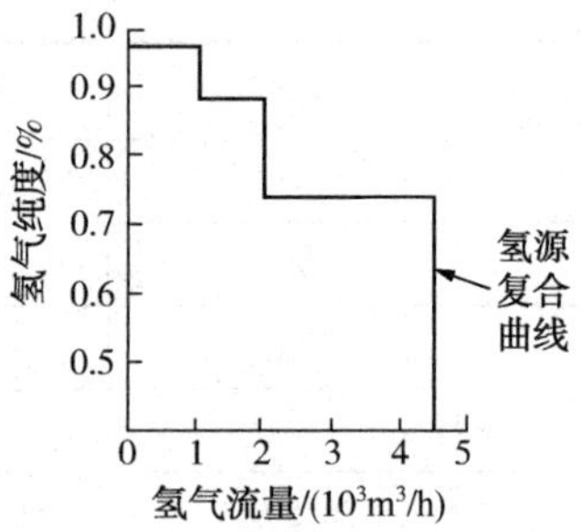

图2 氢源复合曲线

如图3所示，氢源和氢阱多次相交，把整个区域分为多个空间，氢源位于氢阱线上方，这个区域氢气过剩为正值(+)；氢源位于氢阱线下方，这个区域氢气过剩为负值(-)，必须要有氢气补充；由高浓度开始计算，由高浓度的剩余氢气来填补低浓度氢气的亏缺，最终得到剩余氢总量等于0即为氢夹点。

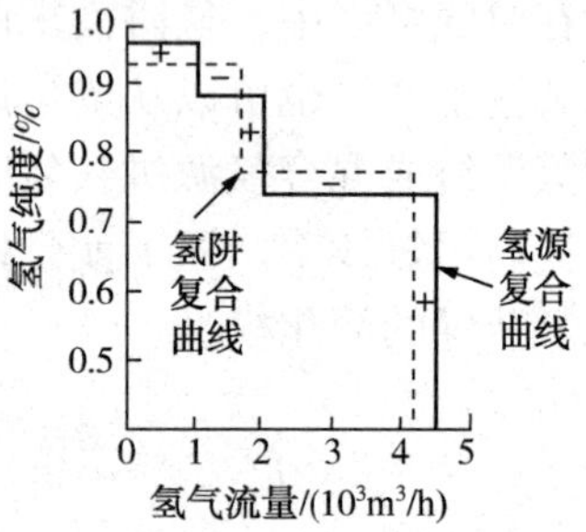

图3 氢源和氢阱复合曲线

如图4所示，用高纯度氢气富余量填补低纯度氢气亏缺量，图中黑色部分是填补后的剩余量，按照这样依次填补，直至得到剩余氢为零的点即氢夹点，一般来说，在夹点之下的氢源不能供应夹点之上的氢阱使用，在炼厂实际应用中氢源的纯度低于供应氢阱的需求纯度，就是表示氢气网络中的氢气不足，需要增加高纯度的氢源与之混合提高纯度满足氢阱需求，它缺乏的这部分氢气为剩余氢。

2.5 夹点匹配原则

夹点匹配原则：夹点之上的氢源不应供应给夹点之下的氢阱，即不允许通过夹点的氢气供应。因为如果把夹点之上的氢气用于夹点之下的氢阱，会导致夹点之上的氢气不足，那么夹点之上的氢源就无法和夹点之上的氢阱完全匹配。夹点下上的氢源不应供应给夹点之上的氢阱，即满足不了氢阱的需求纯度。

2.6 提纯装置的设置

提纯装置的设置关键有两个方面：一是提纯

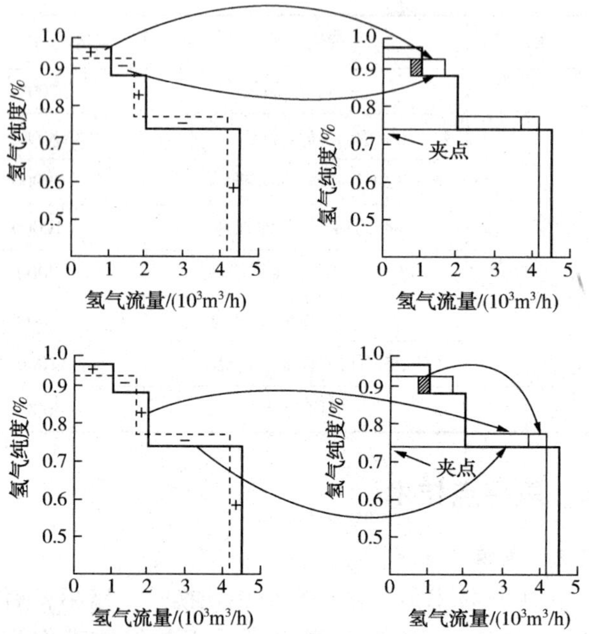

图4 氢气夹点计算过程

哪些排放气；二是提纯排放气量的确定。一般来说，氢气的纯度越高，提纯时需要消耗的能量越少，如果氢气的纯度很高，可以直接用于氢阱，就不需要设置提纯装置，于是我们应该解决选择什么纯度的氢气去进行提纯。

通过氢气夹点图分析，来解决这个问题，设置提纯装置通过夹点是最优的选择，在此基础上，应该尽量提纯在夹点之下，氢纯度越高，消耗能量越少的排放气。提纯夹点之下的氢气，生产出纯度高于夹点的氢气。就是把低品质存在余量的氢气送到了紧缺的区域，可以减少新氢供应。

3 应用氢夹点法从炼厂排放气中回收氢气

3.1 克石化炼厂氢夹点技术应用

如表2所示，根据氢源与氢阱的氢气纯度和氢气量画图(图5)，从氢气纯度高的地方开始，用富余量弥补亏缺量，依次填补，得到剩余氢总量为零的点，即为氢夹点。

如图5与图6所示，克石化炼厂氢夹点为92%，氢源曲线一直在氢阱曲线之上，说明克石化炼厂氢气网络氢气富余量很大。找到克石化炼厂氢气网络中的氢夹点后，再采用数学计算方法证明克石化氢气网络氢气富余，优化的空间很大。

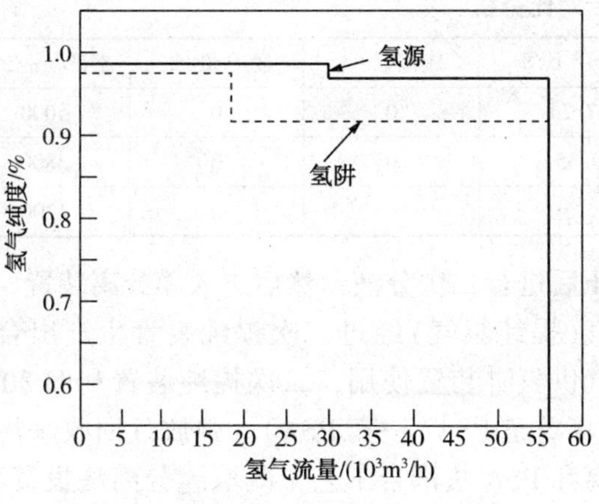

图 5 克石化炼厂氢源与氢阱复合曲线

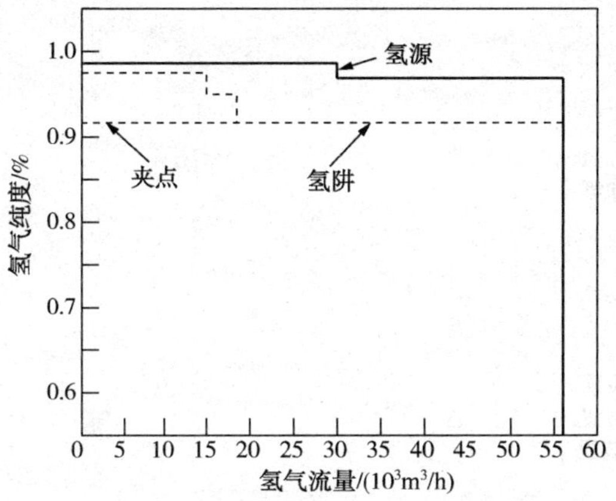

图 6 克石化炼厂氢气夹点计算过程

制氢装置产氢量(F_{so1})，氢气纯度(Y_{so1})，重整 PSA 产氢量(F_{so2})，氢气纯度(Y_{so2})，一套高压加氢装置耗氢量(F_{si1})，需求氢气纯度(Y_{si1})，二套高压加氢装置耗氢量(F_{si2})，需求氢气纯度(Y_{si2})，120 万吨/年加氢改质耗氢量(F_{si3})，需求氢气纯度(Y_{si3})，90 万吨/年柴油加氢耗氢量(F_{si4})，需求氢气纯度(Y_{si4})，45 万吨/年柴油加氢耗氢量(F_{si5})，需求氢气纯度(Y_{si5})，8.5 万吨/年加氢处理装置耗氢量(F_{si6})，需求氢气纯度(Y_{si6})，30 万吨/年加氢脱酸装置耗氢量(F_{si7})，需求氢气纯度(Y_{si7})，5 万吨/年临氢降凝装置耗氢量(F_{si8})，需求氢气纯度(Y_{si8})。

$$H = \int ab(YR - YK)dF \geqslant 0$$

对于多个氢源与氢阱，采用式(1)计算：

$$F_{so1} \times Y_{so1} + F_{so2} \times Y_{so2} = \sum F_{si} \times Y_{si} \quad (1)$$

把表 2 数据代入式(1)中：

$$H = (F_{so1} \times Y_{so1} + F_{so2} \times Y_{so2}) - \sum F_{si} \times Y_{si}$$

$$H = 2587 \geqslant 0$$

计算结果是克石化炼厂剩余氢大于零，它表示生产氢气装置提供的纯氢量大于耗氢装置需求的纯氢量，进一步证明克石化炼厂氢气网络存在优化的可能性。

3.2 选择合适回收气体

在炼厂氢气实际回收中需要考虑以下几点：

(1) 要考虑改造装置的负荷是否有余量接纳新的物流；

(2) 优先考虑临近装置改造，目的是减少管线连接费用；

(3) 要考虑回收流体量大小与铺设管线的成本费用；

(4) 要考虑回收气体中杂质对氢气网络的影响。

从表 2 氢源与氢阱数据表得知，重整装置 PSA 驰放气中氢气纯度最接近氢夹点，结合炼厂实际情况，优先考虑回收。

3.3 氢气回收技术比选

如表 3 所示，深冷分离法相比其他两种方法，优点是氢气回收率高，对原料要求低，缺点是投资高，操作可靠性低；膜分离法相比其他两种方法，优点是投资最少，操作可靠性最高，氢气回收率最高，缺点是产品氢气纯度略低于其他两种；变压吸附法介于深冷分离法与膜分离法之间。因此，炼厂一般选择采用操作可靠性高、投资少的膜分离法回收氢气。

表 3 三种常用氢气回收方法比选

特点	深冷分离法	变压吸附法	膜分离法
产品氢气纯度/%	92~99	99	<92
氢气回收率最大值/%	95	85	95
进料压力/MPa	2.5~5	1.5~3	2.0~18
产品氢气压力最大值/MPa	7	2	14
原料中氢含量/V%	>30	>60	>40
相对投资	2~3	1~3	1
操作可靠性	低	中	高

3.4 膜分离-PSA 法耦合工艺回收氢气

从表 4 中可以看出，经过膜处理后，提纯后氢气纯度为 92.075%，流量为 3800m³/h，大于氢气网络夹点(92%)，可以直接供应至氢阱装置，同时没通过膜的 1200m³/h 渗余气进入燃料气管网。

表 4　膜分离法应用前后对比分析

分析数据	CO/(mg/m³)	CO_2/(mg/m³)	氢气/%	C_4及以下/%	硫化氢/%	氨含量/%	流量/(m³/h)
进料	微量	微量	82.14	17.24	0	0	5000
渗透气	0	0	92.075	9.35	0	0	3800
渗余气	微量	微量	30.203	55.30	0	0	1200

但在实际应用需要考虑两点：一是怎样才能使不同纯度的氢源达到完全混合，以保障氢阱在使用过程中不会截流使用纯度较低的氢源；二是虽然氢气纯度满足，但其中 CO、CO_2 的含量是否满足加氢装置需求，基于以上考虑，需要对提纯氢气进行二次提纯。

如图 7 所示，60 万重整装置 PSA(二套 PSA)驰放气经过分液罐分液后进入压缩机升压，升压后进行二次分液，然后进入膜分离装置，渗透气(提纯氢气)经过二次提纯装置生产出合格氢气供氢阱装置使用，二次提纯装置利旧 30 万吨/年重整 PSA(一套 PSA)。弛放气回收采用膜分离和 PSA 法耦合工艺，既取膜分离法投资少，操作可靠性高的优点，又兼顾了膜分离产品氢气纯度不高的缺点。

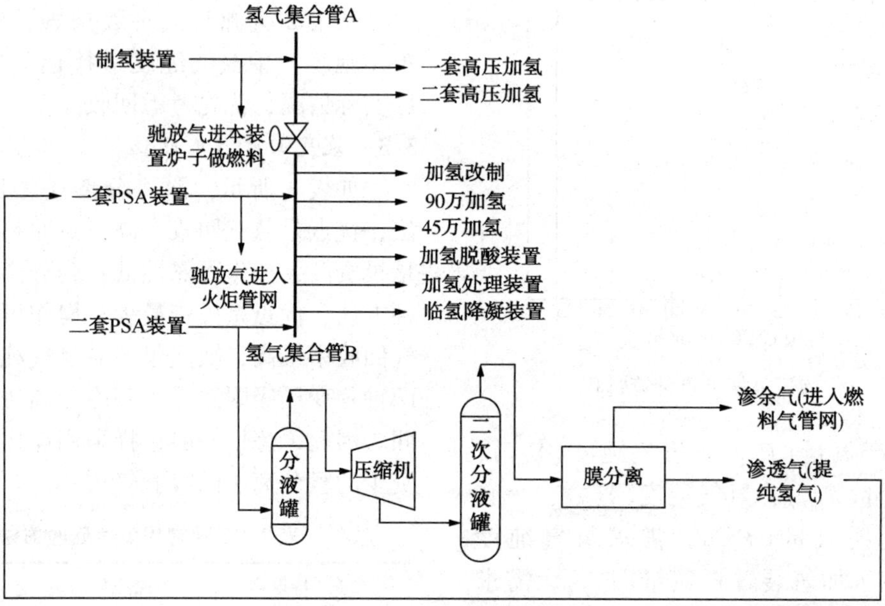

图 7　重整 PSA 装置驰放气提纯图

如表 5 所示，克石化炼厂回收工艺的氢气纯度满足加氢装置氢气纯度需求，而且试车期间各加氢装置馏出口分析全部合格。

表 5　回收氢气产品纯度分析

时间	60 万重整 PSA 驰放气，氢气纯度/%	膜分离渗透气，氢气纯度/%	30 万重整 PSA 产品氢气纯度/%
2017.10.29	71.73	91.08	96.82
2017.10.28	74.89	94.96	98.43
2017.10.28	75.32	93.28	98.14
2017.10.28	68.43	87.36	96.23
2017.10.28	79.10	93.78	97.11
2017.11.1	72.13	94.53	97.86
平均值	73.60	92.50	97.43

表 6　改造前后增产氢量对比表

	项目	改造前(2015.8~2016.7)	改造后(2017.8~2018.7)
		数量/(m³/a)	数量/(m³/a)
1	30 万重整 PSA 装置外送	39912654	52097997
2	氢气变化值/(m³/a)		增加值 12185343

从表 6 可以得知：改造后 30 万重整 PSA 装置外送氢气量增加 1218.5343 万方/年。

4　结论

本文针对克石化炼厂排放气、氢气网络现状

及运行中存在的问题，对夹点技术进行研究，建立混合氢源模型，根据氢气夹点匹配原则，提出设置提纯装置通过夹点，把低品质存在余量的氢气送到了合格氢气紧缺的区域，以达到减少公用工程的新氢的目的。根据氢夹点图计算方法找出克石化炼厂氢气网络夹点，同时用数学方法证明炼厂氢气网络存在优化可能性，依据炼厂排放气数据，确定回收重整装置 PSA 弛放气是最优方案，对三种常用氢气回收技术进行必选，结合炼厂实际运行工况，摈弃单一的氢气回收技术，开发出膜分离和 PSA 法耦合工艺提纯氢气技术，既取膜分离法投资少，操作可靠性高的优点，又兼顾了膜分离产品氢气纯度不高的缺点。改造实施后，回收氢气纯度满足各加氢装置需求，且装置馏出口分析合格，每年回收合格氢气 1218.5 万方，创效约 1600 万元，值得在炼厂推广应用。

参 考 文 献

[1] 刘永忠，张超，彭春来，冯宵．氢网络公用工程消耗量与流股匹配数的优化[J]．石油加工，2007，5：78-83.

催化柴油全转化制轻质芳烃与裂解料技术研究

郑均林 李 成 姜向东 宋 奇 周彦妮 侯 敏

(中国石化上海石油化工研究院，绿色化工与工业催化国家重点实验室)

摘 要 随着柴油需求增长停滞，国 VI 标准在 2019 年实施，催化柴油资源转化越来越成为影响企业加工能力和效益的焦点问题，也是实现炼油向化工转型的制约性难题。通过研究具有独特酸性质的沸石材料和适中加氢能力的加氢活性相，中国石化上海石油化工研究院开发了从催化柴油直接生产轻质芳烃和裂解料的高性能催化剂。基于转化需求，建立了尾油选择饱和并循环的加氢精制-选择转化两段转化方案，实现了将催化柴油完全转化生产轻质芳烃与烯烃原料的技术目标，轻质芳烃的的产率达到了 43.93wt%，轻质烃类的产率达到了 49.41wt%。通过此方案，可降低柴油产量，提高柴油质量，也同时为乙烯和芳烃装置提供了大量原料。

1 引言

我国催化裂化(FCC)装置年加工量已接近 2 亿吨，催化柴油(LCO)的年生产量超过 4000 万吨。LCO 的含硫量 0.2wt%~1.5wt%，十六烷值只有 15~25。多产异构烷烃的催化裂化(MIP)、深度催化裂解(DCC)和劣质重油高效催化裂解(RTC)工艺的 LCO 产品更加劣质化，十六烷值甚至低于 20，加工难度更大。LCO 的主要成分是 C_{11}^{+} 烷基苯和稠环芳烃，芳烃含量高达 70wt%-95wt%，氢含量低，虽然它们的沸点在柴油馏分，将其加工成柴油的经济性不佳。随着柴油需求增长停滞，国 VI 标准在 2019 年实施，LCO 资源转化越来越成为影响企业加工能力和效益的焦点问题，也是实现炼油向化工转型的制约性难题。

苯、甲苯和二甲苯等轻质芳烃是重要的基本有机化工原料，广泛应用于合成材料等领域，与国民经济发展及人们的衣食住行密切相关。LCO 富含稠环芳烃和重质单环芳烃，是量能巨大的芳烃资源库，碳链裂解过程中产生的短链轻质烃类又可作为优质的烯烃原料。目前，学术和产业界将 LCO 的化工利用聚焦到了直接生产高品质芳烃和裂解原料的目标上，特别是开发高性能的催化剂和配套的工艺技术，使轻质芳烃的收率跨过 30wt%的技术限制。因此，亟需开发高效转化技术，将催化柴油通过加氢裂化反应转化为轻质芳烃，通过炼化一体实现芳烃产业的降本增效。

通过研究具有独特酸性质的沸石材料和适中加氢能力的加氢活性相，中国石化上海石油化工研究院开发了从催化柴油直接生产轻质芳烃和裂解料的高性能催化剂。本文将介绍基于该催化剂的加氢精制-选择转化两段法转化方案，将 C_{10}^{+} 尾油选择饱和并循环回选择转化反应器，实现了将 LCO 完全化工转化的目标。

2 技术思路与研究方法

2.1 技术思路

针对化工型加氢裂化催化剂的特点和直接生产高质量化工原料的技术需求，我们设计了加氢精制-选择转化两段法工艺方案，消除了精制过程中所产生的氨等碱性物质对酸中心的抑制作用，轻质芳烃的选择性和纯度大幅提高。分析选择转化 C_{10}^{+}A 尾油的组成特点，研究进一步提高反应选择性的工艺方案。

2.2 研究方法

LCO 原料取自中国石化某企业的催化裂化装置。采用加氢精制催化剂对 LCO 原料进行精制处理，产物经过气液分离后得到精制 LCO。精制 LCO 在上海石油化工研究院开发的选择转化催化剂上发生轻质化反应，得到轻质芳烃和轻烃组分。典型工艺条件为：加氢精制反应压力 6.0~10.0MPa、平均温度 300~370℃、反应空速 0.6~1.5(体积)、氢油体积比 1000-2000；选择转化反应压力 6.0~10.0MPa、平均温度 360~400℃、反应空速 0.8~1.5(体积)、氢油体积比 1000~3000。未转化的 C_{10}^{+}A 尾油经过选择饱和反应器，在 150~250℃、1~3MPa 的温和条件下发生选择饱和反应，再送回选择转化反应器，实现高选择性、全组分转化的目标。

LCO加氢转化产品采用密闭在线分析方法，美国安捷伦公司(Agilent)7890A气相色谱仪，色谱柱HP-1 60mx0.25mmx0.25μm，程序升温模式，校正面积归一法定量。LCO、精制LCO、选择转化产物、选择饱和前后C_{11+}尾油的族组成采用全二维色谱分析，由配有氢火焰离子化检测器(FID)的美国安捷伦公司的Agilent7890A气相色谱仪和固态热调制器组成，控制软件为SSM_viewer，数据处理软件采用FreeMat。反应尾气产物中所含轻烃(C_1~C_5)组成的分析在Agilent6820气相色谱仪上进行，配备氢火焰离子检测器和氧化铝毛细管柱，采用外标法对尾气组成进行定量，色谱柱采用程序升温，初始温度为100℃，维持8min，然后以15℃/min速率升温至140℃，维持12min。

加氢精制和选择饱和过程中的芳烃保留率计算公式如下：

$$芳烃保留率=\frac{加氢精制或选择饱和产物中芳烃含量}{加氢精制或选择饱和原料中芳烃含量}\times100\%$$

苯-甲苯、二甲苯、C_9A芳烃和$C_{10}A$芳烃等单环轻芳烃收率计算公式为：

$$BTX+C_9A+C_{10}A\ 收率=\frac{BTX+C_9A+C_{10}A\ 产量}{原料量}\times100\%$$

3 结果与效果

3.1 加氢精制反应

LCO原料的分析结果见表1，T95点(95%馏出温度)为341℃，硫氮含量分别为2070ppm和632ppm。采用多维色谱方法分析LCO原料和精制LCO的族组成，图1为其多维色谱图，可见对非芳烃(红色点)、单环芳烃(黄色点)、双环芳烃(绿色点)和三环芳烃(橙色点)类组分实现了清晰的分族。其中原料LCO上还有一些散布的高沸点、强极性组分，应是大分子含氮物种。原料LCO的劣质化程度深，以稠环芳烃为主的总芳烃量达到89.15wt%。经过加氢精制处理后，单环芳烃的量从37.40wt%提高到53.71wt%，稠环芳烃的量从51.75wt%降低到25.67wt%，非芳烃的量从10.85wt%升高到17.62wt%。计算可得，加氢精制过程的芳烃保留率为92.40%。这说明加氢精制过程发生了芳烃的过度饱和反应，原料中的部分芳环分子结构被破坏。加氢精制催化剂的脱硫氮效果很好，精制LCO的硫氮含量分别为87ppm和8.6ppm，满足了进一步转化的条件。

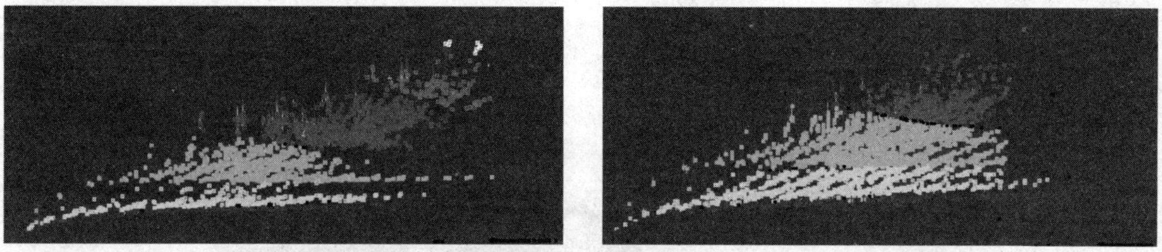

图1 LCO(左图)和精制LCO(右图)的多维色谱图

表1 LCO原料及加氢精制效果

项目	LCO	精制LCO
密度(4℃)	0.956	0.932
硫/ppm	2070	87
氮/ppm	632	8.6
非芳香烃/(wt%)	10.85	17.62
单环芳烃/(wt%)	37.40	53.71
稠环芳烃/(wt%)	51.75	25.67
蒸馏试验(D-86)	℃	
初馏点	193	188
5%	212	210
10%	235	232
30%	246	237
50%	288	275
70%	315	313
95%	341	335
终馏点	355	349

3.2 选择转化反应

上海石油化工研究院开发的从催化柴油直接生产轻质芳烃和裂解料的催化剂，基于特殊酸性质的沸石材料和中等强度加氢活性相，具有以下性能特点：(1)对精制LCO中的重质芳烃和非芳的轻质化能力强，单程转化率大于80wt%；

(2)轻质芳烃的选择性和纯度高，满足芳烃联合装置的质量要求；(3)与加氢精制催化剂配合，可处理全馏分LCO。

对液相产物的在线分析结果和气相产物的分析结果进行归一化计算，得到如表2所示的选择转化产物。除能够直接定量的单一组分外，$>C_5$ NA为轻质芳烃馏分内的非芳烃，C_{11}^+为未转化的210℃以上馏分。计算可得，单程转化率达到91.11wt%，包括苯、甲苯、碳八芳烃、碳九芳烃和碳十芳烃的轻质芳烃收率为38.48wt%。

表2　精制LCO的选择转化产物

组分	产率/%	分类产率/%
CH_4	0.09	0.09
C_2H_6	1.87	1.87
C_3H_8	12.11	
C_4H_{10}	21.75	43.28
C_5H_{12}	9.43	
$>C_5NA$	7.39	7.39
B	3.02	
T	10.29	
EB	2.09	
X	11.22	38.48
C_9A	8.52	
$C_{10}A$	3.34	
C_{11^+}	8.89	8.89

芳烃纯度也是一项重要指标。对选择转化的液相产物进行多维色谱分析，如图2所示的三维谱图直观展示了选择转化产物的族分布情况。主要非芳烃组分与苯、甲苯馏分在一起，这可以通过溶剂抽提除去。还对选择转化的液相产物做了PONA分析，计算了选择转化产物中的轻质芳烃的产品纯度，结果见表3。芳烃纯度基本达到了催化重整的质量指标，较轻油型加氢裂化工艺大幅提升，可与现有芳烃联合装置直接耦合。B-T馏分进入芳烃抽提产出优级品苯和甲苯，C_8馏分直接满足异构级二甲苯指标，$C_9A/C_{10}A$重芳烃可作为歧化单元的原料。碳八芳烃中的乙苯含量为15.70%，低于重整碳八芳烃中约20%的乙苯含量。作为对比，轻油型加氢裂化方案产出的高辛烷值汽油中，芳烃纯度偏低，无法直接作为芳烃联合装置的原料。

表3　选择转化和轻油型加氢裂化产物的产品纯度

	本技术/%	轻油型加氢裂化/%
苯/C_6	57.5	19.4
甲苯/C_7	91.1	45.4
C_8A/C_8	95.6	61.3
C_9A/C_9	97.8	78.4
$C_{10}A/C_{10}$	100	80.3

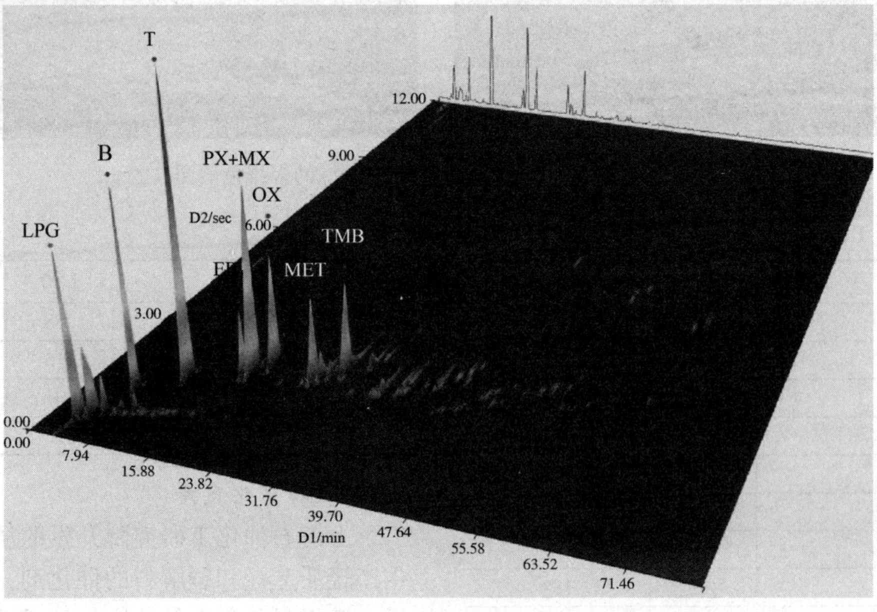

图2　精制LCO经过选择转化反应后的芳烃产品

3.3 $C_{10}^{+}A$ 尾油性质及选择饱和反应

进一步分析选择转化 C_{11}^{+} 尾油的密度、族组成、硫氮含量等指标，如表 4 所示。基于 USY 沸石的轻油型加氢裂化催化剂上，芳烃分子优先转化，非芳烃向尾油富集，未转化柴油的十六烷值有所升高[11]。相比较，在选择转化催化剂上，非芳烃主要发生了轻质化反应，C_{11}^{+} 尾油的芳烃含量达到了 98.75%。如前所述，加氢精制过程的芳烃保留率约为 92.40%，如果将 C_{11}^{+} 尾油直接循环回加氢精制反应器，将不可避免带来芳烃损失和过度耗氢的问题。

通过氢气混合器将过饱和量的氢气溶解在>210℃重质尾油中，送入选择饱和反应器，反应条件为：氢油体积比 450Nm³/m³，反应器入口温度 180℃，氢气分压力 1.5MPa，进料体积空速 1.0 小时⁻¹。待整个反应系统建立平衡后，选择饱和产物的分析结果见表 5，硫氮含量分别为 16.8ppm 和 1.2ppm。根据芳烃族组成数据计算可得，选择饱和过程的稠环芳烃保留率为 99.28wt%。

表 4　C_{11}^{+} 尾油的族组成和硫氮含量

指　　标	>210℃重馏分
密度(4℃)/(g/mL)	0.957
硫/ppm	25.40
氮/ppm	1.60
非芳香烃/(wt%)	1.25
单环芳烃/(wt%)	37.51
稠环芳烃/(wt%)	61.24

表 5　选择饱和 C_{11}^{+} 尾油的族组成和硫氮含量

指　　标	选择饱和>210℃重馏分
密度(4℃)	0.939
硫/ppm	16.80
氮/ppm	1.20
非芳香烃/(wt%)	1.96
单环芳烃/(wt%)	68.82
稠环芳烃/(wt%)	29.22

3.4 两段全转化工艺方案

基于以上结果，可确定 LCO 全转化制轻质芳烃与烯烃料工艺方案(图 3)。包括以下几步：(1)催化柴油原料送入加氢精制反应器，主要反应条件为 300～390℃、6～10MPa、0.8～1.2h⁻¹，加氢精制油通过气液分离脱除硫化氢和氨等；(2)精制 LCO 送入选择转化单元，主要反应条件为 340～410℃、6～10MPa、0.6～1.2h⁻¹，单程转化率大于 85wt%，产出 BTX 芳烃和 $C_{9/10}$ 重芳烃，副产以丙烷、丁烷和戊烷为主的饱和轻烃；(3)富含轻质芳烃的 C_6～C_{10} 馏分进入轻芳烃分离部分，B-T 馏分进入芳烃抽提产出优级品苯和甲苯，C_8 馏分直接满足异构级二甲苯指标，少量 C_{11}^{+} 尾油选择饱和后送回选择转化单元；(4) $C_{9/10}$ 重芳烃可作为现有甲苯歧化与烷基转移单元的原料，生产 BTX 芳烃；(5)选择转化 $C_{10}^{+}A$ 尾油送入选择饱和反应器，无需配置循环氢压缩机，在 150～250℃、1.0～3.0MPa 的温和液相条件下发生选择饱和反应，再作为选择转化单元的原料。

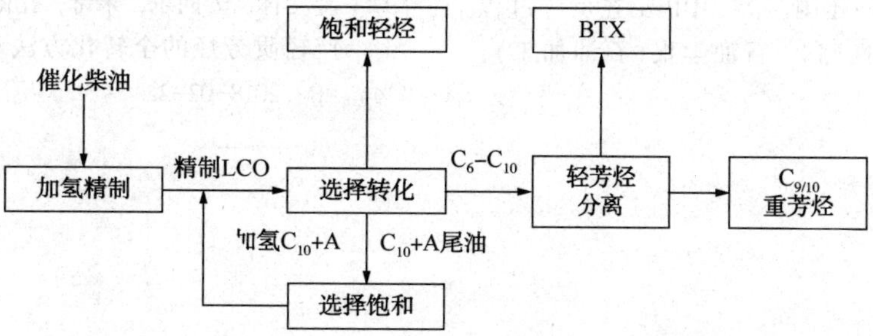

图 3　LCO 全转化制轻质芳烃与烯烃料工艺方案

3.5 产品分布

采用上述工艺方案，可实现催化柴油全组分转化为轻质芳烃和裂解料。考虑加氢精制和选择转化反应的耗氢增重效应，轻质芳烃的的产率达到了 43.93wt%，包括乙烷的轻质烃类的产率达到了 51.54wt%，包括甲烷和乙烷的干气收率极低，如表 6 所示。

表6　精制LCO的选择转化产物

组分	产率/%	分类产率/%	分类产量/%
CH_4	0.10	0.10	0.11
C_2H_6	2.05	2.05	2.13
C_3H_8	13.29	47.51	49.41
i-C_4H_{10}	23.87		
i-C_5H_{12}	10.35		
>C_5NA	8.11	8.11	8.51
B	3.31	42.24	43.93
T	11.30		
EB	2.29		
X	12.32		
C_9A	9.35		
C_{10}A	3.67		
Sum	100.00	100.00	104.00

4　结论

开发了从催化柴油直接生产轻质芳烃和裂解料的高性能催化剂，并基于转化需求建立了尾油选择饱和并循环的加氢精制-选择转化两段转化方案，实现了将催化柴油完全转化生产轻质芳烃与烯烃原料的技术目标。采用此方案，轻质芳烃的的产率达到了43.93wt%，包括乙烷的轻质烃类的产率达到了51.54wt%。在炼化一体化企业实施该技术，将具有更加显著的综合效益和优化效应。可降低柴油产量，提高柴油质量，也同时为乙烯和芳烃装置提供了大量原料，降低芳烃烯烃原料成本，提高竞争力。

参 考 文 献

[1] 许友好，张久顺，马建国，等.MIP工艺反应过程中裂化反应的可控性[J]. 石油学报(石油加工)，2004，20(3)：1-6.

[2] Hsu C S，Robinson P R. Handbook of Petroleum Technology [M]. Gewerbestrasse：Springer International Publishing AG，2017：579-582.

[3] 周佩玲. 深度催化裂解(DCC)技术[J]. 石油化工，1997，26(8)：540-544.

[4] 中国石化石油化工科学研究院开发成功重油高效催化裂解(RTC)技术[J]. 石油炼制与化工，2020，51：54.

[5] Laredo G C，Vega Merino P M，Hernández P S. Light cycle oil upgrading to high quality fuels and petrochemicals：a review [J]. Ind. Eng. Chem. Res.，2018，57，7315-7321.

[6] Laredo G C，Pérez-Romo P，Escobar J，Garcia-Gutierrez J L，Vega Merino P M. Light cycle oil upgrading to benzene，toluene，and xylenes by hydrocracking：studies using model mixtures [J]. Ind. Eng. Chem. Res.，2017，56，10939-10948.

[7] Oh Y S，Shin J，Noh H S，Kim C W，Kim Y-S，Lee Y-K，Li J-K Selective hydrotreating and hydrocracking of FCC light cycle oil into high-value light aromatic hydrocarbons [J]. Appl. Catal. A，Gener.，2019，577，86-98.

[8] 郑均林，徐旋，祁晓岚，孔德金. 劣质重芳烃资源及其化工产品转化技术[J]. 化工进展，2017，36(10)：3665-3673.

[9] 郑均林，孔德金，姜向东等. 催化剂及其在C_{11+}重芳烃轻质化反应中的应用：中国，201810153543.5[P]. 2018-02-22.

[10] 周建华. 炼化副产稠环芳烃资源化工型利用的技术策略[J]. 化学反应工程与工艺，2019，35(4)：368-374.

[11] 李顺新，黄新露，陈光，李扬，吴子明. 劣质催化裂化柴油加氢转化工艺研究[J]. 当代化工，2020，40(4)：204-211.

[12] 郑均林，姜向东，宋奇，孔德金. 一种从催化柴油生产轻质芳烃的全转化方法和装置：201910715616.X[P]. 2018-02-22.

加工劣质原油的电脱盐装置技术改造及优化

吴振华

（中国石化塔河炼化有限责任公司）

摘　要　随着原油劣质化程度呈逐年上升趋势，该原油密度高、粘度高、盐含量高、尤其是沥青质或胶质含量高，原油乳化严重，对原油电脱盐效果造成长期的恶劣影响。电脱盐难度增加，导致一次和二次加工装置低温部位腐蚀加剧。劣质原油对电脱盐系统的操作影响较大，导致电脱盐装置脱盐效率降低、原油脱后含盐不达标、排水含油高，从而影响了整个装置的平稳运行。本文通过电脱盐装置改造、原油掺稀、电脱盐操作参数优化、污水污油后处理技术开发等多种途径的技术攻关，从设备和工艺方面综合考虑来解决劣质原油电脱盐难题，为装置长周期运行奠定基础。

关键词　电脱盐　改造　注水　电场　污油回炼

1　前言

中国石化塔河炼化公司加工流程以塔河劣质原油为原料，以常压蒸馏为龙头，采用延迟焦化路线。塔河原油具有密度高、盐含量高、粘度大、沥青质含量高、金属含量高等特点。近年来，塔河原油性质进一步劣质化，其中密度 $0.95g/cm^3$ 左右、盐含量约 500mgNaCl/L、原油粘度（50℃）达到 $700mm^2/s$、沥青质含量达到 16wt%。塔河原油性质的不断劣质化给两套电脱盐装置的操作运行增加了难度，导致原油脱后含盐量在 10mgNaCl/L 左右范围波动，距离规定技术指标 5mgNaCl/L 仍有较大差距；同时电脱盐含盐污水带油问题突出，给下游车间及全厂生产平衡带来了不利影响。电脱盐装置脱盐效果不理想导致常压塔、焦化分馏塔以及加氢装置高压换热器结盐严重，水洗频次增加，设备腐蚀加剧成为装置安全稳定运行的最大隐患。下文以 2#系列电脱盐装置为例，对近年来为提升电脱盐运行指标，采取的技术改造及操作优化措施进行总结。

2　电脱盐运行产生问题

2.1　设备概况

2010 年 9 月塔河分公司 350 万吨/年重油改质项目一次性开车成功，其中 2#常减压焦化装置根据塔河原油特点采用了原油经常压蒸馏后常渣分别进焦化装置和减压装置进行加工的工艺流程。由于塔河原油（$\rho = 945.0kg/m^3$）与水的比重差小及加工环烷基原油时存在严重的乳化现象，为保证脱盐效果达到要求，2#电脱盐装置采用了电脱盐罐内部鼠笼式电极结构的三级电脱盐串联工艺，并采用了新开发的脉冲电脱盐技术，以达到脱后原油含盐不大于 5mg/L，脱后原油含水不大于 0.2%的工艺指标要求（表 1）。

表 1　电脱盐设备参数

设备名称	设备规格/mm	设计		实际		数量	材质
		温度/℃	压力/MPa	温度/℃	压力/MPa		
电脱盐罐	Ø4200×28848×34 卧式	160	2.2	145	1.0	3	Q345R

2.2　电脱盐脱后含盐及对装置的影响

2010 年 9 月 14 日 2#电脱盐装置开始运行，脱盐脱水效果见表 2。

由表 2 可知，在脱前原油平均含盐 113.57mg/L，平均含水 0.19%的前提下，三级脱后含盐仅降至 10.24mg/L，脱后含水较脱前上升了 0.38 个百分点，说明电脱盐不但不能有效脱除原油中的水份，反而使含水百分比上升，水不能脱除自然盐也就不能脱除，可见电脱盐运行效果差，不能达到设计要求。大量盐类物质被带入常压塔，给装置安全平稳运行和降低运行成本带来影响。

表 2　2010 年 9 月 14 日-2011 年 4 月 25 日电脱盐数据

项　目		数值
原油含盐/(mg/L)	最大值	447.83
	最小值	30.67
	平均值	113.57
原油含水/%	最大值	1.0
	最小值	0.1
	平均值	0.19
三级脱后含盐/(mg/L)	最大值	21.24
	最小值	4.01
	平均值	10.24
三级脱后含水/%	最大值	1.8
	最小值	0.1
	平均值	0.57

2.3　常压塔顶循系统结盐及上部塔盘腐蚀

脱后原油含盐长时间高于 10mg/L，常压塔上部低温部位将出现严重的结盐现象，导致常压塔顶循系统堵塞，在冷回流的急冷作用下常压塔顶局部有液态水存在，盐类物质会水解形成 $HCl-H_2S-H_2O$ 腐蚀。通过开工以来对装置运行情况的观察，证实了常压塔顶循系统严重结盐的事实。2011 年 3 月 30 日该装置对顶循系统进行水洗，水洗过程中出现了顶循抽出口堵塞及顶循回流泵入口过滤器堵塞的现象，对堵塞物化验分析显示铁离子含量达到 19620μg/g(表 3)，水洗过程中排水铁离子含量超过 10000μg/g。根据 2009 年 4 月 1#常压焦化装置检修期间对常压塔上部塔盘腐蚀程度的经验以及化验分析数据，2#常减压焦化装置常压塔上部塔盘在如此高的脱后含盐影响下，上层塔盘可能出现较严重的腐蚀。见图 1、图 2。

表 3　常压顶循过滤器堵塞物化验分析数据

项目	矾	钙	硅	镁	钠	镍	铅	铁	铜	钾	锌
堵塞物/(μg/g)	39.71	2369	256.2	72.4	207.8	270.8	31.45	19620	73.84	87.49	17.57

图 1　常压塔盘腐蚀情况

图 2　常压塔常一线抽出泄漏包盒子情况

2.4　化工辅材使用超标，冲击污水处理场

为控制常压塔顶循 $HCl-H_2S-H_2O$ 腐蚀，从 2010 年 9 月至 2011 年 4 月，缓蚀剂和氨水(25%)用量一直较高，其中缓蚀剂 62.58 吨，单耗 44.63μg/g，氨水 172.63 吨，单耗 123.10μg/g，单耗已远远高于同类装置正常用量。由于氨水和缓蚀剂中含有大量氨氮，经过一系列运转后最终排入污水处理场使污水中的氨氮含量达到 80mg/L 左右，高于污水处理场设计进水水质 50mg/L 的指标，更高于原有装置污水排放氨氮 20mg/L 的实际数据，对污水场造成冲击，硝化菌培养困难，BAF 池和污水深度回用均受到严重影响，间断性开工运行。

3　电脱盐设备改造

2010 年 9 月 14 日开工后，2#电脱盐装置分别从破乳剂注入量、注水量、界位控制、混合强度等方面进行了调节，但脱后含盐、含水无明显变化，因此初步分析认为电脱盐罐内部原油流动状态以及电场强度这两方面可能是造成含盐、含水超指标的主要原因，需要结合 1#电脱盐罐内部情况对 2#电脱盐罐进行探索性改造。

3.1 第一次改造

针对2#电脱盐装置开工初期实际运行情况，初步分析认为：一是三个电脱盐罐中每一个的第二段电场没有起到作用，第二段电场在开工运行初期，出现电压无法上调，电流超高的现象。可能是内部极板发生短路，其短路的原因可能是绝缘吊挂击穿或电极管发生脱落。由于第二段电场在罐体的中部，原油流经此区域的时间最长，对原油脱水效果最好，因此必须启用第二段电场。二是电脱盐罐电极板设计与原有的1#电脱盐相比，2#电脱盐采用了较高的极板位置，即极板下部距罐体中心线上400mm，而一般的电脱盐极板在罐体中心线下200mm左右。同时原油入口分配板最下部开孔在中心线下1200mm。从实际运行的情况看，造成大量原油进入极板下部极弱电场区域，水平流向出口方向，接近出口时才进入极板间的强电场区，由于塔河油属重质原油，油水分离缓慢，造成部分未完全分离的水被带到出口。三是电脱盐罐设计过于细长，原油流经中后部时流动状态紊乱，导致脱水困难。

2010年10月14日开始对V102B进行停工改造，改造内容为：将前挡板中心线上400mm以下部分全部封死；后挡板增加距罐底1100mm以上2500mm以下部分全部封死(图3)；更换绝缘吊挂，修复或启用第二段电极板的电场；对高压引入连接处进行加垫块，保证接触良好。改造目的：通过增加挡板使原油流动路线被抬升，更多地流经电极板间，通过电场进行油水分离。

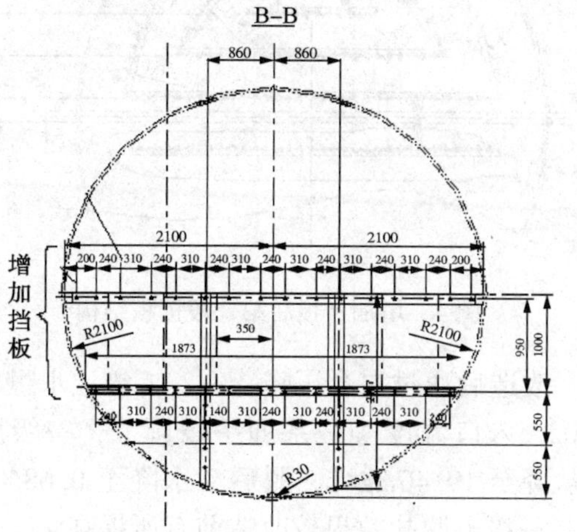

图3　二级电脱盐罐增加档板

改造效果：二级电脱盐改造前后脱盐脱水效果见表4，改造前，脱后含盐为14.45mg/L，脱后含水为0.75%；改造后，脱后含盐为15.17mg/L，脱后含水为1.11%。改造后虽通过调节注水和界位等参数来降低原油含水，但二级脱盐脱水平均值没有下降反而上升(脱盐率受脱前原油影响有所提高)，说明改造效果不佳。

表4　二级电脱盐改造前后脱盐脱水数据

项　目		改造前(9.16~10.13)	改造后(10.25~11.24)
二级脱后含盐/(mg/L)	最大值	21.46	22.9
	最小值	7.75	8.29
	平均值	14.45	15.17
	相对脱前脱盐率/相对一级脱盐率	80.41/25.71	86.40/45.47
二级脱后含水/%	最大值	1.5	1.75
	最小值	0.2	0.7
	平均值	0.75	1.11

3.2 第二次改造

根据第一次改造后的运行数据进行分析总结：增加挡板后，原油都流经了电场，但原油流速提高，原油停留时间缩短；出口处的扰动能够到达最下层极板以下，造成乳化层流出；电场强度较弱使流经电场的原油脱水效果不好；2#电脱盐罐较1#电脱盐罐采用了较高极板位置，部分原油流经电场下部弱电场区，脱水不完全，需要新增极板。

2010年11月23日开始对V102A进行改造，改造内容为：在原极板的下部增加一层电极板，电极板距上层极板位置为400mm(图4)；增加后挡板，后挡板距罐底2500mm以下用钢板封死；更换绝缘吊挂，修复第二段的电场。改造目的：通过增加一层极板来实现降低极板高度，增加电场覆盖范围。

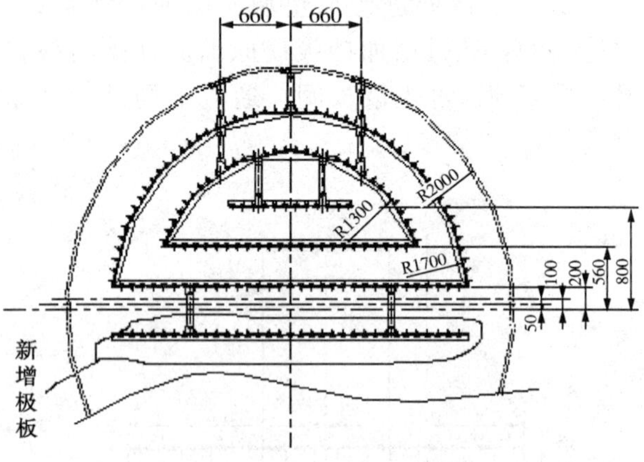

图4　增加极板后第一段极板结构

改造后通过混合压降、一、二级注水量以及V102A入口温度等一系列手段调节，一级脱后含盐降至19.40mg/L，脱后含水降至0.68%(表5)，一级电脱盐效果较改造前有所提高。

表5　一级电脱盐改造前后脱盐脱水数据

项　目		改造前(10.25~11.24)	改造后(12.4~1.5)
一级脱后含盐/(mg/L)	最大值	42.9	35.79
	最小值	17.23	10.43
	平均值	27.82	19.40
	脱盐率	75.05	77.81
一级脱后含水/%	最大值	2.1	1.25
	最小值	0.3	0.4
	平均值	1.04	0.68

3.3　第三次改造

根据第二次改造后的运行数据进行分析总结，认为一级电脱盐罐增加电极的作法效果比较理想，第三次改造可以在第二次改造经验的基础上加以完善。

2011年1月6日开始对V102B进行改造，改造内容：在一段电极下方600mm处增加一层接地极板，在二、三段电极下方增加三层电极板，固定在罐壁上，中间板和原电极相连接交流脉冲，上层间距为350mm，下层极板间距为500mm(图5)；第三段出口最下层极板增加金属聚结网；在出口增加400mm收油挡板，使原油全部经过强电场后再出电脱盐罐。改造目的：通过增加极板，改变电脱盐罐强、弱电场覆盖范围，利于油水分离，强电场截面积由6.08m^3增加至9.01m^3，截面比例提高21.15%，弱电场截面积由4.50m^3减至1.95m^3，截面比例减少18.41%。

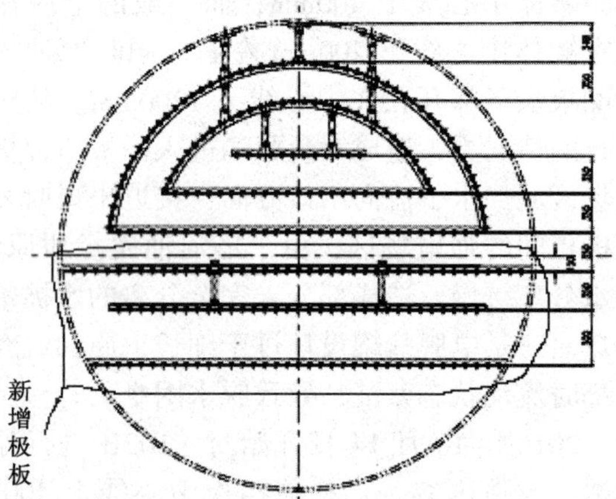

图5　增加极板后第二段极板结构

改造效果：二级电脱盐改造前后脱盐脱水效果见表6，改造前，脱后含盐为15.67mg/L，脱后含水为0.75%；改造后，脱后含盐为13.20mg/L，脱后含水为0.63%。改造后二级电脱盐效果有所提高。但此次改造出现新的问题：由于极板增多，投用后电压有所下降，较改造之前下降约5~6kV，在电脱盐参数调节期间，将电压恢复至改造前水平时脱盐效果变好，但同时易引起变压器跳闸，引起装置部分机泵停运。

表6　二级电脱盐改造前后脱盐脱水数据

项　目		改造前(12.4~1.5)	改造后(1.12~3.16)
二级脱后含盐/(mg/L)	最大值	36.77	27.28
	最小值	8.03	6.3
	平均值	15.67	13.20
	相对脱前脱盐率/相对一级脱盐率	81.74/19.27	87.11/31.07
二级脱后含水/%	最大值	1.5	1.3
	最小值	0.4	0.3
	平均值	0.75	0.63

3.4 第四次改造

通过对2#电脱盐一级和二级的三次改造，脱盐、脱水有所下降，但还未达到设计指标要求，拟对三级罐进行改造，但由于三级出口阀内漏无法切除处理，最终决定再次对二级进行改造。2011年3月17日V102B开始改造，改造内容：出口导流板改为筛孔挡板结构，开孔位置在中心线以上，开孔直径为30mm，开孔数为803个，开孔面积为0.57m²；一段电极板增加中间平板极板，加长外圈极板400mm，内圈极板400mm，接电极板距离罐体中心线下200mm；二段、三段电极板增加弓形极板，加长了外圈极板400mm，内圈极板400mm，接电极板距离罐体中心线下200mm。改造目的：改善原油在罐内的流动状态，增加电场覆盖范围(图6)。

改造效果：二级电脱盐改造前后脱盐脱水效果见表7，改造前，脱后含盐为13.20mg/L，脱后含水为0.63%；改造后，脱后含盐为13.23mg/L，脱后含水为0.60%。改造前、后脱盐数据无明显变化。

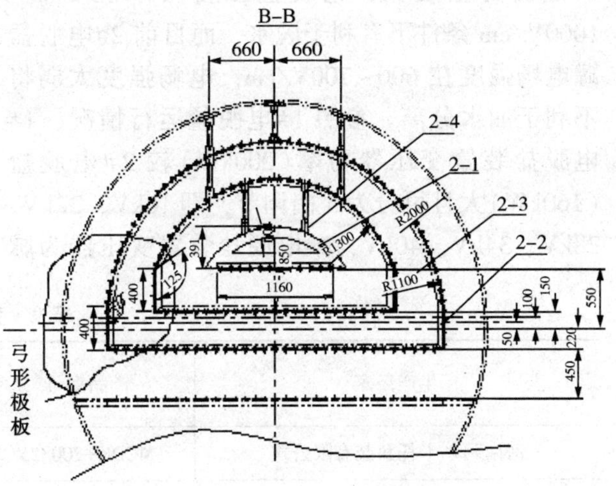

图6　二段、三段电极板结构

表7　二级电脱盐改造前后脱盐脱水数据

项　　目		改造前(1.12~3.16)	改造后(3.24~4.20)
二级脱后含盐/(mg/L)	最大值	27.28	26.78
	最小值	6.3	7.7
	平均值	13.20	13.23
	相对脱前脱盐率/相对一级脱盐率	87.11/31.07	93.03/25.63
二级脱后含水/%	最大值	1.3	1.4
	最小值	0.3	0.2
	平均值	0.63	0.60

注：4月20日以后原油库存较低，原油罐换罐频繁，导致罐区原油沉降脱水时间不足，造成电脱盐罐波动，数据未统计。

3.5 前四次改造效果

经过四次改造后，电脱盐脱盐脱水数据统计见表8。

表8　电脱盐脱盐脱水数据

项　　目	9.16~10.13 改造前	10.25~11.24 一次改造后	12.4~1.5 二次改造后	1.12~3.16 三次改造后	3.24~4.20 四次改造后
脱前含盐/(mg/L)	73.78	108.7	96.21	101.69	189.80
一级脱后含盐/(mg/L)	19.45	27.82	19.40	19.15	17.79
二级脱后含盐/(mg/L)	14.45	15.17	15.67	13.20	13.23
三级脱后含盐/(mg/L)	10.66	11.58	11.37	8.76	9.79
脱盐率/%	85.55	89.35	88.18	91.39	94.84
三级脱后含水/%	0.48	0.76	0.57	0.56	0.47

由上表可知，自2010年10月起，2#电脱盐装置虽通过电脱盐罐内部结构改造并进行了操作温度、破乳剂注入量、注水量、注水位置、混合压降等一系列的操作参数调整，脱盐维持在9mg/L左右、脱水在0.5%左右，仍然不能达到设计要求，说明前四次改造没有真正找对原因。

3.6 第五次改造

根据前四次改造经验认为主要问题集中在电场强度上，由于塔河原油密度接近于水的密度且沥青质高粘度大，电脱盐强度要求在800~1000V/cm条件下有利于脱水，而目前2#电脱盐罐电场强度在600~700V/cm，电场强度太弱将不利于油水分离。参照1#电脱盐运行情况，1#电脱盐装置变压器功率(200kW)较2#电脱盐(160kW)大且可分为5档调节，即16kV、22kV、28kV、34kV、40kV，2#电脱盐装置变压器为脉冲式变压器，受制造工艺限制，目前最大只能做到25kV变压器，并且只能分为两种模式操作，即正常模式和节电模式。当尝试把脉冲变压器电压提至35kV时，脱后含盐含水下降，但变压器运行不稳定易跳闸，同时引起常压或减压装置部分机泵停运，不利于安全生产。因此综合考虑，2#电脱盐脱盐、脱水效果差是由于电场强度不够引起，第五次改造以更换一、二、三级电脱盐变压器为主要改造内容，变压器更换前后参数变化见表9。

表9　变压器参数

生产厂家	产品型号	输入端		输出端	
		输入电压	输入电流	额定电压	额定电流
河南阿尔卡托科技有限公司	MCDK-200/25	380V	315A	25KV	8A
沈阳特达变压器有限公司	TYDK-250/35	380V	315A	40KV	25A

3.7 第五次改造效果

6月4日变压器全部更换完毕，开始进行电脱盐调试，由于受其他装置影响，6月4日~24日装置负荷变化较大，未进行系统性调试工作，6月25日起装置趋于平稳，开始通过调节各级注水量、破乳剂注入量、变压器档位等手段进行系统性调节。6月25日~7月7日调试数据及趋势图见表10、图7、图8。

表10　三级电脱盐脱盐脱水数据

项　目	6.25~7.7
脱前含盐/(mg/L)	311.3
一级脱后含盐/(mg/L)	20.38
二级脱后含盐/(mg/L)	11.25
三级脱后含盐/(mg/L)	4.07
脱盐率/%	98.69
三级脱后含水/%	0.26

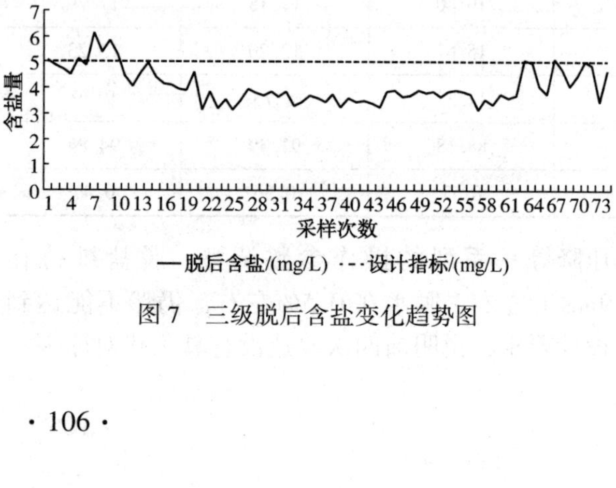

图7　三级脱后含盐变化趋势图

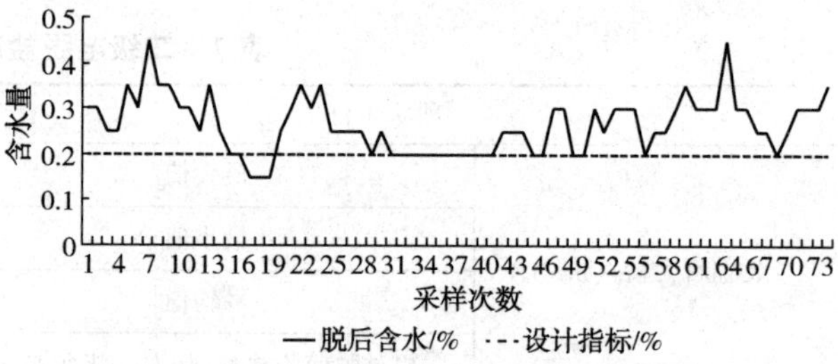

图8　三级脱后含水变化趋势图

由上图可知，在脱前原油311.3mg/L，含水0.31%条件下，电脱盐脱后含盐最大值6.13mg/L，最小值3.12mg/L，平均4.07mg/L，脱盐率98.69%，脱后含水最大值0.45%，最小值0.15%，平均0.26%，脱后含盐、含水较平稳，波动幅度较小。此次改造比较成功，脱后含盐含水有了很大改善。

4 电脱盐操作优化

4.1 掺炼轻油改善原油性质

2019年4月在装置不改造并确保原油相容性的基础上，在塔河劣质原油中掺炼适当比例顺北轻质原油，混合原油密度和盐含量明显降低，电脱盐效果显著提高，见表11。

4.2 优化操作参数

从提高注水量，提高电脱盐入口温度，加强油水界面控制，提高电场强度，改善注水、优化切水流程等方面入手，2#电脱盐装置终脱后含盐量下降了 2 个单位。具体优化措施如下：

表 11 塔河重质原油掺炼顺北轻油试验结果

项目	掺炼比例	数值
混合原油密度（20℃）/（kg/m^3）	未掺炼	949
	5%顺北原油	942
	8%顺北原油	937
	10%顺北原油	933
混合原油盐含量/（mgNaCL/L）	未掺炼	719
	5%顺北原油	696
	8%顺北原油	679
	10%顺北原油	667
脱后原油盐含量/（mgNaCL/L）	未掺炼	7.5
	5%顺北原油	6.2
	8%顺北原油	5.4
	10%顺北原油	4.6

4.2.1 提高注水量

塔河重质原油具有密度大（0.955g/cm^3）、粘度高（665mm^2/s）、含盐高的特点，需要采用比较大的注水量（每级 10%），才能取得较为明显的效果。将二级注水量 20t/h，四级注水量由 35t/h，将四级切水回注三级电脱盐罐，将三级切水回注一级电脱盐罐，一、二级切水送出装置处理。

4.2.2 提高电脱盐温度

电脱盐罐温度的高低直接影响脱盐效果，根据原油性质选择适宜的脱盐温度非常重要。适当提高电脱盐罐操作温度可以降低原油的粘度，加快乳化液的破乳。优化了 2#电脱盐换热流程，提高了电脱盐入口温度，将一级电脱盐罐入口温度由 140℃提至 145℃。

4.2.3 调整注水位置

选择合适的原油注水位置，对降低原油乳化，平稳电脱盐操作，提高原油脱盐率非常关键，将一级注水由电脱盐罐改到换热器前，增加了原油与水的混合时间。

4.2.4 调整混合强度

原油与注水、破乳剂要达到充分混合，混合强度一般用混合阀前后压降来控制，压降越高，形成的乳化液就越稳定，在电脱盐罐内的电场中就越不容易消除；压降越低，混合强度就越低，使注入的水、破乳剂与原油接触不够，将 2#电脱盐一、二、三、四级混合强度控制在 70~90KPa。

4.2.5 调整油水界面

电脱盐罐油水界面的高低，直接影响到电脱盐罐的送电情况和含盐污水含油量，电脱盐罐界面过高，会使油层和水层之间的乳化层上移，造成电脱盐罐送电困难；电脱盐罐界面过低，会使从罐底切出的含盐污水的含油量增加，结合塔河油品极易乳化和电脱盐切水带油的实际情况，将 2#电脱盐各级界位控制在 60%~70%。

4.2.6 改善切水系统

我公司 2#电脱盐罐底部切水线有三个排水口，前段水量大，切水阀开度小，后端水量小，切水阀开度大，造成电脱盐罐的扰动。为稳定界位，将各级切水阀开度控制在 1/2 处。

4.3 优化电脱盐污油回炼工艺流程

焦化自产重污油改进放空塔脱水后进焦炭塔间断回炼，此措施主要是回炼电脱盐排水携带的重污油，由于放空塔热量有限，只能根据焦炭塔甩油、吹气等工艺时产生的热量进行间断回炼，放空塔底油通过焦炭塔大吹汽、给水冷焦时油气余热升温脱水，温度达 130℃~150℃以上，放空塔油才能回炼至焦塔塔，回炼期间放空塔顶压力约 0.02MPa，不回炼时微正压。此流程由于热量所限，主要回炼装置自产重污油，少量回炼外部重污油。

电脱盐切水进 V105 沉降分离，顶部的油相进焦炭塔回炼（并入急冷油），底部的水相去污水场，通过 V105 底部去污水场的压控阀控制 V105 的顶部压力，一般控制在 0.8MPa，V105 顶部的油相控制阀全开，用焦炭塔急冷油线的软管前阀调整重污油的回炼量，控制 V105 水相去污水场的油含量不大于 500mg/L，一般 T301EF 塔回炼量较 T301A-D 稍大，回炼总量在 6t/h 左右。

具体回炼工艺流程见图 9。

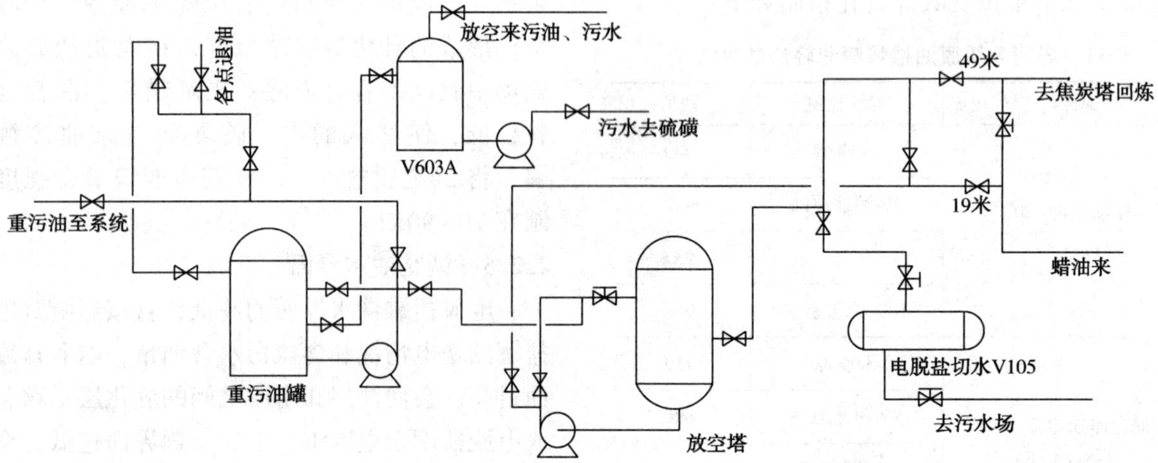

图 9　重污油回炼

5　结论

5.1　经过五次主要电脱盐技术改造和操作优化后，2#电脱盐装置在原油性质劣质化程度不断增加的情况下，终脱后含盐保持平稳，基本达到了设计要求。

5.2　增加电脱盐电极板，改变强、弱电场分布，有利于脱盐脱水。

5.3　增强电脱盐电场强度，有利于脱盐脱水。

5.4　劣质原油中掺入一定比例轻质原油，能明显改善脱盐效果。

5.5　合理提高脱前温度、注水量、电场强度有利于破乳脱盐。

5.6　优化电脱盐污油回炼工艺流程，平衡电脱盐污油去向，提高电脱盐装置运行平稳率。

参 考 文 献

［1］刘家国，张鸿勋，汪实彬，等．塔河重质稠油电脱盐技术研究［J］．石油化工设计，2006(1)：18-20，9.

［2］王纪刚，王龙祥，韦伟，等．高酸重质原油的电脱盐技术选择［J］．炼油技术与工程，2012，42(2)：31-34.

［3］熊佐松．原油深度脱盐技术的优化研究［D］．上海：华东理工大学，2014.

［4］李敏，魏奇业．不同掺炼比的常减压装置模拟研究［J］．化工自动化及仪表，2017，44(3)：248-252.

航煤加氢装置氢气一次通过流程可行性方案研究

袁小彬　文　敏　殷明慧

（中国石化塔河炼化有限责任公司）

摘　要　本文介绍某单位30万吨/年航煤加氢装置的主要生产工艺参数，分析航煤加氢装置的能耗构成，同比其他炼化企业同类装置的能耗参数，提出了航煤加氢装置氢气一次通过的可行性方案。通过采用氢气一次通过流程方案前后装置能耗对比分析，论证氢气一次通过流程将降低装置整体能耗，提出了氢气一次通过流程方案实施后可能存在的问题与建议。

关键词　航煤加氢装置　氢气一次通过　能耗　对比分析

1　塔河航煤加氢装置介绍

塔河炼化30万吨/年航煤加氢装置以直馏煤油为原料，生产满足GB 6537—2006标准的3#喷气燃料，产品的硫质量分数不大于50μg/g。该航煤加氢装置采用中国石化石油化工科学研究院研发的航煤临氢脱硫醇RHSS专利技术，由中国石化洛阳石化工程公司完成工程设计。航煤加氢装置主要包括反应部分、分馏部分，装置设计操作压力为3.5MPa，循环氢流量为4800Nm^3/h，设计能耗为9.27KgEo/t。反应部分使用了两台循环氢电动往复式压缩机，两台压缩机以“一开一备”模式运行，单台压缩机功率为110kW，装置反应部分的主要操作参数见表1。

表1　航煤加氢装置反应部分主要操作参数

项目	生产航煤	生产国Ⅳ柴油
反应器入口压力/MPa	3.8	3.8
反应器入口温度/℃	270	290
反应器出口温度/℃	272	298
反应器温升/℃	2	8
反应器入口氢油比/(v/v)	140-160	140-160
化学氢耗(纯氢)/(w%)	0.14	0.15
压缩机入口压力/MPa	3.5	3.5
压缩机出口压力/MPa	4.1	4.1
压缩机设计负荷/(Nm^3/h)	4800	4800
低压分离器压力/MPa	3.3	3.3
产品分馏塔回流量/(t/h)	1.2-1.5	2.5-3.0
塔底温度/℃	216-218	228-232
塔顶回流罐压力/MPa	0.14	0.14

2　装置运行与能耗情况

塔化航煤加氢装置2014年6月一次开车成功，运行至今总体情况平稳。受航煤产品消费市场需求量的制约，航煤产品月产量约在14000吨左右。为提升航煤加氢装置的经济效益，航煤加氢装置采用间断切换的生产模式，即生产航煤产品的同时兼顾生产国Ⅳ柴油产品。国Ⅳ柴油产品生产期间，为保证国Ⅳ柴油产品的闪点及总硫指标，致使装置能耗大幅度提升。自装置开工以来塔河航煤加氢装置能耗情况如图1所示，装置能耗呈逐步下降过程。

图1　2017年~2020年塔河航煤加氢装置能耗情况

塔河航煤装置与集团公司其他企业航煤装置2019年平均能耗基本持平，但与天津石化等先进装置的能耗(4.57KgEo/t)对比相差较大，与同等规模的装置相比能耗方面也表现不佳，2019年在25套航煤加氢装置年能耗竞赛排名中该装置排名23名，装置有进一步挖潜增效的空间，航煤加氢装置能耗对比情况详见表2。

表2　2019年航煤加氢装置能耗情况

序号	装置名称	负荷率	能耗/千克标油/吨
1	燕山	141.57	2.59
2	天津	123.51	4.57
3	石炼	108.48	3.97
4	洛阳	124.47	6.34
5	齐鲁	84.37	5.31
6	济南	73.01	27.01
7	安庆	118.16	13.3
8	九江	134.75	16.71
9	武汉1	115.8	4.78
10	武汉2	119.17	5.05
11	长岭2	127.61	9.93
12	长岭3	79.71	7.62
13	扬子1	108.21	7.12
15	高桥1	76.46	8.8
14	高桥2	92.88	11.66
17	上海1	108.73	6.22
16	上海2	96.53	14.48
18	镇海3	96.99	4.06
19	广州1	133.55	3.74
20	茂名1	90.86	8.87
21	海南1	123.99	4.36
22	海南2	118.06	7.91
23	塔化	87.73	8.51
24	青炼	125.39	3.35
25	福建	76.63	11.46

塔化航煤加氢装置的能耗主要包括燃料气和电能，具体能耗构成及占比情况见图2。根据装置主要运行数据及主要经济指标，与武汉、茂名、镇海、青炼、长岭相比，该装置能耗偏高主要源于电耗及燃料耗量偏大，见表3。装置电单耗较高原因分析，一方面装置进料油性质导致电耗设计指标偏高，该航煤加氢装置原料油氮含量高达64μg/g，生产合格产品所需的反应压力比常规航煤加氢高约2.0MPa，因此导致反应加氢进料泵电耗偏高；另一方面循环氢压缩机无流量调节系统，氢油比大，导致耗电较高。装置燃料偏大原因分析，装置流程设计根本上决定了航煤加氢装置的高燃料量，航煤加氢的原料油进装置没有设置换热器，加之航煤加氢装置间断切换式生产模式，生产航煤产品兼顾生产国Ⅳ柴油，同时该装置系统的燃料气源热值低，协同造成装置的燃料耗量增加。

目前，玉门炼化、青岛炼化、长岭等炼化企业实现了航煤氢气一次通过设计流程。其中青岛炼化60万吨/年航煤加氢，设计操作压力为2.1MPa(分离器)，运行氢油比约70v/v，航煤加氢所需一次通过氢气由柴油加氢新氢压缩机一级出口引出(压力4.2MPa)，经过航煤加氢装置反应后的富氢再返回至柴油加氢新氢压缩机一级进口缓冲罐(压力2.0MPa)作为柴油装置的补充氢，分馏系统没有设重沸炉，航煤加氢装置综合能耗为5.65kgEo/t，青岛炼化能耗指标远低于塔化航煤装置，能耗方面表现较好(表3)。因此，氢气一次通过设计流程具有明显降低航煤加氢装置能耗的优势。

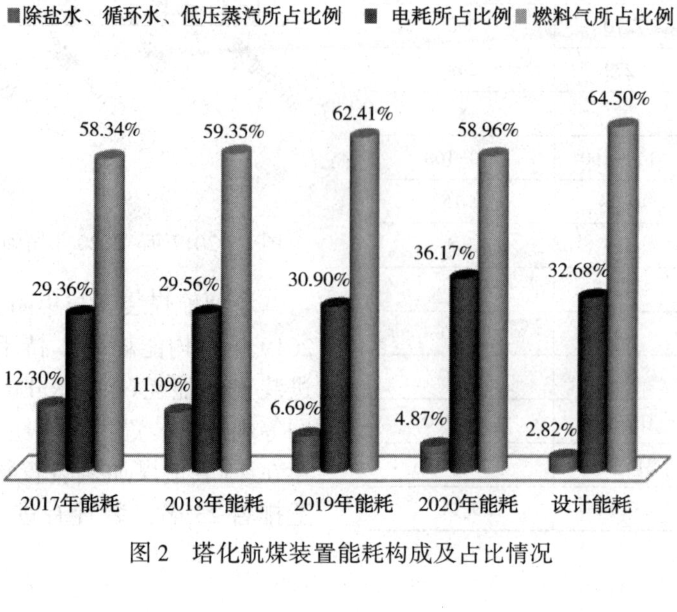

图2　塔化航煤装置能耗构成及占比情况

表3　航煤加氢装置主要经济技术指标(2016年)

单位	新鲜水/(t/t)	循环水/(t/t)	电/(kWh/t)	0.3MPa蒸汽/(t/t)	1.0MPa蒸汽/(t/t)	燃料/(kg/t)	综合能耗/(KgEo/t)
武汉	0	9.35	0.069	21.477	0.056	7.694	18.06
茂名	0.0014	6.3429	3.93	0	0.0045	2.8	4.7
镇海	0	1.09	9.21	0	0	4.1	6.42
青炼	0	1.584	3.228	0	0.0003	4.44	6.38
长岭	0.04	13.99	37.61	0	0.02	25.02	36.12
塔河	0	1.29	11.25	0	0.015	6.3882	10.42

目前，玉门炼化、青岛炼化、长岭等炼厂实现了航煤氢气一次通过设计流程。其中青岛炼化60万吨/年航煤加氢，设计操作压力为2.1MPa(分离器)，运行氢油比约70v/v，航煤加氢所需一次通过氢气由柴油加氢新氢压缩机一级出口引出(压力4.2MPa)，经过航煤加氢装置反应后的富氢再返回至柴油加氢新氢压缩机一级进口缓冲罐(压力2.0MPa)作为柴油装置的补充氢，分馏系统没有设重沸炉，航煤加氢装置综合能耗为5.65kgEo/t，青岛炼化能耗指标远低于塔河炼化，能耗方面表现较好。因此，氢气一次通过设计流程具有明显降低航煤加氢装置能耗的优势。

3　氢气一次通过可行性方案

塔化航煤加氢装置设计有循环氢压缩机系统和塔底重沸炉，其综合能耗虽已经降低到设计值以下，但与其他炼化企业航煤装置相比能耗差距相对较大，在不采取新技术改进措施的情况下，该航煤加氢装置能耗指标几乎没有进一步优化的空间。由于氢气一次通过流程可以避免航煤加氢装置运行循环氢压缩机，从而降低运行电能，故提出该航煤加氢装置的氢气一次通过流程可行性方案。

塔河航煤加氢装置的氢气一次通过流程可行性方案：航煤加氢装置改为氢气一次通过流程，停开循环氢压缩机，航煤加氢装置正常生产所需循环氢约4000~5000Nm³/h，氢气由邻近2#加氢装置增压机一级出口(压力约4.2MPa)供给，经过航煤反应器完成加氢反应后，通过高压分离器气液分离氢气排放至氢气管网，具体流程见图3。受2#加氢增压机氢气上量指标及后路氢气品质两方面的制约，按照催化剂能够承受的最小氢油比来设定一次通过所需的最小氢气用量，以减小供氢量压力，同时保证后续加氢装置对新氢品质的要求。研究院提供的RSS-2催化剂所能允许的最小氢油比不能小于100v/v的指标，在满足最小氢油比指标的同时研究氢气一次通过方案的可行性，因此提出了满负荷时需要的最小氢气量为4000Nm³/h。

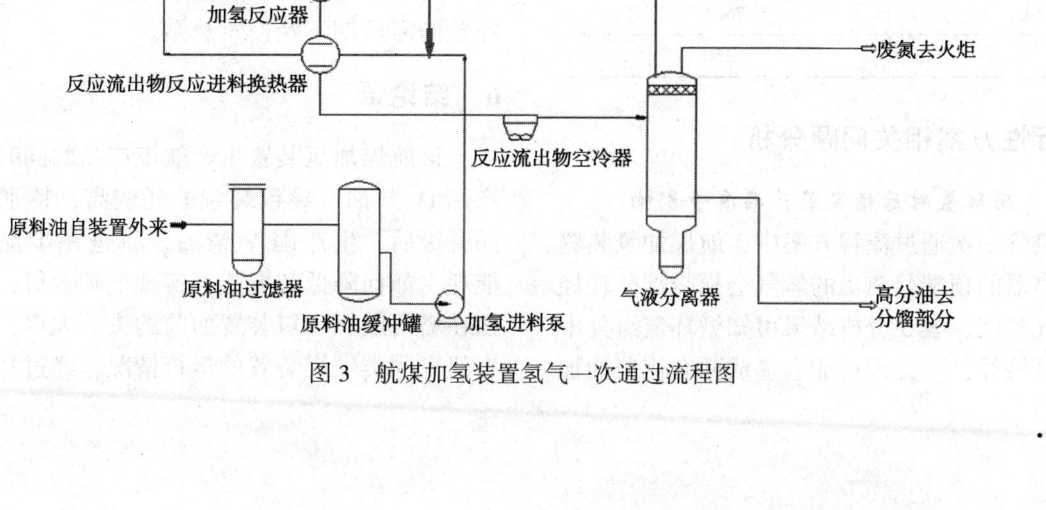

图3　航煤加氢装置氢气一次通过流程图

4 可行性方案能耗分析

实施氢气一次通过流程方案，该航煤加氢装置在一定程度上可降低电耗量。航煤加氢装置临近的2#汽柴油加氢装置设有三台增压机，其中一台增压机为无级气量调节系统，增压机操作参数见表4。自2017年7月1日起装置全面升级至国V柴油标准，受柴油升级耗氢量增加因素的影响，三台增压机实行“两开一备”的运行模式。基于该2#加氢装置增压机长期“两开一备”模式运行特点，从系统能耗角度出发，氢气一次通过流程将导致航煤加氢装置的部分电耗转移至2#汽柴油加氢装置，即导致增压机做功量增加。经初步核算，正常生产过程中增压机压缩新氢量为21000Nm³/h，当增加新氢量4000~5000Nm³/h时，增压机耗电量增加20kW/h，而航煤加氢循环机正常运行所需总电量为75kW/h，涵盖主电机、水泵电机、润滑油泵冬季防冻运行的耗电量，综合加制氢增压机耗电增加量与停开航煤加氢循环机耗电节省量，氢气一次通过方案整体上节约装置电量约55kW/h，年节约电量46万度左右，节约电费23万元左右，航煤加氢装置总能耗预计下降约0.9~1.5kgEo/t。

表4 2#汽柴油加氢装置增压机操作参数

设备型号	2D45-17/23.5-87.5
结构型式	固定水冷对称平衡型，二列两级往复活塞式
标准流量/(Nm³/h)	21000
按吸入状态/(m³/min)	17
进气压力/MPa	一级2.35　二级4.72
排气压力/MPa	一级4.72　二级8.75
型号	TAW1350-18/2150
型式	增安型同步电动机
额定电压/V	10000
额定电流/A	76.4
功率/kW	1350

5 可行性方案相关问题分析

5.1 航煤循环氢对后续装置产品质量影响

在氢气一次通过流程方案中，航煤加氢装置高压分离器的顶端分离出的氢气会携带部分轻烃进入氢气管网，表5分析结果可知循环氢组分中含有部分轻烃，一方面可能会造成两套汽柴油加氢精制装置的反应器床层温升增大，另一方面氢气管网中轻烃组分的增多会使两套加氢装置新氢压缩机的级间分液罐凝液增加，增加了压缩机带液工作的风险。另外，氢气一次通过的循环量仅为4000~5000Nm³/h，氢气管网中连续重整产氢20000Nm³/h，航煤加氢装置的氢气一次通过的循环量所占氢气管网比例仅为11%左右，改造后由于航煤加氢装置将连续有大量纯氢进装置，航煤加氢装置循环氢的氢气纯度更高，因此，后续装置柴油升级受到的影响是有限的。

表5 航煤加氢装置的循环氢组成分析

组分	所占比例/%
甲烷	0.56
乙烷	0.12
丙烷	0.03
氧气	0.5
氮气	3.3
硫化氢	0.2
氢气	95.29

5.2 可行性方案对装置操作影响

首先，氢气一次通过流程较易受2#加氢装置影响。塔河航煤加氢装置氢气一次通过流程所用氢源由塔河2#加氢装置增压机一级出口提供，当塔河2#加氢装置操作异常时，需要重新启动航煤循环机维持正常生产；当航煤装置开停工时，需重新启动航煤循环机，待正常运行后再切换至航煤加氢装置氢气一次通过流程。因此，建议保留塔化航煤装置原有氢气流程。

其次，氢气一次通过流程导致2#加氢增压机的一、二级做功存在不平衡问题。2#加氢装置增压机一级出口直接供给航煤装置氢气，将导致加氢增压机的一级与二级做功不平衡，建议使用2#加氢无级气量调节系统作为主调节手段，操作经验尚需后期不断摸索总结。

6 结论语

该航煤加氢装置生产航煤产品的同时兼顾生产国Ⅳ柴油，导致装置能耗较高，特别是当油品升级后，生产国Ⅴ柴油还将进一步提升装置能耗。如何降低装置能耗实现低碳运行，成为了摆在塔河航煤加氢装置面前的头等大事，通过调查研究同类航煤装置的运行情况，经过技术研究分析，该航煤加氢装置实行氢气一次流程方案具备可行性条件，建议实施。

参考文献

[1] 李大东，加氢处理工艺与工程[M]. 北京：中国石化出版社，2004.
[2] 杜岳红. 航煤加氢装置工艺设计[D]. 天津：天津大学，2005：14-20.
[3] 吕娜 . 航空煤油加氢精制装置工艺设计[D]. 上海：华东理工大学，2015.
[4] 周礼俊，宋永一 . 液相加氢工艺在航空煤油生产上的工业应用[J]. 当代化工，2014(01)，111-113.
[5] 梁瑜 . 加工塔河油技术分析与优化[D]. 天津：天津大学，2012：11-18.
[6] 夏国富，朱玫，聂红，石亚华 . 喷气燃料临氢脱硫醇 RHSS 技术的开发[J]. 石油炼制与化工，2001(01)：12-15.
[7] 褚阳，夏国富，刘锋，朱玫 . 高处理量喷气燃料加氢催化剂 RSS-2 的开发及其工业应用[J]. 石油炼制与化工，2014(8)：6-10.

90t/h固定床锅炉烟气再循环改造及试验研究

衡永宏　袁　亮　韩会亮

(中国石化塔河炼化责任有限公司)

摘　要　本文阐述了塔河炼化90t/h自然循环固定床锅炉进行烟气再循环技术改造。改造后试验表明随烟气再循环率从0增大到30%，锅炉辐射区、对流区温度分别下降212℃和112℃；NO_x排放量由原来的326mg/Nm^{3}降至145mg/Nm^3，降氮效率为55.5%；尾部烟道出口排烟温度逐渐升高，氧含量逐渐下降但趋势相对平缓，但一氧化碳在再循环率增大到20%以后时成倍增长。本试验验证了自然循环固定床锅炉采用烟气再循环技术降低氮氧化物排放是切实可行的。

关键词　自然循环固定床锅炉　烟气在循环　氮氧化物　改造　实验

1　前言

目前，国内外锅炉降低NO_x排放的两种主流技术是：一是优化燃烧工艺达到减少NO_x生成，即燃烧中脱硝技术；二是对尾部烟气中NO_x进行脱除，燃烧后脱硝技术。但根据相关要求单台处理65t/h以上除层燃、抛煤炉外的燃煤、燃油、燃气锅炉，无论其是否发电，均应执行《火电大气污染物排放标准(GB/T 13223—2011)》。该标准要求以气体为燃料的锅炉(塔河炼化为炼厂干气和液化气混合气为燃料)的尾部烟气中NO_x≯200mg/m^3，SO_2≯100mg/m^3，烟尘≯10mg/m^3。

公用工程作业部3#、4#锅炉为塔河重质原油项目配套新建锅炉，原型号为TH75-3.82/450-Y、Q，由江苏太湖锅炉有限公司制造，2010年5月投产；2014年9月由上海众一石化工程有限公司完成增容改造，由75t/h扩容至90t/h，改造后锅炉型号为TH90-3.82/450-Q，锅炉采用四角切圆燃烧，最大连续蒸发量90t/h。锅炉以90t/h蒸发量运行时，排放烟气中氮氧化物在350-380mg/m^{3}左右，不能满足《火电大气污染物排放标准》(GB/T 13223—2011)中以气体为燃料的锅炉尾部烟气中NO_x≯200mg/m^{3}的要求，为满足烟气排放要求，2018年对3#锅炉进行了烟气再循环改造。

2　改造内容

为了确保改造后烟气排放NO_x浓度满足《火电大气污染物排放标准》(GB/T 13223—2011)中以气体为燃料的锅炉尾部烟气中NO_x≯200mg/m^{3}的要求，改造以NO_x≯180mg/Nm^{3}进行设计，现有燃烧器改为超低氮燃烧器，增加烟气再循环系统，以降低燃烧区平均温度。再循环烟气量取为30%左右，即新增烟气循环管道，将相当于总燃烧空气量30%左右的烟气抽吸送至燃烧器，再引入炉膛。烟气再循环与燃料种类和燃烧温度有关。燃烧温度越高，烟气再循环率对NO_x降低率的影响越大。

(1)新增烟气再循环风机及管道，满足烟气再循环技术的设计要求，并能够实现锅炉负荷变化时空气量、再循环风量与燃气量成比例自动调节，在低氮燃烧器基础之上，进一步降低燃料燃烧后尾部烟气中的氮氧化物排放浓度。

(2)采用烟气再循环技术，再循环烟气与一次风和燃料气在炉内混合，既降低燃烧温度，又降低氧气浓度，因而有效降低NO_x生成。

(3)在烟气进引风机入口前烟道增加烟气分布组件，分流部分烟气(约占空气量的20%~30%)用再循环风机送至炉膛。烟道直径约1.2m，再循环风机风量50000m^3/h，风压6000Pa。

(4)再循环烟道上设置挡板和压力监视系统。具体流程如图1所示，通过上述改造后，可以有效控制NO_x排放浓度至要求的范围之内。

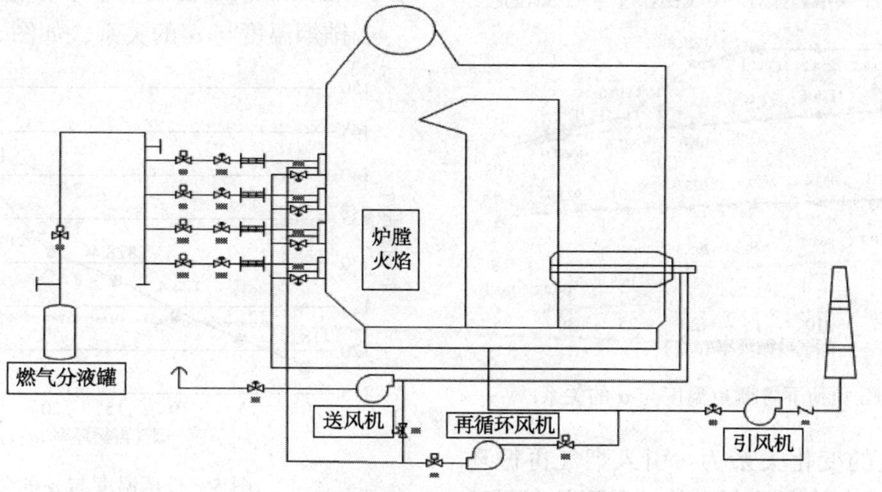

图 1 改造后锅炉烟气再循环工艺流程图

3 实验方法

再循环烟气从引风机入口前烟道抽出，由再循环风机加压送至炉膛。实验炉主要设计参数如表 1 所示，所用燃气特性参数如表 2 所示。本次主要探究不同烟气再循环率 α 对于锅炉燃烧及氮氧化物排放的影响。α 定义如下：

α=再循环烟气量/(总烟气量-再循环烟气量)

表 1 锅炉主要设计参数

参数	数值
额定蒸发量/(t/h)	90
主蒸汽温度/℃	450
主蒸汽压力/MPa	3.5~3.8
给水温度/℃	101~104
排烟温度/℃	150
燃气量/(t/h)	5.75

表 2 燃气特性参数

燃料气分析(体积分数)/%					发热值/Qnet
CH_4	C_2H_n	C_3H_n	H_2	N_2	kJ/Nm^3
52.81	21.36	3.28	18.36	2.1	47055

4 实验结果与分析研究

4.1 α 对炉膛内温度的影响

采取烟气再循环后，循环烟气替代部分一次风，炉膛内各温度测点位置如图 2 所示，图 3 为 75t/h 负荷下，α 与炉膛内各测点的温度的关系。

如图 3 所示，随着 α 从 0 逐步增加到 30%，辐射区 1 温度从 1125.6℃降至 1032℃，对流区 1 温度从 963℃降至 897.3℃，辐射区 2 温度从 1251.1℃降至 1039℃，对流区 2 温度从 816℃降至 704.1℃，对流区 1 温度变化较小，辐射区 1 温度略有下降。当 α 大于 20%后，辐射区 2 温度及对流区 2 温度下降速度加快。

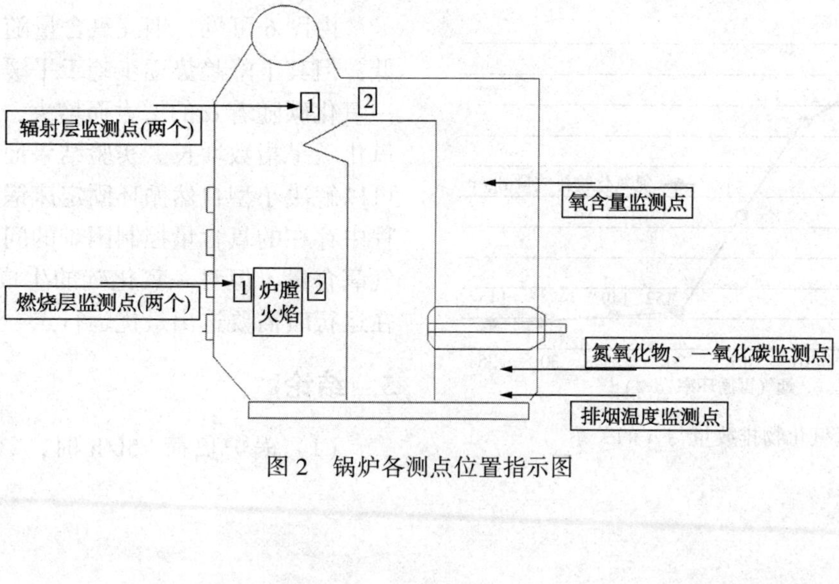

图 2 锅炉各测点位置指示图

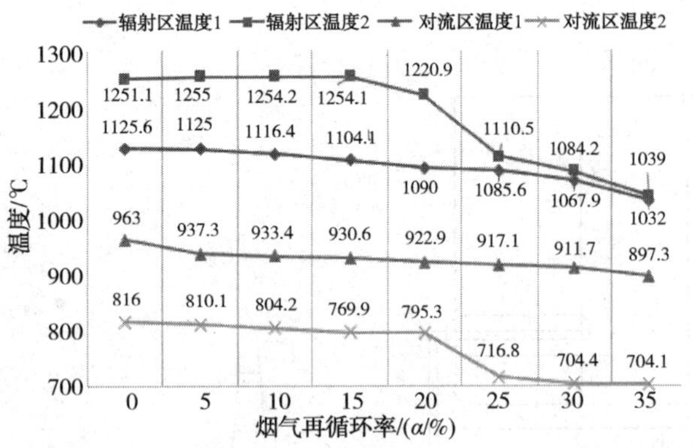

图3　75t/h负荷下各测点温度与α的关系

产生风量的变化关系为：引入烟气再循环后，风量不变，氧含量降低，使炉膛下部辐射区及对流区氧含量降低，燃烧速度减慢，此层燃烧温度降低。

4.2　α对NO_x的影响

NO_x排放浓度与α的关系如图4所示，α增大至30%，NO_x排放浓度由原来的326mg/Nm^{3}降至145mg/Nm^3，降氮率为55.5%。通过研究表明，燃烧过程中产生的氮氧化物主要包括三种类型：燃料型、热力型和快速型[4]。其中热力型NO_x，主要为燃料燃烧产生的高温环境，将空气中的N氧化为NO_x，其产生受燃烧温度、氧气浓度和停留时间影响。快速型NO_x在混合气中碳氢化合物燃料过浓时燃烧产生，通常情况下，只有在不含氮的碳氢燃料低温燃烧时，才重点考虑。燃料型NO_x，主要为燃料中的N在燃烧过程中氧化生成NO_x，它的产生主要与燃料燃烧的气氛环境有重要关系。对于燃气锅炉，由于燃料的热值高，致使燃烧形成的火焰温度较高，而且燃气中含氮量非常少，因此，热力型NO_x是试验炉NO_x主要来源。

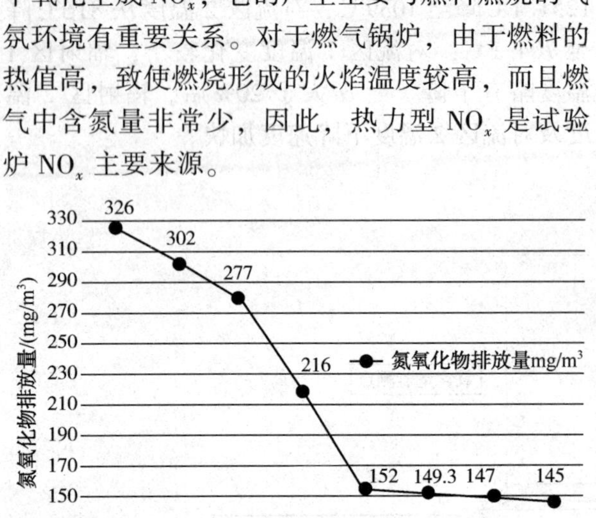

图4　氮氧化物排放量与α的关系

4.3　α对排烟温度及氧含量的影响

排烟温度与α的关系，如图5所示。

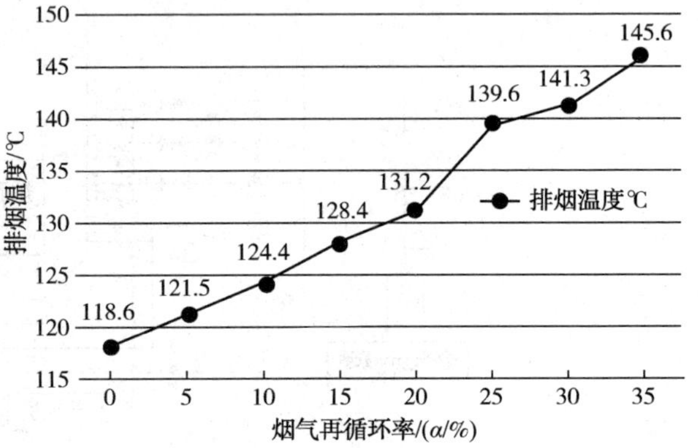

图5　排烟温度与α的关系

由图5可见，随α的增加，排烟温度由118.6℃上升至145.6℃。分析认为，由于排烟温度高于环境温度，随α的增加，一次风入口温度逐渐上升，导致一次风空气预热器的冷热源温差减小，空气预热器对流换热效果变差；同时，烟气再循环使得总烟气量增大，因此排烟温度升高。不同烟气再循环率下锅炉尾部烟气氧含量与一氧化碳含量，如图6所示。

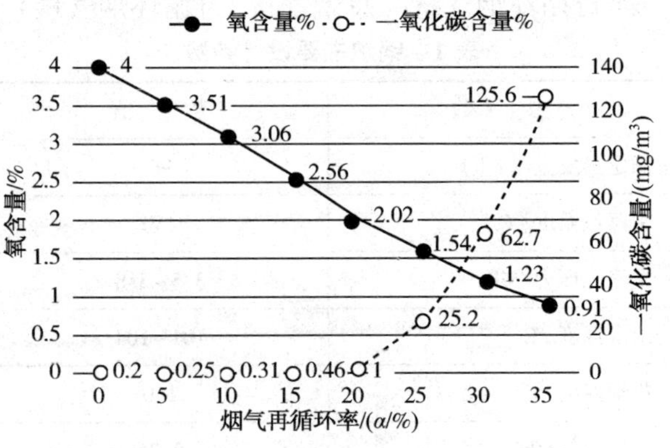

图6　烟气一氧化碳含量、氧含量与α的关系

由图6可见，烟气氧含量随着α的增大而降低，但其下降趋势逐步趋于平缓；但也可以看出一氧化碳随着α的增大而增大，α超过20%时一氧化碳呈指数增长。实验结果证明，烟气再循环可以解决小型自然循环固定床锅炉在实际运行过程中存在的氧含量控制困难的问题，有效降低烟气氧含量，但对一氧化碳的生成有巨大的影响，在运行时需要选出最优运行点。

5　结论

（1）锅炉负荷75t/h时，氧含量在2.1%～

4.0%，尾部烟气中 NO_x 在 160mg/m^3 以内，氧含量低于 2.1%时，烟气中 CO 量快速增加，出现不完全燃烧现象。负荷大于 75t/h 时，氧含量在 2.1%~3.2%，尾部烟气中 NO_x 在 180mg/m^3 以内，满足改造要求。

（2）随烟气再循环率 α 的增加，辐射区温度和对流区温度降略有下降，氧含量也出现下降趋势，炉膛出口温度略有下降；当 α 大于 20%后，辐射区温度和对流区温度下降明显，氧含量下降趋势较快，因此过大的 α 不利于锅炉的稳定运行。

（3）通过烟气再循环能有效降低锅炉的 NO_x 排放量，α 增大至 30%时，尾部烟气中 NO_x 排放浓度为 145mg/Nm^3，降氮率为 55.5%；降氮率增长速率随 α 增大呈先增后减的趋势。

（4）随 α 增大，尾部烟道出口烟气氧含量下降；排烟温度升高，锅炉排烟热损失增加，因此在选择烟气再循环率时需综合考虑锅炉的热效率。

（5）通过本次试验总结出改造后最佳运行方式：炉膛氧含量控制在 2.1%~3.2%之间，即过量空气系数控制在 1.11~1.18 之间，可兼顾 NO_x、CO 量，为最佳运行方式。

参 考 文 献

[1] 吴艳艳，张光学，王进卿，池作和 . SNCR 在中温分离器型循环流化床锅炉中的应用[J]. 电站系统工程，2014，30(01)：27-29+32.

[2] 卢秋旭 . 低氮燃烧技术在燃气锅炉烟气达标排放中的应用[J]. 石油石化绿色低碳，2018，3(05)：28-31+58.

[3] 钟英飞 . 焦炉加热燃烧时氮氧化物的形成机理及控制[J]. 燃料与化工，2009，40(06)：5-8+12.

[4] 郭佳明 . 烟气再循环和 SNCR 联用降低流化床 NO_x 排放研究[D]. 中国计量大学，2018.

[5] 郭佳明，张光学，池作和，王进卿 . 75t/h 循环流化床锅炉烟气再循环改造及试验研究[J]. 热能动力工程，2017，32(11)：73-77+132-133.

催化烟气脱硝床层氨逃逸问题分析及措施

郭莹莹　刘　彬　周玉杰

(中国石油兰州石化公司炼油厂)

摘　要　为了使重催装置外排烟气中NO_x浓度满足≤100mg/Nm^3(干基)的要求，2016年某石化公司组织实施了重催装置烟气脱硝项目，利用NH_3与再生烟气中的NO_x反应，保证排放烟气NO_x浓度达标。在装置运行后期，发现烟气中NO_x排放达标的同时却造成了外排水中氨氮含量异常上升，主要原因为烟气脱硝反应器床层出现氨逃逸。本文阐述了氨逃逸带来的危害，通过分析氨逃逸产生的原因，提出了控制氨逃逸的具体控制措施，并在实际操作中应用，烟气脱硝装置氨逃逸得以控制。

关键词　烟气脱硝　氨逃逸　问题分析　措施

1　概述

随着我国工业化和城市化发展，氮氧化物(NO_x)引起的酸雨、光化学烟雾等环境问题日益受到人们重视。催化裂化装置是炼厂重要的重油轻质化装置，是炼厂氮氧化物(NO_x)主要来源，约占炼厂排放总量的50%。2016年，为使300万吨/年重催装置外排烟气中NO_x浓度满足《石油炼制工业污染物排放标准》(GB 31570—2015)NO_x浓度≤100mg/Nm^3(干基)的要求(2017年7月1日起施行)，某石化公司组织实施了300万吨/年重催装置烟气脱硝项目，该项目采用SCR脱硝技术，同时对两台余热锅炉进行配套改造。项目建成后，可减少NO_x排放841.2吨/年。截至目前，该余热锅炉已连续运行2.5年，在运行后期，烟气脱硫外排水氨氮含量出现异常升高，主要原因为脱硝反应器床层出现氨逃逸。

2　烟气脱硝的原理

重催装置反应再生过程中，原料中的氮有40%~50%以焦炭形式随待生剂进入再生器，再生过程中氮与氧气发生反应生成NO_x，随烟气排放至大气，造成环境污染，是重要的环保控制指标。

本装置余热锅炉脱硝床层采用选择性催化还原(SCR)脱硝技术，利用氨气作为脱硝剂。来自两酸的氨气在混合器内与空气混合稀释后，由喷氨格栅喷入烟道与烟气充分混合，进入脱硝反应器；在脱硝反应器内，350℃左右烟气中的NO_x在催化剂的作用下与NH_3发生还原反应，生成N_2和H_2O。烟气脱硝系统所用催化剂为托普索公司专利催化剂，是以二氧化钛(TiO_2)为载体的波纹板式催化剂，加工工艺是先制作玻璃纤维加固TiO_2基板，再把基板放到催化活性溶液中浸泡，使活性成分能均匀吸附在基板上，该催化剂的催化活性材料是金属氧化物V_2O_5等。脱硝反应器最佳催化反应温度区间为320℃至400℃之间，该技术脱硝效率可达80%以上，不会形成二次污染。

烟气脱硝主要的化学反应方程如下：

$$4NO+4NH_3+O_2 \longrightarrow 4N_2+6H_2O \tag{1}$$

$$6NO_2+8NH_3 \longrightarrow 7N_2+12H_2O \tag{2}$$

NO_x去除率取决于加入氨的量(表示为氨氮摩尔比)，在高的氨氮摩尔比下，可以达到很高的NO_x去除效率，但同时会增大氨逃逸。在运行过程中，由于氨氮不完全反应或者催化剂模块安装不够密封，过剩的NH_3逃逸出催化剂床层，这些催化反应完成后烟气中剩余的NH_3体积浓度，就被称为氨逃逸。氨逃逸量是衡量SCR运行健康状况最重要指标之一。

3　氨逃逸的危害

(1)外排水中的氨氮含量升高

如表1所示，在采集的34个点中，最小值40.8mg/L、最大值617mg/L、平均值284.7mg/L，有超过35%的工业污水氨氮含量超过排放指标300mg/L。经排查原因发现，造成工业污水氨氮含量升高的直接原因就是烟气脱硝床层出现氨逃逸，烟气进入后续烟气脱硫装置吸收塔内，与塔中部喷淋装置喷出的高密度水帘逆向接触，氨极易溶于水(溶剂度达到 700∶1)，随洗涤水排出装置，造成工业污水氨氮含量升高。

表 1　2018 年 11 月~12 月烟气脱硫工业污水氨氮含量统计表

采样时间	氨氮/(mg/L)	采样时间	氨氮/(mg/L)
	指标≤300		指标≤300
2018.11.1	132	2018.11.19	456
2018.11.5	208	2018.11.21	311
2018.11.7	40.8	2018.11.26	422
2018.11.8	259	2018.11.28	546
2018.11.12	268	2018.11.29	617
2018.11.13	276	2018.12.3	409
2018.11.14	188	2018.12.4	456
2018.11.15	377	2018.12.5	428
2018.11.16	378	2018.12.6	527

续表

采样时间	氨氮/(mg/L)	采样时间	氨氮/(mg/L)
	指标≤300		指标≤300
2018.12.7	270	2018.12.19	66.0
2018.12.10	115	2018.12.20	42.1
2018.12.11	143	2018.12.21	414
2018.12.12	66.9	2018.12.24	365
2018.12.13	222	2018.12.25	358
2018.12.14	194	2018.12.26	244
2018.12.17	115	2018.12.29	193

(2) 低温省煤器炉管出现结盐结垢现象，压降上升，换热效率下降。

如表 2、表 3 所示，装置运行后期与检修后开工相比，两炉排烟温度上升约 30℃，省煤段压降上升约 0.5kPa。

表 2　2019 年 3~7 月份锅炉外排烟气温度记录表

排烟温度/℃	日期						
	3.15	3.30	4.3	4.15	6.25	7.5	7.11
炉 901	175.4	177.6	184.9	189.5	149.3	151.7	152.5
炉 902	189.3	188.1	191.2	192.4	142.1	144.7	145.2

表 3　2019 年 3~7 月份锅炉省煤段压力记录表

日期		3.15	3.30	4.3	4.15	6.25	7.5	7.11
锅炉 901 kPa	入口压力	5.46	5.26	5.43	5.65	3.21	3.35	3.36
	出口压力	4.64	4.24	4.37	4.47	2.56	2.69	2.71
	压降	0.82	1.02	1.06	1.18	0.65	0.66	0.65
锅炉 902 kPa	入口压力	6.13	5.28	5.88	6.27	3.25	3.13	3.18
	出口压力	5.25	4.12	4.76	4.98	2.73	2.59	2.66
	压降	0.88	1.16	1.12	1.29	0.53	0.54	0.52

原因分析：检修期间，发现省煤段的炉管上有白色晶体附着，这种垢物易溶于水，pH 值约为 2，可判定为硫酸氢铵，其主要形成原因是烟气中含有 SO_2、SO_3 和水蒸气，与脱硝床层逃逸的氨反应生成亚硫酸氢铵和硫酸氢铵，亚硫酸氢铵稳定性差，生成后容易分解，所以铵盐主要是硫酸氢铵。

生成铵盐主要反应：

$$NH_3+SO_2+H_2O \rightleftharpoons NH_4HSO_3 \quad (3)$$

$$NH_3+SO_3+H_2O \rightleftharpoons NH_4HSO_4 \quad (4)$$

硫酸氢铵在 200~260℃ 是一种粘性很强的盐，附着在省煤器管束的翅片上，粘结烟气中的催化剂粉末，形成垢物，造成省煤器炉管换热效率下降、排烟温度上升，换热层流通面积降低、压降上升(图 1)。

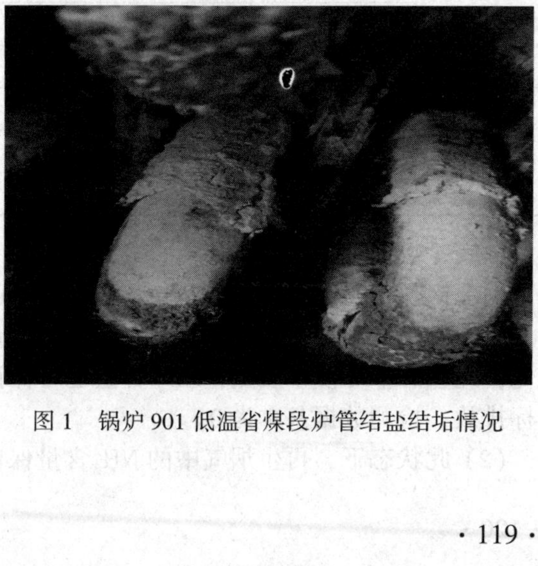

图 1　锅炉 901 低温省煤段炉管结盐结垢情况

4 氨逃逸原因分析

4.1 催化再生烟气携带氨气

重催装置反应再生过程中，原料中的氮化物通过物理或化学作用吸附在催化剂上形成氮焦，最终随待生剂进入再生器。本装置再生器为贫氧燃烧再生形式，再生烟气中CO含量控制要求为3.3%~8.0%(Vol.)，在此环境下，焦炭中的氮焦转化为NH_3和HCN，再生烟气中通常检测不到NO_x，再生烟气进入后续CO焚烧锅炉后通入过剩空气进行完全燃烧，充分回收CO化学热能的同时NH_3和HCN将完全转化为NO_x。

如图2所示，再生烟气进入余热锅炉前就携带NH_3，如果CO焚烧锅炉内供氧不足，再生烟气中的NH_3将会得以保留进入后续系统。而脱硝反应器床层入口没有设置氨气检测系统，所以，当烟气中携带的氨气大于脱硝反应所需要的氨气量，加上脱硝系统喷的氨，就会直接导致氨逃逸升高。

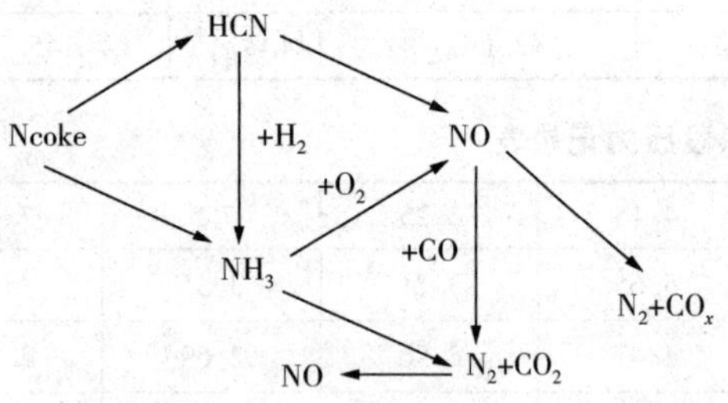

图2 FCC再生器内NO_x生成和分解反应网络图NO_x

针对此问题，兰州化工研究中心配合车间进行了相关数据检测，具体情况如表4所示：

表4 B901脱硝反应器工况运行表

测点1#炉		不喷氨	喷氨
脱硝入口	NO_x(mg/m^3)	15.8-24.8	6.9-9.0
	NH_3(μL/L)	281.2	258.1
	CO(mg/m^3)	27130	35870
脱硝出口	NO_x(mg/m^3)	0-0.2	0
	NH_3(μL/L)	278.9	368.2
	CO(mg/m^3)	23595	31540

由表4数据可见：

(1) 锅炉B901炉膛内CO未完全燃烧，脱硝反应器入口烟气处于高度贫氧状态、NO_x含量较低，此状态下即使不喷氨，NO_x含量也可保证达标排放，检测数据基本为0。

(2) 此状态下，再生烟气中的NH_3含量保留率高，氨逃逸达到200μL/L以上，可造成下游烟气脱硫装置排水氨氮超标。

表5 B902脱硝反应器工况运行表

检测点2#炉		不喷氨	喷氨
脱硝入口	NO_x/(mg/m^3)	177.6~225.6	187.8~230.6
	NH_3/(μL/L)	0.09	10.3
	CO/(mg/m^3)	4263~5081	3221~3403
脱硝出口	NO_x(mg/m^3)	152.4~185.4	87.1~96.3
	NH_3/(μL/L)	0.14	50.12
	CO/(mg/m^3)	6069~6175	1293~1996

由表5数据可见：

(1) 锅炉B902内CO完全燃烧，脱硝反应器入口烟气中NO_x含量较高、CO含量较低、无NH_3含量，此状态下如果不喷氨，NO_x将出现超标，脱硝反应器出口无氨逃逸。

(2) 此状态下喷氨，NO_x可得到有效控制，但是脱硝反应器出口仍存在氨逃逸，说明脱硝反应器反应效率下降或者密封存在问题。

4.2 脱硝床层喷氨过多

经实践发现，同样的烟气，经过不同的焚烧炉和脱硝反应器后，烟气中的氨逃逸明显不同；901炉的在线氨逃逸检测仪表经常超量程，而902炉氨逃逸表运行正常，为避免901炉氨表超标，停止901喷氨，在一定的时间范围内，保持工况不变，对902进行喷氨，记录氨罐液位下降情况，核算902的具体喷氨量与理论所需的喷氨量是否一致。

表6 脱硝锅炉氨含量计算表

	入口NO_x	出口NO_x	烟气量	理论需氨量
902炉	320mg/m^3 据DCS	133mg/m^3 (理论值估算)	21万Nm^3/h	15.1kg/h (按96%的纯度计算)
合股		70mg/m^3		
901炉	10mg/m^3	10mg/m (离线检测)	22万Nm^3/h	0

表7 液氨加注期间罐尺数据记录表

时间	液氨罐液位/%	液氨罐罐尺/m	对应体积/m^3	加注量/kg
10：00	57%	0.684	2.671	
11：00	53%	0.675	2.633	23.45

由表6，表7可见，902炉的理论需氨量为15.1kg/h，但实际喷氨量为23.45kg/h，实际的

喷氨量大于理论的喷氨量，脱硝床层喷氨太多。

原因分析：

(1) 两台余热锅炉出口未单独设置 NO_x 分析系统，脱硝床层喷氨量无法准确控制

由于设计原因，催化装置两台余热锅炉只在烟气总出口线上设置了 NO_x 分析系统，未在锅炉出口单独设置 NO_x 分析系统，因此两炉的喷氨系统无法实现自控，只能通过手动调节。当外排烟气的 NO_x 升高时，由于无法确定是那台锅炉的 NO_x 升高，内操不得不提高两台锅炉的喷氨量，从而导致过量的未参与反应的氨随烟气进入烟气脱硫装置，造成氨逃逸。

(2) 氨逃逸测量仪表指示不准

装置自开工以来，SCR 脱硝喷氨采用手动调节，通过烟气出口的 NO_x 的浓度以及脱硝床层出口的氨逃逸表来调节喷氨量。氨逃逸测量仪表采用对穿式激光光谱法进行测量，由于氨逃逸设计值≯3ppm，并且氨具有极强的吸附作用和水溶性，这就要求仪表安装要接近脱硝反应器出口，才能更精确地检测出氨逃逸数值。但激光光谱法测量时，仅检测的某一截面的氨逃逸，无法获取整个截面上平均的氨逃逸数据，测量结果不具代表性，若检测点流场分布不均，氨逃逸准确性将会更差。另外，受烟气中携带 SO_2、颗粒物、水分影响，检测孔经常结盐(ABS)或者积灰，干扰检测数据的准确。

(3) 氨流量计计量不准确

脱硝装置喷氨流量计选用的是精度要求较高的浮子流量计，但装置使用的液氨来自两酸的酸性水汽提装置，杂质较多，浮子流量计频繁卡涩以致损坏，且无备件更换，装置运行后期只能凭经验来调节喷氨量，计量不准加剧了喷氨过量，导致氨逃逸上升。

4.3 脱硝床层氨气分布不均

稀释后的氨气在 SCR 进口烟道中由于喷氨格栅的各路节流调节不理想或者喷氨格栅管道磨穿等原因造成二次拌和不理想，反应床层的氨气出现分布不均匀的现象，局部浓度高的地方氨逃逸升高。

4.4 催化剂

(1) 催化剂模块箱安装密封不可靠

本装置 SCR 脱硝床层是由催化剂模块箱构成，模块箱之间用密封条进行密封，在装置运行后期密封条脱落，部分氨气和烟气走旁路，导致氨逃逸，此问题在检修打开后得到确认，脱硝反应器多处密封条破损。

(2) 催化剂中毒失活

粉尘中的碱性组分和水凝结在催化剂上，导致催化剂中毒；烟气经过反应床层产生的铵盐及飞灰中的小颗粒沉积在催化剂的小孔中，致使烟气不能顺利流通，这样就会阻碍 NO_x、NH_3、O_2 到达催化剂活性表面，引起催化剂钝化失活。

催化剂的中毒钝化失活导致催化剂还原能力减弱，氨气和 NO_x 反应不完全，造成氨逃逸。

4.5 耙式吹灰器损坏

检修时发现脱硝催化剂床层上部耙式吹灰器脱离轨道掉落，局部吹灰效果变差，一方面可导致催化剂床层表面积灰，堵塞了催化剂的入口小孔，造成催化剂的有效过烟表面减少，烟气从未堵塞的催化剂表面通过时速度加快并快速磨损，直至过烟的催化剂局部出现塌陷失效，氨气随烟气从催化剂床层的磨损塌陷处逃逸，另一方面，局部吹灰距离缩短，可造成脱硝催化剂局部损坏(图 3)。

图 3 锅炉 901 脱硝床层上部吹灰器损坏与积灰情况

5 改进措施

5.1 CO 焚烧炉控氧操作，将 CO、NO_x 控制在合理的范围内

锅炉 B901 燃烧不完全，是氨逃逸的主要来源。为降低 B901 氨含量，提高锅炉配风，降低烟气量，保证炉膛温度<900℃ 的指标前提下，对锅炉进行控氧燃烧，经反复试验发现，脱硝反应器出口烟气中 CO 控制在 4000～7000mg/m^3，可保证 NO_x 浓度≤100mg/Nm^3(干基)，同时可控制烟脱外排水氨氮含量≤200mg/L(2019 年指标要求)。

5.2 脱硝床层增设采样点

(1) 在余热锅炉高温省煤段下方新增采样口，可直接检测烟气入口的氨气浓度，从而为喷氨系统操作调整提供更精确依据。

(2) 在脱硝床层入口上方，增设对称的四个采样点，可不定期检测脱硝床层入口烟气流场以及氨气和 NO_x 浓度分布情况，更好的控制氨氮摩尔比，指导操作进行喷氨调整，使操作更为细化，减少喷氨过量的情况，从而降低了氨逃逸。

5.3 两炉分别增设烟气出口分析系统

现两炉共用一个 NO_x 分析系统，检测两炉烟气混合后的 NO_x 值，从而导致两炉出口 NO_x 数值无法分开显示，自动喷氨控制也无法实现。利用装置停工检修对两炉增设单独烟气出口分析系统投用后。两炉出口 NO_x 实现单独监测，投用自动喷氨系统，提高了测量和控制的准确性，有效避免喷氨过量造成的氨逃逸。

5.4 更换喷氨流量计

检修期间对两台喷氨浮子流量计进行更换。两台余热锅炉单独实现外排烟气 NO_x 检测后，喷氨自动控制回路即可投用，更换浮子流量计后，可实现喷氨系统精确的显示和控制，降低了人为操作产生的滞后以及流量计显示有误导致喷氨量过多的现象，减少了氨逃逸。

5.5 脱硝床层上部设置导流板和整流格栅

利用导流板和整流格栅的碰撞整合作用，将进入格栅前流动的烟气，氨气调整为竖直向下同时使气体速度分布整合的相对均匀，增大氨水在烟气平面的覆盖率，使氨水充分反应，防止氨水喷射量太多而造成烟气中氨的逃逸率增大。

5.6 及时更换催化剂

催化剂是 SCR 系统的核心，在使用过程中随着运行时间的增加，催化剂的活性逐渐降低，催化还原的效果变差，为满足排放的要求保证参数合格，操作人员不得不大量喷氨，从而造成氨逃逸。针对这种问题在本次检修期间对脱硝催化剂进行了更换，使用兰州化工研究中心研发的 PDN-102 型脱硝催化剂，一方面将原本的上下两层堆砌的模块改为一层，减少密封面积，从而减少氨气旁路逃逸的可能性；另一方面及时更换催化剂，保证下一个运行周期脱硝床层的反应活性，同时催化剂成本由原来的 1200 万减少至 800 万，节约了资金成本。

5.7 确保耙式吹灰器运行正常

在 SCR 系统运行中，吹灰器的正常工作是保证催化剂活性的重要手段，通过加强吹灰，减少烟道阻力，使烟气与氨水充分反应，增大氨水的使用率，所以我们要重视吹灰器的正常运行，加强巡视检查，发现异常时，及时联系检修处理，以避免因飞灰堵塞造成 SCR 催化剂失效而引起氨逃逸问题。

6 结论

如表 8 所示，自装置开工以来通过采取以上措施，锅炉达到了最佳运行状态。(1)两台锅炉脱硝床层氨逃逸量维持在 1.0uL/L 左右，低于报警值 3uL/L；(2)净化烟气中 NO_x 含量没有出现超指标($100mg/m^3$)现象，基本在 $90mg/m^3$ 以下；(3)烟气脱硫装置外排水氨氮含量满足了 ≤200mg/L的新指标要求。

表 8 开工后脱硝床层运行参数记录表

项目	日期 2019 年	床层入口 NO_x 含量 (mg/m^3)	床层出口 NH_3 逃逸量 (uL/L)≤3	净化烟气中 NO_x 含量 (mg/m^3)≤100	外排水氨氮含量 (mg/L)≤200
	7.3	415.1	1.1	83	
	7.4	416.4	1.0	74	
	7.5	412.8	0.6	76	110
锅炉 901	7.6	403.7	0.2	78	
	7.7	407.5	0.7	72	
	7.8	413.4	1.1	87	145
	7.9	402.2	1.3	74	

续表

项目	日期 2019 年	床层入口 NO_x 含量 （mg/m^3）	床层出口 NH_3 逃逸量 （uL/L）≤3	净化烟气中 NO_x 含量 （mg/m^3）≤100	外排水氨氮含量 （mg/L）≤200
锅炉 902	7.5	389.5	0.9	76	110
	7.6	382.1	1.3	78	
	7.7	377.9	1.2	72	
	7.8	372.5	1.4	87	145
	7.9	385.3	1.3	74	

参　考　文　献

[1] 陶龙骧．催化裂化反应过程中的结焦及其控制因素[J]．辽宁化工，1988(01)：34-36.

[2] 潘罗其，聂白球，付安军，等．降低不完全再生催化裂化装置烟气 NO_x 排放的技术改造[J]．石油石化绿色低碳，2018，3(5)：17-22.

[3] 韩希昌，马阳，魏莱，等．模糊 PID 在 SCR 烟气脱硝系统中的仿真与应用[J]．沈阳工程学院学报(自然科学版)，2018，14(3)：259-262，273. DOI：10.13888/j.cnki.jsie(ns).2018.03.011.

[4] 吴杰．V<，2>O<，5>-WO<，3>-MoO<，3>/TiO<，2>催化剂脱硝性能的试验研究[D]．浙江：浙江大学，2006.

[5] 张国鑫．SCR 脱硝出口的高精度氨氮同时测量方案及对喷氨优化控制的意义[A]．国家火力发电工程技术研究中心．2017 火电厂超低排放 SCR 系统升级改造技术研讨会论文集[C]．国家火力发电工程技术研究中心：北京中能联创信息咨询有限公司，2017：7.

[6] 刘淑鹤，李欣，方向晨，等．催化裂化烟气 SCR 法脱硝装置运行问题分析与对策[J]．炼油技术与工程，2018，48(11)：5-8，13.

[7] 杨斌，吴章柱．催化裂化装置烟气中 NO_x 生成机理分析及控制方法[J]．化工技术与开发，2017，46(9)：51-53. DOI：10.3969/j.issn.1671-9905.2017.09.014.

[8] 张国鑫．SCR 脱硝出口的高精度氨氮同时测量方案及对喷氨优化控制的意义[A]．国家火力发电工程技术研究中心．2017 火电厂超低排放 SCR 系统升级改造技术研讨会论文集[C]．国家火力发电工程技术研究中心：北京中能联创信息咨询有限公司，2017：7.

[9] 朱建军．SCR 装置运行中降低氨逃逸率的几项措施[A]．中国节能协会热电产业联盟．2016 燃煤电厂超低排放形势下 SCR 脱硝系统运行管理及氨逃逸监测、空预器堵塞与低温省煤器改造技术交流研讨会论文集[C]．中国节能协会热电产业联盟：北京中能联创信息咨询有限公司，2016：5.

[10] 邓涛．火电厂烟气 SCR 脱硝催化剂在线活化实验研究[D]．长沙理工大学，2012.

[11] 沈雷，韩娟娟．SCR 脱硝装置中整流格栅的优化设计[J]．中国环保产业，2014(05)：48-51.

[12] 李帅英，武宝会，姚皓，牛国平，王晓冰，黄钢英，张立德，路晓峰，刘毅．SCR 催化剂活性评估对 NO_ x 超低排放影响[J]．中国电力，2017，50(08)：163-167.

80万吨/年催化汽油烃重组装置运行优化

王　瑛　王　勇　郭　军

(中国石油兰州石化公司炼油厂)

摘　要　2016年10月某石化公司80万吨/年烃重组装置开工生产，该技术较好地解决了催化汽油加氢脱硫后辛烷值损失的问题，同时也能为乙烯装置提供原料，发挥炼化一体化的优势。但装置运行过程出现芳烃油质量波动、返洗塔操作波动大、水洗系统不稳定等问题，通过分析原因，采取优化措施，现装置运行平稳。

关键词　烃重组　优化　汽油　辛烷值　溶剂含量

1　烃重组装置工艺简介

80万吨/年汽油烃重组装置采用北京金伟晖公司的HR烃重组专利技术，原理是根据不同烃类在溶剂中溶解度的差异，通过萃取分离将加氢后催化重汽油中的烃类组分进行重新组合，芳烃油作为高辛烷值汽油组分、化工轻油为优质乙烯原料。装置由中国石油华东设计院设计，2012年11月建成。装置由抽提、水洗、溶剂再生、辅助和公用工程等五部分组成。装置原则工艺流程图如图1。

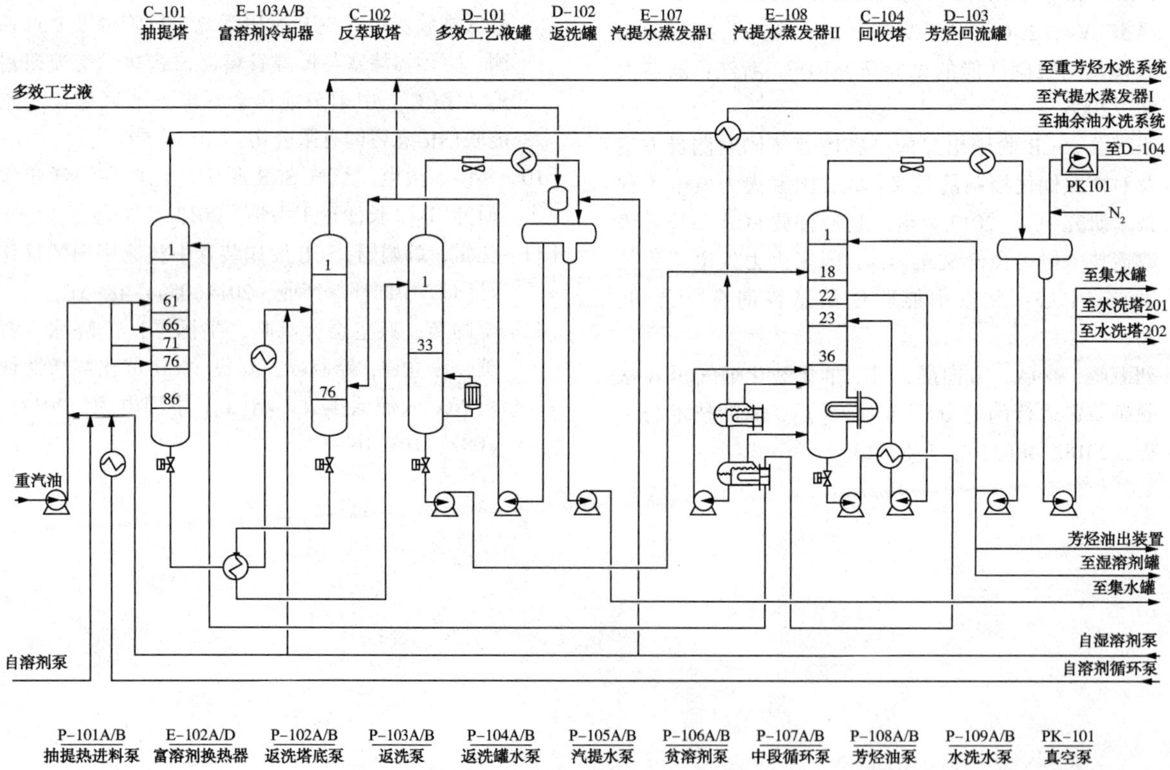

图1　烃重组装置原则工艺流程图

烃重组装置在高油价、国Ⅳ(硫含量<50μg/g)汽油时代，公司汽油调和组分辛烷值达标、汽油盈利高。根据效益最大化原则，装置建成后未投入生产运行。2016年10月公司国Ⅴ汽油时代(硫含量<10μg/g)，由于汽油加氢深度加深，加氢汽油的辛烷值总损失在2.2个单位。汽油辛烷值不足，烃重组装置恢复生产，是有效提高辛烷值的手段之一。2018年8月公司组织生产国Ⅵ

汽油，烯烃含量降低，催化汽油辛烷值降低1个单位，为保证高辛烷值汽油生产，烃重组装置长周期运行。

2 烃重组装置运行过程优化改造

2.1 芳烃回流罐D-103折流板增高，增强芳烃油与水的分离效果

溶剂回收系统芳烃回流罐D103中的水相在水包中聚集后，经水洗水泵P-109A/B增压，分别送至抽余油水洗塔C-201和重芳烃水洗塔C-202作为产品水洗水，水洗水质量直接影响汽油产品水洗效果。实际操作中由于D-103折流板高度不足(原设计为0.5m)，水沉降时间较短，无法有效进行油水分离，D-103芳烃油水含量较高，约400ppm，水洗效果不好，影响产品质量。经充分论证后，提出增高D-103折流板高度由500mm增高至700mm，折流板增高后，芳烃油、水沉降分离时间增加30分钟，芳烃油水含量均值由之前301~518mg/kg下降至130~191mg/kg，同时芳烃油溶剂含量均值下降约10mg/kg，芳烃油溶剂含量、水含量两项指标显著提升。

2.2 新增系统除盐水至芳烃回流罐D-103专用补水线

对原芳烃回流罐补水流程进行优化，新接系统除盐水线至D-103补水专用流程，隔断原密封水泵补水流程，补充除盐水作为水洗水。一方面杜绝因机泵P-106、P-107机封内漏，造成水洗水溶剂含量上升；另一方面提高了水洗水的品质，简化了补水流程，弥补因D103水包容积小、调节空间不足的问题，可以及时足量补充除盐水，保证重芳烃、抽余油水洗效果，降低芳烃油溶剂含量。

2.3 优化重芳烃水洗流程，停止重芳烃水洗塔第5层塔盘水洗水

原重芳烃水洗塔水洗水分为两部分，顶部一层板水洗水来自芳烃回流罐D-103，5层板水洗水来自抽余油水洗塔，来自抽余油水洗塔的水洗水中溶剂含量为1000~1300mg/kg。这部分水洗水进入重芳烃水洗塔后，自身溶剂含量高，水洗效果差，不利于降低芳烃油溶剂含量，2017年7月3日导致芳烃油溶剂含量高达86.2mg/kg，结合生产实际认真分析原因，关停了重芳烃水洗塔5层板的水洗水，不但使芳烃油溶剂含量下降，而且有利于重芳烃水洗系统的平稳操作。

2.4 停用水洗水泵密封水，杜绝设备内漏引起芳烃油溶剂含量上升的风险

装置密封水在密封水罐D-502、水洗水泵P-109A/B、回收塔贫溶剂泵P-106A/B、中断循环泵P-107A/B密封腔之间循环，2017年7月26日因贫溶剂泵P-106A机封故障，输送介质贫溶剂窜入密封水中，携带大量溶剂的密封水通过水洗水泵P-109A/B密封腔进入水洗水中，水洗水被溶剂污染，水洗水中溶剂含量达1600mg/kg，导致芳烃油溶剂含量超标，经论证后，停用水洗水泵P-109A/B密封水对设备运行无影响，关停了水洗水泵P-109A/B的密封水，杜绝因设备内漏引起芳烃油溶剂含量上升的风险。

2.5 通过采用膨胀节的方式消除热应力，对返洗塔下部集液槽开裂焊缝进行修复

装置自2016年10月投产运行后，返洗塔C-103底温度波动频繁，塔底温度难以稳定，经分析后，判定集油槽漏液，集液槽中的液体流入塔底的升气通道中，导致塔底重沸器热虹吸无法有效建立，为保证返洗塔C-103底温控制正常，需要满液位操作来建立热虹吸，蒸汽耗量明显上升，导致了抽提塔、反萃取塔、返洗塔和回收塔的四塔界位控制不平衡。返洗塔C-103筒体热膨胀产生的力，对降液板形成横向拉力与左侧集液槽中液体对降液板产生的压力共同作用下，出现了焊缝开裂(图2~图5)。经研究讨论，委托设计院进行设计，对返洗塔C-103底集液槽进行改造，用相同材质304不锈钢板作为卡子连接的连接板，一端与塔壁焊接，另一端与降液板错开，用规格K14B卡子紧固连接，这种连接可以使降液板横向活动，在热膨胀作用力下，可移动的卡子连接可以缓冲部分热膨胀带来对降液板的拉力。集液槽底部直角处承受的力是最大的，也是裂缝最集中的地方，在集液槽底部增加一块角钢，对整个集液槽底部有一个很好的支撑作用，为了更好的消除热膨胀作用下降液板承受的热应力以及液体对降液板的压力，在降液板上加了五块横向筋板。修复后，抽提塔、反萃取塔、返洗

塔和回收塔四塔内溶剂分配均衡，塔液位稳定在20%~30%之间，液位均在指标范围内。返洗塔C-103底温度，回收系统及水循环系统运行平稳，蒸汽用量由之前的25t/h降至20t/h，恢复正常。

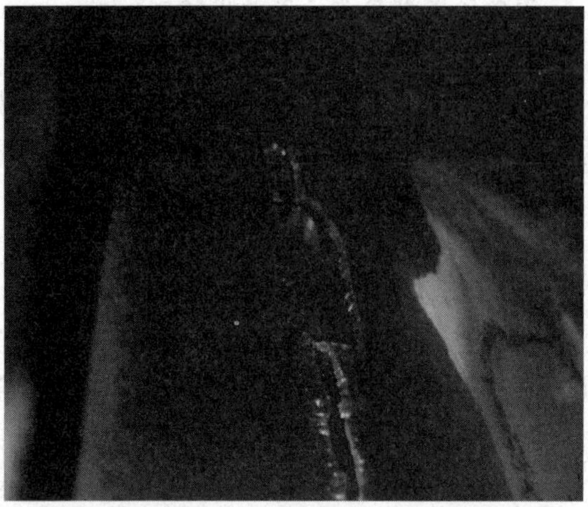

图2　降液板中下部板上应力拉裂

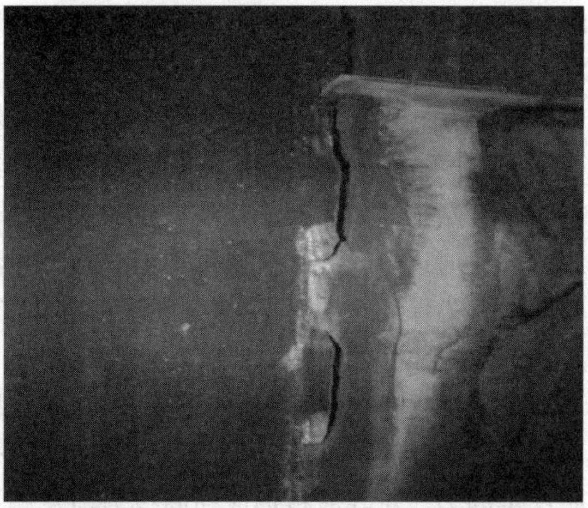

图3　降液板中下部板上应力拉裂

图4　中间某部位焊缝开裂

图5　降液板底部焊缝开裂

2017年3月中旬装置停工，对塔C-103集液槽进行改造。经车间研究讨论改造确定方案并委托设计院设计，对塔C-103底集液槽进行改造。以下是设计相关图纸及所用材料明细(图6~图9)。

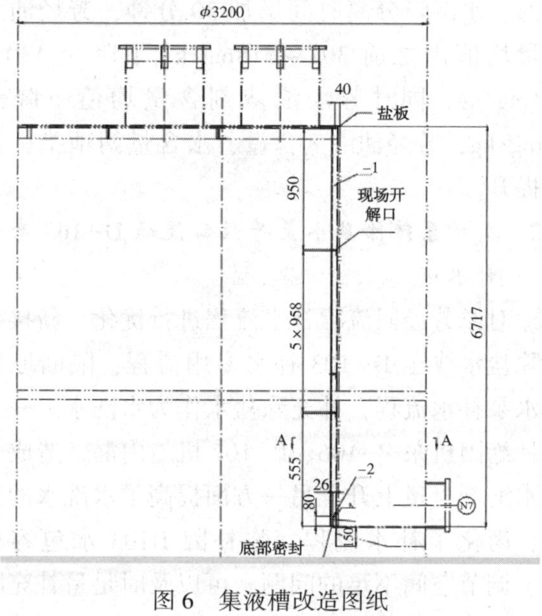

图6　集液槽改造图纸

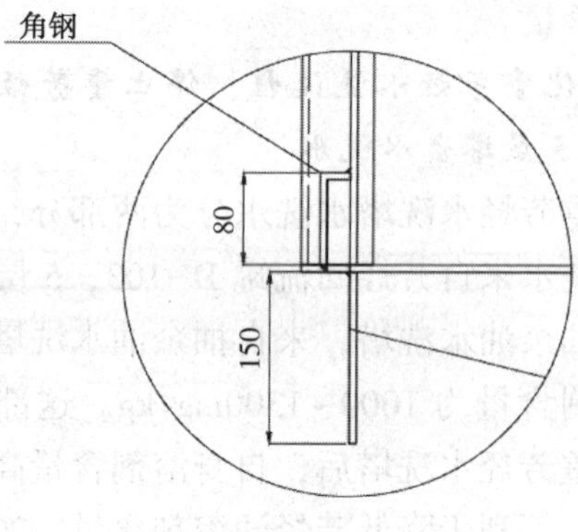

图7　角钢部件图

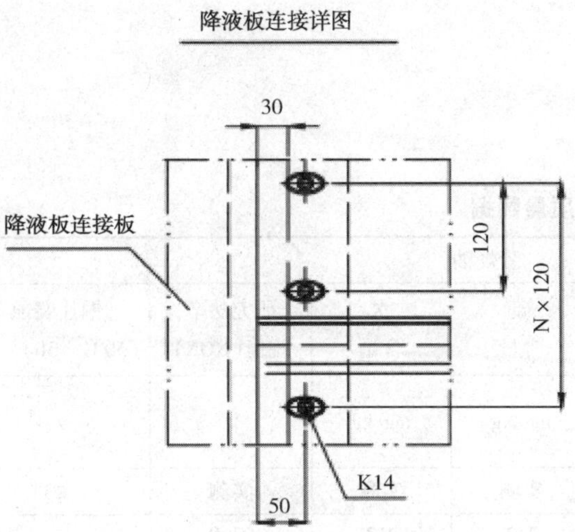

图 8　降液板与卡子连接图

图 9 膨胀环与降液板连接图用相同材质 304 不锈钢板（比切下来的板宽 30mm）作为卡子连接的连接板，一端与塔壁焊接。另一端与降液板错开，用规格 K14B 卡子紧固连接（图 10、11），这种连接可以使降液板横向活动，在热膨胀作用力下，可移动的卡子连接可以缓冲部分热膨胀带来对降液板的拉力。

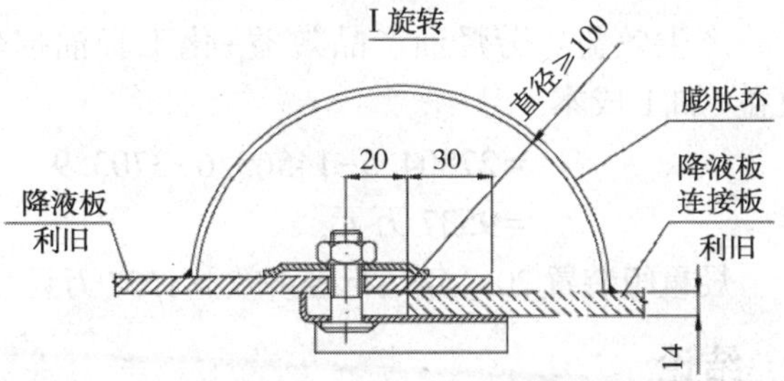

图 9　膨胀环与降液板连接图

图 10　卡子连接近距离现场图

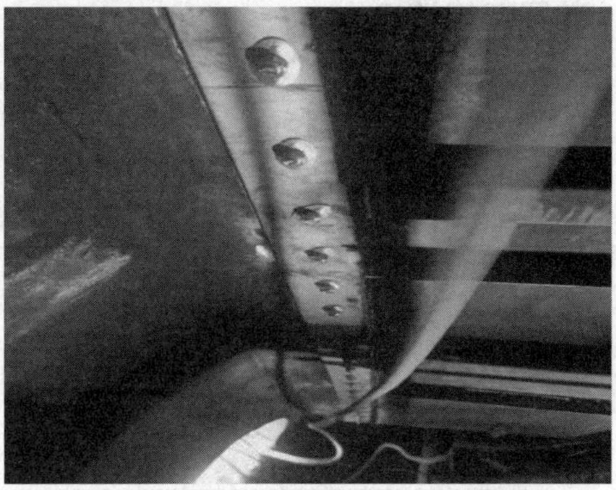

图 11　卡子连接整体效果图

在新加的不锈钢板两侧焊接直径 100mm 不锈钢膨胀环，将 K14B 卡子包裹在里面。一方面将卡子连接一端的缝隙封住起到一定密封作用，另一方面膨胀环可以分散热膨胀作用下不锈钢钢板的变形量。（图 12、图 13）

图 12　膨胀环现场实物图

图 13　膨胀环现场焊接

3　装置运行情况

3.1　馏出口产品质量

产品质量数据见表 1。

表 1　芳烃油馏出口质量数据

时间	馏出口产品及分析项目	芳烃油						
		芳烃	烯烃	溶剂含量	硫含量	水含量	研究法辛烷值(RON)	铜片腐蚀(50℃，3h)，级
		%(体积分数)	%(体积分数)	mg/kg	mg/kg	mg/kg	/	/
	控制指标	实测	实测	≤30.0	实测	实测	实测	≤1
2018.12	最小值	44.2	16.5	1	2.2	212	93.9	1
	最大值	46.02	17.82	8.7	12.9	406	95.4	1
	平均值	45.5	17.21	4.02	6.57	318	94.85	1
2019.1	最小值	43.3	15.2	1.2	3.1	156	93.9	1
	最大值	46.9	16.9	9.2	7.7	308	94.4	1
	平均值	45.6	16.4	4	5.3	224	94.2	1
2019.2	最小值	39.7	16.3	1.6	7	222	93.2	1
	最大值	46	17.2	13.9	10.6	222	93.2	1
	平均值	42.5	16.9	6.2	8.8	222	93.2	1

芳烃油溶剂远低于设计 30mg/kg 以下，研究法辛烷值(RON)在 93 以上。

3.2　综合能耗

综合能耗统计数据见表 2。

表 2　能耗统计数据

对标指标能耗/(kgEo/t)	2017 年实际能耗/(kgEo/t)	2018 年实际能耗/(kgEo/t)
48.03	45.20	43.94

装置优化后综合能耗优于对标指标及 2017 年数据。

4　装置经济效益计算

装置 2018 年累计加工加氢重汽油 413058 吨，生产芳烃油 225140 吨，收率大于 54.51%，生产化工轻油 187918 吨，芳烃油辛烷值(RON)达到 93 以上，比原料加氢重汽油辛烷值(RON)提高 9.5 个单位左右，同时汽油产品中烯烃含量大幅下降，满足汽油调和要求及乙烯装置的原料供给。芳烃油产品效益：225140 吨×130 元×(93.6-84.1)= 27804.5 万元

化工轻油效益损失：187918 吨×(4180-3405)元/吨=14563.6 万元

加工成本：78.88 元/吨×413058 吨+23.72 元/吨×187918 吨=3703.9 万元

产生效益：芳烃油产品效益-化工轻油损失效益-加工成本

=27804.5-14563.6-3703.9

=9537 万元

烃重组装置 2018 年运行经济效益 9537 万元。

5　结论

(1) 烃重组工艺较好地解决了催化汽油加氢脱硫后辛烷值损失的问题，同时也能为乙烯装置提供原料，发挥炼化一体化的优势。。

(2) 通过对返洗塔 C-103 下部集液槽采用膨胀节的方式消除热应力改造，解决了返洗塔集液槽焊缝开裂问题。

(3) 通过生产过程优化，装置馏出口质量稳定，芳烃油芳烃油溶剂远低于设计 30mg/kg 以下，研究法辛烷值(RON)在 93 以上。

参　考　文　献

[1] 中国石油和石化工程研究会编著．炼油设备工程师手册[M]．2 版．北京：中国石化出版社．2010.

用脱油沥青开发抗车辙母粒

任满年　王明东

（中国石化化工股份有限公司洛阳分公司）

摘　要　本文对溶剂脱沥青装置副产的脱油沥青的性能和造粒方法进行了详细的研究，在此基础上开发了脱油沥青干法造粒成套技术和抗车辙母粒新产品。对抗车辙母粒的路用性能进行了研究，用抗车辙母粒进行了间接和直接道路铺筑试验。结果表明：用软化点105℃～130℃的C4脱油沥青适合于干法造粒，该抗车辙母粒具有良好的高温抗永久形变能力和水稳定性，可以作为高等级公路的抗车辙添加剂，有效提高路面的抗车辙能力和抗水损害能力。

关键词　溶剂脱沥青　脱油沥青　抗车辙　母粒　抗车辙母粒

用C4脱油沥青（DOA）生产抗车辙母粒，是中国石化洛阳分公司开发的沥青干法造粒成套专利技术，现已形成了7.5万吨/年生产能力，产品在国内高等级公路、防水卷材、轮胎橡胶等行业得到了广泛的应用。

1　DOA的物性分析

1.1　试验原料

本研究所用的DOA和AH-90重交道路沥青（以下简称道路沥青）均取自中石化洛阳分公司四联合车间，其性质如表1所示。

表1　DOA和道路沥青的性质

项　目	DOA	道路沥青
针入度/(25℃)dmm	0	98
延度/(15℃)cm	0	>150
软化点/℃	118	44.2
闪点/℃	>360	262
蜡含量/m%	2.0	2.0
薄膜烘箱(163℃，5h)		
质量变化/m%	—	-0.492
针入度比/%	—	55.5
延度/(15℃)cm	—	>150
四组分/m%		
饱和分	6.2	11.9
芳香分	12.7	57.1
胶质+沥青质	81.1	32.0

1.2　主要仪器及测试条件

FT-IR测试：美国NICOLET公司生产的6700型红外光谱仪，分辨率4cm^{-1}，扫描次数32次，测试范围4000cm^{-1}～400cm^{-1}。

DSC测试：美国TA仪器公司生产的Modulated DSC 2910型差示扫描量热仪，升温速率10℃/min，测试温度范围-50℃～200℃，采用氮气保护，氮气流量20ml/min。

流变性能测试：美国TA公司生产的ARES流变仪，金属平行模板直径25mm，板间距1.5mm，升温速率5℃/min，扫描速率10rad/s。

1.3　微观结构

1.3.1　FT-IR测试

红外吸收光谱法（FT-IR）是目前石油沥青化学结构分析中常用的方法之一，能够对沥青中的杂原子化合物及特征官能团做出鉴定。本测试采用压片法，DOA及道路沥青的红外光谱图如图1所示。

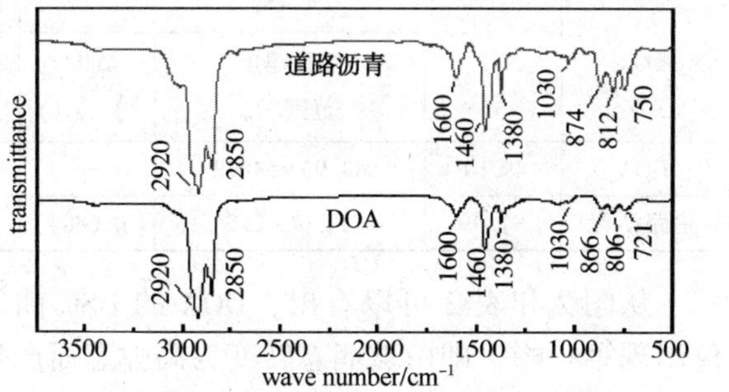

图1　DOA及道路沥青的红外光谱图

从图1可以看出，在波数2850cm^{-1}和2920cm^{-1}处出现较大的吸收峰，为—CH_2—的伸缩振动吸收峰。1600cm^{-1}为共轭双键C＝C（苯环骨架）振动引起的。在1460cm^{-1}和1380cm^{-1}处的两个强吸收峰是C—CH_3的不对称键与—

CH_2—中的 C—H 面内伸缩振动引起的，1460cm^{-1} 为—CH_2—的剪式振动吸收峰，1380cm^{-1}为—CH_3 剪式振动吸收峰。1300cm^{-1}处的吸收峰是亚砜 S ═O 官能团振动的结果。与 DOA 相比，道路沥青谱图的指纹区的芳烃特征吸收峰明显变大，且产生了位移，说明其芳香性强于 DOA，这与表 1 中两种物质的组成是相对应的。

以上分析表明，DOA 中含有大量的芳香集团和杂原子，具有较强的芳香性和极性，其组成与道路沥青基本一致。

1.3.2　聚集态结构分析

DSC 属于热分析方法的一种，采用试验样品与基准物质分别输入能量的方式，测定使试样温度与基准物质温度保持一致所提供的能量差值，即焓变（ΔH）。一般来讲，某一温度区间 ΔH 较大就说明此时物质处于多相态混合的状态中，即在此温度区间性能不稳定。

沥青的聚集态结构和热稳定性一般采用 DSC 进行分析和研究沥青是由分子量、化学成分以及结构各不相同的烃类物质组成的混合物，各组分在不同的温度下分别呈现不同的物理状态。在沥青路面使用温度范围内，沥青聚集态可以含有玻璃态、高弹态和粘流态。DSC 可以测定沥青聚集态随温度的变化情况，其吸热峰的大小和位置可以反映沥青微观性质变化。一般来说，DSC 曲线上吸热峰面积大，说明沥青在该温度区间发生变化的组分多，加热后沥青物理性质的改变程度就大，也即沥青的热稳定性差。优质道路沥青的 DSC 曲线应该是平坦的，很少有吸热峰或吸热峰很小，这样沥青性质才能稳定。

DOA 及道路沥青的 DSC 曲线分别见图 2，其吸热数据如表 2 所示。

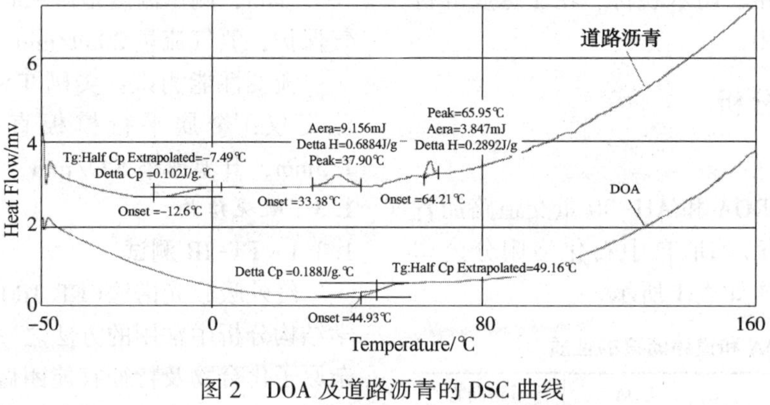

图2　DOA 及道路沥青的 DSC 曲线

表 2　DOA 及道路沥青的吸热数据

项目	第一峰			第二峰			第三峰	
	T_g/℃	吸热温度范围/℃	ΔH/(J·g^{-1})	峰值温度/℃	吸热温度范围/℃	ΔH/(J·g^{-1})	峰值温度/℃	吸热温度范围/℃
DOA	49.61	44.93~54.29	—	—	—	—	—	—
道路沥青	−7.49	−12.66~2.31	0.6884	37.90	33.38~44.28	0.2892	66.95	64.21~67.33

从图 2 和表 2 可以看出，DOA 的 DSC 曲线仅出现第一峰，即由玻璃态转变为高弹态而产生的吸热峰，其玻璃化温度 Tg 高达 49.16℃，这与 DOA 富含大分子的胶质和沥青质是对应的。DOA 的 DSC 曲线平坦，未出现第二峰和第三峰，说明其热稳定性很好。道路沥青的 Tg 分别为-7.48℃，比 DOA 的 Tg 低 50℃ 以上，说明在 DOA 中的软组分可以大大地降低其玻璃化温度 Tg，使道路沥青在低温下显示出更好的柔韧性，改善了沥青的低温性能。道路沥青 DSC 曲线的第二峰为结晶态的蜡熔化所产生的吸热峰，这与表 1 中道路沥青的蜡含量测试结果是一致的。道路沥青 DSC 曲线出现了第三峰，说明其热稳定性和组分之间的配伍性较差。可见，DOA 的热稳定性明显好于道路沥青。

1.3.3　流变性能

为了衡量沥青结合料的抗永久变形能力，SHRP 规范中采用 $G*/\sin\delta$（抗车辙因子）来表征沥青的抗永久变形能力，高复数剪切模量和小的相位角对抗永久变形能力是有利的，为此，要求试样沥青的 $G*/\sin\delta \nless 1.0$KPa。$G*/\sin\delta = 1.0$KPa 时所对应的温度越高，沥青的高温性能越好，更适用于高温地区使用。

DOA 和道路沥青的抗车辙因子-温度关系分别见图 3 和图 4。

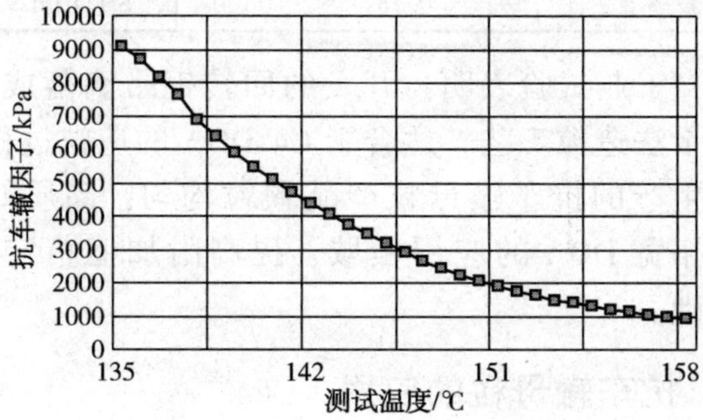

图 3　DOA 的抗车辙因子-温度关系

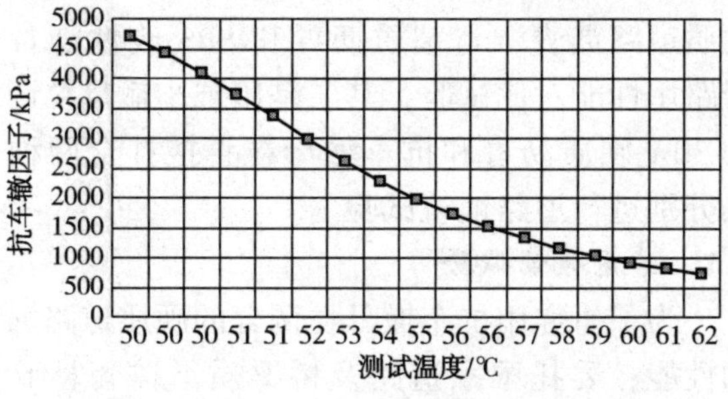

图 4　道路沥青的抗车辙因子-温度关系

从图 4 和图 5 可以看出，在抗车辙因子 $G*/\sin\delta \geqslant 1.0$KPa 时，DOA 和道路沥青对应温度分别为 157.03℃ 和 59.26℃，说明 DOA 高温抗车辙性能大大地优于道路沥青，作为道路沥青的抗车辙添加剂在技术上是可行的。

2　DOA 干法造粒技术研究

2.1　实验室造粒

为了避免现有造粒硬质沥青造粒工艺对产品造粒的污染，本研究采用滴落法干法造粒工艺。实验室造粒共选用了 12 种不同软化点的 DOA 样品，其软化点分别为：70℃、75℃、80℃、85℃、90℃、95℃、100℃、105℃、110℃、115℃、118℃和 126℃。其中软化点 > 100℃ 的 DOA 样品均取自洛阳分公司 C4 Demex 溶剂脱沥青装置。对于软化点 ≤100℃ 的 DOA 样品，因沥青质抽提器的温度超过 130℃，无法直接从装置上取得。实验中采用高软化点的 DOA 与胶质调合的方法获得。

实验造粒方法为：将需要造粒的 DOA 样品加热到熔融状态，搅拌均匀。准备一块 500×500mm 洁净的平板玻璃，用玻璃棒醮取熔融态的 DOA 样品，逐滴滴落到玻璃板上，液滴间距约 10mm，直径约 5mm，保持滴落的液滴颗粒饱满。待玻璃板滴满后，在室温下冷却 1h，用不锈钢铲轻轻将固化的 DOA 颗粒铲离玻璃板。若铲离过程中 DOA 颗粒能与玻璃板顺利分离且无粘连，说明该试验样品用滴落法造粒是可行的，否则，可认为其不适合滴落法造粒。

造粒实验结果表明：软化点 ≥85℃ 的 DOA 样品可以成功造粒，软化点低于该温度的 DOA 样品有粘附玻璃板的现象，造粒效果不理想。粘附实验结果表明，软化点 105℃ 及其以上的 DOA 造粒样品不易粘附，便于储存和使用。但 DOA 软化点超过 130℃后，沥青质抽提器的操作温度低于 105℃，不利于溶剂脱沥青装置长期运行。因此造粒用 DOA 的软化点选择 105℃～130℃。

2.2　中试造粒试验

中试造粒试验采用回转式钢带滴落法干法造粒设备，其流程示意图如图 5 所示。

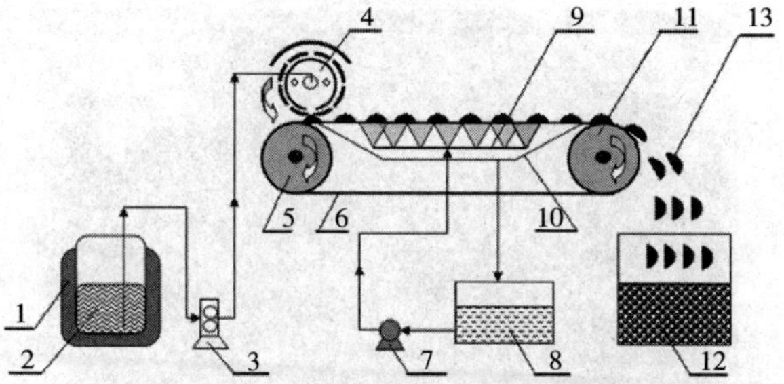

图 5　中试造粒设备流程示意图

1—加热器；2—原料罐；3—原料泵；4—布料器；
5、11—转子；6—回转钢带；7—冷却水泵；8—冷却水槽；
9—冷却水喷淋系统；10—冷却水收集槽；12、13—抗车辙母粒

将 DOA 样品在原料罐 2 中加热到预定温度，用原料泵 3 送至布料器 4，布料器依靠内外筒的相对运行将 DOA 流体切割为液滴，整齐地洒布在回转钢带的上表面上，形成一排半球形的颗粒。在钢带背面喷淋冷却水对进行强制降温，使其上的沥青颗粒冷却成型，当钢带运行卸料端已成型的沥青颗粒与钢带分离，收集后得到半球状的抗车辙母粒。

中型试验结果表明：DOA 样品洒布顺利，造粒性能良好，产品外观饱满亮洁，成型率高，

说明采用回转式钢带滴落法干法造粒技术进行 DOA 造粒在技术上是可行的。

2.3 工业造粒试验

工业造粒试验生产线采用回转钢带滴落成型法干法造粒工艺，处理能力为 2.5×104t/a。其设备现场如图 6 所示。

图 6　DOA 工业造粒试验生产线现场

工业试验于 2012 年 7 月开工，经过多次优化后，装置运行平稳，成型效果好，生产的抗车辙母粒产品颗粒饱满，表面光洁，产品性能达到了指标要求。工业生产的抗车辙母粒的外观及质量指标分别如图 7 和表 3 所示。

图 7　抗车辙母粒工业产品

表 3　抗车辙母粒工业产品的检测结果

项　目	抗车辙母粒	质量要求	试验方法
软化点/℃	118	105~130	GB/T 4507
颗粒尺寸(粒径<8mm)/%	96	≮90	Q/SH 3210 049
针入度(25℃)/dmm	0	≯5	GB/T 4509
溶解度/%	99.81	≮99.5	GB/T 11148
灰分/%	0.18	≯1.0	SH/T 0029

工业试验表明：开发的回转钢带滴落成型法干法造粒工艺，适合于 C4 DOA 的造粒过程，所生产的抗车辙母粒产品颗粒均匀，品质好，为拓宽 DOA 的应用领域、提高附加值奠定了基础。

3　抗车辙母粒的应用

抗车辙母粒应用研究包括两部分：其一是用抗车辙母粒 70A 重交道路沥青调制 50A 和 30A 硬质道路沥青，与基质沥青和 SBS 改性沥青进行路用性能对比试验；其二是用抗车辙母粒调制的 30A 硬质沥青和抗车辙母粒直接拌合两种方法分别进行道路铺筑试验。

3.1 路用性能试验

为了研究用抗车辙母粒调合的硬质道路沥青的性能，委托国家道路及桥梁质量监督检验中心，对抗车辙母粒调制的 30A 和 50A 硬质道路沥青分别进行了 ATB-25(粗粒式连续密级配沥青稳定碎石)和 AC-16C(中粒式连续密级配沥青混凝土)混合料性能评价试验，测试结果如表 4~5 所示。

从表 4 和表 5 可以看出：用抗车辙母粒与 70 号 A 级沥青调制 50A 和 30A 硬质道路沥青，有利于提高沥青混合料的高温抗永久形变能力，同时具有良好的抗水损害能力和低温抗裂性能。

表 4　抗车辙母粒调制的 50A 与 70A、SBS 改性沥青混合料的路用性能试验

项　目	调制 50A	70A	SBS-ID	JTG F40 技术要求
浸水马歇尔试验				
稳定度(浸水 0.5h)/kN	11.52	11.60	17.32	
稳定度(浸水 48h)/kN	10.90	10.08	16.47	
残留稳定度,%	94.6	86.9	95.1	≥80
冻融劈裂试验				
冻融组劈裂强度/MPa	1.059	0.901	1.152	
未冻融组劈裂强度/MPa	1.142	1.012	1.208	

续表

项　　目	调制 50A	70A	SBS-ID	JTG F40 技术要求
TSR/%	92.7	89.0	95.4	≥75
动稳定度/(次·mm^{-1})	2308	2034	4567	≥1000
低温弯曲破坏应变(-15℃)/με	3302	2227	4115	≥2000

表 5　抗车辙母粒调制的 30A 硬质沥青混合料的路用性能试验

项　　目	调制 30A	JTG F40 技术要求
浸水马歇尔试验		
稳定度(浸水 0.5h)/kN	12.9	
稳定度(浸水 48h)/kN	12.6	
残留稳定度/%	97.4	≥80
冻融劈裂试验		
冻融组劈裂强度/MPa	1.101	
未冻融组劈裂强度/MPa	1.241	
TSR/%	88.7	≥75
动稳定度/(次·mm^{-1})	2794	≥1000
低温弯曲破坏应变(-15℃)/με	3256	≥2000

3.2　道路铺筑试验

道路铺筑试验分为间接铺筑试验和直接铺筑试验两种，均委托江苏省交通科学研究院进行试验。间接铺筑试验是先用 70A 重交道路沥青与抗车辙母粒调制成 50A 或 30A 硬质道路沥青，然后与集料混拌均匀后进行道路铺筑。直接铺筑试验是将集料、70A 沥青和抗车辙母粒按比例直接加入到拌合楼中，搅拌均匀后用于道路铺筑。

3.2.1　间接铺筑试验

间接铺筑试验采用抗车辙母粒调制的 30A 硬质道路沥青。试验路段位于扬州市邗江区国省干线路 S243 和 S244 部分车辙较大的交叉口，该路段是连接扬州港和扬州工业园区的主干道路，重载货车较多。试验路分为两段，分别为 S243 省道 3+630~600m 长度为 30m 的下行直行车道和 S244 省道 45+085~123m 长度为 38m 的下行直行车道，施工时间均为 2011 年 11 月 26 日。2012 年 4 月和 2012 年 9 月底即通车 5 个月(经历一个冬季)和 10 个月(又经历一个夏季)对该试验路的铺筑情况进行了观测，包括现场外观、车辙、摩擦系数等状况检测。不同时间段试验路的外观对比如图 8 所示。

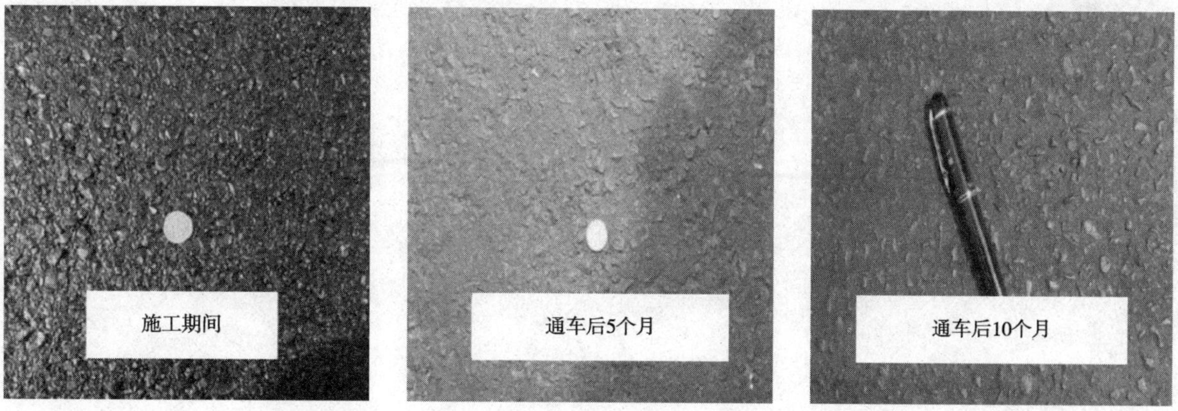

图 8　不同时间段试验路的外观

试验路通车 5 个月后和 10 个月后的检查结果表明，在国省干线公路上采用抗车辙母粒调制的 30 号硬质道路沥青作为胶结料，能够满足扬州气候对于混合料低温性的要求，所有试验路段表面未发现裂缝，混合料表面抗滑性能满足要求。

3.2.2　直接铺筑试验

直接铺筑试验于 2012 年 10 月 23 日在江苏省仪征市江(都)-六(合)高速公路上进行。

江-六高速公路系沪陕高速公路江都至六合段，全长 76.1Km，双向六车道。此次试验路段为 JL-23 标 K49+630-K50+570 右幅，长度为 940m，采用耐久性高模量沥青混合料 EME-14(70A 沥青+抗车辙母粒)，铺筑厚度为 6cm，总油石比为 5.4%，70A 重交沥青与抗车辙母粒的重量比=7∶3。拌合时，先将石料加热到 210℃提升到搅拌缸，人工按比例投放抗车辙母粒，干拌15s，使母粒熔化，然后按比例喷入150℃的70A重交沥青拌合40s，形成合格的沥青混合料。

2013年4月对该试验段进行了复查，路面无车辙、无开裂，具有很好的耐高温性能。

直接和间接铺筑试验表明，以C4 DOA为原料，采用回转式钢带滴落法干法造粒工艺生产采用抗车辙母粒产品，能够显著改善道路沥青的抗车辙性能，满足高等级路面对沥青高温性能的要求。

4　结论

(1) 脱油沥青干法造粒技术，工艺过程简单可靠，“三废”排放低，产品质量稳定，整体技术达到国际领先水平。

(2) 造粒用脱油沥青的软化点选择在105~130℃。

(3) 用C4脱油沥青生产的抗车辙母粒，具有良好的高温抗永久形变能力和水稳定性，可以作为高等级公路的抗车辙添加剂，有效提高路面的抗车辙能力和抗水损害能力。

传统石化企业建设“智能工厂”的思考

施秉东

（中国石油兰州石化公司自动化研究院）

摘　要　本文首先论述了建设“智能工厂”的背景和目标；接着列举了智能工厂关键技术及这些技术在国内外石油石化企业应用案例；分析了传统石化企业现状和面临的挑战；最后阐述了智能工厂建设的演进路线、行动建议和预期效果，希望能对今后一个时期企业智能化设计和建设提供借鉴参考。

关键词　石油石化企业　智能工厂　数字化　网络化　智能化

1　智能工厂背景

世界主要工业化国家为占领下一阶段工业形态制高点，根据本国的工业化水平和技术实力，纷纷提出发展战略和行动纲领。其中代表性的有：美国于2012年推出《先进制造业国家战略计划》，2016年又推出《国家制造创新网络战略计划》；德国2013年颁布“德国工业4.0”战略实施建议。我国于2015年5月由国务院发布实施了《中国制造2025》，随后又发布了《关于积极推进“互联网+”行动的指导意见》等一系列文件。这些战略的本质都是在工业领域深度应用信息技术，以信息技术革命性突破为基础，从而加快进入以智能制造为核心的智能经济时代。同时，数字化转型也正日益成为企业未来发展战略的方向之一，预计到2018年，67%的全球1000强企业与50%的中国1000强企业会将数字化转型作为企业的核心战略。石油化工行业作为资产密集型传统产业，原有的业务平台相对固化，面对瞬息万变的市场环境缺少灵活性。石油化工行业数字化转型的目标是借鉴新生的数字型公司的最佳实践，构建一个符合油气行业特点，开放、敏捷和高效的业务平台，形成新型商业生态圈，能够快速适应不可预测的业务扩张与收缩。

2　智能工厂四个发展目标

以信息技术基础架构为支撑，通过新型信息技术手段，提高生产过程的灵活应变能力，达到最优生产、无人干预、动态平衡、效益最佳的目标，最终实现新型炼化企业运营模式。

2.1　最优生产

智能工厂实现基于优化模型体系和自动化控制系统的生产管控一体化优化应用流程，确保计划、调度、工艺、操作等核心业务都处于最优状态，生产经营方案能自上而下得到有效执行和反馈；通过端到端的设备全生命周期管理实现设备资产使用价值最大化；通过能源实时监测加强能源管控，提升能源利用效率，实现能源优化。

2.2　无人干预

智能工厂大规模采用智能仪表/终端、机器人、无人仓库等智能设备和认知计算、深度学习等人工智能技术，通过全面感知和智能分析改变传统炼厂的管控和决策模式，逐渐实现机器代替人来全面感知、分析决策和精准控制，直至达到生产无人干预的目标。

2.3　动态平衡

智能工厂能根据外部环境的变化（原料供应、市场变化），或者内部生产波动（设备异常、安全事故等）自动实时调整生产计划、作业计划、能源计划和工艺路线，在生产经营、管理和操作层面实时优化及控制，实现动态平衡。

2.4　效益最佳

在企业计划与经营层面，横向建设覆盖产、供、销、存各环节的供应链协同优化模型；在企业生产运行与过程控制层面，纵向建设以计划调度操作一体化为核心的生产协同优化模型体系。探索数据驱动模型的应用模式，快速响应内外部变化，及时进行计划、调度、装置操作的优化，实现敏捷弹性运营，保障经营效益最大化。

3　传统石化企业现状分析

3.1　现状分析

传统石化企业在信息化建设方面经过多年的

积累已经形成了以ERP和MES为两大核心的应用体系。应用系统覆盖战略层、运营层、支持层和基础应用，从业务领域来看，覆盖了研发与质量、供应链管理、生产管理、销售管理、设备管理、财务资产管理、项目管理、综合管理等领域，涉及信息系统近百个，这些系统为公司业务的运营和发展提供了有力支撑。

在传统基础设施建设方面，传统石化企业都已建成自己的数据网络中心，为本公司机关及各二级单位提供基础服务，可以基本满足需求，能够有效地支撑业务系统的运行。此外，以桌面云技术、服务器虚拟化、存储虚拟化为代表的各项技术也已得到应用。

3.2 面临的挑战

通过分析传统石化企业信息化、网络化现状，结合新技术的发展和建设智能工厂的目标要求，传统石化企业建设智能工厂主要面临一下两个方面的挑战：

(1) 信息系统集成度不高

目前传统企业在用的信息系统主要着重于支持企业生产和经营类业务的应用，信息系统大多为业务处理型应用，仅能满足本部门业务的基本需求，常规应用多，智能应用少，可视化管理程度低。主要体现在以下几个方面：一是信息系统分散建设，以满足部门业务需求为主。重点在于提升管理部门对于各自业务的垂直管控能力，部门间的业务协同考虑较少，缺少横向业务协同和对基层业务执行能力的提升，业务流程无法实现无缝连接，信息流出现断档。二是目前集成技术架构仍旧以点对点数据传输为主，没有形成统一的集成平台。三是各信息系统数据标准不统一，系统功能没有统一规划，数据没有统一管理，技术路线多样，系统开发管理没有统一的规范标准。四是很多系统仍然独立工作，登录方式不同，没有实现单点登录和代办事项的集成，工作信息不能及时共享，工作效率仍然不高。

(2) 基础设施的功能性不能满足智能化的要求

全面感知和分析优化是智能化的新需求，虽然目前各石化企业的办公网和生产网通过持续的建设和改造已能满足当前业务需要，但对于智能化工厂的需要来说，仍然不满足要求。根据在某石化企业现状调研报告显示，该企业物联网中的工业视频虽然基本覆盖了工业装置，已经投用的工业视频中，大部分未实现联网集中管理。计量、公用工程、LIMS数据采集系统基础较为落后，需要对现场数据采集设备进行升级改造。

4 智能工厂行动建议

4.1 智能工厂演进路线

目前智能工厂演进路线各机构的定义和理解都略有不同，其中中国工程院将智能制造演进路线划分为数字化、网络化、智能化三个阶段，对应于三种基本范式，次第展开、迭代升级。三年到五年之内，我国智能制造的重点是大规模推广和全面应用数字化网络化制造，即第二代智能制造。到2025年，数字化网络化制造在全国普及并得到深度应用，同时新一代智能制造(第三范式)在重点领域试点完成，并开始在部分企业推广应用。从2025年到2035年，新一代智能制造在制造业实现大规模推广与应用，实现中国制造业的智能升级。

中国工程院对智能制造划分的三个范式定义如下：

数字化制造(第一范式)

(1) 数字技术在产品中得到广泛应用。

(2) 制造过程数字化：产品设计/工艺设计数字化；装备/设备数字化；物流数字化；人的数字化。

(3) 信息自动采集、交互和信息集成。

(4) 管理信息化(MES，ERP)。

(5) 生产过程可视化管理。

数字化网络化制造(第二范式)

(1) 物联网的普遍使用。

(2) 满足用户个性化需求，使企业从以产品为中心向以用户为中心转型。

(3) 通过资源共享和协同平台，实现制造资源的全社会优化配置，实现协同设计和协同制造研发、协同制造。

(4) 通过远程运维平台延伸企业的产业链，使企业从生产型企业向生产服务型企业转型。

数字化网络化智能化制造(第三范式)

(1) 人工智能技术在产品中得到推广应用。

(2) 大数据分析技术在产业链各环节推广应用。

(3) 图像识别、语音识别、机器学习等技术能低成本实现。

(4) 制造活动向人机协同转变。

(5) 工业知识自动生成和软件化，知识生成、积累、传承的效率大幅提高。

(6) 与社会和谐发展。

根据以上智能工厂定义、特征、要素的分析，可以看出智能工厂建设是一项循序渐进的过程，当前智能化特征在炼化企业的部分专业有所应用和体现，随着智能化技术的进一步成熟应用，炼化企业的智能化程度也将不断加深。在此，将智能工厂演进分成五个阶段：初步智能、局部智能、专业智能、企业智能、生态智能(图1)。

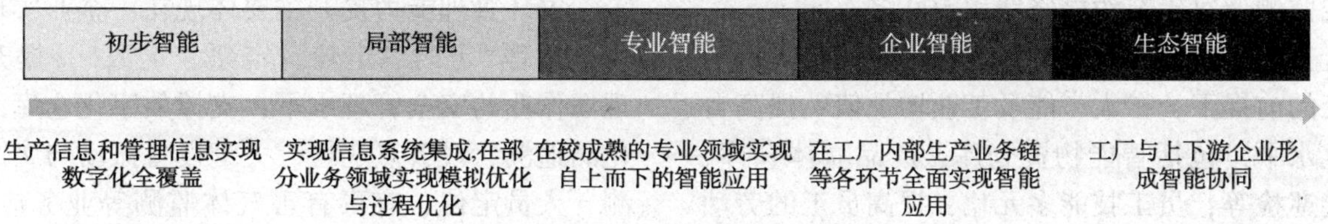

图1 智能工厂演进路线

4.2 智能工厂行动建议

1）智能工厂建设重点任务

工信部提出了智能工厂建设六项重点任务，如下：

(1) 加强顶层设计

工信部提出了智能工厂建设的总体规划、参考架构和标准体系。

(2) 夯实技术基础

“一硬、一软、一网、一平台”，“一硬”是指感知和自动控制，“一软”是指工业软件，“一网”是指工业网络，“一平台”即工业云和智能制造平台。

(3) 推动测试验证

通用性技术、面向特定行业的专业性应用、工业网络、体验中心。

(4) 组织试点示范

建设各行业通用性技术平台以及行业系统解决方案。

(5) 强化信息安全

工信部提出了智能工厂建设过程中在信息安全方案的政策标准、技术研究、产业支撑。

(6) 深化国际合作

通过国际间的合作加强技术交流、引进与吸收。

2）传统石化企业具体行动建议

(1) 明确架构

以“绿色制造、智能制造、安全制造、效益优先”为目标，学习各家经验教训，结合最新技术，发挥后发优势，进行顶层设计，在设计中遵循战略支撑原则、统一标准原则、整体性原则、发展性原则。通过持续性的IT规划设计，保证规划工作与业务发展的一致性，实现公司信息化建设的动态持续发展。按照信息集成标准和规范，统一企业应用架构、统一数据标准、统一接口标准，建立设计模板，保证系统的集成性。

(2) 基础先行

充分考虑智能工厂对基础设施的要求，包括增加现场智能仪器仪表及各类普适测量设备，搭建安全的生产数据传输网络，以实现智能工厂自动控制和全面感知的基本能力。

(3) 数据利用

遵循统一标准，实现传统工业化OT技术与信息化IT技术两化融合，构建大数据分析平台，从健康安全、生产优化、设备维护、节能减排等方面为生产运营和管理提供数据支撑，从而提升企业本质安全，实现卓越运营。集成已有的过程数据和新增加业务数据，保证数据一致性和数据源的唯一性，优化业务流程，利用专家软件对数据信息分析处理，优化智能决策应用，实现智能工厂的分析预测、优化生产、协同执行的能力。

(4) 分步实施

全面考虑各装置对智能工厂的需求，结合实际情况，明确各阶段目标、定义价值点，制定详细的实施计划，可以先选取示范装置或应用局部试点，分步实施，逐步智能化，最终全面实现“企业智能”和“生态智能”。

5 预期效果

从国内试点炼化企业智能化所取得的成果来看，通过智能工厂的建设可以取得运营成本降低、劳动生产率提升、万元产值能耗降低、安环管理能力提升等多方面的成果。

运营成本降低主要体现在：减少非计划停工，实现设备数字化管理、预知性维修；提升供应链协同优化水平，实现计划、调度、工艺流程的协同优化；应用工业大数据分析，优化目标参数，减少装置报警数量，增加高附加值产品收率。以某炼化企业设备管理为例，其建设了设备健康和可靠性管理系统，实现多台大机组、泵群在线监测，每年节约检修费用500多万元。

劳动生产率提升主要体现在：企业在不增加员工的前提下，扩大产能及工业增加值；提高自动化水平，包括智能物资仓库、产品立体仓库、智能巡检等；员工技能多元化，提高员工的劳动生产率；降低非核心岗位人员数量；提升了生产管控一体化水平，实现了生产管理扁平化，提高了现场处置效率。以某炼化企业的组织优化成果为例，建设智能工厂后其班组数量减少了13%，外操室数量削减35%，员工总数减少12%。

万元产值能耗降低主要体现在：进行装置改造，淘汰落后产能；优化能源供给，提高能效利用水平，降低能耗。某炼化企业建设智能工厂后，关键指标达到国家智能制造试点示范项目要求，万元产值综合能耗下降6%。

安环管理能力提升主要体现在：企业实现作业票管理“定时、定位、定票、定人”，提升了现场作业的安全管理水平；支撑数字化仓库、危化品追溯、设备点巡检、关键设备振动与腐蚀监测、人员定位、有毒有害气体监测等业务应用；减少碳排放；实现在线环境监测。以某炼化企业的安环建设成果为例，其建立环境在线监测点60余处，通过“环保地图”实现了环保可视化和异常报警。

优化生产工艺，提升延迟焦化石油焦品质

薛金召[1] 牛小娟[2] 肖雪洋[1] 廖有贵[1]

（1. 湖南石油化工职业技术学院；2. 中国石油乌鲁木齐石化公司）

摘 要 某石化公司1.20Mt/a延迟焦化装置投产以来生产的石油焦品质偏低，仅能达到3A、3B及以下等级技术要求，缺乏市场竞争力。本文结合生产实践，从制约影响石油焦产品质量的主要因素入手，提出并采用应对措施，顺利实现了石油焦产品的质量升级，形成了新效益增长点。

关键词 延迟焦化 石油焦 主要因素 应对措施 质量升级

石油焦在石墨制造、冶炼和化工等工业中起着重要作用，焦化过程是唯一能生产石油焦的工艺手段。延迟焦化是一种重质油热转化工艺，是将石油资源吃干榨净的关键环节工序之一。该过程是以贫氢的重质油为原料，在高温和长时间反应时间条件下，进行深度热裂化和缩合反应，生产高附加值轻质油和石油焦。因其具有原料的适应性强、工艺成熟、建设投资低、操作费用少等显著优势，是目前炼油工业应用最多的渣油加工技术。

某石化公司1.20Mt/a延迟焦化装置由中国石化工程建设有限公司设计，于2011年11月一次试车投产成功。该装置采用"一炉两塔"大型化工艺技术方案和可灵活调节循环比工艺流程，采用多点注汽和在线清焦技术，主要由焦化、吸收稳定、脱硫脱硫醇三个部分组成。近年来，石油焦市场需求旺盛，高品质的低硫石油焦更是优质紧缺资源。但多年来，某石化公司延迟焦化装置生产的石油焦产品不能满足高品质低硫焦的质量标准，严重影响到装置经济效益。本文结合生产实践，从制约影响石油焦产品质量的主要因素入手，提出了相关应对措施，顺利实现了石油焦产品的质量升级。

1 国内石油焦供需格局

1.1 现行石油焦品质及产量分布

根据硫含量、挥发份、灰分的不同，能源局（NB/SH/T 0527—2015）《石油焦（生焦）》和中国石化（Q/SH PRD 392—2015）《石油焦》分别将石油焦分为1号、2A、2B、3A、3B等5个牌号，和4A、4B、5号和6号等四个牌号，其具体技术要求见表1。按照硫含量的不同，石油焦可分为高硫焦（wt.%≥t.）和低硫焦（wt.%<3%）。1号焦（硫含量wt.%<0.5%）适用于生产炼钢工业的石墨电极和炼铝工业的增炭剂；2号焦（0.5业硫含量wt.%<1.5%）常用于生产预焙阳极；3号焦（1.5≤硫含量wt.%<3%）主要用于冶炼工业硅和生产阳极糊，4号及以下等级的石油焦（硫含量wt.%>3%）一般用作水泥厂和发电厂的燃料。

表1 普通石油焦（生焦）的技术要求

Projects		QualityIndex of of the Different Brands								
		1号	2A	2B	3A	3B	4A	4B	5号	6号
Sulfur Content, wt.%	≤	0.5	1.0	1.5	2.0	3.0	5.0	7.0	9.0	12.0
volatile content, wt.%	≤	12.0	12.0	12.0	14.0	14.0	13.0	15.0	16.0	16.0
Ash Content, wt.%	≤	0.3	0.4	0.5	0.6	0.6	0.7	0.8	0.8	0.8
Density, g/cm^3	≤	2.04	—	—	—	—	—	—	—	—
Coke Powder Content, wt.%	≤	35	报告_							

2016年，国内石油焦产量为26.84Mt，各牌号石油焦产量占比见表2。由表2可知，3号和4号石油焦是主流品质，产量占比分别为31.50%和39.38%，品质相对较好的1号和2号

石油焦仅占21.9%，高硫焦产量(14.33Mt)略高于低硫焦(12.51Mt)。整体来看，国有炼厂以生产高硫焦为主，地方炼厂以生产低硫焦为主。

表2　2016年国内各牌号石油焦产量情况

Enterprise type	Coke output, Mt	Petroleum Coke Output proportion of the Different Brands, wt.%								
		1号	2A	2B	3A	3B	4A	4B	5号	6号
State-owned refineries	18.02	13.19	8.68		20.25		47.15		10.73	0
Local refineries	8.82	0	21.99		54.49		23.52		0	0
Aggregate	26.84	8.85	13.05		31.50		39.38		7.20	0

1.2　环保监管下的石油焦供需趋势

《大气污染行动计划》(国发〔2013〕37号)要求限制高硫石油焦的进口。《大气污染防治法》(2015年8月第二次修订)明确规定，2016年起开始禁止进口、销售和燃用不符合品质标准的石油焦。2015年10月，国家能源局将(NB/SH/T 0527—2015)《石油焦(生焦)》纳入能源行业标准，并于2016年3月1日开始执行，新标准中不包括S>3wt.%的石油焦。

《重点区域大气污染防治“十二五”规划》(国函〔2012〕146号)指出，京津冀、长三角、珠三角等“三区十群”19个省(区、市)47个城市主城区的火电、钢铁、石化、水泥、有色、化工等企业以及锅炉项目要执行大气污染物特别排放限值。环保部《关于京津冀大气污染传输通道城市执行大气污染物特别排放限值的公告》(2018年第9号)将9个城市扩大至“2+26”城；对执行城市的区域由主城区扩展至全行政区域范围，同时执行范围增加了炼焦行业。

2016年，国内石油焦总消费量为30.18Mt，进口总量为4.26Mt，其中进口的高硫焦为2.06Mt。由于环保政策持续加码，燃料用石油焦消费减少，电解铝消费占比上升。2016年，电解铝产业消费石油焦18.79Mt，占59.6wt.%，炼厂CFB锅炉、电厂、水泥厂等燃料消费石油焦4.05Mt，占比萎缩至13.4wt.%。

未来随着下游电解铝行业产能扩建，将会带动石油焦整体需求量增加。另一方面，渣油加氢技术作为一种新的重油加工手段，近年来发展迅速，正逐步替代部分延迟焦化装置，石油焦产能扩张放缓，供应量后劲乏力。同时，S>3wt.%的进口石油焦流向中国市场的难度越来越大，供需矛盾将会更加突出。

2　装置生产运行状况

1.20Mt/a延迟焦化装置原设计处理重质高酸低硫原油的减压深拔劣质渣油，最大限度的提高液体收率，降低焦炭产率，操作弹性：60%~120%，生焦周期24h。为提高炼油厂经济效益，延迟焦化装置不断实施资源化利用和抑制加热炉炉管结焦技术改造，大大提高了装置的长周期运行与资源化利用水平。2012年4月延迟焦化装置开始掺炼脱固处理后的催化油浆。2013年8月，开始采用馏分较轻的热蜡油代替分馏塔底高沸点组分作为装置循环油，改善渣油原料的品质。2016年6月，开始掺炼污水处理过程产生的含油污泥。

开工以来，装置加工量一直维持在165t/h左右，处于满负荷运行状态，脱固后催化油浆掺炼比例约占总进料量的7wt.%，含油污泥掺炼量为20t/生焦周期。其操作参数为：焦炭塔入口温度485℃，反应压力0.20MPa，焦化蜡油循环比维持在0.24~0.30之间。装置原料性质见表3。

2018年1月至2018年6月，延迟焦化装置生产的石油焦产品分布和石油焦分项质量指标见表4。由表4可知，公司生产的石油焦品质不高，3A、3B、4B和5号石油焦产量占比分别为44%、16%、31%和9%，从石油焦各分项质量指标来看，硫含量均低于3wt.%，处于低硫焦要求的范围，灰分低于0.6%，这两个指标均能满足2A、2B、3A等高牌号产品的要求，但因挥发分含量超标，装置生产的石油焦不得不低价出售。挥发分含量是制约石油焦产品质量升级的主要因素。因此，降低石油焦的挥发分含量是提升石油焦牌号的关键。

表 3　延迟焦化装置各组分原料性质

Projects	Vacuum Residue	Desolidation Slurry	Coker Gatch
Density(20℃)/(g/cm^3)	1.03	0.98	0.94
Sulfur Content，wt.%	1.61	0.57	1.40
Ash Content，wt.%	0.04	0.30	0.41
Carbon Residue，wt.%	9.87	6，52	1.28
Total Solid Content/(g/L)	—	6.58	—
saturated hydrocarbon Content，wt.%	44.20	52.30	55.24
Aromatic Content，wt.%	25.50	45.0	33.92
colloid Content，wt.%	25.10	10.90	9.83
Asphaltene Content，wt.%	5.20	≤0.100	1.15
Metal Content/(μg/g)	157.41	45.73	—

表 4　2018 年 1 月至 2018 年 6 月石油焦质量统计

Product Grade	Sulfur Content，wt.%	volatile content，wt.%	Ash Content，wt.%	Output Proportion/%
3A	0.9	12.6	0.3	44
3B	0.8	13.7	0.4	16
4B	1.2	14.7	0.46	31
5号	1.6	15.8	0.53	9

3　降低石油焦挥发分技术措施

挥发分含量高不仅影响石油焦的质量指标，还会因焦化反应不彻底而降低装置的液体收率。对于炼钢电极用的石油焦，还影响煅烧损失及电极成本，严重的还影响电极质量。挥发分含量与装置的原料性质、焦炭塔入口温度、反应压力、循环比、吹汽量等都有一定关系。

结合装置的实际情况，主要通过提高焦炭塔入口温度、降低焦炭塔操作压力、控制合适的三泥回炼量、增大焦炭塔大吹汽量来改善石油焦的挥发分。

3.1　提高焦炭塔入口温度

焦炭塔入口温度的变化直接影响焦炭塔内的反应温度和反应深度，从而影响产品分布和产品质量。当操作压力和循环比固定后，提高反应温度将使气体、石脑油和瓦斯油收率增加，焦炭产量下降，并使石油焦中的挥发分下降。合理选择焦化温度的原则是必须考虑原料特性、产品性质要求和焦炭性质等多方面因素。温度过高反应过深，使柴油、蜡油继续裂化，增加气体收率，促进弹丸焦的生成。同时，石油焦中挥发分降低，硬度增大，造成除焦困难，温度过高还会使加热炉炉管和转油线的结焦倾向增大，不利于装置的长周期运行。如果反应温度过低，焦化反应深度不足，液体产品收率低，焦炭挥发分含量高，并可能生产软焦或沥青。挥发分含量是石油焦的重要质量指标，在操作中通常用加热炉出口温度来调节石油焦的挥发分含量。最佳的反应温度是原料开始结焦的温度，是该原料达到最大可裂化度的温度，它取决于原料性质、受制于焦炭硬度、炉管结焦、焦炭质量和开工周期等。

延迟焦化装置加热炉采用直壁附墙燃烧双面辐射立式炉，设计负荷 41.79MW，采取强制通风操作模式，利用空气预热器和烟气进行换热，渣油原料为两室四路进料，一室两路生产。根据对 1.20Mt/a 延迟焦化装置原料渣油的分析，加热炉各分支炉管温度适宜控制在 494~496℃范围内。实际操作过程中，通过调整 1#、2#、3#、4# 分支炉管的温度，控制焦炭塔入口度在适宜范围内。焦炭塔入口温度对石油焦挥发分的影响见表 5。由表可知，提高加热炉出口温度对降低石油焦挥发分有明显作用。当焦炭塔入口温度由优化前的 485℃可提高到 487℃可时，石油焦产品的硫含量、挥发分含量、灰分均达到 2A 级质量标准，其他各项指标也完全满足低硫焦技术要求。

表5　焦炭塔入口温度对石油焦挥发分的影响

Temperature/℃					Volatile Content, wt. %	Sulfur Content, wt. %	Ash Content, wt. %
1#Branch	2#Branch	3#Branch	4#Branch	Entrance			
490	494	494	494	485	14.10	0.89	0.34
491	495	495	495	486	13.52	0.88	0.26
491	496	496	496	487	11.30	0.67	0.30

3.2　控制三泥掺炼量

污水处理过程中产生了大量的含油污泥，包括隔油池底泥、浮渣、活性污泥及油罐底部沉积的油泥等，统称“三泥”。其主要成分是污油和水，并含有苯系物、酚类、蒽、芘、重金属等毒害物质，污染严重，处理难度大，属于固体废物的管理范围。同时，三泥热值非常高，具有极高的回收利用价值。

该石化公司含油污泥属于水多、油少的类型，离心脱水后灰分较低。根据延迟焦化装置对原料适应性强的特点，在大吹汽后期的小给水阶段，将三泥送入已经停止进料的焦炭塔(俗称老塔)塔底进行回炼。利用焦炭余热使三泥中的水和轻质烃在350℃以上的高温焦层中瞬间汽化并形成气流，固体灰分及难气化的重质烃被气流携带沿焦床中的油气孔道快速上升，由于塔顶流速减缓，沉降进入老塔顶部约400℃的泡沫焦层中，并进一步发生焦化反应，最终转化为化学性质稳定的石油焦和多馏分轻质油，实现三泥无害化处理和资源化利用。但掺炼三泥会对产品质量造成一定的影响，优化前三泥掺炼量约20吨/生焦周期，为生产高品质的石油焦，考察了三泥回炼量对石油焦质量的影响，如表6所示。

表6　三泥回炼量对石油焦挥发分的影响

Coke Tower Entrance Temperature/℃	Oily sludge refining capacity, t/Coking period	Volatile Content, wt. %	Sulfur Content, wt. %	Ash Content, wt. %
487	0	11.40	0.43	0.24
487	10	11.70	0.50	0.38
487	16	12.80	0.54	0.40
487	20	13.60	0.58	0.43

由表可知，石油焦的挥发分、灰分及硫含量随着三泥掺炼量的增加而呈上升趋势，其中，三泥掺炼量对挥发分、灰分的影响更为明显。实践证明，在保证三泥入塔温度的前提下，适当延长三泥掺炼操作时间，将三泥掺炼量降低至10吨/生焦周期以下，不仅不会降低三泥的总处理量，还能使石油焦的挥发分含量满足2A、2B及1号质量标准。

生产过程中，选择合适的三泥处理温度至关重要。温度过高，水、轻质烃气化过速冲击焦层易造成焦床崩裂塌方，温度过低，灰分和重质烃提升动力不足，会导致焦孔堵塞或重质烃得不到有效分解形成二次水污染。为达到三泥的处理效果，当入塔温度低于350℃时，停止掺炼三泥。

3.3　增大焦炭塔大吹汽量

切换焦炭塔后，老塔的冷焦过程一般是：小吹汽—大吹汽—小给水—大给水—放水。大吹汽的主要目的：一是汽提焦炭塔内的大量重油；二是继续吹扫生焦通道防止粘油回落堵塞通道；三是冷却焦层以防止给水时炸焦。大吹汽量的大小会影响石油焦产品的质量、装置的正常操作及能耗。如表7所示，考察了大吹汽量对石油焦挥发分含量的影响。由表7可知，提高大吹汽量，石油焦挥发分含量降低。在原料和焦炭塔入口温度一定的前提下，维持大吹汽1.5~2.0h，将大吹汽量由12~13t/h提高至14~15t/h时，石油焦挥发分由12.17%下降至11.74%。

表7　大吹汽量对石油焦挥发分的影响

High blowing, capacity/(t/h)	Sulfur Content, wt. %	Volatile Content, wt%	Ash Content, wt%
12~13	0.52	12.17	0.42
14~15	0.47	11.74	0.45

3.4　降低焦炭塔操作压力

降低焦炭塔操作压力，一方面可使反应焦层

中中重质油汽化，逸出泡沫层进入油气段，降低焦炭的挥发分；另一方面，高温油气在焦炭塔内的初始停留时间缩短，又可减缓高温油气的二次裂化反应，从而降低了气体和焦炭的产率，提高了液体产品尤其是焦化蜡油的收率。焦炭塔的压力每降低 0.05MPa，装置液收平均增加 1.3%，焦炭产率降低 1.0%。但压力过低，焦化蜡油的性质变差，会增加后续加氢处理装置操作的苛刻度，另外降低压力还收到工程技术方面的限制。

国外开发的延迟焦化技术基本采用了低压操作，以 Conoco Phillips 公司的技术为代表的操作压力最低仅为 0.105MPa，而国内设计的焦化装置操作压力较高，一般为 0.17MPa 左右，该石化公司 1.20Mt/a 延迟焦化装置操作压力 0.20MPa。操作压力对焦炭质量的影响见表 8。由表 8 可知，随着操作压力的降低，焦炭的挥发分降低，当操作压力由 0.20MPa 降低到 0.15MPa 时，焦炭的挥发分由 14.74% 降低到 11.02%，而对灰分、硫含量的影响不大。

表 8　焦炭塔操作压力对焦炭质量的影响

Projects	Operating Pressure for Coke Tower		
	0.20MPa	0.17MPa	0.15MPa
Sulfur Content，wt.%	0.46	0.44	0.41
Volatile Content，wt%	14.74	12.53	11.02
Ash Content，wt%	0.43	0.38	0.40

4　提升石油焦质量管理措施

4.1　生产过程受控，确保石油焦质量合格稳定

产品质量的提升直接取决于生产过程控制，保证生产过程平稳受控至关重要。加强全员、全方位、全过程的质量管理，发现异常立即调整处置；设立关键位置质量控制点，做好维护和保养，确保关键设备处于最优的运行状态。提高装置仪表自控率和平稳率，实施 24h 监控，严格控制工艺参数，随时根据质量要求进行精细调整。

4.2　完善质量管理，助力石油焦质量升级

严格按照规定的频次、项目进行分析化验，确保检验率 100%。严格按照（NB/SH/T 0527—2015）《石油焦（生焦）》规定的样品采集程序与分析方法进行操作，确保检验结果准确可靠准确。强化统计分析，采取日统计、周统计，月总结的方式，以统计分析数据指导生产。

5　效果评价

通过不断地优化和完善，石油焦的挥发分有了明显降低，并逐步稳定在了 12wt.% 以下，见图 1。2018 年 12 月 11 日，1.20Mt/a 延迟焦化装置首次成功试产出 2A 级石油焦 1200 吨，标志着该公司具备了 2A 级优质石油焦的生产能力。

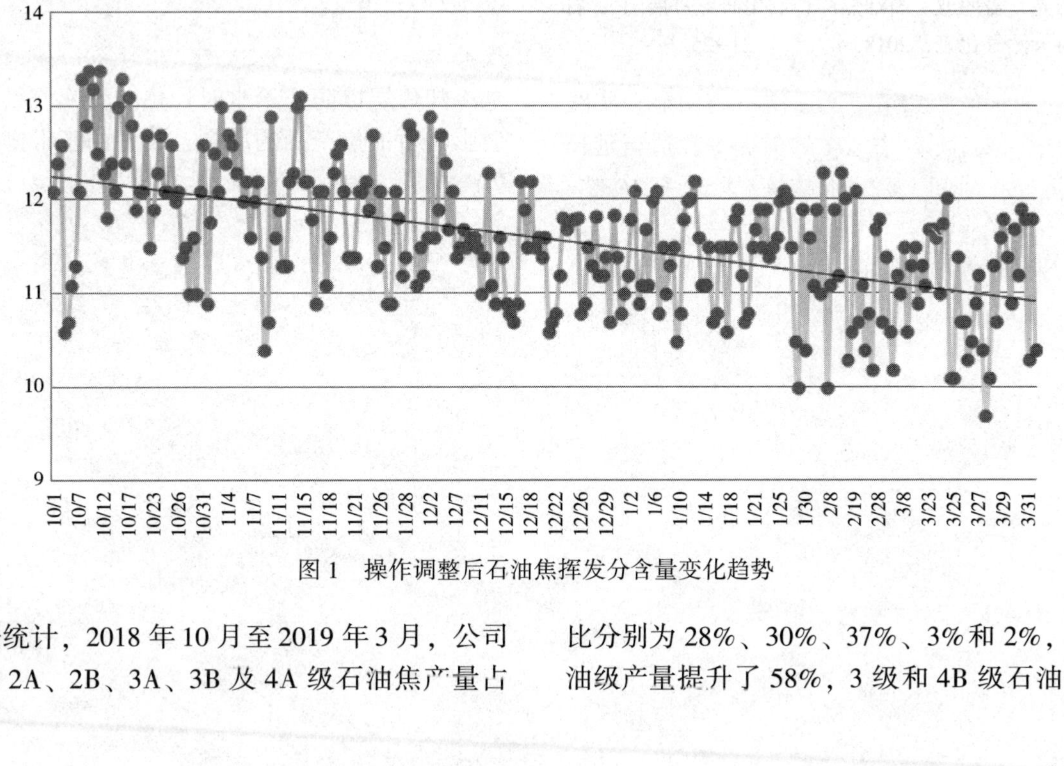

图 1　操作调整后石油焦挥发分含量变化趋势

据统计，2018 年 10 月至 2019 年 3 月，公司生产的 2A、2B、3A、3B 及 4A 级石油焦产量占比分别为 28%、30%、37%、3% 和 2%，2 级石油级产量提升了 58%，3 级和 4B 级石油焦产量

分别下降了20%和28%，消除了5号石油焦产品，石油焦质量有了整体提升，每天为企业创造10多万元的效益。

6 结论

(1) 高品质的低硫石油焦更是优质紧缺资源。某石化公司生产的石油焦产品等级偏低，挥发分含量高是制约产品质量提升的关键因素。

(2) 根据原料性质，在不增加设备投入的前提下，将加热炉出口温度提高至487℃，焦炭塔操作压力降至0.14MPa、三泥回炼量下调至10吨/生焦周期，焦炭塔大吹汽量增加至14~15t/h，使石油焦产品挥发分含量稳定在12wt.%以下，其他各项指标达到2A级高品质低硫焦的技术要求，并可将全厂2A、2B级石油焦产量占比提高58%，低成本实现石油焦产品的质量升级。

(3) 提高装置运行平稳率和仪表自控率，规范石油焦样品采集程序和分析方法，是保证产品质量的必要手段。

参 考 文 献

[1] 瞿国华．延迟焦化工艺与工程[M]．第二版．北京：中国石化出版社，2018.

[2] 胡尧良，李出和，罗莹．延迟焦化装置技术手册[M]．中国石化出版社，2013.

[3] 廖有贵．固定床渣油加氢处理技术应用现状及进展[J]．石油化工，2018.47(09)：1020-1030.

[4] 雷雳光，盖朋波．石油焦综合利用研究进展[J]．石油与天然气化工，2018，47(5)：21-25.

[5] 刘建锟，杨涛，郭蓉等．解决高硫石油焦出路的措施分析[J]．化工进展，2017(7).

[6] 王丽敏，张硕．环保监管下石油焦的清洁利用研究[J]．当代石油石化，2017(8).

[7] 王永邦．中国石油焦市场分析与展望[J]．齐鲁石油化工，2017(4)：325-328.

[8] 刘晓青，冯颖．延迟焦化装置掺炼重油催化裂化油浆[J]．石化技术与应用，2013，31(3)：214-216.

[9] 刘海涛，吴涛，蔡海军．延迟焦化装置供氢体循环技术的应用[J]．炼油技术与工程，2017(8).

[10] 蔡海军，刘海涛，侯勇等．延迟焦化装置回炼“三泥”的实践与问题分析[J]．炼油技术与工程，2017，47(3)：11-14.

[11] 徐先财．延迟焦化装置处理含油污泥的技术应用[J]．石油化工，2016，45(07)：868-871.

[12] 徐先财．延迟焦化装置污油回炼技术的研究及应用[J]．石油化工，2016.45(05)：620-623.

[13] 施昌智，李家栋，龙军．改变操作方式降低延迟焦化石油焦的挥发分[J]．石油炼制与化工，2004，35(4)：31-33.

[14] 肖梓军，乔树苓，严勇，等．“三泥”处理现状及资源化利用研究进展[J]．长春理工大学学报(自然科学版)，2010，33(1)：130-133.

[15] 唐华跃，杨海燕，郑恒仁，等．延迟焦化处理炼油厂浮渣[J]．石油炼制与化工，2000(11).

[16] 瞿滨．延迟焦化装置技术问答(第二版)[M]．中国石化出版社，2013.

[17] 黄新龙，王宝石，李晋楼，等．降低焦炭塔操作压力对焦化过程的影响[J]．石油炼制与化工，2019(4)：16-19.

石油化工行业污水站 VOCs 废气低碳高效治理工艺探析

杨苏川　吴天添　李俐俐　季舒婷　朱　艳　邢广为

（江苏新聚环保科技有限公司）

摘　要　介绍了石化污水站废气污染及其相关的治理技术。工况分析及实际应用案例，表明"吸附脱附——新聚多相氧化"组合工艺对处理石化污水场废气具有适用性，有望在该领域开启低碳高效治理废气的新篇章。

关键词　石化污水站　废气处理　吸附脱附　新聚多相氧化

1　石化污水站的废气概况

随着社会经济的快速发展，石化行业的发展速度也是突飞猛进，日常的工业生产中会产生大量的工业废水。为了处理这些废水，典型的石化污水处理站设置有水质调节池、隔油池、浮选、生化曝气池等污水处理设施，但这些污水处理站的污水处理单元大多采用半敞开式结构，运行过程中会产生大量的 VOCs 气体。

处理过程中产生的 VOCs 废气主要包括苯、甲苯、乙苯、邻二甲苯、间二甲苯、对二甲苯等苯系物，硫化氢以及非甲烷总烃(NMHC)等。按污染物浓度高低，石化污水处理场大气污染物散发源可大致分为两类：一类是以隔油池、污水调节池、污油池等废气为代表的高浓度 VOCs；废气另外一类是以气浮池、污泥池、生化池和三泥处理间等环节逸散废气为代表的中低浓度恶臭气体。这些气体浓度难以控制，未经处理排入空气中会对周围的环境造成污染，危害装置操作人员的身体健康，因此成为大多数企业优先治理的对象。碳达峰、碳中和的宏伟目标需要我们设计出一套低碳高效的治理工艺来解决这些石化污水站处理单元中产生的废气问题。

2　石化污水站的废气治理

2.1　治理方法比选

石化污水站的废气治理首先都要遵循先收集，再治理，后排放的流程。做到有组织收集，减少无组织排放。目前的废气治理技术一般分为回收技术和消毁技术两大类。对于石化污水站废气，适用的回收技术一般包括：吸附法、吸收法、冷凝法等；消毁技术一般包括燃烧法、等离子体分解法、生物分解法、光催化氧化法、新聚多相氧化法等。

(1) 吸附脱附法：吸附法是利用各种固体吸附剂(如活性炭、活性炭纤维、大孔径树脂、沸石等)对排放废气中的污染物进行吸附净化回收的方法。吸附饱和后，通入蒸汽或热风的方式，对吸附材料进行脱附，达到净化有机废气，回收有机溶剂，实现废物资源化。该法适用于氯代烷烃、溴代烷烃、酯类、苯类、、环烷、乙酸乙酯、单芳烃类等不同中低浓度的废气治理，是目前应用最广的治理技术，但不适合处理高沸点、易聚合、易氧化的物质。

(2) 吸收法：吸收法是利用液体吸收液(水，酸液，碱液等低挥发溶剂)与有机废气的相似相溶性原理吸收分离有机废气后再处理的技术。该法不需要大量设备投入，适用于处理高浓度、含较多可溶性 VOCs 的废气，而石化污水站中的废气实际成分复杂，可能需要频繁更换吸收剂，回收效率不可控，现已无法满足环保的高要求。

(3) 冷凝法：冷凝法是通过对废气加压冷却使污染物由气态转化为液态而实现净化回收的技术。该法工艺简单，适用于高浓度、高沸点和成分单一的废气，在实际应用中使用受限。

(4) 燃烧法：燃烧法指采用直接燃烧或借助燃油或燃气等辅助燃烧材料的方式对有机废气进行处理，促进废气在高温环境下充分分解成无害物质。该法操作简单、成本较低，适用于中高浓度的废气处理，不适用于易燃易爆有机废气的处理，燃烧技术在应用上具有一定的危险性且能源消耗大。

(5) 等离子体分解法：等离子体分解法就是利用高压放电产生的高能电子、自由基等活性粒子在极短的时间内破坏碳氢结构的化学键，并发生后续的各种反应以达到降解污染物的技术。但着眼于实际，该法由于放电极的间距较小，技术极不成熟，对进气含尘量要求极高等各种实验条件影响，在市场上应用率极低。

(6) 生物分解法：生物分解法是利用微生物对有机污染物进行分解代谢的技术。该法易于管理，无二次污染，适用于气量大，浓度低，易生物降解的废气，但是装置占地面积大，对于VOCs含量较高、组分较杂的污水站废气去除效率不高，并不适用。

(7) 光催化氧化法：光催化氧化法是以半导体为催化剂，通过光激发产生活性自由基引起氧化——还原反应来分解有机污染物的方法，由于用电量大且转换效率不高，该法在实践应用中普遍存在处理效率低的问题。

(8) 新聚多相氧化法：新聚多相氧化法是在高级氧化法与化学吸收法的基础上，使用液态氧化剂、气态氧化剂组成复配氧化剂，在复合氧化填料的作用下，激发出具有高电位(2.80eV)的羟基自由基(·OH)攻击有机物碳链，将大分子有机物分解成小分子有机物，再经过多次催化氧化填料作用和多重状态的反应，快速分解有机物至CO_2和H_2O分子。该法氧化彻底，不产生二次污染且运行成本低，使用于大风量组分杂的废气，

2.2 治理工艺流程

石化污水站废气的源头众多，污染类型呈现多元化，排放出的VOCs废气组成复杂，处理难度较大，采用单一的处理技术难以低碳有效保证排放达标，并且单一的处理方法经济性较差。在这种情况下我们必须结合各种处理工艺的优势，将多种处理工艺进行组合，保证对挥发性有机废气有效治理。下面我们根据表1中某石化企业污水站的实测数据，提出一项低碳高效的治理工艺。

表1　某石化企业污水站部分单元现场废气的监测浓度

编号	采样点	苯	甲苯	乙苯	邻二甲苯	间二甲苯	对二甲苯	异丙苯	苯乙烯	非甲烷总烃	硫化氢	废气量
		mg/m³										Nm³/h
1	污水调节池	25.15	63.41	ND	3.74	12.17	4.45	ND	ND	1.66×10^4	0.41	500
2	隔油池	103.00	102.28	59.86	138.00	250.82	121.24	18.14	21.38	1.04×10^4	1.80	4000
3	污油池	5.64	20.40	7.96	11.46	38.64	12.80	0.42	7.27	3.02×10^3	0.29	500
4	气浮池	38.31	16.70	7.56	4.51	11.82	5.42	3.26	3.22	569	2.68	1600
5	污泥池	1.48	7.43	3.50	5.01	18.64	5.16	ND	0.24	436.88	0.32	500
6	生化池	2.84	0.04	ND	ND	ND	ND	ND	ND	25.93	0.72	7000
7	三泥处理间	3.79	2.58	0.91	1.77	3.16	1.39	0.28	ND	15.26	2.64	6000

注：ND代表未检测到。

如表1所示，污水调节池、隔油池与污油池中的废气组成总体上来说浓度较高，而风量较小，且其中含许多有再利用价值、易脱附的苯系物，如甲苯等。在遵守资源化原则的前提下，我们可利用吸附脱附技术对这些废气进行处理；而针对气浮池、污泥池、生化池、三泥处理间中排放的气量较大的废气，非甲烷总烃浓度较低，我们可将其直接与吸附脱附尾气一同进入多相氧化塔，采用新聚多相氧化技术产生大量·OH自由基用于分解有机污染物。组合系统工艺流程如图1所示。

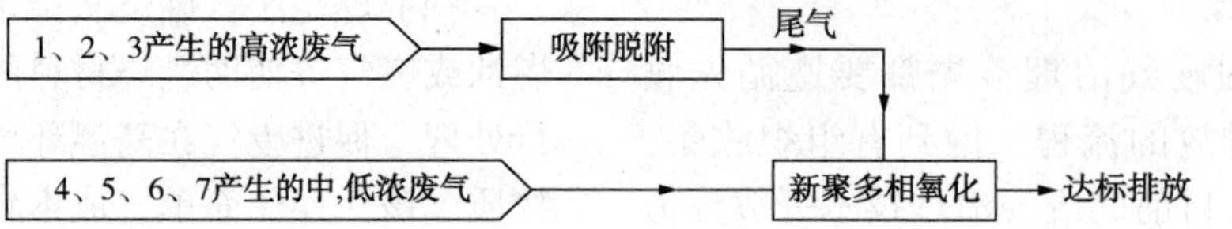

图1　石化污水站废气净化工艺流程图

该项组合系统工艺一方面能实现常温常压下对组分复杂的污水站废气的高效处理，无安全风险，另一方面该项工艺所产生的主要费用将集中在风机电费、水费和少量的药剂费，能实现低能耗、低碳、低成本运行，且前端吸附再生的资源化利用有利于降低运行成本。

2 吸附脱附–新聚多相氧化工艺应用实例

3.1 废气概况

山东寿光博康制药公司是一家以生产医药原料药为主导产品的制药企业，在药品生产过程中废气产生源较多，组分较为复杂，主要尾气成分包括甲醇、DMF、甲苯、无机酸、二甲胺、非甲烷总烃等，具体工况如表2所示。

表2 山东寿光博康公司废气污染源测定结果统计

	甲醇	甲苯	DMF	二甲胺	非甲烷总烃
进气浓度/(mg/m^3)	3230	225	3543	1200	3200
排气风量/(m^3/h)	6500		20000		

3.2 废气处理流程

如图2所示，针对山东寿光博康制药有限公司生产过程中产生的高浓度废气，考虑到回用价值和环保负荷，我们将尾气通过废气收集系统合并收集，经过预处理后，选用活性炭、碳纤维两级吸附。吸附饱和后的罐体内部通入蒸汽，将吸附在吸附剂的甲醇、DMF、甲苯脱附下来，解析气进入三级冷凝器，自流进入储槽。

对于含二甲胺及大量HCl等中低浓度废气，将其经收集管道收集后采用碱洗与水洗预处理，与吸附脱附后的尾气合并用风机送入新聚多相氧化反应塔，对废气中的有机废气进行催化氧化处理，将废气中的有机废气氧化为CO_2和H_2O，达标后的气体可通过排气装置高空排放。

3.3 应用效果

在山东寿光博康公司"吸附脱附——新聚多相氧化"处理装置于2018年11月起相继建成投产，用于处理药剂生产过程中组分复杂的废气。表3是2019年9月即在装置运行9个月后的标定数据，由表3可见该项工艺对废气中甲醇、甲苯、DMF及非甲烷总烃等废气的去除效率很高，均符合国家排放标准(GB 16297—2017)。该项组合工艺流程使用过程中无二次污染产生。

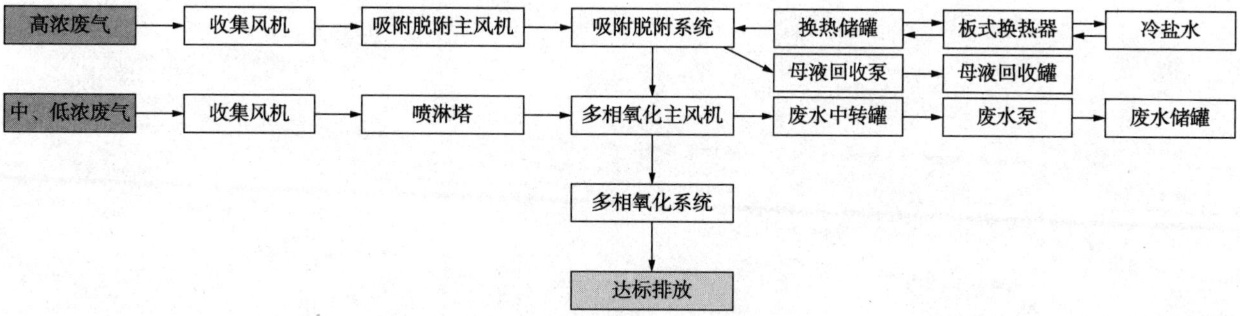

图2 VOCs处理工艺流程图

表3 废气处理设施验收结果

项 目	甲醇/(mg/m^3)	甲苯/(mg/m^3)	DMF/(mg/m^3)	二甲胺/(mg/m^3)	非甲烷总烃/(mg/m^3)
净化前(均值)	3230	225	3543	1200	3200
净化后(均值)	19.16	2.25	35.2	9.6	45
去除率/%	99.41	99	99.1	99.2	98.5

4 结论

我国油气行业市场化改革持续推进，国家对环保的要求及标准不断严苛，企业的三废治理兹事体大，尤其是对组分复杂、浓度与流量波动较大的石化污水厂异味废气的处理。"吸附脱附——新聚多相氧化"工艺集吸收法、吸附法、冷凝法和新聚多相氧化法的优点于一身，目前已成功应用于对制药化工行业多组分废气的处理，处理后的废气均达到了国家排放标准，整套工艺技术先进可靠。投入成本低，高效低碳且满足绿色清洁化生产要求的优势使其适用性越来越广泛，在石化污水处理站废气治理行业具有较高的推广价值。

参 考 文 献

[1] 钱心怡．石化企业 VOCs 废气治理技术研究[J]．科技风，2019，19：122.
[2] 张花，浅论石油化工企业废气污染治理与控制技术措施[J]．化工管理，2019，4(05)，158-159.
[3] 李国平，低温等离子体氧化氨气影响因素及动力学研究[J]．环境工程学报，2014，8(07)，2963-2968.
[4] 张昊，挥发性有机物废气处理技术进展与前瞻[J]．环境与发展，2019，31(06)，80-82.

大港石化 1.40Mt/a 催化裂化装置 MIP 技术改造

王玉林　郎东磊　靳晓东

（中国石油大港石化公司）

摘　要　介绍了中国石油大港石化公司 1.40Mt/a 催化裂化装置采用石科院开发的多产异构烷烃的流化催化裂化技术（A FCC PROCESS FOR MAXIMIZING ISO-PARAFFINS，简称 MIP）改造后的运行情况。运行结果表明，液化气相对收率增加 2.71%，丙烯相对收率增加 8.37%，柴油相对收率降低 2.14%；汽油研究法辛烷值增加 1.7，硫含量降低 17.1%；改造后装置运行平稳，操作难度改善。实现了控油增化、增产丙烯及高品质汽油、降低柴汽比的目的，更好的适应了市场需求，提高了经济效益。

关键词　催化裂化装置　MIP 技术

1　引言

中国石油大港石化分公司 1.40Mt/a 催化裂化装置由中国石化工程建设公司（SEI）设计，1996 年建成投产，采用三器高低并列、两段再生工艺，常规提升管，提升管末端采用 UOP 的 VSS 快分技术，再生线路上设置有催化剂冷却器 CRC。改造前示意图，见图 1。

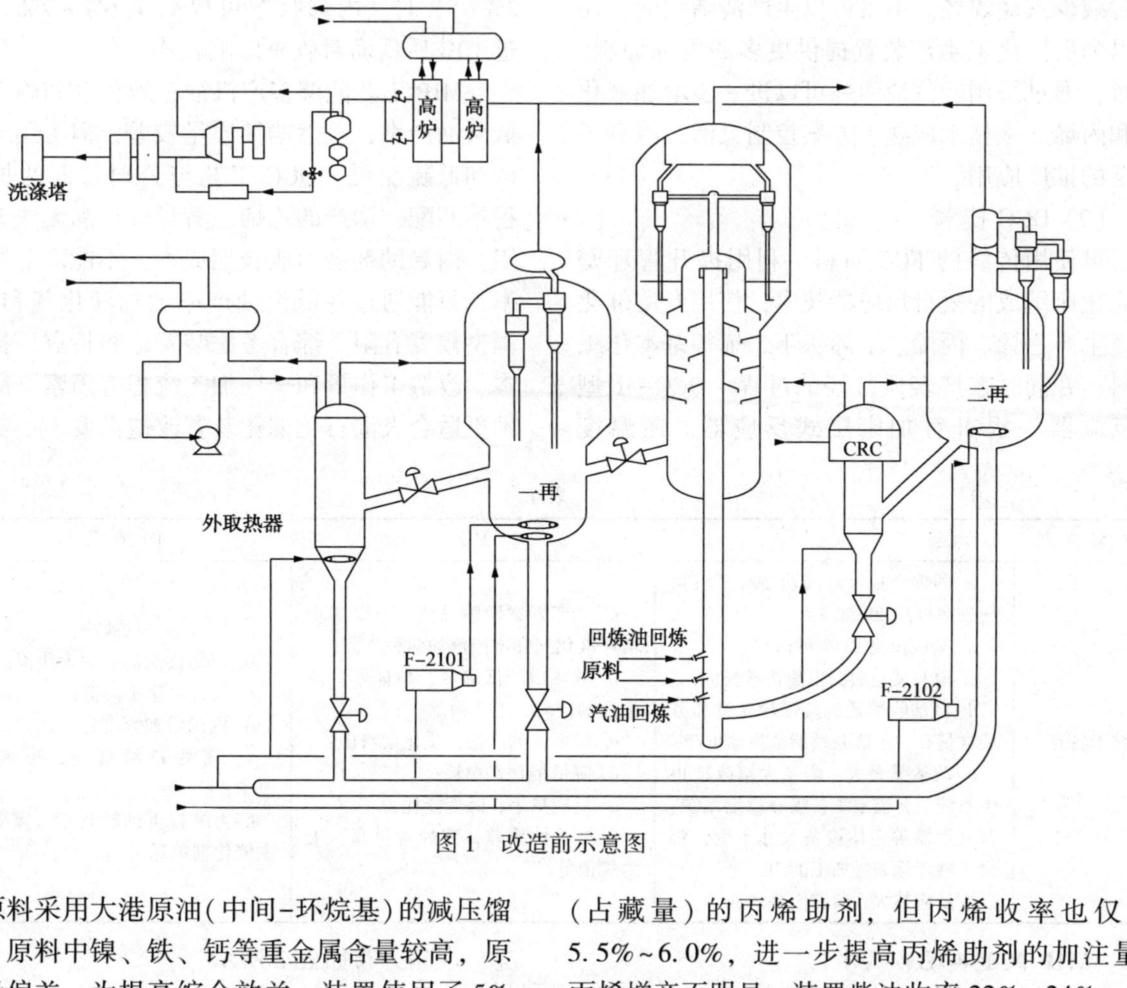

图 1　改造前示意图

原料采用大港原油（中间-环烷基）的减压馏分油，原料中镍、铁、钙等重金属含量较高，原料质量偏差。为提高综合效益，装置使用了 5%（占藏量）的丙烯助剂，但丙烯收率也仅为 5.5%～6.0%，进一步提高丙烯助剂的加注量，丙烯增产不明显；装置柴油收率 22%～24%，约

60%用于调和船用燃油；同时，公司总体柴汽比偏高，产品结构不尽合理。

2 技术改造方案

2.1 技术比选

针对以上问题，公司认真比选了当前主流的催化裂化工艺技术，各自的技术特点如下(表1)。

(1) MIP工艺

中国石化石油化工科学研究院开发的MIP-CGP工艺，是在MIP技术基础上的改进，采用串联提升管反应器，同时采用具有不同孔结构和活性单元的专用催化剂，通过控制两个反应区的操作条件，使裂化反应、异构化反应和氢转移反应均可以选择性地进行。第一反应区采用了更高的反应温度和更短的反应时间，强化单分子裂化反应，增加裂解深度，从而得到更多富含丙烯的液化气和富含烯烃的汽油；第二反应区采用较低的反应温度，同时延长反应时间，通过双分子裂化反应和氢转移反应，有利于丙烯进一步增加，同时减少汽油烯烃。不仅可以生产清洁汽油，还可以为后续化工生产装置提供更多的丙烯原料。同时，通过采用轻汽油回炼可以进一步增加液化气和丙烯。该技术成熟、方案控制灵活，得到了广泛的推广应用。

(2) DCC技术

可使用传统的FCC原料，利用提升管和密相流化床组成的复合反应器技术，使用专用催化剂，生产乙烯、丙烯、丁烯、丁二烯等基本化工原料，并同时兼产轻质芳烃的过程。DCC-Ⅰ型的反应器为提升管加床层式反应器，在温度550~620℃、剂油比10~12、停留时间3~4S的较苛刻条件下操作，采用CRP-1催化剂，其活性组分为含稀土和磷的五元环高硅分子筛。DCC-Ⅱ型反应器为提升管反应器，反应温度为505~530℃，采用CIP-1催化剂，以ZRP复合分子筛作为活性组分多产异构烯烃的同时，兼顾生产丙烯和高品质汽油。DCC-Ⅰ型和DCC-Ⅱ型工艺的丙烯收率分别为20.5%和14.3%，而常规的FCC丙烯收率约为6.8%。

(3) 丙烯助剂方案

丙烯助剂中的ZSM-5分子筛硅铝比较高，酸性较强，并且氢转移活性较低，平均孔隙较小，可以限制汽油中多支链和环状烃类的进入，使直链和支链较少的分子裂化为低碳烯烃，达到增产丙烯的作用。ZSM-5分子筛活性和水热稳定性较差，会稀释Y分子筛催化剂的作用，进而导致重质原料的转化率降低。ZSM-5助剂因使用灵活、投资少、见效快而广泛应用，适用于择形催化剂添加量较小的情况下，助剂添加量在2%~5%时，丙烯收率可提高至6%~7%，但超过10%后反而对收率影响较小。

MIP工艺能够多产汽油、液化气和丙烯，降低柴油产率，虽然柴油质量较差，但可用于公司调和低硫船燃。DCC工艺与公司目前的加工流程不匹配，增产的乙烯、芳烃等产品无法充分利用。丙烯助剂会形成长期成本，不能降低柴油收率，只能通过降低汽油产率增加液化气和丙烯，调整幅度有限。综合考虑装置原料特点、投资成本、改造工作量和全厂加工流程等因素，MIP技术更适合大港石化催化装置改造需要。

表1

技术类别	DCC	MIP	丙烯助剂
技术特点	a. 丙烯产量可以高达20%，液化气收率可达40-50%； b. 辛烷值高RON可达97； c. 原料变重后，生焦快速增加； d. 汽油收率低，其烯烃含量和芳烃含量高，不能兼顾清洁汽油生产； e. 改造量最大，需要大幅改造再生系统、分馏系统、吸收稳定系统；若再生器等主体设备尺寸不变，将会大幅降低装置加工能力； f. 反应热大，装置能耗增加	a. 生产方案调整灵活，可以实现增产液化气和增产汽油两种方案； b. 兼顾增产低烯烃、高标号汽油生产的同时，增产丙烯。 c. 降低柴油产量，优化柴汽比； d. 降低催化剂单耗； e. 反应热小，降低能耗； f. 柴油性质差，芳烃含量高、十六烷值低	a. 投资小、见效快； b. 以牺牲汽油收率为代价； c. 柴油收率不降低； d. 丙烯增加幅度有限； e. 需要持续加注，形成长期成本； f. 为维持重油转化率，需要增加主催化剂单耗

2.2 MIP改造工况的选择

关于MIP技术，石科院给出了两种运行工况，产品分布如表2所示。

表 2

项　目	工况 1	工况 2
产物分布/W%		
硫化氢	0.11	0.11
H_2~C_2	2.80	3.00
C_3~C_4	22.00	26.40
汽油	43.40	37.69
轻循环油	19.49	20.50
油浆	3.30	3.50
焦炭	8.90	8.80
合计	100.00	100.00

工况 2 使用了轻汽油回炼，相比于工况 1，工况 2 的液化气收率更高，丙烯收率可达 10%。但下游的催化稳定单元、气分装置的加工能力不能够匹配，需要大幅增加投资。综合考虑采用工况 1 作为设计点，改造规模最小、投资最小、现有装置利用率最好。

2.3　主要改造内容

（1）更换部分提升管，按专利商要求设置为预提升段、第一反应区、第二反应区。

（2）因预提升段下移，再生斜管（立管）整体更新。

（3）外取热器整体更换，设 32 组取热管束，取消外取上滑阀、更新下滑阀。

（4）原装置再生剂冷却器（CRC）取消，在此位置布置脱气罐。

另外，公司还对催化第二再生器进行了扩容改造，扩大稀密相直径，增加再生器高度等，该改造与 MIP 改造一同实施。改造后的示意图，见图 2。

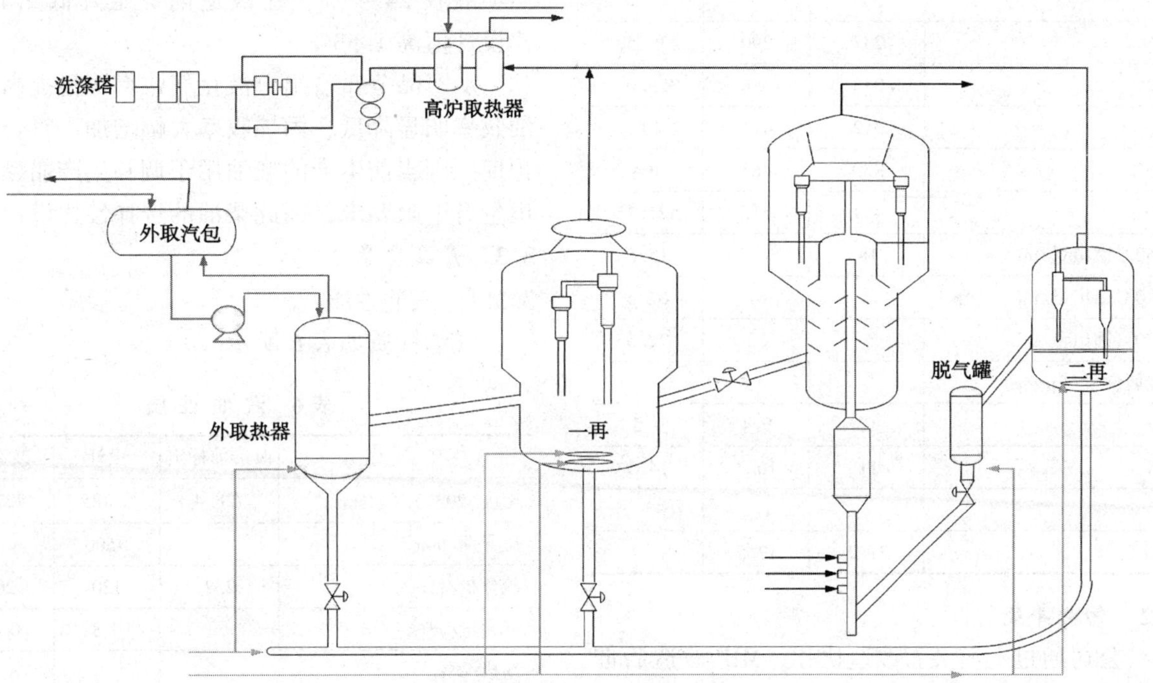

图 2　改造后示意图

3　MIP 改造后运行效果

装置于 2021 年 4 月~5 月实施了 MIP 改造，于 6 月 3 日装置喷油开工投入运行。

3.1　原料情况及主要操作条件

改造前后装置均满负荷生产。原料采用常减压装置的减压馏分油，受全厂加工方案的影响，改造后，原料性质较轻。反应温度控制点由沉降器出口温度改为提升管一反出口温度。改造前标定时，使用了 5%（占系统藏量）的丙烯助剂（表 3~表 4）。

表 3　主要操作条件

项　目	改造前标定	MIP 设计	改造后
加工负荷/%	114	100	104
反应温度/℃	506	一反：525 二反：515	一反：514 二反：509

续表

项　　目	改造前标定	MIP 设计	改造后
反应压力/MPa	0.291	0.273	0.275
回炼比	0	0	0
反应时间/S	3.55	一反：1.30 二反：~5.00	一反：1.35 二反：4.65
剂油比	7.31	/	7.17
原料预热温度/℃	254.2	180-220	214.0
催化剂活性/%	64	/	60
丙烯助剂/%	5	/	—

表4　原料性质

项　　目	改造前标定	MIP 设计	改造后
密度(20℃)/(g/cm^3)	906.2	0.918	0.9076
残炭/%	3.9	4.1	3.52
硫含量/%	0.1832	0.25	0.1823
馏程/℃			
HK	205	—	
2%	237	290	230.50
10%	273	358	329.00
30%	312	415	402
50%	389	463	464
70%	454	512	521.25
350℃馏出量/mL	18	7.5	15.5
500℃馏出量/mL		61	62.5
530℃馏出量/mL		72	72.5
金属含量/(μg/g)			
Fe	12	9.4	9.5
Ni	11	16.7	14.5
V	/	1.2	/
Ca	21.2	17.5	3.9

3.2　物料平衡

公司通过上游装置改造优化，MIP 改造后催化原料性质明显改善，残碳低于改造前和设计值。因原料性质的差异性，直接比较产品分布的变化不够准确，因此用相对收率，即目标产品/三项液收表征产品分布变化(表5)。

表5　物料平衡

项　　目	改造前标定/w%	设计点/w%	改造后/w%
硫化氢	0.04	0.11	0.08
干气	1.65	2.80	2.15
液化气	19.10	22.00	21.65
丙烯	6.17	7.5	7.24
汽油	43.68	43.40	43.65
柴油	22.79	19.49	21.18
油浆	3.21	3.30	3.20
焦炭+损失	9.54	8.90	8.14
三项液收	85.57	84.89	86.48

液化气收率/三项液收25.03%，比改造前标定提高2.71%，与设计值比低0.88%；丙烯收率/三项液收8.37%，比改造前标定提高1.16%(标定时使用了5%的丙烯助剂)，比设计值低0.46%。

汽油收率/三项液收50.47%，比改造前标定降低0.57%，比设计值低0.65%；柴油收率/三项液收24.49%，比改造前标定降低2.14%，比设计值高1.53%。

从产品分布看出，液化气收率明显提高、柴油收率明显降低，丙烯收率大幅增加。符合改造预期。因当前生产的柴油用于调和生产船燃，产出量有下限要求，因此柴油的选择性比设计高。

3.3　产品质量

3.3.1　汽油性质

气油性质如表6所示。

表6　汽油性质

项　　目	改造前标定	设计	改造后
密度(20℃)/(g/cm^3)	728.4	0.725	727.9
诱导期/min	/	>500	/
硫含量/(μg/g)	232	120	200
苯含量/φ%	/	0.8	0.48
组成/φ%			
烯烃	30.57	~30.0	26.8
芳烃	20.28	~26.0	20.7
辛烷值			
RON	91.1	93.0	92.80
MON	81.2	81.0	/
馏程/℃			
初馏点	35.5	38	38.5
10%	55	53	55
30%	68.5	68	73
50%	94	97	91

续表

项　目	改造前标定	设计	改造后
70%	129	132	130
90%	168.0	171	168.5
终馏点	200.0	202	201.5

1）族组成：烯烃 26.8%，比改造前标定值低 3.77%，比改造前统计值降低 5%～10%；芳烃 21.8%，比改造前标定值增加 0.42%，比改造前统计值增加 1%～2%(图 3)。

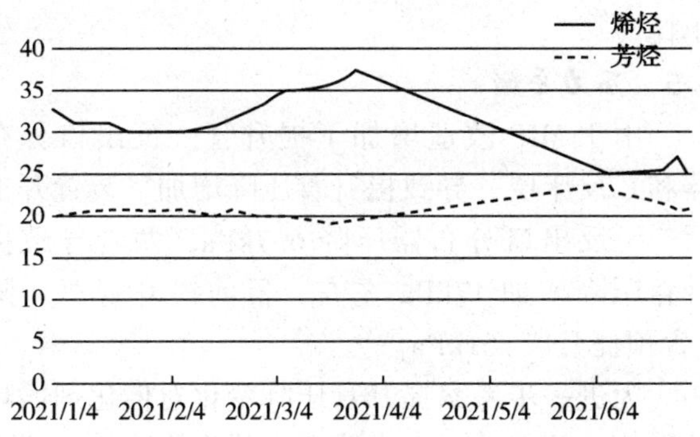

图 3

2）硫含量：改造后硫含量 200MG/KG，比改造前标定值低 13.7%，比改造前统计值降低 17.1%(图 4)。

图 4

3）辛烷值

改造后汽油辛烷值 RON 为 92.8，比改造前标定提高 1.7，比改造前统计值 1.73(图 5)。

由于 MIP 第一反应区采用较高的反应温度、较高的剂油比、较低的油剂接触时间，可以减少汽油组成中正构烷烃和环烷烃低辛烷值组分，有效提高了汽油辛烷值。

MIP 技术可以大幅度地降低汽油硫含量：一是 MIP 工艺第二反应区存在较强的氢转移反应和含有较多的烷烃分了，从而促进了汽油硫化物转化为无机硫而被脱除；二是 MIP 汽油含有较低的烯烃，减少了无机硫与汽油烯烃结合的几率，减少了汽油硫化合物的生成量。

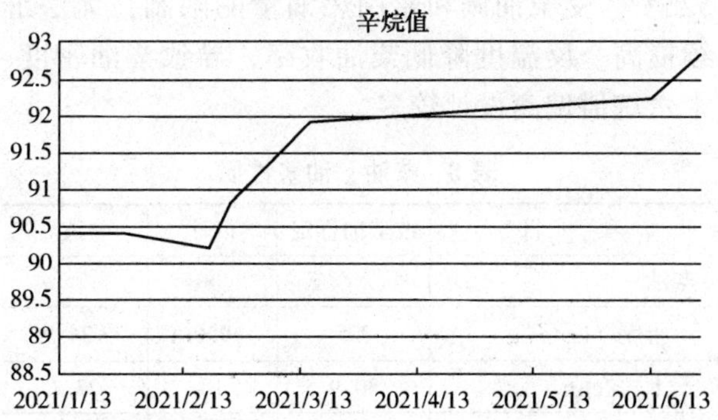

图 5

3.3.2　气体性质

如表 7 所示，液化气中丙烯选择性 33.46%，比标定时提高 1.17%(标定时使用了 5%的丙烯助剂)，低于设计 1.64%。丙烷、正丁烷的选择性提高，改造后氢转移指数($C_4/C_4^=$体积比)统计值为 1.05，比改前统计值高 0.12。目前催化剂活性 61%～63%，正在降低催化剂单耗、低控催化剂活性，提高丙烯选择性。

表 7　干气、液化气组分分布

项　目	改造前标定	设计	改造后
H_2～C_2，w%			
氢气	5.58	4.0	5.15
甲烷	31.69	33.7	29.27
乙烷	32.41	29.1	37.40
乙烯	30.31	33.2	28.17
合计	100	100	100
C_3～C_4，w%			
丙烷	8.42	6.1	10.08
丙烯	32.29	35.1	33.46
异丁烷	25.11	20.7	22.12
正丁烷	5.23	5.6	6.84
1-丁烯	6.82	5.5	6.35
异丁烯	9.27	11.0	7.97
反-2-丁烯	7.52	8.9	7.69
顺-2-丁烯	5.34	7.1	5.49
合计	100	100.0	100

3.3.3　柴油及油浆性质

如表 8 所示，改造后柴油密度增加至 924.9kg/m^3，但低于设计值；十六烷值降低至 23.1，但高于设计值。一反温度 520℃，设计为

525℃，受柴油调和船用燃油量的限制，无法继续提高一反温度降低柴油收率，导致柴油密度、十六烷值偏离设计较多。

表8　柴油、油浆性质

项　目	改造前标定	设计	改造后
柴油			
密度/(kg/m^3)	905	950	924.9
十六烷值	30.9	18	23.1
油浆			
密度/(kg/m^3)	1061	1100	1126
灰分	0.696	/	0.596

改造后油浆密度明显提高，已达到1126kg/m^3。大港原油为中间-环烷基原油，改造前油浆密度已处于较高水平，改造后转化率进一步增加，油浆密度进一步提高。

3.4　催化剂单耗

由于MIP工艺的特殊性，要求低控催化剂的活性，因此催化剂单耗由改造前的1.5～1.8kg/t降低至0.8～1.0kg/t，催化反应仍保持了较高的转化率，目前转化率75.33%，比改造前提高1.32%。仅催化剂消耗每年可节约成本1500余万元。

需要注意的是大港原油重金属长期镍含量较高、钙含量时有偏高，改造前催化平衡剂上镍含量10000～12000mg/kg，钙含量5000～7000mg/kg。降低剂耗后，平衡剂上的镍含量、钙含量会进一步提高，需要关注由此带来的转化率降低、流化不稳定等问题。必要时增加催化剂加注，下一步建议通过优化催化剂配方，以兼顾活性和催化剂单耗。

3.5　压力平衡

由于MIP改造增加了提升管一反出口分布器和二反床层，导致提升管压降增加。装置开工后，一反出口分布器压降6.7kPa，两者导致提升管压降增加17kPa左右，目前提升管总压降(含预提升段)61kPa。

为进一步考察提升管压降变化对催化剂循环的影响，开工后对再生线路和待生线路做了压力平衡分析(表9～10)。

表9　再生线路压力平衡

压力平衡					
推动力			阻力		
二再压力	kPa	281.0	VSS出口压力	kPa	275.0
稀相至脱气罐料位静压	kPa	1.8	VSS快分压力降	kPa	5.0
脱气罐静压	kPa	94.3	提升管+预提段压降	kPa	61.1
再生立管静压	kPa	46.3	再生滑阀压降	kPa	82.3
合计	kPa	423.4	合计	kPa	423.4

表10　待生线路压力平衡

推动力			阻力		
盖板下压力	kPa	275.0	一再压力	kPa	275.0
稀相静压	kPa	0.4	稀相静压	kPa	1.8
密相静压	kPa	42.1	船型分布器压降	kPa	2.0
斜管静压	kPa	15.3	格栅压降	kPa	2.0
			待生滑阀	kPa	52.1
合计	kPa	332.9	合计	kPa	332.9

通过压力平衡计算出的再生滑阀压降82.3kPa，实测79.2kPa；计算出的待生滑阀压降52.1kPa，实测53.1kPa，说明再生、待生压力平衡计算与实际吻合。再生滑阀和待生滑阀压降总和134.4kPa，比改造前增加了39.4kPa。

MIP改造与催化第二再生器扩容改造同步进行，第二再生器高度增加，料位标高增加；CRC冷却器更换为脱气罐，床层高度和密度增加，两者均增加了再生线路推动力，除弥补了MIP改造提升管增加的压降外，再生滑阀和待生滑阀压降总和仍然有所增加。

由于取消了CRC冷却器，脱气罐流化非常

稳定，提升管油剂接触温度波动幅度减小，催化剂输送更为稳定。

4 结论

从改造后初期运行情况来看，装置运行平稳，产品结构和质量总体符合改造目标：

（1）MIP 改造后产品结构明显改善，液化气收率、丙烯收率明显增加，柴油收率明显降低。

（2）MIP 改造后汽油辛烷值增加、硫含量降低，芳烃含量完全可以满足公司调和需要。柴油十六烷值降低，但柴油已用于调和船用燃料。

（3）MIP 催化剂单耗大幅降低，每年可节约成本 1500 余万元，但需要关注平衡剂重金属含量的变化，特别是钙含量的变化，必要时需增加催化剂的加注。

（4）MIP 改造后催化剂输送推动力充足，输送稳定，操作平稳。

参 考 文 献

[1] 许友好、李宁、华仲炯．催化裂化工艺技术手册[M]．北京：中国石化出版社，2018：252-254.

[2] 陈俊武、许友好．催化裂化工艺与工程[M]．北京：中国石化出版社，2015：637-643.

[3] 陈俊武、许友好．催化裂化工艺与工程[M]．北京：中国石化出版社，2015：1205-1230.

高黏度油泥减量化的探索与实践

何衍军　刘华山　位现辉　袁　波　王　军

(中国石油大港石化公司)

摘　要　通过实验条件和生产现场的对比，针对高黏度油泥原料中的“轻渣”太轻、聚合物太粘、物料不均匀、离心机中物料受扰动影响等问题，采用“机械剪切破乳+压滤”油泥减量化处理工艺，通过“调质”——“破乳”——“絮凝”——“脱水”过程，利用机械剪切、破乳、压滤等设备，在40~60℃条件下实现对含轻渣、高黏度聚合物料进行减量处理，综合减量化达到70%以上，同时实现了对污油回收利用、对废水的有效分离。

关键词　油泥减量化　机械剪切　破乳　压滤　分离；

由于原油的劣质化、聚合物含量增加等影响，中国石油大港石化分公司每年产生大约2万余吨老化油和罐底油泥，它们均属于危废，为满足国家和地方政府对危废的处置要求，企业每年要投入大量资金，不仅给企业带来了较大的经济压力，也给企业带来较大的损失。同时，也很难找到这么大处理能力的危废处置企业。

为节约能源、降低危废外委处理费用，多年来大港石化公司持续组织开展油泥减量化的研究和实践，将实验研究和现场实践紧密结合，在2016年解决了老化油的破乳关键技术问题，每年从装置废液和污水系统中回收污油数千吨；在2018年掌握了对老化油破乳产生的油泥渣进行破乳和离心分离技术，在卧式离心设备中实现对泥渣的分离，在碟片式离心设备中分离回收部分污油；自2019年以来，大港石化公司将油泥减量化技术的研究重点放在了高黏度油泥减量化方面，通过不断研究和尝试，逐步掌握了一种处理含轻渣(主要是聚合物、无机物和污油等成分的混合体碎片)、聚合物较多的高黏度油泥减量化方法。

1　技术思路和方法

1.1　原料分类

根据原料来源分类，目前我们生产过程中遇到的高黏度油泥大致可分为5类，分别是油泥处理过程中碟片机排渣产生的含油轻渣(简称碟片排渣)、处理老化油破乳水过程中产生的粘性轻渣(破乳水浮渣)、老化油罐罐底油泥(老化油罐罐底泥)、原油罐清罐罐底油泥(原油罐罐底泥)、废料池内多种混合物料(混合油泥)，大部分物料都属于经过前期反复处理并经油、水、泥分离后的剩余物料，组分复杂、物料不均匀、黏度大、流动性差。

1.2　处理难点

以上5类物料虽然含油量不同，但均属于含大量粘性物料、轻渣的油泥，常规破乳或者离心分离等效果不理想，而且大量轻渣、聚合物在系统内反复循环，难以彻底分离出来。同时，分离出来的“油”层，不一定是正常的原油组分，含有较大比例的化学添加剂，因此，处理起来不但成本高，而且回收价值小。

1.3　解决思路和采取措施

以往，在实验结果的指导下，通常我们能够对大部分物料进行处理，但对高黏度油泥处理过程中，有两个问题始终困扰着我们，一是原料中的“轻渣”太轻、聚合物太粘，二是物料分散不均匀，在油泥处理装置中离心机中的运行状况与实验条件中相差较大，并非是静态分离，分离效果差。

针对这些问题，我们在解决思路上进行了调整，着手在几个方面同时进行深入研究，一是将物料分类，深入对比、分析物料组成和特性；二是分析研究实验室条件与现场设备运行的差异；三是寻找合适的工艺路线和方法，解决实际生产运行状态与实验条件相差较大的问题。

1.4　物料分类情况

由于物料组成复杂，我们在实验室对样品进行观察和定性地分析，根据分析结果对各种原料进行概况性地描述(表1)。

表1　高黏度油泥的物料性状概况

序号	名　称	特　点
1	破乳水浮渣	含聚合物多、轻渣多、有黏性，含油少
2	碟片排渣	含少量油、轻渣极多、有黏性，易分层
3	老化油罐罐底油泥	含聚合物、轻渣多、黏度大
4	原油罐罐底油泥	含少量油、轻渣多、聚合物很多、黏度很大，易分层
5	混合油泥	含少量油、轻渣多、聚合物多、黏度大，易分层

所谓“轻渣”，成分复杂，组分不一，但主要是以聚合物、无机盐、重质污油和泥混合而成，当未形成较大的高黏度聚合物油泥时，我们习惯性地将这种细小碎片称之为“轻渣”。本质上，它是黏度略低于高黏度聚合物的一种含聚合物油泥，遇水而流，极易受到外物扰动，很难依靠动态离心分离出轻渣。

1.5　实验室条件与现场设备运行的差异

在实验条件下，以烧杯、试管、离心机等设施条件和物料为讨论对象；在生产现场，以油泥储罐、搅拌器、混合器、输送泵和离心设备等设施条件和物料为讨论对象。具体如表2所示。

表2　实验条件与现场实际情况的对比

序号	对比项	实验室	现场实际
1	物料分布状态	分布均匀(可以是人为预干预)	物料分层、分布状态稳定性差
2	物料的代表性	分析结果直接受样品代表性的影响	各部分物料不同，代表性均较差
3	试剂或助剂的使用	可采用多种试剂，物料分离效果好	受多种因素影响，使用助剂受限条件多，对分离效果影响较大
4	环境影响因素	实验环境较稳定，干扰因素较少	影响因素较多，且具有随机性
5	物料运行状态	比较稳定，或相对静态	设备内物料处于流动状态，各部分状态不同
6	处理结果	物料分离效果好，分离界面较清晰	物料处理效果不稳定，轻渣及物料碎片难分离

通过对比实验条件和现场生产实际，可以看出两者存在较多差异，这也是现场生产与实验效果相差大的原因。

通过分析差异，我们认为必须解决两方面问题，一是物料分布不均问题，由于物料分布不均，甚至有很多成团、成块的物料存在于介质中，造成我们严重误判物料的实际状态，即便是大幅增加药剂的使用量也达不到预期的效果；二是现场生产中物料是动态运动而非静态的，由于部分处理的物料密度较小、容易受外界扰动影响而流动，因此影响了离心分离的效果。

1.6　新工艺路线的确定

根据需要，首先对原料进行分析和调质，与助剂混合后经管道混合器进入机械剪切设备中，将物料进行剪切、破乳，将物料中的“油包水”变成“水包油”状态，确保物料分布均匀，以便助剂能与物料充分接触、并在罐内进行破乳、絮凝等。

针对部分物料较轻、在流动过程中容易受扰动的问题，我们通过实验逐步形成了“相对静态处理”的想法，在排除使用烘干机、叠螺机等多种设备后，通过反复实验和验证，最终选择压滤的方式将反应物料进行静态分离，并在适当压力条件下使液体与泥渣加速分离，然后在油和水在分离罐内进行分离。

通过“机械剪切破乳+压滤”处理工艺，完成“调质”——“破乳”——“絮凝”——“脱水”，控制适当的进料量、进料温度、助剂比例(洗油、减粘、破乳、絮凝等)、熟化温度、反应温升、反应时间、压滤时长与补料条件的判断等操作过程，实现原料在较低温度(40~60℃)条件下进行反应、分离，最终达到减量化的目的。

与传统的“破乳+离心”油泥分离工艺相比，“机械剪切破乳+压滤”工艺流程简单，操作较容易，物料处理一次完成，不需要对不合格物料进行多次返回处理，将可以大大减少药剂和“水电蒸汽”等公用介质的消耗；同时，由于操作温度较低，异味挥发少；通过改善物料分布均匀度，将固态混合物破碎，提高药剂效用，减少用量。压滤机分离渣、液效果好，出水、出油透亮，杂质少且稳定。

2　减量化处理效果

2.1　处理量情况

经过2020年下半年试运行后处理原料49.2吨，2021年继续进行高黏度油泥减量化处理

2370.51吨，总计处理含轻渣、聚合物较多的各类高黏度油泥物料2419.71吨(表3)。

表3　各原料组分典型数据

名　　称	重渣/%	轻渣/%	含水/%	含油/%
老化油罐底泥	22	18	46	6
浮渣池油泥	18	24	50	8
碟片机排渣	7	38	41	14
原油罐底泥	12	40	38	10
混合油泥	12	20	50	8

备注：轻渣原料的数据包括轻渣和含聚合物物料，数据为体积比。

2.2　出产泥渣情况

2020年出渣9.5吨，2021年上半年出渣652.92吨，平均产渣率为27.37%，油泥减量化超过70%(表4、图1)。

表4　出渣情况统计

序号	月　　份	出渣量/吨
1	2020-10、11	9.5
2	2021-3	35.5
3	2021-4	175.74
4	2021-5	224.46
5	2021-6	217.22
6	合计	662.42

图1　出渣与装袋情况

表5　破乳、压滤后产渣对比

序号	名　　称	产渣率	产渣形状
1	浮渣池	10%~25%	硬度大、颜色浅
2	碟片机排渣	20%~30%	较软、颜色深
3	老化油罐底泥	20%~40%	硬度大、颜色偏深
4	原油罐底泥	30%~45%	软硬不均、颜色多变

通过烘干前后对比，产出泥渣均呈现黑色，烘干后全部为土黄色，说明在高温空气中，原料中的有机物绝大部分被氧化燃烧，剩余物料为无机物，主要为盐和泥(图2~3、表6)。

图2　原油罐罐底油泥破乳压滤成型

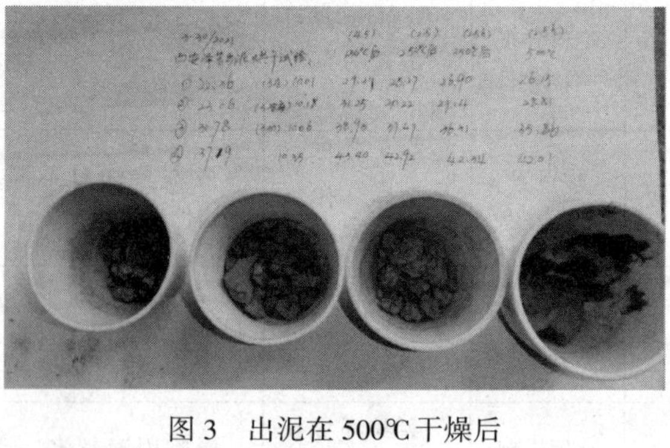

图3　出泥在500℃干燥后

表6　各类泥中含水率、有机物含量对比

名　　称	含水率	有机物含量	剩余无机物
老化油罐底泥经卧螺机出泥	40.00%	13.43%	46.57%
老化油清罐油泥	26%	29%	45%
浮渣池出泥	19.25%	21.33%	59.42%
碟片机排渣出泥	24.90%	23.45%	51.65%
原油罐罐底油泥	19.82%	35.84%	44.34%

备注：老化油清罐泥经卧螺出泥，没有加注

助剂；其余物料，均添加了助剂。

通过上述数据可见，对比卧螺离心机出泥含水率约为40%，含无机物40%~50%。其余物料经机械剪切破乳、压滤后，产渣的含水率均低于30%（平均为22.5%左右），含无机物为40%~60%。

2.3 分离出水情况

出水好，含杂质极少，水色透亮，有时受助剂影响出水会发黄(受添加助剂影响)。压滤机出水是油和水的混合物，通过油水分离器进行快速分离。压滤机出水总管处，用采样瓶从压滤机出水总管中采样，可见油、水在采样瓶中迅速分离，从另一方面说明了压滤能够充分去除物料中的杂质，能保证后续的油水分离速度和质量，这是以往离心机无法达到的(表7、图4)。

表7　出水分析结果

项　目	COD/(mg/L)	氨氮/(mg/L)
数据	3040	62.1

图4　压滤后出水样品

2.4 污油回收情况

经过油水分离，污油外观表面色泽发黑、清亮、均匀无明显杂质，采样分析结果表明，油中含水、含渣质极少(表8)。

表8　出油分析结果

项　目	含油/%	含水/%	含杂质/%
数据	98.6	0.8	0.6

2021年上半年总共回收污油约98吨，污油回收率约为4.05%，为理论污油的41.32%，说明部分重质污油由于黏度大或与聚合物等杂质结合紧密而未能透过滤布，成为泥渣的一部分。与大港石化现有的油泥处理装置通过离心机相比，污油回收率略少(理论污油量为29.7%，破乳、离心机法的污油回收率为13.92%，达到理论污油量的48.53%)。前者属于三次污油回收，已经比较接近于后者(属于二次污油回收率)，说明本方法的污油回收效率还是能够接受的。

2.5 能耗情况

由于操作温度较低，且不需要对不合格物料进行多次返回处理，将可以大大减少"水电蒸汽"等公用介质的消耗，因此处理单位原料的能耗较低。

根据实际运行情况，以平均一次进料5吨为例进行统计和计算。主要能源消耗情况如下：

(1) 电耗：总计耗电约为67.25kwh，则每吨物料耗电13.45kwh。

(2) 蒸汽消耗：则常规状态下，将每吨原料从常温10~15℃升温至40~45℃即可，经核算需消耗蒸汽约0.15吨。随着来料温度的升高，实际消耗蒸汽将更低。

(3)新鲜水消耗：每次消耗1吨新鲜水，则每吨原料用水为0.2吨。

综上，在油泥减量化过程中，处理每吨原料，平均消耗新鲜水0.2吨、用电13.45kWh、蒸汽0.2吨(表9)。

表9　处理每吨原料的公用工程消耗核算结果

消耗能源	新鲜水/t	电/kwh	蒸汽/t
数值	0.2	13.45	0.15

3 结论

(1) 经过生产运行，证明采用"机械剪切切破乳+压滤"油泥减量化处理工艺，通过"调质"——"破乳"——"絮凝"——"脱水"过程，可以实现对含轻渣、高黏度聚合物物料的减量化处理，且该工艺对多种物料均可适用。

(2) 经过"机械剪切破乳+压滤"油泥减量化处理，含轻渣、聚合物的各类油泥减量化超过70%以上(统计值为72.63%)。产品中，泥渣占27.27%，含水平均为22.5%；回收污油质量好，含杂质极少，回收率约为4.05%，约占理论污油量的41.32%；出水透明，不含杂质，可直接作为污水处理装置的原料。

(3)"机械剪切破乳+压滤"油泥减量化工艺流程简单，操作较容易，对含油量较低且含轻渣、聚合物较多的油泥可一次完成减量，通过剪切破乳，可将固态混合物破碎，物料从“油包水”变成“水包油”，可使物料分布均匀与助剂充分接触、反应，可大大减少循环处理的药剂成本、能耗成本。

(4)“机械剪切破乳+压滤”油泥减量化工艺处理过程，操作温度低，生产现场异味挥发少，环保安全。

大港石化挥发性有机物(VOCs)治理技术研究

崔柳华　王玉林　蔡　磊

(中国石油大港石化公司)

摘　要　本文重点介绍了大港石化在储罐废气、油品装车尾气、污水集输及处理废气、装置检修吹扫废气等无组织排放环节VOCs治理过程技术研究与改进成果，认为石化企业无组织VOCs治理要达到高效、经济的效果，应该依托炼油企业优势，建立以焚烧为主的处理技术。

关键词　挥发性有机物　管控　治理

石化行业VOCs具有排放强度大、污染物种类复杂、废气浓度高及排放源项多的特点。石化企业在生产运营过程中，排放大量的挥发性有机物废气，其排放量居全国工业VOCs排放源首位。近年来，国家不断加大挥发性有机物(VOCs)的综合整治力度，2019年6月，生态环境部《重点行业挥发性有机物综合治理方案》中提出，到2020年完成“十三五”规划确定的VOCs排放量下降10%的目标任务，推动环境空气质量持续改善。京津冀及周边地区更是VOC治理的重点地区，近年来，国家连续发布秋冬季大气污染综合治理攻坚行动方案，对石化行业提出具体的治理目标要求。

石化行业挥发性有机物排放主要包括有组织排放和无组织排放两类。其中，无组织排放废气主要来源为原辅材料在进料及装卸车过程中的挥发排放、有机液体储罐大呼吸和小呼吸排放、废水集中处理系统的逸散、装置管线阀门泄漏、停工吹扫等，本文主要探讨无组织排放源的治理。

1　VOC治理技术介绍

1.1　常用VOCs治理技术及特点

石化行业VOCs治理技术主要包括回收技术和降解技术，其中VOCs回收技术包括吸附吸收法、冷凝法和膜分离等技术；VOCs降解技术包括燃烧法、生物法等技术(表1)。

表1　常用VOCs治理技术介绍

技术类型	适用范围	优　点	缺　点
吸附吸收技术	回收气量大、浓度低的VOCs	去除效率高、设备简单、操作方便	吸附剂需定期更换，后期运行麻烦；占地面积较大；投资大
冷凝技术	回收气量适中、浓度高的VOCs	设备要求低、操作方便、安全性高、回收物纯度高、无二次污染	工艺复杂，须与其他处置技术联合使用
膜分离技术	回收高浓度、低流速的VOCs	流程简单、回收率高、节能、无二次污染	分离速度慢、膜需定期更换、投资大、单独应用无法完全分离
焚烧法	适用于处理小风量、高浓度的VOCs	设备简单、操作方便、处理效率高	能耗太大、投资较高，在高温燃烧过程中易产生二次污染
生物法	适用于处理低蒸汽压、低气量、水溶性高的VOCs	处理流程短、去除率高、能耗低、适用性强、发展空间大	系统使用设备较多；投资大、运行维护费用高；进料系统复杂；处理气量小

1.2　工艺技术选择原则

治理技术的选择应结合企业现场实际情况，综合考虑废气气量、污染物浓度、安全性、经济性、技术可靠性等因素，在满足达标排放基础上，提高污染物去除率，同时降低治理成本，避免产生二次污染，可以用单一方法或多种方法的组合。

2　大港石化VOC无组织排放的管控治理及其成效

大港石化始建于1965年，现原油加工能力500万吨/年，公司现有500万吨/年常减压蒸馏、140万吨/年催化裂化、100万吨/年加氢裂化、60万吨/年连续重整、220万吨/年汽柴油加氢等13套主要生产装置，主要生产汽油、柴油、液化气、聚丙烯、石油焦等产品，并配套建有动力锅炉、空压站、循环水场、污水处理场及消防泵站等公用装置和设施。厂区设有原油库、成品油库、中间产品库，其中原油存储能力23万方、汽柴油储存能力10.6万方、液化气(含丙烷丙烯)储存能力1.9万方。

近年来，大港石化投资近2亿元，针对装置泄漏检测与修复、油品储运、油品装卸、含挥发性有机物污水储存和处理、装置停工吹扫等环节，采用吸附、催化氧化、焚烧等技术，建设了10套VOC废气治理装置，降低了企业VOC排放量，有效改善了厂区及周边环境空气质量。

2.1 装置泄漏检测与修复环节

2015年3月份起，大港石化依据天津市《工业企业挥发性有机物排放控制标准》、《石化企业泄漏检测与修复工作指南》等文件要求，开展装置泄漏检测与修复工作，目前，共对13套装置及相关配套设施约17万个点位采用图像和挂牌两种方式进行建档。每年按照要求开展检测，所有建档数据及检测数据均记录在中国石油VOC管控平台上。

从实际运行来看，泄漏检测与修复的管控重点在于“认真检测”、“及时维修”、“数据分析”三个方面，“认真检测”可以及时发现泄漏点，“及时维修”能够减少排放量，而“数据分析”则可以通过对已发生的泄漏点进行分析，了解产生泄漏的主要原因，并采取相应措施。

如图1所示，通过扎实规范开展装泄漏检测与修复工作，大港石化公司LDAR泄漏率和排放量均有了明显的下降。

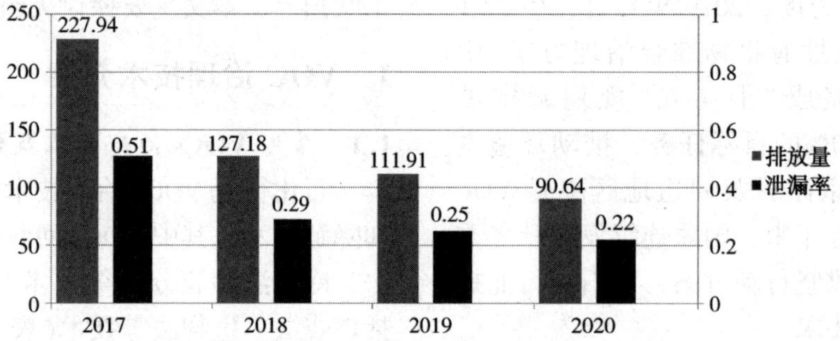

图1　近年来大港石化公司LDAR排放量及泄漏率

(泄漏率单位‰，排放量单位吨)

2.2 油品储运环节

(1) 轻质油储罐的治理

按照《石油炼制工业污染物排放标准》、《挥发性有机物无组织排放标准》的要求，要使用浮顶罐储存，否则需要对储罐呼吸废气进行治理。浮顶罐的浮顶与罐壁之间的密封形式必须是浸液式或机械式鞋型(外浮顶罐必须采用双重密封，且一次密封形式必须是浸液式、机械式鞋型)。

真实蒸汽压大于5.2kPa的油品基本为航煤及以上组分的油品，大港石化对相关油品的储罐进行了改造，改造内容为将原有浮筒式浮盘更换为全接液蜂巢式内浮盘和浸液式密封及其他相关配件。全接液蜂巢式浮盘使用创新的连接构造，由主梁担任整个浮盘的支撑作用，模块搭接在结构桁架上，模块与主梁之间、模块与模块之间都有相应的紧固设施完成固定，浮盘整体更加稳定。与普通浮筒式浮盘相比，其具有强度高、安全性能好、排放少、施工简单的优点。

浮盘形式不同，主要是影响储罐损失中的盘缝损失。以一个5000方内浮顶汽油储罐为例，理论上使用全接液蜂巢式浮盘相比浮筒式浮盘，全年可减少排放VOCs约10吨。使用LDAR检测仪器对汽油储罐顶部出气口VOCs浓度进行检测(储罐为静态)，可由改造前的3000ppm降至150ppm。

目前，大港石化轻质油储罐已有27具完成全接液蜂巢式浮盘的改造，按照标准核算，可降低VOCs排放240吨左右。

(2) 原油罐区的治理

大港石化现有原油储罐建设时其浮顶浮顶均为全接液式浮盘，主要从合规及安全的角度出发，将储罐一次密封改为全接液式。改造后，其

一、二次密封之间的可燃气浓度从爆炸下限的70%降至5%左右。

(3) 苯罐的治理

按照《石化行业挥发性有机物综合整治方案》的要求，苯罐要设油气回收，2017 年大港石化采用三级活性炭吸附的技术，对苯罐废气进行治理，具体流程：罐区产生的含苯废气首先进入第一级活性炭吸附器，从第一级出来的废气再进入第二级活性炭吸附器，然后经末端深度净化器后排空。当第一级吸附器活性炭饱和后，用蒸汽再生。再生出来的有机物与蒸汽的混合液经冷凝器冷却后进入分层罐储存，油水分离后外送至指定地点。冷凝器不凝气和贮槽不凝气再进入进气管线送入吸附器。处理装置设有 3 个活性炭吸附器，正常情况下 2 个用于吸附，1 个进行再生，设计出口废气含苯小于 4mg/m^3、voc 小于 80mg/m^3。后续运行结果表明，装置出口废气苯含量不能稳定达标，2019 年又在活性炭吸附装置出口增加了催化氧化焚烧撬块，实现了稳定达标(图 2)。

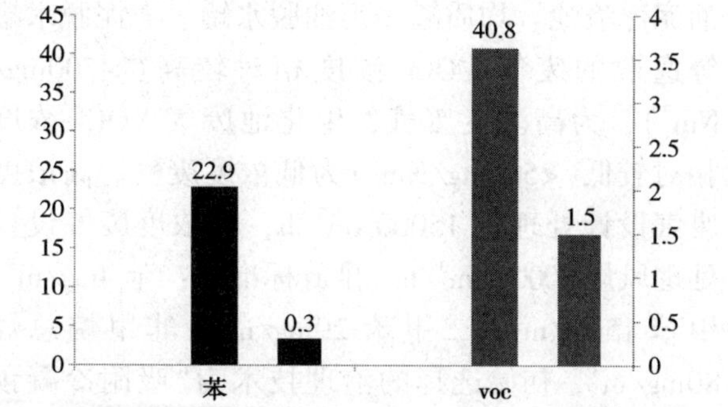

图 2　催化氧化撬块前后苯与 VOCs 浓度的变化

2.3　油品装卸环节

大港石化装车场用于汽油和柴油装车，按照要求，约 300 方/小时的汽油装车废气需要治理，其治理装置始建于 2008 年，采用油品吸收、膜分离组合技术，具体流程为：混合油气经汽油吸收后进入膜分离器，在膜的作用下，油气中的烃类透过膜被分离，剩余洁净气体排放大气，设计排放浓度不大于 25g/m^3。2017 年，在此基础上又增加活性炭吸附模块，以期达到排放浓度不大于 80mg/m^3 的目标。实际运行情况表明，汽油装车废气经过油品吸收、膜分离、活性炭吸附后，其 VOC 浓度仍不能稳定达到不大于 80mg/m^3 的目标，为此，大港石化将此股废气送入蒸汽锅炉装置的风线入口，进入锅炉炉膛焚烧后处理，实现了稳定达标(图 3)，具体数据见表 2。

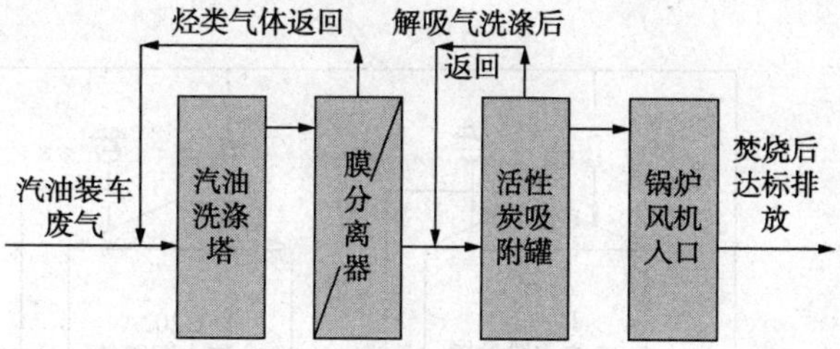

图 3　油气回收设施流程示意

表 2　汽油装车废气各阶段处理废气数据

mg/m^3

	膜分离器后	活性炭吸附后	锅炉焚烧后
VOCs 浓度	235000	545	0.4

2.4　含挥发性有机物污水储存和处理环节

(1) 焦化冷焦水罐区的治理

焦化冷焦水罐区包括冷焦水罐、冷焦水除油罐、冷焦水沉降罐、污油罐等，经检测，这些罐呼出气体含有较多的烃类成分，日常情况下其可燃气含量可达到 1.73%(v/v)，冷焦水放水期间可燃气体含量最大达 11.43%(v/v)，存在较大的安全环保隐患。冷焦水罐区 VOCs 治理措施主要是：对这些罐进行氮封，呼出气体经离心风机送入焦化装置加热炉风线入口，进入焦化炉内焚烧(图 4)。

(2) 含硫污水罐的治理

含硫污水罐为加氮封的拱顶罐，罐顶气组成见表 3。由表 3 可以看出，酸性水储罐顶气中主要为低分子，通过吸收和吸附法都很难达标，冷凝法回收成本高且创造价值低，同时考虑到此股气体硫化氢含量较大，因此，将此废气脱臭后尾气利用水环泵升压排入火炬管网，进气柜回收后进入燃料管网进行利用。

表 3　酸性水罐顶气组成

分析项目	组成/v%	分析项目	组成/v%	分析项目	组成/v%
H_2	1.45	丙烷	0.1	异丁烯	0.13
O_2	1.04	丙烯	0.94	顺丁烯	0.13
N_2	94.34	正丁烷	0.07	异戊烷	0.194
甲烷	0.29	异丁烷	0.06	正戊烷	0.09
乙烷	0.15	反丁烯	0.13	$>C_5$	0.6
乙烯	0.16	正丁烯	0.09		

可燃气体含量：4.62v%

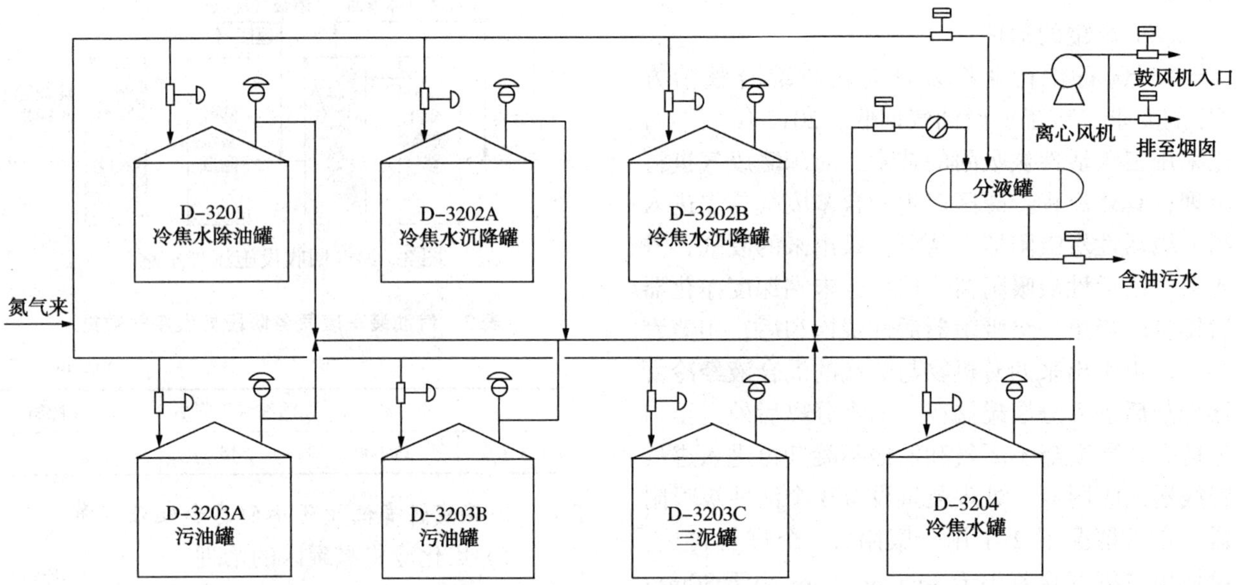

图4　油气回收设施流程示意

(3) 污水隔油池、污水收集池的治理

由于石化企业污水池的废气量小且浓度并不高(池内废气不长期积聚的情况下),又兼具数量多和分布广的特点,考虑到资金投入及治理技术特点,表1所列常用VOCs治理技术中没有适合的石化企业污水池的。

对大港石化污水池内气体进行分析,因废气中有害成分最主要的是甲烷,确定还是采用焚烧法对污水池废气进行处理,考虑到焚烧炉建设投资大,而污水池与生产装置相近,可以将污水池废气收集送入装置加热炉风线入口后进炉焚烧,既有焚烧处理VOCs的高效率,又减少了焚烧炉的投资。大港石化利用此技术建成了两套治理设施,分别对南北区污水池及储运隔油池废气进行了了处理,运行后效果很好。

(4) 污水处理设施的治理

大港石化污水处理设施的调节罐、隔油池、油泥浮渣池、均质罐、污油脱水罐、三泥脱水罐等逸散的废气VOCs浓度相对较高(>500mg/Nm^3),为高浓度废气;生化池废气VOCs浓度相对较低(<500mg/Nm^3)为低浓度废气。高浓度废气设计处理量15000Nm^3/h,低浓度废气设计处理风量20000Nm^3/h,排放标准为:苯4mg/m^3、甲苯15mg/m^3、二甲苯20mg/m^3、非甲烷总烃80mg/m^3,初始选择的治理技术为"吸附冷凝预处理+两段滴滤式生物氧化"联合工艺,其工艺流程如图5所示。

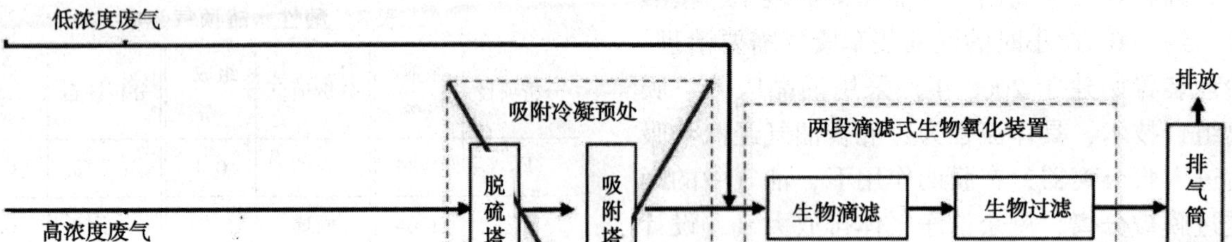

图5　污水处理废气VOCs治理工艺流程图

因为高浓度部分废气浓度不稳定，且冷凝回收部分VOCs回收率低、设备运行维护成本高，目前已将高浓度废气的吸附冷凝预处理单元停运，高浓度废气直接进入就近的重整装置的四合一加热炉风线，进炉焚烧处理。改造后排放口VOC浓度从44.3mg/m^{3}降至13.5mg/m^3，且省去了回收冷凝装置的运行费用。

2.5 装置停工检修吹扫环节

石化装置停工除臭后，采用蒸汽对装置进行吹扫，产生的废气直接送火炬焚烧。很多情况下，因为冷凝负荷不够，导致废气中水蒸汽不能及时冷凝，进而导致废气进入火炬后不能充分燃烧以消除其中VOCs组分，最终产生异味。为解决此问题，大港石化通过技术改造，首先利用装置自身设施对废气进行一级冷凝，然后火炬管网上又建设了二级冷凝设施，经过两级冷凝的吹扫废气其中的水蒸气和凝液已大量去除，剩余少量不凝气进入火炬后可以充分燃烧。经过2017和2021年两次检修的考验，停工检修吹扫废气治理设施可以有效消除石化企业检修吹扫异味排放问题。

3 结论

石化企业无组织VOC废气治理要结合石化企业的特点开展，可以充分利用装置加热炉、锅炉、火炬管网等现有设施，根据废气组成，可将气量小、浓度低的废气引入加热炉、锅炉的风线入口或火炬管网进行焚烧，实现高效处理和资源利用。同时，装置加热炉、锅炉的风线入口和火炬管网也可作为其他治理设施紧急情况下的旁路，确保达标排放。

参考文献

[1] 张东祺．关于VOC的排放以及控制措施探讨[J]．农业科技与信息，2021(05)：35-36.
[2] 李援．石化行业挥发性有机物污染治理技术探讨[J]．炼油技术与工程，2018，48(7)：2-3.
[3] 国家生态环境部．石油炼制工业污染物排放标准[S]．北京：中国标准出版社，GB 31570—2015.
[4] 江光义．全接液浮盘密封技术在储罐VOC治理中的应用[J]．安徽化工，2020，46(5)：95-96.
[5] 国家生态环境部．挥发性有机物无组织排放标准[S]．北京：中国标准出版社，GB 37822—2019.

超低排放液化气深度脱硫(PriLDS®)技术在延迟焦化液化气脱硫醇装置上的应用

董卫刚[1]　张铁柱[2]　胡雪生[1]　丁长胜[2]　高　飞[1]

(1. 中国石油石油化工研究院；2. 中国石油锦州石化分公司)

摘　要　针对目前液化气脱硫醇过程存在的问题，中国石油石油化工研究院(PRI)开发的 PriLDS®技术通过集成液化气预处理脱胺、循环碱液超重力法深度再生和氮气脱氧等工艺，在满足液化气深度脱硫的同时，实现碱渣近零排放。某石化延迟焦化液化气规模 5 万吨/年，脱硫化氢后总硫含量约 800mg/Nm^3，采用 PriLDS®技术改造后，延迟焦化液化气脱后硫醇硫含量低于 5mg/Nm^3。焦化液化气脱硫醇再生碱液质量稳定，其硫醇钠和二硫化物含量分别长期保持在 500mg/kg 和 50mg/kg 以下，碱渣排放近零，装置操作平稳。

关键词　PriLDS　焦化液化气　脱硫　碱液再生　超重力

1　技术应用背景

液化气脱硫醇过程目前主要采用碱洗工艺。由于循环碱液再生不够彻底，传统的液化气碱洗脱硫醇工艺通常会产生难以处理的含高浓度硫醇钠碱渣。随着油品质量升级，下游装置对液化气原料硫含量有了更为苛刻的要求。为保持液化气脱后硫含量满足下游工艺要求，生产企业不得不提高碱洗工艺操作的苛刻度，加大碱液置换量，由此导致碱渣排放量增加。另一方面，随着我国环保政策及法规日趋完善和严格，脱硫醇碱渣作为“危废”受到地方政府的严格监管，这无形中提高了企业生产成本和加大了安全环保管控风险，特别是后者，不当的处置可能造成严重的安全事故。

延迟焦化液化气受原料性质和工艺特点所限，通常含硫高且携带焦粉。某石化企业延迟焦化液化气规模 5 万吨/年，改造前其脱硫加工路线为：先在焦化车间胺洗脱硫化氢，再去与催化裂化液化气混合进气分单元双脱装置脱硫。根据分析数据，其延迟焦化液化气在胺洗后总硫高达 800mg/Nm^{3}左右，相比催化裂化液化气胺洗后硫含量 100mg/Nm^{3}左右，前者以不到 8%的加工量贡献了近 40%的脱硫醇负荷。根据其生产现场反馈，延迟焦化液化气携带的焦粉会在碱洗装置的纤维丝上附着沉积，在操作上表现为纤维膜接触反应器压降增加和碱洗脱硫醇硫效果变差，这将影响装置的长周期运行。

2　液化气脱硫醇工艺

2.1　传统工艺

Merox™技术是应用时间最长，应用范围最广的液化气碱洗脱硫醇工艺，该技术由美国 UOP 公司开发，从 1958 年第一台装置投用至今，已在 1700 多套装置上应用。该技术解决了脱硫醇碱液中硫醇钠再生，具体反应过程为：硫醇钠在磺化酞菁钴的催化作用下与氧气和水反应，生成氢氧化钠和二硫化物，实现了碱液的循环利用，奠定了后续液化气脱硫醇工艺改造升级的基础。

$$4NaSR+O_2+2H_2O \longrightarrow 4NaOH+2RSSR$$

随着产品质量升级和环保政策法规日趋严峻，Merox 工艺的弊端也逐渐显现出来，包括脱硫效果不稳定、碱液再生效率低、碱渣排放量大、氧化尾气排放污染等问题。

针对 Merox 工艺的弊端，先后有不同的技术对其作了改进。美国 MERICHEM 公司采用纤维膜接触反应器替代原有的碱洗抽提混合装置，改善了碱液和液化气的接触效率，提高了液化气脱硫醇率。为提高碱液再生效果，部分公司和设计院采用溶剂油反抽提技术替代 Merox 工艺的沉降分离技术，利用溶剂油对二硫化物的相似相溶特点，将再生碱液中的二硫化物含量控制在约 100mg/kg 的水平；还有公司开发了全相接触高效氧化再生技术，利用大风量鼓泡操作和长时间沉降分离来提高循环碱液硫醇钠转化率和二硫化物分离率。总的来说，以上改进相对 Merox 工艺在脱硫效果、碱渣减排、操作能耗物耗方面有了较大提高。

2.2 PriLDS®技术

石油化工研究院(PRI)开发的超低排放液化气深度脱硫技术(PriLDS®)以 Merox 工艺为基础，通过技术集成创新，针对传统液化气脱硫醇工艺存在的问题，提出了系统性的方案，解决了其他现有液化气脱硫醇工艺存在的碱渣排放及后续处理、氧化尾气污染及工艺过程安全等一系列问题。该技术主要通过以下 5 个模块组合实现：(1)液化气水洗脱胺预处理；(2)液化气碱洗抽提；(3)碱液再生和产物分离；(4)碱液脱氧；(5)置换碱液和氧化尾气处理。

PriLDS®技术首次将超重力技术引入到脱硫醇碱液再生过程，实现循环碱液中硫醇钠转化和产物分离一步完成。该技术的原理在于：在超重力反应器内超重力场作用下，碱液被撕扯破碎成液滴、液膜，同时伴随快速的表面更新，气液相间传质速率较其他鼓泡/搅拌传质过程提高 1~2 数量级。从而传统工艺中传质控制的硫醇钠再生过程转变为反应控制，硫醇钠转化率得到极大提高。同时，在再生反应的大气液比操作条件下，硫醇钠转化过程中生成的二硫化物进入氧化尾气被带走，实现产物的高效分离。综上，PriLDS®技术从碱液入手，通过实现循环碱液深度再生和净化，最大程度恢复循环碱液的抽提能力，从而实现液化气深度脱硫。

3 PriLDS®技术在某公司延迟焦化液化气脱硫醇装置上的应用情况

3.1 工艺流程改造

针对前述某公司延迟焦化液化气脱硫醇装置存在的问题，采用 PriLDS®技术对其现有工艺流程进行了改造升级，包括：(1)增加液化气水洗脱胺装置，避免胺液在碱洗时进入碱液中累积；(2)针对焦化液化气硫含量高，脱硫负荷大的问题，单独建立碱洗脱硫醇装置碱洗；(3)采用超重力反应器再生循环碱液；(4)设置脱氧装置对再生碱液进行脱氧；(5)设计置换碱液和氧化尾气处理方案，确保生产过程的安全环保。

具体原则流程如图 1 所示，胺洗后的延迟焦化液化气先通过聚结器脱胺后，再经过水洗进一步脱除溶解胺液，净化后的延迟焦化液化气经两级碱洗抽提脱硫醇和微量硫化氢，最后通过碱液聚结器脱碱后出界区。待生碱液从一级抽提沉降罐引出，经闪蒸脱烃后，送到超重力反应器内进行再生，在磺化酞菁钴催化剂的作用下，待生碱液与非净化风中的氧反应，待生碱液中的硫醇钠转化为氢氧化钠和二硫化物，二硫化物进入气相被氧化尾气带走，再生后的碱液经过脱氧处理后，返回二级碱洗抽提反应器循环利用。置换出的少量再生碱液送入催化烟气脱硫塔梯级利用，氧化尾气送入催化一氧化碳锅炉燃烧处理后，再经催化烟气脱硫塔实现无害化。

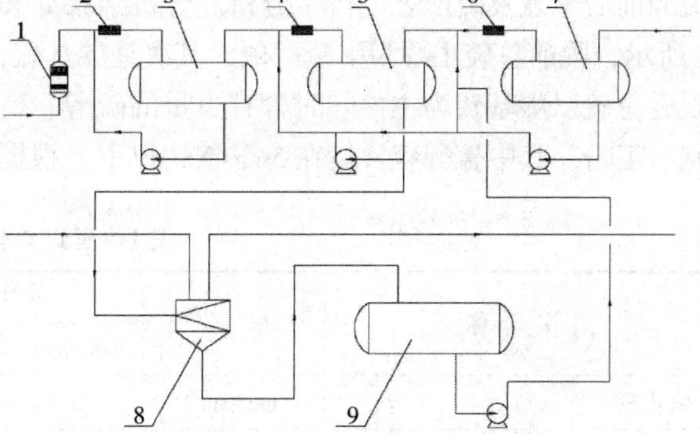

图 1 焦化液化气脱硫醇工艺流程图

1—胺液聚结器；2—液化气水洗静态混合器；
3—液化水洗沉降罐；4—液化气一级碱洗静态混合器；
5—液化气一级碱洗沉降罐；6—液化气而级碱洗静态混合器；
7—液化气二级碱洗沉降罐；8—超重力反应器；
9—碱液脱氧缓冲罐

3.2 运行数据分析

延迟焦化液化气 PriLDS®装置自投产以来近一年的生产运行数据趋势和均值水平见图 2~图 4。根据趋势图可以发现，再生碱液硫醇钠和二硫化物含量处于较为稳定的水平上，再生碱液硫醇钠含量平均值 345mg/kg，二硫化物含量平均值 21mg/kg；延迟焦化液化气脱硫效果稳定，平均总硫含量 79.8mg/Nm^3。

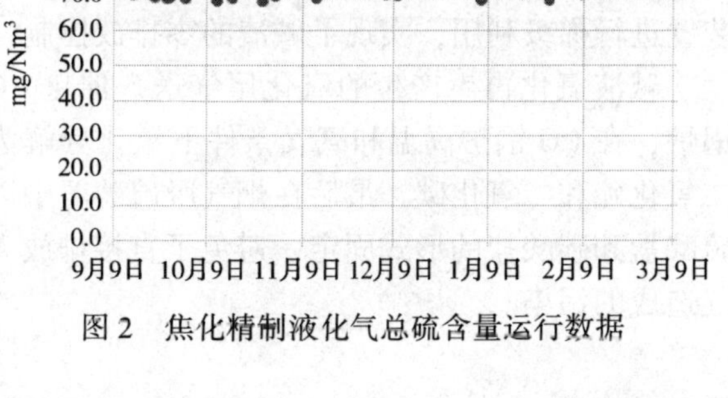

图 2 焦化精制液化气总硫含量运行数据

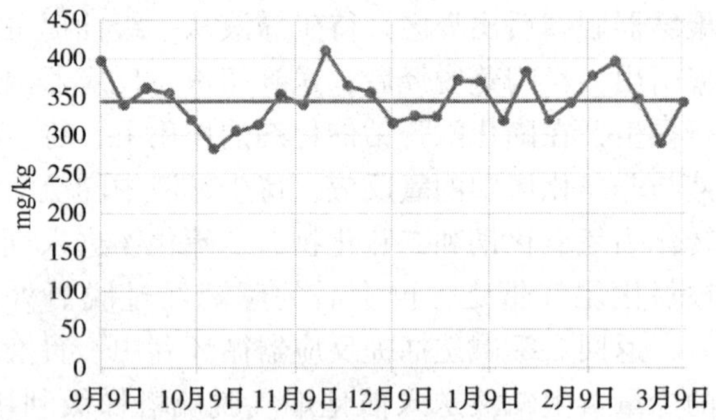

图3　再生碱液硫醇钠含量运行数据

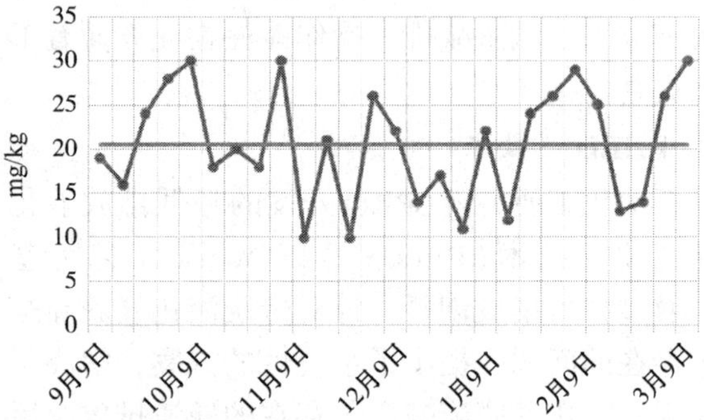

图4　再生碱液二硫化物含量运行数据

为进一步分析脱硫效果，对延迟焦化液化气脱硫醇前后总硫及硫形态进行了分析。分析结果如表1所示，脱前总硫主要为甲硫醇硫，其次是羰基硫，脱后总硫以羰基硫为主，同时含有少量的硫醇、硫醚、噻吩，其中硫醇硫含量在5mg/Nm^{3}以下，根据脱硫前后的数据分析，碱洗抽提的硫醇硫脱除率在99%以上，与前面所述待生碱液在超重力反应器内的再生效果相互印证，好的碱液再生质量有利于碱洗脱硫醇。

表1　延迟焦化液化气形态硫分析

名　称	单　位	9月27日		9月28日		9月29日	
		碱洗前	碱洗后	碱洗前	碱洗后	碱洗前	碱洗后
硫化氢	mg/Nm^3	0.5	0.0	0.5	0.0	0.5	0.0
羰基硫	mg/Nm^3	102.2	61.3	90.7	66.4	112.1	70.7
甲硫醇	mg/Nm^3	753.7	2.6	735.3	2.6	810.9	2.6
乙硫醇	mg/Nm^3	1.5	0.0	2.2	0.0	1.3	0.0
甲硫醚	mg/Nm^3	1.7	1.0	1.0	0.8	0.5	0.3
2-丙硫醚	mg/Nm^3	0.6	0.7	0.2	0.2	0.4	0.2
噻吩	mg/Nm^3	1.0	0.8	0.5	0.3	0.6	0.3
二甲基二硫醚	mg/Nm^3	3.5	2.5	10.4	8.6	9.1	7.9
甲基乙基二硫醚	mg/Nm^3	2.1	1.6	1.3	0.9	1.2	1.3
总硫含量	mg/Nm^3	866.8	70.5	842.1	79.8	936.6	83.3

图5是再生碱液化学耗氧量(COD)的分析数据，而传统技术中的脱硫醇碱渣COD值高达几十万[8]，PriLDS®装置所产生的外排置换碱液COD值甚至优于采用湿式氧化法进行碱渣处理后的COD值水平，处理难度大大降低。正是基于PriLDS®再生碱液较低COD值的保证，延迟焦化PriLDS®装置外排置换碱液被送到烟气脱硫装置进行梯级利用，实现了碱渣的零排放控制。

碱液氧化再生产生的氧化尾气送入催化CO锅炉，在CO锅炉高温和氧气条件下氧化分解为二氧化硫和二氧化碳，最后在烟气脱硫装置中以硫酸盐和碳酸盐的形式固定，避免了直接排放大气造成的污染。

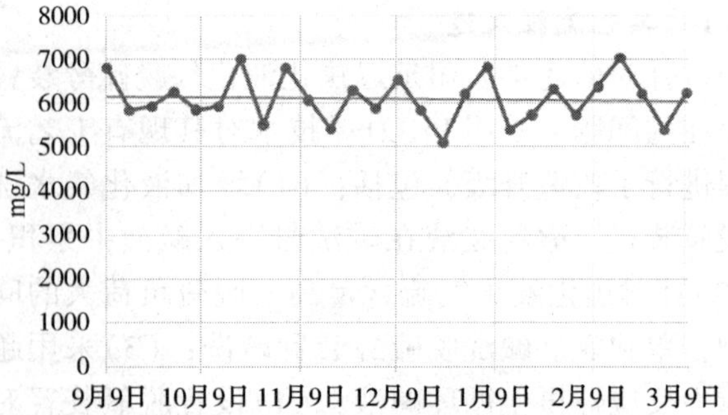

图5　再生碱液COD监测值

4　结论

采用PriLDS®技术对延迟焦化液化气脱硫醇

工艺进行改造后，有以下改进：

(1) 避免了延迟焦化液化气携带的焦粉在催化液化气脱硫醇装置上沉积和堵塞纤维膜反应器，实现了装置的长周期运行。

(2) 通过对外排置换碱液梯级利用，实现了碱渣零排放控制。

(3) 通过碱液深度再生，实现了焦化液化气的深度脱硫，硫醇硫脱除率达到99%以上。

(4) 氧化尾气通过催化 CO 锅炉燃烧分解和催化烟气脱硫塔洗涤，实现了无害化处理。

参 考 文 献

[1] 周晓龙．焦化液化气脱硫醇工艺及装置升级方案研究[J]. 精细石油化工，2019，36(6)：72-75.

[2] 贾正方，俞欢，陈进旺．焦化液化气脱硫醇工艺及装置升级方案研究[J]. 石油炼制与化工，2018，49(4)：35-38.

[3] 黄祥宇．液化气脱硫中纤维膜的应用与在线冲洗[J]. 山东化工，2017，46(11)：137-140.

[4] 余伟，喻武钢液化气脱硫醇装置碱渣减排的探索及实践[J]. 工业安全与环保，2012，38(3)：79-82.

[5] 胡雪生，高飞，范明，等．环保型液化气深度脱硫LDS技术的开发与应用[J]. 2018，49(9)：11-15.

[6] 邹海魁，初广文，向阳，等．超重力反应强化技术最新进展[J]. 化工学报，2015，66(8)：2805-2809.

[7] 刘忠生，赵磊，刘志禹，等．炼化企业碱渣处理技术进展[J]. 石油炼制与化工，2019，50(10)：108-114.

石化智能工厂在生产操作层的应用

苏耀东

(中国石化齐鲁分公司)

摘　要　介绍了石化智能工厂在生产操作层的智能一体化架构，通过“数据+平台+应用”的模式，建立石化企业操作层实时数据库和集中监控平台，实现平台统一化管控。通过加强生产操作层的APP典型应用，实现操作自动化、智能化、数字化，减轻操作劳动强度，提高劳动生产率和经济效益，降低人工成本。

关键词　智能工厂　操作层　平台　数据　应用

石化智能工厂是信息化与业务的高度融合，“业务数据化、数据业务化”为石化智能工厂确立了总基调。近些年石化智能工厂已经渗透到石化企业生产经营的各个环节，涵盖了生产管控、供应链管理、设备管理、安环管理、能源管理、辅助决策等六大业务域。其中生产管控是石化智能工厂的核心业务区域，是可以带来直接经济效益的区域，也是直接与装置安稳优生产密切相关的区域，尤其是生产管控操作层的智能化应用更能体现智能制造的价值。因此，石化企业应加大生产装置操作层智能化软件的研发和应用力度，实现操作自动化、智能化、数字化，减轻操作劳动强度，提高劳动生产率，提高装置经济效益，降低人工成本。

石化生产操作层一般主要实现四个目标，一是提升对生产动态的掌控能力；二是利用技术方案使装置在不断变化的市场中达到效益最大化；三是提升装置优化运行能力和异常预警预测能力；四是实现调度令一体化管理，强化调度令的严肃性。本文主要是探讨生产操作层智能一体化应用的架构、方法、数据、平台、应用等。

1　生产操作层智能一体化

图1为石化生产管控操作层智能一体化架构图，这个架构图的核心点有两个，一是建立操作层的实时数据库，二是建立统一的操作层集中监控平台。虽然多数石化企业已经建立了实时数据库，但是操作层的实时数据库基本都没有独立设置，报警事件AE(Alarm Event)基本也未实现采集。建立操作层实时数据库，可以大大提高数据采集的范围和采集频率，其实一个工艺位号包括几十个相关数据，如PV(过程值)、OP(阀位值)、SP(设定值)、P(比例)、I(积分)、D(微分)、量程上下限、报警等，这些都需要采集到操作层实时数据库，采集频率完全可以与DCS一样达到1秒钟，实现应采尽采，实现DCS数据整体上移但是又优于和高于DCS数据的效果，避免实时数据库一般只采集PV值的现状。DCS主要以自动化控制为主，操作层实时数据库主要给操作层的APP(可以理解为操作层的所有智能化组件)应用提供统一的快速敏捷的实时数据源，实现操作层的一体化智能管控。操作层集中监控平台主要是将所有操作层的APP应用进行性能监控、资源监控和安全监控，结合工业互联网应用，探索采用“数据+平台+应用”的架构，建立企业操作层工业互联网平台，实现平台统一化管理，通过一系列KPI指标来综合评估APP智能化应用的效果，对石化企业的各个运行部和班组进行智能化应用效果的排名和考核，并及时进行改进和提升，形成智能闭环管理。

2　生产操作层APP应用

下面介绍几款相对比较成熟的生产操作层的典型APP应用，这些应用需要统一通过操作层实时数据库进行读写数据，统一通过操作层集中监控平台进行性能评价，它们之间不再是烟囱式的独立系统，不再是信息孤岛，而是采用平台的模式互相紧密相关，款款相扣，取长补短。例如PID整定是APC的基础，APC是RTO的基础等。

2.1　控制回路评估和PID整定

控制回路评估是指收集装置控制回路相关参

数的历史运行数据及相关设置参数，实现控制回路性能测量、监测、分析，包括对控制回路状态、控制效果、性能指标等做出评估，发现并诊断出性能差的控制回路，生成控制回路性能评估报告。根据控制回路性能指标评分情况一般将控制回路评价为优、良、差三个等级。针对性能差及长期处于手动状态的控制回路，可以采用专业技术分析、数据分析、设备检查等技术手段相结合的方式进行问题诊断和整改。

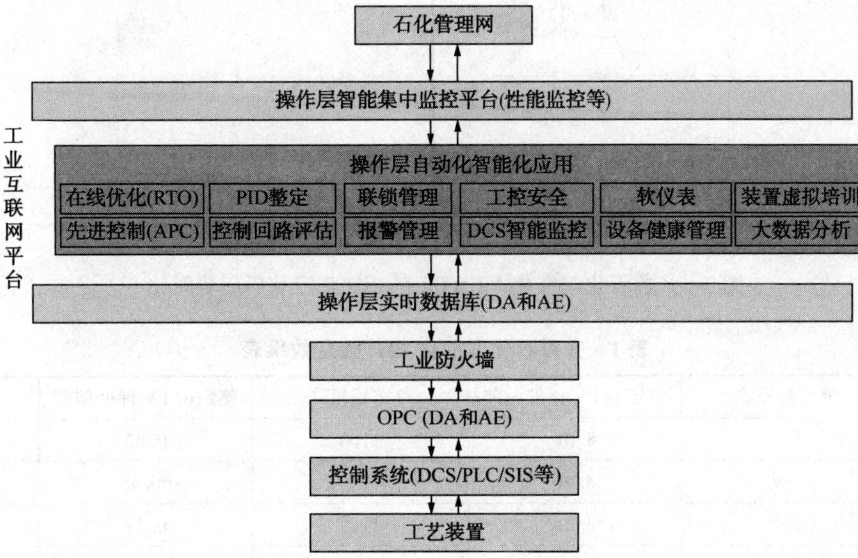

图1　石化操作层智能一体化架构图

通过控制回路评估可以避免出现“为投自动而投自动”的现象，如：控制阀位设限、设置不合理的 PID 参数、现场控制阀的上下游截止阀限流或开副线等情况。

控制回路评估的 KPI 指标一般包括稳定性、快速性、准确率、饱和率等。稳定性是评估回路受外界扰动而偏移稳态后恢复稳态的特性；快速性是评估回路能够跟踪设定值的响应速度特性；准确率是评估回路达到稳态时被控量的实际值和设定值之间的控制准确的特性；饱和率是指评估每个控制回路统计时间范围内投自动的无效控制情况。一般建议控制回路性能计算公式为：

$$\text{单回路控制性能}=[0.6\times\text{稳定率}+0.2\times\text{准确率}+0.2\times(1-\text{饱和率})]\times100\%$$

时至今日，PID 仍然是石化过程控制中应用最为广泛的一种控制方式，见图 2。它是比例(P)、积分(I)、和微分(D)调节规律的线性组合，吸取了比例调节的快速反应功能、积分调节的消除误差功能和微分调节的预测功能等优点。在实际应用中，P、I、D 三个参数应相互配合，组合使用。在工程实际中，PID 控制器因为结构简单、稳定性好、可靠性高的优点成为工业控制中的常用控制器。

齐鲁石化在生产操作层采用以理论和人工经验为指导、PID 整定软件做辅助的“人机结合”PID 整定与优化工作模式，对全厂 20 多套装置 1000 多个控制回路进行了优化和整定，整定后有非常明显的效果，测量值标准偏差平均下降 30%以上，自控率大幅提升，有效减轻了操作人员劳动强度，减少了装置波动，提高了装置控制水平。图 3 为齐鲁石化三催化 FIC5008 在 PID 整定前后趋势对比图。表 1 为齐鲁石化三催化 PID 整定效果表，从表中看出，PID 进行优化整定后回路都投上了自动，且 PV 值的标准偏差大幅度降低，平均降幅在 78.2%，表明控制结果的平稳性明显增强，达到了预期效果。

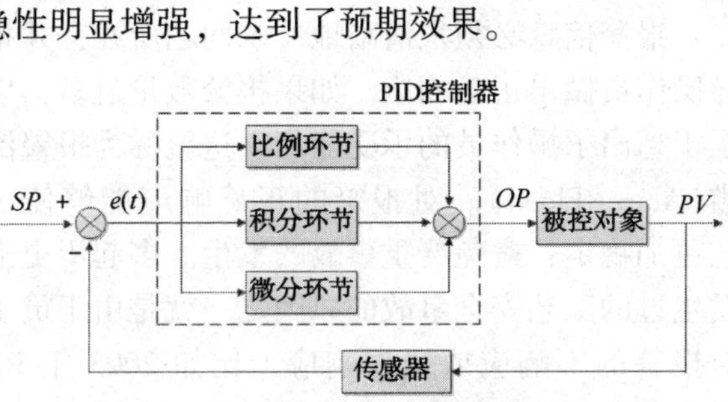

图2　常规 PID 控制原理图

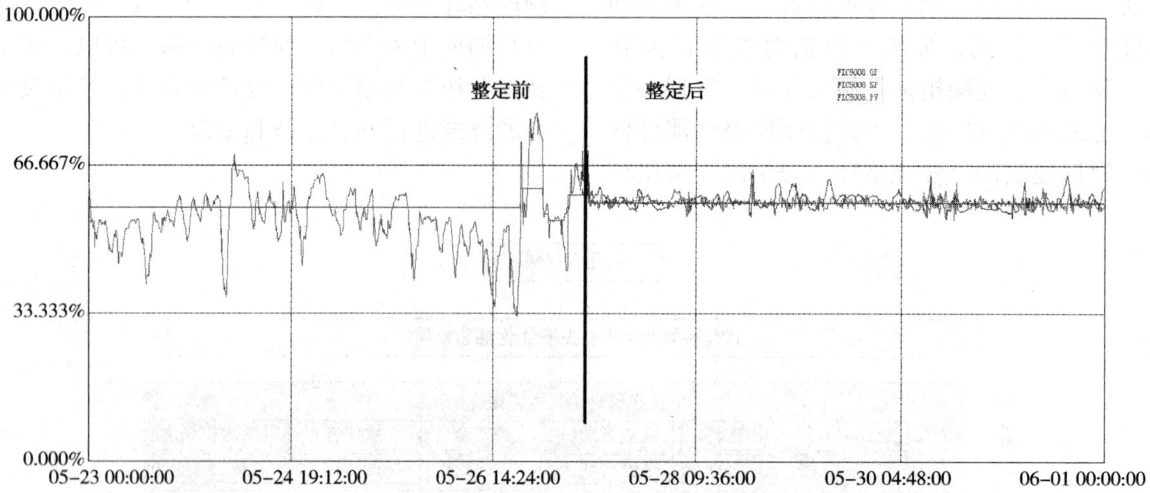

图3　齐鲁石化三催化 FIC5008 在 PID 整定前后趋势对比

表1　齐鲁石化三催化 PID 整定效果表

回路名称	整定前模式	整定前 PV 标准偏差	整定后模式	整定后 PV 标准偏差	标准差降幅
FIC3021	手动	8.01	自动	0.62	92.26%
FIC5007	手动	3.41	自动	00.45	86.80%
FIC5008	手动	3.21	自动	0.37	88.47%
FIC3005	手动	4.79	自动	0.78	83.72%
FIC3006	手动	4.21	自动	0.86	79.57%
FIC3008	手动	10.08	自动	3.08	69.44%
FIC3009	手动	5.74	自动	0.75	86.93%
FIC5001	手动	0.41	自动	0.23	43.90%
LIC4004	手动	3.97	自动	0.14	96.47%
LIC104	假自动	2.14	串级	0.01	99.53%
FIC107	自动	0.88	串级	0.34	61.36%
LIC3010	假自动	12.45	串级	3.98	68.03%
FIC3016	自动	2.48	串级	0.99	60.08%

2.2　报警管理

报警是当设备故障、工艺偏差或异常情况发生时通过听觉或视觉等方式对操作人员进行通知的一种手段，报警需要操作人员进行及时响应、判断和处理，以免造成事故的发生。

报警信息必须很清晰地反映问题所在，并指导操作员做出正确响应。如果报警数量过多，以至于超出了操作员的承受能力，这就称为报警泛滥(Alarm Flood)。对报警的正确响应能够使工艺更加稳定，避免严重事故的发生。多起历史上发生过的工艺安全事故的原因之一就是由于员工对报警的不响应或错误响应，比如2005年BP德克萨斯州炼油厂爆炸等。

报警管理是通过OPC的AE接口对DCS的报警数据与事件进行实时自动采集与辨识，利用统一的规则对采集到的报警数据进行存储、解析、统计、挖掘和优化等，实现对报警信息的实时监测和状态评估，实现对扰动、频繁、无效报警的分析诊断，将报警问题和处置过程存储至报警知识库，为操作人员提供报警指导，提高报警响应速率，支持报警优化策略编制，减少报警数量，提高报警质量，实现对报警的持续优化。

石化企业应根据报警事件后果严重性将报警优先级分为紧急、重要、一般三级。紧急和重要报警应设置一级报警和二级报警，一般报警应设置一级报警，并根据实际需要设置二级报警。一级报警是指工艺参数的高限或低限报警，即工艺参数超出正常操作范围；二级报警是指工艺参数的高高限或低低限报警，即工艺参数超出安全操作范围。正常情况下紧急报警约为报警总数的5%左右，重要报警约为报警总数的15%左右，一般报警约为报警总数的80%左右。报警管理的KPI指标一般包括时平均报警数(平均每小时报警次数，指标为小于6次)、10分钟峰值报警数(每10分钟内出现的最大报警次数，指标为小于10次)、24小时持续报警数(报警持续时长在24小时以上的平均报警次数，指标为0次)、Top 10高频报警占比%(频次排名前10位的参数的报警次数之和占报警总次数的百分比，指标约1%到5%)。

齐鲁石化已经实施了11套装置的报警管理，完成13000多个仪表控制点的动态报警信息采集。图4为齐鲁石化实施的报警管理系统分析界面，其中二催化装置报警数量从每周27000多次减少到14000次左右，下降48%，无效报警被及时优化，装置报警有效性大幅提高。

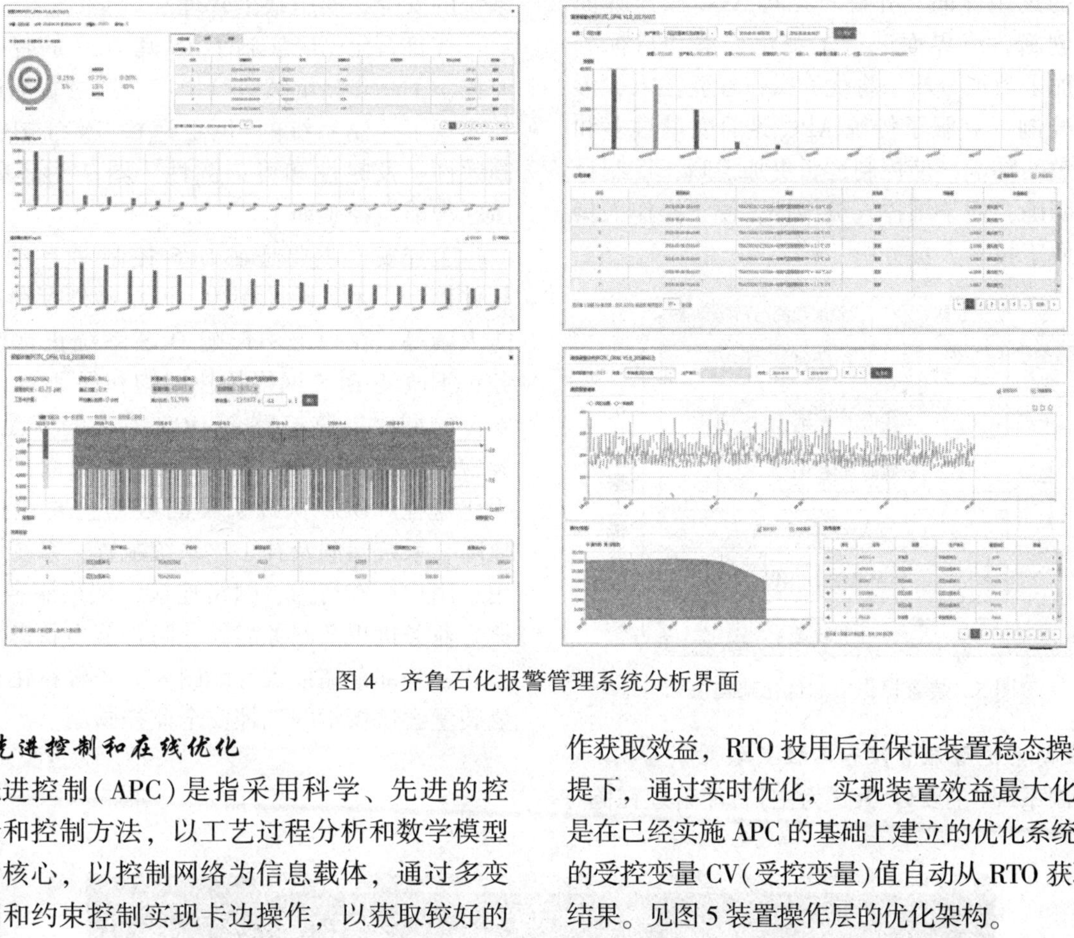

图4　齐鲁石化报警管理系统分析界面

2.3　先进控制和在线优化

先进控制(APC)是指采用科学、先进的控制理论和控制方法，以工艺过程分析和数学模型计算为核心，以控制网络为信息载体，通过多变量协调和约束控制实现卡边操作，以获取较好的经济利益。

实时优化(Real-Time Optimization，RTO)是指结合现场操作数据、产品及原料分析数据、市场价格数据和工艺知识，利用数学模型、机理模型和快速、高效的优化计算技术，对生产装置运行参数进行优化调整，增强其对环境变化、原材料波动和市场变化等的适应能力，使生产装置始终处于高效、低耗和安全的最优运行状态。

APC投用后装置趋于稳态操作，通过卡边操作获取效益，RTO投用后在保证装置稳态操作的前提下，通过实时优化，实现装置效益最大化。RTO是在已经实施APC的基础上建立的优化系统，APC的受控变量CV(受控变量)值自动从RTO获取最优结果。见图5装置操作层的优化架构。

APC的KPI指标一般包括控制器优化投用率、综合模型质量指数、MV有效投用率、CV值卡边百分率等。

$$\text{控制器优化投用率}=\frac{\text{控制器处于优化的时间}}{\text{采样总时间}}*100\%$$

$$APC\text{综合模型质量指数}=p_1*CV_1\text{模型质量指数}+p_2*CV_2\text{模型质量指数}+\cdots+p_n*CV_n\text{模型质量指数}$$

其中p_1，$p_2\cdots p_n$分别为CV_1，$CV_2\cdots CV_n$的权值。

$$MV(\text{控制变量})\text{有效投用率}=\frac{(MV\text{处于投用状态}\&MV\text{尚有操作裕度})\text{时间}}{\text{采样总时间}}*100\%$$

$$CV\text{卡边百分率}=\frac{CV\text{卡边时间}}{\text{优化时间}}*100\%$$

齐鲁石化是中石化第一家引进国外先进控制技术的企业(1991年在炼油厂第二催化裂化装置的反应再生单元正式引进了美国SETPOINT公司的先进控制技术)，也是中石化系统APC应用较多较好的企业之一，目前有22套APC正在运行，有2套RTO正在建设，并成为智能工厂的重要组成部分。图6为齐鲁石化某装置APC在DCS上的投用界面。齐鲁石化将APC操作界面进行了创新，将界面进行了细化分解和目标分解，增加了数据分析，将优秀操作经验注入，形成精准控制，克服了传统APC界面变量过多和控制分散的弊端，使控制逻辑更加清晰，控制目标更加明确，便于维护人员维护，便于操作人员使用，便于技术人员分析。

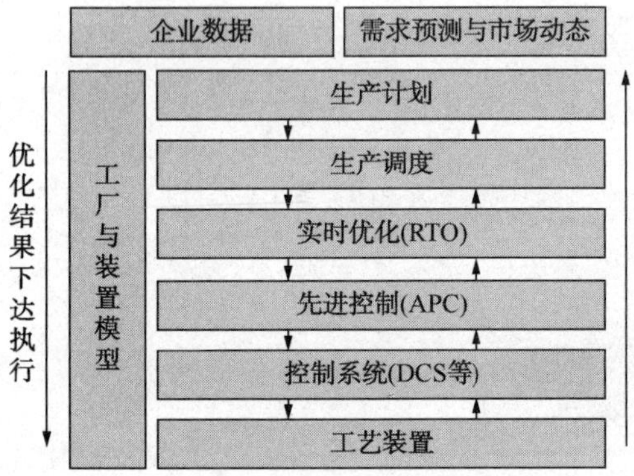

图5　装置操作层的优化架构

2.4　控制系统智能管理和工控安全

控制系统(主要以DCS为主)智能管理在国内刚刚开展应用，这一部分在生产操作层是非常重要且很有必要，控制系统是装置的眼睛。

控制系统智能管理能够实时监控全厂控制系统(DCS、SIS及PLC等)的硬件(包括I/O卡件)、软件、组态、端口、服务等；能够将控制系统的组态方案通过方框图、逻辑图清晰展现出来；能够及时发现控制系统的软硬件异常，做好变更管理；能够实现控制系统网络远程备份和恢复；能够通过对控制系统的监控和管理保证控制系统的安全，实施缺陷管理。

齐鲁石化已经实施了15套DCS的智能远程监控，下一步将继续进行推广。通过智能远程监控实现了控制系统的“网上巡检”及维护管理的高效性、及时性和可追溯性。图7为齐鲁石化DCS智能监控画面。

工控安全主要是在DCS控制网上部署DCS软件探针、主机硬件探针、网络硬件探针、工业防火墙等，在保证不影响DCS系统正常监控业务、不改变DCS网络拓扑结构和保证DCS自身安全的同时，监控整个DCS系统的安全隐患、异常和威胁状态等，实现工业控制系统的安全可视化监控。DCS探针采集的数据主要包括系统故障、系统漏洞及补丁、系统配置、系统资源占用、用户操作行为、网络连接、网络服务、DCS核心业务进程及服务启停、防护能力状态、防护系统、外部存储接入等。图8为齐鲁石化在一加氢装置尝试探索的工控安全监控画面。

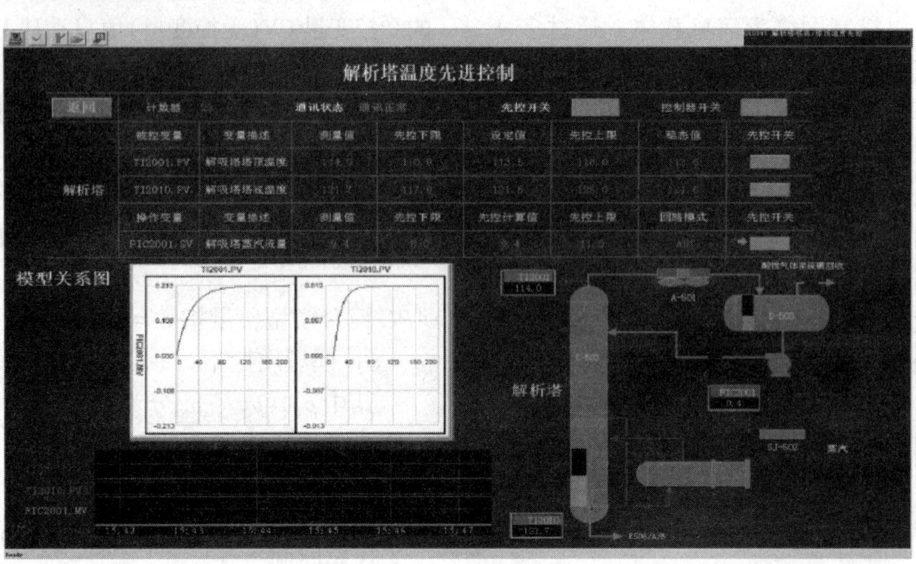

图6　齐鲁石化APC创新型投用界面

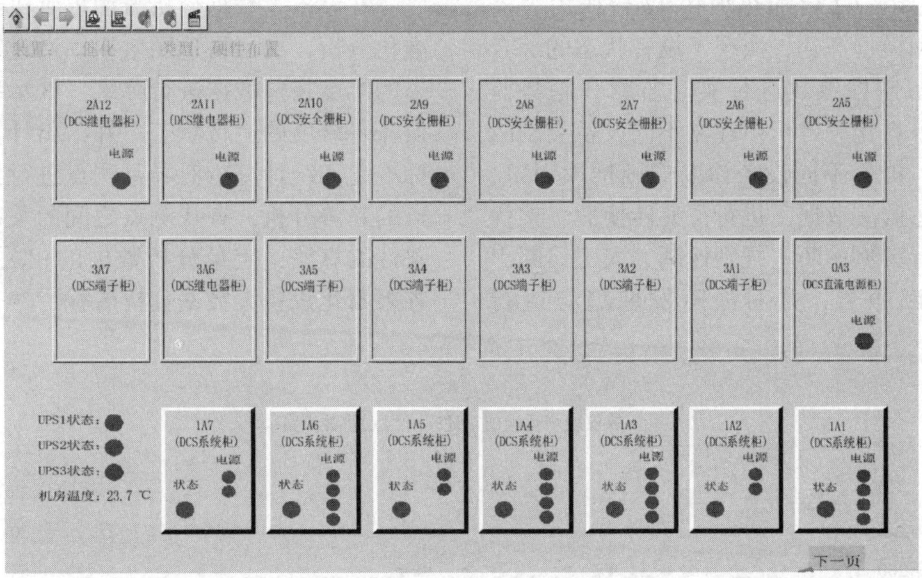

图 7　齐鲁石化 DCS 智能监控系统

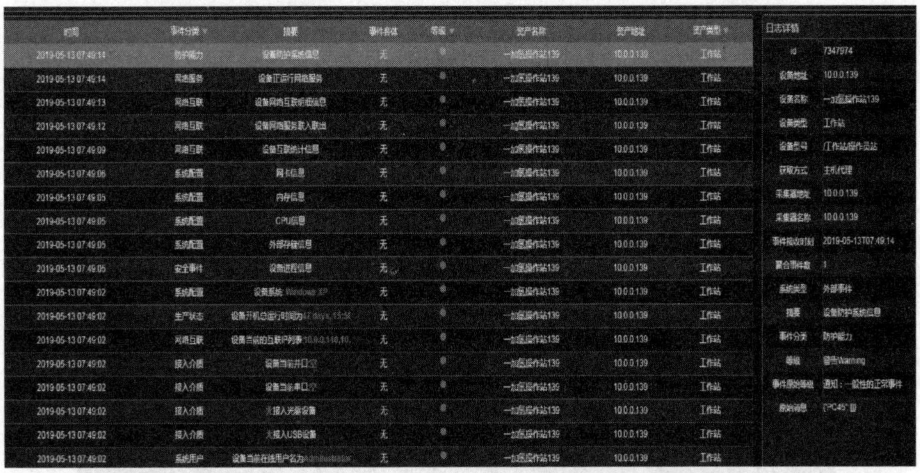

图 8　齐鲁石化一加氢装置工控安全系统

2.5　软仪表

软仪表(soft sensor)是应用机理分析和大数据分析等数学方法，建立难测量参数与可测量变量之间的关系模型，并以这些相关可测量变量作为输入，用软件计算方法给出被测量参数的实时预估值。建立准确的软仪表模型并通过化验分析校正实现在线实时监测，对指导生产具有重要意义。软仪表系统主要由数据采集及预处理、辅助变量选择、模型开发及应用和模型校正四个模块组成。

齐鲁石化建立了量化 APC 软仪表的评价模型，通过与化验值的对比将软仪表评价分为优、良、中、差四个等级，并对 22 套在用 APC 中重点关注的 30 多块软仪表，根据每月的评价结果对软仪表采取工艺机理和数学回归相结合的方式进行不断优化调整以提高软仪表评价指数，同时将软仪表上传到操作层实时数据库，取得了较好效果，其中有 12 块质量软仪表达到了“优”，为减少装置化验频次奠定了基础。图 9 为三催化稳定汽油干点软仪表与化验值对比，可以看出软仪表计算误差在可以接受的范围内，误差小于 1%，效果良好。

2.6　设备健康管理和大数据分析

设备健康管理和大数据分析主要是聚焦设备运行维护阶段，实现设备智能化管理的“三示”(显示参数，展示性能，揭示规律)，和“三控”(事前风险管控、事中状态受控、事后绩效可控)，提升设备可靠度和装置安全、稳定和长周期运行水平。

齐鲁石化在智能工厂过程操作层建设中完成

了 39 台大机组、62 台加热炉和 72 台压力容器的数据收集和模型搭建，实现了设备状态的综合监控，对设备监控参数进行实时监测和趋势监测。针对齐鲁石化关键机组建立不同设备类别故障诊断模型，提供不同设备诊断规则推理引擎，自动获取状态监测数据，进行征兆转换后，按优先级顺序进行案例诊断、规则诊断、人工诊断出具相应的诊断报告，并对故障发展趋势进行预测。

在设备大数据分析方面提供机组和腐蚀的标准化分析，展示雷达图效果。通过对描述设备状态的维度指标数据进行降维，展示装置目前所有设备各维度的运行状态，并给出计算结果；通过标准化和统计分析对异常测点进行预警；通过测点的趋势分析，查找测点之间的关联，并依据相关性的算法，定量分析数据的相关性。图 10 为齐鲁石化设备大数据分析展板。

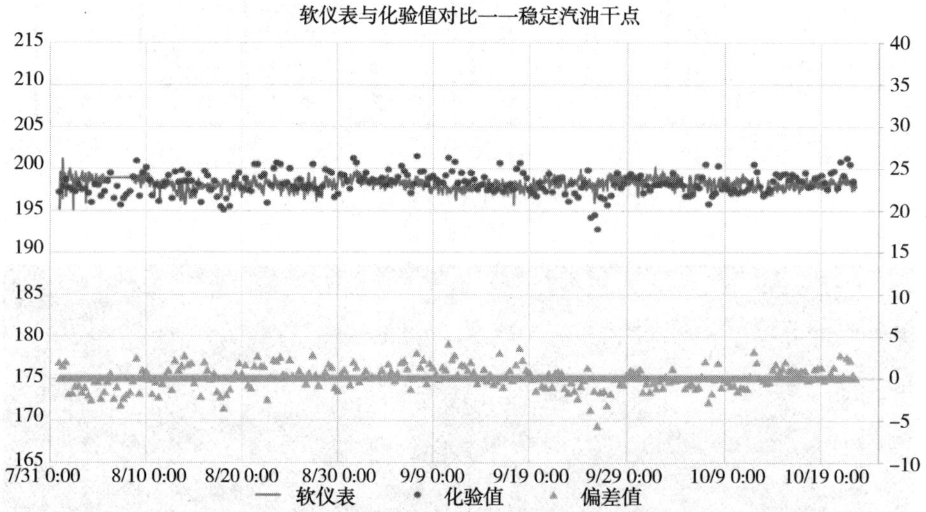

图 9　三催化稳定汽油干点软仪表与化验值对比

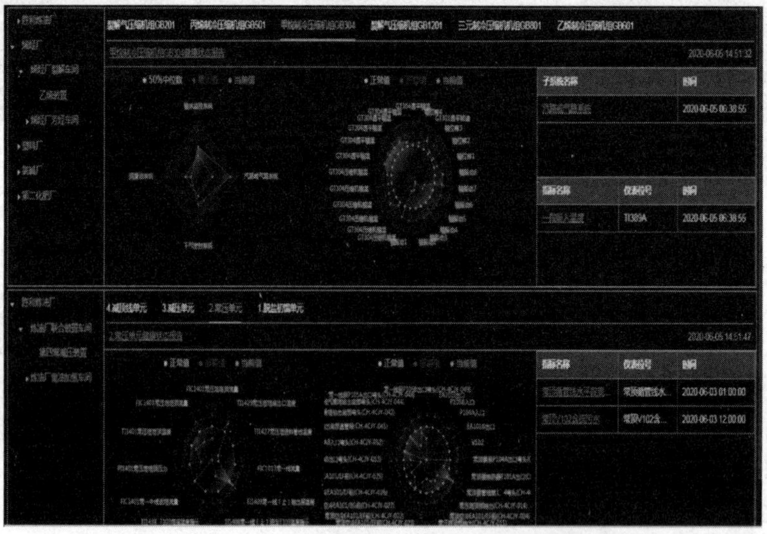

图 10　齐鲁石化设备大数据分析展板

3　结束语

其实还有很多生产操作层的 APP 有待去开发和探索，如一键操作、工艺大数据分析、装置自动提降量、加热炉智能管理、腐蚀管理等。生产操作层智能一体化也可以理解为是石化操作层的工业互联网平台，工业互联网平台目前仍处于起步阶段，由于平台具有行业属性，不同行业平台的设计理念可以相互借鉴，但具体细节需要满足不同行业的业务需求。因此，设计一个平台需要了解这个行业的背景和业务需求。

一个平台需要为业务的开展提供“数据资源”和“能力资源”。我们强调“数据资源”比较多，而关注“能力资源”比较少。“AI算法工具化、业务场景定制化”是平台支撑下的应用发展趋势，其中，“AI算法工具化”是指平台必须要有一个适合炼化企业业务特点的AI工具集、“业务场景定制化”是指IT技术人员和业务人员依靠AI工具能够方便进行业务场景订制。希望今后在“业务驱动、数字赋能、智能引领”的带动下，有更多操作层的智能化应用APP借助于工业互联网平台开发出来并落地生根发芽，为企业提质增效和数字化转型做出贡献。

参考文献

[1] 吴建军，匡华清．精馏塔顶馏分油终馏点软仪表建模探讨[J]．炼油技术与工程，2018，48(07)：54-57.

[2] 俞金寿．软测量技术及其应用[J]．自动化仪表，2008，29(01)：1-7.

[3] 苏耀东．软测量技术在先进控制中的应用[J]．齐鲁石油化工，2006，34(02)：146-149.

[4] 王立行．石油化工过程先进控制技术的现状与发展趋势[J]．炼油设计，2000，30(2)：6-11.

[5] 王树青．先进控制技术及应用[M]．北京：化学工业出版社，2001：8184.

蜡催烟气脱硫单元EDV5000升级EDV6000效果评价分析

李　勇　陈炳翰

(中国石油乌鲁木齐石化公司)

摘　要　烟气脱硫单元是催化裂化再生烟气后期处理保证外排至大气烟气达到国家环保规范要求的重要环保单元，蜡催装置采用EDV湿法脱硫技术达到对再生烟气中的S02及颗粒物同时脱除的效果，通过对脱硫单元的升级改造，增大脱硫塔喷嘴循环量达到外排再生烟气的颗粒物达到国家规范要求。

关键词　烟气脱硫　颗粒物　EDV湿法脱硫

1　概述

乌石化公司炼油厂蜡油催化裂化装置烟气脱硫设施建于2013年，脱硝设施建于2015年。脱硫设施建设时烟气排放标准执行《石油炼制工业污染物排放标准》征求意见稿(2014年01月24日)中特别排放限值相关要求，即催化烟气中SO_2、NO_x、颗粒物的排放浓度分别为200、200、50mg/m^3，设计时SO_2排放浓度按50mg/m^{3}设计，已满足现行规范，投产后排放烟气SO_2和颗粒物浓度达标。脱硝设施建设时烟气排放标准执行现行规范《石油炼制工业污染物排放标准》(GB 31570—2015)中特别排放限值相关要求，即催化烟气中SO_2、NO_x、颗粒物的排放浓度分别为50mg/m^3、100mg/m^3、30mg/m^3，投产后排放烟气NO_x和SO_2达标。故根据现行《石油炼制工业污染物排放标准》中特别排放限值(SO_2、NO_x、颗粒物分别为500mg/m^3、100mg/m^3、30mg/m^3)的要求，蜡催装置烟气排放指标中仅有颗粒物不符合规范要求，目前排放设计浓度为50mg/m^3，规范要求为30mg/m^3。

2　烟气脱离单元升级前后工况分析对比

催化装置余热锅炉来烟气以水平方式进入洗涤塔C-801，进行烟气的洗涤脱硫过程。烟气水平进入到吸收塔(C801)的急冷区(设有1个激冷喷嘴)，在此部分由急冷喷嘴喷淋循环液，形成与烟气进入方向垂直的高密度水帘，烟气与循环液充分接触，大大降低烟气温度并使之饱和，同时脱除较大颗粒催化剂和大部分SO_3。降温并饱和后的烟气上升到吸收区，吸收区有五层喷嘴，每层1台喷嘴，循环浆液通过浆液循环泵送入吸收区喷嘴进行喷淋，喷淋液与烟气充分混合，烟气中的SO_2、SO_3、催化剂颗粒以及其他酸性气体被吸收，烟气得到净化。冷却后的烟气自洗涤塔(C-801)下部上升进入中部的滤清模块。滤清模块除去烟气中残余的细微颗粒和硫酸酸雾，过滤模块内的液体由滤清模块循环泵(P-802)循环使用。滤清模块后的烟气经由水珠分离器除去其中夹带的液滴后，经由塔顶部的烟囱高空排放其流程图见图1，滤清模块文丘里管工作示意图见图2。

表1为2019年1月、2月蜡催装置运行加工负荷为78%、79%，加工负荷较低，装置催化剂自然跑损单耗为0.3kg/t，入口的颗粒物为150mg/m^{3}左右，整体除尘效率在88%左右，外排烟气的情况可以看出装置运行颗粒物出口均值为18mg/m^{3}左右，虽然达到了设计50mg/m^3，同时较设计值达到较优水平，但是较国家标准规范30mg/m^{3}接近，由于1、2月加工负荷较低，烟气量也随加工负荷属于低烟气量操作，如果后期加工负荷提高，或者装置催化剂自然跑损单耗变大及操作波动等影响及容易出现外排烟气颗粒物超标的情况。

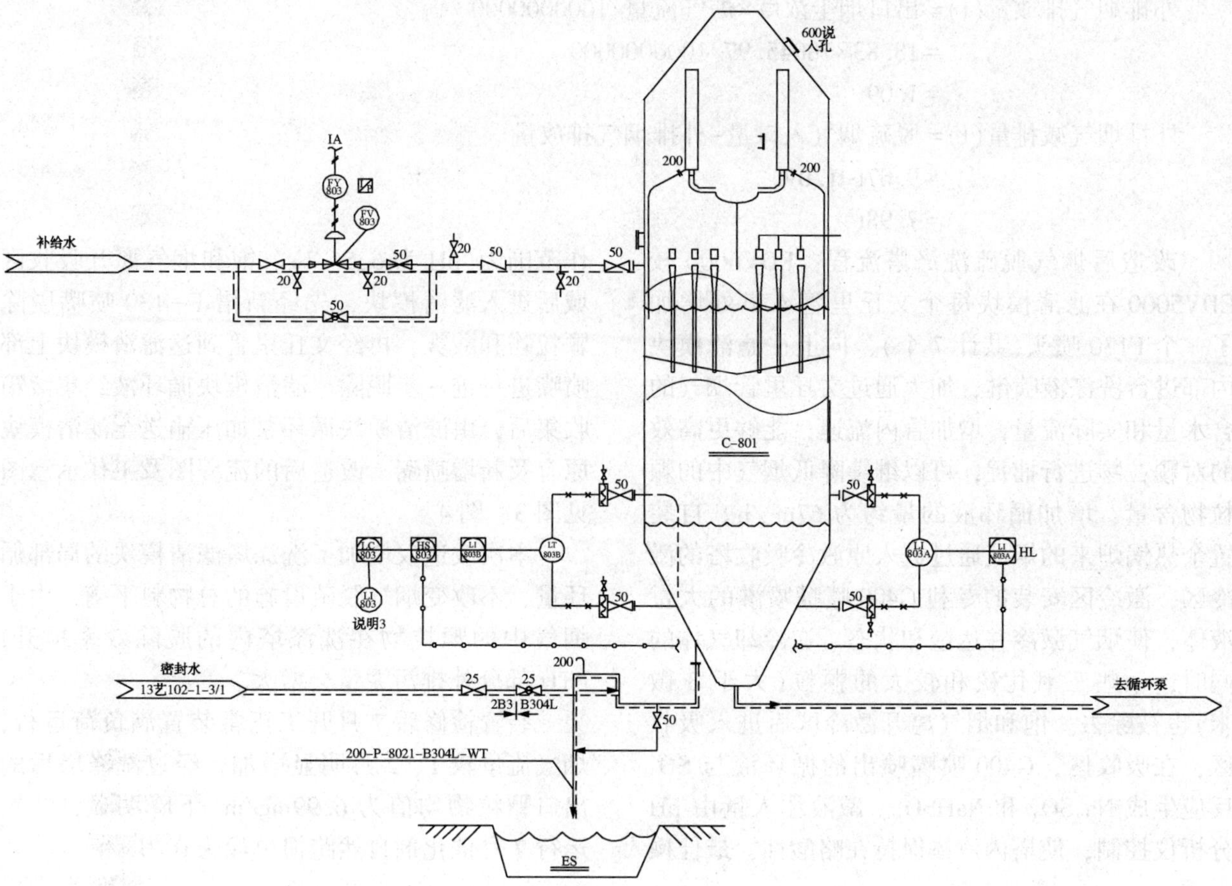

图 1

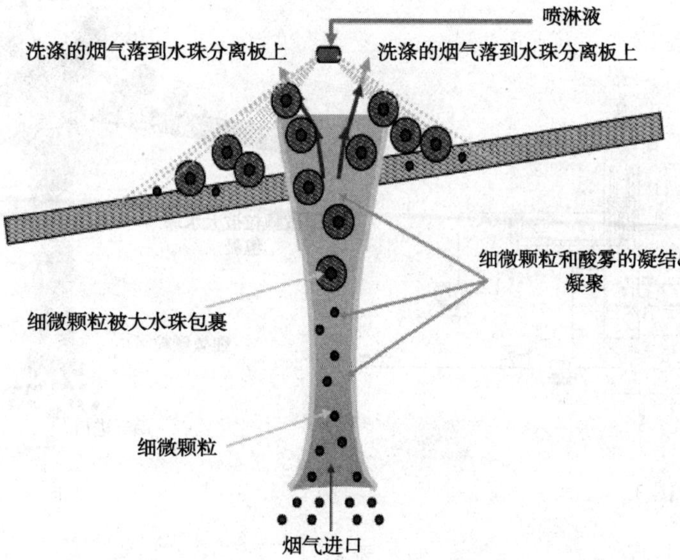

图 2

表 1

	烟气流量/(m^3/h)	烟气排放量/m^3	脱硫入口烟尘/(mg/m^3)	出口烟尘(折算)/(mg/m^3)	除尘效率/%
1月	78045.97	58066201.68	156.2	18.83	87.94
2月	79548.70	53456726.4	153.8	17.84	88.40

通过表 1 数据可以计算出外排烟气颗粒物的量及减排量

外排烟气排放量(t)=出口烟尘浓度×烟气流量/1000000000

=18.83×78045.97/1000000000

=1.09t

外排烟气减排量(t)=脱硫烟气入口量-外排烟气排放量

=9.07t-1.09t

=7.98t

改造后烟气脱硫洗涤塔流程：EDV6000较EDV5000在滤清模块每个文丘里管入口处增加了一个F130喷头(共计7个)，向上往滤清模块内部进行洗涤液喷淋，加大通过文丘里管烟气的含水量和实际流量，增加管内流速，能够更高效的对颗粒物进行捕捉，可以继续降低烟气中的颗粒物含量，增加循环液的量约为$67m^3/h$。自装置余热锅炉来的烟气通过进入原激冷吸收塔的激冷区，激冷区安装的专利G400喷嘴喷淋的大量液体，使烟气激冷并达饱和状态。在冷却气体的同时，一些三氧化硫和较大的颗粒(大于3微米)也被除去。饱和烟气离开激冷区后进入吸收区，在吸收区，G400喷嘴喷出的循环液与SO_2反应生成Na_2SO_3和$NaHSO_3$。碱液注入量由pH分析仪控制，使塔内液体保持在略酸性，最佳操作范围为(pH为6.5~7)。饱和烟气离开吸收区域后进入滤清模块，先经新增F-130喷嘴脱除颗粒物和酸雾，再经文丘里管到达滤清模块上部喷嘴进行进一步脱除。滤清模块循环液经集液箱收集后，由滤清模块循环泵加压输送至滤清模块原有及新增喷嘴。改造后的流程图及工作示意图见图3、图4。

本次改造仅增加了洗涤塔滤清模块的局部循环量，不改变烟气脱硫设施的总物料平衡，由于烟气中的颗粒物在洗涤塔内的脱除效率提升，PTU部分外排污泥量会增大。

装置检修后7月开工正常装置满负荷运行，烟气流量较1、2月明显增加，经过洗涤塔后的出口颗粒物均值为$6.99mg/m^3$下降明显，装置运行7月催化剂自然跑损单耗为0.3kg/t。

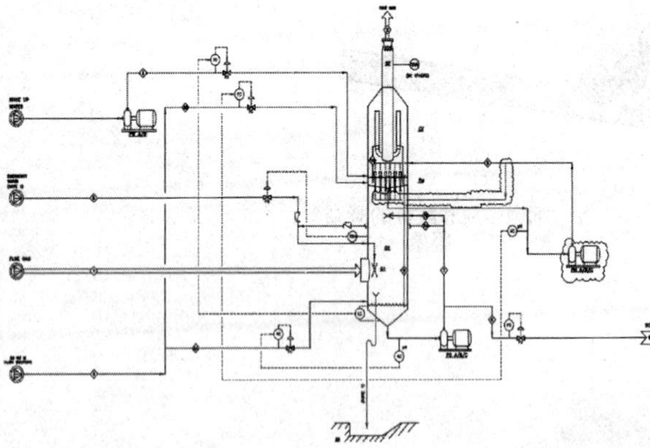

图3

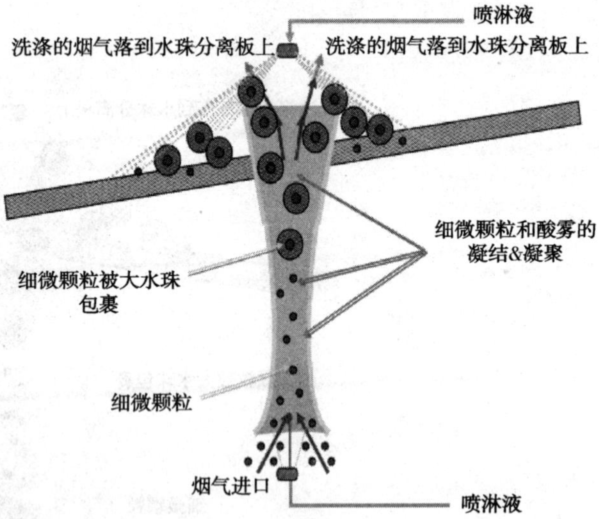

图4

表2

	烟气流量/(m^3/h)	烟气排放量/m^3	脱硫入口烟尘/(mg/m^3)	出口烟尘(折算)/(mg/m^3)	除尘效率/%
7月	85682.07	63747460.08	155	6.99	92.72

通过表2数据可以计算出外排烟气颗粒物的量及减排量

外排烟气排放量(t)=出口烟尘浓度×烟气流量/1000000000

=6.99×85682.07/1000000000

=0.45t

外排烟气减排量(t)=脱硫烟气入口量-外排烟气排放量

=9.07t-1.09t

=9.43t

2020 年催化剂平衡计算，如表 3 所示。

2018 年催化剂平衡计算，如表 4 所示。

表 3　2020 年蜡催装置催化剂平衡台账

年月	入方			出方						
	新催化剂/t	注助燃剂/t	入方总量	卸剂/t	含盐污水外排颗粒物/t	烟气外排颗粒物/t	催化剂浆泥(干)/t	取样催化剂/t	三旋、水封、余锅剂烟气管道积灰结垢	出方总量
	304.36	5.8	310.16	85	14.12	10.83	198.982	0.03	1.2	308.96

表 4　2018 年蜡催装置催化剂平衡台账

年月	入方			出方						
	新催化剂/t	注助燃剂/t	入方总量	卸剂/t	含盐污水外排颗粒物/t	烟气外排颗粒物/t	催化剂浆泥(干)/t	取样催化剂/t	三旋、水封、余锅剂烟气管道积灰结垢	出方总量
	204	3.4	207.4	55	9.3017184	16.21	128.5	0.03	1.2	209.04

由上表可以看出 2020 年改造后全年外排烟气颗粒物较 2018 年全年减排 6.21 吨，且 2018 年蜡催装置由于吹灰等操作原因造成蜡催装置全年外排烟气颗粒物共计超标 5 次，自 2019 年 7 月升级改造完毕后蜡催装置再无出现由于吹灰等操作原因的超标。

3　烟气脱硫单元 EDV5000 升级 EDV6000 分析总结

通过上述分析可以看出 EDV5000 工艺包在蜡催装置运行时外排烟气的情况可以看出装置运行入口的颗粒物为 150mg/m^3 左右，整体除尘效率在 88%左右颗粒物出口均值为 18mg/m^3 左右，虽然达到了设计 50mg/m^3，并且优于设计值，但是较国家标准规范 30mg/m^3 接近，且如果加工负荷增大外排烟气的颗粒物值会达到 23mg/m^3 左右，接近国家规范 30mg/m^3，容易出现超标等情况，2018 年蜡催装置由于吹灰等操作原因造成蜡催装置全年外排烟气颗粒物共计超标 5 次，经过工艺包升级改造后滤清模块每个文丘里管入口处增加了一个 F130 喷头极大地提高了洗涤塔对再生烟气颗粒物的脱除效果，脱除效率由 88%提高至 93%，出口烟气颗粒物折算值由平均 18mg/m^3 下降至 7mg/m^3 已经达到了低于 10mg/m^3 的较低排放水平，平均每个月升级后较升级前可以多减排 0.64t 颗粒物粉尘，每年就可以多减排约 7.68t 的颗粒物粉尘，达到了很好的环保效果，同时再无出现超标情况。

叔丁醇异丁烯二步法氧化制甲基丙烯酸甲酯工艺防爆性研究

聂宏元

(中国石油乌鲁木齐石化公司研究院)

摘　要　叔丁醇异丁烯两步法制氧化制甲基丙烯酸甲酯工艺中是目前开发的一种绿色环保的新工艺方法，但在反应过程中存在氧气和有机物蒸气共存的现象，这种工况下有机物蒸气和氧气的含量是否处于爆炸极限范围之内，对于工艺的安全性而言至关重要，因此需要测试这些状态下的混合气体的爆炸极限或能否发生燃爆，针对气相原料组成在工况条件下的燃爆特性进行研究。在此基础上，提出相应的安全控制措施建议，为该工艺的工业实施提供安全技术支持。

关键词　叔丁醇　异丁烯　氧化　甲基丙烯酸甲酯　防爆

甲基丙烯酸甲酯(MMA)是重要的丙烯酸树脂单体，主要用于PMMA的生产，在化工其他方面也有所应用。市场应用前景十分广阔。2020年全球MMA总产能在419万吨左右，其中，欧洲MMA产能共83.6万吨。据了解，预计到2021年全球甲基丙烯酸甲酯(MMA)需求还将以每年2%~3%增速增长，到2022年全球甲基丙烯酸甲酯(MMA)需求将达到450万吨。但目前工业生产MMA的主要工艺是以丙酮和剧毒的氢氰酸为原料的传统丙酮氰醇法，反应过程中还需使用高腐蚀性的硫酸，并副产大量难以处理的硫酸氢铵。目前生产甲基丙烯酸甲酯的方法有多种，本文主要介绍叔丁醇两步氧化法制甲基丙烯酸甲酯过程中有机物蒸汽和氧气反应过程中安全防爆的控制研究。

乌石化公司和中科院过程所联合开发的叔丁醇两步氧化法制取甲基丙烯酸甲酯。即叔丁醇/异丁烯在催化剂作用下氧化生成甲基丙烯醛MAL(1)，然后MAL在催化剂作用下酯化生成甲基丙烯酸甲酯MMA(2)；此方法在工艺进一步简化，也避免了其他方法过程中间酸的生成，绿色化程度进一步提高。但由于存在氧气和有机物蒸气共存的现象，这种工况下有机物蒸气和氧气的含量是否处于爆炸极限范围之内，采取工艺手段降低爆炸风险，是本次实验研究的主要内容。

$$C_4H_8+O_2 \longrightarrow C_4H_6O(MAL)+H_2O \quad (1)$$

$$C_4H_6O+1/2O_2+CH_3OH \longrightarrow C_5H_8O_2+H_2O \quad (2)$$

1　实验部分

实验手段和安全分析方法，对叔丁醇氧化制甲基丙烯醛(MAL)工艺进行安全技术研究。对混合器、预热器两个过程的安全相图进行研究，针对反应器气相原料组成、R201上方气相组成在工况条件下的燃爆特性进行研究。在此基础上，提出相应的安全控制措施建议，为该工艺的工业实施提供安全技术支持。

叔丁醇法生产MMA简要流程图如图1所示。

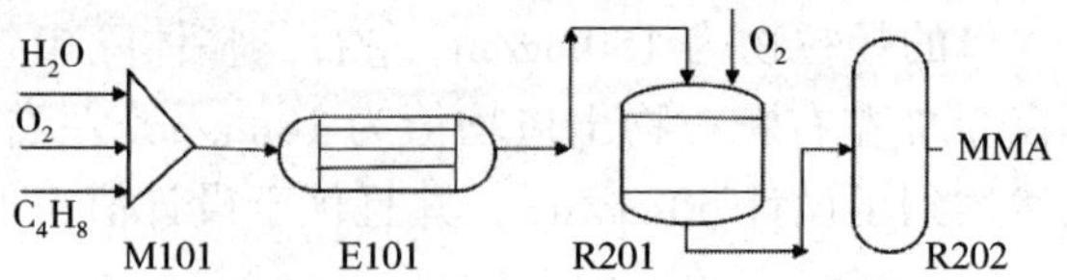

图1　叔丁醇法生产MMA简要流程图

1.1　实验内容

具体内容包括四个方面：

混合器M101：温度80℃，压力(绝压)1.5kg/cm^{2}下，“叔丁醇/异丁烯-氧气-氮气”物系火灾爆炸三元相图研究，检测该物系不同组成的爆炸极限，绘制氧含量为30%以下部分的火灾爆炸相图。“叔丁醇/异丁烯-空气-水蒸汽”物系火灾爆炸三元相图研究，检测该物系不同组成的爆炸极限，绘制氧含量为30%以下部分的火灾爆炸相图。

预热器E101：温度170℃，压力(绝压)

1.5kg/cm^2 下，“叔丁醇/异丁烯-氧气-氮气”物系火灾爆炸三元相图研究，检测该物系不同组成的爆炸极限，绘制氧含量为30%以下部分的火灾爆炸相图。“叔丁醇/异丁烯-空气-水蒸汽”物系火灾爆炸三元相图研究，检测该物系不同组成的爆炸极限，绘制氧含量为30%以下部分的火灾爆炸相图。

反应器(R201)上方气相组成工况条件是否燃爆：温度：80℃，压力(绝压)：4kg/cm^2，6kg/cm^2，气相组成如表1所示。在两个压力和三种组成的六个状态点下是否能发生燃爆。

表1　三个气相组成

气　体	摩尔含量/%		
	组成一	组成二	组成三
N_2	76.86	84.81	88.46
O_2	10.04	10.20	9.89
CO_2	0.22	0.54	0.27
H_2O	2.13	0.14	0.10
C_3H_6(丙烯)	0.21	0.09	0.10
MeOH	8.23	2.23	0.37
甲酸甲酯	1.03	1.08	0.50
MAL	1.30	0.92	0.33

2　研究方法

2.1　测试装置

爆轰管——通过测量管体内混合气体经点燃后，火焰传播、温度、压力变化情况，得到气体(蒸气)混合物爆炸极限、爆炸力和爆炸波传播速度的装置。本装置的优点在于可以模拟工业生产的实际情况(如高温、高压)，研究气相混合物的燃爆性能，且安全性高，操作简便。

实验装置主要由长1.5m的$\Phi150\times25$mm爆轰管管体(使用压力30MPa)、点火装置、高压蒸气发生器、气源、管体温度压力监控表、真空泵、连接管线和摄像机组成。在管体上安装了真空表、压力表和温度传感器，用于观测管内压力和温度。高压蒸气发生器上也安装了控温装置和压力表。装置示意图和照片如图2所示。

2.2　测试方法

加热爆轰管至预定温度，在充分吹扫并抽真空后，向爆轰管内按照组分由小到大的含量先后通入各组分至预定的压力。待气体充分混合并且温度恒定后点火，根据点火后的火焰传播情况确定该浓度是否在爆炸极限范围之内。

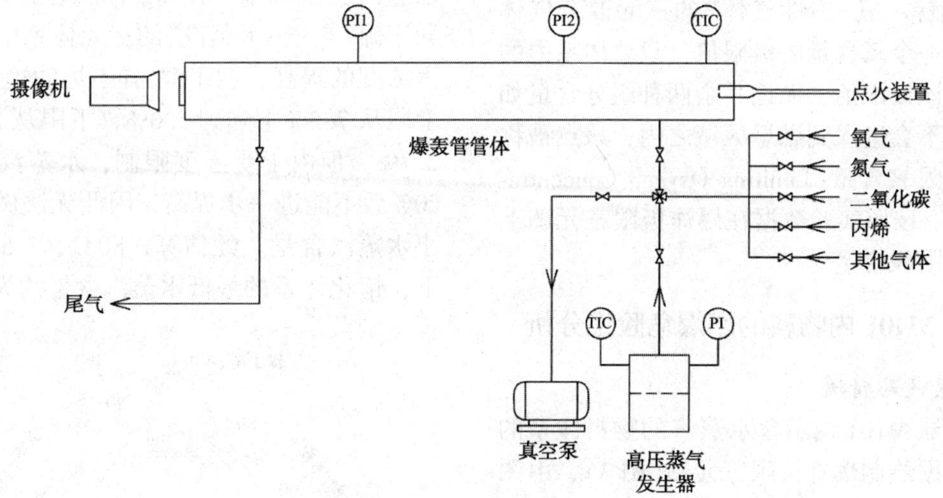

图2　气相爆破测试装置

(1) 将爆轰管管体升温至预定温度，用空气充分吹扫后抽真空。

(2) 按照组分含量由小到大的顺序依次通入各组分的蒸气或气体，由组分摩尔含量计算通入气体的分压大小。

(3) 等到爆轰管内气体混合均匀并且温度恒定后，开启摄像机，点火并记录爆轰管内的燃烧传播情况。

(4) 开启尾气阀门，同时向爆轰管中通入空气吹扫，重复吹扫至少三次，重复前面的测试，直至找到燃烧区域的极限值。

3 试验结果

3.1 反应器R101内物料的燃爆情况

反应器R101内，温度为380℃、压力(绝压)为$1kg/cm^2$，气相组成(摩尔含量)为：叔丁醇/异丁烯：空气：水蒸汽=1：6：4.3。进行气相点火，3min时间内未发现燃爆现象。

3.2 反应器R201内物料的燃爆情况

反应器R201内，温度为80℃、压力(绝压)为$4kg/cm^2$、$6kg/cm^2$、物料组成摩尔比为表1所列出的三种组成的六种条件下，经3min时间的点火实验，均未发现燃爆现象。

4 预热器及反应器研究结果分析

对于第三部分的测试数据，我们用混合气体的爆炸极限三元图的方法来分析其燃爆危险性。首先按照测试结果绘制体系的爆炸极限三元图。在图中每一状态点代表三种物质的某一个固定组成(按照下面的方法读出每一状态点的某组分的含量读数：旋转三元图，将该组分的坐标轴置于正下方，通过状态点做一条与右侧坐标轴平行的直线，与正下方的坐标轴相交，交点的坐标读数值即为该组分的含量)。图3和图5中粉色的线代表在这条线上氧气和氮气的比例是固定的。

对于"燃料-氧-惰性气体"的三元混合气体体系，存在一个氧含量的极限值，只要体系内的氧含量低于该极限值，无论其余两种组分含量如何变化，都不会进入到燃爆区域之内，该点被称为体系的极限氧含量(Limiting Oxygen Concentration，LOC)。按照实验数据在爆炸极限三元图上可找出其极限氧含量。

5 混合器M101内物料的燃爆危险性分析

5.1 含水蒸汽的情况

由混合器M101内不含水蒸汽的物料体系的爆炸极限数据绘制爆炸极限三元图(图3)，由图可以看出：在80℃、$1.5kg/cm^2$绝压下，"叔丁醇/异丁烯-氧气-氮气"的三元体系中，随着空气中氧浓度的提高，叔丁醇/异丁烯的爆炸极限变宽，空气进气的氧浓度如果降低到15.3%，则体系不会发生燃爆。由图3的计算可知，该体系的极限氧含量约为14.9%。若采用控制氧含量的方法保证体系的安全性，推荐将空气的氧含量控制在8%以下。

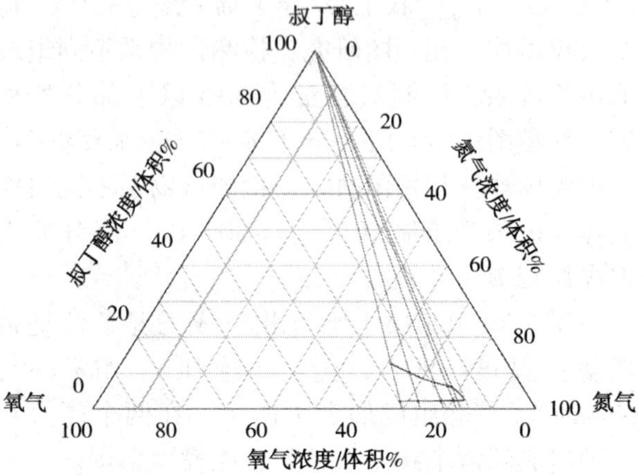

图3　80℃、$1.5kg/cm^2$下
"叔丁醇-氧气-氮气"爆炸极限三元图

工艺条件下，混合器(M101)气相组成(摩尔含量)为：叔丁醇/异丁烯：空气：水蒸汽=1：6：4.3。经计算可知，若体系中不含水蒸汽，在空气和叔丁醇/异丁烯的二元体系中，空气相对含量为85.7%，氧含量为18%，高于极限氧含量(14.9%)。因此不含水的空气-叔丁醇/异丁烯二元体系中，工艺条件下的物料组成处于燃爆区域内。

5.2 含水蒸汽的情况

由混合器M101内含水蒸汽的物料体系的爆炸极限数据绘制爆炸极限三元图(图4)，由图可以看出：在80℃、$1.5kg/cm^2$绝压下，"叔丁醇/异丁烯-空气-水蒸汽"的三元体系中，随着水蒸汽浓度的提高，叔丁醇/异丁烯的爆炸极限变窄，上限从7.3%下降到5.6%，下限从2.2%上升到2.7%。但由于受温度限制，水蒸汽的分压达到20%后不能进一步提高，因此无法做出体系的最小水蒸汽含量。经估算，80℃、$1.5kg/cm^2$条件下，惰化体系的最低水蒸汽含量约为30%(V)。

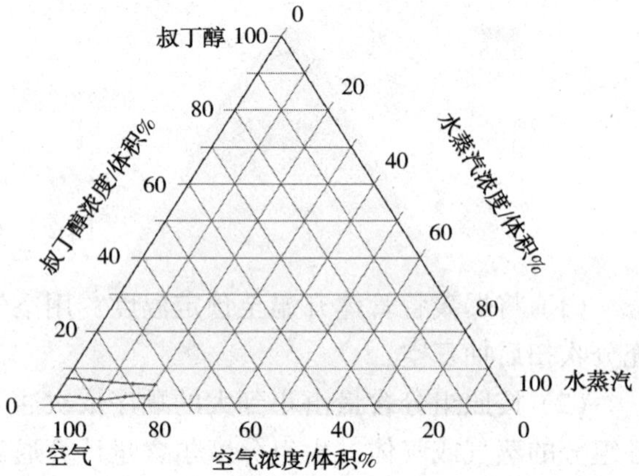

图4　80℃、$1.5kg/cm^2$下
"叔丁醇-空气-水蒸汽"爆炸极限三元图

工艺条件下，混合器(M101)气相组成(摩尔含量)为：叔丁醇/异丁烯：空气：水蒸汽=1：6：4.3。经计算可知，空气含量为53.1%，氧含量为11.2%，叔丁醇/异丁烯含量为8.8%，水蒸汽含量为38.1%。

此条件下，三元体系中的氧含量为11.2%，小于极限氧含量(14.9%)，大于氧含量的推荐控制值(8%)。M101的水蒸汽含量为38.1%，大于最低水蒸汽含量值。由此可知，在此工艺条件下稳定操作，不会达到燃爆条件，但是给工艺控制的波动值预留安全系数偏小。实验研究过程可知，若叔丁醇/异丁烯和空气含量不变的条件下，水蒸汽含量降低会导致氧含量增大，使体系接近或处于燃爆区域内。尤其是80℃条件下，不易于实现高浓度水蒸汽的稳定控制，建议采取有效措施保证水蒸汽的工艺指标。

5.3 预热器E101内物料的燃爆危险性分析

5.3.1 不含水蒸汽的情况

由预热器E101内含不含水蒸汽的物料体系的爆炸极限数据绘制爆炸极限三元图(图5)，由图可以看出：在170℃、1.5kg/cm² 绝压下，“叔丁醇-氧气-氮气”的三元体系中，随着氮氧混合气中氧浓度的减小，叔丁醇的爆炸极限变窄，氧浓度降低到15.3%后，体系不会发生爆炸。经计算可知该体系的极限氧含量约为14.9%。

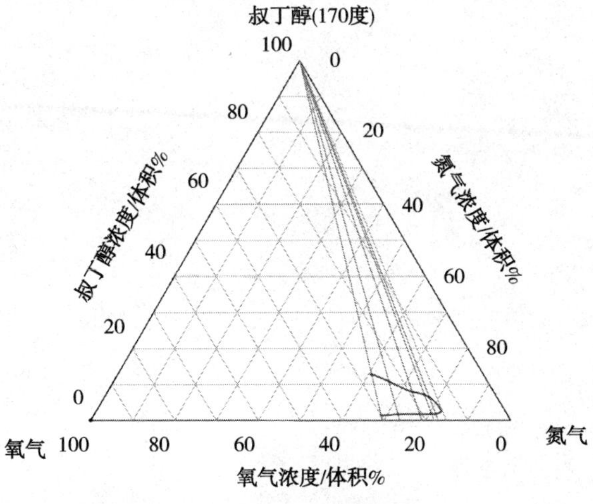

图5 170℃、1.5kg/cm² 下

“叔丁醇-氧气-氮气”爆炸极限三元图

工艺条件下，预热器E101气相组成(摩尔含量)为：叔丁醇：空气：水蒸汽=1：6：4.3。分析方法见5.1.1。由此可知，不含水的空气-叔丁醇二元体系中，工艺条件下的物料组成处于燃爆区域内。

5.4 含水蒸汽的情况

由预热器E101内含水蒸汽的物料体系的爆炸极限数据绘制爆炸极限三元图(图6)，由图可以看出：在170℃、1.5kg/cm² 绝压下，“叔丁醇-空气-水蒸汽”的三元体系中，随着水蒸汽浓度的提高，叔丁醇的爆炸极限变窄，当水蒸汽的含量提高到35%时，体系不发生燃爆，也不存在爆炸极限。经计算可知，预热器E101中最低水蒸汽含量值约为35%。

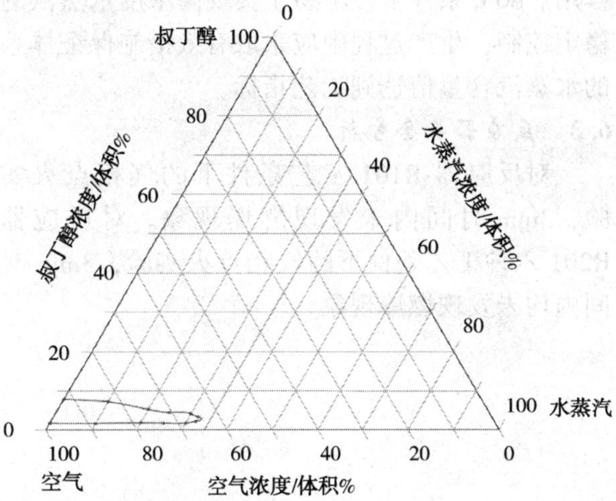

图6 170℃、1.5kg/cm² 下

“叔丁醇-空气-水蒸汽”爆炸极限三元图

工艺条件下，预热器E101气相组成(摩尔含量)为：叔丁醇：空气：水蒸汽=1：6：4.3。此条件下，三元体系中的氧含量为11.2%，小于极限氧含量(14.9%)，大于氧含量的推荐控制值(8%)。E101的水蒸汽含量为38.1%，大于最低水蒸汽含量值(35%)。由此可知，在此工艺条件下稳定操作，不会达到燃爆条件，但是给工艺控制的波动值预留安全系数偏小。

6 结论和建议

根据对工艺状况和实验结果的分析及建议。

6.1 混合器(M101)和预热器安全分析

混合器(M101)和预热器(E101)的工艺条件下，体系的极限氧含量约为14.9%。若采用控制氧含量的方法保证体系的安全性，推荐将空气的氧含量控制在8%以下。混合器(M101)和预热器(E101)的最低水蒸汽含量值分别为30%和35%，综合考虑，取危险性大的进行控制，最低水蒸汽含量值为35%，水蒸汽含量的推荐控制值为40%。

6.2 混合器和预热器安全运行建议

经实验研究可知，混合器(M101)和预热器(E101)的工艺组成处于安全区，但是安全裕度偏小，建议将水蒸汽含量提高至40%。

各设备中氧含量对燃爆危险性至关重要，建议采用可靠的方法监控混合器、预热器及反应器中的氧气含量。若叔丁醇和空气含量不变的条件下，提高水蒸汽含量，会起到稀释可燃气体(叔丁醇)的浓度、惰化体系、降低体系的氧含量的作用。80℃条件下，不易于实现高浓度水蒸汽的稳定控制，生产过程中应采取有效措施保证体系的水蒸汽含量值达到工艺指标。

6.3 反应器安全分析

对反应器R101工艺条件下的气相点火实验，3min时间内未发现燃爆现象。对反应器R201六种工艺条件下的气相点火实验，3min时间内均未发现燃爆现象。

6.4 反应器安全运行建议

建议在预热器及反应器之间的管线上安装阻火器。工艺装置中具有燃爆危险的设备都严格接地，尽可能消除静电。

参考文献

[1] 高爽，甲基丙烯酸甲酯制备工艺研究，当代化工.[J]. 北京：石油工业出版社，2021.05：88-89.

[2] 曹水，林森，段林海，等. 新形势下异丁烯应用的发展方向[J]. 能源化工，2019，40(06)：25-31.

[3] 李敏. MMA市场分析及前景展望[J]. 中国石油和化工经济分析，2019(09)：56-58.

[4] 宋迪. 甲基丙烯酸甲酯产业发展展望[J]. 化工设计通讯，2020，46(03)：79-80.

[5] 王定博. C4烯烃制丙烯和乙烯催化剂及应用[J]. 化工进展，2011(03)：530-535.

[6] 周春艳，付伟，张子龙，等. 甲基丙烯酸甲酯市场分析[J]. 化学工业，2019，37(04)：42-47.

炼油装置催化原料油氯含量的分析方法研究

冯园丽　杜玉栋

（中国石油宁夏石化公司）

摘　要　催化裂化装置是炼油行业重要的二次加工装置，是重油轻质化和改质的主要技术。催化原料油经过催化裂化装置得到的汽油和柴油分别占成品汽油的70%~80%，占成品柴油的30%以上。油品中的含氯化合物会造成装置设备腐蚀、管道阻塞、催化剂中毒等问题，因此准确分析催化原料中的氯含量显得尤为重要。催化原料油色黑粘稠，常温下呈半固体状，采用ASTM D7536方法，需稀释后进行氯含量的分析。本文利用X荧光氯含量分析仪，就如何快速准确的分析催化原料油氯含量进行比对研究。

关键词　重油　催化原料油　稀释　氯含量

1　引言

催化裂化装置是炼油行业重要的重油轻质化和改质的二次加工装置。宁夏石化公司260万吨/年重油催化裂化装置以加工常压渣油为主。目前，通过装置工艺优化调整，如何得到更多的轻质油产品，更好的提高经济效益，是公司的重要任务之一。常压渣油是原油经过常压装置的产物，原油中的含氯化合物在加工过程中容易与氢气反应生成氯化氢，直接造成装置设备的腐蚀及催化剂中毒，因此需要准确测定催化原料油的氯含量，便于装置及时进行工艺调整。目前，采用ASTM D7536单色波长色散X射线荧光光谱法测定芳族化合物中的氯，此方法具有操作简单、稳定性和重复性较好的特点。催化原料油具有色黑粘稠，常温下呈半固体状的物理特性，如果直接采用上述方法检测进行分析，分析结果不具代表性。本文特从此方面入手进行试验研究，就如何选择合适的稀释剂并进行数据比对，以确保分析结果准确性。

2　技术思路和研究方法

2.1　XOS Clora单波长X荧光氯含量分析仪

2.1.1　分析原理

具有适合波长可以激发氯的K层电子的单色X射线照射在装入样品盒中的被测样品上，由氯发出的波长为0.473nm的KαX射线荧光被一个固定的单色器收集，收集的氯元素的X射线荧光强度被探测器检测，并用校准方程将其转换成被测样品中的氯含量，具体分析原理见图1。

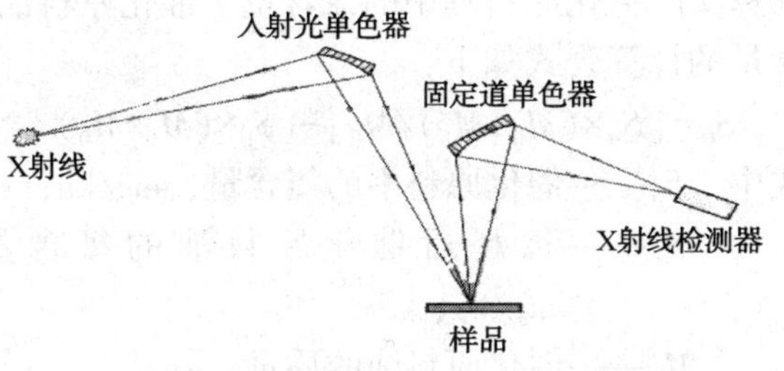

图1　XOS Clora分析原理示意图

2.1.2　仪器参数

检测电压：100~120VAC，47~63HZ；

环境温度：5~40℃；

量程范围：低检测线0.13ppm~3000ppm、高检测线3000ppm~4%(wt.)；

X射线光管：最大50kV，1.5mA；

检测时间：300s。

XOS Clora同时符合ASTM D7536-2016、ASTM D4929-2019、SH/T 0977-2019标准分析要求，用于分析原油、汽柴油等石油产品、聚丙烯、催化剂、水等其他产品中的氯含量。

2.2　实验部分

2.2.1　操作步骤

宁夏石化公司催化原料油的密度大致为0.8988g/cm^3(20℃)，其硫含量高于原油的硫含量，大约为0.13%(m/m)，色黑粘稠，常温下呈半固体状，因此需要对油样进行稀释才能测量氯含量，根据ASTM D7536，具体操作步骤如下：

(1) 准备工作：催化原料油、稀释剂、烧杯、玻璃棒、量筒、药匙、样盒、X射线薄膜。

(2)打开仪器，预热30min，测定空白值即计数值小于100时，可以分析样品。

(3)催化原料油的称量。根据选择的稀释剂的密度，按照标准方法中的公式，计算出催化原料油称量的质量(具体见2.2.2)，用电子天平准确的在烧杯中量取催化原料油。

(4)稀释剂的量取。使用量筒量取稀释剂20mL，将稀释剂倒入装有催化原料油的烧杯中。

(5)稀释。由于催化原料油粘稠，稀释剂不能直接将其溶解，需要放入烘箱中加热5min，油品加热到50℃~60℃后，用玻璃棒搅拌均匀，确保溶解完全。

(6)将溶解后的样品放至室温后倒入样盒中，必须保证膜是紧绷、无褶皱、无污染，然后放入XOS Clora分析仪中。等待仪器分析完后，计算实际催化原料油中的氯含量，催化原料油氯含量的计算公式如下：

$$S_0=[S_d\times(M_0+M_b)/M_0]-[S_b\times(M_b/M_0)]$$

式中　S_0——催化原料中的氯含量，mg/kg；

S_d——稀释后催化原料油的氯含量，mg/kg；

M_0——催化原料油的质量，g；

M_b——稀释剂的质量，g；

S_b——稀释剂的氯含量，mg/kg。

(7)实验结束后，关闭仪器，并清理废液。

2.2.2　稀释剂选择研究

稀释剂必须选择杂质较少且含硫和含氯比较低的油品，这样对测量的结果不易产生干扰(单波长硫测定中，硫元素发出的波长为0.5373nm的KαX射线，而单波长氯测定中氯元素发出的波长为0.473nm的KαX射线，两个波长比较接近，如果稀释剂的硫含量较大容易对结果造成干扰)，另外必须选择挥发性小、气味小、毒性尽量低的品种，以减少稀释过程对人体的危害，也必须选择来源容易、价格低廉的稀释剂。

本文通过选用汽油即本公司重整装置的C-101分馏塔底石脑油(密度0.744g/cm³，硫含量0.5mg/kg，氯含量0.5mg/kg)和柴油即本公司成品柴油(密度0.834g/cm³，硫含量7.34mg/kg，氯含量0.5mg/kg)，分别应用2.1的操作步骤进行试验，其中(1)、(2)、(4)、(5)、(6)(7)操作步骤相同，下面详细说明(3)。

催化原料油的称量：根据步骤(6)中的公式，为了方便计算，将催化原料油的氯含量稀释10倍，则稀释剂M_b与催化原料油M_0的质量比为9，如果选用C-101，量取20mL，则C-101的质量为14.88g，称量催化原料油1.65g。如果选用成品柴油，量取20mL，则成品柴油的质量为16.68g，称量催化原料油1.85g。

通过试验，选用C-101和成品柴油作为稀释剂分析催化原料油氯含量的结果见表1。

表1　不同稀释剂分析催化原料油的氯含量测定结果

测量次数	C-101稀释后的油样/(mg/kg)	成品柴油稀释后的油样/(mg/kg)
1	17.10	18.13
2	17.34	18.64
3	17.65	17.79
4	17.79	17.45
5	17.23	18.35
6	17.54	16.93
平均值	17.44	17.88
标准偏差	0.2632	0.6255
相对标准偏差	0.01509	0.03498

从表1看出，C-101稀释后和成品柴油稀释后的催化原料油氯含量的平均值分别为17.44和17.88，则选择C-101做稀释剂比成品柴油做稀释剂分析的结果偏低，经C-101稀释后，样品分析结果的标准偏差和平均标准偏差为0.2632和0.01509；经成品柴油稀释后，样品分析结果的标准偏差和平均标准偏差为0.6255和0.03498，说明两种方法分析结果的精密度均较高。但是成品柴油的硫含量比C-101相对较大，容易对分析氯含量的结果造成干扰，且成品柴油的密度较大，不能够完全溶解催化原料油，因此稀释剂选择重整装置的C-101分馏塔底石脑油较好。

3　结果和效果

3.1　催化原料油氯含量数据

催化原料油的氯含量比较稳定，本公司的分析频次为1次/周，为了保证数据的准确性，每次分析进行平行样分析，应用2.2.2中选择C-101作为稀释剂，继续分析，结果见表2。

表2　催化原料油的氯含量测定结果

测量次数	2020年4月/(mg/kg)	2020年5月/(mg/kg)	2020年6月/(mg/kg)
1	17.94	17.82	17.79

续表

测量次数	2020 年 4 月/（mg/kg）	2020 年 5 月/（mg/kg）	2020 年 6 月/（mg/kg）
2	18.02	18.32	18.37
3	17.86	17.96	17.83
4	17.91	18.28	17.98
5	18.12	18.06	18.25
6	18.23	18.14	18.11
7	18.26	18.21	17.96
8	18.31	18.36	18.14
平均值	18.08	18.14	18.05
标准偏差	0.1732	0.1876	0.2011
相对标准偏差	0.009577	0.01034	0.01114

从表 2 看出，2020 年 4 月、5 月、6 月数据的平均值变化不大，分别为 18.08、18.14、18.05，标准偏差和相对标准偏差分别为 0.009577、0.01034、0.01114，表明该方法分析结果的精密度较高。

3.2 氯含量数据比对

宁夏石化公司加工的是长庆原油，属于低硫低酸轻质中间—石蜡基原油，为了保证分析结果的准确性，本公司定期将原油（包括催化原料油）外送中国石油大学（北京）重质油国家重点实验室进行原油评价，其中催化原料油氯含量的评价分析结果为 18.0mg/kg，与本公司的分析数据基本一致，表明此试验具有可行性。

4 结论

（1）XOS Clora 单波长 X 荧光氯含量分析仪符合 ASTM D7536 标准，能够分析催化原料油的氯含量，具有操作简单、稳定性和重复性较好的特点。

（2）宁夏石化公司催化原料油色黑粘稠，常温下呈半固体状，通过比对分析，稀释剂选择重整装置的 C-101 分馏塔底石脑油，分析结果更具代表性。

（3）通过对 2020 年 4 月、5 月、6 月的催化原料油氯含量进行分析，平均值变化不大，表明催化原料油氯含量比较稳定。另外与外单位分析结果进行比较，数据基本一致，表明本公司的实验方法具有可行性。因此，通过试验，确定了一种催化原料油氯含量的分析方法，为装置的平稳生产打下坚实基础。

参 考 文 献

[1] 温瑞梅．直馏石脑油中氯的分析研究[J]．石油炼制与化工，2006，37(4)：55-59.

器外预硫化技术的开发

徐黎明　高玉兰　佟　佳　杨　涛　刘　彬

(中国石油化工股份有限公司大连石油化工研究院)

摘　要　本文介绍了器外预硫化系列技术的特点和应用场合，EPRES技术催化剂的活性金属以氧硫化物存在，生产成本低，经济性好。常规的加氢装置均可适用，尤其是装置撇头等情况。TPPRES技术催化剂活性金属以硫化态形式存在，开工时可以直接引入原料油调整到正常操作条件即可生产，除了与EPRES相同的使用场合外，也适合特殊的场合，如不能在装置上对催化剂进行硫化。

关键词　器外预硫化　载硫型　全硫化

1　引言

我国经济的快速发展导致了我国的石油需求量急剧增加。石油的大量消费产生的环境问题也引起了人们的重视。随着人类环境保护观念的日益增强，炼油企业为了提供绿色石油产品，必须除去油品中有害的杂质如硫、氮、芳烃、金属等，以便符合清洁燃料的环保法规要求。另外，随着原油日益重质化和石油资源的短缺，重质油品的轻质化技术正在快速的发展。这些都离不开加氢技术。而高效的加氢催化剂则是这个工艺的关键。常规的加氢催化剂由第VIB族金属和第VIII族金属和载体组成，活性金属的存在状态为氧化态，而实际使用时真正起活性作用的物质为金属的硫化态，所以在使用前需进行硫化，使活性金属发挥出高的加氢活性。目前最常见的预硫化手段是器内预硫化。将氧化态催化剂装入反应器中，引入有机硫化剂在一定的温度压力下进行硫化。由于器内预硫化技术在炼厂进行，需要专门的硫化设备，这不仅增加了生产成本，而且硫化过程容易对人和环境造成污染，因此国内外的科研人员都积极的寻求解决办法，器外预硫化技术应运而生。

2　设计思路

催化剂上金属存在状态的不同，器外预硫化技术可分为两种：一种是在器外预硫化过程中，催化剂上的活性金属与硫化剂形成络合物或氧硫化物。这样的催化剂在空气中稳定存在，当用氢气活化时，硫氧键断裂，直接形成高活性的金属硫化物，称为载硫型器外预硫化技术。另一种是将催化剂在器外进行完全硫化，生成高活性的金属硫化物，之后进行钝化以便安全的储存、运输和装填，称为完全型器外预硫化技术。与器内硫化相比，两种硫化技术都具有开工时间短，开工步骤简单，炼厂设备投资少，对人危害小，对环境污染小等优点。载硫型技术由于金属与硫化剂形成的是络合物或氧硫化物，因此催化剂在氢气中活化时，产生大量放热，容易产生飞温。且硫化的初始温度较低难以达到系统的气密要求。但制备工艺简单，经济性较好。完全型技术催化剂上活性金属以完全硫化态形式存在，经过钝化的催化剂可以安全的储存、运输和装填，加氢装置开工可以直接加工原料油，进行正常操作，而不需要任何预处理。但因为增加了钝化步骤，因此制备成本较高。两种技术各有优缺点，因此我院开发器外预硫化技术(EPRES载硫型器外预硫化技术和TPRES全硫化技术)，以便适应不同的应用场合。

3　载硫型器外预硫化技术-EPRES技术的特点

EPRES技术为载硫型器外预硫化技术，整个预硫化过程属于器外载硫、器内活化。为说明其特点，将之与该类型的典型技术进行比较，结果见表1。载硫型器外预硫化技术的典型技术是CRITERION公司actiCAT技术，使用的办法是先将单质硫与烃类溶剂或高沸点油混合制成悬浊液，并在惰性氛围中浸渍催化剂，使硫进入催化剂孔中并且与催化剂反应，最终在反应器中完成最终的活化。EPRES技术采用在空气常压下低温热处理的方式制备催化剂，复合型的辅助剂与催化剂孔隙中的硫反应形成网状交联物，并与催化剂上的金属氧化物形成氧硫化物，由于没有完全转化为活泼的金属硫化物，因此可在空气中稳定存在，不会发生自燃现象，所以成品催化剂的储存、运输和装填与氧化态相同。与同类技术相比，EPRES 技术具有硫化剂安全易得，制备过程简单，设备投资低，经济性良好的优点，并且对环境友好。

表 1 EPRES 技术与同类典型技术的比较

项　目	EPRES	actiCAT
硫化剂	固体硫	固体硫
操作压力	常压	带压
操作温度	低	较低
操作气氛	空气	氮气
钝化与否	否	否
工艺流程	简单	较简单
设备投资	低	较高
产品储运装	与氧化态相同	需氮气保护

催化剂上金属的硫化过程是强放热过程。催化剂在硫化时放热集中可使催化剂床层飞温，甚至有烧毁催化剂的危险，对器外预硫化催化剂来说，开工时的集中放热问题是必须解决的关键问题。通过试验模拟催化剂的硫化过程，分析催化剂在装置中升温过程所发生的反应，考察在不同的温度下催化剂的相对放热效应。将 EPRES 技术制备的器外预硫化催化剂与国外器外预硫化催化剂进行比较，结果如图 1 所示。由图 1 可知，EPRES 技术采用复合辅助剂对加氢催化剂进行器外预硫化，可使催化剂在较宽的温度范围内进行“活化”，保证活化过程中放热在一个很宽的温度范围内进行，催化剂开工升温活化过程无集中放热现象，生产安全性提高。

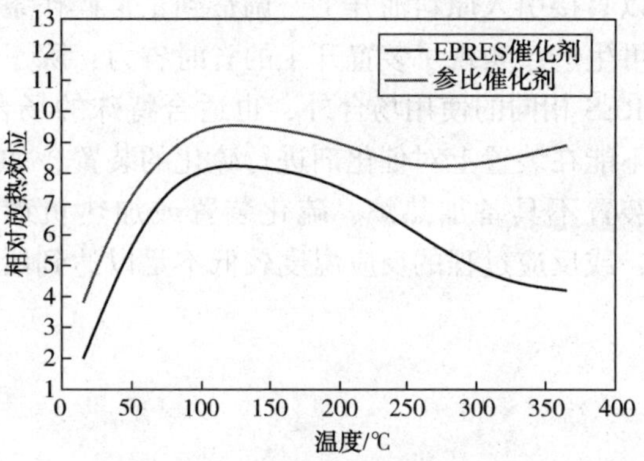

图 1 催化剂的相对放热效应

4 全硫化技术-TPRES 技术的特点

全硫化催化剂属于完全器外预硫化催化剂，催化剂上活性金属以完全硫化态形式存在，为说明其特点，将之与该类型的典型技术进行比较，结果见表2。由表 2 可知，与同类技术相比，TPRES 技术使用更低廉安全的硫化原料，较低的温度，低压的工艺条件生产全硫化催化剂，工艺过程简单，易于操作，生产及应用过程安全环保，技术的经济性良好。催化剂可以采用与氧化态催化剂相同的方式储存、运输和装填，TPRES 技术的优越性还表现在加氢装置开工可以直接引入原料油，进行正常操作，而不需要任何预处理。

表 2 TPRES 技术与同类典型技术的比较

项　目	TPRES	参比技术 1	参比技术 2
硫化原料	固体硫	硫化氢	有机硫化物或硫化氢
硫化温度/℃	280~340	360~540	360~380
硫化压力/MPa	<1.0	3.0~5.0	3.0~5.0
钝化方式	气相，液相	气相	气相
钝化原料	含氧氮气、液态烃	含氧氮气	空气
设备投资及苛刻度	投资少，低压设备苛刻度低	投资高，高压加氢设备苛刻度高	投资高，高压加氢设备苛刻度高
储、运、装	与氧化态相同	氮气保护	氮气保护

5 结论

与器内硫化相比，器外预硫化技术具有开工时间短，开工步骤简单，炼厂设备投资少，对人危害小，对环境污染小等共同的优点。两类技术又各有侧重，EPRES 技术在开工时直接升温至反应温度，升温的同时完成催化剂的活化，期间无集中放热，催化剂床层温度均匀，达到反应温度后换进原料油即可正常生产。常规的加氢装置均可适用，尤其是装置撇头等情况。EPRES 技术成本低、工业应用成熟。TPRES 技术催化剂开工过程中无需硫化、不存在放热、不生成水，可以直接引入原料油开工，调整到正常操作条件即可生产，实现了装置开工的省时省力，除了与 EPRES 相同的使用场合外，也适合特殊的场合，即不能在装置上对催化剂进行硫化的装置，如加氢装置不具备加热炉、硫化装置或加热负荷有限，或反应过程的反应温度较低不足以达到活化温度等。

参 考 文 献

[1] 刘畅，祈兴国，马守波等．加氢催化剂器外预硫化技术进展[J]．化学工程师，2006，(1)：33-38.

[2] 王月霞．加氢催化剂的器外预硫化．炼油设计，2000，30(7)：57-58.

[3] 高玉兰，方向晨．加氢催化剂器外预硫化技术的研究[J]．石油炼制与化工，2005，36(7)：1-3.

乙烯焦油碳九储罐及装车挥发 VOCs 综合治理

张文军　马洪玺　常少杰

（上海蓝科石化环保科技有限公司）

摘　要　安全集气后，采用预吸收脱易聚合组分，以及加压冷凝-膜-吸附工艺对某石化企业的乙烯焦油碳九储罐及装车挥发的 VOCs 进行综合治理。预吸收剂为常温碳九馏分油，冷凝温度-5℃～5℃，冷凝-膜-吸附压力为 0.75MPa（表压）工艺条件下对 VOCs 的回收率达 99.9%（质量比），经过处理后的净化气中，非甲烷总烃浓度出口浓度≤50mg/m³，苯出口浓度≤1mg/m³，甲苯出口最高浓度 2mg/m³。按每天运行 8h 计算，年回收 VOCs 量达 144t，且无 CO_2 产生。

关键词　VOCs　乙烯焦油　碳九　回收

近年来，我国越来越重视 VOCs 污染问题，2017 年以来，生态环境部先后印发《"十三五"挥发性有机物污染防治工作方案》《重点行业挥发性有机物综合治理方案》等文件，各地纷纷印发治理方案，出台地方标准，不断加大 VOCs 治理力度，取得了一定进展。十四五期间，国家环保部更是将 VOCs 作为新的四项指标目标设置之一。

石化企业是 VOCs 排放的重要污染源之一，尤其是油品储存和装卸环节。储罐和装卸场合逸散 VOCs 治理技术主要有两类，一类是回收+催化氧化或焚烧，另一类是直接回收达标排放。欧盟 IPPC（Integrated Pollution Prevention and Control）综合污染防治与控制组织编写的 VOCs 最佳可行技术导则认为回收+焚烧和催化氧化是最有效的治理技术。国内的 VOCs 治理技术近年来呈现出百花齐放的局面，出现了光氧化、等离子氧化等新技术。然而，这些新技术在净化 VOC 的过程中，也会产生臭氧有害物质，限制了其使用程度。直接回收达标排放技术由于其不存在高温过程，安全上更具有潜在优势。

乙烯焦油是乙烯裂解原料在蒸汽裂解过程中原料及产品高温缩合产物，焦油中含有大量的 C8～C15 芳烃化合物，芳烃总量超过 80%，其中含量较高的茚及茚同系物、萘及萘同系物及蒽、苊、菲、偏三甲苯、均四甲苯等组分，碳九芳烃是乙烯装置的副产物（简称裂解 C9），是由裂解石脑油经抽提分离出 C5 馏分、C6～C8 馏分（经加氢生产 BTX）后的剩余馏分，含有大量可聚合的不饱和组分，主要有苯乙烯及其衍生物、双环戊二烯及其衍生物、茚及其衍生物等，溴价约 150g Br_2/100g，双烯值约 6gI_2/100g，容易形成胶质物，储存和装卸过程逸散的芳烃对操作人员危害较大，而且不利于 VOCs 回收净化装置的正常运行。本文拟通过对乙烯焦油 VOCs 净化的工业解决方案与解决效果进行分析，为同类型的污染源治理提高借鉴和参考。

1　乙烯焦油、碳九储罐和装车 VOCs 排放现状

1.1　污染源现状及废气排放条件

某企业储罐共计 6 台，其中，1 台 300m³ 乙烯焦油储罐、2 台 200m³ 乙烯焦油储罐、3 台 300m³ 碳九储罐。装车鹤管共 5 个，其中，2 台碳九装车鹤管、3 台乙烯焦油装车鹤管。乙烯焦油装车泵和碳九装车泵流量均为 40m³/h，根据郭兵兵等提出的装车计算方法，取引气系数 1.3，则装车过程排放气量最大为 5×40×1.3＝260Nm³/h。根据文献计算方法，储罐排放气量约 50～70Nm³/h，峰值总气量为 350Nm³/h。

1.2　治理目标

《石油炼制工业污染物排放标准》（GB 31570—2015）中规定，油品装卸栈桥对铁路罐车进行装油，发油台对汽车罐车进行装油，油品装卸码头对油船（驳）进行装油的原油及成品油（汽油、煤油、喷气燃料、化工轻油、有机化学品）设施，应密闭装油并设置油气收集、回收或处理装置，有机废气排放口废气净化效率等于或大于 95%（特别地区等于或大于 97%）。《石油化学工业污染物排放标准》（GB 31571—2015）中规

定了苯、甲苯、二甲苯的排放限值为 4mg/m^3、15mg/m^3、20mg/m^3。

本项目要求 VOCs 净化效率达到95%以上，且出口中 VOCs 浓度小于 60mg/m^3。净化气中苯、甲苯、二甲苯的排放限值为 4mg/m^3、15mg/m^3、20mg/m^3。

2 乙烯焦油储罐及装车 VOCs 治理措施

2.1 废气安全收集方案

蓝科环保的安全集气方案包括：(1)风压平衡：精确配管设计，使集气风机到各储罐的压力降相同，避免因管路压降不平衡而产生个别储罐出现超出设计范围的负压或集气罐组内的气相物料互串污染以及无法有效集气；(2)设置三台变频输送风机：为使集气系统在储罐 VOCs 的负荷波动(10%~120%)范围内连续平稳运行，每台风机的最大输送气量设计为最大负荷的一半，满足正常小气量工况和极限大气量工况的平稳输送，同时节约能耗；(3)按储存物料的不同，分组集气，避免物料气相污染，减少安全风险。

2.2 VOCs 治理技术选择

针对乙烯焦油中易聚组分含量高，容易导致净化装置无法正常连续运行的风险，蓝科环保在净化流程中，设计了吸收预处理，利用与乙烯焦油组分相类似的乙烯装置裂解副产物 C9 馏分作为吸收剂，将含活泼双键的组成吸收下来，为了提高 VOCs 净化效率，余气加压到 0.7MPa 以上后再采用冷凝+膜-吸附工艺，回收净化达标后直接排放。该流程不含燃烧单元，无硫化物等二次污染物、无新增 CO_2 排放。

预处理吸收剂采用蒸气压更低的碳九芳烃，吸收后的碳九返回原料罐。吸收段可将乙烯焦油储罐中大分子 VOCs 和杂环分子吸收到碳九芳烃中，吸收后的气体中，以芳烃组分为主，再将废气冷凝，进一步将较高沸点的组分冷凝回收，经过膜回收后，仅剩少量 VOCs 组分，经过高比面积活性炭加压吸附净化，最终达标排放。该工艺安全可靠，适应性更高，可以随时启停，无需升温、降温处理。

2.3 吸收-冷凝-膜-吸附工艺技术

2.3.1 工艺原理

碳九吸收原理是根据烃类和 VOCs 组分的相似相容原理。乙烯焦油和碳九储罐挥发的废气中主要组分为芳烃，与碳九组成类似，碳九重组分芳烃可将 VOCs 中的烯烃、重芳等 30%~50%组分吸收到吸收剂中。不易吸收的轻芳和少量重组分进入冷凝器中冷凝回收，冷凝温度-5~5℃，在该温度下三苯等组分均能保持较低的蒸气压，当高浓度废气进入体系时，冷凝器能迅速将高于高温下的 VOCs 冷凝成液态进行回收，从而保持冷凝器出口 VOCs 浓度保持较低值。VOCs 回收用的膜一般采用有机膜，其原理是 VOCs 气体分子在膜的高压侧溶解于膜中，并在膜的两侧分压差驱动下在膜中扩散，并从低压侧脱逸。溶解/扩散膜利用不同组份在膜材料中溶解/扩散的速度具有很大差异，从而将各组份分离。芳烃在有机膜中的渗透速度更快，更有利于芳烃气体分离。经过膜分离后，VOCs 的浓度已经大大降低，并且小分子有机物含量较大，这些 VOCs 在活性炭吸附作用下得到全部净化。失活的活性炭采用真空法再生。

2.3.2 工艺流程及工艺参数

蓝科环保 VOCs 回收深度净化工艺流程见图1。来自储罐和装车的废气排放到收集管道后，管道内压力升高到设计值时，压缩机 3 开启，VOCs 废气首先经过吸收塔 2 与碳九吸收剂逆流常温吸收。经压缩机提压到 0.75MPa(表压)后进入冷凝器 4 冷凝回收，冷凝温度-5~5℃，冷凝后的气液混合物在分离罐 5 内进行气液分离，液态乙烯焦油和碳九 6 返回回收罐，气体进入分离膜 7，在压力作用下，大部分有机分子透过分离膜返回吸收塔 2 入口。未渗透的无机分子和小分子有机物进入吸附罐 8 继续吸附，吸附罐设置 2 个，吸附穿透后，切换到另一个进行吸附。失活的吸附罐采用真空泵 10 在真空下进行再生，再生末期采用热氮气 11 进行吹扫。

装置设计规模 400Nm^3/h，实际运行处理气量 260~300Nm^3/h，VOCs 废气进入装置的压力 800Pa(表压)~2kPa(表压)，冷凝-膜-吸附的运行压力 0.75MPa(表压)。该工艺对 VOCs 的回收率可达 99.9%以上，净化率可以与催化氧化和焚烧法相媲美，但比氧化法更安全，且无 CO_2 排放，是一种低碳工艺。

2.3.3 治理效果

某炼化企业对该装置标定结果表明，标定期间，装置入口 VOCs 平均浓度 1.64×10^5 mg/m^3(非甲烷总烃值，下同)，苯入口平均浓度 1.24×10^4 mg/m^3，甲苯入口平均浓度 91.4mg/m^3。净

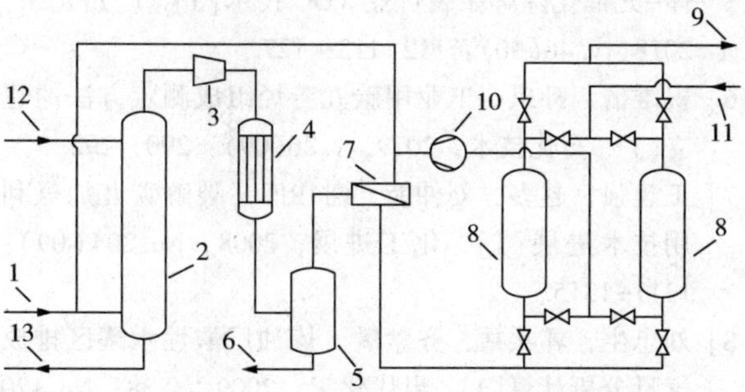

图 1 乙烯焦油及碳九装车 VOCs 治理工艺流程

1—VOCs 废气；2—碳九吸收塔；3—压缩机；
4—冷凝器；5—VOCs 分离罐；6—液态乙烯焦油和碳九；
7—分离膜；8—吸附罐；9—净化气；10—真空泵；
11—氮气；12—贫碳九；13——富碳九

化气出口中，VOCs 出口最高浓度低于 $50mg/m^3$，苯出口浓度低于 $1mg/m^3$，甲苯出口浓度低于 $2mg/m^3$。从上述标定结果看，经过该工艺回收后，VOCs、苯、甲苯的排放浓度低于 $60mg/m^3$、$4mg/m^3$、$15mg/m^3$ 的治理要求。按平均气量 $300Nm^3/h$，每天运行时间 8h 计算，每天回收 VOCs 394kg，每年回收 VOCs 144 吨，回收效率 99.9%(质量比)，既有经济效益，又降低了碳排放，是一种绿色 VOCs 治理技术。

3 关于 VOCs 治理技术的选择的思考和治理建议

3.1 VOCs 治理工艺路线选择的思考

本文 2.2 已经阐述了乙烯焦油储罐及装车挥发 VOCs 治理技术的选择过程，尽管已有《石油炼制工业废气治理工程技术规范》等对治理技术进行了推荐，但推荐的技术并非都适用于治理对象逸散的 VOCs。这是由于污染源的减排措施和减排技术路线仍然影响这些污染源挥发的 VOCs 的组成和浓度。例如，如果储罐进料前进行了脱气处理，则储罐逸散的 VOCs 中以重组分为主，浓度也降低很多。如果进料温度较高，由于与储存温度存在较大的温差，则 VOCs 排放量和浓度不能按常规方法计算。如果对排放 VOCs 的组成、浓度、排放量不能准确的测量和计算，最终治理设备有可能无法达标处理。

本项目中，蓝科环保通过科学计算和现场监测，提出了通过回收深度治理的综合治理技术方案，而不是简单的采取焚烧方案进行治理，最终与业主及设备部门共同完成了方案的实施，取得了满意的效果，净化气中 VOCs、苯系物不但全部达标排放，而且无 CO_2 排放。因此，VOCs 治理工艺路线的选择关键在于前期进行科学的分析和计算，这方面，蓝科环保已经走在了 VOCs 治理企业的前列。

3.2 VOCs 治理设备维护和管理深度服务建议

企业对 VOCs 治理设备的维护由所在车间负责，质量管理由技术部门和安环部门负责。虽然近年来，环保治理和管理由第三方运维的呼声颇高，但由于涉及到资产及安全管理等问题，难以彻底分割交由第三方运行管理。笔者认为，目前阶段应施行第三方提供技术咨询和运维管理建议的方案较为现实，即由第三方根据企业要求定期编制 VOCs 排放现状和治理建议分析，甚至可提供治理设备，为企业提供 VOCs 动态排放数据及分析报告，这样既可解放企业的生产管理人员的精力，又能提高 VOCs 治理水平，减少碳排放，为企业完成双碳目标提供更专业的服务。

4 结论

(1) 安全集气后，先通过预吸收乙烯焦油 VOCs 中的易聚合组分，避免在后续净化装置内发生聚合堵塞

(2) 冷凝-膜-吸附联合工艺回收治理乙烯焦油储罐和装车挥发的 VOCs 可取得满意的结果，非甲烷总烃回收率达到 99.9%(质量比)，净化气中非甲烷总烃浓度最高 $50mg/m^3$，苯出口浓度小于 $1mg/m^3$，甲苯出口浓度小于 $2mg/m^3$。满足《石油炼制工业污染物排放标准》(GB 31570—2015)和《石油化学工业污染物排放标准》(GB 31571—2015)中的限值要求。

(3) 吸收-冷凝-膜-吸附联合工艺是实现废气本质安全回收的 VOCs 深度处理技术，对于本项目，VOCs 年回收液态烃 144t，经济效益明显。

(4) 深度回收综合治理技术是未来 VOCs 治理的绿色技术，或将会成为主流治理技术，随着分工细化，第三方技术咨询服务将会越来越受到企业的欢迎。

参考文献

[1] 郭兵兵，朴勇，王新，等．炼油厂恶臭废气综合治理技术的研究Ⅱ．装车装船逸散废气治理技术[J]．石油炼制与化工，2018，v.49(11)：102-109.

[2] 郭兵兵，刘忠生，王新，王海波．石化企业 VOCs 治理技术的发展及应用[J]．石油化工安全环保技术，2015，v.31；No.180(04)：1-7，9.

[3] 李伟，方卫．“冷凝+膜分离+吸附”组合工艺在油气回收中的应用[J]．中外能源，2016，v.21(11)：93-97.

[4] 郭亚逢．低温等离子体技术在乙烯装置 VOCs 治理中的应用[J]．安全、健康和环境，2019，v.19(01)：37-42.

[5] 王光军，王方园，顾震宇，李文娟．低温等离子体-光催化降解涂装行业 VOC 技术[J]．广州化工，2018，v.46(10)：112-113，127.

[6] 祝维倩，孙琪．工业用碳九芳烃组成测定方法的建立[J]．石化技术，2019，v.26(09)：290，292.

[7] 王建强，赵多，刘仲能，谢在库．裂解碳九加氢利用技术进展[J]．化工进展，2008，No.204(09)：1311-1315.

[8] 刘忠生，郭兵兵，齐慧敏．炼油厂酸性水罐区排放气量分析计算[J]．当代化工，2009，v.38；No.170(03)：248-251，268.

运用定量风险评估(QRA)对可燃液体罐区安全风险分析

李　欣

(中石油克拉玛依石化有限责任公司)

摘　要　为了了解某可燃液体罐区安全风险问题，利用 DNV(挪威船级社)开发的 SAFETI 软件，利用定量风险分析(Quantitative Risk Analysis，QRA)方法，以可燃液体罐区的设备基础数据和罐内物料特性为依据，对罐区泄漏、火灾、爆炸等事故后果及风险进行模拟预测，得出风险评估结果，为做好预防和应急措施提供依据。

关键词　定量风险分析　可燃液体罐区　安全风险　应急处置

定量风险分析(Quantitative Risk Analysis，QRA)是运用数学手段预测工程建设项目发生事故的风险，同时提出降低风险的方法。该方法最早起源于上世纪 40 年代中期，用于核工业的量化风险分析。石油化工行业于上世纪 60 年代开始运用该方法进行安全风险管理。近年来，随着国内大型独资、合资石油化工项目的建设，QRA 作为安全风险控制方法之一，已开始广泛应用于国内石油化工建设项目的安全管理，对重大事故风险进行分析预测后做出土地使用、厂房布局、危险源控制等方面的安全决策，实施控制和降低重大事故风险的各类防范和应急措施，使之达到可以接受的安全水平。本文作者利用 DNV(挪威船级社)开发的 SAFETI 软件，利用 QRA 方法，以原料罐区的设备基础数据和罐内物料特性为依据，对罐区泄漏、火灾、爆炸等事故后果及风险进行模拟预测，得出风险评估结果，为做好预防和应急措施提供依据。

1　定量风险分析概述

定量风险分析(Quantitative Risk Analysis，QRA)是对某一装置或作业活动中发生事故的频率和后果进行定量分析，并与可接受风险标准比较的系统方法，和现场实际调研，对危险源辨识进行分析和辨识，在对事故频率和后果分析的基础上进行风险计算，得到个人风险(针对个体在某位置面临的风险值)和社会风险(群死事故后果与事故发生频率的关系)。

2　定量风险分析的程序

QRA 基于设备设施失效概率、各种事故情景概率以及相应的事故后果，进行整体量化风险计算，模拟出个人风险和社会风险，是一种定量风险评估方法，其流程如图 1 所示。

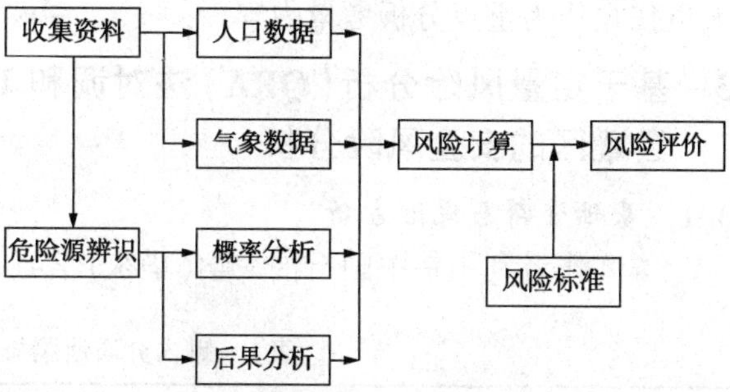

图 1　定量风险评估流程图

2.1　确定被分析系统

确定被分析系统的范围，即明确将要分析的具有潜在风险的场所、装置或作业行为，确定分析区域的边界、装置的种类和位置、作业行为的类别等内容。

2.2　数据资料收集及分析

收集被分析系统的危害信息、工艺技术数据、区域位置布置图、总平面布置图、设备布置图、工艺仪表流程图、自动控制系统等资料；收集分析区域的气象数据、自然条件、周边生产经营及其他场所情况、人口分布状况，确定评价区域和周边明显的或潜在的点火源。

2.3　危险辨识

危险辨识是定量风险评价中的重要步骤，主

要是运用安全风险分析的方法对评价对象做系统分析，确定由于危险物质、危险能量或危险行为的存在而可能导致的安全风险，进而确定重大安全风险，以进一步进行定量风险分析。

2.4 失效概率分析

分析系统和设备失效的常用作法是对系统和设备的失效模式分组，针对需要进一步分析的失效模式确定失效概率，从而对事故发生的可能性加以评估。失效概率分析主要可以通过两方面获得：1)历史数据的统计分析，国内外相关组织也已经建立了失效概率的数据库，可供分析者直接查询利用；2)理论模型计算。比如事故树分析、频率组合、马尔科夫模型等方法。

2.5 事故后果分析

事故后果分析以各种事故后果伤害模型和伤害准则为基础，通过事故后果模拟计算得到热辐射、冲击波超压或毒物浓度等随气象条件、环境条件和距离等参数变化的规律。通过和相应的伤害准则比较，以确定事故后果影响的范围事故发生后会造成人员伤亡、财产损失和环境破坏等多种后果，在安全评价过程中，定量风险评价则将人员伤亡作为重点分析考量内容。

3 基于定量风险分析(QRA)法对调和 II 套罐区的安全风险分析

3.1 基础资料与风险分析

本文作者利用在中国石油大学(华东)学习期间，利用学校提供的 DNV(挪威船级社)开发的 SAFETI 软件，基于可燃气体罐 D101 和 D201 基础数据，罐体尺寸数据为参数为 11300 * 10.9 * 5mm，容积为 1000m^3，气象条件选取罐所年平均风速 3.3m/s，环境温度选 15℃，罐内介质为乙类可燃液体，风险可接受程度和相关假设条件设定参考相关标准。图 2 为乙类可燃气体鸟瞰示意图。

图 2 可燃气罐区鸟瞰示意图

3.2 定量风险分析的结论

进行软件模拟分析罐内可燃液体泄漏风险情况、泄漏的油品着火池火范围、爆炸范围距离等数据，具体见表 1 ~ 表 8，以及图 3 定量分析法风险评价结论图。

表 1 罐内介质泄漏排放结果计算数据(大气膨胀后)

路径	场景	天气	流速峰值/(kg/s)	温度/(degC)	物料液体质量百分率/(fraction)	液滴直径/um	扩张直径/m	速度/(m/s)	释放结束时间/s
D101 原料罐	短管	5/D 天气类型	24.9	29.3573	1	284.515	0.04	27.8685	3600
D201 原料罐	灾难性破裂	5/D 天气类型		24.9996	1	10000		0.652792	

表 2 罐内介质泄漏导致早期出现喷射火结果(至定义辐射水平的下风距离)

路径	场景	天气	火焰长度/m	至强度水平 1 的下风距离(4kW/m^2)/m	至强度水平 2 的下风距离(12.5kW/m^2)/m	至强度水平 3 的下风距离(37.5kW/m^2)/m
D101 原料罐	短管	5/D 天气类型	14.1473	33.2676	24.192	18.4699

表 3 罐内介质泄漏导致早期池火结果(至定义辐射水平的下风距离)

路径	天气	池直径/m	至强度水平 1 的下风距离(4kW/m^2)/m	至强度水平 2 的下风距离(12.5kW/m^2)/m	至强度水平 3 的下风距离(37.5kW/m^2)/m
D101 原料罐	5/D 天气类型	22.3886	55.0597	35.8828	28.9598

表 4　罐内介质泄漏导致晚期池火结果(至定义辐射水平的下风距离)

路径	场景	天气	池直径/m	至强度水平 1 的下风距离($4kW/m^2$)/m	至强度水平 2 的下风距离($12.5kW/m^2$)/m	至强度水平 3 的下风距离($37.5kW/m^2$)/m
D101 原料罐	短管	5/D 天气类型	171.778	216.89	135.599	111.241
D201 原料罐	灾难性破裂	5/D 天气类型	500.243	508.938	323.186	274.5

表 5　罐内介质泄漏闪火结果(至定义浓度的下风距离)

路径	场景	天气	至 LFL 的下风距离/m	至 LFL 百分率的下风距离/m
D101 原料罐	短管	5/D 天气类型	15.352	17.1813
D201 原料罐	灾难性破裂	5/D 天气类型	20.094	30.4012

表 6　罐内介质泄漏闪火结果(在任何高度处至 LFL 百分率的最大距离)

路径	场景	天气	最大闪火距离/m	最大闪火距离高度/m	时间/s
D101 原料罐	短管	5/D 天气类型	19.0196	0.694734	3204.17
D201 原料罐	灾难性破裂	5/D 天气类型	29.8088	0	5.18723

表 7　罐爆炸结果(存在点火条件的至定义超压的最大下风距离爆炸最糟糕场景)

路径	场景	天气	超压水平/bar	最大距离/m	直径/m
D101 原料罐	短管	5/D 天气类型	0.02068	28.1586	36.3173
			0.1379	13.5293	7.05851
			0.2068	12.6461	5.2922
D201 原料罐	灾难性破裂	5/D 天气类型	0.02068	54.175	88.3501
			0.1379	18.5857	17.1714
			0.2068	16.4372	12.8745

表 8　罐爆炸结果补充数据(存在点火条件的至定义超压的最大下风距离爆炸最糟糕场景)

路径	场景	天气	超压水平/bar	爆炸易燃质量/kg	点火时间/s	点火源/m	云中心/m	爆炸中心/m
D101 原料罐	短管	5/D 天气类型	0.02068	0.0746122	1.11645	10	10.2076	10
			0.1379	0.0746122	1.11645	10	10.2076	10
			0.2068	0.0746122	1.11645	10	10.2076	10
D201 原料罐	灾难性破裂	5/D 天气类型	0.02068	1.07421	0.870603	10	0.0864663	10
			0.1379	1.07421	0.870603	10	0.0864663	10
			0.2068	1.07421	0.870603	10	0.0864663	10

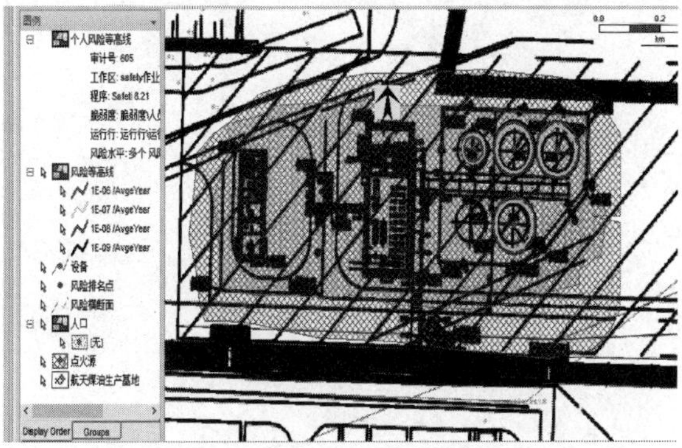

图 3　定量分析法风险评价结论图

4　结论

通过本次研究可以发现，QRA 风险评价方法属于一种相对先进的定量风险评价方法，使用 QRA 方法可以很好的对企业内可燃气体罐区域进行很好的定量风险评价。可燃液体罐区个人风险结果表明，该可燃气体罐区的风险线为该罐区本体外围 5 米半径范围内，没有波及到操作室的范围，说明该罐区内、外防护目标的个人风险是可接受的。社会风险结果表明，该有罐区没有产生社会风险曲线，处于可接受区，满足社会风险标准。

在使用过程中 QRA 风险评价中需要对危险源进行合理的选择，危险源的选择将直接影响评价结果的精度，也需要综合考虑可燃气自身性质、设备以及人为因素、周围环境的综合的影响，所在地的气象条件和人口分布情况，QRA 风险评价结论图可以在地图上直接显示个人风险和影响范围，能直观反映目前生产风险的实际情况，也使决策者可以一目了然了解风险的影响情况，辨识分析出来的潜在危险是否可以接受、现有安全措施是否能满足以及是否需要增加新的安全措施，并采取相应措施，遏制重大事故发生，实现安全发展。

参 考 文 献

[1] 张瀚匀，吕建国，高玉格．丁二烯储罐泄漏事故定量风险评价[J]. 安全，2019(4)：30-33.

[2] 郭群．CASST-QRA 定量风险评价法在重大危险源评估中的应用[J]. 煤炭技术，2015(6)：296-298.

[3] 宋占兵，于立见，多英全，等．定量风险评价在炼化一体化项目中的应用[J]. 中国安全生产科学技术，2011(5)：91-95.

[4] 卢卫．定量风险评估技术在石化项目安全评价中的应用[J]. 广州化工．2012，40：217-220.

烃重组化工轻油做乙烯原料应用评价研究

潘 宇 刘学龙 韩小平

（中国石油吉林石化公司研究院）

摘 要 采用烃重组化工轻油为裂解原料，在实验室评价装置上进行不同温度条件下化工轻油裂解性能评价，在停留时间为0.205s、出口压力为0.085MPa、水油质量比为0.5的条件下，主要开展了温度对裂解性能的影响，以及烃重组化工轻油加氢前后裂解性能对比试验，结果表明，加氢后烃重组化工轻油裂解效果好，双烯及三烯收率均提高2.6%以上，经济效益最合理。但加氢后烃重组化工轻油与外购石脑油相比经济效益略差一些。

关键词 乙烯 烃重组 裂解

乙烯装置作为石油化工行业的龙头，其作用非常大，产品种类多，如聚乙烯、聚丙烯及芳烃等均为国民生活必需品。乙烯工业为石油化工产业的核心，其主要产品占石化产品的75%以上，乙烯装置加工的原料有来自公司炼油厂的石脑油、芳烃抽余油、加氢裂化尾油、化工轻油等多种轻质原料。随着我国乙烯生产企业数量的迅猛增长，乙烯装置逐渐向大规模方向发展，优质的乙烯裂解原料短缺问题逐渐显现，通过构建炼化一体化和外购原料，在一定程度上缓解了乙烯原料的供求矛盾，但乙烯原料供应方面依旧存在巨大缺口。

乙烯原料不足时，部分烃重组化工轻油掺入加氢轻石脑油中，供给乙烯装置，但通常情况下，烃重组化工轻油品质较低，烃重组化工轻油直接调入汽油中。外购乙烯原料采购成本较高，增加了乙烯生产成本，若炼油厂烃重组化工轻油用作乙烯原料，可增加公司乙烯原料自给量，可大大降低生产成本。本研究开展烃重组化工轻油加氢前后原料裂解性能对比、烃重组化工轻油作乙烯原料与调入汽油中经济效益对比、烃重组化工轻油加氢作乙烯原料与外购石脑油乙烯原料进行经济性评价对比分析，充分利用烃重组化工轻油，可为公司增加自产乙烯原料来源，降低乙烯原料外购率和原料成本，为实现化工轻油加工应用灵活调整、效益最大化提供技术支持。

1 试验部分

1.1 试验原料与设备

试验原料与设备见表1、表2。

表1 试验原料

原 料	规 格	厂 家
烃重组化工轻油	工业品	吉林石化公司炼油厂
氢气	99.99%	北方云雀气体有限公司
加氢催化剂	Pd含量0.3%	天津大学

表2 主要设备

仪器名称	型号	生产厂家	用途
密度仪	DMA4500	奥地利安东帕公司	分析原料密度
馏程分析仪	NDI440	美国安捷伦公司	测定油品馏程
PONA分析仪	Agilent-7890	美国安捷伦公司	分析原料族组成
BTX分析仪	Agilent-7890	美国安捷伦公司	分析油品单体烃
裂解气分析仪	Agilent-7890	美国安捷伦公司	裂解气组成及含量

1.2 试验方法

（1）烃重组化工轻油加氢评价

加氢反应在固定床反应器中进行，原料经计量泵计量后，通过柱塞泵升至反应压力，与氢气混合后进入反应器，反应产物经冷却后进入气液分离器进行分离，液体进入产物收集罐，取样分析产物组成。

（2）模拟裂解评价

模拟裂解炉反应器出口温度升温至590℃～600℃时，向汽化炉内注入稀释水，稀释水汽化后进入反应器第四段入口，当整个反应器各段温度达到设定值后（裂解温度COT：838℃），启动进料泵向系统进料，裂解气走旁路经三通阀后放空，调整进料量同时进行反应正路系统置换，当进料量达到设定值后（稀释比0.50，反应压力0.085MPa，停留时间0.205s），通过切换开关把反应产物切入正路系统，同时打印初始试验报表，在试验过程中根据试验周期长短进行裂解气体取样，并立即进行分析；当试验周期达到预定值时，通过切换开关将裂解气切入旁路系统，同时打印试验结束数据报表，停止进料，系统进行氮气置换吹扫，用已称量的容器收集正路系统中冷却下来的裂解油品及冷凝水，进行油、水分离，分别称量，根据试验打印的报表和分析数据，进行数据处理后即可得到裂解产物分布数据。

1.3 分析方法

采用色谱外标法分析裂解气中 H_2、CO、CO_2及 $C_1\sim C_6$烃类组分进行全分析。分析结果的表述：

$$x_i = \frac{A_i}{\sum A_j} \times 100\%$$

式中　A_i——组分 i 的峰面积；

$\sum A_j$——各组分峰面积和。

采用北京石科院开发的汽油类轻质烃 PONA 分析软件进行轻质乙烯原料族组成分析。

2 结果与讨论

2.1 烃重组化工轻油加氢前后物性评价

采用 Pd/Al_2O_3为加氢催化剂，催化剂装填量 50ml。评价条件：反应入口温度 50℃，反应压力 2.5MPa，液体体积空速 $0.4h^{-1}$，氢/油摩尔比 2.5。烃重组化工轻油加氢前/后 PONA 分析结果见表 3。

表 3　烃重组化工轻油加氢前/后 PONA 分析结果

项　目	烃重组化工轻油	
	加氢前	加氢后
密度/(g/cm^3)	0.71	0.70
平均分子量/(g/mol)	103.98	104.20
w(氢)/%	15.38	15.41
w(芳潜)/%	19.40	20.00
芳烃综合指数(BMCI)	10.76	12.84
PONA 分析		
w(n-P)%	6.97	8.63
w(i-P)%	52.25	57.03
w(O)%	23.45	9.16
w(N)%	16.1	19.57
w(A)%	0.95	1.58
恩氏蒸馏数据		
馏出体积/v	馏出温度/℃	
初馏点	52	52
10%	83	90
30%	97	92
50%	107	100
70%	117	109
90%	119	112
干点	122	115

从表 3 烃重组化工轻油物性分析数据可知，烃重组化工轻油加氢后，烯烃含量由原 23.45%降低到 9.16%，烯烃加氢饱和度为 60.94%。其中烯烃加氢饱和度低的原因，小试加氢评价装置设计压力为 3.0MPa，操作压力为 2.5MPa，而工业加氢装置压力为 7.0MPa，小试加氢装置的加氢饱和效果要低于工业加氢装置。

2.2 烃重组化工轻油加氢前、后裂解性能研究

本实验在停留时间为 0.205s、出口压力为 0.085MPa、水油质量比为 0.5 的条件下，在实验室蒸汽热裂解装置分别进行了裂解温度为 838℃下烃重组化工轻油加氢前、后裂解性能评价试验，裂解产物中液体产物汽油、柴油、燃料油等组分的变化、裂解液相产物中苯、甲苯、二甲苯含量的变化结果见图 1。

从图 1 裂解评价结果对比来看，加氢后裂解双烯收率提高了 2.6%，三烯收率提高 2.92%，说明通过加氢可提高烃重组化工轻油裂解性能。

2.3 烃重组化工轻油作乙烯原料优化研究

为了更好考察烃重组化工轻油裂解温度对裂解性能的影响，在停留时间为 0.205s、出口压力为 0.085MPa、水油质量比为 0.5 的条件下，在实验室蒸汽热裂解装置分别进行了裂解温度为 828℃、838℃、848℃条件下的加氢烃重组化工轻油裂解性能评价试验，评价结果曲线见图 2。

由图 2 可以看出，加氢后的烃重组化工轻油在 838℃裂解时，双烯及三烯收率优于裂解温度为 828℃和 848℃，因此，加氢后烃重组化工轻油适宜的裂解温度是 838℃。

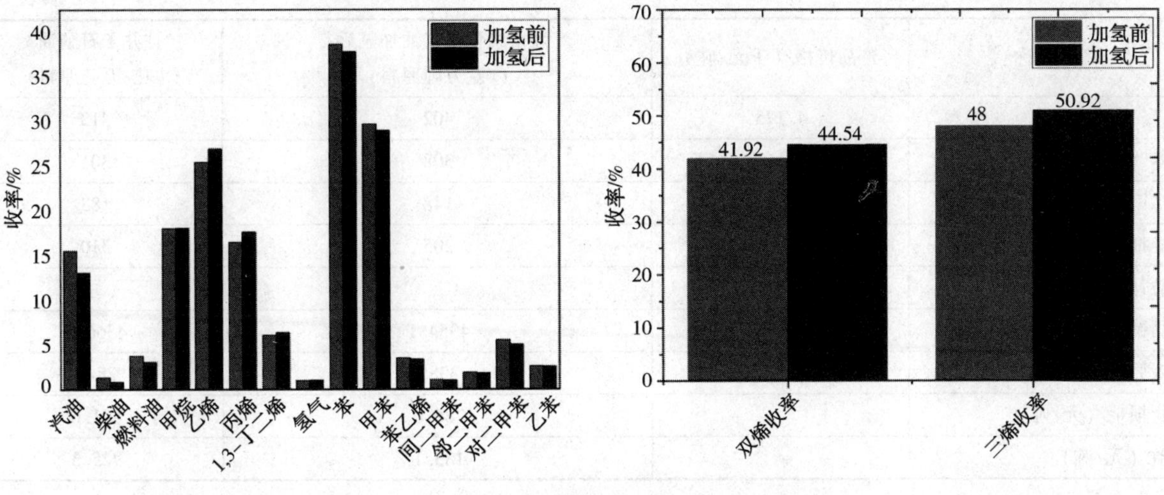

图 1　裂解产物分析结果

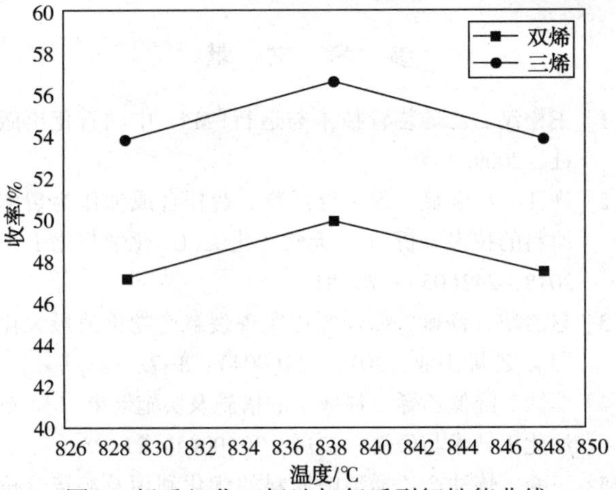

图 2　烃重组化工轻油加氢后裂解性能曲线

2.4　烃重组化工轻油作乙烯原料经济评价

为了更好的发挥烃重组化工轻油的价值，进行加氢烃重组化工轻油作乙烯原料与调入汽油中效益对比，进行烃重组化工轻油作乙烯原料与外购石脑油经济效益对比，经济效益计算中综合考虑乙烷、丙烷循环裂解、乙炔加氢、裂解汽油加氢费用等因素，原料、产品价格采用 2020 年 5 月数据。利用乙烯装置经济评价模型，裂解温度为 838℃，水油比为 0.5，对烃重组化工轻油加氢与甘井子石脑油为裂解原料进行了对比，确定了最终产品分布结果及经济效益评价结果见表 4。

表 4　经济效益评价

产品名称	产品价格/(千元/吨)	烃重组化工轻油加氢后/(吨/万吨原料)	甘井子石脑油/(吨/万吨原料)
燃料气	0.840	64	5
裂解柴油	0.000	85	99
裂解燃料油	0.000	221	51
甲烷	0.840	1833	1542
混合碳四	1.971	673	608
二氧化碳	0.000	16	0
氢气	11.752	115	98
C5 产品	3.248	70	286
C9+	2.137	254	289
损失	0.00	20	20
乙烯	6.880	3085	3323
乙炔	1.950	2	2
丙烯	5.110	1861	1787
丁二烯	6.266	638	683

续表

产品名称	产品价格/(千元/吨)	烃重组化工轻油加氢后/(吨/万吨原料)	甘井子石脑油/(吨/万吨原料)
苯	4.175	402	413
甲苯	3.362	308	301
混二甲苯	3.362	148	183
芳烃抽余油	2.700	205	310
效益计算			
产品销售额/(元/吨)		4354.1	4566.3
买入原料/(元/吨)		3385	2840
装置损耗/(元/吨)		786.0	801.0
效益/(元/吨)		183.1	925.3

外购乙烯原料到厂价格2840元/吨，93#汽油价格3255元/吨(不含税)，烃重组化工轻油加氢成本按130元/吨计算。从表3中数据知：在不考虑外购乙烯原料前提下，烃重组化工轻油加氢作乙烯原料与调入汽油方案相比，可使企业效益增加183.1元/吨。而采用外购乙烯原料作乙烯原料方案经济效益为925.3元/吨大于烃重组化工轻油加氢作乙烯原料方案，说明采用外购乙烯原料替代烃重组化工轻油加氢作乙烯原料方案效果更好，可多增加效益742.2元/吨。

3 结论

(1) 通过加氢可以提高烃重组化工轻油裂解性能，经加氢处理后的烃重组化工轻油最佳裂解温度为838℃，双烯收率提高2.6%，三烯收率提高2.92%。

(2) 烃重组化工轻油加氢后可作乙烯原料，其经济性高于调入汽油方案，但低于外购乙烯原料方案。

参 考 文 献

[1] 王松汉．乙烯装置技术与运行[M]．中国石化出版社，2009.

[2] 许江，杨利斌，程中克，等．费托合成油作为裂解原料的技术分析[J]．天然气化工(C1化学与化工)，2018，242(05)：78-81.

[3] 赵治峪，杨斌．综合优化实现裂解产物价值最大化[J]．乙烯工业，2012，24(004)：3-7.

[4] 李慷．降低乙烯原料成本的措施及实施效果[J]．石油化工技术与经济，2014，30(004)：21-25.

[5] 王峰．炼油产乙烯裂解原料的优化利用及经济分析[J]．当代化工，2014(2)：243-245.

[6] 刘学龙，盛光，于桂莲，等．炼油厂混合C4不加氢直接作乙烯原料研究[J]．化工科技，2015，23(01)：56-58.

绿色环保的新型 PPR 管材专用料 RCT-4401 开发

马　进[1,2]　郭宝华[1,2]　雷军庆[1,2]　闫　莉[1,2]

(1. 中国石油独山子石化公司；2. 新疆橡塑材料实验室)

摘　要　国内 PPR 热水管市场发展迅猛，国内施工运输不规范致 PPR 管因韧性不足损坏，管材加工企业希望 PPR 原料保持原有刚性，提高 PPR 韧性，加大对热水的承压能力。一种结晶改善的无规共聚聚丙烯(PP-RCT)诞生，具有“绿色环保”的低碳概念。本文利用 GPC、DSC、流变、核磁、红外、常规力学物性测试等手段表征 PPR 和 PP-RCT 树脂的结构和性能，在分子结构，结晶形态，力学综合性能等方面给予分析，探讨在 Innovene 工艺研发 PP-RCT 管材专用料的生产工艺、添加剂等关键因素。

关键词　PPR　PP-RCT　结晶　分子量分布　流变评测

1　前言

无规共聚聚丙烯(PP-R)管材高温抗蠕变性能好，其管材主要应用于 70℃ 左右的热水供应[1]。北欧化工推出一种结晶改善的无规共聚聚丙烯(PP-RCT)，PP-RCT 树脂制造的管材有良好的刚韧平衡及更长的耐蠕变时间(长期静液压试验曲线无拐点)，提升了普通 PPR 管的韧性，克服了运输施工过程因粗暴装卸导致易损之通病，同等 PPR 管材压力等级的 PP-RCT 管可将管材壁厚减薄 20%，对于管材制造厂家这种特性赋予该料“绿色环保”的低碳概念，使其大受欢迎。该树脂专用料差示扫描量热仪的测试曲线，显示有两个熔融峰。北欧化工第一家在市场上推出 PP-RCT 专用树脂，国内市场的销售牌号为 RA7050。PP-RCT 树脂近 5 年在欧洲、南北美洲使用量快速增长。与 PP-R 树脂相比，PP-RCT 在 70℃使用延长至 50 年，长期强度提高 50%，管材管壁可以做薄，采用高的挤压速度，最终材料用量减少，效益提高；制造更大内径的管道，管道体积容量增大，使低水压大量供水问题得以解决，充分体现了其“绿色环保”的低碳概念卖点。2018 年发布了国家标准《冷热水用聚丙烯管道系统　第 1 部分：总则》(GB/T 18742.1—2017)，于 2018 年 10 月 1 日起执行。国内燕山石化前几年曾经试产过该类树脂，从发展趋势看，国内煤化工、民营大石化 PP-R 专用料的大量上市，将大幅拉低 PPR 原有利润，PP-RCT 专用树脂因其自身的特性将成为下一代聚丙烯管材的卖点。独山子石化公司化工新区 55 万吨 Innovene 气相聚丙烯装置采用新型催化剂，规模化生产的聚丙烯 PPR 管材产品 T4400、T4401 已在市场取得了认可，生产 PP-RCT 或进行前期技术储备势在必行。

2　工艺与生产讨论

2.1　工艺介绍

独山子石化公司 55 万吨聚丙烯装置采用 Innovene 气相聚丙烯装置技术，234 线采用两个气相反应器串联的方式操作，均聚聚合反应在第一气相反应器中进行，抗冲共聚在第二气相反应器中进行，可生产均聚、无规共聚、抗冲共聚三类产品；235 线采用单个气相反应器，均聚和无规共聚均在同一反应器内进行，可生产均聚和无规共聚两类产品。

2.2　PP-RCT 管材树脂生产关键技术概述

无规共聚聚丙烯管材产品中的低分子量部分保障产品的加工性能，高分子量部分保障产品的冲击、耐环境应力、耐蠕变等使用性能。但分子量过小的低聚物在输送过程中会粘附于管壁，极易造成管道堵塞现象，不利于长周期稳定生产；过高的分子量导致熔体不易加工，并伴随有明显的口模膨胀。在生产 PP-RCT 管材专用料的过程中，催化剂确定后，需要通过调整聚合工艺参数来调整产品的分子量分布，保证产品高分子量与低分子量组分含量的平衡性，从而保证生产平稳运行以及使产品具有优异的加工性能与物理机械性能。

PP-RCT、PPR 管材发生破裂的三种形式如图 1 所示。在第一直线段破裂时，断口呈韧性破裂，断口处有拉伸变形；处于第二直线段破裂时断口呈脆性断裂，断口处光滑。而转折点即称为韧性-脆性转折点。合理的分子结构将减缓材料的韧性破坏，优异的抗氧体系也将推迟材料的转折点的出现，PP-RCT管材转折点要求出现在8760h以后。保证使用寿命大于50年的关键：分子结构和所采用的抗氧体系。

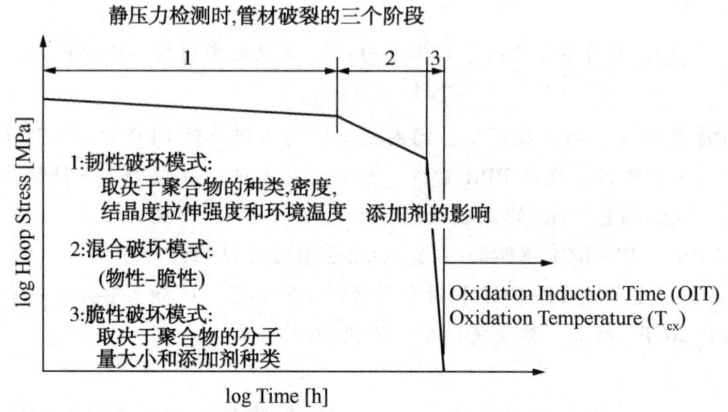

图1　静液压检测管材破裂三阶段示意图

GB/T 18742.1—2017明确指出PP-RCT为结晶改善的无规共聚聚丙烯，从聚合工艺和添加剂两方面对PP-RCT管材用专用树脂进行微观结构设计是关键，管材在内压作用下长时间的蠕变产生形变，最终导致材料开裂或断裂。蠕变产生微裂纹，在非晶区、晶区中扩展，裂纹扩展时遭遇晶粒、系带分子阻挡可延缓裂纹。所谓系带分子即一个大分子链由于其十分长，可以进入若干个晶片中，这样此大分子链就可把几个晶粒晶区、非晶区联系在一起。树脂的平均分子量愈大，系带分子就愈多。PP-RCT管材用树脂的微观结构应具备以下几点：

树脂分子量足够大，系带分子多，阻止裂纹扩展的能力就越强，管材的韧性高，树脂分子量分布足够宽，适应挤出成型。

PP-RCT管材要求较高的刚性和韧性，稳定的β结晶状态，使用乙烯或其他α-烯烃共聚，确保刚韧平衡性。耐热性、抗蠕变性也有较高要求，优选的抗氧体系可以保证材料长期的稳定性。

2.3　乙烯含量及分散对PP-RCT的影响

对于无规共聚聚丙烯而言，影响材料冲击强度的因素主要包括PP中的单乙烯组分(E%)含量和乙丙胶相(PE%)含量。一般而言，在丙烯链段整体聚合度不变的情况下，控制第一反应器乙烯单体接枝于大分子丙烯链段越多，对产品的冲击性能提升越明显。对于乙烯与丙烯单体共存的第一反应器而言，催化剂加入量的增加会引起乙烯单体发生自聚反应，造成可接枝于大分子丙烯链段的单乙烯组分含量减少，乙丙胶相含量相对较低。第二反应器中残余的催化剂活性不足以完成大分子丙烯链段的聚合，从而生成大量的含有接枝乙烯的小分子短链乙丙胶相结构，造成总乙烯含量的升高，属假乙烯含量，无法提升树脂的冲击性能。

乙烯含量影响基料的拉伸屈服应力、简支梁冲击强度、热变形温度等，生产过程中对某段时间生产期间的乙烯含量做了连续跟踪。

如图2所示，同一工艺条件下，使用同一种添加剂的T4401随着乙烯含量的增加，其简支梁冲击强度也随之上升。乙烯含量过低使产品更易结晶，T4401刚性高，韧性差，抗低温性能也差；乙烯含量过高则生成乙烯嵌段过多，并有生成乙烯晶区的趋势，导致T4401的刚性差，韧性好。聚丙烯分子链中引入乙烯链段，PP分子链的规整性降低，结晶度下降，使产品的简支梁冲击强度提高所以在生产T4401时，建议乙烯含量控制在3~5wt%范围内。乙烯含量过高导致基料刚性下降，反应器结块，挤出机下料阀卡停。

无规共聚聚丙烯是主链上无规则地分布着丙烯及其他共聚单体嵌段的共聚物。采用选定催化剂后在聚丙烯链上无规引入乙烯，改变了聚丙烯分子链中甲基有序列排列状态，分子链的柔性增加，使其抗冲击性能增加。树脂生产中既要控制好乙烯含量，也要控制好乙烯嵌入丙烯链中的排

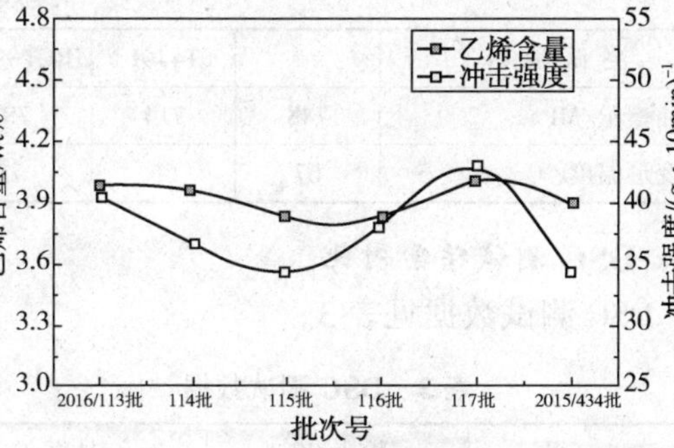

图 2　乙烯含量对 T4401 冲击强度的影响

列结构。根据聚合工艺条件考察 T4401 冲击强度随乙烯分布改变而随之改变的情况。T4401 由独山子乙烯新区气相双反应器生产，用核磁 NMR 对聚合物序列结构进行了表征。

决定 PP 抗冲击性能的主要是聚丙烯链的结构．三单元结构中含 E 结点量的多少代表链段无规度的大小。PEP、EEP、PPE、EPE 这种无规则分布对 PP-RCT 基础树脂的刚韧平衡起决定作用。无规共聚物的刚性、耐热性及熔点随着 E 含量的增加而降低，抗冲击性能则随之提高。

如表 1 所示，三单元序列中 EEP、PPE 和 PEP 较少，未测出 EEE，含 E 节点的链段对树脂的韧性起作用，但 PP-RCT 对刚性要求较高，不规则排列的含双 E、双 P 的三单元链段在 PP 晶区非晶区充当系带角色，起到刚韧平衡作用，因此选择 433 批 T4401 做 RCT 为基础树脂，如图 3 所示（图 3 画圈处）。

表 1　T4401 批次对比

测试项目		432 批 T4401	433 批 T4401	434 批 T4401
MFR/(g·10min^{-1})		0.26	0.25	0.23
冲击强度/(kJ·m^{-2})		34.3	32.4	29.4
序列分布/%	PPP	86.5	84.71	90.12
	PPE	7.7	3.03	0.46
	EPE	0.5	7.39	2.87
	PEP	5.6	3.69	3.30
	EEP	1.1	1.18	3.24
总乙烯含量/mol%		5.3	6.44	5.69
总乙烯含量/wt%		3.6	4.39	3.87

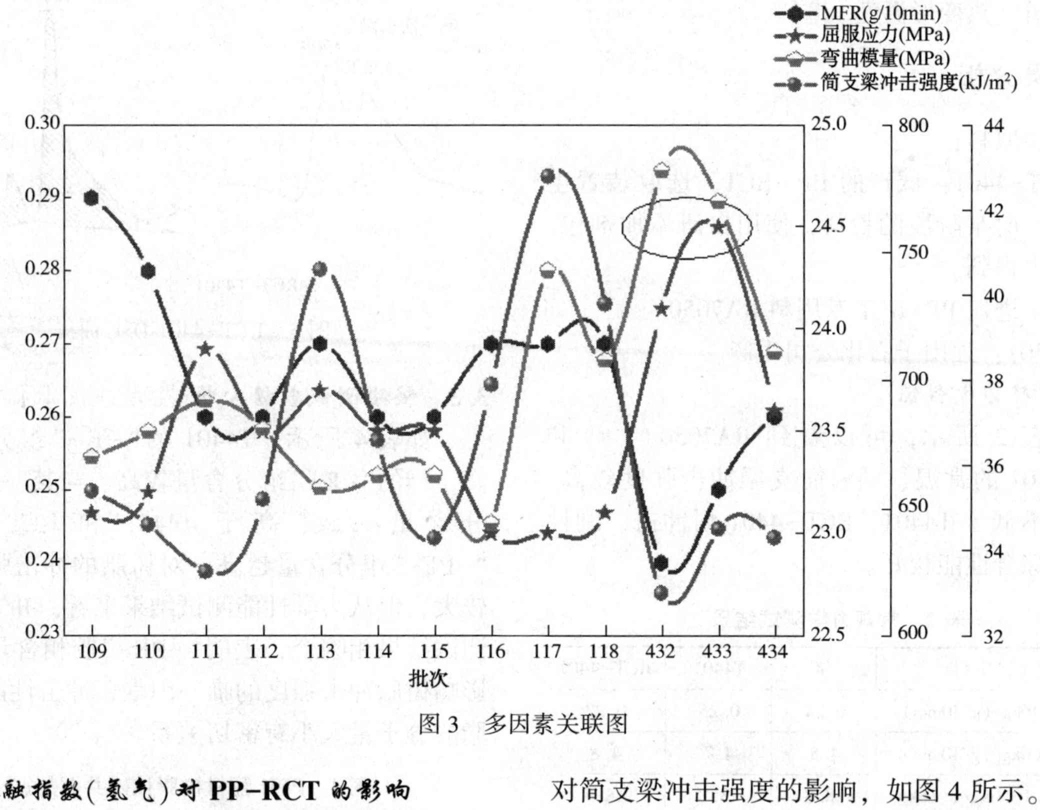

图 3　多因素关联图

2.4　熔融指数（氢气）对 PP-RCT 的影响

MFR 可表征聚丙烯相对分子质量的大小。氢气作为分子量调节剂，在聚合生产期间加入方式方法是反应器控制的关键参数。以 2015 年和 2016 年生产的多批次 T4401 的 MFR 考察，MFR 对简支梁冲击强度的影响，如图 4 所示。

使用同一种添加剂，在乙烯含量控制目标值相同的情况下，由冲击强度趋势图 4 看出，MFR 在 0.26g/10min 左右的冲击强度值高于 MFR 为 (0.28~0.30) g/10min 时的值。MFR 越小，聚丙

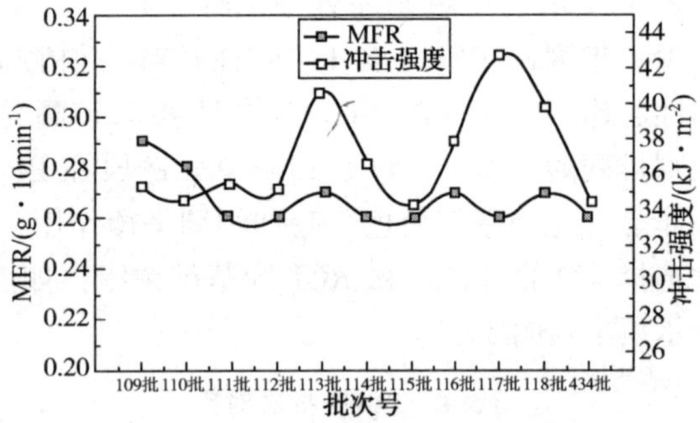

图4 MFR对冲击强度的影响

烯的相对分子质量越大，相对分子质量高的产品具有较好的物理特性，机械强度高、刚性好，有利于管材挤出成型。此外，相对分子质量越大，表明分子链越长，产生于晶片间的链接分子越多，可提高管材树脂的耐环境应力开裂性能。但MFR过低，对挤压机切刀磨损严重；MFR过高，降低冲击强度值，所以T4401的MFR控制在(0.24~0.28)g/10min间最佳。

建议乙烯控制在3%~5%范围，乙烯嵌入丙烯链段的序列结构也影响冲击强度、拉伸性能、弯曲模量、热变形温度。

3 结果分析

试验原料：

RCT-4401：试产的PP-RCT，选取装置生产T4401时某阶段的粉料，使用自研添加剂包，造粒挤出得到。

1#：进口PP-RCT专用料RA7050。

T4401：独山子石化公司生产。

3.1 常规力学性能

如表2所示，可以看到RA7050（1#）和RCT-4401的常温、低温简支梁冲击强度较高，且模量不低于T4401，RCT-4401耐冲击、刚性及其他综合性能较好。

表2 常规力学测试结果

测试项目		1#	T4401	RCT-4401
MFR，2.16kg/(g/10min)		0.24	0.25	0.23
MFR，10.0kg/(g/10min)		4.5	4.7	4.8
熔流比，10.0kg/2.16kg		18.8	18.8	18.5
拉伸屈服应力，1A/MPa		24.4	23.1	24.2
断裂标称应变，1A/%		410	460	510
简支梁冲击强度/(kJ/m²)	23℃	74	41	86
	-20℃	2.7	1.8	3.6

续表

测试项目	1#	T4401	RCT-4401
弯曲模量/MPa	748	714	787
热变形温度/℃	67	66	75

3.2 DSC测试结果对比

DSC测试数据见表3。

表3 DSC测试数据

项目	熔点/℃	结晶度/%
1#	133.8/145.9	48.4
T4401	145.9	43.8
RCT-4401	135.5/149.7	49.6

如图5所示，DSC曲线显示RCT-T4401具有明显的双峰特征。1#、RCT-T4401的双熔融峰说明二者的结晶类型较普通T4401明显改变，结晶度提高，这种差异影响到材料的力学性能，拉伸屈服应力、弯曲模量、热变形温度和冲击性能等；1#、RCT-4401符合PP-RCT料两个熔融峰关键特征。

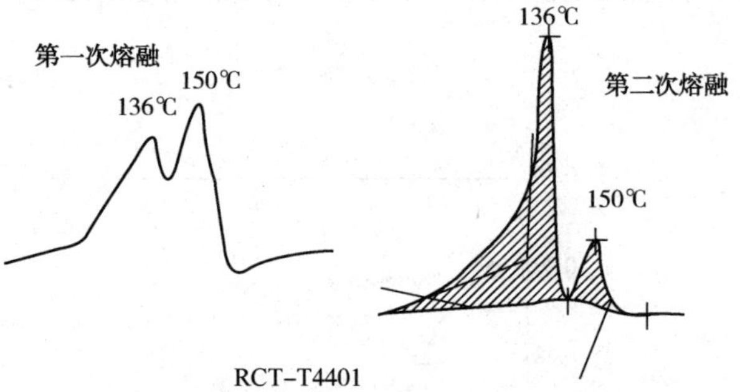

图5 RCT-4401 DSC曲线

3.3 核磁测试数据分析

如表4所示，T4401的“-E-”组分含量最高，1#的“-E-”组分含量较高，与其“-PE-”组分含量一致，高于T4401和RCT-4401。“-PE-”组分含量越高，对树脂的冲击强度贡献较大，但从力学性能测试结果来看，并未与核磁测试结果相吻合，表明“-PE-”胶相含量并不是影响树脂冲击强度的唯一因素，冲击性能还与树脂的分子量大小有密切关系。

表4 PPR管材树脂核磁共振数据

项目名称		1#	T4401	RCT4401
单体含量/mol,%	P	94.2	94.9	94.9
	E	5.8	5.1	5.1

续表

项目名称		1#	T4401	RCT4401
共聚物的序列结构分布	PP	89.5	90.7	90.7
	PE	9.5	8.4	8.4
	EE	1.0	1.0	1.0
	PPP	85.0	86.7	86.9
	PPE	8.6	7.6	7.5
	EPE	0.6	0.6	0.7
	PEP	4.2	3.7	3.4
	EEP	1.1	1.2	1.1
	EEE	0.4	0.5	0.4
PPP 部分结构	mmmm	77.1	79.4	80.1.
	mm	87.5	88.2	89.2
	mr	10.1	9.2	8.9
	rr	2.4	2.6	2.4

一般而言，PPP 部分的序列规整度，即 mmmm，mm 值越高，mr，rr 值越低，说明 PP 分子链的规整性越好，分子链越易结晶，材料的刚性也就越好。由表测试数据的分析比较可以看出，RCT-4401 和 T4401 的 mmmm，mm 值相对较高，其刚性最好，这与力学性能测试结论相一致。

对于 PP-RCT 专用料，首先要选用合适的催化剂，在 T4401 基础上对两个反应器聚合工艺进行调整，挑选分子链规整性越好，易结晶，刚性高的基料生产；第二步通过改变添加剂配比调整其结晶类型和方式，完善系带结构；第三步在管材挤出生产时做恰当处理[6]。这样完全可以达到大幅提高管材环刚度、冲击性能、耐压时间和等级的目的。

3.4 管样压力测试

根据管材测试标准（GB/T 18742.1—2017）《冷热水用聚丙烯管道系统　第 2 部分：管材》中测试要求，对制品进行了静液压试验，结果如表 5 所示。

表 5　管材静液压试验结果

样　品	生产商	20℃，1h，17MPa	95℃，22h，4.5MPa
1#	进口	40-120h 破	无破裂、无渗漏>550h 破
RCT-4401	独山子石化	60-220h 破	无破裂、无渗漏>800h 破

从表 5 可以看出，RCT-4401 静液压性能已达到或超过 1#进口料。

4　结论

（1）选择合适的催化剂，恰当调节双反应器工艺，使用新型添加剂包在装置工业化生产 PP-RCT 专用料完全可行，配合正确的后处理工艺挤出管材，产品可满足（GB/T 18742—2017）《冷热水用聚丙烯管道系统　第 1、2 部分》要求。

（2）PP-RCT 的基础树脂选择很关键：聚合阶段调整三单元序列，含双 E、双 P 的三单元链段含量、添加剂、管材的后处理，都会影响到 PPR 树脂结晶的二次结构。

（3）开发生产的“结晶改善的无规共聚聚丙烯专用料”RCT-4401，挤出的管材具有良好的刚韧平衡及较长的耐蠕变时间，差示扫描量热仪测试有两个明显的熔融峰，符合标准 GB/T 18742.1—2017 要求。

参 考 文 献

[1] 杨爱武，柏基业等．给水用 PPR 管材专用料的研制[J]．现代塑料加工应用，2002，14(3)：5.

[2] 李笑喃，刘鹏波．聚丙烯熔体拉伸流变行为的研究[J]．塑料工业，2007，35(3)：46-46.

[3] 李志峰，莫明，冯凯，胡斌．无规共聚聚丙烯管材树脂结构及性能分析[J]．现代塑料加工应用，2014，26(4)：38-41.

[4] 金日光，华幼卿．高分子物理[M]．北京：化学工业出版社，2008.

[5] 马进，林震宙，冯宏伟．独山子 INEOS 工艺聚丙烯装置 234 线过渡料的研究[J]．上海塑料，2012，159(3)：41-45.

SSBR环保型抗氧体系的优化研究

徐　燕[1,2]　李旸毅[1,2]　黄权经[1,2]

(1. 中国石油独山子石化公司；2. 新疆橡塑材料实验室)

摘　要　采用正交试验，对SSBR常规采用的环保型抗氧剂1520、1076和168进行了配方优化，并在优化配方基础上，增加了抗氧剂565配方的筛选，并同装置在用非环保抗氧体系进行了对比。结果表明：确定出常规抗氧剂优化配方1520为0.1%、168为0.1%、1076为0.2%，此配方在氧化诱导期、老化前后的门尼黏度变化值和黄色指数变化值方面，达到了SSBR性能提升效果；565与168具有较好协同性，加量分别为0.05%和0.3%时，565/168抗氧体系具有较好的SSBR应用性能和较明显的生产成本优势。

关键词　溶聚丁苯橡胶　材料　抗氧剂　环保化　优化

采用阴离子聚合法合成的溶聚丁苯橡胶(SSBR)，是对环境及健康无害的高分子材料，但由于产品加工及应用需要，必须在其生产工艺中引入了少量助剂，如填充油、抗氧剂等，从而提升材料的加工和抗老化等性能。这些助剂的引入，必须考虑日益严苛的环保法规。目前独山子石化公司生产的SSBR已成功实现了填充油的环保化，但抗氧体系亦面临此问题。

橡胶材料中添加的抗氧剂，能够减缓材料在热活化氧的作用下，物理机械性能恶化的程度，有效延长使用寿命。按照橡胶抗氧剂作用机理，其作用方式可分为链终止型抗氧剂(主抗氧剂)和过氧化物分解型抗氧剂(辅助抗氧剂)，主抗氧剂如胺类或酚类与辅助抗氧剂(如亚磷酸酯)配合使用，能够产生协同效应，有效提高橡胶的抗热氧老化性能。

1 试验原料及设备

1.1 试验原料

溶聚丁苯橡胶胶液：未添加抗氧剂的RC2557基础胶胶液，独山子石化公司丁苯橡胶装置生产。

抗氧剂1076：化学名称β(羟基-3,5-二叔丁基苯基)丙酸正十八碳醇酯，上海金海雅宝公司生产。

抗氧剂1520，化学名称2,4-双[(辛基硫代)甲基]邻甲酚，巴斯夫公司生产。

抗氧剂168，化学名称三(2,4-二叔丁基苯基)亚磷酸酯，上海汽巴高桥公司生产。

抗氧剂565，化学名称6-(4-羟基-3,5-二叔丁基苯胺基)-2,4-二(正硫代辛基)-1,3,5-三嗪，上海优缔股份有限公司生产。

抗氧剂TNPP，化学名称三(壬基苯基)亚磷酸酯，科聚亚公司生产，由于易发生水解形成壬基酚而被归为非环保产品。

1.2 试验设备

试验设备见表1。

表1　试验设备

设备名称	型　号	厂　家
门尼黏度仪	MV2000	美国Alpha公司
恒温恒湿试验箱	KTHD-710TBS	香港科唯仪器有限公司
差示扫描热分析仪	DSC1-700	瑞士Mettler公司
白度颜色测定仪	YQ-Z-48A	杭州轻通仪器
双辊开炼机	LRMR-S-150/0	美国LabTech公司

1.3 试验方法

(1) 性能测试

门尼黏度采用门尼黏度仪，按照GB 1232.1—2000测试。

黄色指数采用白度颜色测定仪，参照HG/T 3862—2006测试。

氧化诱导期采用差热扫描量热仪DSC，测试条件：氮气气氛，50~160℃，升温速率20℃/min，160℃保持3分钟；切换氧气气氛测试氧化诱导期。

老化试验：100℃条件下，老化24h、48h、72h和96h。

(2) 样品制备

称取一定量的RC 2557基础胶胶液，根据胶含量计算得到干胶量。以干胶量为基准，在胶液中加入设计配方的抗氧剂，混合均匀、经水析凝聚去除溶剂，然后采用开炼机于100℃条件下干燥，得到含不同抗氧剂含量的 RC 2557 基础胶。

2　试验结果和讨论

针对 SSBR 的应用特性，抗氧剂试验考察的主要指标为 SSBR 基础胶的氧化诱导期、老化前后的门尼黏度变化值和黄色指数变化值。

2.1　常规抗氧剂的正交试验

采用 $L_9(3^4)$ 正交设计表，对常规采用的抗氧剂 1520、1076 和 168 进行正交试验考察，正交设计配方见表 2，三种抗氧剂中 1076 为主抗氧剂，168 为辅助抗氧剂，1520 分子结构中含有羟基和硫基，同时兼具了主、辅抗氧剂作用。三种抗氧剂的正交设计见表 2，测试结果见表 2～表 4，正交试验的极差分析结果见图 1～图 3。

表 2　正交试验及 DCS 测试结果

项目	1520/%	1076/%	168/%	总加量/%	氧化诱导期/min
Kyj-1	A1(0.05)	B1(0.1)	C1(0)	0.15	1.7
Kyj-2	A1(0.05)	B2(0.2)	C2(0.1)	0.35	10
Kyj-3	A1(0.05)	B2(0.3)	C3(0.2)	0.55	16
Kyj-4	A2(0.1)	B1(0.1)	C2(0.1)	0.3	5.3
Kyj-5	A2(0.1)	B2(0.2)	C3(0.2)	0.5	13
Kyj-6	A2(0.1)	B2(0.3)	C1(0)	0.4	15
Kyj-7	A3(0.2)	B1(0.1)	C3(0.2)	0.5	12
Kyj-8	A3(0.2)	B2(0.2)	C1(0)	0.4	14
Kyj-9	A3(0.2)	B2(0.3)	C2(0.1)	0.6	5.4

表 3　正交试验老化前后的门尼黏度

老化时间/h	0	72	Δ72h
Kyj-1	94.1	99.1	5.0
Kyj-2	94.1	101.7	7.6
Kyj-3	86.0	101.6	15.6
Kyj-4	87.4	102.7	15.3
Kyj-5	90	102.3	12.3
Kyj-6	93.8	101.2	7.4
Kyj-7	81.5	102.8	21.3
Kyj-8	95.4	102.1	6.7
Kyj-9	95.0	100.6	5.6

表 4　正交试验老化前后的黄色指数

老化时间/h	0	24	48	72	96	Δ96h
Kyj-1	9.2	10.2	11.6	12.2	13.6	4.4
Kyj-2	10.2	10.9	11.6	11.2	11.3	1.1
Kyj-3	9.6	9.9	10.1	9.8	10.0	0.4
Kyj-4	8.4	9.0	9.9	9.6	9.7	1.3
Kyj-5	9.3	9.4	10.3	9.6	10.1	0.8
Kyj-6	8.9	9.9	10.2	9.9	9.6	0.7
Kyj-7	8.5	9.3	9.5	9.4	9.4	0.9
Kyj-8	8.7	9.4	9.9	10.0	10.1	1.4
Kyj-9	8.3	10.6	10.6	10.3	10.6	2.2

由表 2 可以看出，抗氧剂 1520、1076 和 168 的总加入量过低或过高，都会明显降低样品的氧化诱导期，总加量在 0.35%～0.5%之间为好。由图 1～图 3 可看出，对于 SSBR 氧化诱导期，1076 的影响最大，1520 的影响最小；氧化诱导期随 1076 加量的增加而延长，1520 加量在中间值较好。对于 SSBR 门尼黏度，168 的影响最大，1520 的影响最小；随 168 加量增大，门尼黏度变化趋势显著减小，1076 加量在中间值较好，其加量为 0.2%。对于 SSBR 黄色指数，168 的影响最大，1520 的影响最小；随 168 加量增大，黄色指数显著降低，1520 和 1076 在中间量为好，加量分别为 0.1%和 0.2%。

通过以上正交试验分析，兼顾考虑 SSBR 氧化诱导期、老化前后的门尼黏度和黄色指数变化值，1520、1076 和 168 采用复合体系较好，确定的常规抗氧剂优化配方为：1520 为 0.1%，168 为 0.1%，1076 为 0.2%。

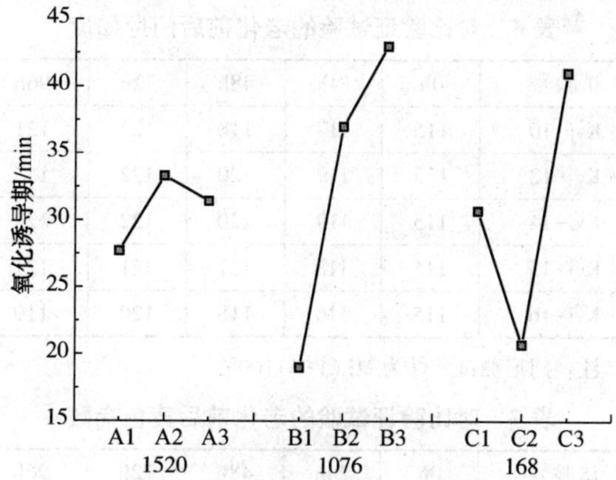

图 1　氧化诱导期的极差分析图

2.2　抗氧剂 565 的考察

565 是近年国内采用的橡胶用抗氧剂，由于其在结构中同时存在胺基、羟基和硫基而具有分子内协同作用，常作为主抗氧剂；亚磷酸酯类可与氧化产物醌类发生化学反应，可以有效防止高分子聚合物发生变色，因此，对环保型565/168进行了SSBR应用考察。

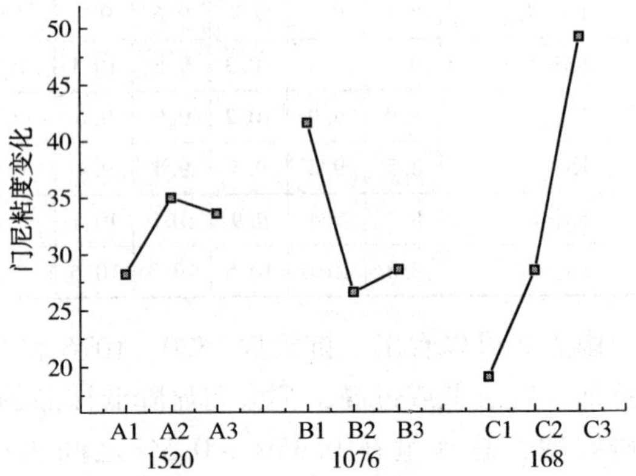

图2　老化72h门尼黏度的极差分析图

应用于SSBR，抗氧体系565/168同常规优化配方和装置在用SSBR非环保配方进行了对比，结果见表5～表7。由正交试验和表5～表7可看出，常规优化配方在氧化诱导期、老化前后的门尼黏度变化值和黄色指数变化值方面，达到了正交试验的优化效果。由表5可看出，对于相同抗氧剂体系565/168，氧化诱导期随辅助抗氧剂加量的增加而大幅度延长。

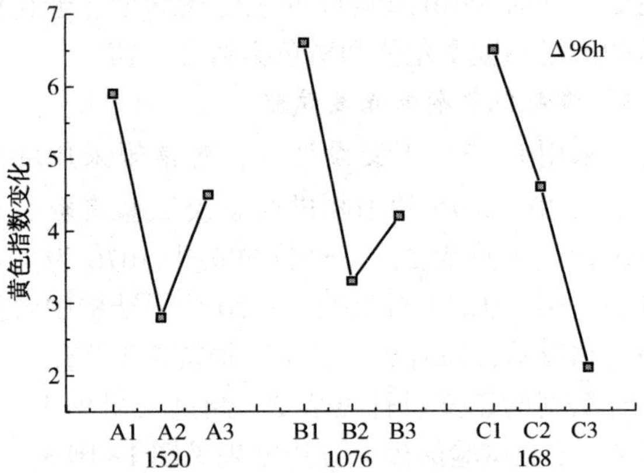

图3　老化96h黄色指数的极差分析图

表5　对比验证试验及DCS测试结果

试验号	1520/%	1076/%	168/%	565/%	总加量/%	氧化诱导期/min	备注
Kyj-10	—	—	—	—	0.8	3.5	在用非环保配方
Kyj-12	0.1	0.2	0.1	—	0.4	18	常规优化配方
Kyj-14	—	—	0.1	0.05	0.15	7.9	—
Kyj-15	—	—	0.2	0.05	0.25	15	—
Kyj-16	—	—	0.3	0.05	0.35	22	—

由表6可看出，565/168同常规优化配方和装置在用SSBR非环保配方，这三种抗氧体系对热SSBR老化门尼黏度均具有较好的稳定作用。

表6　对比验证试验的老化前后门尼黏度

试验号	0h	24h	48h	72h	96h
Kyj-10	115	117	118	122	121
Kyj-12	115	119	120	122	123
Kyj-14	115	119	120	122	122
Kyj-15	115	118	121	121	121
Kyj-16	115	116	118	120	119

注：门尼测试条件为ML(1+4)100℃。

表7　对比验证试验的老化前后黄色指数

试验号	0h	24h	48h	72h	96h
Kyj-10	7	7	8	9	8
Kyj-12	7	8	9	10	12
Kyj-14	7	9	11	12	14
Kyj-15	7	10	11	11	12
Kyj-16	7	7	8	8	9

由表7可看出，装置在用SSBR非环保配方对SSBR老化前后黄色指数具有较好的稳定作用，其次是加量为0.05/0.3的565/168配方。通过抗氧剂配方的对比分析，可以看出565与168之间具有较好协同性，加量分别为0.05%和0.3%时，其抗氧剂体系综合性能较好。

2.3　生产成本分析

装置在用SSBR非环保配方、常规优化配方及565/168配方的生产成本见表8。由表8可看出，同另外两个抗氧体系相比，在565和168加量分别为0.05%和0.3%时，此抗氧体系具有较明显的生产成本优势。

表8　对比试验的抗氧剂配方生产成本

试验号	总加量/%	生产成本/(元/吨)	备注
Kyj-10	0.8	210	非环保配方
Kyj-12	0.4	220	正交优化配方

续表

试验号	总加量/%	生产成本/（元/吨）	备注
Kyj-14	0.15	120	—
Kyj-15	0.25	140	—
Kyj-16	0.35	160	—

3 结论

（1）通过 1520、1076 和 168 的正交试验，确定出 SSBR 常规抗氧剂优化配方为：1520 为 0.1%，168 为 0.1%，1076 为 0.2%。

（2）565 与 168 具有较好协同性，加量分别为 0.05%和 0.3%时，565/168 抗氧体系具有较好的 SSBR 应用性能和较明显的生产成本优势。

参 考 文 献

[1] 库兹明斯基著，欧阳涛译．橡胶防老剂的作用和应用[M]．北京：中国工业出版社，1964：3-7.

强化危险化学品企业特殊作业预约管理，确保高风险作业受控进行

杨　卫　何　超　赵　勇　孙万春

(中国石油独山子石化公司)

摘　要　本文通过危化品生产企业风险作业预约多年实践经验介绍，说明风险作业预约在风险作业计划安排、风险研判、风险评估以及严控风险作业项目必要性、安全施工条件准备等方面发挥了重要作用。

关键词　风险作业预约　危化品生产企业　严控作业数量　降低风险

危险化学品生产企业与普通企业相比，在生产中涉及较多的易燃易爆、有毒有害等危险化学品，其检维修等施工作业风险突出，存在火灾爆炸、中毒窒息等风险，极易发生群死群伤等恶性事故。同时，由于生产技术升级换代、隐患治理等原因，企业普遍存在临时作业量多、作业总量大等问题，风险作业管控难度增高。因此，通过提前申报预约等手段提高计划性，减少临时作业，杜绝随意作业，严控作业总量，对于降低危险化学品生产企业的作业风险具有重要意义。

1　简述

为进一步加强危化品生产企业特殊作业管理，把作业的过程管理扩展到源头控制，实施风险作业预约管理，提前进行风险研判，并借助信息化的手段，建立并完善一套风险作业的预约管理制度及内部审核审批流程，对风险作业进行预约，落实分级审批、分级管控。在信息化平台实现危险作业的计划公示，对超作业数量管控能力范围的单位进行预警，对高风险作业、非工作时段需要加班的作业进行警示，及时传达到相关人员，确保各级管理人员掌控风险作业信息，做到心中有数。同时，对预约风险作业形成数据库，通过对作业类别、作业原因、风险级别、属地单位作业数量统计等大数据自动分析，找出产生风险作业的根本原因，提出有效减少和防控风险作业的对策措施，增加防护屏障，改进安全现状。

2　管理原则和流程

2.1　分级

所有风险作业按(GB 30871—2014)分为特殊、二级、一级，分级填报，分级审批，分级管控。

2.2　作业原因分类

根据公司施工检维修现状将作业原因细分为：计划检修(转产清理、设备检验、日常维护)、抢修、项目施工(投资项目、隐患治理、技措项目、非生产项目)、辅助类作业、工程建设项目等5大类。

2.3　职责明细

根据管理层级及角色授权管理，危化品企业基层单位负责作业预约的申报及批准后的作业管理，危化品企业专业管理部门负责作业预约审批、执行及现场管控措施落实情况的监督、检查和考核。

2.4　建立管理制度

建立作业许可及预约管理制度，明确日常、加班时段、周末、节假日及特殊敏感时段作业预约管理的要求，从管理职责、作业项目、项目任务描述、作业类型、作业分级、作业风险级别、项目负责人、审核审批人、周末、节假日及特殊敏感时段风险作业预约等方面明确了预约的具体要求。明确了风险作业预约的范围，设备检维修项目及工程建设项目涉及的特殊作业，都必须进行预约，没有预约严禁作业。每日危化品生产企业早视频对当日重点风险作业进行风险提示，要求专业主管部门每日审核审批和监督检查属地单

位作业预约的内容和质量，每月对作业预约的管理落实情况进行奖惩。

2.5 流程

风险预约流程主要包括风险评价、作业前准备、信息填报、审批、安全措施落实、偏差预警(图1)。

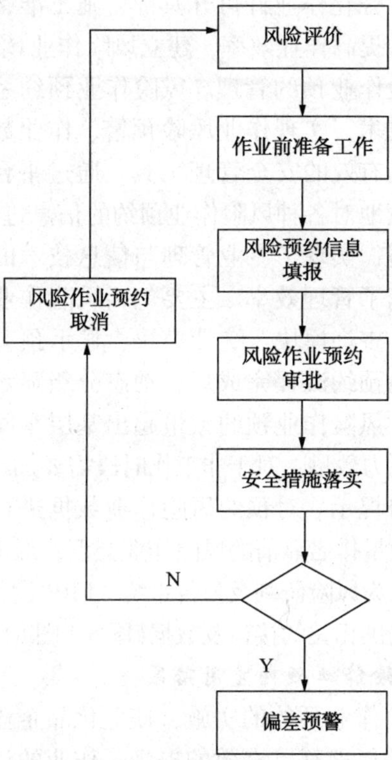

图1 风险作业预约管理流程图

2.5.1 作业风险的评价

风险分析小组将作业按先后顺序划分为若干工序或步骤，识别每项任务或步骤所可能产生的危害因素。识别危害因素时应充分考虑人员、设备、材料、方法、环境五个方面和正常、异常、紧急三种状态。确定作业风险等级(特殊、二级、一级)，将分析结果作业预约及作业许可中体现，并根据评价结果制定和实施相应的控制措施，最大限度消除或控制风险。

2.5.2 风险作业预约前的准备工作

风险评价及管控措施制定审核完毕或落实到位；施工人员三级(班组级、车间级、厂级)安全培训完成；作业前对项目施工人员进行安全交底。施工力量和施工方案(或作业计划书)落实到位；施工设备及工器具落实完好；施工材料落实到现场；作业监管力量落实到位。

2.5.3 风险预约信息填报

对于特殊、一级风险作业，全部预约；二级风险作业中涉及动火、受限空间、盲板抽堵、高处、吊装、临时用电、动土、断开管路等八大类风险作业，要进行预约。风险作业预约填报必须在作业实施前一日完成。

风险作业预约填报内容包含：作业属地单位、作业类别、施工单位、主管部门、装置名称、作业开始时间、作业结束时间、项目计划时间、作业类型、作业风险等级、作业部位、物料介质、任务描述(作业预约描述准确，包括装置名称、作业部位、设备位号及名称、物料介质)、作业原因、特殊作业环境、重点防控风险、车间负责领导、厂级负责领导、双方区长、项目负责人及电话(图2)。

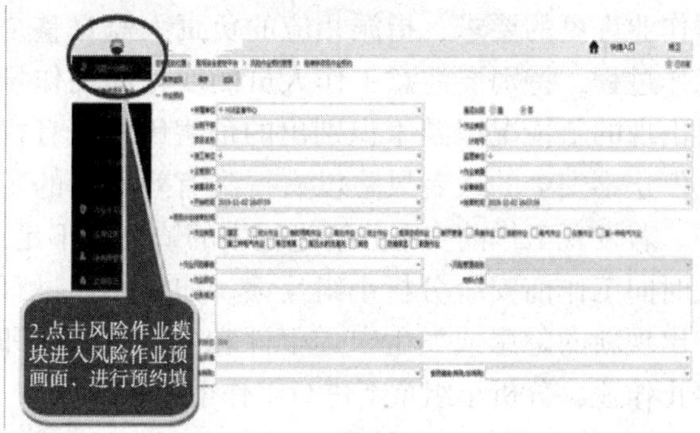

图2 风险作业预约填报界面

2.5.4 作业预约审批流程

2.5.4.1 计划检修作业审批流程

作业预约审批流程必须在填报当日16点之前完成。二级作业由危化品企业基层车间领导进行审批。3、4级作业由危化品企业专业管理部门审批。

2.5.4.2 抢修作业预约审批流程

车间项目负责人填报抢修作业预约内容，车间领导审批。

2.5.4.3 工程建设作业预约审批流程

工程建设项目作业预约经工程管理部门领导审批。

2.5.4.4 周末、节假日和特殊敏感时期风险作业预约审批流程

检维修风险作业预约，由基层车间在放假前三天依次报分厂专业主管部门、分厂主管领导、厂级专业部门审核，厂级主管领导审批同意后，由基层车间在风险作业预约系统中预约。

工程建设项目，项目代表放假前三天报厂级工程专业管理部门领导审核后报厂级主管领导审批，

然后由项目代表在风险作业预约系统中预约(图3)。

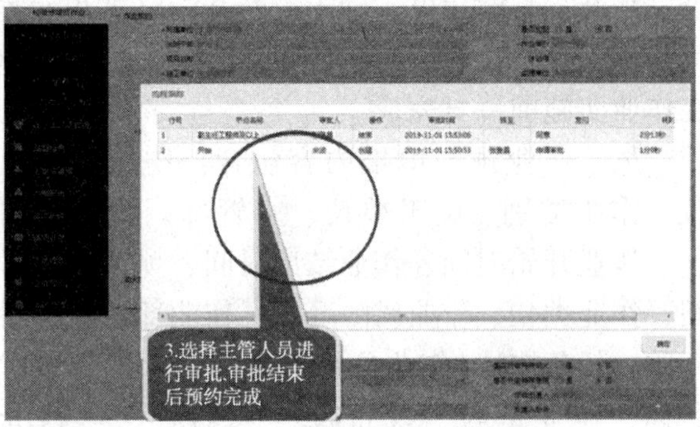

图3　风险作业预约审批界面

2.5.5　风险作业预约安全措施的落实

在作业过程中应严格落实风险控制措施，根据作业许可的要求，指派相应的负责人监督整个工作过程，特别要注意工作人员的变化和工作场所出现的新情况以及未识别出的危害因素。有权利停止不安全的或者风险没有得到有效控制的工作。若发现工作前安全分析过程中的缺陷和不足，及时向工作前安全分析小组反馈。如果作业过程中出现新的隐患或发生未遂事件和事故，应立即停止作业，分析小组重新进行工作前安全分析。

2.5.6　作业预约取消流程

当安全措施落实不到位或检修条件不具备，可以进行作业预约取消，检修作业预约取消由基层车间授权领导取消确认。工程建设项目作业预约取消，由工地代表向工程项目管理部门主管领导汇报，取消预约施工作业项目(图4)。

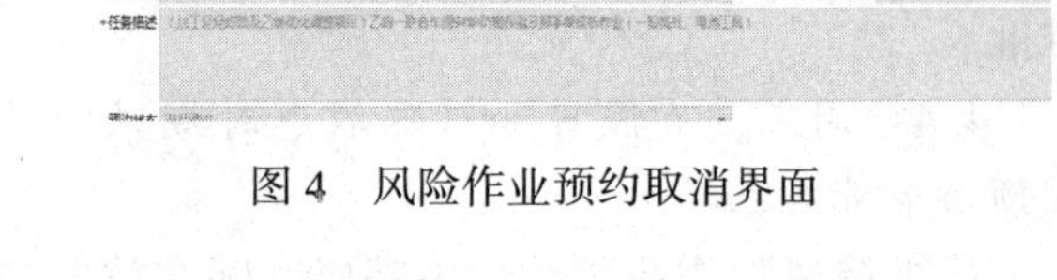

图4　风险作业预约取消界面

2.5.7　偏差预警

风险作业预约完成后在平台上动态分级显示，对作业预约情况进行公示、预警。系统中提前设置控制指标，当预约数量和风险级别达到控制指标时，系统进行预警，预警包括：风险作业预约数量超出危化品企业基层车间管理人员管控能力数量的单位和作业项目、高风险作业项目、非工作时段需要加班的作业项目、数量排名靠前的同类风险作业项目。

3　预约系统建立及应用

3.1　风险作业预约系统的功能

为了强化作业许可开具前，施工准备阶段的有效性，提高作业效率，建立风险作业预约系统，开展风险作业预约管理。风险作业预约系统利用信息化技术，实现作业风险预警、作业数据统计分析，是有效的安全管理工具。通过平台，可以方便快捷地对各种风险作业预约的信息进行查询、统计分析，实现了专业管理与信息技术的有效融合，提高了管理效率。主要包括风险作业预约填报模块、查询模块、统计模块、显示预警提示模块。风险预约流程完成后，动态分级显示。高风险作业、风险作业预约数量超出基层车间管理人员管控能力数量，对于非工作时段需要加班的作业进行预警提示。对预约风险作业数据进行统计分析，对数量排名靠前的风险作业类型，形成作业风险预警。为风险研判及公告系统、ERP设备综合管理平台提供相关的接口及数据(图5、图6)。

3.2　风险作业预约应用结果

风险作业预约的实施，使危化品企业风险作业管理关口前移，有效的提高了作业的计划性和效率，确保作业准备充足，严控作业数量，对现场作业存在的风险进行预警提示，使作业透明化，强化监督管理，减少了设备检维修现场违章数量，确保风险作业安全受控。

3.2.1　实现了风险作业产生原因的数据自动分析

根据设备检维修现状将作业类别细分为：计划检修(转产清理、设备检验、日常维护、缺陷故障、停工检修)、抢修、项目施工(投资项目、隐患治理、技措项目、非生产项目)、辅助类作业、工程项目等5大类。风险作业预约系统对作业类别按装置进行统计分析，结合填报的作业原因，通过大数据分析，确定各个装置产生作业的原因，专业主管部门依据系统统计结果改进管理(图7)。

3.2.2　有利于开展预防性检维修

通过风险作业产生原因的规律性分析，落实最短运行周期设备攻关等预防工作，提前做好风险研判，按计划开展预防性检修，有效的防止属地单位、项目负责人在没有做好充分准备前盲目安排施工作业项目，缺乏统筹和规划，防止施工检维修项目在不具备开始的条件下进行实施。

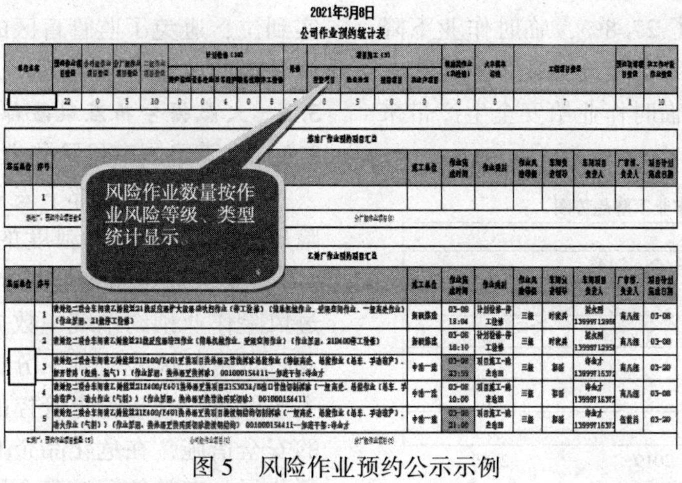

图 5　风险作业预约公示示例

2021年3月1日至2021年3月8日作业类统计(8类)分布

(点击数字可查看明细)

单位	车间	合计	动火作业	断开管路	断路作业	吊装作业	高处作业	临时用电作业	受限空间作业	动土作业	涉及非8大类
独山子石化	..	620	86	95	4	105	207	70	28	9	16
	..	126	12	29	0	10	57	11	2	0	5
	催化裂化联合车间	12	0	3	0	2	6	0	0	0	1
	第一联合车间	22	2	5	0	1	12	2	0	0	0
	第二联合车间	23	8	1	0	2	4	8	0	0	0
	加氢联合车间	24	0	9	0	5	10	0	0	0	0
	原油储备联合车间	1	0	0	0	0	0	0	0	0	1
	重整加氢联合车间	6	0	1	0	0	5	0	0	0	0
	炼油厂储运联合车间	30	1	9	0	0	16	0	1	0	3
	第三联合车间	8	1	1	0	0	4	1	1	0	0
	..	342	46	41	2	60	118	57	12	0	6
	乙烯二联合车间	38	5	7	0	5	14	5	1	0	1
	乙烯一联合车间	58	8	20	0	2	19	8	1	0	0
	聚乙烯一联合车间	40	8	7	1	5	13	8	1	0	0
	烯烃一联合车间	12	1	2	0	2	6	1	0	0	0
	公用工程联合车间	13	2	0	0	3	6	2	0	0	0
	净化水联合车间	15	3	0	0	5	4	3	0	0	0
	乙烃储运联合车间	9	0	2	0	0	3	0	0	0	4
	烯烃二联合车间	7	2	2	0	0	1	1	0	0	1
	聚烯烃二联合车间	77	9	8	1	20	35	2	2	0	0
	橡胶联合车间	70	8	13	0	18	17	7	7	0	0

2021年3月1日至2021年3月9日类型作业预约分布

(点击数字可查看明细)

单位	车间	装置	合计	一级	二级	三级	四级	罐区4+1	罐区4+2	罐区4+3	罐区4+4	二级(非八大类)	公司级	分厂级	车间级
	..	..	346	0	239	114	1	0	28	0	1	0	2	134	230
	分厂合计	..	89	0	56	16	0	0	16	0	1	0	1	32	56
	催化裂化联合车间	车间合计	10	0	9	1	0	0	0	0	0	0	0	1	9
		一催化装置	3	0	2	1	0	0	0	0	0	0	0	1	2
		气分装置	7	0	7	0	0	0	0	0	0	0	0	0	7
	第一联合车间	车间合计	13	0	11	2	0	0	0	0	0	0	0	2	11
		1000万吨常减压蒸馏装置	7	0	5	2	0	0	0	0	0	0	0	2	5
		120万吨延迟焦化装置	6	0	6	0	0	0	0	0	0	0	0	0	6
	第二联合车间	车间合计	15	0	5	10	0	0	0	0	0	0	0	10	5
		新区硫磺装置	13	0	3	10	0	0	0	0	0	0	0	10	3
		循环水装置	1	0	1	0	0	0	0	0	0	0	0	0	1
		空压装置	1	0	1	0	0	0	0	0	0	0	0	0	1
		[illegible]	[illegible]	[illegible]	[illegible]	[illegible]	[illegible]	[illegible]	[illegible]	[illegible]	[illegible]	[illegible]	[illegible]	[illegible]	[illegible]

图 6　风险作业预约统计

2021年3月1日至2021年3月24日作业预约统计

序号	直属单位	合计	一级	二级	三级	四级	罐区	计划检修：转产清理	计划检修：设备检验	计划检修：日常维护	计划检修：缺陷及故障	计划检修：停工检修	计划检修：合计	抢修	项目施工：投资项目	项目施工：隐患治理	项目施工：技措项目	项目施工：非生产项目	项目施工：合计	辅助类作业(非检修)	非工作时段作业	作业许可数
		1150	0	695	401	2	52	92	54	264	231	199		84	40	56	8	12		73	206	1520
1		227	0	143	38	1	45	0	29	71	45	9	154	20	36	0	4	0	40	13	17	440
2		620	0	405	209	0	6	92	16	151	127	68	454	66	4	53	1	10	68	16	146	730
2		200	0	92	107	1	0	0	8	27	31	122	188	2	0	0	3	0	3	7	34	222
4		36	0	28	8	0	0	0	0	1	1	0	2	2	0	0	0	0	0	32	2	18
5		12	0	1	11	0	0	0	0	0	0	0	0	1	0	1	0	0	1	0	0	0
6		0	0	0	0	0	0	0	0	0	0	0	0	0	0	0	0	0	0	0	0	0
7		7	0	6	1	0	0	0	0	0	1	0	1	0	0	0	0	0	0	6	6	6
8		9	0	2	7	0	0	0	0	8	0	0	8	1	0	0	0	0	0	0	1	66
9		6	0	2	4	0	0	0	0	1	0	0	1	1	0	2	0	2	4	0	0	0
10		33	0	16	16	0	1	0	1	5	26	0	32	1	0	0	0	0	0	0	0	38
11		0	0	0	0	0	0	0	0	0	0	0	0	0	0	0	0	0	0	0	0	0

2021-03-01至2021-03-24设备缺陷故障作业分类统计表

作业所属单位	缺陷故障作业合计	静设备缺陷故障作业(91)：减薄消缺	伴热消漏	水线消漏	换热器检修	塔、容器、储罐缺陷整改	平台、梯子、护栏消缺	保温整改	其他	仪表设备缺陷故障作业(14)：阀门及附件消缺	控制系统消缺	分析仪表消缺	固定式报警器	现场仪表消缺	视频监控消缺	其他	电气设备缺陷故障作业(5)：电动机消缺	变频器消缺	继电器消缺	输变电设备消缺	其他	转动设备缺陷故障作业(57)：关键机组消缺	挤压机消缺	造粒机消缺	压缩机消缺	风机消缺	机泵消缺	润滑系统消缺	其他	消缺辅助脚手架作业(21)	不涉及
	231	14	8	6	11	0	2	2	48	2	1	0	3	6	1	1	0	0	0	0	5	0	0	0	8	2	28	0	19	21	43
	45	1	1	0	0	0	0	1	10	1	1	0	2	5	1	0	0	0	0	0	0	0	0	0	0	2	8	0	0	1	11
	4	0	0	0	0	0	0	0	1	0	0	0	0	1	1	0	0	0	0	0	0	0	0	0	0	0	0	0	0	1	0
	3	0	0	0	0	0	0	0	1	0	0	0	0	0	0	0	0	0	0	0	0	0	0	0	0	2	0	0	0	0	0
	4	1	0	0	0	0	0	0	0	0	0	0	0	0	0	0	0	0	0	0	0	0	0	0	0	0	1	0	0	0	1
	11	0	1	0	0	0	0	1	2	0	0	0	0	0	0	0	0	0	0	0	0	0	0	0	0	0	6	0	0	0	0
	1	0	0	0	0	0	0	0	0	0	0	0	0	1	0	0	0	0	0	0	0	0	0	0	0	0	0	0	0	0	0
	1	0	0	0	0	0	0	0	0	0	0	0	0	1	0	0	0	0	0	0	0	0	0	0	0	0	0	0	0	0	0
	17	0	0	0	0	0	0	0	5	1	1	0	2	1	0	0	0	0	0	0	0	0	0	0	0	0	0	0	0	0	6
	4	0	0	0	0	0	0	0	1	0	0	0	0	1	0	0	0	0	0	0	0	0	0	0	0	0	1	0	0	0	1
	127	8	2	5	7	0	2	1	23	1	0	0	1	1	0	1	0	0	0	0	4	0	0	0	7	0	16	0	13	13	22

图 7　风险作业产生原因统计表

2018年至2020年临时作业数量持续呈下降趋势，其中2019年较2018年下降了28.9%，2020年较2019年下降了27.8%，临时作业下降幅度较大，风险作业预约的实施强化了风险作业的计划管理，减少突发临时作业给安全生产带来的不利冲击(图8)。

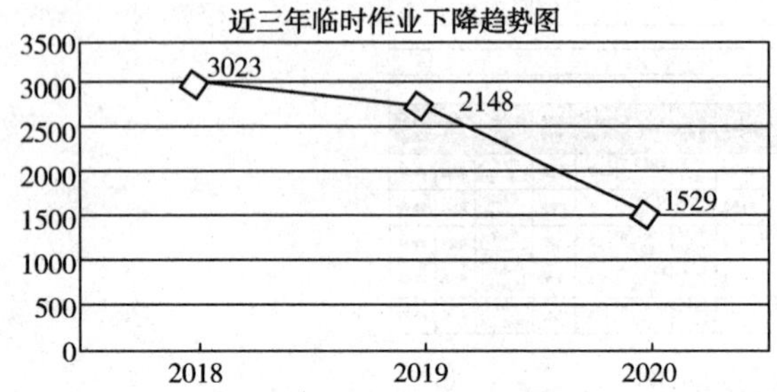

图8　临时作业数量下降趋势图

3.2.3　有利于监督人员及时落实现场监管

由于风险作业预约的严格执行，所有风险作业都进行公示，透明化，使监管人员清楚现场存在的风险，有针对性的检查各项安全措施是否落实到位，避免了监管盲区的存在，强化了施工检修现场的监督管理。

3.3　大数据分析在风险作业中的应用

3.3.1　满足国家风险作业风险研判

国家应急管理部下发的《危化品企业安全风险研判与承诺公告制度的通知》(应急2018 74号)，要求危化品企业进行风险研判和公示，通过风险作业预约系统中数据统计分析，危化品企业每日进行风险研判，分析出一段时间内存在的主要风险，确定重点管控的风险作业，制定相应的安全措施，在危化品企业主门及门户网站上进行公示，有效的管控安全风险，及时排查治理事故隐患，遏制事故的发生(图9)。

风险研判及公告专题

企业状态	生产装置套数:44,运行套数:39,停产套数:2,一级重大危险源:16 二级重大危险源:7,三级重大危险源:18,四级重大危险源:12,开停车装置数:2 试生产装置数:1,重点监督危险工艺:5,检维修套数:7
动态风险	特级动火:0处,一级动火35处,二级动火:3处,进入受限空间作业26处 盲板抽堵作业:0处,高处作业73处,吊装作业:34处,临时用电:34处 动土作业:3处,断路作业:1处,检维修作业:141处,是否有承包商作业:是 是否处于试生产期:否,是否处于开停车状态:否,是否开展中(扩)试用:否 有无重大隐患:无
负责人承诺	今天我公司已进行安全风险研判,各项安全风险防控措施已落实到位,我承诺所有生产装置处于安全运行状态,罐区、仓库等重大危险源安全风险得到有效管控。

图9　风险作业总量下降趋势图

3.3.2　有效控制风险作业数量

由于在系统中提前设置危化品企业基层车间风险作业可控数量，超可控数量后系统进行报警提示，专业主管部门依据系统中的各单位超可控数量统计结果进行分析，考核追责。

有效的防止属地单位、项目负责人超管控能力安排施工作业项目，有力的降低了作业数量，确保了现场作业体系全覆盖，风险作业现场有充分的力量进行管控。

由于风险作业数量的持续下降，使危险化学品生产企业有效的降本增效，某危险化学品企业检维修费用三年平均下降16%。

2019年至2020年风险作业数量持续呈下降趋势，在作业预约的严格控制下作业，其中2019年较2018年下降了15.7%，2020年较2019年下降了21.9%(图10)。

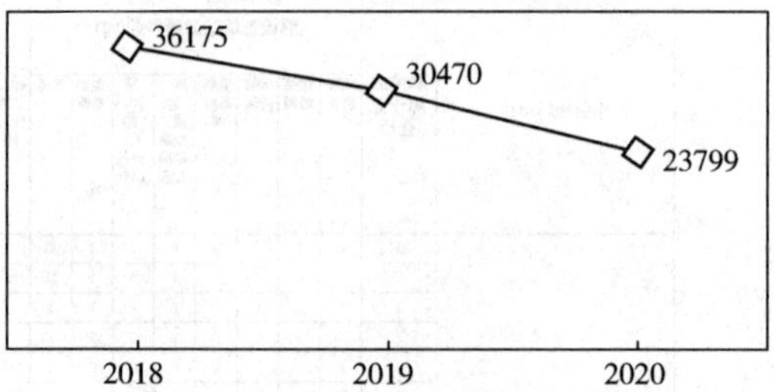

图10　风险作业总量下降趋势图

3.4 作业预约系统在使用中存在的不足

风险作业预约实施过程中也存在一些问题：一是部分基层单位执行力不足，没有进行预约或不能按要求的时间节点完成作业预约。二是部分基层单位作业风险预约质量差，预约前没有认真对风险作业进行风险分析导致预约内容描述不清楚，预约风险级别判断错误，预约项目存在的主要风险未识别出。三是部分项目负责人未深入现场对现场不熟悉，预约的内容和现场实际不相符。四是部分设备检维修项目准备工作不足，邻近实施日期发现施工条件不具备，取消了大量预约风险作业。

3.5 作业预约优化措施

针对作业预约存在的问题：一是强化考核，管理追溯，确保风险作业要求能够严格执行。二是加强检查监督检查，确保风险作业预约内容和现场实际相符合，杜绝不预约进行作业的严重违章行为。三是继续优化风险作业预约系统，强化风险作业预约大数据分析，提供风险预警，强化安全措施落实，减少检维修事故、事件的发生。

4 结束语

通过风险作业预约，使风险作业安全管理关口前移，增强了作业的计划性，强化了风险作业准备工作，使作业实施人员对施工检维修现场存在的风险和危害后果有更清晰的认识，为安全生产多竖起一道防护屏障。但如何更好、更有效地开展危化品生产企业风险作业预约管理，还需在工作中不断积累经验，在实践中不断改进完善，使其发挥出应有的作用。

炼化企业数字化计量管控平台建设探索

刘胜军

(中国石油化工股份有限公司天津分公司)

摘　要　计量工作在企业的经济建设和发展中扮演着十分重要的角色，可以为企业生产、监控以及试验检测提供全过程有效的指导，确保数据准确、产品质量不断提升。物联网、云计算、大数据等信息技术的发展和应用为企业打造智能化工厂提供了有力支撑。本文在我国两化融合和智能化建设发展的背景下，对炼化企业数字化计量管控平台总体架构，以及计量仪表与衡器智能化、计量检定/校准、测量体系全过程管控等内容进行了探讨，并对相关系统建设应用情况进行了说明，以期对炼化企业计量数字化管控水平提升起到一定的参考和借鉴意义。

关键词　计量　数字化　智能化　测量体系　检定/校准

1　前言

当今世界，互联网、云计算、大数据等信息技术蓬勃发展，推动了制造业数字化、网络化、智能化发展进程。十三五期间，中国石化聚焦打造“智能工厂”核心，突出信息化建设的集中集成和深化应用，初步建成智能工厂应用框架，具备感知、预测、优化、协同的信息化能力，以信息化促进业务管理实效性的增强，实现一体化运营。十四五期间聚焦打造“数字化工业生态”平台，实现全面数字化转型为目标，利用“云、大、物、移、智、链”等先进技术，构建完善的智能化综合管控平台。

炼化企业计量管理作为企业生产经营过程中重要环节，涉及计量器具配备、原料/油进厂、生产加工、节能降耗、产品出厂等各项内容，计量数据的准确与否直接关系企业经济效益，起到“导航仪”、“风向标”作用。为实现计量业务的高效管理，各企业充分应用自动化、信息化技术，建立了计量管理信息系统，实现了计量器具、检定/校准、人员、数据等全面管理，并结合智能工厂建设，创新管理模式，推动衡器计量仪表智能化构建，有效提升了计量管控水平。

2　炼化企业计量管控平台建设现状

近年来，中国石化计量主管部门十分重视信息化与工业化的融合，统筹建设了计量管理信息系统，并颁布下发 Q/SH 0371《炼化企业计量管理信息系统技术规范》，规范系统标准化建设。下属各炼化企业根据自身实际需要，开发投用了多套计量相关信息系统，例如计量仪表数采系统、汽车衡轨道衡称重系统、定量装车系统、器具检定系统等。但是，从实际应用情况以及国外先进企业对比来看，计量管理还停留在信息集成管理层面，距离全面智能化管控还有一定差距，主要突出表现以下三个方面：

(1) 未实现计量信息全面数字化自动采集，数采率低、模拟量采集占比高，未全面实现 RS485 等数字化采集，温压补偿运算不正确，对精准计量有一定影响；

(2) 各系统集成度不高，仍存在一定程度的数据共享壁垒和信息孤岛，缺乏整体统筹规划；

(3) 综合的大数据分析诊断需进一步深化，智能化程度仍需进一步提升。

3　炼化企业计量管控平台建设思路

十三五期间，中国石化按照“集中集成，科学管理，创新驱动，协同智能”的方针，着力推进信息基础、生产运营、经营管理等三大平台建设和深化应用，创建数据资源中心(ODS 企业数据仓库)，开展数据价值分析挖掘，打造全面数字智能工厂。炼化企业计量管控平台架构应遵循上述总体架构，与整体信息平台充分融合，同时应满足计量专业化、智能化管控发展目标。在信息基础平台中重点应用先进传感器技术、通讯技术实现全面数字化基础信息采集，不断加强计量仪表、衡器、定量装车、检定/校准等各专业现场智能化技术研发及应用，降低用工成本，提高自动化水平。在网络层有线网络采集传输的基础上，充分应用无线传感网络、5G、工业云等技术，实现计量数据安全稳定传输。打破数据共享壁垒，通过ODS或计量数据仓库，对数据信息进行综合管控。在利用大数据和智能化技术提高计量数据挖掘和分析能力，实现"数据资产"价值。在生产经营管理层，在现有计量管理信息系统中融合测量管理体系建设，实现资源、计量确认、测量过程、分析和改进等全过程综合管控（图1）。

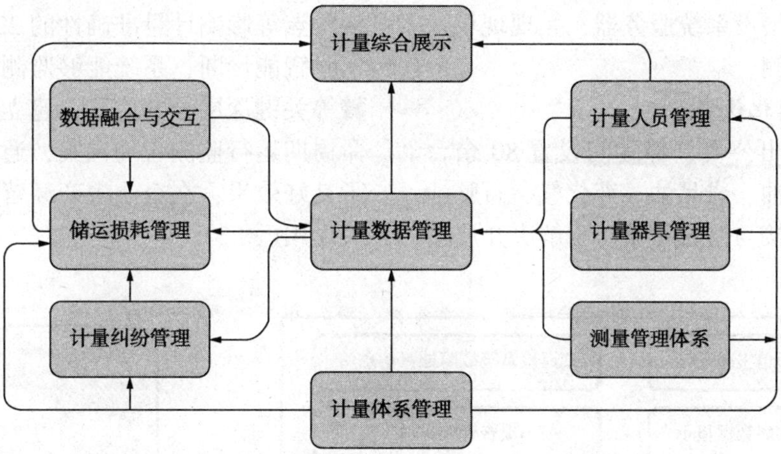

图1　数字化计量管控平台架构

4　计量仪表数字化采集及智能化诊断

4.1　计量仪表数字化采集

目前大部分计量仪表都具备RS485通讯接口，RS485总线技术因具有可靠性高，结构简单，速度快等优点，被广泛应用于工业现场总线通讯。目前天津分公司具有贸易交接及部际互供各种能源物料计量仪表360条回路，介质涵盖原油、天然气、成品油、水、电、汽、风等40种。各种计量仪表都通过应用RS485总线技术实现能源物料计量数据数字化采集监控系统（图2）。

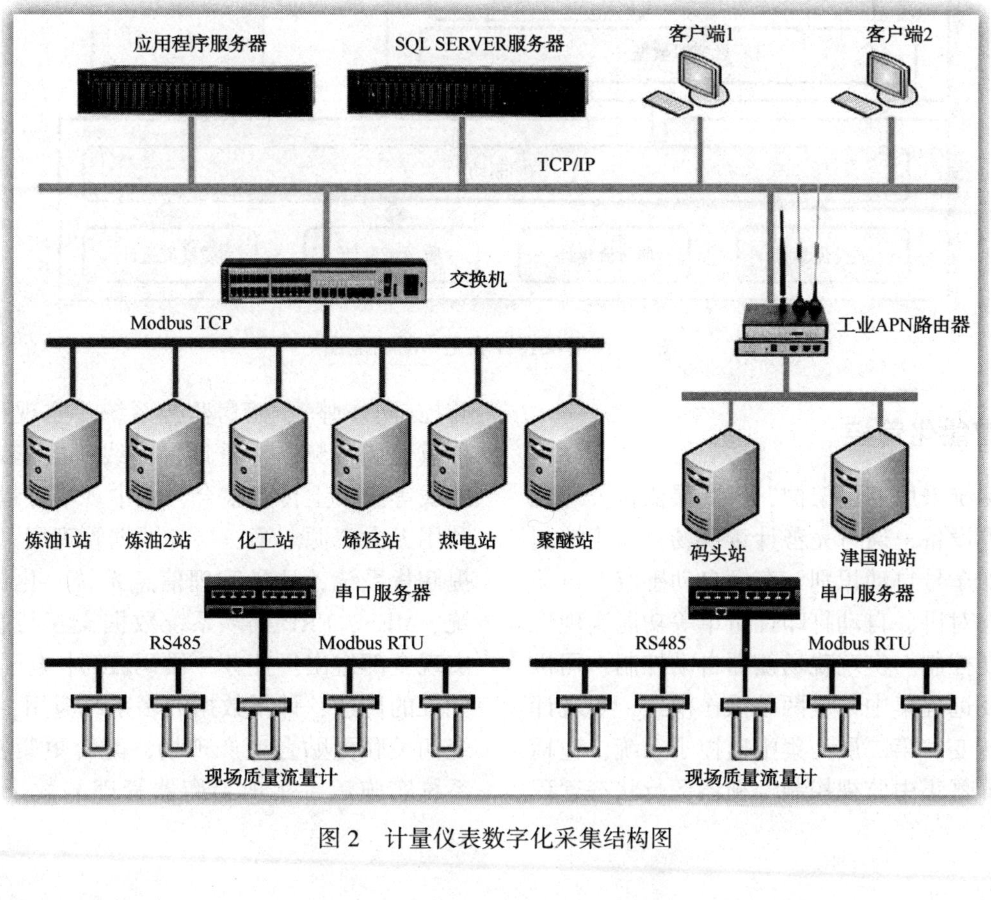

图2　计量仪表数字化采集结构图

现场采集：该系统下设11个iFix SCADA现场采集站，质量流量计按照菊花链连接方式形成RS485通讯总线，并将Modbus RTU协议转换为标准Modbus TCP协议实现数据采集与监控。

采集站集成：各采集站之间通过单模光纤网络连接，在中控室增设系统服务器，实现现场计量仪表集中采集监测。

4.2 计量仪表智能化诊断

天津石化在进出公司、部际间设置80余台质量流量计用于原油、成品油、液化气、石脑油等管输物料产品交接与监督计量。为解决介质输送过程中零漂、汽化、现场手工核查效率低、现场仪表故障报警不易发现等问题，我们借助信息化、智能化、大数据分析等技术，建立质量流量计远程智能诊断系统。完善质量流量计采集参数，实现所有仪表钢性、驱动增益、线圈电压、活零点等影响计量准确性的220个关键参数在线实时智能诊断，系统能够监测到零漂、汽化、报警等关键深层异常信息，建立起质量流量计全生命周期运行监测管理档案，通过深化应用，取得了良好效果，在企业生产经营中充分发挥计量把关作用(图3)。

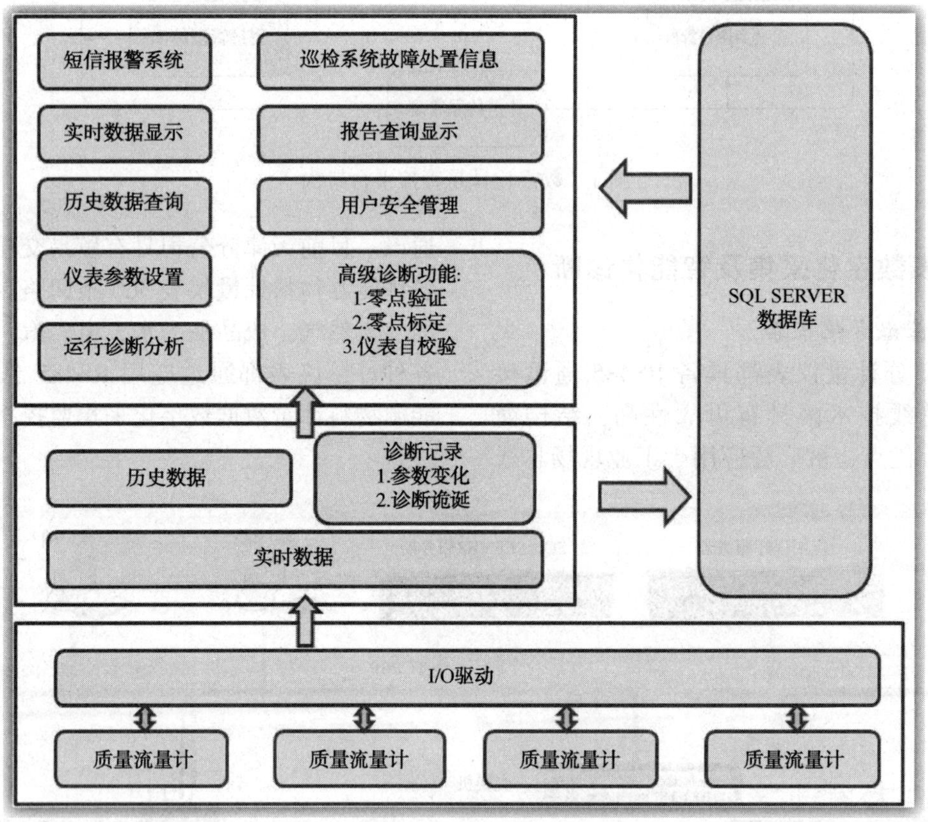

图3　计量仪表智能化诊断功能图

5 衡器智能化管控

衡器系统采用三层架构，最底层依托公司现有衡器称重设备，通过完善计量现场自动化控制设备，增加车号自动识别、车辆自动感应、自动语音提示与对讲、自动打印计量单等功能实现现场称重自动控制。实现现场衡器自动控制、司机自助称重及远程集中计量两种操作模式，实现计量方式的转变。第二层为集中监控子系统，包括中控室大屏幕集中监视控制、衡器运行状态远程监控(防作弊)、磅房监控系统。实现称重数据，称重现场视频，称重计量曲线，装车计量数据、曲线等集中上传和整合，集中现场计量员，合理利用人力资源。第三层为数据管理层，包括电子提卸货系统，计量管理信息系统、化销IC卡系统、MES、ERP等多系统数据交互与管理功能。实现全部进出厂业务二维码/IC卡电子化提卸货凭证的传递，计量数据的多系统应用，使各个系统的关联更贴合生产现场，配合更紧密不孤立。系统实施后，实现了衡器管理的数字化和智能化，现场计量效率大幅提升，单车计量时间和客户等待时间大幅减少，提高了客户满意度；销售和采购部门不再采用纸质的票据传递，一卡通的模式提高了信息化和自动化的程度，防止了单据造假和单据传递错误等问题；与 ERP、MES、计量管理信息系统的结合更加紧密和流畅与中国石化近年来打造智能工厂、实现两化融合等工作目标相契合(图 4)。

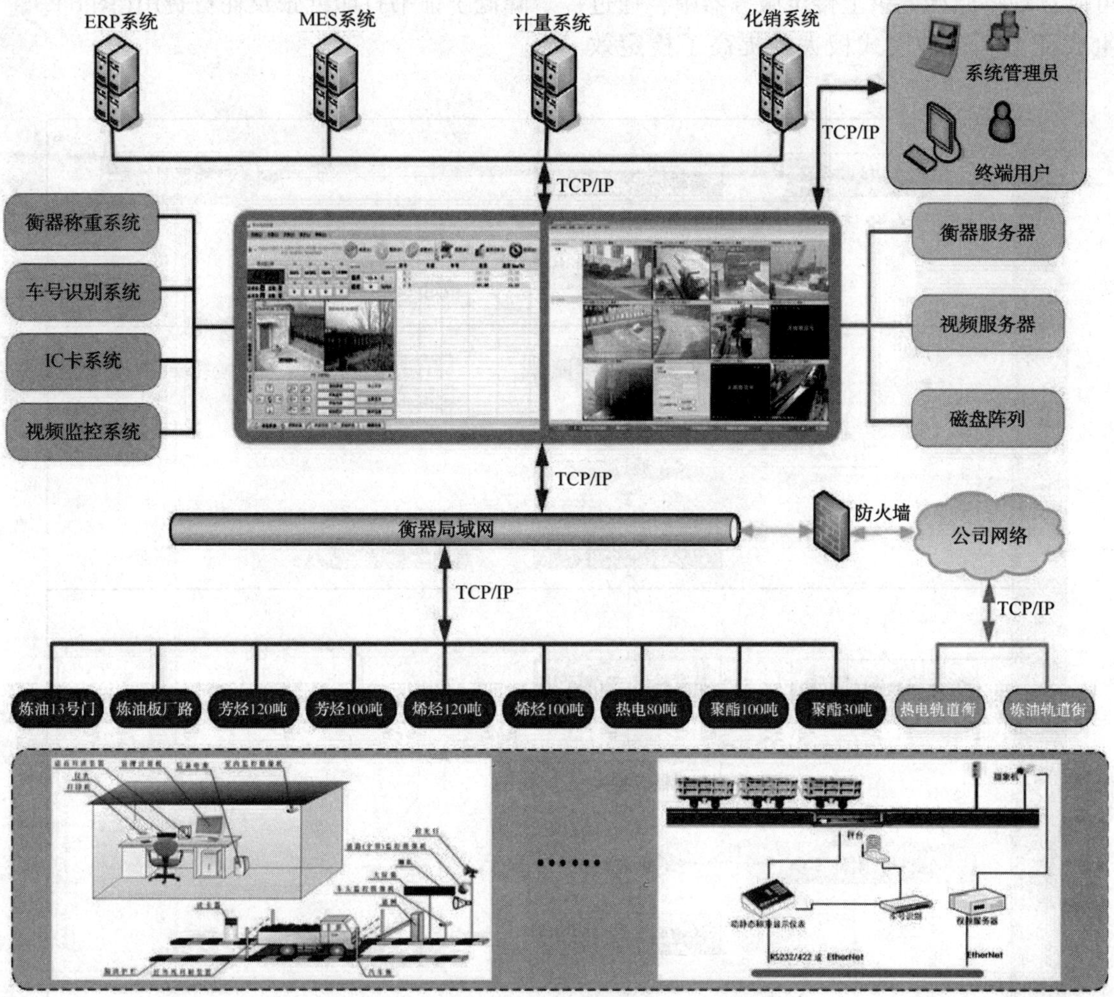

图 4　衡器智能化管控

6　计量检定/校准

为实现计量计量器具配备管理、申购及验收管理、台帐管理、检定/校准计划管理、检定/校准管理、变更管理，在计量管理信息系统中建立了计量器具管理相应模块，并可通过 NFC 等电子标识技术实现计量器具全生命周期管理(图 5)。

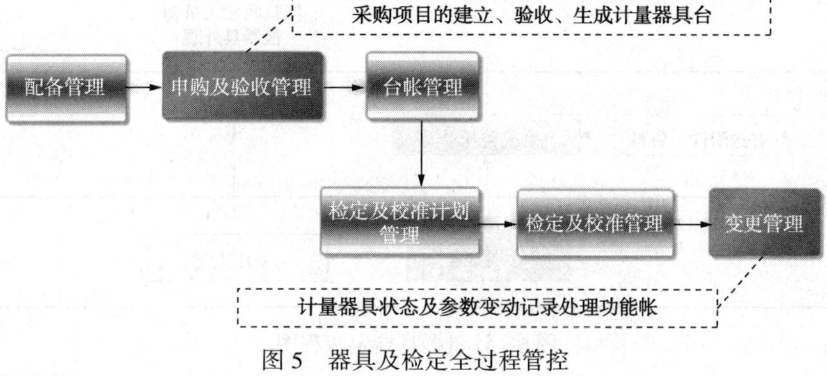

图 5　器具及检定全过程管控

在开展现场检定时，通过优化现场计量器具检定原始记录生成模式，单独设立可以离线操作的客户机。检定人员携带该机器进入现场，检定原始记录直接录入。在回到实验室后，将该机器联网可以自动将原始记录上传至服务器中，通过系统生成证书。这种模式极大的提高了检定效率，降低人工录入错误率。同时在大修期间，我们通过优化系统操作流程，取消系统逐级审批环节以及纸质版证书打印，实行电子证书随时在线查阅。通过深化应用，极大提高了器具检定效率降低了证书打印纸张及耗材费用(图 6)。

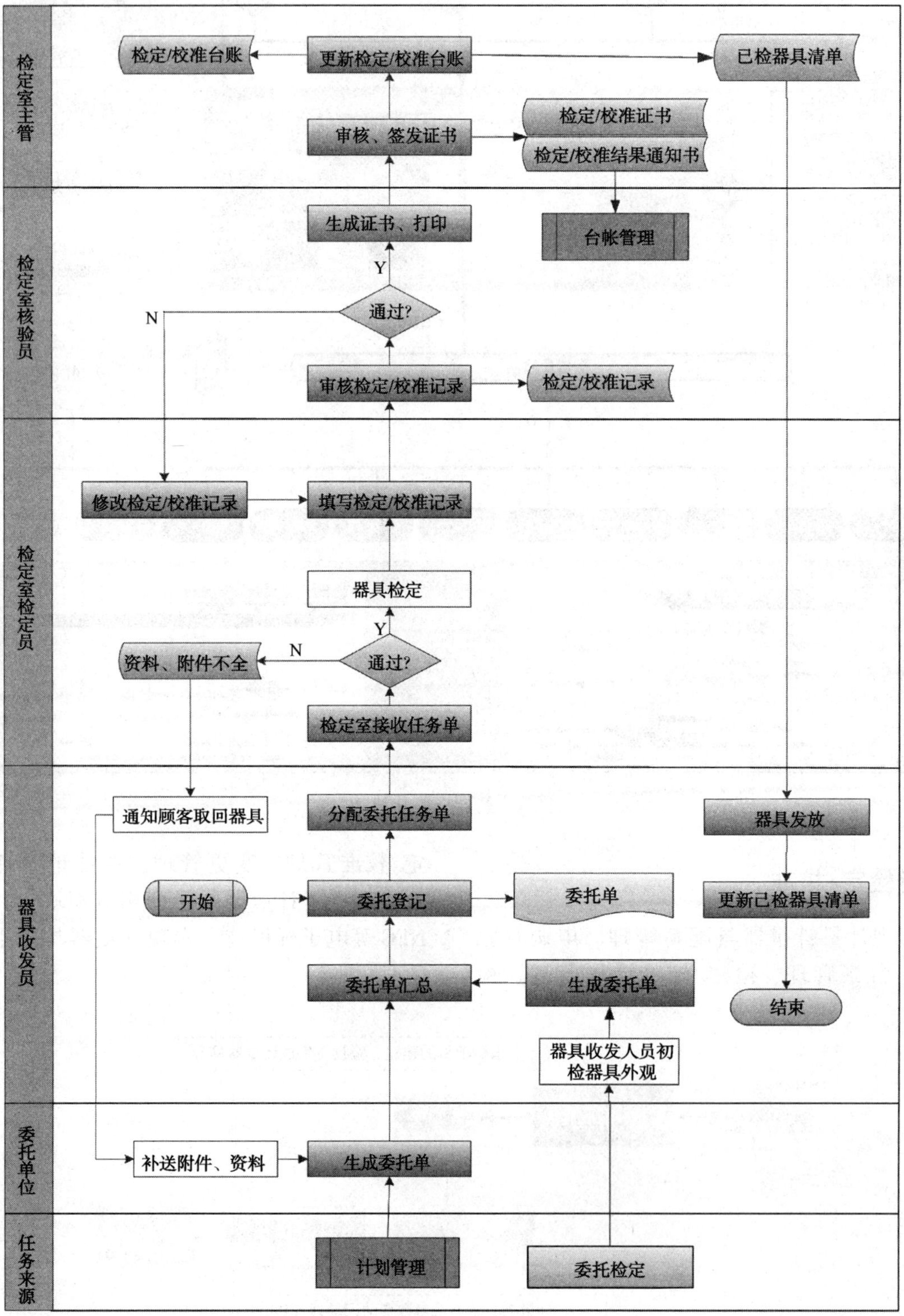

图 6　计量器具检定流程图

7 计量数据智能管控

天津石化化验计量中心现管理的进出公司及部际间交接计量点共376套，其中能源245个、物料120个、汽车衡9台、轨道衡2台。结合《天津石化贸易交接主辅计量比对管理办法》相关要求，深化原油天然气成品油等计量数据应用，开展主辅数据比对，做到能源物料日监控(超差提示、原因分析、处理结果登记)、旬月汇总(超差点数、类型、分析报告)、年统计(各比对指标综合评判，允差调整)，实现企业关键能源物料点的有效把控与精准计量。

7.1 创新进厂原油比对分析应用

天津石化投资建设了中石化首套原油在线计量比对监督装置，用质量流量计与上游刮板流量计进行比对。该装置同时具备密度、含水等参数实时采集与仪表在线校准功能。为此我们通过加强采集参数分析运算，深化原油在线比对监测应用，利用仪表实时状态监测与智能诊断，形成了实时监测、班比对、日统计、月度汇总分析的更加精细化原油管理新模式，在炼化企业具有一定的推广应用价值(图7)。

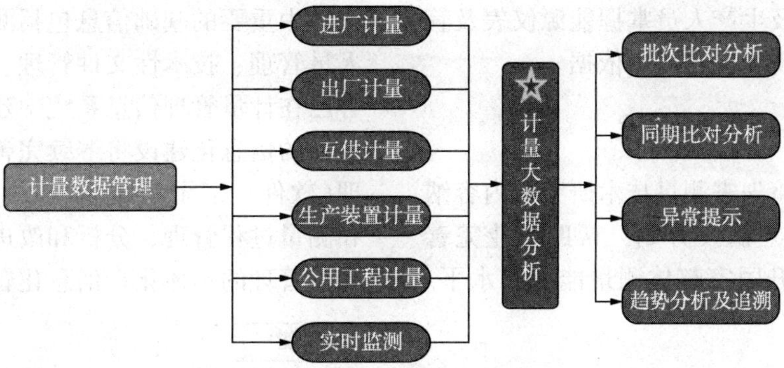

图7 计量数据全面管理流程图

(1) 关键参数实时智能诊断监测应用。在原油计量班组数据终端，通过应用“原油数据采集与诊断”功能对流量、总量、密度、水分等关键参数实时监测，同时对质量流量计进行实时智能诊断与报警，有效确保输送全过程精准计量。

(2) 班比对、日统计应用。在计量管理系统中应用“原油监督班比对”功能页面，通过自动采集提取计算监督表数据，自行开发每8小时平均值(密度、含水、温度、压力 V20 = Vt * Cpi * Cti)积分算法，按班次开展“毛油量、纯油量、体积、密度、含水”等关键参数比对提供基础数据支撑。应用“管输物料进厂”页面开展日纯油量数据比对，在出现超出公司下达0.3%比对指标时，及时排查仪表运行状态，同时对上游采样、分析化验情况进行复核，明确原因后记录该批次超差量，联系进行月度找补。

(3) 月度汇总分析应用。应用原油月度汇总分析功能自动汇总全月原油比对数据，得出当月运行分析结果，明确下个月应重点监督工作。通过开展原油创新比对分析应用，共发现21起原油高含水情况，3次由于自动采样器运行时间不足导致的密度比对超差，9个班次由于油种切换导致化验结果偏差等情况，确保了进厂原油精准计量的同时，为安全生产提供有利的技术保障。

7.2 深化进出公司主辅物料数据比对应用

为了确保物料计量准确，根据《天津石化贸易交接主辅计量数据比对管理办法》相关要求，系统设置了50个进出公司及部际间计量的允差指标。公司每年根据上一年度数据比对开展情况进行指标修订。2020年新增原油等比对指标5项，完善了华北销售柴油等允差指标8项，以此不断降低比对差率，达到逐步提高计量准确性的目标。

(1) 进厂天然气、成品油等物料日比对。在计量管理信息系统“管输物料进厂”页面，增设天然气、成品油比对点，系统中维护当年最新下达的允差指标。计量人员每天通过系统自动提取日比对数据，对于超出允差指标的记录，及时联系对方进行现场仪表核查，根据故障原因进行分类(介质、仪表设置、零点漂移、安装、旁路等14类)，按不同原因采取相应措施，同时为同类表出现类似故障提供处理依据，根据差量进行相互找补。

(2) 年月数据汇总分析。应用年月数据汇总分析报表功能，全面掌控所有主辅计量比对管线年月运行情况。包括主计量、辅计量、差量、差率，年月累计超差批次，超差原因分析，采取的相应措施。

(3) 能源管网检测率监测应用

能源消耗的指标量化、准确计量是确保企业节能降耗的关键措施。为此我们应用计量系统加强公司能源管网实时检测率(一级管网与二三级管网损耗率)、日平衡检测率、旬月统计分析，根据公司年度下达检测率指标，系统自动计算、生成统计分析报表，在出现检测率超标时，系统自动进行每台表用量分析，列出量变化影响较大仪表，能够为计量及生产人员掌握能源仪表及管网消耗运行情况及现场检查提供依据。

8 测量管理体系信息化建设

国家计量司已将先进测量技术研究等内容纳入国家“十四五”重点研发计划，帮助企业完善测量管理体系，提升国家整体测量能力和水平。同时随着企业精细化管理程度的不断推进，大部分计量企业都相应建立了测量管理体系来明确计量职责、规范计量资源、强化计量确认和测量过程管理。经过实践证明，体系化和信息化在企业建设发展过程中起到了非常关键的作用，为了进一步提高企业管理水平，实施“两化”融合势在必行，因此提出了测量管理体系信息化建设研究。

测量管理体系主要包括管理职责、资源管理(人力、信息、物资、外部供方)、计量确认和测量过程、测量管理体系分析和改进(审核与监视、不合格控制、纠正预防措施)等内容。其中体系中重要的基础信息包括测量设备管理、计量人员管理、技术性文件管理、计量数据管理等内容已在计量管理信息系统中建设完成。测量管理体系的信息化建设将继续完善管理职责、资源管理(软件、记录、标准物质、环境)、计量确认和测量过程管理、分析和改进等部分内容，实现测量管理的一体化、信息化管理目标(图8)。

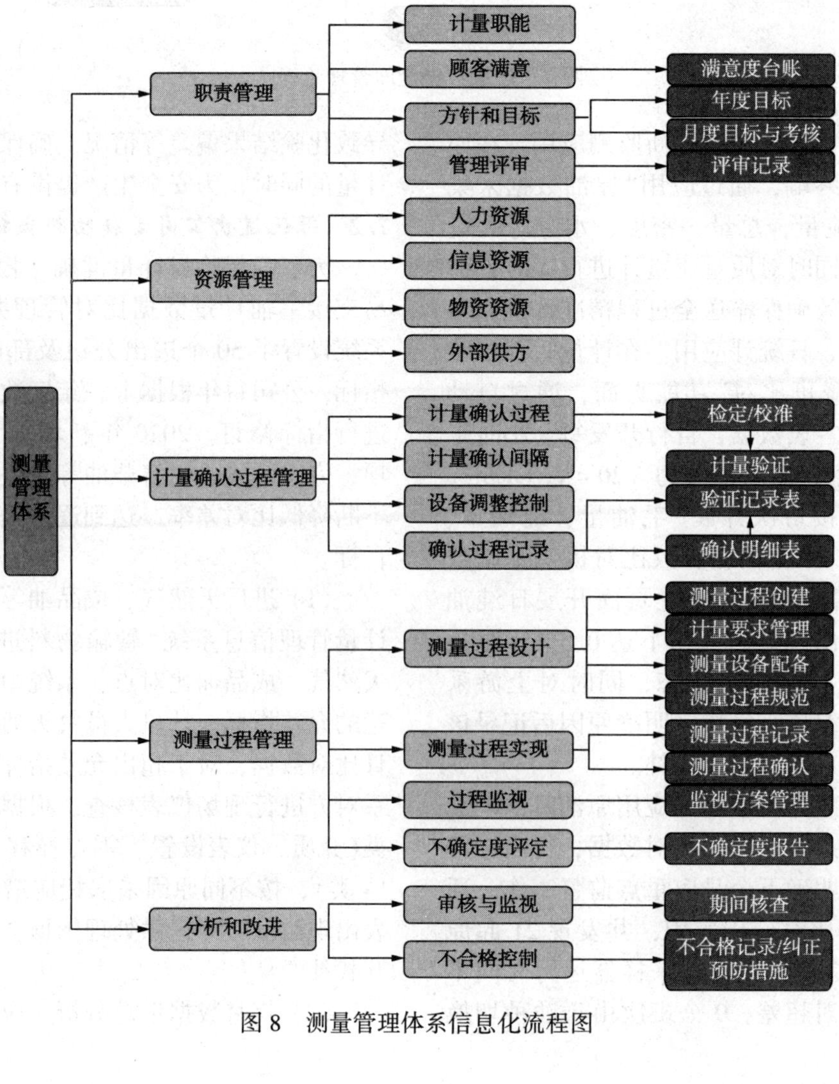

图8　测量管理体系信息化流程图

9 结语

以上就是天津石化数字化计量管控平台基本内容。通过各系统不断完善提升，深化应用，基本实现了计量资源、计量仪表、衡器、检定/校准，测量过程等全过程数字化管控模式，在服务企业生产经营、精细化管控、避免交接损失等方面发挥了计量专业导航仪、指南针等重要作用。同时按照中国石化十四五期间聚焦打造“数字化工业生态”平台目标要求，继续大力推进计量专业智慧感知、智能管控、大数据分析等建设应用，全面实现数字化智能化管控。

高负载状态下实时数据库系统的稳定性优化

蒋　帆　王卫阵　孙永福　曹　静　邢海燕

(中国石油独山子石化公司)

摘　要　实时数据库系统作为炼化企业信息系统的重要基础数据来源之一，在炼化企业的信息化建设中起到至关重要的作用。本文通过对炼化企业的发展趋势与实时数据库系统的高负载化运行状态进行分析，提出了基于现行阶段的实时数据库系统稳定性优化方案。通过使用多种方式对实时数据库系统进行稳定性优化，从而提高实时数据库系统的稳定性，降低因为高负载化造成的实时数据库系统异常和实时数采中断的问题出现频次。

关键词　实时数据库系统　高负载　稳定性优化

1　炼化企业的发展趋势与实时数据库系统的现状分析

1.1　炼化企业的发展趋势与实时数据库系统的高负载化

随着现代石油化工产业的发展，炼化企业在基于“工业4.0”“中国制造2025”的大环境下生产规模不断扩大、信息化程度也越来越高。各种类型的信息系统为炼化企业的生产调度、过程控制、安全管理、数据分析、决策支持等提供全方位的支持与保障。然而各类信息系统的开发应用以及新建装置的投入使用使得PHD实时数据库系统的运行压力日渐增大。上层应用系统对实时数据的需求从原先的以工艺流程和设备管理为主，逐渐发展为工艺流程、设备管理、安全环保、生产调度、分析决策等多领域的广泛应用。需求的扩大极大增加了实时数采的数据位号和数据量，使得实时数据库逐渐趋于高负载化。

PHD实时数据库系统作为各信息系统的重要基础数据来源之一，其稳定性严重的制约了信息系统的稳定性。实时数据库非正常停机、挂死以及实时数采中断都会造成上层应用的服务中断或数据异常，极大降低了上层应用的时效性与准确性。实时数据库系统在炼化企业不断发展的大环境下逐渐高负载化，间接增大了实时数据库非正常停机、实时数采异常中断的概率。如何在PHD实时数据库系统高负载状态下提高数据库的稳定性，降低实时数据库非正常挂死、中断的次数成为一个亟待研究解决的问题。

1.2　现阶段实时数据库系统的运行架构

PHD实时数据库系统由数据采集、数据处理存储和信息展示三部分构成。该系统在工业企业中应用广泛，集成生产过程数据及商业数据并支持相关应用，为全企业管理部门提供一致的生产过程信息及商业信息，管理过程数据的历史归档，对外提供各种标准的数据访问接口，提供虚拟计算和趋势分析功能。

现阶段PHD实时数据库系统总共由四个部分组成，包括：实时数据采集接口(RDI接口)、实时数据采集模块及链路、实时数据集成和实时数据上层应用。在整个系统中，位于各分厂及装置现场的Buffer机采集汇聚到OPC Server的DCS/PLC现场数据，通过汇聚交换机将数据集中到实时数据库中。Buffer机、DCS、PLC、OPC Server之间通过微软的标准OPC协议来进行数据通讯。从各个生产装置、车间采集的实时数据在实时数据库(PHD)中集中整合，并通过接口为上层各类应用系统包括：ERP、MES、物联网以及其它应用系统提供基础数据支持(图1)。

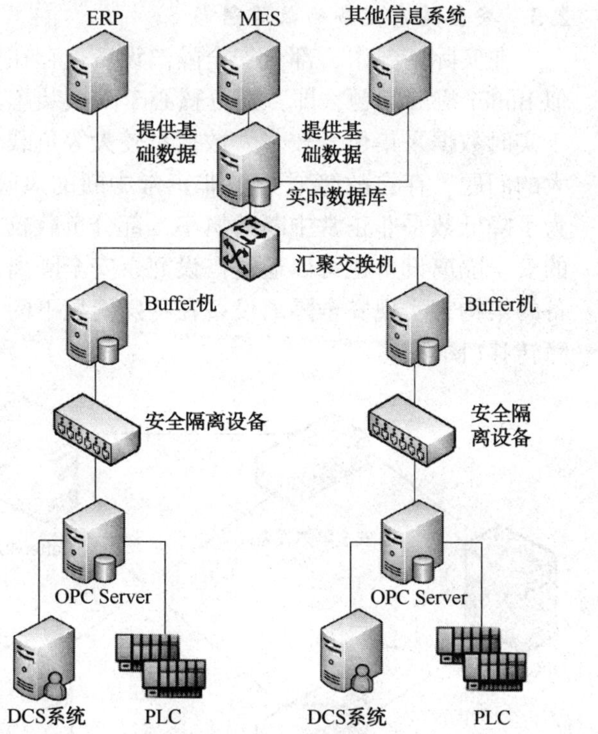

图 1　实时数据库系统架构图

1.3　高负载状态下实时数据库系统存在的问题

根据统计分析近一年时间内 PHD 实时数据库系统已发生或潜在发生的异常，总共分为两大类，即："实时数据库异常"和"BUFFER 机或安全隔离设备异常"(实时数据采集模块及链路异常)。如按照详细成因来划分可以分为：RDI 接口挂死、RDI 接口负载过大造成数据中断、Buffer 机挂死及异常、安全隔离设备挂死及异常、对外提供实时数据的接口异常、采数高峰期的异常中断以及实时数据库系统其他异常(图 2)。

在日常的使用中上述各类型的异常与故障均可造成实时数据的中断，从而影响到上层应用的正常业务开展；极大的影响了实时数据库系统的稳定性。为了降低实时数据库的异常频率需要对实时数据库系统的稳定性进行针对性优化与调整。

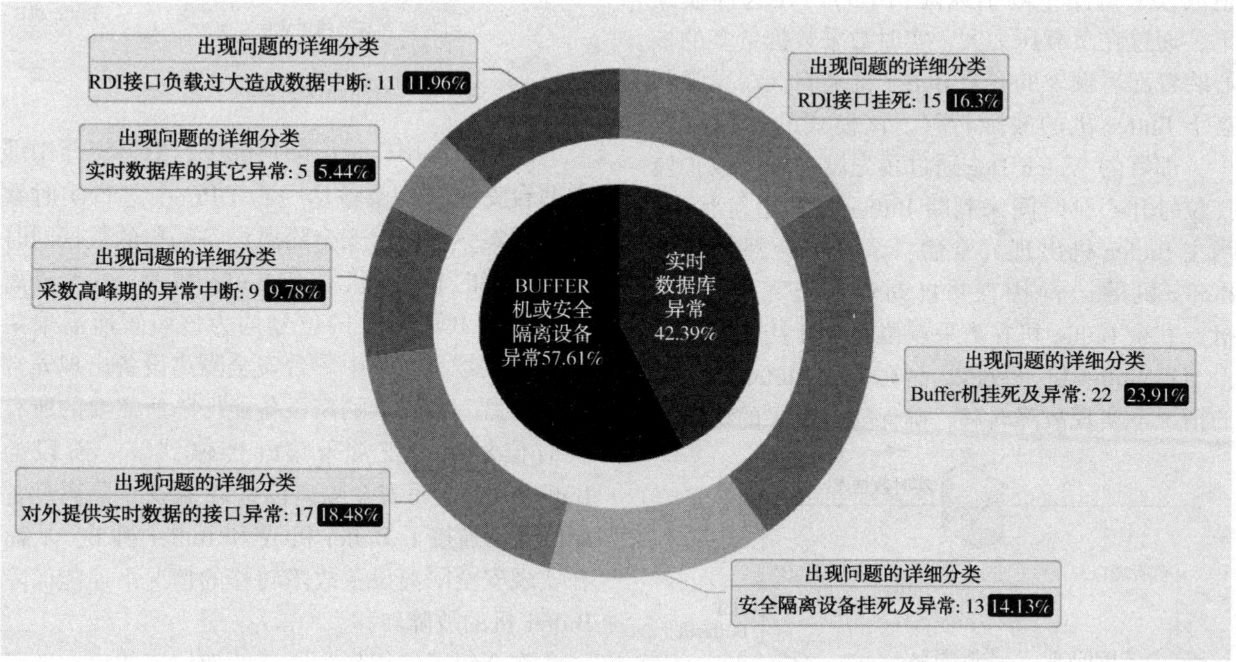

图 2　实时数据库异常状态原因分析

2　高负载状态下实时数据库系统的稳定性优化

通过分析可以看出，上述绝大多数故障或潜在故障可以通过对整个实时数据库系统进行稳定性优化来降低故障出现的频率。

2.1　搭建对外接口数据服务器

在原有的架构中，上层应用系统的数据主要由实时数据库来进行提供。当取数的应用系统较多时，会给实时数据库的稳定性造成较大的压力，从而有可能造成整个实时数据库的异常。

鉴于炼化企业发展规模不断的扩大、信息化水平不断的提高、新建信息系统的数量也在逐年增加，可以在现有架构上增加额外的对外接口数据服务器来为部分上层应用系统提供实时数据。通过这种方式，形成“部分系统从实时数据库中取数——部分系统从对外接口数据服务器上取数”的新模式。对比于之前“所有系统均从实时数据库中直接取数”的原有架构相比，新模式可以避免所有上层应用集中从实时数据库取数所造成的高负载风险，有效的降低实时数据库异常或挂死的概率，提高实时数据库系统的稳定性。

2.2 Buffer 机的故障转移

在整个实时数据库系统中，Buffer 机位于实时数据采集链路的核心环节，起到承上启下的关键作用。日常的运行中，Buffer 机的稳定性取决于所部署的装置(车间)的实时数采位号的数量，而部分核心装置存在位号多、负荷高的特点，Buffer 机的稳定性亟待加强。

基于上述特点，通过构建一种包含冗余 Buffer 机的新模式可以降低 Buffer 机出现异常后造成数采链路中断的风险(图 3)。在这种模式下，通过在负载压力大、实时数采数据量多的核心装置部署额外的冗余 Buffer 机来确保在异常状态下 Buffer 机的故障转移。该模式的运行过程中，部署的 Watch Dog 通过预先设置好的数采监控位号和心跳时间来判断 Buffer 机的运行状态。当主 Buffer 机出现异常后，系统将会判断出主 Buffer 机的运行状态并自动切换至冗余 Buffer 机。冗余 Buffer 机在数采点位和 RDI 接口的配置上与主 Buffer 机一致，从而在单个 Buffer 机故障的情况下实现故障转移，确保实时数采的稳定。

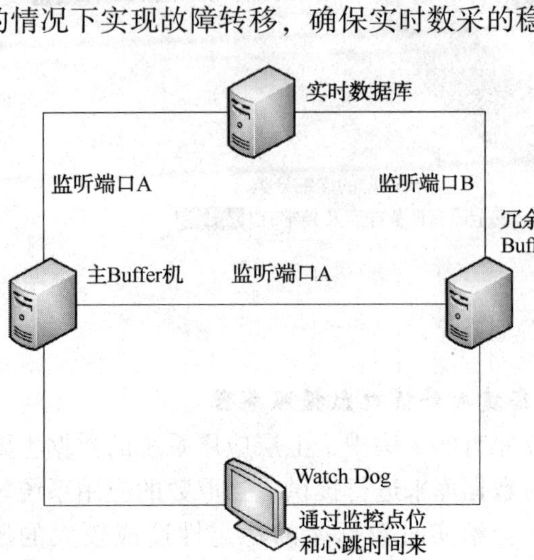

图 3　Buffer 机故障转移架构图

2.3 安全隔离设备的故障转移

在实际情况中，部分安全隔离设备也存在类似 Buffer 机的问题，即：部分核心车间或装置由于实时数据采集位号较多、数据量较大等负载较大的问题，存在故障或数采非正常中断的风险。为了降低数采非正常中断的概率，部分负载较大的安全隔离设备也可以通过搭设冗余安全隔离设备的架构来实现安全隔离设备在特殊情况下的故障转移(图 4)。

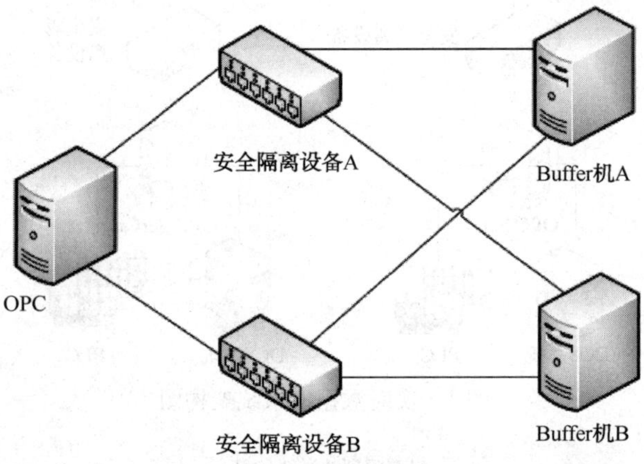

图 4　安全隔离设备故障转移架构图

在泛用性最广的情况下，数采链路中部署两台安全隔离设备从一台 OPC 中进行实时数据的采集，从两台安全隔离设备采集的数据同时连接后端的 Buffer 机 A 和 Buffer 机 B。安全隔离设备 A 和 B 所采集的位号均为该装置所需采集的全部位号。当其中一台安全隔离设备出现异常之后，另一台安全隔离设备能保障所需要的所有实时位号都能正常采集并传输到下一阶段的 Buffer 机中。而安全隔离设备 A 和安全隔离设备 B 均分别连接了 Buffer 机 A 和 Buffer 机 B，从而在实现安全隔离设备故障转移的情况下还能保障 Buffer 机的故障转移。

在介绍了使用最为广泛的架构模式后，还可以根据现场的实际情况对架构进行调整，例如：

(1) 可以通过部署两台 OPC 来实现 OPC 的故障转移。

(2) 可以通过将所需采集的实时位号分别分担给两台安全隔离设备(即每台安全隔离设备各取所需位号的一半)的方式来降低每台安全隔离设备的负载，从而降低安全隔离设备因为负载较高而异常的概率。

(3) 对某些核心装置而言，两台安全隔离设备无法满足既降低每台设备的负载，又做到故障转移的要求。根据需求，可以部署三台安全隔离设备(两台用于分散取数，一台用作故障转移)来保障数采链路的稳定性。

2.4 RDI接口的整合&RDI接口的负载均衡

实时数据接口(RDI)是实时数据库系统(PHD系统)采集实时数据的通道，采集到的实时数据通过RDI接口进行传输。RDI提供了两种用途的接口：(1)Shadow接口：远程RDI可以将远程PHD(客户端，Buffer机就是其中的一种)与主PHD(实时数据库)连接起来，Buffer机可以视作一个远程PHD，远程PHD从本质上来看是一个完整的PHD系统，主PHD作为远程PHD的Shadow，它们使用相同的关系数据库，共享相同的标签。远程PHD服务器从链路中采集实时数据并存储在自己的PHD数据库中，主PHD服务器定期接收远程PHD的数据并将获取的这些信息提供给用户。主PHD相比于远程PHD而言就像是影子，因此主PHD又称Shadow PHD。(2)Buffer接口：远程PHD系统日常的作用是用于数据缓冲，Buffer接口负责和Shadow接口之间通信。如果由于某种原因主PHD服务器和远程PHD服务器通讯中断，所有收集的实时数据将会保存，当通讯恢复时，主PHD服务器会自动从断点开始恢复。

在实际使用过程中，RDI接口的稳定程度在很大程度上决定了实时数据库系统的稳定性。这个稳定性取决于两个方面：1)RDI接口出现异常状态的频次。2)RDI接口从异常状态下恢复的速度。理论上从这两个方面入手即可显著提高RDI接口的稳定性。

(1) RDI接口整合

在实时数据库系统中RDI接口的理论上限是256个，而在实际使用过程中一个完整的RDI接口占用两个位置(一个用于Buffer机．另一个用于实时数据库)。这种形式使得在用RDI接口的数量一直保持在一个较高的水平，进一步加剧了实时数据库的高负载压力。由于实时数据库系统支持的RDI接口数量是有限的，可以根据装置现场情况和方便管理的原则对部分RDI接口进行整合调整。

在实时数据库系统建设和实施时期，RDI接口的分配原则按照“车间/装置”进行分配。这种分配方式最大的优点在于方便管理，“一个RDI接口对应一个装置(车间)”的模式能够极大的方便运维工程师的运维工作。当RDI接口出现异常时，跟据原先的分配模式运维工程师可以快速的判断出异常问题的原因以及处理方式，并在较短的时间内进行处置。当装置和车间的数量较少时，这种模式具有明显的优势。随着装置生产规模的扩大与新增装置的投产，这种方便管理却忽略RDI接口实际负荷的模式越来越无法满足实际的需求，需要根据结合RDI接口上限和实际情况对RDI进行整合。

通过按照属地管理、地理位置等原则，将部分的RDI接口进行合并整合。对已停工装置的RDI接口进行集中清理。累计共整合RDI接口20余个，充分提高了RDI接口的利用效率，提升了实时数据库系统的稳定性。

(2) 均衡RDI接口的负载

由于不同装置/车间所需进行实时数据采集的位号数量不相同，各RDI接口的负载情况也不相同。根据统计研究，RDI接口的负载情况与RDI接口出现异常的概率直接相关，而现阶段各装置RDI接口的负载位号在数十个到五六千个不等。负载情况的不同造成在实际运维过程中RDI接口出现异常的概率也不相同。负载位号数量越多，在日常运行中出现异常状态的可能性就越高。

通过分析论证可以得知，如果对RDI接口的负载进行均衡调整：即将包含较多负载位号的RDI接口与负载位号较少的RDI接口进行调整，使其负载较为均衡，避免部分RDI接口负载较大、实时数采位号较多现象的产生。调整过后的RDI接口由于负载较为均衡，运行稳定性有了很大提升，直接保障了实时数据库系统稳定运行。

2.5 调整取数周期&错峰取数

在实际研究中，当实时数据库系统处于取数高峰期或这部分装置数据量较大时会对实时数据库(PHD)的稳定性产生较大的影响。为了降低这部分的不利影响，可以通过将部分实时数采数据量较大的装置的取数频率进行调整，例：将60秒一次的取数频率，调整为53秒一次的取数频率。通过调整，将实时数据库单位时间内的数据量进行错峰采集，从而降低实时数据库因为集中取数的高负载压力造成实时数据库异常可能性。

3 结束语

实时数据库系统为用户提供了全面、准确的炼化企业生产信息，并可为大量上层应用提供所需的数据信息。但目前逐渐扩大的炼化企业生产规模、不断增多的实时数据采集点位、以及日渐增多的上层应用系统，给实时数据库系统提出了高负载的严峻挑战。通过对高负载状态下的实时数据库系统进行多层次、宽领域的稳定性优化，能够极大降低实时数据库系统异常状态的发生频次，保障实时数据的连续性和准确性。稳定的实时数据库系统为用户的多元化企业管理提供了保障，并在安全质量环保、设备运行状态监控、生产调度管理、工艺转产等方面效果显著，为炼化企业的长周期运转提供了信息化的支持。

炼化企业中的商业智能与数据可视化

王赫楠

（中国石油哈尔滨石化公司）

摘　要　从商业智能与可视化的概念开始，介绍了相关概念，包括商业智能的组成与作用，数据可视化的特点以及展现方法，并且举例分析了制造业数据的特点。其次，分析了企业中使用报表系统的方式，包括传统报表形式与实现方法和现阶段的报表形式与使用的工具。第三，由于在数据分析的过程中，使用报表工具会产生一些不便利的情况，所以就引出了商务智能的专用工具 FineBI。在介绍了 FineBI 的特点之后，又介绍了商务智能中数据分析的相关方法。最后，介绍了数据可视化方面相关的内容，包括数据可视化的框架、方法和流程，并在结尾附带了一个简单的示例。

关键词　商业智能　数据可视化　制造业　报表　FineBI

商业智能（Business Intelligent，BI），也称为商业智慧、商务智能。它是由数据仓库、查询报表、数据分析、数据挖掘、数据备份与恢复等部分组成。商业智能是一套支撑管理决策、提升管理水平、提高业务运行效率和改进优化业务的解决方案。它可以为企业提供分析数据的技术和方法，并可以收集、管理和分析数据，将数据转化为有价值的信息，从而让企业决策有了依据，减少了决策的盲目性，理性的进行企业的管理和运营。

数据可视化是商业智能的核心功能之一，可以通过图形化的手段让数据有效地表达出数据的信息。数据包含的可能是文字、数字、字母或者符号，用可视化方式，可以充分展示数据的模式、趋势和相关性，而这些信息通过其他呈现方式难以被发现。按照不同的分类方式可以分为统计图标和图。统计图标一般包括柱形图、饼图、散点图、气泡图、热力图等；图一般包括树状图、思维导图等。通过各种图表，可以更直观、更便捷地表达出数据中信息。

1　制造业数据的特点

随着炼化行业向着自动化、信息化、智能化方向的发展，在生产经营的过程中产生了大量的数据。对这些数据进行有效的处理和深度挖掘可以为决策者提供更有效的生产调度、设备管理、生产经营等策略，从而提高生产质量和效率。

1.1　生产数据

炼化企业所采集的生产数据属于连续数据，并且在生产过程中产生大量的多源异构数据。从数据的来源来说，包括 MES 系统、报警系统、设备平台系统、环保监测系统、安全平台系统、监控系统等。数据主要包括 Oracle 与 SQL Server 数据表，Word 与 Excel 文本文件，图片和图像等结构化与非结构化数据。主要的生产数据产生自 MES 系统，包括原料、中间物料、公用工程消耗、产品等信息。

1.2　经营数据

经营数据不同于一些传感器按流程自动采集的生产数据，它主要依托于各个管理信息系统，包括 ERP，物采系统，财务系统等。这些数据来自信息系统底层的数据库，即为一些结构化数据。

1.3　其他数据

车间台账、各种单据等为个人工作所统计的设备信息、安全信息等内容。

2　报表系统

2.1　传统报表

公司的报表系统主要应用在生产数据中，在 MES1.0 时期是通过 ASP. NET 作为页面显示，VB. NET 作为开发语言创建的。系统开发分为四个部分，包括页面展示，业务逻辑，公共方法和数据访问。

页面展示通过在 ASP. NET 开发界面，见图 1，通过简单的控件拖拽，完成页面模板的创建，在搭建查询页面方面还是比较简单的。

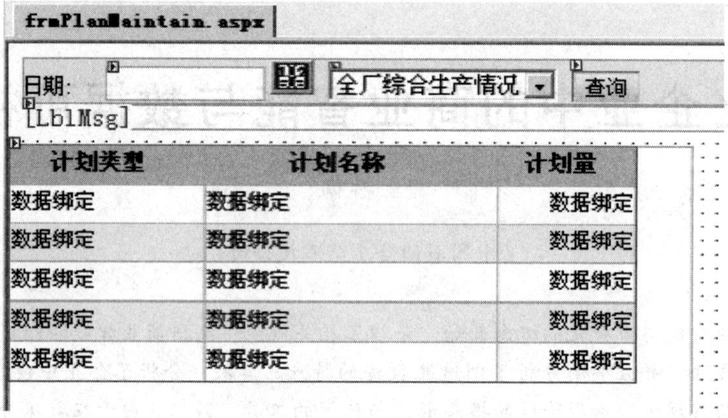

图1　显示页面

公共方法定义了按钮点击事件需要处理的流程，如图2所示，处理的就是一个页面通过查询的方式来展示的内容。

```
Private Sub loadData(ByVal action As CommonFunc.ActionType)
    Dim ds As DataSet
    Dim sParameters(2) As String

    sParameters(0) = Me.ReportDate.Value
    sParameters(1) = Me.plan_type.SelectedValue

    ds = reportControl.ActionControl(AppConst.FORM_PLAN_MAINTAIN_REPORT, CommonFunc.ActionType.Search, sParameters)

    Me.dtgProductPlan.Columns(0).Visible = False
    Me.dtgProductPlan.Columns(1).Visible = True
    Me.dtgProductPlan.Columns(3).Visible = True
    Me.dtgProductPlan.Columns(4).Visible = False

    Me.dtgProductPlan.DataSource = ds
    Me.dtgProductPlan.DataBind()
    Me.Button2.Enabled = True
    Me.Button1.Enabled = False


End Sub
```

图2　定义公共代码

数据访问采用调用存储过程方式，将预先定义好的参数存入参数对象中，最后将所得到的数据信息通过代码写入到定义好的Excel模板中，如图3所示。

```
Try
    myCommand = New OleDb.OleDbCommand
    dsTemp = New DataSet
    myCommand.CommandType = CommandType.StoredProcedure
    myCommand.CommandText = "RPT_PRDCT_QUERY_COIL_REPORT"
    myCommand.Parameters.Add("ReportDate", parameterArray(0))
    myCommand.Parameters.Add("flag", "1")
    dsTemp = dataAccessOil.Execute(myCommand, dsTemp, 1)
    dsTemp.Tables(0).TableName = "大庆油俄油罐收表量"
    ds.Tables.Add(dsTemp.Tables(0).Copy)
Catch ex As Exception

End Try
```

图3　写入模板数据代码

2.2　现阶段报表

在吸取了第一代报表系统开发难、维护麻烦的弊端后，MES2.0采用了FineReport产品作为第二代报表系统。

2.2.1　FineReport简介

FineReport是企业级web报表工具，以其零编码的理念，易学易用，功能强大，简单拖拽操作便可制作中国式复杂报表，轻松实现报表的多样化展示、交互分析、数据录入、权限管理、定时调度、打印输出、门户管理和移动应用等需求。不同的系统会使用多个数据源，多数据关联、跨资料库、跨资料表取数可以实现数据整合，简单应用多业务系统资料，集中相关业务资料于一张报表，让更多资料应用于经营分析和业务控制。如图 4 所示，设计人员在数据层创建报表数据源；在应用层中，设计人员进行报表设计，管理人员配置用户和权限体系；其他用户在前端执行报表的查询、分析、打印、导出、填报等操作，支持 PC、平板、移动端、大屏等设备，兼容主流浏览器。

图 4　FineReport 报表层次结构

2.2.2　报表实现步骤

(1) 创建数据集

数据源分为模板数据集和服务器数据集，两者被引用的范围不一样，服务器数据集可以应用在所有的报表中；模板数据集应用于单张报表。一般情况下，采用模板数据集，便于报表的后期维护。目前报表中常用的数据集有两种：数据库 SQL 语句查询和存储过程，如图 5 所示。数据库查询适用于一般是直接对数据源中的数据库表直接进行操作，FineReport 提供的向导只能定义常用的简单 SQL 查询(不支持分组，子查询等等)；存储过程的向导基本可以满足要求，它能够列出所连接数据库中所有的存储过程，并根据所选择存储过程的名字，自动获得存储过程的参数来产生可以执行的存储过程语句。

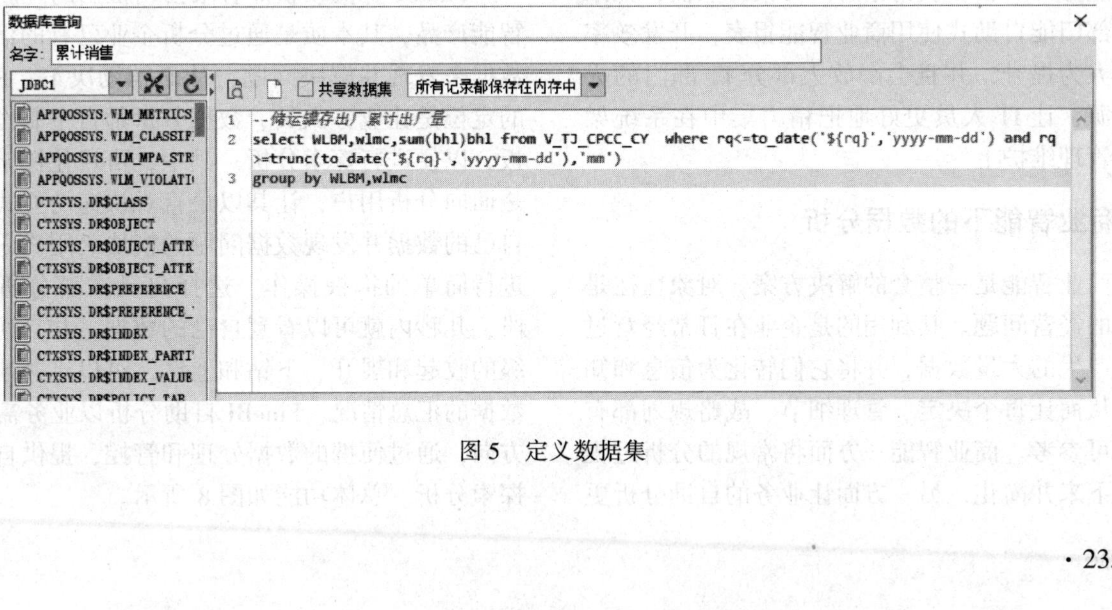

图 5　定义数据集

(2) 设计报表

可以通过报表设计器直接设计报表结构，如图 6 所示，也可以将传统使用 Excel 创建的表单导入到 FineReport 中。在设计好的页面中还可以加入日期控件，查询控件等需要用到的功能控件。

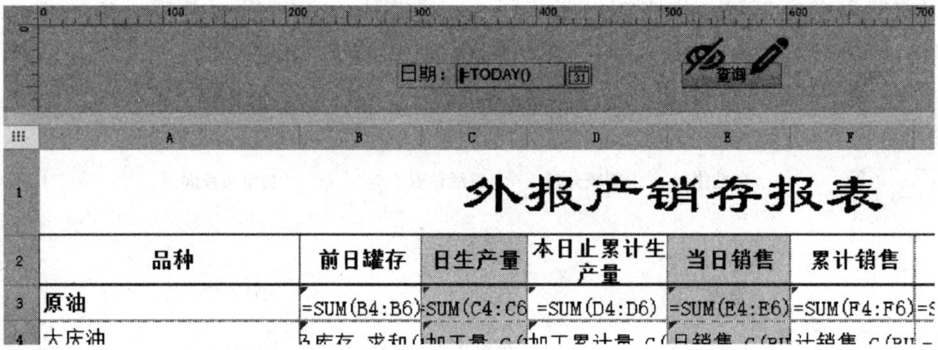

图 6　报表创建界面

(3) 绑定数据列

在数据集和报表结构都设计完成之后，如图 7 所示，就可以通过拖拽的方式将数据集中的列绑定到报表单元格中。

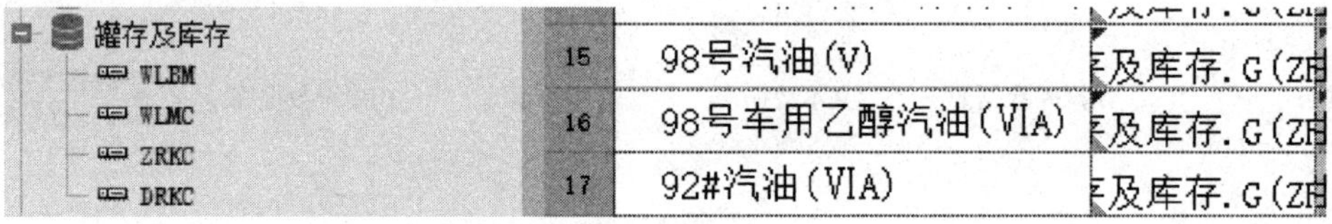

图 7　数据集应用

2.3　传统报表的弊端

近年来，随着业务的需求增长及快速变化，许多传统的报表样式固定，修改空间小，IT 支持人员需要经常修改原有报表甚至频繁创建新的报表，工作量也大幅增加。并且在开发的过程中又会有新的业务变化，整个开发过程费时、费力，还不一定完全满足开发需求。因此，IT 部门和业务部门会多次讨论解决方案。然而，如果业务部门能自助式使用商业智能报表，开发效率就会大为提升，并且会解放大部分 IT 部门的人力资源，让 IT 人员更好地把精力集中在系统架构的管理维护上。

3　商业智能下的数据分析

商业智能是一整套的解决方案，对象往往是企业的经营问题。其利用的是企业在日常经营过程中产生的大量数据，并将它们转化为信息和知识，从而让每个决定、管理细节、战略规划都有数据可参考。商业智能一方面将常规的分析过程固化下来并简化，另一方面让业务的自助分析更为方便快捷。通过这套解决方案，在进行数据分析的过程中入口是数据，出口也是数据或以数据为基础的报表。商业智能工具一般连接 ERP、MES、CRM 等业务系统的数据，并将这些数据有规则地汇总到数据仓库，使用者就可以方便地制作业务主题相关的分析报表，以及对接大数据平台进行可视化的分析展示。

3.1　FineBI 简介

FineBI 是帆软软件有限公司推出的一款商业智能产品，其本质是通过分析企业已有的信息化数据来发现并解决问题，从而辅助决策。FineBI 的定位是让业务人员、数据分析师自主制作仪表板，以便进行探索分析。其中，可视化探索分析是面向分析用户，让其以最直观快速的方式了解自己的数据并发现数据问题的模块。用户只需要进行简单的拖拽操作，选择自己需要分析的字段，几秒内就可以看到自己的数据，并且通过层级的收起和展开、下钻和上钻，可以迅速地了解数据的汇总情况。FineBI 自助分析以业务需求为方向，通过便携的数据处理和管控，提供自由的探索分析。总体功能如图 8 所示。

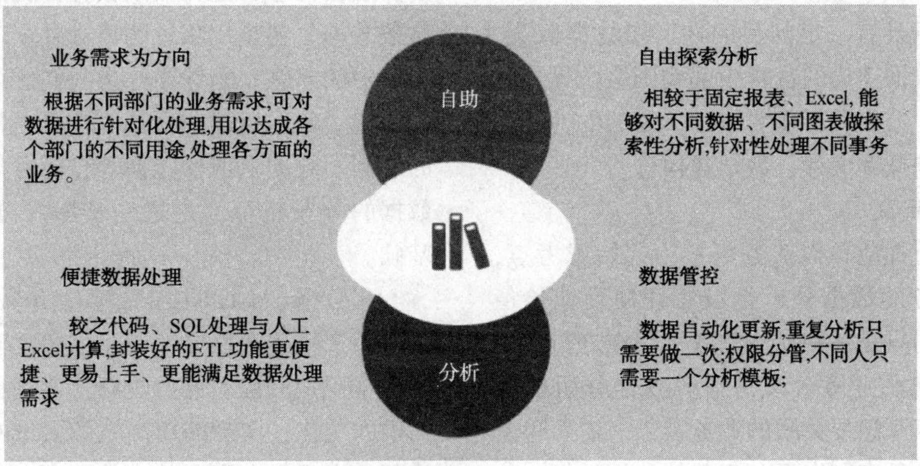

图 8　FineBI 总体功能

3.2　FineReport 与 FineBI 的区别

FineBI 和 FineReport 是帆软软件旗下的两款数据分析工具，有了 FineReport 为什么还需要 FineBI，它们之间有以下区别：

（1）数据引擎方面，FineReport 产品是直连数据库，性能方面需要数据库的支撑；FineBI 产品包含 FineIndex 和 FineDirect 两种数据引擎可供用户使用，其中 FineDirect 也是直连数据库，而 FineIndex 数据引擎是做大数据建模的，可以生成列式存储的多维数据集对传统的关系型数据库进行加速；

（2）FineReport 在设计报表模板时属于 C/S 架构，支持灵活定制各种中国式复杂报表；FineBI 属于 B/S 架构，主要提供自助式的 OLAP 多维数据分析模式；

（3）FineReport 可以用来出固定格式的周报、月报、适合作为正式汇报材料；FineBI 的使用主要面向业务人员可以自己设计报表进行分析，向自主分析得出结果，辅助企业业务决策；

（4）报表系统和 BI 的使用对象和目的都不相同，报表系统更着重于短期的运作支持，而 BI 则关注长期的战略决策，甚至更着重于商业趋势和业务单元的联系而非具体的数据和精确度本身，BI 并不是用来代替着眼于日常运做的报表系统的。

3.3　自助式 BI

自助式 BI，就是自助式商业智能。现代技术的不断进步，已将数据分析的任务从 IT 转移到业务人员、管理人员的自助服务。自助式 BI 应运而生，自助式 BI 的重点就是人人可用，而且时间更快，效率更高。业务人员的分析需求不断增加，如果完全依赖于传统 BI，分析所需的时间和流程越来越长，无法满足需求，自助式 BI 的出现使用户在控制和敏捷之间找到一个新的平衡。区别如图 9 所示。

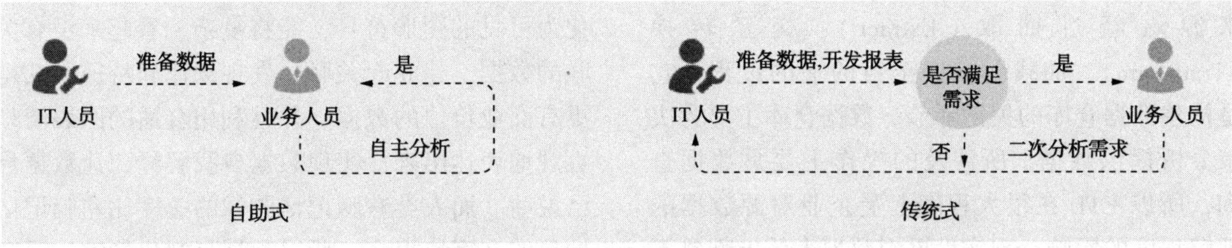

图 9　自助式 BI 与传统 BI 的区别

借助自助式 BI，用户可以自由浏览他们的数据并自主选取观察数据的角度。自助式 BI 支持数据可视化或图形描述，以帮助人们查看交互式数据可视化，支持向下钻取以探索细节，识别模式和异常值，并更改处理哪些数据，更容易识别新兴趋势。

3.4 商业智能中的数据分析

数据分析要有一定的目的性，在数据收集、数据处理和数据建模的过程中都要围绕数据分析的目的展开。数据分析还要具备一定的的专业知识和技巧，如概率统计、数学建模等。

3.4.1 数据定义

数据分析都应该以业务场景为起始思考点，脱离实际业务的数据分析是没有任何商业价值的，它得到的只是一些孤立的数字。在进行数据分析时，要熟悉业务含义，理解数据分析的背景、前提，以及想要关联的业务结果。需要思考分析思路，并且定制全面和完善的分析计划，如需要哪些数据表，需要分析哪些维度和指标，对业务场景如何拆分，如何进行数据和业务之间的关联推断等。用到的方法主要是分析法和综合法。分析法是从最终的指标出发，拆解指标进行分析；综合法则是从各部分的原因出发，推断结论。大部分时候我们需要对已经出现的结果进行分析，因此，这里推荐使用更符合应用场景的分析法。

3.4.2 数据处理

数据处理技术包括ETL、数据仓库、元数据管理和大数据技术等，用于管理繁杂的、不断增长的企业数据，为整个BI系统提供持续的、强力的、稳定的支撑。

数据仓库是一个面向主题的、集成的、相对稳定的、反映历史变化的数据集合，用于支持管理决策。数据仓库的出现并不是要取代数据库。大部分数据仓库还是用关系数据库管理系统来管理的，数据库、数据仓库相辅相成。

ETL(Extract-Transform-Load)是将数据从来源端经过抽取(Extract)、交互转换(Transform)、加载(Load)至目的端的过程。它是构建数据仓库的关键环节。数据仓库主要为决策分析提供数据，所涉及的操作主要是数据查询，所以ETL在很大程度上受企业对源数据的理解程度的影响。现实世界中数据大体上都是不完整，不一致的脏数据，无法直接进行数据分析，或分析结果差强人意。所以，需要通过数据清理，数据集成，数据变换，数据归约等数据预处理方法，把这些影响分析的数据处理好，才能获得更加精确地分析结果。那么我们需要用相应的方法去处理，比如残缺数据，我们是直接去掉这条数据，还是用临近的值去补全，这些都是需要考虑的问题。当然在这里我们还可能会有数据的分组、基本描述统计量的计算、基本统计图形的绘制、数据取值的转换等，能够帮助我们掌握数据的分布特征，是进一步深入分析和建模的基础。

元数据(Metadata)又称中介数据、中继数据，用于描述数据属性，是描述数据的数据，主要用于识别资源，评价资源，追踪资源在使用过程中的变化，实现简单高效的大量网络化数据的管理，实现信息资源的有效发现、查找、一体化组织和对使用资源的有效管理。由于元数据也是数据，因此，可以用类似数据的方法在数据库中进行存储和获取。

3.4.3 模型构建

数据建模的过程中需要了解基本的数据分析方法、数据挖掘算法，了解不同方法适用的场景和适合的问题。分析时应使用正确的统计分析方法。滥用和误用统计分析方法主要是由于对方法能解决哪类问题、方法适用的前提、方法对数据的要求不清等原因造成的。

另外，选择几种统计分析方法对数据进行探索性的反复分析也是很有必要的。每一种统计分析方法都有自己的特点和局限，因此，一般需要选择几种方法反复印证分析，这样才能得到比较科学的结论。

4 数据可视化

数据可视化是为了准确而高效、精简而全面地传递信息和知识。它能将不可见的数据现象转化为可见的图形符号，能将复杂、看起来没有关联的数据，建立起关联，发现规律和特征，获得更有商业价值的数据。并且利用合适的图表清晰直观地表达出来，实现数据自我解释、让数据自己说话。而人类右脑记忆图像的速度比左脑记忆抽象的文字快很多，所以数据可视化能够加深和强化用户对于数据的理解和记忆。图形表现数据比传统的统计分析法更加精确和有启发性，借助可视化的图表可以更好的寻找数据规律、分析推理、预测未来趋势。另外，利用可视化技术可以实时监控业务运行状况，更加清晰透明，及时发现问题，第一时间做出应对。数据可视化能做到简单、充实、高效并且兼具美感。

4.1 数据可视化框架

数据可视化若要完整的展示信息，应该包括数据处理、图形展示、图形映射、辅助信息四部分内容。其中，数据处理模块使用一些数据处理方法对数据进行清洗、加工；图形展示模块可以通过要展示的数据来选择适合的图形种类；图形映射模块则将数据映射成颜色、位置、大小等图形视觉特征；辅助信息模块用来给可视化内容添加一些注释信息来帮助使用者更好的理解可视化内容。

4.2 数据可视化方法

从最终展示方式来说数据可视化方法可以通过各种图标的方式进行展示。

（1）柱形图，又称长条图、柱状统计图，也称为条图、条状图、棒形图，是一种以长方形的长度为变量的统计图表。柱形图用来比较两个或以上的值，只有一个变量，通常用于较小的数据集分析。柱形图也可以横向排列，或用多维方式表达。

（2）折线图，可以将排列在工作表的列或行中的数据绘制到折线图中。折线图可以显示随时间而变化的连续数据，因此非常适用于显示在相等时间间隔下数据的趋势。在折线图中，类别数据沿水平轴均匀分布，所有值数据沿垂直轴均匀分布。

（3）饼图，显示数据表的一个数据系列，及将仅排列在工作表的一列或一行中的数据绘制到饼图中。饼图显示在这个数据系列中的各项大小与各项总和的比例。饼图中的数据点显示为整个饼图的百分比。

（4）雷达图，是以从同一点开始的轴上表示的三个或更多个定量变量的二维图表的形式显示多变量数据的图形方法。轴的相对位置和角度通常是无信息的。雷达图也称为网络图，蜘蛛图，星图，蜘蛛网图，不规则多边形，极坐标图。它相当于平行坐标图，轴径向排列。

（5）漏斗图，适用于业务流程比较规范、周期长、环节多的单流程单向分析，通过漏斗各环节业务数据的比较能够直观地发现和说明问题所在的环节，进而做出决策。漏斗图用梯形面积表示某个环节业务量与上一个环节之间的差异。漏斗图从上到下，有逻辑上的顺序关系，表现了随着业务流程的推进业务目标完成的情况。漏斗图总是开始于一个 100% 的数量，结束于一个较小的数量。在开始和结束之间由 N 个流程环节组成。每个环节用一个梯形来表示，梯形的上底宽度表示当前环节的输入情况，梯形的下底宽度表示当前环节的输出情况，上底与下底之间的差值形象的表现了在当前环节业务量的减小量，当前梯形边的斜率表现了当前环节的减小率。通过给不同的环节标以不同的颜色，可以帮助用户更好的区分各个环节之间的差异。

还有散点图，地图，仪表盘等其他图形进行相关功能的展示。

4.3 数据可视化流程

在实际使用操作的过程中，数据可视化是一个反复迭代的过程，使用图形来展示数据需要反复打磨。

（1）明确问题，当着手一项可视化分析任务时，首先需要明确希望通过数据可视化实现怎样的目标。清晰的问题和目标能够避免后续过程出现不相关的操作。

（2）建立初步框架，可以根据需要展现的数据选取基本的图形，并拟定可视化的形式，从而建立一个初步框架。

（3）梳理关键指标，确定最能提供信息的指标。在梳理关键指标时，要充分了解数据库及每个变量的含义，必要时还可以创建一些新指标。

（4）选取合适的图表类型，不同的图形所适用的条件也不同，因此，在选择图形时，应针对目标选取最合适的。这样才有助于用户理解数据中隐含的信息和规律，从而充分发挥数据可视化的价值。

（5）添加引导信息，在展示数据可视化结果时，可以利用颜色、大小、比例、形状、标签、辅助线等元素将用户的注意力引向关键的信息。

4.4 分析示例

通过 FineBI 在数据准备页面的业务包中添加数据库表，添加的数据库表作为基础表，包含的维度有很多，可以通过创建自助数据集的方式对数据库表进行进一步处理。

在自助数据集中，可以通过过滤建立若干条件来得到想要的数据；通过新增列可以将所需要的结果进行处理来得到新的列。操作界面如图10所示。

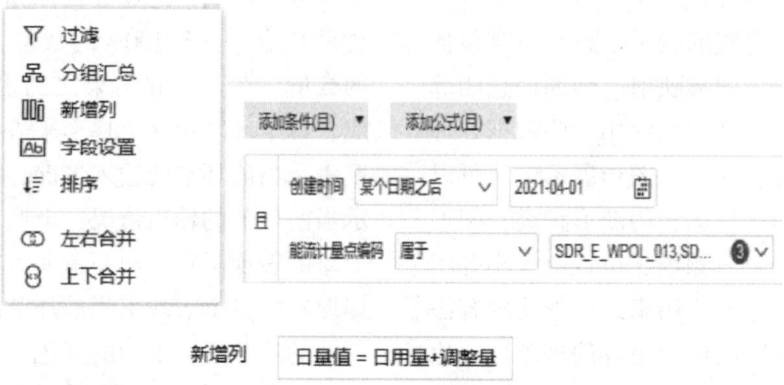

图10　示例操作界面

在数据准备完毕之后，就可以通过仪表板来展示所需要的数据了。在本示例中，通过表格与图形进行对比可以看出，在四月份的指标中，表格所显示的数据仅仅是一些数字，并不能清晰的反应出每日数据量的差异。对比如图11所示，通过柱形图的表现形式可以清楚的发现单日最大处理量的日期，这样可以为更深入的分析创造条件。

创建时间	日量值
2021-04-01	7,965
2021-04-02	7,925
2021-04-03	8,625
2021-04-04	9,263
2021-04-05	8,575
2021-04-06	8,408

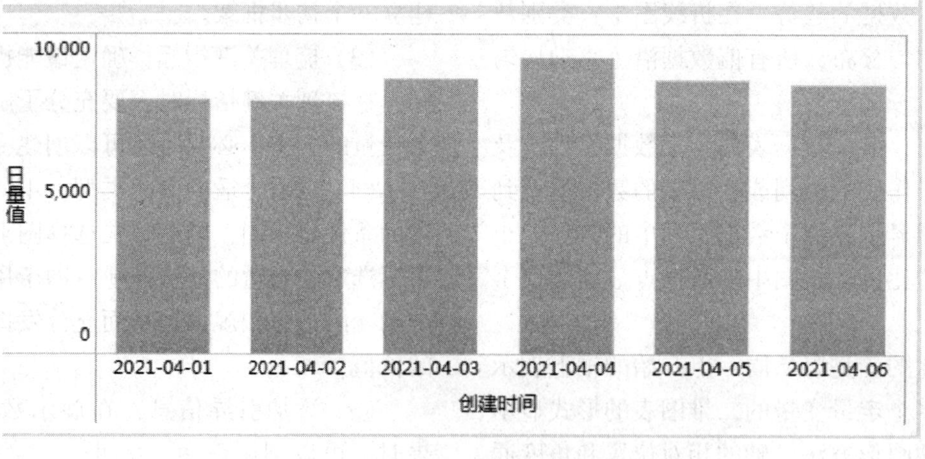

图11　表格与图形的比较

5　展望

随着数据迅速膨胀，各个行业对数据越来越重视，带来了BI技术的迅速发展。交互式分析助推BI越来越多的用户不再满足于传统的报表和图表展现，基于地图的数据展示正日趋流行。除了这些广泛采用的技术，一些特殊的数据展现，需要特殊的可视化技术，如数据挖掘结果的特殊展现，结合生产工艺图等个性化展现示等。满足各类个性化可视化要求，将是BI面临的一大挑战。BI传统的过滤、上钻、下钻、比较等功能也难于满足一些特殊企业用户管理分析要求。在未来的BI平台中，预测、分摊、假设模拟、数据挖掘等交互式技术将成为BI系统的方向。

参 考 文 献

[1] 涂娟，邱武，胡曦．面向传统制造业的商业智能系统的设计与应用[J]．江汉大学学报，2020，48(4)：92.
[2] 王佳．商业智能系统(BI)在企业数据集成中的应用研究[J]．信息系统工程，2019，3(20)：95.
[3] 李雅楠．商业智能信息系统项目管理的相关研究[J]．信息与电脑，2018，(24)：104.

原油评价数据在炼化生产中的应用研究

顾　涛　管云龙　文　千

(中国石油独山子石化公司)

摘　要　原油评价数据作为原油加工性能的指导依据，为企业生产服务，是智能炼化重要数据来源。本文以原油评价数据应用的局限性为出发点，结合各方面需求，通过系统研究原油评价数据与生产数据产生偏差的原因，采用不同研究手段，如模拟研究软件，利用最小二乘法自行拟合出的适合企业的馏程转化公式等，为规划计划，乙烯原料评价及常减压生产装置提供指导数据，最终实现原油评价数据与生产进行结合，给企业带来了经济效益。

关键词　原油评价　实沸点蒸馏　软件模拟　乙烯裂解　规划计划

1　引言

原油评价工作是在实验室采用规定的分离和分析方法，全面的测定原油的性质及其可能得到的成品或半成品的性质和收率，以对原油的性质有全面系统的了解，为原油的加工路线及产品分布方案，提供指导建议。对于生产装置的设计，像原油常减压蒸馏装置各侧线切割点和收率的确定就是根据原油评价中的实沸点蒸馏数据来确定，以及流程模拟软件，都离不开原油评价数据的指导作用。但原油评价数据在生产应用中存在以下问题：一、评价数据时效性差，不能及时指导生产；二、常减压蒸馏装置与实沸点蒸馏设备结构存在差异，馏分重叠度和分离精度不同，造成实沸点蒸馏馏分的收率与常减压装置侧线产品收率以及相对应性质如密度、馏程、硫含量等存在偏差。为此，原油评价数据目前大部分只能为生产理论参考数据，进行原油加工性能趋势性分析。

新疆独山子作为中亚和中国西部原油资源重要的集散地，独山子石化公司原油评价重点实验室经过长年的评价，为企业积累了大量原油评价数据，经过长期数据应用研究，利用软件模拟及数据处理等手段解决此问题，基本解决了原油评价数据在生产当中应用存在的问题，对生产带来直接经济效益，为企业智能化发展提供基础数据保障。

2　原油评价数据在规划计划工作中的应用

独山子石化公司规划计划处使用的 APS 系统(先进的规划系统)，该系统主要用于提高企业利润，优化企业的资源配置，市场和生产调度的优化分配，实现企业的最大效益，其中它以原油评价数据作为最核心的基础数据，见图 1。

原油数据是 APS 系统需要录入的最基础初始数据，原油性质数据的准确性关系整个系统测算的准确性。对企业生产排产来说需要不定期开展原油任意馏程及掺混比例性质计算，传统原油评价由于时效性差，在规划计划工作中应用有限，为了更好的解决该问题，利用 H/CAMS 软件，其由 Haverly 公司研发，它将原油评价系统和原油数据库有机集成在一起，为用户提供原油评价信息和分析处理能力，主要功能是预测混合原油和一组原油特定馏分的收率和性质，进行原油混炼以及原油性质快速更新(以相似性质原油为参考，通过科学方法快速拟合出新原油相关性质)等。

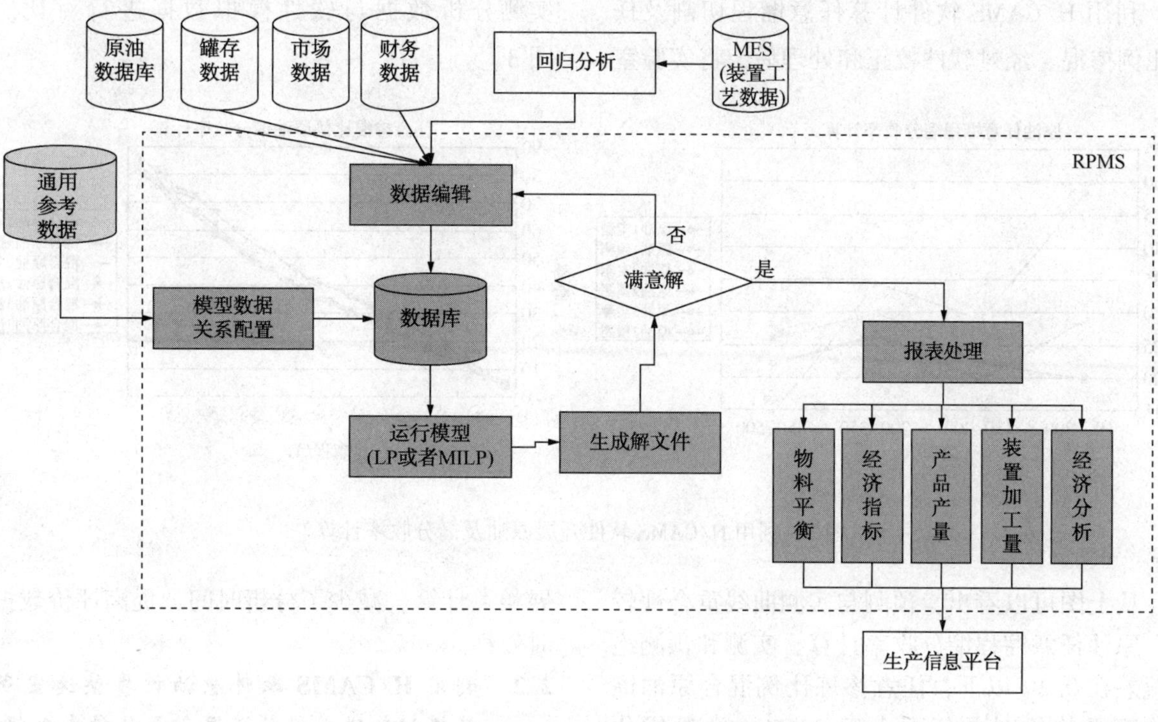

图 1　生产计划优化系统应用逻辑架构

2.1　利用 H/CAMS 软件开展原油任意馏程切割及掺混计算研究

根据原油分析项目自行设置录入模板，形成 CRU 文件，因为原油实沸点窄馏分收率性质是其它性质的重要影响因素，对后续性质的计算影响较大，所以首先需要对收率进行平滑。实沸点蒸馏 ASTM2892 和 ASTM5236 标准不同，切割油品需要在两套蒸馏设备分别进行，故设备仪器构造，温度及压力等试验因素不同，容易造成 350～395℃ 和 395～425℃ 馏分段存在“脱空”现象，即这两段数据点在收率曲线中上下跳跃，呈现锯齿状，影响收率曲线的整体平滑性，对后续密度等其它关键性质曲线性质也造成一定影响。

H/CAMS 软件采用均值算法，对收率数据进行第一次拟合，然后系统采用样条拟合技术，对所有数据点进行拟合，形成平滑曲线。在利用软件进行平滑时建议尽量不要随意改变实验室原始数据，比如进行数据点拖动等，这样容易改变数据点的真实性，而且也不准确，可以采取在不改变原始数据的基础上进行删除点的做法，即在曲线上只删除这两点(删除点较多容易改变曲线的弧度，影响实验性质准确性)，然后利用软件自动拟合的功能形成平滑的曲线，这种做法可以较好的还原平滑曲线，再利用软件自动查找数值功能获取该馏分段的收率数据即可，见图 2。同理，对于其它性质处理也类似。

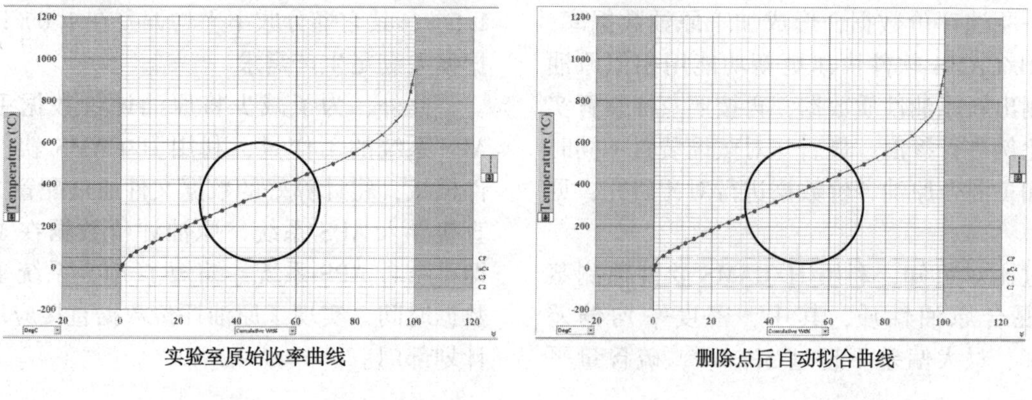

实验室原始收率曲线　　删除点后自动拟合曲线

图 2　原油收率曲线图

利用 H/CAMS 软件计算任意馏程切割及任意比例掺混，经过软件校正和处理后，将实验室实测分析数据与软件模拟数据进行对比，见图3。

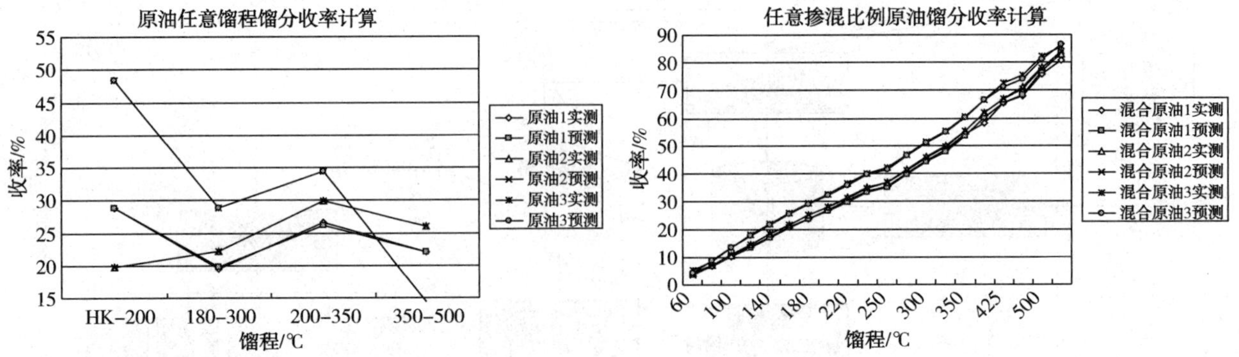

图3　利用 H/CAMS 软件开展原油及馏分收率计算

从上图可以看出，预测与实测曲线重合性较好，原油任意馏程馏分收率计算，实测和预测绝对偏差在0.2%以下，任意掺炼比例混合原油馏分收率平均绝对差值不大于0.6%，经过优化后，原油及其馏分其它性质如密度、硫含量也均能满足生产需求，利用 H/CAMS 软件能快速开展相关计算，减少了分析时间，提高评价数据的时效性。

2.2　利用 H/CAMS 软件原油性质快速更新功能模拟新进蒸馏装置混合原油性质数据

独山子石化公司加工原油种类虽然相对较为固定，但同种原油性质变化大，见图4。

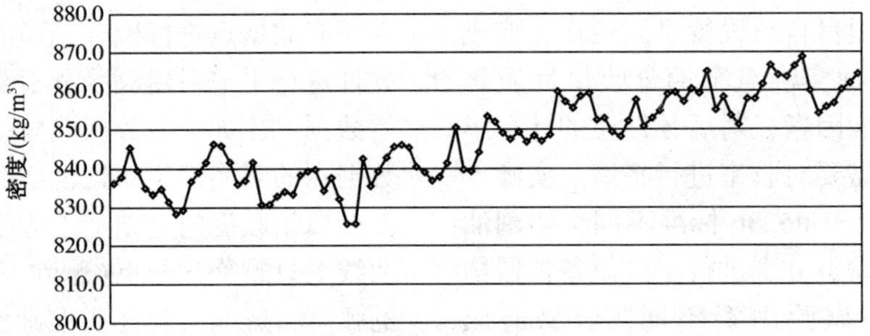

图4　同种原油不同时期密度变化情况

从上图可知原油密度变化幅度较大在30kg/m³以上，为此，根据加工原油情况先收集不同时期单一原油评价数据，形成加工原油数据库，先利用 H/CAMS 软件快速更新功能用相似原油模拟预测出新原油性质数据，再按照蒸馏装置实际掺混比例进行掺混，最后与对蒸馏装置不同时期实际加工混合原油评价数据进行对比研究，见图5。

经过比对可知，利用 H/CAMS 软件预测蒸馏装置混合原油性质，其中，密度平均偏差1.7kg/m³，最大偏差不超过5kg/m³，硫含量平均偏差0.03%，最大偏差不超过0.1%，石脑油馏分收率平均偏差0.6%，最大偏差不超过1.5%，其它馏分收率平均偏差在1.0%以内，数据偏差满足生产需求。

此外，为了减少将原油评价数据手动输入 APS 系统的工作量，利用 H/CAMS 软件自带文件模板，将计算好的数据文件通过配置文件模板直接导入 APS 系统，原油评价数据在1分钟内即可结合 APS 系统，缩短了 APS 系统手工录入数据时间。实现了原油评价数据直接应用于规划计划部门。

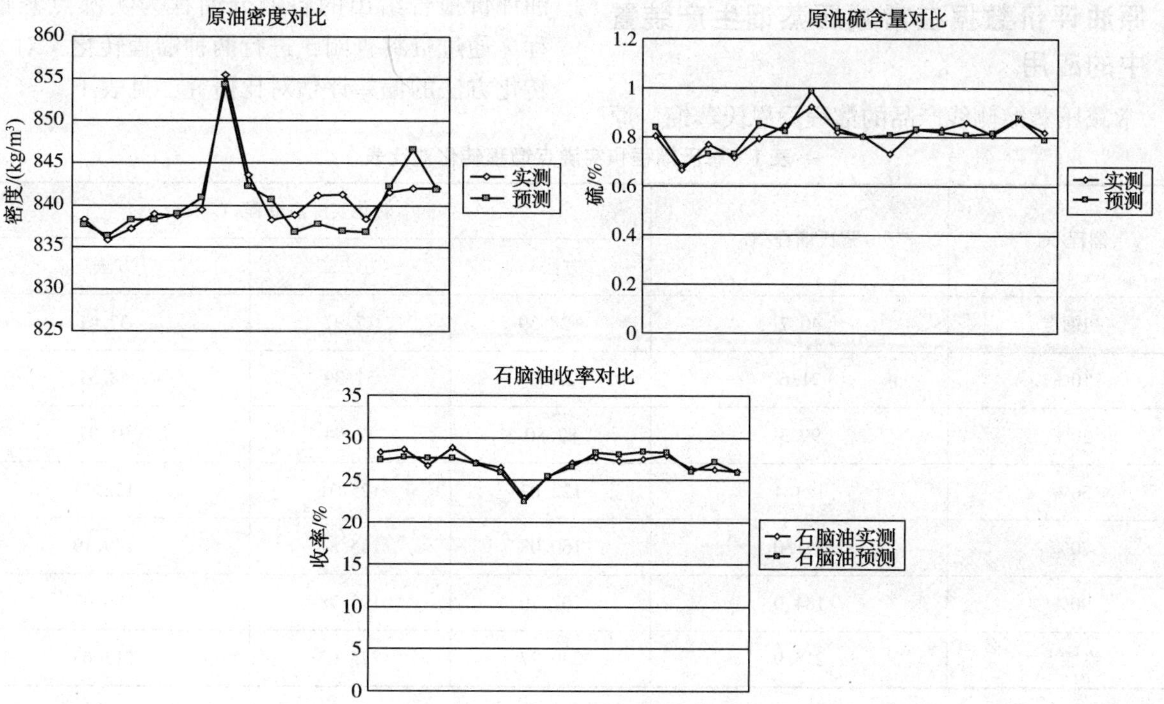

图 5　利用 H/CAMS 软件开展原油性质及石脑油馏分收率计算

3　原油评价数据在乙烯原料评价中的应用

独山子石化公司乙烯评价工作经常需要开展不同馏程的蒸馏石脑油模拟裂解任务，其中需要输入的关键性质就是 PONA 值。传统分析工作量大，时间长，因此，利用 H/CAMS 软件尝试解决该问题。从分析角度看，蒸馏石脑油中有 200 多种烃类物质，相同碳数烃类以及其同分异构体较多，其中，碳八以上异构烷烃和环烷烃分子结构就较为复杂，分析过程中受保留时间电信号及特征峰重叠影响较大，本身分析识别率存在一定偏差，因此，偏差就相对高于正构烷烃。从软件角度看，H/CAMS 软件烃类计算不超过 C_{12}，目前，实际生产中大部分石脑油烃含量均超过 C_{12}，大部分原油石脑油馏分芳烃含量随馏程增加而递增，因此，在计算过程中造成芳烃含量偏差较大。通过对 PONA 数据优化计算，多种原油石脑油馏分实测与预测数据对比，见图 6。

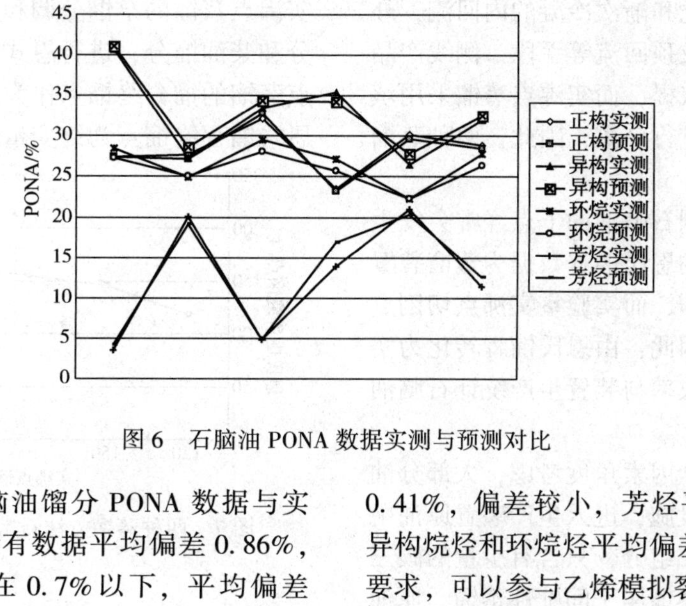

图 6　石脑油 PONA 数据实测与预测对比

软件计算所得石脑油馏分 PONA 数据与实验室实测数据对比，所有数据平均偏差 0.86%，正构烷烃偏差大部分在 0.7% 以下，平均偏差 0.41%，偏差较小，芳烃平均偏差略大于 1%，异构烷烃和环烷烃平均偏差接近 1%，满足预测要求，可以参与乙烯模拟裂解计算工作。

4 原油评价数据在常减压蒸馏生产装置中的应用

常减压蒸馏侧线产品的馏程为恩氏蒸馏，原油评价报告给出的各馏分馏程为实沸点蒸馏馏程。通过资料查阅，进行两种馏程转化，对不同转化方法的偏差评估对比研究，见表1。

表1　恩氏馏程和实沸点馏程转化对比表

馏程/℃	恩氏馏程/℃	转化实沸点馏程/℃		
		方法一	方法二	方法三
初馏点	40.7	-28.59	17.97	37.61
10%	71.6	29.87	51.39	58.51
30%	99.3	82.80	82.94	91.97
50%	124.4	122.82	125.31	122.17
70%	151.0	160.08	155.81	149.19
90%	184.0	207.70	193.78	186.07
终馏点	215.9	239.77	225.02	213.63

从上表可以看出，按照资料查阅所得恩氏馏程与实沸点馏程相互转化后馏程数据偏差较大。通过研究表明，造成实沸点蒸馏与常减压蒸馏石脑油转化收率存在偏差的原因：

(1) 实沸点蒸馏与恩氏蒸馏曲线均为反“S”形状，由于实沸点蒸馏比恩氏蒸馏分离精度高，造成实沸点蒸馏曲线相比恩氏蒸馏曲线更为陡峭，致使其初馏点比恩氏馏程低，终馏点比恩氏馏程高，即“头轻脚重”，随着馏程增加到较重馏分段，“头轻脚重”更为严重，所以终馏点转化数据偏差更大。

(2) 常减压蒸馏装置产品主要采用塔板分离，内部采用渐次汽化和渐次冷凝的内回流，外部采用中段抽出回流及顶回流等手段，侧线产品大部分再次采用蒸汽汽提，而实沸点蒸馏采用填料和顶部控制回流比进行分离，因此，两种蒸馏方式偏差较大。

(3) 蒸馏装置控制石脑油的干点经常会发生变化，采集的石脑油的恩氏馏程数据为蒸馏装置加工某个时间点的数据，而实验室实沸点切割点为一个固定的温度；因此，由恩氏馏程转化为实沸点馏程所得石脑油收率与装置生产统计石脑油的收率数据存在偏差。

(4) 从经济及安全因素角度考虑，大部分油田都有原油轻端收集设施，进入生产装置原油中基本不存在碳一和碳二组分，只含有少量的碳三和碳四组分，实沸点蒸馏属于间歇性蒸馏，原油温度控制在310℃以下，极少存在裂化现象。蒸馏装置加工原油常压炉和减压炉在规定温度下(超过350℃)连续进料，存在裂化情况，额外增加了轻端组分，造成碳五之前的干气和液化气收率增高。

(5) 此外，大部分企业加工国内外多种不同属性的混合原油，混合原油理化性质相对单一原油变化较大，按照文献给出的馏程转化公式进行转化，偏差必然较大，不能满足炼厂需求，因此，要想实现原油评价数据指导常减压装置生产，需要开发适合本企业自己蒸馏转化公式。

通过数据对比分析，将蒸馏装置加工原油的实沸点蒸馏的窄馏分调和成馏程不同的石脑油馏分和柴油馏分，进行恩式馏程分析。分别以实沸点蒸馏的馏分终馏点作为因变量，以相应馏分的恩式馏程终馏点为终变量进行画图，见图7。

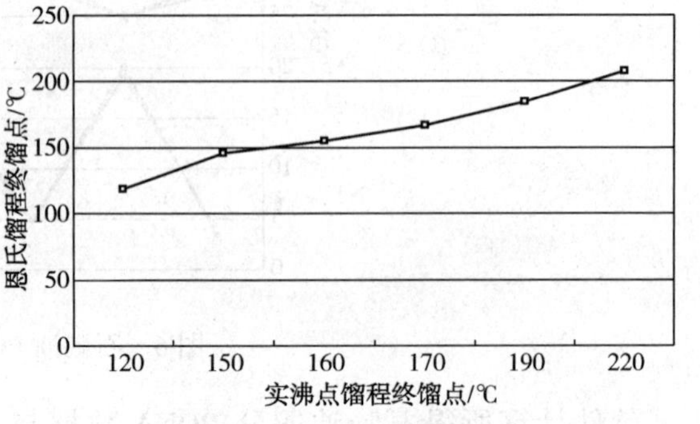

图7　两种蒸馏方法石脑油终馏点的关系曲线

根据上图可知，两种馏程终馏点接近线性关系，经研究利用最小二乘法拟合曲线。根据最小二乘法拟合公式：

$$\sum_{j=0}^{n}(\varphi_k,\ \varphi_j)a_j = d_k \cdots k = 0,\ 1,\ \cdots,\ n$$

其中：

$$d_k = Ga\cdots,\ \cdots a = (a_0,\ a_1,\ \cdots,\ a_n)^T;$$

$$d = (d_0,\ d,\ \cdots,\ d_n)^T$$

$$G = \begin{bmatrix} (\varphi_0,\ \varphi_0) & (\varphi_0,\ \varphi_1) & \cdots & (\varphi_0,\ \varphi_n) \\ (\varphi_1,\ \varphi_0) & (\varphi_1,\ \varphi_1) & \cdots & (\varphi_1,\ \varphi_n) \\ \vdots & \vdots & & \vdots \\ (\varphi_n,\ \varphi_0) & (\varphi_n,\ \varphi_1) & \cdots & (\varphi_n,\ \varphi_n) \end{bmatrix}$$

最终拟合出线性方程为：$y = 0.899x + 11.76$，方差 $R^2 = 0.997$。

按照线性拟合方程，在蒸馏装置生产调整幅度相对较小时，取蒸馏装置加工原油进行实沸点切割，去除液化气之前的组分收率，经过转化后所得石脑油收率与实际蒸馏装置石脑油收率进行对比见图 8。

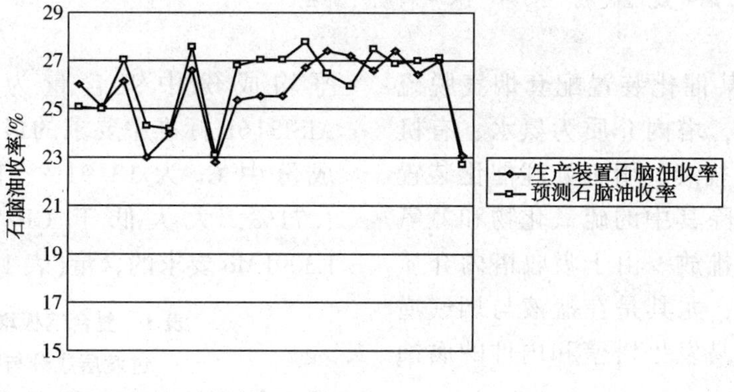

图 8 石脑油收率对比

经过换算后所得石脑油收率平均绝对偏差 0.6%，除个别点绝对偏差较大，大部分数据均满足指导生产的需求。根据此方法可以拟合其它馏分馏程转化关系。

通过与规划计划部门以及常减压蒸馏装置等部门密切合作，生产部门将原油评价数据每年定期直接应用于生产方案的制定，对优化生产运行起到了一定作用，经过核算，每年直接产生 300 万元以上的经济效益(由规划计划部门核算)。

5 结论

(1) 由于企业加工原油性质不断在变化，所以还需不定期利用利用软件进行数据校正和处理，才能保证原油评价数据指导生产的准确性。

(2) 结合 H/CAMS 软件，以原油评价数据为基础，通过研究分析并消除计算过程中数据产生偏差，所得评价数据可以直接参与炼化排产，常减压装置优化工作，基本解决了原油评价数据与生产脱节的不利局面，使原油评价工作从真正意义上与生产进行结合，直接服务于规划计划和常减压装置生产，为企业提质增效提供基础保障。此外也进一步增强了原油评价工作的服务能力，为原油评价数据理论指导生产提供一种新思路。

参 考 文 献

[1] 梁文杰．石油化学[M]．东营：石油大学出版社，2004：16-18.
[2] 周卫锋，孙太升，向正为，寿德清．由石油馏分油的恩氏蒸馏曲线预测实沸点蒸馏曲线数学模型的初探．[J]．石油炼制，1987，(1)：46-51.
[3] 喻朝善．适应加工哈萨克斯坦原油的大型化蒸馏技术方向[J]．新疆化工，2006，(1)：10-12.
[4] 赵黎明，周海鹏，王喆，王华．APS 系统在乙烯原料优化中的应用[J]计算机与应用化学，2010，27(10)：1446-1448.
[5] 乔曼，汪洪涛，杨磊，等．H/CAMS 软件在混合原油分析中的应用[J]．广州化工，2015，43(17)：，74-176.
[6] 徐春明，杨朝合．石油炼制工程(第四版)[M]．北京：石油工业出版社，2009，：185-190.
[7] 李庆扬，王能超，易大义．数值分析(第 5 版)[M]．北京：清华大学出版社，2017：73-75.

催化脱硫脱硝吸收塔筒体泄漏分析及处理措施

陈俊芳

(中国石油化工股份有限公司石家庄炼化分公司)

摘　要　在催化装置烟气脱硫脱硝设施中，吸收塔内部工作环境十分复杂，尤其在塔内气液相交汇处，十分容易发生塔壁和内件的腐蚀泄漏。本文以某催化装置烟气脱硫脱硝吸收塔为例，阐述了该设备出现的筒体泄漏问题，对泄漏原因进行了分析，并阐释了在处理过程中应用的脉冲涡流检测、粘接钢板补强等技术手段。最后，提出了吸收塔防腐工作下一步努力的方向。

关键词　催化　烟气脱硫脱硝　泄漏　脉冲涡流　补强

吸收塔C801是某催化装置配套烟气脱硫脱硝设施的关键设备，塔内介质为氨水、有机液体催化剂及硫酸铵盐液，用于处理催化装置产生的再生烟气，脱除其中的硫氧化物和氮氧化物，使之环保达标排放。由于吸收塔内介质环境恶劣，内件复杂，尤其是在盐液与烟气逆流接触部位，十分容易发生塔壁和内件的腐蚀泄漏。

该吸收塔塔体原材质为Q345R+316L(t=20+3mm)复合钢板，2015年1月吸收塔随装置开工投入使用。2016年4月，塔体发生多处泄漏穿孔，以贴板补焊方法进行处理。

2017年，吸收塔进行改造，中段筒体及内件材质改为Q345R材质(t=24mm)，并以环氧涂层进行防腐，上、下段筒体利旧。2018年3月，中间筒体及内件发生严重泄漏穿孔，进行贴板补焊并喷涂环氧涂层防腐。

在之后的运行过程中，吸收塔塔体又多次出现泄漏穿孔，采取外壁粘接钢板补强的方式进行处理。随后，对易产生腐蚀泄漏的浓缩段塔体采取每月进行脉冲涡流测厚的方式进行排查，预先发现并补强了两处减薄部位，保障了吸收塔安全运行至2020年9月顺利停工。

1　第一次泄漏原因分析及处理

1.1　泄漏情况及原因分析

2016年4月塔体出现两处泄漏点，停工后检查发现塔内壁还有大量腐蚀点。切割2块问题塔壁复合钢板送北京化工大学检测，分析结果显示：该复合钢板316L不锈钢堆焊表面层平均成份中镍含量为5.05%，大大低于AISI316L标准中要求的最低含量；过渡层化学成份中Cr为13.91%、Ni为7.72%、Mo为1.71%，大大低于GB/T983－2012标准中E309LMo要求的含量(表1)。

表1　复合钢板堆焊表面层及过渡层成分与标准对比　　mm

	Cr	Ni	Mo
堆焊表面层	16.28	5.05	2.06
AISI，316L	16.0~18.0	10.0~14.0	2.0~3.0
过渡层	13.91	7.72	1.71
A042(E309LMo)	22.0~25.0	12.0~14.0	2.0~3.0

经进一步调查、分析，发现该Q345R+316L复合钢板制造时采用爆炸复合的工艺，而发生腐蚀的部位均为钢板制造时爆炸复合起爆点缺陷处，制造厂曾对这些起爆点缺陷部位进行堆焊修补。由于缺陷部位堆焊表面层中Cr、Mo含量近下限，Ni含量大大低于最低含量，严重影响了耐蚀性；在过渡层中，Cr、Ni、Mo三个主要增强耐蚀性的元素与标准要求的含量相比普遍偏低，而且低于AISI标准中316L要求的最低含量，金相分析显示组织中出现大量δ铁素体，大大降低了材料的耐蚀性，微观形貌显示该δ铁素体已被完全腐蚀掉，剩下的是奥氏体组织。因此，造成了该区域耐蚀性下降，又由于大阴极小阳极的作用加速了堆焊区域的腐蚀，导致一个月

内穿孔泄漏(图1)。

图1　吸收塔腐蚀穿孔样貌

1.2　缺陷处理情况

1.2.1　对于两处已割除做分析的塔壁板部位，用 $t=23\text{mm}$ 的316L钢板加工成与割除部位大小一致，与塔体进行对接焊。

1.2.2　对于腐蚀较为严重，造成塔体穿孔的部位，根据缺陷部位情况不同，分以下两种情况分别进行处理：

（1）复层漏点小，基层腐蚀面积较大(图2)。先从塔外壁将基层腐蚀部位清理至复层露出，并全部清除干净；为了减少焊接应力，基层清理形状为横向椭圆形，然后对复层漏点进行清理并留出坡口；选用316L焊丝，用氩弧焊接复层，焊接后进行PT检测；基层焊接全部用A042(E309LMo)焊材，采用小电流多层多道焊接方法，焊接2~3层后停止焊接，等焊缝降温后锤击消除应力，直至焊缝填满(图4)。之后将焊缝磨光，进行PT检测，以保证焊接质量。

（2）复层漏点大小与基层相当(图3)。先从塔外壁将基层腐蚀部位全部清除干净，清理至部分复层露出，并全部清除干净；对复层漏点处进行打磨，尽量把内部因冲刷而变薄的地方打磨掉，并在复层上打磨坡口；然后用t = 8mm的316L钢板下料塞入孔洞，保证上表面齐平或略高于复层，用氩弧实施焊接，并进行PT检测，之后堵漏程序与上述相同(图5)。

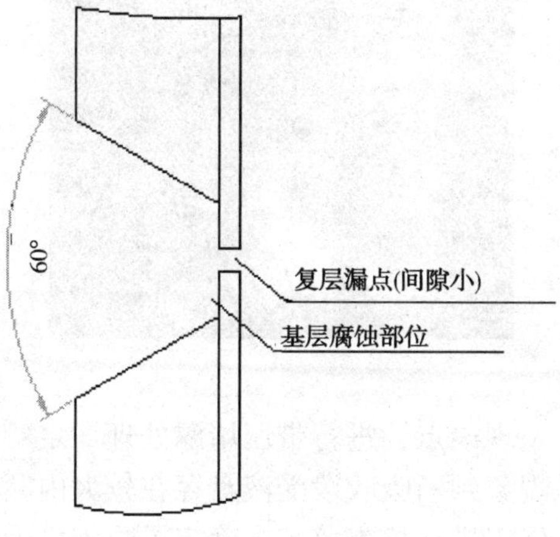

图2

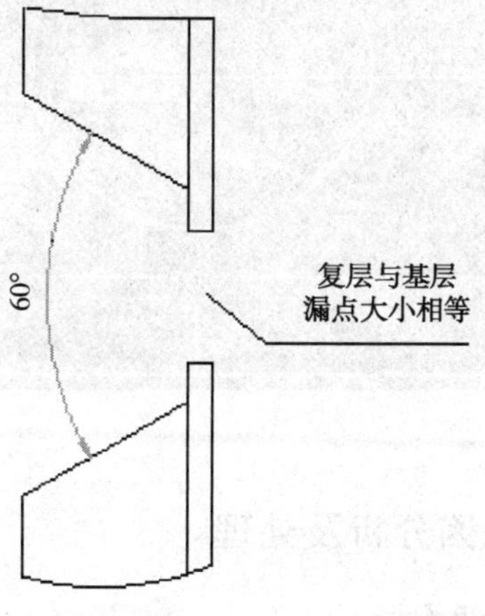

图3

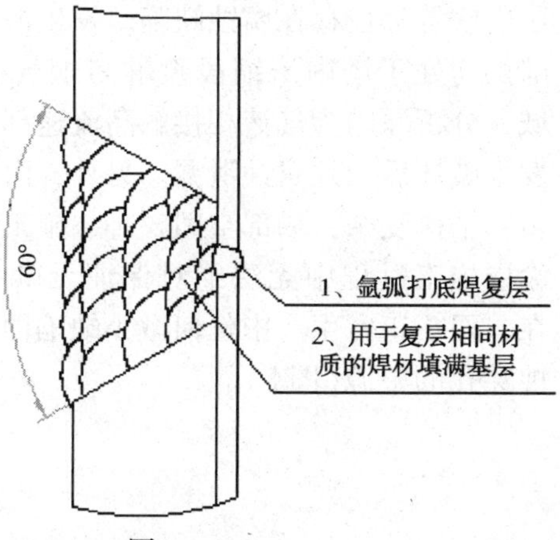

图4

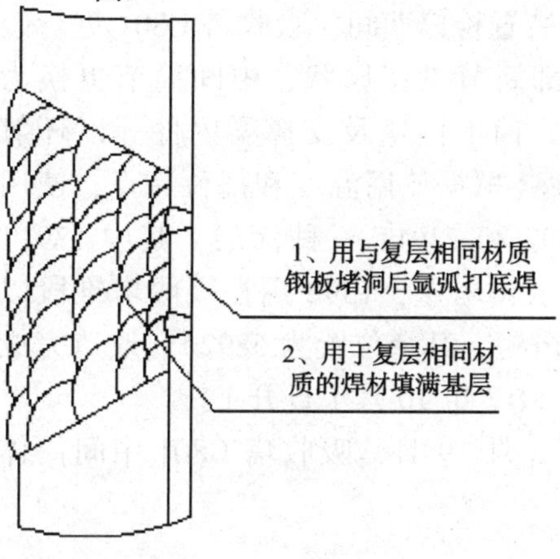

图5

1.2.3　对于复层腐蚀较轻微，未影响到基层的部位，采用 $t=6$mm 的 316L 钢板进行贴焊。贴焊面积为原缺陷堆焊层边界向外扩展 100mm，贴焊钢板弧度应与塔体弧度一致，见图6。

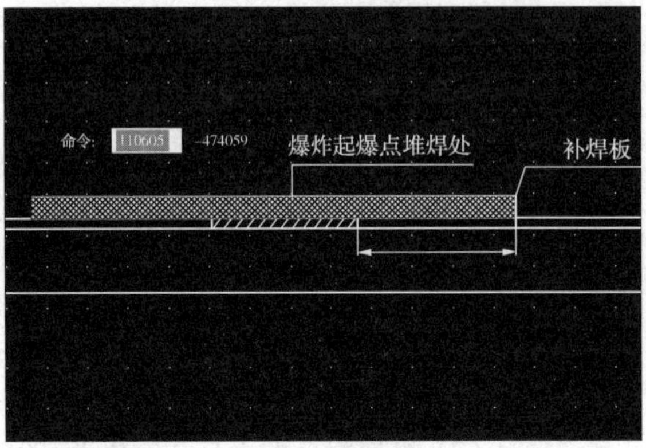

图6

1.2.4　对于吸收塔入口水平烟道与塔体连接处焊缝下端出现腐蚀减薄的部位，在复层表面新增 NS142 镍基合金板进行贴焊，见图7。

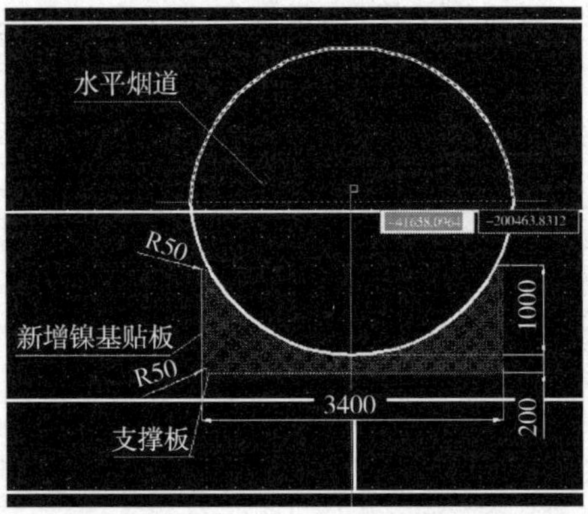

图7

2　第二次泄漏原因分析及处理

2.1　泄漏情况及原因分析

2017年装置检修期间，吸收塔 C801 进行改造，上、下部筒节维持原状，中间筒节更换为 Q345R 材质，筒节内壁及支撑梁内件等以环氧涂层进行防腐(根据使用温度和部位特点，使用了 5892、1392 和 1391T 三种涂层，其中 1391T 使用在烟道入口塔壁，1392 用在吸收塔锥段以及除雾器层塔壁，其余位置为 5892)。改造完成后，装置于2017年10月1日开工。

2018年3月19日，吸收塔 C801 中间筒体发现漏点，进行带压堵漏处理。之后，通过操作现象判断吸收段受液盘存在较大内漏情况，烟脱停工进行检查鉴定，确定了吸收段受液盘、浓缩段塔壁等部位存在腐蚀缺陷。发生泄漏和减薄的部位均处于塔内浓缩段喷淋与烟气逆向接触区域。分析原因为气液相接触高流速部位防腐涂层发生破坏后导致腐蚀泄漏。另外，由于塔内件较多，结构复杂，局部空间较小，施工不便，防腐涂层施工过程中无法绝对保证无微小缺陷的存在，而在正常生产中任何微小缺陷即可发展为腐蚀穿孔的根源(图8)。

吸收塔器壁涂层损坏后塔壁腐蚀

吸收塔吸收段受液盘腐蚀穿孔照片

图 8

2.2 缺陷处理情况

2.2.1 对器壁发生腐蚀的部位，将缺陷部位打磨干净，露出本体。采用 $t=6$mm 的 316L 钢板进行贴焊。贴焊面积为缺陷部位边界向外扩展 100mm，贴焊钢板弧度应与塔体弧度一致。贴焊完毕经 PT 检测合格后，重新涂刷贝尔佐纳防腐涂层。

2.2.2 对于受液盘发生大面积腐蚀脱落的部位，将缺陷部位钢板割除，直至割除孔洞周边钢板厚度达到 6mm 以上，并打磨干净。用 $t=6$mm 的 316L 钢板下料，搭焊在孔洞处。焊接完毕经 PT 检测合格后，重新涂刷贝尔佐纳防腐涂层(图 9)。

图 9

3 后续泄漏原因分析及处理

3.1 泄漏情况及原因分析

2019 年 5 月~6 月，在吸收塔中段筒体先后出现 4 个漏点。漏点位置均处于中段筒体浓缩段喷淋与烟气逆向接触区域，分析原因仍为气液相接触高流速部位防腐涂层发生破坏后导致腐蚀泄漏(图 10)。

3.2 缺陷处理情况

漏点出现后，先进行带压堵漏处理。之后对漏点边缘进行测厚排查，发现漏点周边存在局部减薄，减薄区域直径约 100mm，最薄 5.7mm(原

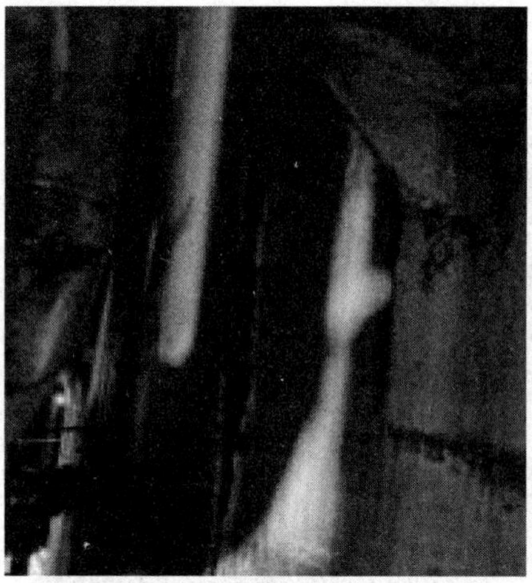

图10　筒体漏点

图11　粘接钢板补强

始壁厚24mm)。按照设计核算，减薄区域直径超过100mm时，应在筒体外壁进行补强；当筒体大面积(超过1/4周长)减薄至14mm时，吸收塔将会失稳。因此，对这4处漏点采用粘接钢板的方式进行外壁补强。

由于中间筒体处于气液相接触高流速区域、易发生腐蚀的面积较大(直径6200mm，高度超过3000mm)，采取定点测厚的方法进行排查效果不佳，即使布点尽可能密集，也易漏检局部腐蚀缺陷，且工作量巨大，事倍功半。因此，采用脉冲涡流检测的方式对中间筒体气液相接触高流速区域进行全覆盖监测，每月一次，可全面掌握该区域腐蚀减薄状况，及早发现腐蚀减薄情况，并进行预防性处理。

3.2.1　粘接钢板补强

采用环氧树脂系列粘接剂，将 $t=10$mm 钢板粘贴在吸收塔中间筒体腐蚀减薄部位，使钢板与筒体形成一个整体，以提高其刚度，改善局部应力状态，提高整体承载能力，以达到补强效果(图11)。

此次加固采用的粘接剂是贝尔佐纳1111(超级金属)。这是一种金属修复和表面重修的双组分修复复合材料，基于无溶剂环氧树脂，并用硅钢合金增强。它的主要优点有：易于混合和涂覆；无需专业工具，可手工涂覆；在室温下即可进行施工和固化；无收缩、膨胀或变形；与不锈钢、碳钢等各种金属均具有良好的粘附性；具有突出的防腐性等。这种粘接剂可用于泵壳、管道、储罐等裂纹和孔洞的修复，可用于点蚀金属面的表面重修，可用做金属粘接的高强度结构胶等。在喷砂低碳钢上使用，室温条件固化后，其拉脱粘附力可达22.33MPa，抗压强度可达88.9MPa，干燥状态下耐温达200℃，浸泡状态下耐温达93℃。

施工过程中，钢板与筒体粘接面处理是最关键工序，应认真进行。首先用砂轮打磨筒体和钢板粘接面，直至出现金属光泽，打磨粗糙度越大越好。涂覆粘接剂前，先将钢板与筒体粘接面作预贴试验，防止出现两贴面不合、尺寸不符等因素，造成粘接剂放置时间过长固化。其次，应保证粘接面温度≯60℃，粘接环境干燥，注意粘接剂的时效性(25℃时操作时限为15分钟)。再次，钢板粘贴好后立即用螺栓卡具、支撑等固定，并适当加压，增强粘接剂在结合面之间的密实度。粘接剂在常温下固化，24小时后即可拆除夹具或支撑，并达到预期强度。

3.2.2　脉冲涡流检测

脉冲涡流检测，也称为暂态涡流检测，其基本原理是将激励线圈和传感器靠近被测构件，在激励线圈中加载瞬间关断电流，线圈周围会产生电磁场，该电磁场由线圈中耦合出的一次电磁场和构件中感应出的涡流场产生的二次电磁场叠加组成，如果被测构件上有缺陷，则会影响感应脉冲涡流状况，继影响传感器上的感应电信号。电信号中含有被测构件的电导率、磁导率及形状尺寸等综合信息。通过解析电信号，就可以判断被测构件相对壁厚、缺陷位置、深度、面积等信息(图12)。

不同于超声测厚的定点检测，脉冲涡流检测为面扫查，覆盖面积大，可有效避免漏检，效率高，可快速、直观地得到检测结果。需要注意的是，脉冲涡流检测得出的检测值为相对值，需与超声测厚仪协同使用，以确定检测结果的最小数值。

2020 年 3 月，在对吸收塔中间筒体吸收段进行脉冲涡流检测时，发现北侧人孔上部两处明显减薄区域，配合使用超声测厚仪进行检测发现：一处减薄范围约 150 * 250mm，位于人孔上方 10cm 处，测得最小壁厚为 9. 67mm；一处减薄范围约 100 * 150mm，位于人孔上方 40cm 处，测得最小壁厚为 18. 80mm。

减薄位置脉冲涡流扫查如图 13 所示：从信号图形可以看出，前段曲线趋势平稳，在后半段明显下降后上升，说明此段壁板后半段有明显减薄。随后对这两处减薄区域也采用粘接钢板的方法进行了补强。

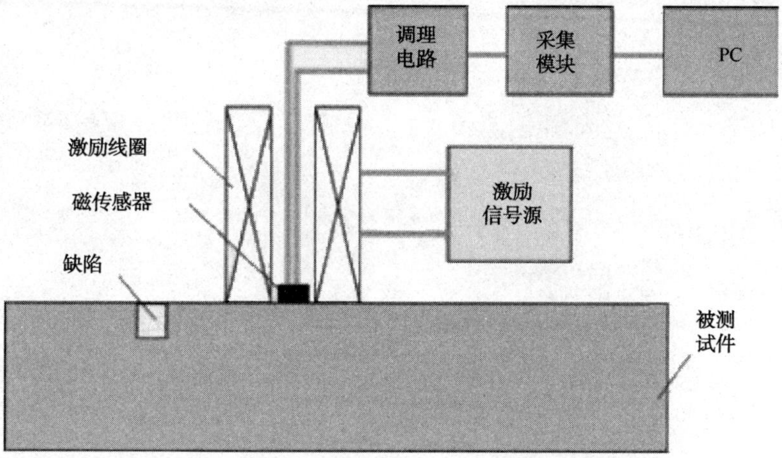

图 12　脉冲涡流检测原理图

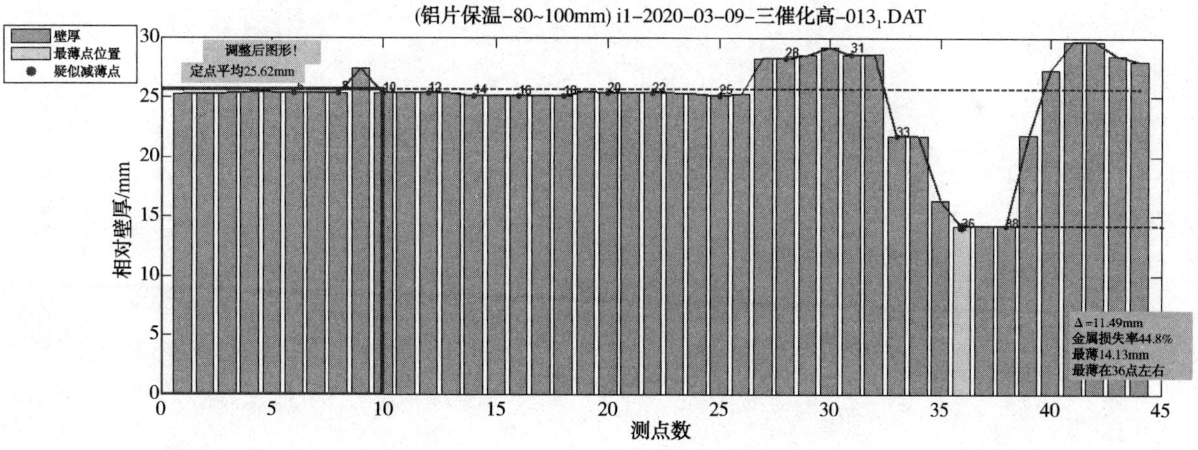

图 13

4　结语

在催化装置烟气脱硫脱硝设施中，吸收塔是烟气与浆液充分接触，发生脱硫脱硝反应的主要场所，内部工作环境十分复杂：气液相混合、干湿交汇、酸碱中和、冷热交替，存在诸多腐蚀因素。尤其在塔内气液相交汇处，由于气液相分布的绝对不均匀性，产生湍流或介质走短路，对塔壁及内件产生冲刷腐蚀，同时此部位易产生干湿交汇，加剧了腐蚀。另外，由于催化装置烟气脱硫脱硝工艺起步时间不长，在设计、选材、施工等各方面经验不足，出现了一些设备腐蚀问题，对装置的长周期运行造成了很大的威胁。

在应对烟气脱硫脱硝吸收塔的腐蚀问题过程中，一方面，要通过行之有效的检测手段及时掌握设备运行状态，及早发现缺陷问题；另一方面，要积累维修经验，采取快捷稳妥的维修方法做好设备预防性维修、运行中补强和事后维修。更重要的是，要充分认识烟气脱硫脱硝设备腐蚀机理并采取相应的防腐措施，从设计、选材、施工等各方面共同着手，改善设备防腐状况，才能从硬件上为装置长周期运行奠定基础。

参　考　文　献

[1] 陆登．脉冲涡流技术在 CFB 锅炉检测中的应用[J]．石油化工腐蚀与防护，2020，37(1)：45-47.

[2] 武新军，张卿，沈功田．脉冲涡流无损检测技术综述[J]．仪器仪表学报，2016，37(8)：1698-1712.

基于数据中台的石化企业数字化转型研究与设计

赵志宏　王云锦

（中国石油兰州石化公司）

摘　要　数据中台具有集数据统一管理、数据运算与价值挖掘、快速响应前台需求、数据安全管理为一体的优势。石化企业信息具有数据源复杂、各类业务数据要求广泛、数据复用高、局部数据权重大等特性。基于数据中台推动石化企业数字化转型，从数据管理上使企业具有了质的提升，同时，基于数据中台挖掘数据价值，推动了石化企业各专业管理的变革。

关键词　数据中台　石化企业　数字化转型

1　引言

“数字经济”时代，各企业为了提升自身竞争力，在未来市场抢占先机，纷纷推进企业数字化转型。数字化转型可降低企业成本，提升企业生产效率。特别是基于互联网，将基础信息系统数据集中，强化数据共享，并加载计算服务，使传统企业转化成“数据驱动型”运营的企业。数字化企业具有完整数据的数据平台，推动各生产环节协同，使生产经营与制造更具敏捷性。

石化行业作为我国支柱产业，不仅肩负着经济责任，而且对环境保护负责。石化企业具有生产工艺复杂，生产规模大、连续性强、装置技术密集等特点。石化企业通过数字化转型不仅可以优化供应链，实现生产与进销存的运营协同，而且能够增强安全管理水平，促进企业平稳运行。

数据中台作为将数据独立于业务流程的平台，具有数据统一、独立管理、数据运算与价值挖掘、快速响应前台需求、数据安全管理为一体的优势。构建石化企业的数据中台将有效应对不同业务、不同架构系统的数据集成与管理工作，更提升了自身业务封装能力，适应业务不断变化，推动企业数字化转型。

2　基于数据中台的企业数字化架构设计

数据中台与数据仓库、数据湖不同，它不单单是收集数据，更是连接数据、运算数据的平台。基于现有各业务系统数据，结合数据编织（Data Fabric）理念，经 ETL，构建实时、非实时数据的视图，对数据进行综合挖掘，增强数据洞察力，从而支撑生产、企业管理、安全环保、物流配送等一体化管理的应用。

2.1　石化企业信息特性

石化企业信息有其特性，具体表现为：业务线多，管理信息系统多。除了传统的人事、财务、行政信息系统外，还有采购、库存、生产、销售、安全环保信息系统；信息系统来源复杂。我国石化企业大多为大集团公司，各地区公司有集团公司的统建系统，也有根据自身特点建设的自建系统。并且，这些系统使用不同框架、平台技术，如 .Net、Java、PHP、ABAP 等，数据库使用 Oracle、SQL Server、MySQL 等；业务调整难度大，牵扯系统广泛。石化企业与传统制造性企业不同，其生产工艺伴随着连锁调整；安全环保责任重大。近些年随着国家对环保要求的不断提高，也使石化企业的安全环保需求不断调整。

可见，石化企业信息具有数据源复杂、各类业务数据要求广泛、数据复用高、局部数据权重大等特性。

2.2　数据中台框架模型设计

“以数据为中心”，“数据即服务”都说明了数据在当前信息发展阶段的重要性。阿里巴巴集团在2018年正式提出了数据中台的概念。对“前台”，数据中台可以快速提供数据支撑，支持前台快速建设、即业务需大规模调整时、也不需要大规模对数据进行调整，不会耗费太大成本。对“后台”，后台数据是根据业务系统建立起来，通常后台不能随意改动。而数据中台可根据业务需求，利用数据集成的优势，快速建模。

数据中台是将所有数据进行独立管理，不仅包括大数据存储功能，而且提供数据运算功能。同时，数据中台克服企业各部门间数据壁垒，将数据加工以后，封装成一个公共的数据产品或服务。同时，数据中台还有将实时数据与存储数据统一管理的功能，基于数据治理，进行元数据管理及数据质量管理，并实现数据任务调度功能。通过数据模型的运算，为前台提供 API 应用。通过可视化的监控，实现高效运维。数据中台承载了整个企业的数据资源，需要大量的物理设备进行支撑，通过负载均衡的云管理，多线程服务，更能满足数据准确、快速、及时推送的需求。数据中台框架如图 1 所示。

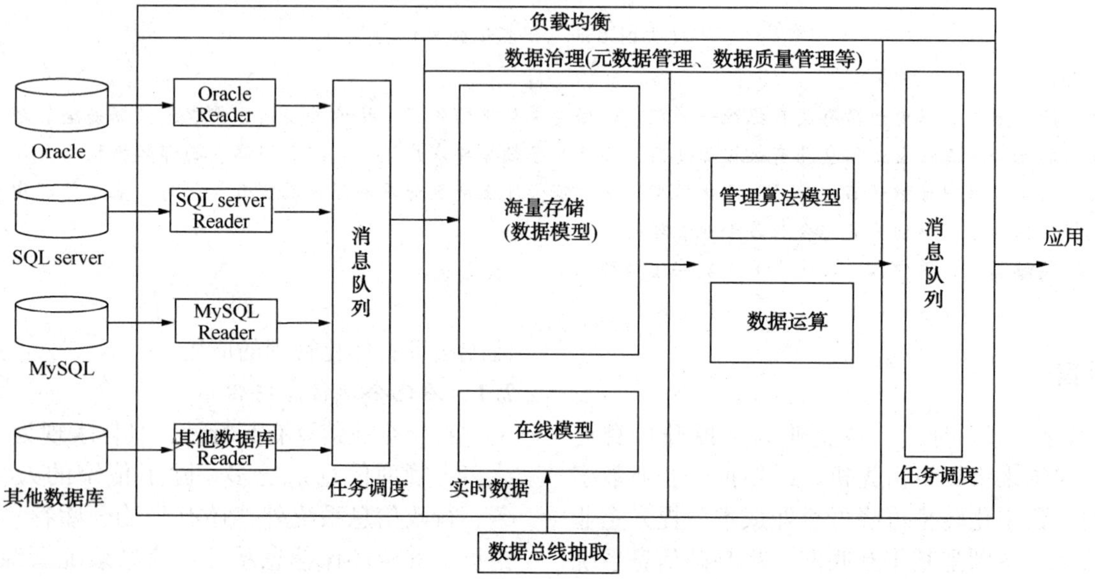

图 1　数据中台框架图

2.3　石化企业数字化框架设计

石化企业数字框架设计以 CAMSS 为指导。Cloud 云存储与计算，Data Analysis 作为企业数字化的核心，Mobile 为扩展应用空间，Social 为更好的使用，将各专业运营融入到日常当中，Security 为确保企业信息流安全长周期。石化企业数字化框架如图 2 所示。

企业数字化并不是彻底的颠覆，而是对现有的继承、增加、扩展、重新定义。重新建设从建设周期、成本、人员熟练周期上都面临巨大的挑战。同时，企业数字化的主要功能并非以硬件为主，而是以大量的数据模型，数据分析，机器学习的软件为依托，所以，基于经济与“快速落地”的目的，基础运行层还是将原有的系统纳入，各级人员正常使用。

数据中台以 Hadoop 为主要载体。Hadoop 作为成熟地，广泛应用地大数据工具已为人所知。数据仓库作为数据结构应用理论也被广泛应用。根据各专业管理，结合在线数据与存储数据，进行数据库数据集市的构建，将各类数据进行结构化(非数据类型结构化)处理。因该层主要目的并非简单存储数据，而是结构化数据，建立数据集市，进而建立数据仓库。同时，根据业务需求目标，应用数据模型进行运算，达到预测分析、优化的目的。故，数据中台结构化数据为其他层服务连接时，应大量使用视图类相关技术。单纯的视图只能提供单个的数据，而要完成整个业务，特别是流程化业务，需要大量的数据支持。将数据集市数据进行初步处理，形成服务，供后续业务数据模型进行处理。同时，数据中台需要云化。云化的好处在于集群式部署有利于使用效率的均衡，耗能合理，并保证各类数据正常传输。基于数据安全，敏感数据强调数据权限管理。

针对各专业管理部门专业管理流程起到良好的支撑与提升是检测企业数字化目标是否达成的关键。通过数据模型计算为各专业管理提供了各种有价值的数据。运用业务逻辑配置，将各个有价值的数据可视化的展示在专业管理人员面前，不仅直观的展示，而且这种灵活的配置形式更好的贴合管理人员的习惯，进而推动业务运行高效化。同时，可视化的价值数据更有力的支撑人机协同。各专业管理线的优化决策，为整体企业大运营的智能化提供支持。

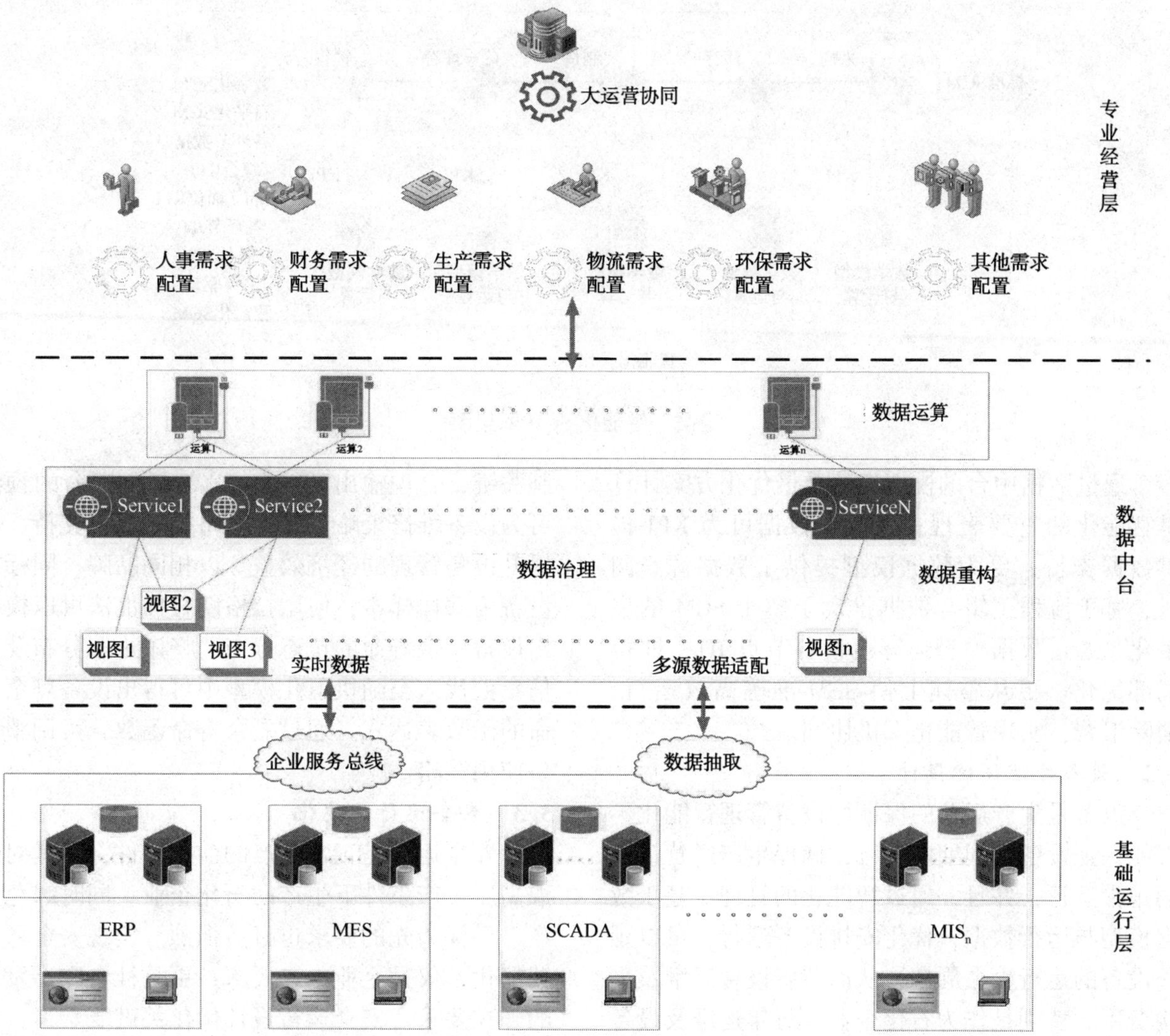

图 2　石化企业数字化框架图

3　基于数据中台的业务模块数字化设计

数据中台的建立是为了更加有效、便捷的为专业管理服务。基于数据模型，对数据进行应用，使数据中台发挥其应有的价值。通过集成采、存、产、销数据可实现对供应链的优化。利用设备数据，结合数据模型可实现设备管理的优化。安全生产是石化企业的根本要求，基于生产数据模型、结合 SIS 系统将有效提升石化企业安全生产水平。

3.1　智能化供应链设计

供应链(SCM)的优化不是简单的将现有 SCM 数字化，更是基于数字化开展精益供应链建设，推动 SCM 智能化。智能化 SCM 的建设不仅推动整个 SCM 的完善，更推动链上各个节点业务的准时，确保业务完成的准确性，进而保证产品质量与提高整个链条工作效率。而且基于数据中台数据模型，开展数据挖掘与分析，实现预测与模拟运行，保证各个环节高效协调工作。

SCM 的优化关键要素是：将 KPI 指标引入至采、产、物流、销全流程当中；利用数字化计算保证 Just in Time(JIT)，扁平化 SCM，消除“牛鞭效应”；以销售及销售预测分析，满足客户需要为驱动，进行有效的供应商管理及战略性预测采购；将整个供应链关键节点数据可视化，方便进行管理。

开展智能化 SCM 首先要通过数据中台的建设，实现 SCM 数字化。SCM 数字化是 SCM 精益化的基础，基于全流程数据，开展 SCM 精益化建设，缩小管理颗粒度。客户相关数据、库存相关数据、制造相关数据、流程相关数据、物流相关数据作为主数据为智能化 SCM 提供支撑(图 3)。

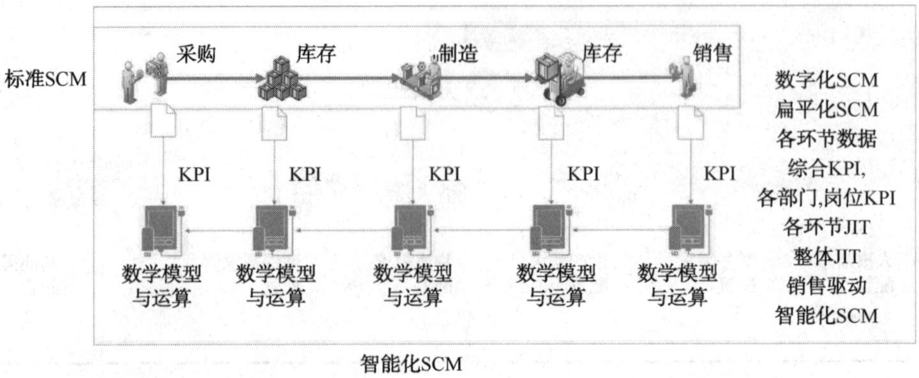

图3　智能化SCM框架图

通过数据中台的模拟运行及最优化方案计算是智能化的重要表现。各节点数据可为KPI提供数据支持，更为数据模型提供了数据源。同时，基于流程逻辑与数据推动了整个SCM的扁平化。通过数据模型运算可使各节点JIT，取得局部优化。更从整体上使SCM准确高效运行，消除浪费，实现智能化人机协同。

3.2　设备管理优化设计

设备是生产运营的保证。设备管理智能化不仅能保证设备长周期的运行，确保生产经营活动的正常运行，并且，通过智能化的管理，基于数据模型与运行数据，优化安排设备运行，可以延长设备的运行生命周期，从而节省设备运维及采购费用。特别是作为石化企业，每年运维及设备的采购费用以数亿元记，实现设备管理的智能化将从经济效益上取得显著成果。

由DLC(Device Life Cycle)可知，石化企业设备管理分为设计、选型、招标、安装、调试、运维、报废几个阶段。作为长周期稳定性生产制造企业，运维阶段是生产秩序正常进行，节省资金的重要阶段。针对此阶段开展业务分析与数据模型搭建是实现设备智能化的重要一环。设备运维与生产运行密不可分，且生产运行是是“因”，设备运维是“果”，设备运维伺服于生产运行。由此可见，做好设备管理的智能化，必须将生产运行纳入数据模型中进行设计。

设备管理优化首先从数字化开始，记录各种物理数据是数字化设备管理的第一步。而且，生产对设备有着最直接的影响，根据生产需求合理提供设备动能也是设备寿命延长与能耗最佳的关键(如根据生产动能要求，合理安排机组轮值；根据生产实时数据与工艺参数，建立动力输出控制关键，合理输出动能)。设备剩余寿命的预测可为设备维修策略、延寿策略提供数据支持，并提升设备管理的经济效益。以相同品牌、同标程设备为采样样本，使用拉格朗日插值法可以模拟出设备剩余寿命的正态分布。将该正态分布及置信参数代入至随机退化模型中可得出设备剩余生命的函数表达式。通过剩余寿命函数，可调整设备使用策略。

3.3　安全运行的优化

安全运行是正常生产的前提条件，尤其对高温高压生产条件下生产的石化企业。同时绿色生产，环保为先的要求也日益强烈。实现安全环保智能化不仅是企业内在要求，更是社会和谐发展的外在要求。安全运行设计优化关键要素是：实现有效防控、完成预测性行为支撑实际生产。

安全运行优化分为三部分：事先预防、事中监控、事后总结。事前预防将基于生产数据进行虚拟运算，确保数据运算结果在安环可控范围内。事中监控主要依靠现有SIS，并进行优化。事后总结主要建立事件，装置运行数据库，进行数据分析，为突发事件提供处置预案编制(图4)。

通过建立生产数据模型对生产全过程进行数据模拟，不仅是信息物理系统(CPS，Cyber-Physical Systems)理论的实际应用，也是最经济性进行安环运行事先预防的有效方法。通过进料输入值和数据模型运算将对生产进行仿真，并根据工艺参数进行数据比对，发现其中的异常运行参数。根据异常运行参数数据判别，以便有效调整生产工艺。

SIS是成熟的安全环保控制技术，经过多年发展，其在生产过程监控及介入有着重要作用。

特别是 SIS 其主要依靠于硬件检测，对软件计算配置检测稍显薄弱。通过对软件配置检测进行二次开发，与中控机进行数据连接与运算将更好的发挥其事中监控作用，更好的服务于生产。

装置也有其生命周期，在装置的不同阶段其运行状态参数是不一样的。通过记录装置各阶段的运行数据，一则有利于后期聚类等数据挖掘分析，有针对性的进行安环控制；二则为事先预防数据运算模型提供数据，不断优化训练数据模型，是数据运算值趋真。

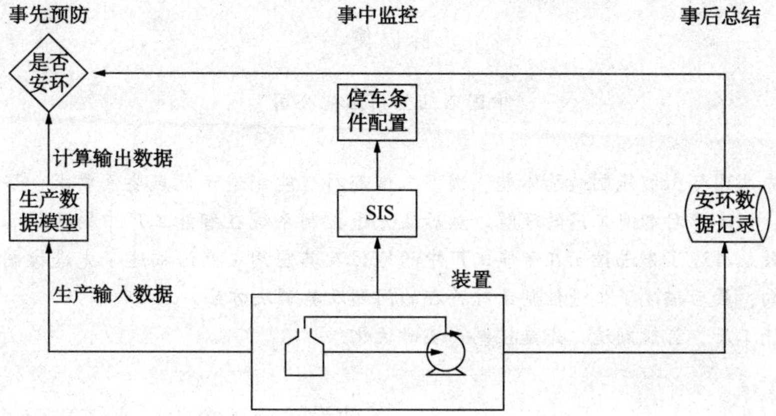

图 4　安全运行优化设计图

4　结束语

石化企业数据中台建设不仅实现了现有系统的数据收集、使企业各类数据连接到一个平台上，更是基于数据模型，进行模拟计算，实现业务最优化决策。数据中台也具有分布存储、分布计算、多线程服务、大吞吐、大输出的优势。基于数据中台推动石化企业数字化转型，从数据管理上使企业具有了质的提升，同时，基于数据挖掘价值，推动了各专业管理的变革。

参 考 文 献

[1] 李文俊，杨家强等．基于数据中台的装备保障数据集成[J]．系统工程与电子技术，2020，2.

[2] 刘颖慧，刘楠等．浅谈数字化转型中不同企业的中台战略及架构设计[J]．电信科学，2020，5.

[3] 肖静，李亚楠等．基于数据包络法的汽车企业供应链协同管理研究[J]．工业技术经济，2019，4.

[4] 王泽洲等．考虑随机失效阈值的设备剩余寿命在线预测[J]．系统工程与电子技术，2019，5.

[5] 赵颖，侯俊杰等．面向生产管控的工业大数据研究及应用．计算机科学，2019，6.

先进控制系统在炼化智能工厂的作用及其发展趋势

陈以俊

(中国石油兰州石化公司)

摘　要　首先从国际上智能制造总体趋、国家工信部对智能制造示范点要素要求、炼化企业的智能化设计思想等方面，描述了对智能工厂的理解。然后从先进控制系统在智能工厂中的地位、先进控制的应用现状、取得经济效益描述了先进控制在智能工厂中的地位及其应用。然后描述了先进控制系统在智能工厂背景下的发展方向，最后描述了先进控制系统存在的问题及其解决方法。

关键词　智能工厂　智能制造　先进控制　实时优化

1　对炼化智能化工厂的理解

1.1　国际上智能制造的总体趋势

近年来，世界各国都在制定信息化发展战略，抢占全球制造业竞争制高点，推进传统产业转型升级。发达国家纷纷制定以重振制造业为核心的再一次的工业革命战略，2012年3月，美国提出了工业互联网的提法，旨在提高制造业整个系统的运行效率。2013年4月，德国提出工业4.0战略，目的是以智能制造为主导的开启第四次工业革命。2015年中国国务院印发了《中国制造2025》，将智能制造列为未来发展的五大工程之一。加快制造业数字化、网络化、智能化进程，重塑制造业竞争新优势。新兴发展中国家抓住产业链重组和调整机遇，以信息化促进转型发展，力求掌握更多的发展主动权。

1.2　国家工信部智能制造试点示范项目要素条件的出台

2018年国家工信部出台了智能制造试点示范项目要素条件，其中流程型智能制造，提出了7个方面的要素(图1)，在这些要素中对运营和生产的感知能力有明确的要求，数据自动采集率必须在90%以上，同时明确提出了对自动化的要求，自控投用率达到90%以上，其他方面包含了可视化、全面监控、模型化等方面有明确的要求，如果能够同时满足这7方面的要素，可以申报流程工业的智能制造示范点。

1.3　炼化企业的智能化设计思想

早在2012年，中国石化率先启动智能工厂建设，分4个阶段实施智能工厂建设，在前三个阶段已经完成了10个企业的试点建设工作，2015年底，4家试点企业实现了智能工厂(1.0)上线运行。企业生产营运管理的自动化、可视化、数字化水平显著提升，有效促进了转型升级、提质增效。九江石化、镇海炼化、茂名石化被工信部列为2015、2016、2017年国家智能制造试点示范。综合四家示范企业的特点和运营效果，通过几年的运行，在先进控制投用率、数据自动采集率均超过了90%、能源管理实现了可视化、生产优化项一体化优化转变、劳动生产率提升10%以上等方面取得了较为显著的效果

中石化智能工厂建设核心内容如图2所示，他们以卓越运营为目标，构建了两个支撑体系，既技术支持体系，标准化体系；三条主线一体化管理，既炼油化工生产管控一体化、石化全产业链协同一体化、设备资产全生命周期管理；四项能力，既感知能力、优化能力、协同能力、预测能力；五化特征，既数字化、自动化、集成化、可视化、模型化；六大核心业务，既供应链管理、生产管控、设备管理、能源管理、HSE管理、战略管理等方面。

2018年，兰州石化自动化院为长庆石化公司所设计的智能化工厂，也被国家工信部立项为石化智能化工厂示范建设单位。重点也在六大业务领域体现感知、优化、预测、协同的四个能力方面。

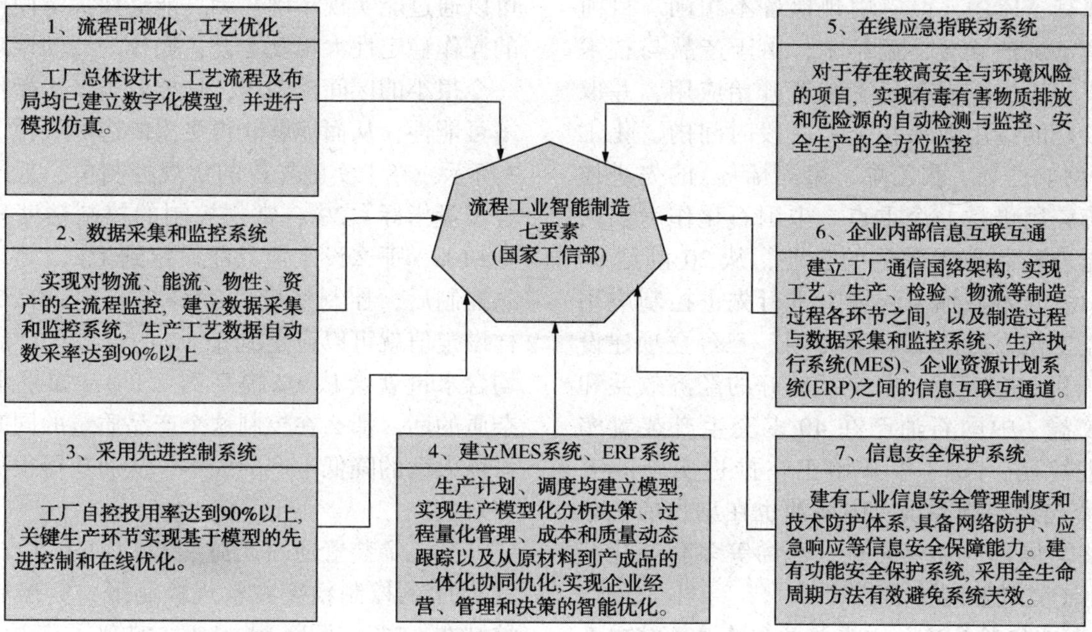

图 1　智能制造七要素构成图

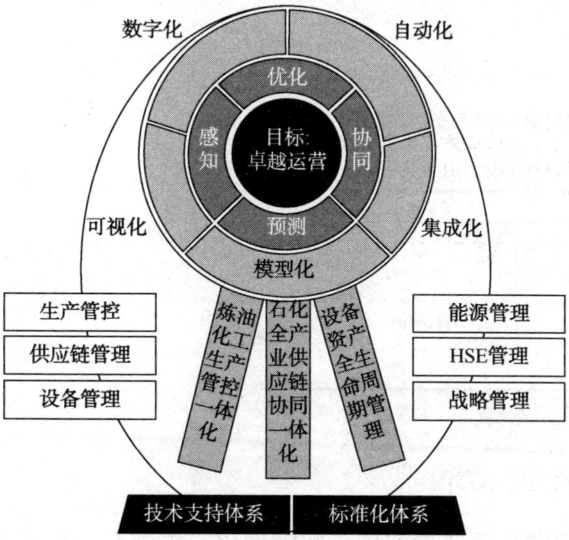

图 2　中国石化的核心建设内容架构

1.4　炼化行业智能工厂的应该具备的条件

随着国家工信部出台的这些标准和规范，很多国内外咨询商、实施商，分别也提出了对智能化工厂的构想和理解。但总体上围绕工信部的 7 个方面的要素进行描述，只是描述的角度和所体现的重点有所不同。中国石化和中国石油所提出的智能化工厂的框架，相比较国家工信部的要素要求，更加具体的提出了业务领域和突出体现的能力，所以就炼化企业的智能化工厂的基本模型可以从工信部提出的七大要素和中石化的核心建设内容架构去建设。在总体架构方面，可以参考中国石化的总体架构进行设计和建设。总体架构主要包含了三个层级及一个公共服务，三个层级分别是过程控制层、生产执行层、经营管理层及公共服务。

2　先进控制系统在智能工厂的地位极其应用

2.1　先进控制系统在智能工厂的地位

先进控制系统作为过程控制层中的系统，在智能化工厂中建设中具有非常重要的作用，在工信部七要素中，它是第三个要素，在中国石化核心架构中属于炼油化工生产一体化的主线中，它在智能工厂总体架构的过程控制层。在炼化企业中智能工厂建设目标就是卓越运营，在保证安全环保的情况下，保持经济效益最大化，在这个大的目标下，过程控制是智能工厂的核心，也是智能工厂的建设基础，只有在保证过程控制的优化和稳定的前提下，才能确保全厂运营的最优化的建设。

2.2　先进控制系统的应用现状

国外著名炼化企业先进控制系统在生产装置上已经普遍应用，在美国、西欧、日本等发达国家超过半数以上的生产装置都实施了先进控制技术，美国 90% 的重点装置已经普及了先进控制。目前，企业应用重点已经从装置优化转向炼厂整体优化，部分企业已经实现与供应链系统集成。

对于国内的大型炼化企业，先进控制技术与

产品都有了应用，但应用规模各不相同。目前多数用于炼油装置，近年来，由于产品与技术的发展，先进控制在化工装置开始应用，并取得了较好的应用效果；今后一段时间内，化工装置(例如乙烯、聚乙烯、聚丙烯等)的先进控制系统应用仍是一个重点。中国石化作为国内引进先进控制技术较早的企业，从20世纪90年代初就开始在炼油装置上进行先进控制应用的试点工作，截至2014年5月，已经立项建设APC项目200多套，取得了较好的经济效益和社会效益。中国石油已在40多套生产装置实施先进控制，2018年开始正在推进实施的有50多套先进控制系统，中海油也在惠州炼化公司重整、焦化、加氢裂化、乙烯等多套炼化装置应用了先进控制技术。

2.3　先进控制系统相比常规控制系统的优势及其经济效益提升

先进控制系统除了能够解决常规控制中很难解决的大滞后，多变量耦合等控制问题以外，还可以通过能实现精确控制，能够使关键操作参数的操作稳定性大幅度上升，操作的波动性减少到一个很小的区间范围内，这样就给卡边操作提供了可能性，从而能够获得更多的边际效益。如图3所示，在未实施先控的常规控制中，某产品的含水量指标≤2%，常规控制的控制精度只能达到±1%，那么设定值只能设定到1%之处，实施先控制后，控制精度由±1%提高到±0.2%，这样设定值就可以设定到1.8%的位置，产品的平均含水量就会从1%提高到1.8%，如果水作为杂质的话，那么在控制这个产品质量的同时，就可以大大的降低生产的成本，从而获得很大的经济效益。

某乙烯装置通过实施裂解炉炉先进控制后，其COT的控制精度在常规控制下，其控制精度控制在±5%，下降到±1%，实现了卡边操作，乙烯能耗下降了5.6kgEO/T，产生经济效益1000万以上。

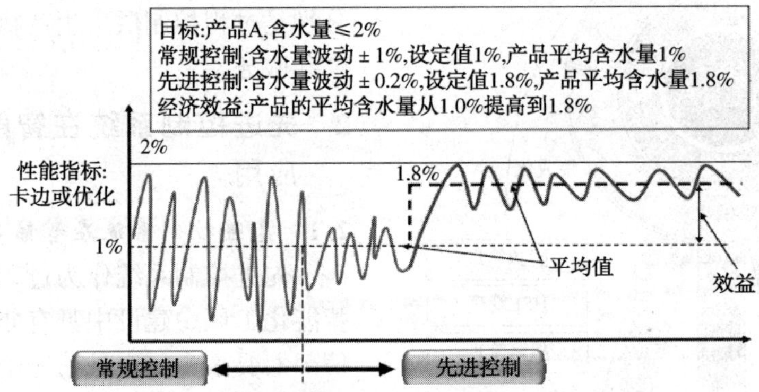

图3　先进控制获得效益的示意图

3　先进控制系统在智能工厂背景下的发展方向

3.1　单纯的先进控制应用向实时优化的方向发展

目前先进控制系统大部分的应用形式仍然处于控制层，完成自动控制主要停留在提高装置的操作稳定性方面，也就是说先进控制系统的给定目标仍然是根据装置的操作规定，手动给定控制目标值，没有参与装置的整体优化。根据目前掌握的数据，就中国石化、中国石油的应用情况，参与实时优化的只有个别装置。例如，中国石化公司的燕山石化公司的乙烯装置、九江石化公司的常减压装置实施了实时优化，中国石油的吉林石化公司的乙烯装置开展过实时优化的尝试工作，现在准备建设的有锦州石化公司催化装置、独山子石化公司乙烯装置、兰州石化公司乙烯装置等。要实现装置实时优化，就要利用装置的流程模拟模型，通过模型运算计算出装置的最优操作点，然后将操作参数自动传递给先进控制系统，实现装置优化的闭环控制，从而获得更大的经济效益或最低的加工成本。相比单纯的先进控制，实时优化会在装置全局层面进行优化，会产生更大的经济效益，如图4所示，这张图反应了投资和经济效益的关系。通过比较先进控制与实时优化的投资与经济效益关系，可以看出装置实现实时优化仍然有很大的空间可以利用。

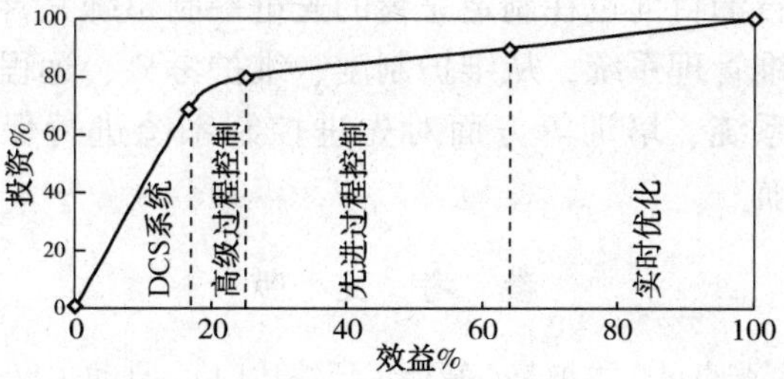

图4　多种过程控制系统的经济效益与投资的关系图

3.2　在智能化工厂背景下的先进控制系统的发展趋势

炼化企业智能工厂的主要目标是卓越运营，提高企业综合竞争力，实现企业的效益提升。关于目标，不同的企业具有不同的提法，但在提升经济效益这一目标是各企业开展智能工厂建设的共性目标。作为过程控制级的先进控制系统在这个智能化的大背景要求下，它的发展方向是在确保自身稳定可靠运行的情况下，实现全厂级的全局优化。先进控制系统自身的角色不仅仅是扮演精确控制，提高装置的控制品质，而且要加入到优化控制的范围之内，它的发展要求是要接受优化控制系统的指令，实现动态的优化控制。图5就是智能工厂生产管控一体化下的优化控制，它实现了从计划调度到过程控制的一个过程，在这过程中，先进控制系统（APC）的作用就是实现计划优化到过程优化的必不可少的一个环节，只有通过先进控制系统，才能实现管控一体化的全面协同的作用，实现全厂效益的最大化的实现过程。也正是这个作用，工业智能化的要求，先进控制系统向上的互联要求。

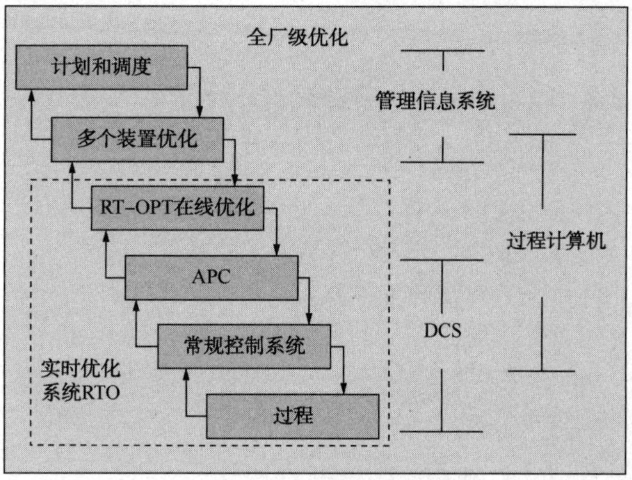

图5　参与全局优化的先进控制系统示意图

4　先进控制系统运行过程中存在的问题及解决的方法

因为先进控制的控制策略是基于控制模型的，所以先进控制系统投运的好坏，取决于控制模型对装置变化的适应性，如果缺少先进控制的及时跟踪和维护，先进控制的运行效果就会出现下降趋势，甚至出现停用，这也正是先进控制技术虽然在工业上应用了几十年，但是它在炼化企业的应用没有被完全普及的原因，但是随着科学技术的发展，很多先进的算法及大数据技术，自我学习智能技术，远程监控和维护系统等技术的发展，给先进控制系统的发展及普及应用带来了新的契机。

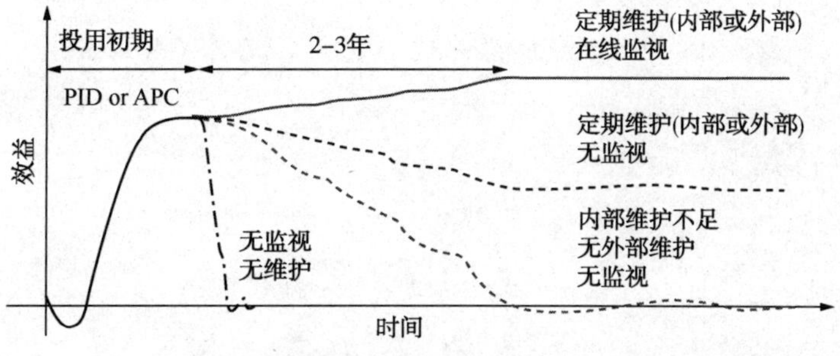

图6　先进控制系统或PID系统的运行维护与经济效益的关系

图 6 显示了先进控制系统所产生的经济效益或运行良好程度与有没有性能监控系统、能不能定期维护有着很大的关系，如果各地区公司在实施完先控系统后能够配套实施先进控制系统的性能监控，并且能够定期维护，就能保证先控系统的长期良好运行。在智能工厂中，过程控制的稳定性是智能工厂卓越运营的最基本保障。目前中国石化和中国石油也意识到这个问题，中国石化的远程监控系统已经建设运行，中国石油先进控制系统远程运维系统目前正在调试投运之中。中国石油目前也在制定完善的先进控制系统完善的运维管理系统，从维护制度、维护考核、远程维护系统、培训等方面对先进控制系统进行保驾护航。

参 考 文 献

[1] 张泉灵，洪艳萍．智能工厂综述[J]．自动化仪表，2018，39(8)：1-5.
[2]赵恒平．中国石化先进过程控制应用现状[J]．化工进展，2015，34(4)：930-934.

浅谈电动叉车废旧铅酸蓄电池回收技术及相关法律规范

王　鑫　唐伟亮　冯　丽　金　良

（中国石油兰州石化公司）

摘　要　现阶段铅酸蓄电池的大规模广泛使用，给动力、牵引领域带来了极大的技术进步。特别是相较于内燃叉车，电动叉车低噪音，无尾气排放等优势已得到广大用户的认可，但优弊互现废旧铅酸蓄电池同样也是重要的铅污染源，其中分解出的重金属和有毒废液会对土壤、水源等带来严重的环境污染，极度危害人体健康。特别是2020年9月1日新《中华人民共和国固体废物污染环境防治法》实施以来，从法律上进一步明确了政府、企业的职责，增加了危险废物产生企业的相关责任。本文在现行的企业危险废物管控机制下，梳理了国内主流的废旧铅酸蓄电池的回收工艺。经思考完全认同《废铅酸蓄电池回收技术规范》(GB/T 37281—2019)采取的集中回收，提炼，再生，循环利用的绿色循环发展的思路，它是贯彻落实习近平生态文明思想和党中央关于生态文明建设決策部署的重大任务，是依法推动打好污染防治攻坚战的迫切需要，是健全最严格最严密生态环境保护法律制度和强化公共卫生法治保障的重要举措。

关键词　废旧铅酸蓄电池　铅污染　回收工艺　相关法律规范

1　废旧铅酸蓄电池的的危害

铅酸蓄电池是目前世界上广泛使用的一种化学“电源”，具有电压平稳、安全可靠、价格低廉、适用范围广、原材料丰富和回收再生利用率高等优点，是世界上各类电池中产量最大、用途最广的一种电池，它所消耗的铅占全球总耗铅量的82%。

废旧铅酸蓄电池中含有大量的重金属和高浓度硫酸溶液，其无论是裸露在大气中还是深埋在地下，其重金属成分及硫酸溶液都会随渗滤液溢出，造成地下水和土壤的污染，资料显示一节一号电池烂在地里，能使1m^3的土壤永久失去利用价值；一粒纽扣电池可使600t水受到污染，日积月累，会严重危害人类健康。铅能够引起人体神经系统的神经衰弱、手足麻木、消化系统的消化不良、血液中毒和肾损伤。各种铅废料如不加以回收，都将成为环境的污染源，尤其是废铅酸蓄电池，只有充分回收利用，才能避免其中的铅泥和硫酸污染环境。回收废铅酸蓄电池可充分利用再生铅废料，减少原生铅矿石的开采量，延长其开采年限，有效的利用铅资源，是铅工业发展循环经济的必然之路。因此从保护环境和资源角度讲，回收处理废铅酸蓄电池都具有重要意义。

2　废旧铅酸电池的火法冶炼回收工艺

铅酸蓄电池作为一种可实现循环使用与循环放电的原电池，将铅视为阴极，将二氧化铅视为阳极，并将硫酸溶液视为电解液，通过物质的转化实现电池的基本放电与充电。在电池的反应过程中，其总体反应方程式为：$Pb+PbO_2+2H_2SO_4 \longrightarrow 2PbSO_4+2H_2O$

对于该反应而言，在放电时反应从左至右进行生成硫酸铅，在充电时反应从右至左进行。但是对于实际工作情况而言，放电过程中所产生的硫酸铅会随着循环次数的增加将电极板彻底覆盖，导致电极板的导电性能逐渐减弱，蓄电池因此完成报废处理。完整的废旧铅酸蓄电池通常是由液态的电解液（H_2SO_4溶液，约占11%~30%）和固态的有机物（聚丙烯塑料等，约占22%~30%）、金属铅（栅板、连接件，约占24%~30%）、铅膏或渣泥（约占30%~40%）等4类物质组成。其回收利用是为了回收铅、硫酸以及聚丙烯塑料外壳。废旧铅酸电池的回收通常会经过破碎分解、废液回收、塑料回收、铅泥极板熔炼、铅精炼等过程。

2.1　破碎分选处理

废旧铅酸蓄电池由多瓣抓斗行车抓到带式输

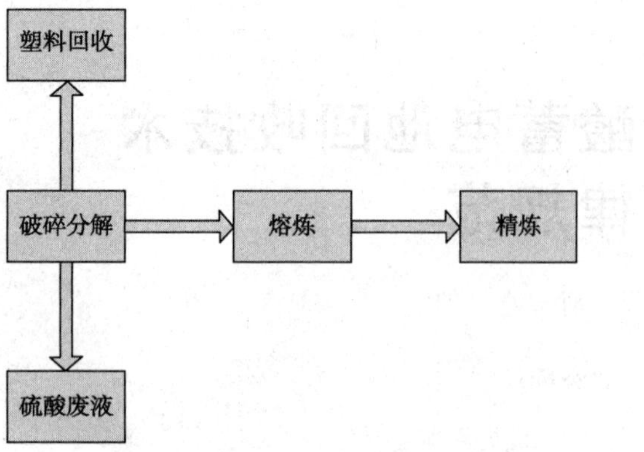

图1　废旧铅酸电池的回收流程

送机上的加料斗中，再通过振动加料机均匀地加到胶带输送机上，输送到破碎机，进行预破碎。在此过程中，废电池的电解液流出，经管道集中到集液池。经加入石灰乳中和，压滤机过滤后，液体返回循环系统作为补充液，固体(硫酸钙)可送往水泥厂，作为配料。中和反应的反应式为 $H_2SO_4+Ca(OH)_2=CaSO_4+2H_2O$

2.2　铅泥的火法熔炼

火法熔炼工艺可分为无预处理冶炼和预处理单独冶炼两种工艺

无预处理冶炼：废铅酸蓄电池经去壳倒酸等简单处理后，进行火法冶炼，得到铅锑合金。金属回收率平均为85%~90%。废酸、塑料及锑等元素未合理利用，污染较重。

预处理单独冶炼：废旧铅酸电池经破碎分选后分出塑料部分和铅泥部分，铅泥的主要成分是 $PbSO_4$，其中含有一部分的 PbO、PbO_2 和少量杂质，脱硫是因为铅泥中主要成分 $PbSO_4$ 在高温条件下能生成硫氧化物，会对环境产生较大危害，实际中可使用预脱硫技术，即在铅泥中加入碳酸钠，将其中的硫酸铅转化为碳酸铅从而达到脱硫的目的，主要反应如下：$PbSO_4+Na_2CO_3=PbCO_3+Na_2SO_4$ 脱硫转化后进行火法冶炼，得到铅锑合金和软铅，其金属回收率平均为95%以上，脱硫转化的铅泥火法冶炼温度至少比未脱硫处理的铅泥熔炼温度低100~150℃。

2.3　铅精炼

采用反射炉密闭负压冶炼工艺，以天然气为燃料将铅泥，极板等加热熔化至320~350℃左右，将废铅熔化，反应一定时间后除去表面浮渣，再加入适量的赤磷除铜，经除铜后的铅液在熔炼锅中进一步加热至550~600℃加入硝酸钠和氢氧化钠，利用硝酸钠受热分解放出活性氧，使铅中的杂质氧化，杂质氧化物再与加入的氢氧化钠反应，生成不溶于铅液的钠盐，浮在铅液表面最终得到精铅。

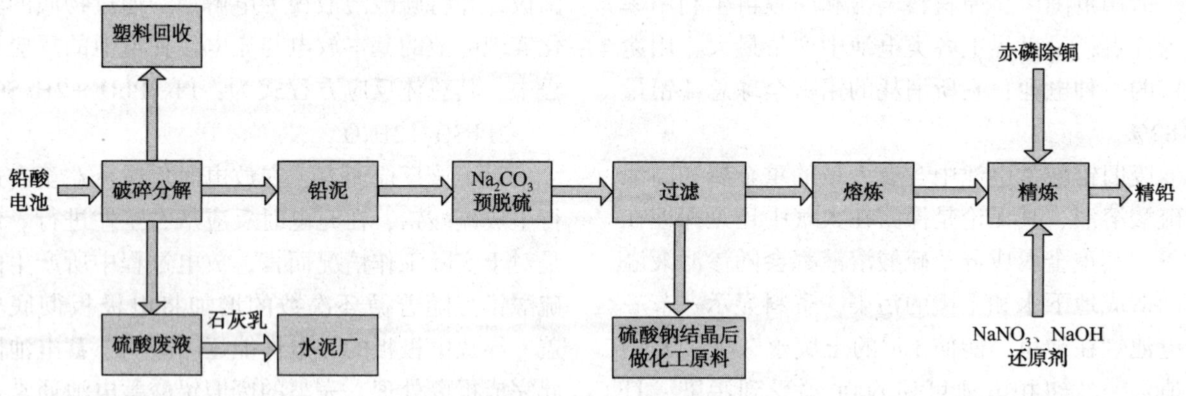

图2　火法熔炼预处理回收流程

3　废旧铅酸电池的湿法RSR回收工艺

湿法熔炼技术，也称为电解法，借助电的作用，有选择的把电池碎片中铅化合物全部还原成金属铅。其主要特点是在冶炼过程中没有废气、废渣的产生，铅的回收率可达95~97%。

RSR工艺主要包括PbSO4脱硫，还原转化，溶液浸出和电解沉积4个过程，废旧蓄电池经切割、拆分后形成的铅泥中加入 Na_2CO_3 碳酸钠[1]脱硫，使蓄电池中 $PbSO_4$ 转变成 $PbCO_3$，并在 H_2SiF_4 氟硅酸溶液中通入 SO_2 溶解其中的 PbO_2 和 PbO 为可溶性盐溶液后制成电解液，最后用 PbO_2-Ti 作阳极，不锈钢作阴极进行电解沉积，金属铅在阴极析出。

脱硫：$PbSO_4+Na_2CO_3=PbCO_3\downarrow+Na_2SO_4$

还原：$PbO_2+Na_2SO_3=PbO+Na_2SO_4$

浸出：$PbO+H_2SiF_4=PbSiF_4+H_2O$

浸出：$PbCO_3+H_2SiF_4=PbSiF_4+H_2O+CO_2\uparrow$

电解：Pb_2++2e^-===Pb

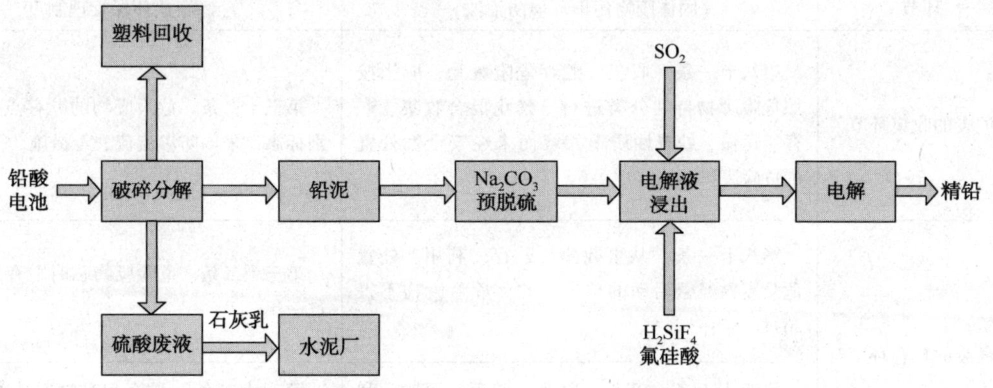

图 3　RSR 预处理电解回收流程

4　相关法律规范的解读

4.1　《中华人民共和国固体废物污染环境防治法》

《中华人民共和国固体废物污染环境防治法》是为了保护和改善生态环境，防治固体废物污染环境，保障公众健康，维护生态安全，推进生态文明建设，促进经济社会可持续发展，制定的法律。《中华人民共和国固体废物污染环境防治法》1995 年 10 月 30 日第八届全国人民代表大会常务委员会第十六次会议通过，1995 年 10 月 30 日中华人民共和国主席令第五十八号公布，自 1996 年 4 月 1 日施行。最新修订是 2020 年 4 月 29 日第十三届全国人民代表大会常务委员会第十七次会议第二次修订，自 2020 年 9 月 1 日起施行。从具体方面来看，法律对危险废物污染环境防治制度进行了完善，规定危险废物分级分类管理、信息化监管体系、区域性集中处置设施场所建设等内容。加强危险废物跨省转移管理，通过信息化手段管理、共享转移数据和信息，规定电子转移联单，明确危险废物转移管理应当全程管控、提高效率。危险废物[2]，是指列入国家危险废物名录或者根据国家规定的危险废物鉴别标准和鉴别方法认定的具有危险特性的固体废物。固体废物[2]，是指在生产、生活和其他活动中产生的丧失原有利用价值或者虽未丧失利用价值但被抛弃或者放弃的固态、半固态和置于容器中的气态的物品、物质以及法律、行政法规规定纳入固体废物管理的物品、物质。经无害化加工处理，并且符合强制性国家产品质量标准，不会危害公众健康和生态安全，或者根据固体废物鉴别标准和鉴别程序认定为不属于固体废物的除外。

4.2　《废铅酸蓄电池回收技术规范》GB/T 37281—2019

《废铅酸蓄电池回收技术规范》规定了废铅酸蓄电池的收集、贮存、运输、转移过程的处理方法及管理措施，有利于规范生产企业对废铅酸蓄电池的回收利用，防止二次污染，同时对规范废蓄电池回收行业的整体发展起到示范作用。禁止擅自倾倒电解液，拆解、破碎、丢弃废电池，统一废铅酸蓄电池的《国家危险废物名录》代码为 HW49(900-044-49)。

4.3　对标企业现行危废管理制度

表 1　现行危险废物相关法规和制度

序号	环节	《固体废物污染环境防治法》	企业环保管理制度
1	危废的产生环节	第七十八条　产生危险废物的单位，应当建立危险废物管理台账，如实记录有关信息。	第三十一条　危废产生单位应建立危废统计台账，明确种类、数量、去向。
		第七十九条　产生危险废物的单位，应当按照国家有关规定和环境保护标准要求贮存、利用、处置危险废物，不得擅自倾倒、堆放。	第三十一条　危险废物产生单位不得随意倾倒、堆放、混装、混存。

续表

序号	环节	《固体废物污染环境防治法》	企业环保管理制度
2	危废的收集环节	第八十一条　收集、贮存危险废物，应当按照危险废物特性分类进行。禁止混合收集、贮存、运输、处置性质不相容而未经安全性处置的危险废物。	第三十二条　危险废物的贮存点，应设置识别标志，采取防渗流流失等措施。
3	危废的贮存环节	第八十一条　从事收集、贮存、利用、处置危险废物经营活动的单位，贮存危险废物不得超过一年；	第三十二条　危险废物临时贮存期限不得超过一年。
		第八十五条　产生、收集、贮存、运输、利用、处置危险废物的单位，应当依法制定意外事故的防范措施和应急预案。	第三十二条　贮存单位对重点危险废物产生、贮存等关键环节开展风险评价并完善应对措施。
4	危废的转移环节	第八十二条　转移危险废物的，应当按照国家有关规定填写、运行危险废物电子或者纸质转移联单。	第三十四条　危废转移应填报危废转移联单，定期存档。
		第八十三条　运输危险废物，应当采取防止污染环境的措施，并遵守国家有关危险货物运输管理的规定。禁止将危险废物与旅客在同一运输工具上载运。	第三十四条　危废运输单位应具有危废运输资质。
5	危废的处置环节	第八十八条　重点危险废物集中处置设施、场所退役前，运营单位应当按照国家有关规定对设施、场所采取污染防治措施。	第三十五条　未经批准公司所属单位无权处置、转让、销售危废。
		第一百二十五条　液态废物的污染防治，适用本法	第三十五条　液态危废不得拉运渣场填埋。

《中华人民共和国固体废物污染环境防治法》和《废铅酸蓄电池回收技术规范》的正式颁布实施，国家首先从立法、执法的角度，用法律强制手段来明确了责任的划分，保证废旧铅酸蓄电池生产和使用企业各自履行的法律义务，规范了废旧铅酸蓄电池从产生、收集、贮存、转移、处置环节的正规流程，从法律制度上把废旧铅酸蓄电池的危害降到了最低程度。本单位根据上述的法规和技术规范对危废处置的全过程依法依规制定风险防范措施和应急预案，保证回收处置途径各环节的畅通，完善了相关的管理制度，为基层单位提供了明确清晰的指导办法。

5　总结

综上所述，铅泥的回收处理主要包括铅泥的脱硫预处理和铅元素回收这两大部分，铅泥的预处理脱硫可以降低外排硫化物的大气污染和降低熔炼温度，主要依靠碱金属碳酸盐来置换硫酸根。铅的回收包含火法和湿法两类回收技术，火法冶炼处理较快工艺成熟，是当前的主流技术但高温对设备的要求较高，容易产生粉尘，需要后续的除尘处理。湿法回收工艺环境友好性较强，属于较有发展前景的一种技术，但该技术处理效率低下，因此还需要不断地改进，提高处理效率。在对废铅酸蓄电池的污染进行防治的过程中，必须采用先进的环保设备以及技术工艺，从源头上避免产生污染。不仅如此，国家相关部门也要制定出相关的政策和条例，完善了废电池污染的处理技术，也针对废旧铅酸电池回收、处理等内容进行了严格规定，为相关企业提供了相应的指导。同时对电池回收污染排放进行严格规定，鼓励企业自觉提高废旧铅酸电池的环保意识，调动企业积极性，既防治了污染，又引导了产业的发展，使得企业能积极地对污染进行防治。只有这样才能减少电池回收对环境造成的污染，维护社会的稳定。《中华人民共和国固体废物污染环境防治法》、《废铅酸蓄电池回收技术规范》GB/T 37281—2019 这些政策条例展现出了现阶段我国对废铅酸蓄电池污染的严格控制，也反映了废铅酸蓄电池的防治管理水平、管理成果。

参考文献

[1] 中华人民共和国固体废物污染环境防治法第六章，2020 年 4 月 29 日第十三届全国人民代表大会常务委员会第十七次会议第二次修订自 2020 年 9 月 1 日起施行

[2] 废铅酸蓄电池污染防治技术分析[J]. 环境与发展 . 郭木桂 . 2095-672X(2020)01-0061-02

120万重催变电所数字化建设

王　辉

(中国石油兰州石化公司)

摘　要　智能电网的研究已从试验阶段进入到工程应用阶段，智慧变电站作为基础建设必将成为炼化企业推进数字化转型，智能化发展的可靠保障。本文研究了变电站信息化技术在炼化企业中的应用，并对电气一车间在120万重催变电所信息化升级过程中遇到的难题针对性的提出了解决方案。

关键词　信息化　数字化　智能电网

1　项目背景

1.1　信息化在智能电网中的全面应用

在物联网技术不断发展的大背景之下，炼化企业信息化建设的步伐加快。智能电网的构建，将为企业的电网的稳定运行提供有力保障。其中，智能信息技术在电网实现智能化目标的过程中起到了关键作用。信息技术在智能电网中的应用分为四类：检测控制类、流程作业类、数据分析类、公共基础支撑。(检测控制类的应用主要针对电网的相关设备的运行情况进行在线数字化采集。流程作业类的应用是对所有数据进行采集、处理和反馈。数据分析类的应用是对电力系统在线数据和历史数据按照不同需求，以不同的形态展示在不同用户面前。公共基础支撑类应用是指信息网络、传输网络、通讯网络、数据一体化平台等等。)信息化将成为电网实现智能化的手段。随着智能电网的建设，电力系统的工作模式和管理模式将会迎来越来越多的创新。基于这样的大背景下，变电站信息化建设将会在智能电网中起到基础支撑作用，并将完全参与到电力系统业务创新的过程中。

1.2　电气一车间电网现状

电气一车间所管辖电网有110kV中央配电变电站1座，35kV区域配电变电站1座，6kV装置配电变电所25座，0.4kV装置配电变电所32座，0.4kV装置配电间17座。辖区管辖110kV配电三卷变压器4台、35kV配电变压器3台、6kV配电变压器126台、直流系统31套、UPS设备27套、中压变频器8套、同步发电/电动机1套、同步电动机1套。

电气一车间利用2016年系统大检修，对电力系统自动化网络进行了全面升级和规划。将变电所综合自动化监控系统分为现场控制层、通讯管理层两大部分。其中现场控制层为分散安装的微机保护测控装置，分别组成网络接入前置通讯管理机形成前置通讯管理层，前置通讯层对数据进行采集和处理后，本站对外提供2个通讯接口，一个上传至上级调度系统，采用标准104规约，上传路径为单模光纤；另一个转发给DCS，采用标准Modbus(或其他规约，具体由DCS确定)规约。同时提供相关点表。上级系统对本所只有一个唯一的IP地址(双网传输则每个网段一个IP地址)。依托南瑞OPEN3000系统，完成电力系统自动化的主网络的组网工作，将监控数据按照区域划分，分变电所数据由所内通讯管理机完成采集工作，上传至中变网络，每个变电所有一个独立的IP地址，方便数据管理和查询。中1、中4、300万变电站独立组网，在中1组建电力监控系统集成站，将中1、中4、300万变电站及各分所数据进行汇总，形成电力监控系统网络。同时，在中1架设Web服务器和APP服务器，经两级防火墙单相隔离后，与现有办公网络连接，实现通过办公网络查看实时运行数据，同时还可以通过手机客户端查询实时运行数据。

目前车间管辖的25座6kV装置配电变电所，完成监控通道敷设并实现信息回传的6kV装置配电变电所16座。

0.4kV配电系统数据均未回传。目前49座0.4kV变电所、配电间在用设备中具有运行参数回传功能的变电所19座。

133台变压器运行温度和31套直流系统、26套UPS设备、8套中压变频器运行数据均未回传至有人值守变电所。

基于目前现状，在确保电网安全稳定运行的前提下，以提升电网运行绩效和调控手段为目标，以集约化、扁平化、专业化为主线，优化整合车间电网调度和设备运行资源，构建集中统一、权责明晰、工作协同、规范高效的电网运行体系，保障电网安全、经济、优质、高效运行，推进车间调度运行与变电设备运行集中监控的融合，变革组织架构、创新管理方式、优化业务流程，提高车间电网运行调控能力和安全稳定水平，提出电力系统信息化改造方案。

2 信息化改造方案

智能电网是以公司物理电网为骨架，将运用先进的传感器测量技术、通讯网络信息技术、控制技术与计算机技术。以通信信息平台为支撑，高度集成于公司现有的电力系统且具有数字化、信息化、互动化和自动化的特征。其中信息化是实施基础，数字化是具体的表现形式，自动化是最终的实现方式，互动化则体现内在的要求。由此可见信息化系统是智能电网建设中不可或缺的重要内容和变革手段。

信息化系统建设基于一个底层平台的主子站一体化系统，能实现调度端所有自动化应用的“平台一体化、调控一体化、主子站一体化、监视控制协调化”，满足企业统一电网对主子站的调度运行、安全控制要求。主子站一体化智能电网调度控制系统总体逻辑图详见图 1。

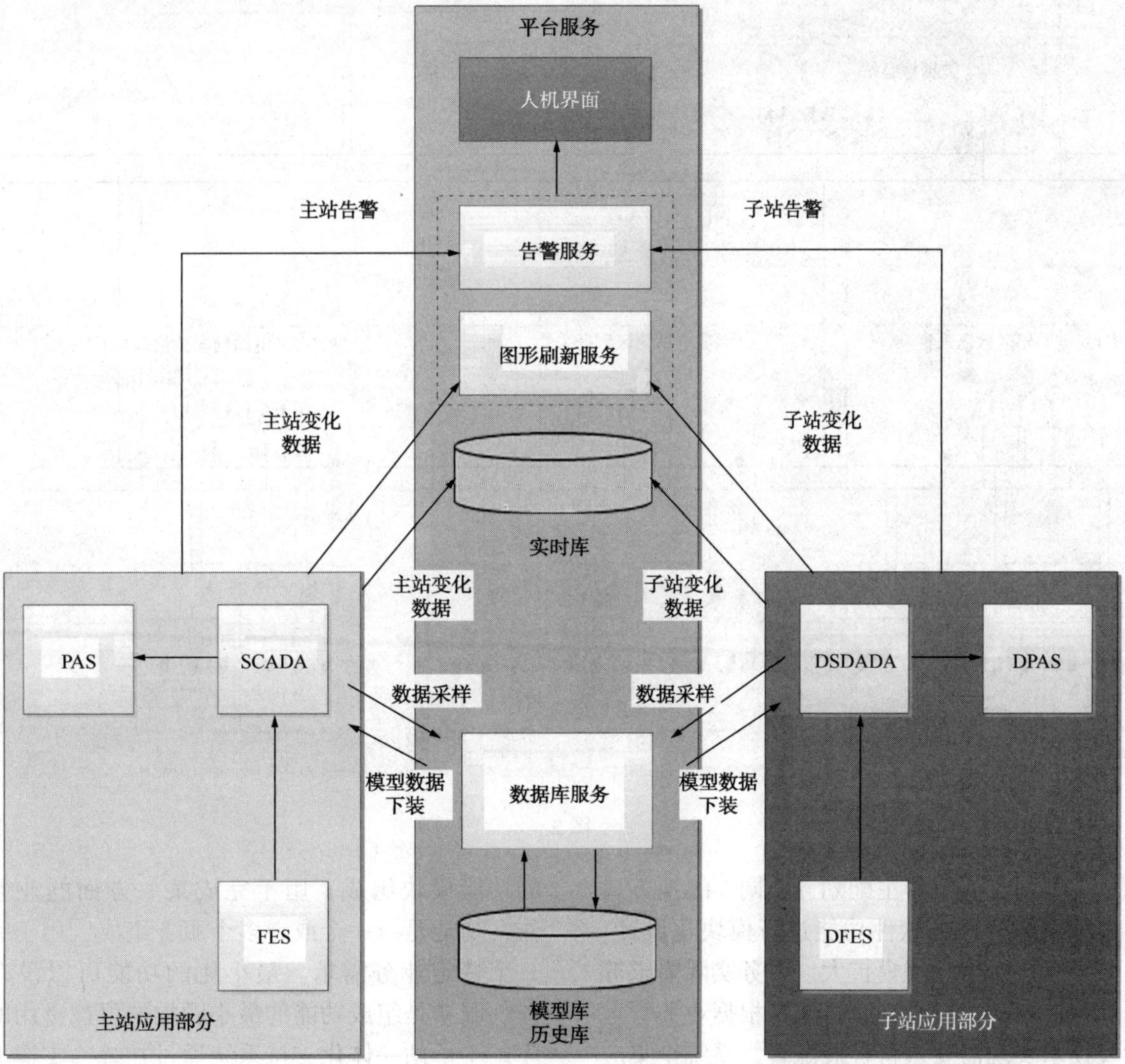

图 1

系统硬件平台的选择应充分考虑目前和今后硬件计算机水平的发展，以及企业电网发展对电网运行监控系统提出的要求。

本方案新增硬件平台遵循以下的基本原则：

(1) 关键设备采用冗余配置方式，设备故障不能相互影响。

(2)所有关键设备(包括服务器、主干交换机)至少配置两路独立供电的电源，任意一路电源故障设备功能应不受影响。

(3)系统的硬件设备要选择通用标准且互换性高的产品，具有良好的开放以及低维护成本。

(4)硬件配置必须符合系统体系原理，满足系统性能和功能要求，并且符合实时性、安全性和可靠性原则。

(5)采用高可靠性的硬件设备和操作系统。

完成建设后，车间一体化智能电网调度控制系统硬件架构图如图2所示。

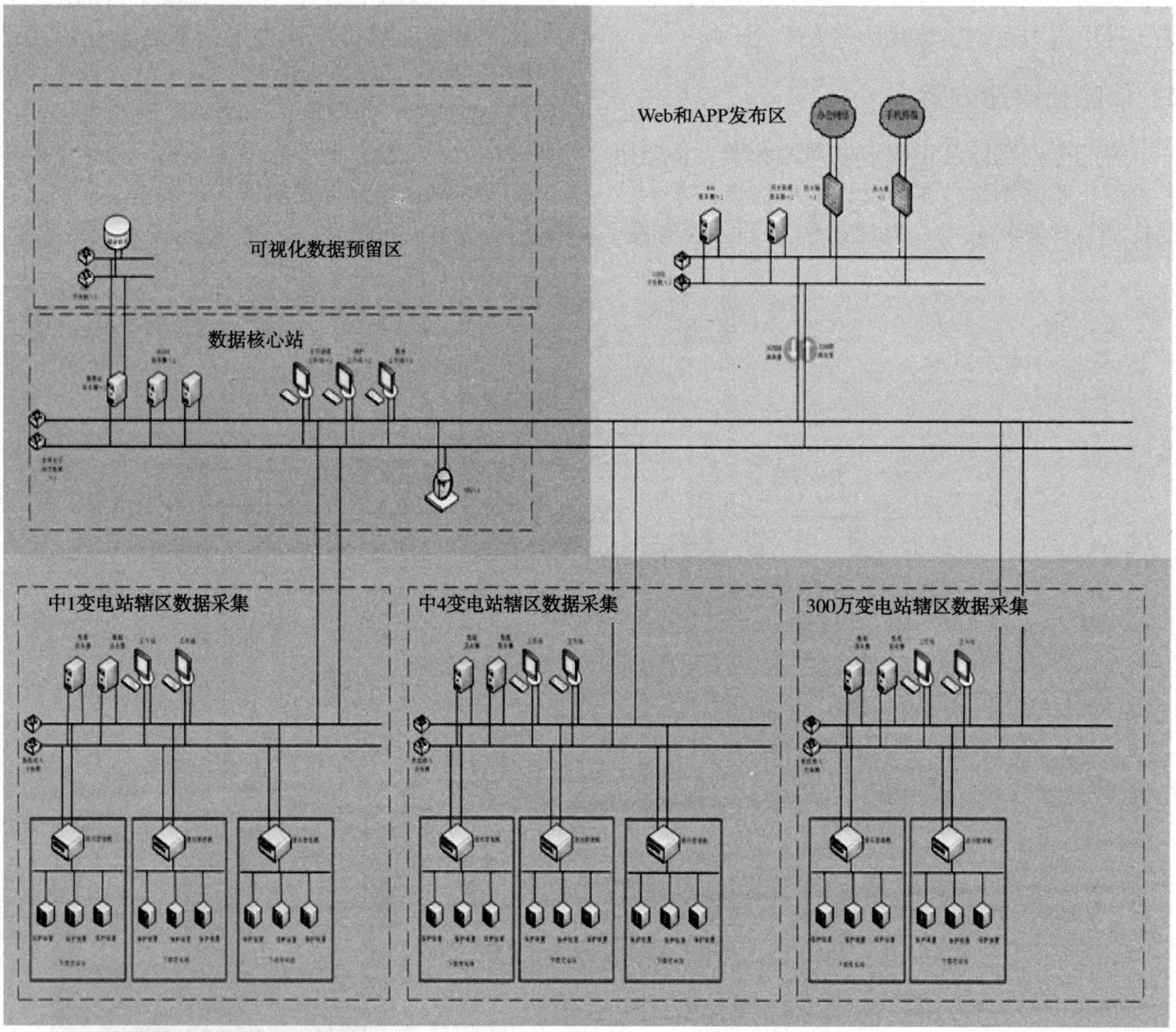

图2

系统利用交换机将主配划分不同VLAN方式将主子站网络分开，软件功能进行模块化设计，未来可根据接入信息规模扩大、业务实际需求等逐步进行扩展功能建设，支持未来根据业务管理模式及技术实现需要进行扩展配置。系统全集应用功能总体结构详见图3。

如图3所示，将系统整体框架分为应用类、应用、功能、服务四个层次。应用类是由一组业务需求性质相似或者相近的应用构成，用于完成某一类的业务工作；应用是由一组互相紧密关联的功能模块组成，用于完成某一方面的业务工作；功能是由一个或者多个服务组成，用于完成一个特定业务需求。最小化的功能可以没有服务。服务是组成功能的最小颗粒的可被重用的程序。主子站一体化支持系统通过在统一支撑平台基础上部署主子站应用类来实现一套系统同时具备主站功能和子站功能，同时在系统中分网段为主子站应用部署独立的应用服务器，避免在系统管理层操作上的相互干扰。主子站一体化系统软件架构图详见图4。

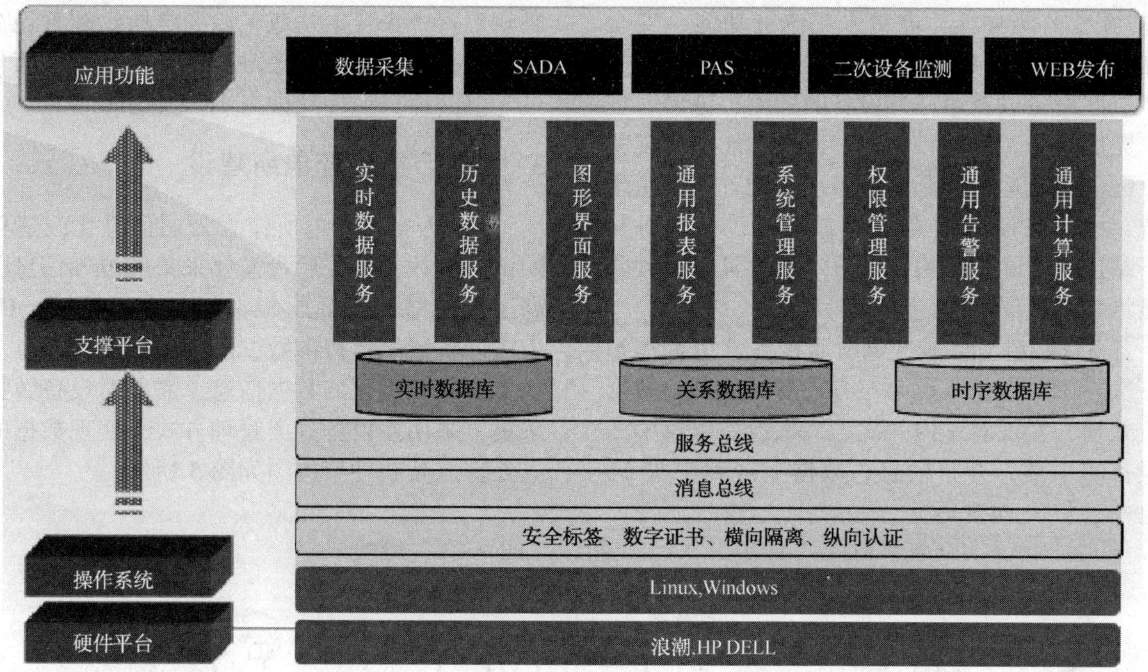

图 3

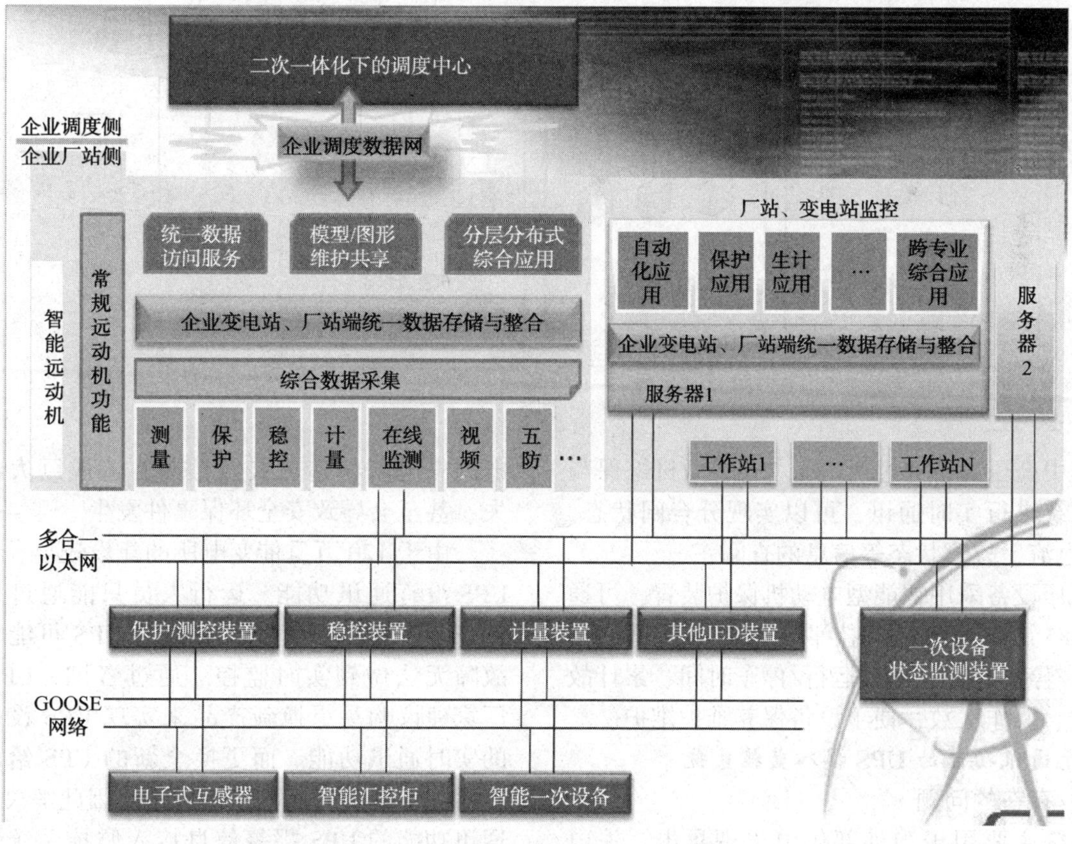

图 4

中央 1#变电站负责完成 110kV 总站及各子站、子子站的信息的数据采集功能、SCADA 功能，集控功能，可扩展电网分析功能（网络建模、网络拓扑、状态估计、调度员潮流、负荷预报、短路电流计算、静态安全分析等)，配电自动化/配变监测功能，电量采集统计功能，安全 WEB 数据整合发布功能，实现对供配电系统一次、二次设备以及第三方设备的监测、记录、控制，完成整个工程项目的电气监控功能，实现整个供配电系统运行的调度、管理。配置遥视主站系统，设置视频/操作票工作站，通过交换机与各子站连接，配置触摸大屏显示器，具有视频联动显示和模拟屏功能。

各 35kV/6kV 区域变电所监控系统负责本站内一次、二次设备以及第三方设备的信息、数据采集处理，实现对站内一次、二次设备以及第三方设备的采集，并将信息、数据上送到中央 1#变电站、相关 DCS 等。

各 6kV/0.4kV 变电所不设置监控主机，信息就近入中央变电站或区域变电所。配置遥视子站系统，设置视频采集终端摄像机，视频信号通过光电交换机上传到中央 1#变电站。

3 120 万重催变电所建设

120 万重催变电所作为公司信息化改造项目的试点工程，监控后台需要采集的电气信息除了高压柜还增加了低压配电柜、直流系统、UPS、中压变频器的运行参数、温度、报警等信息。为了维护如此庞大的数据信息，需要对设备数据的采集，采用按设备分类管理方式，实现数据的独立处理。其硬件架构图如图 5 所示。

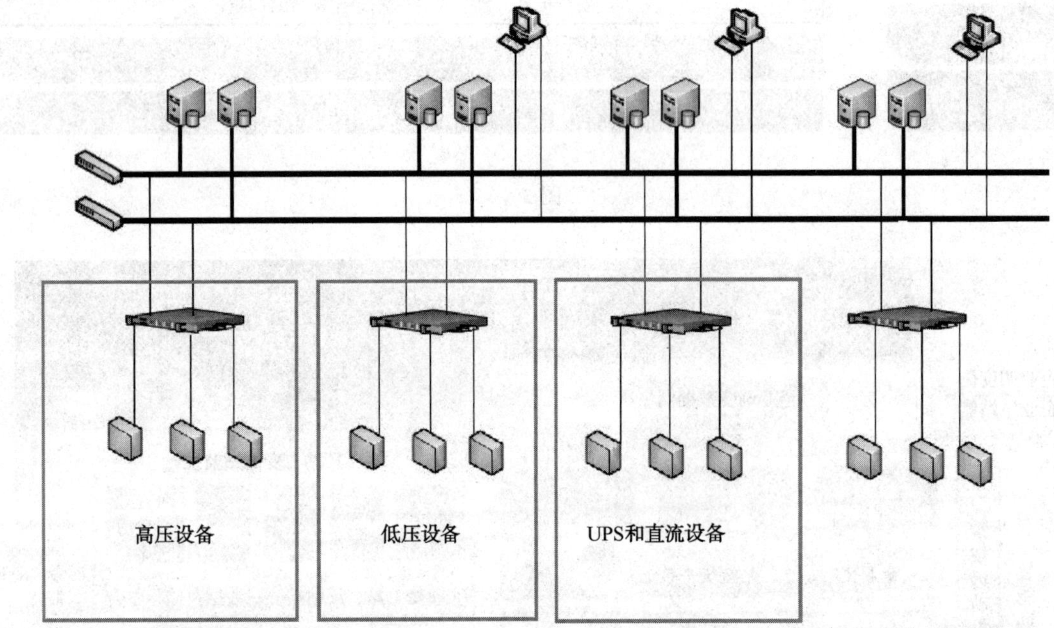

图 5

其中高压设备通过西门子 7SJ62 微机综保与监控系统进行实时通讯，可以实现分合闸状态、电压/电流、故障状态等信息的查阅。

低压设备采用智能型电动机保护装置，可通过 RS485 串口通讯向监控平台上传电动机的当前运行/停车时间、累计运行/停车时间、累计故障次数、操作次数，便于设备保养维护维护。

3.1 无通讯功能的 UPS 接入监控系统

3.1.1 存在的问题

UPS 主要用于当外部供电出现晃电、失电时，提供不间断供电电源，实现供电 0 秒无缝切换。作为装置 DCS、自动阀门、仪表供电的一道强有力的保障，若 UPS 故障不能及时发现，将给装置 DCS 等设备安全供电埋下隐患，遇到外电网晃电时将造成装置停车，造成巨大经济损失、甚至会导致安全环保事件发生。

由于 120 万重催变电所的建设较早，配套的 UPS 没有通讯功能。运行人员只能通过现场巡检来了解设备的运行状态。对 UPS 可能发生的故障无法做到实时监控。通过咨询，UPS 设备厂家建议购买更换新产品来实现 UPS 设备信息的实时通讯功能。而更换全新的 UPS 给改造工程增加额外的时间和经济成本。因此解决此类无通讯功能的 UPS 报警信息接入监控系统是此次数字化建设的主要难题。

3.1.2 解决方案

通过查阅资料，发现 UPS 有一对报警信号干接点。如果能将这个接点信号传递到监控系统，就能够实现 UPS 故障信息的实时通讯功能。因此在分析了变电所高压设备与后台系统的通讯方式后，发现如果能将 UPS 的报警信号干接点接入到微机综保装置，再利用微机综保装置的通讯功能将报警信号上传至后台系统，就能够实现对 UPS 报警的实时监控。其实现原理如下：一旦 UPS 发生故障，报警信号干接点接通，微机保护装置收到信号并向后台系统发送告警信号，监控系统向运行人员发出声光报警。

但是实现 UPS 与微机综保的通讯有如下难题：UPS 报警干接点能够通过的最大电压为 24V，而微机综保状态量继电器输入驱动电压门槛值为 178V。UPS 的接点信号无法驱动微机综保的继电器，从而导致无法接收到干接点信号。

这种驱动门槛电压高和接点通过电压低的矛盾，构成了 TRIZ 理论中的物理矛盾。解决这种矛盾的主要方法就是将矛盾双方分离，分别构成不同的技术系统，以系统与系统之间的联系代替内部联系，通过将内部矛盾外部化化解矛盾。

具体实施过程中，通过查询分离方法与发明原理对应表，发现可以利用局部质量原理解决上述矛盾。因此通过对西门子 7SJ62 装置的深入分析及研究，发现通过修改微机综保的内部跳线，并对微机综保进行固件程序的刷新，可以将微机综保的门槛电压调整至 24V。

因此具体的实现步骤如下：

调整微机综保装置的内部跳线(图 6)；

Table8–3 Jumper Settings for the Pickup Voltages of the Binary Inputs Bl1through B13 on the CPU Boaed

Binary Input	Jumper	l7VDC Pickup1)	l7VDC Pickup2)
Bl1	X21	L	H
Bl2	X22	L	H
Bl3	X23	L	H

1)Factory setting for devices with power supply voltages of 24VDC to125VDC.
2)Factory setting for devices with power supply voltages of 110VDC to220VDCand 115/230VAC

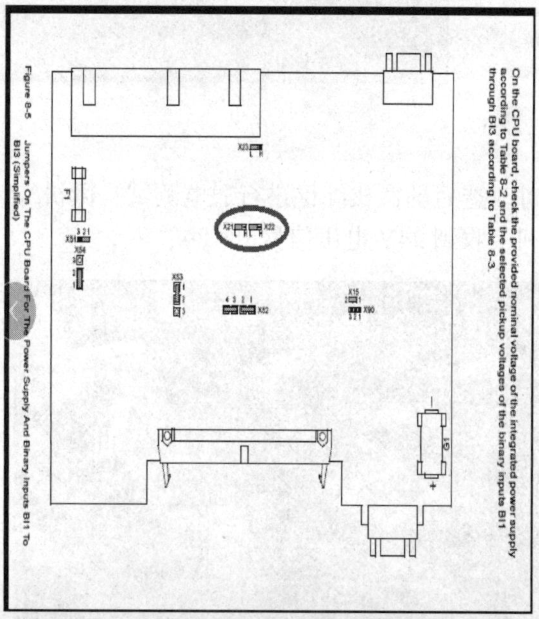

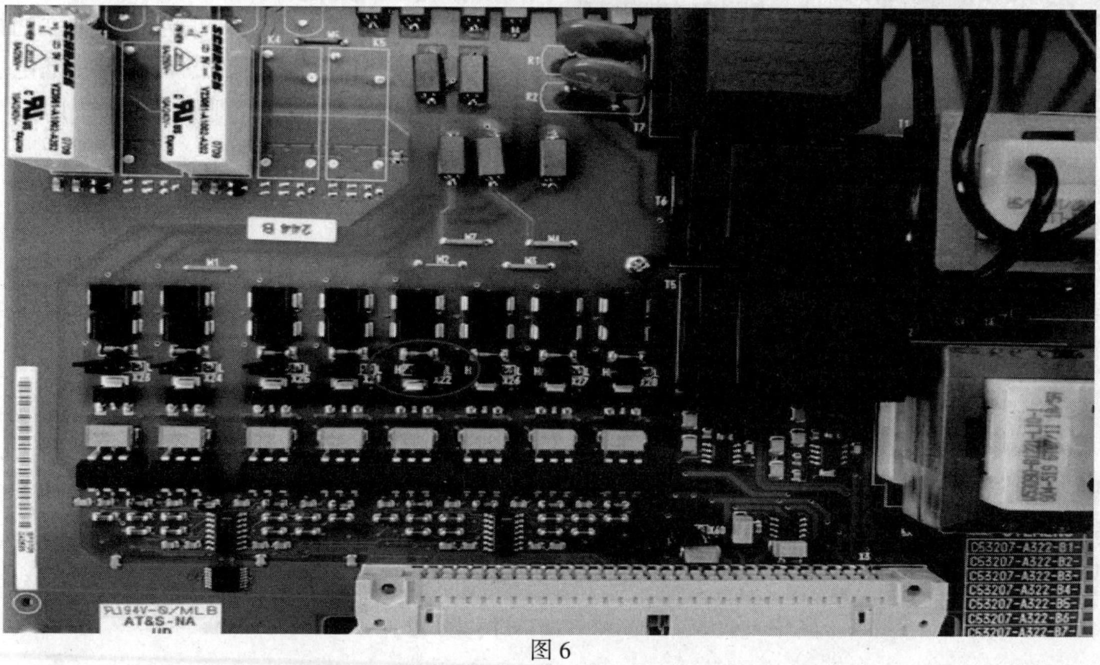

图 6

对微机综保的固件进行刷新(图7)；

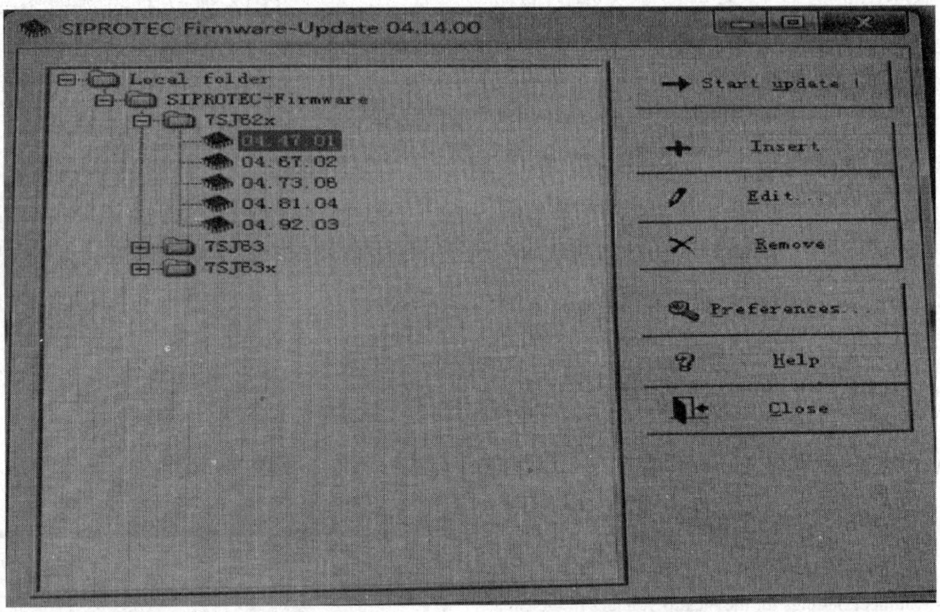

图7

对改造后的微机综保进行通电测试，微机综保顺利接收到24V电压信号(图8)；

图8

但是如果仅通过UPS上的故障干接点作为信号源进行通讯，运行人员只能够在设备故障后接收到通知，不能做到防患于未然。为了增强电力系统运行的可靠性。我们针对此问题展开进一步的攻关，希望能找到一种让运行人员提前掌握UPS设备不正常运行状态的解决方案。

通过对UPS常见故障现象的统计与分析，用UPS额定电压的60%作为报警门槛值能够反映大部分UPS的不正常运行状态。在UPS备用输出接点安装电压继电器，作为微机综保的信号接点(图9)。

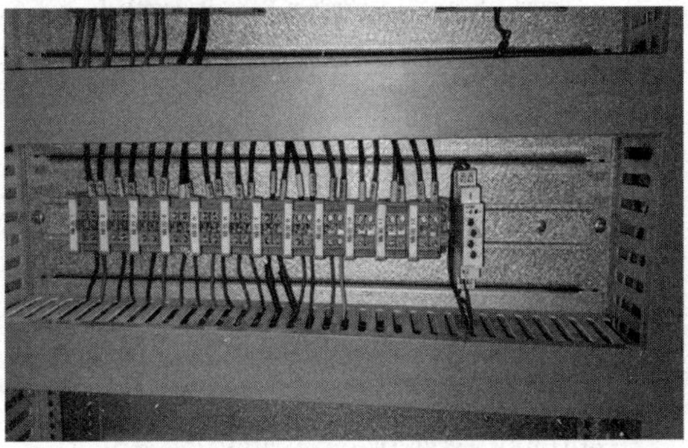

图9

将低电压信号和故障信号相互独立的接入微机综保，同时在微机综保的程序中将低电压信号和故障信号采用或逻辑判断方式(图10)。

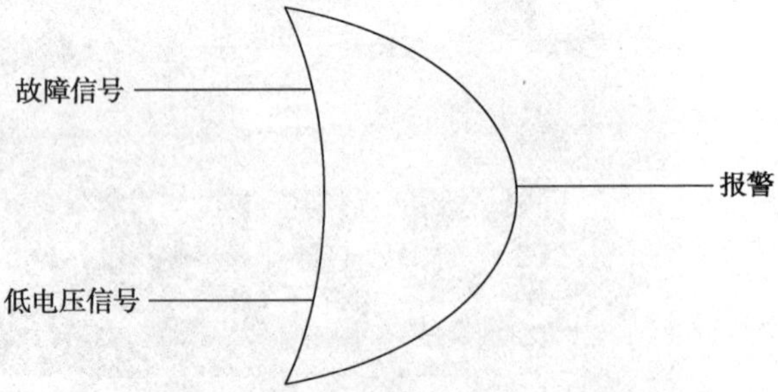

图10

在监控后台中添加UPS信号点表，同时在监控画面中添加UPS运行状态示意图及告警信号(图11、图12)。

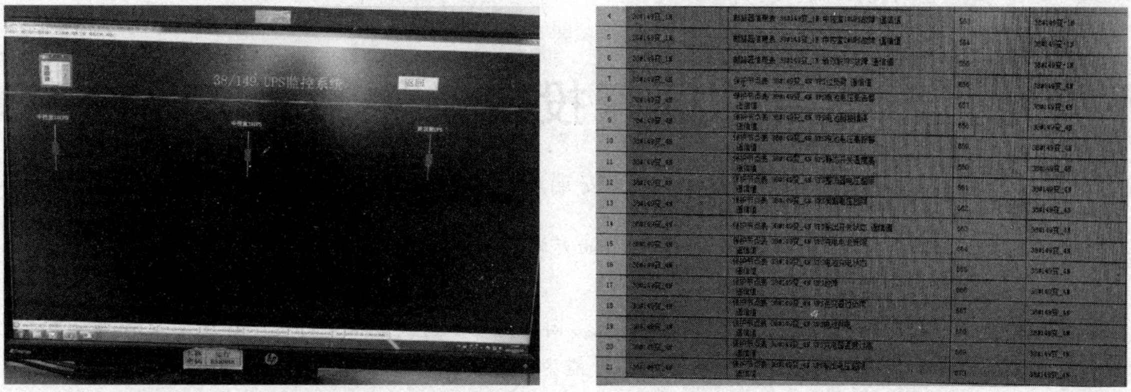

图 11

图 12

通过调试，运行人员能够通过监控系统实时监测 UPS 的工作状态。

3.2　无通讯功能的直流屏信号接入监控系统

直流屏作为变电站中的电力操作电源，为控制负荷和动力负荷以及直流事故照明负荷等提供电源，是电力系统控制、保护的心脏。

但是由于设备功能的局限，目前 120 万重催变电所直流屏没有通讯模块，技术人员通过与设备厂家进行沟通了解到无法通过升级板件的方式给直流屏添加通讯功能，只能通过全套更换具有通讯功能的直流屏。

鉴于之前 120 万重催变电所 UPS 改造方案的成功经验，技术人员提出利用西门子 7SJ62 微机综保来将报警信号上传至后台系统。具体实施方案同上。

4　总结

通过 120 万重催变电所的数字化建设增加了以下功能：

图形浏览：

通过监控系统的图形服务功能将设备的状态信息、历史数据和保护信息等人工巡检不易查看的数据生动形象的展示在中央变电站的运行人员的面前，提高了运行人员的监盘效率。

事件告警：

为运行人员提供了全所设备的事件/报警记录。在满足预先设置的事件/报警定义条件时，监控系统将快速启动相应的报警信号，提醒运行人员查看响应设备状态信息。

数据报表：

整合各类数据并生产报表，能够让运行人员随时查看设备信息的年数据、季度数据、月数据、日数据、时段数据。

视频监视：

120 万重催变电所安装了高清摄像头并接入监控系统，运行人员能够随时对变电所室内外的一二次设备进行在线巡检。

智能电网的研究已从试验阶段进入到工程应用阶段。智慧变电站作为基础建设必将成为炼化企业推进数字化转型，智能化发展的可靠保障。120 万重催变电所数字化的建设为为了炼化企业变电站数字化升级提供了参考。

不同地区油气合作国家投资条件的动态评价研究

安瑞超

(中国石油大学(华东))

摘　要　近年来我国石油天然气消费快速增长，国内产量却持续走低，对外依存度屡创新高，为保障我国能源安全、平衡能源供需，我国积极开展海外能源投资，已与多个国家建立了油气产业的合作关系。因此，评价主要油气海外合作国的经济和资源条件及其演化趋势，对于优化我国战略布局、降低企业投资风险都是很有必要的。因此，本文选取了全球7个地区中的43个主要油气生产加工国2010-2019年间的数据，建立了油气投资的经济环境和资源条件评价指标体系，运用逐层纵横向拉开档次法计算指标权重，采用时间度和熵值法确定时间权重，构建了TOWA-GA混合算子油气投资条件动态评价模型，并对根据样本国家的评价结果进行了聚类分析。结果显示，43个国家的投资条件演化趋势总体向好，但国别之间和区域之间的差距较为明显。由此，本文提出了降低投资风险、提高投资收益率的相关建议，可为我国对外油气投资决策和选址提供投资参考。

关键词　油气投资条件　纵横向拉开档次法　动态评价　TOWA-GA混合算子

近年来，我国石油天然气消费快速增长，国内油气供应量却持续走低，供需不平衡的态势愈演愈烈，进口量不断攀升，对外依存度屡创新高。2017年，我国超过美国成为全球最大的原油进口国，2018年又超过日本成为天然气最大进口国。2020年以来，随着生产复苏对石油需求的带动作用和国际市场相对廉价的石油价格，我国大幅提高油气进口，2020年我国石油对外依存度增长至72.2%，天然气对外依存度到达43.2%。其中绝大多数的原油和天然气进口都来自本次研究选定的43个样本国家，因此这些国家的油气投资条件对降低企业投资风险、保障我国能源安全起着至关重要的作用。

根据“走出去”的发展战略思想，我国积极依托能源投资开展对外合作，与多个国家建立了油气产业的合作关系，然而受全球经济下行势头影响，世界范围内的油气资源面临着新一轮的整合，油气竞争格局变化，我国需要根据实际情况调整投资合作战略，保障能源供应，降低安全风险。另一方面，油气投资项目有着投资金额大、风险较高的特点，如果对东道国的投资环境认识不足，往往会受到其经济社会环境和资源条件的制约，出现投资收益低、项目控制能力差的情况。因此，本文运用纵横向拉开档次法和聚类分析，对投资合作国的经济和资源条件进行时序动态评价分析，具有一定的创新性和实际价值。

1　文献综述

通过研读国内外相关文献，发现油气投资环境评价、影响投资风险的因素分析、投资风险评估、综合评价方法研究等是油气投资研究领域的主要内容。油气投资环境评价相关的研究集中于对大区域整体投资环境、单一目标国投资环境、某具体油气合作项目的投资环境评价。

1.1　油气投资环境研究

油气投资环境评价方面，国外跨国投资环境比较理论经历了从比较优势理论、垄断优势理论、内部优势理论、区位优势论，再到国际生产折衷理论的演变，到现阶段已经形成了一门完善发展的学科；国内的研究也经历了快速发展阶段，产出了相当数量的成果，如周娜等以投资东道国的资源条件、政治环境、经济技术、社会环境、国际合作便利度等角度出发，对“一带一路”天然气投资国家进行聚类分析，并阐述了改进路径。

影响投资的因素分析方面，Stephan发现双边投资协议的签订和能源合作机制的建立是优化中国和欧盟国家油气投资环境的关键因素，并可以有效保障投资双方的经济利益，降低投资风险；王鸿雁等分析了投资东道国国内生产总值、石油资源情况、东道国与中国贸易便利度、投资东道国国内政治环境与营商便利度等因素，利用 Heckman Two-Stage 模型对影响中国海外石油投资区位选择决策的主要因素进行了分析。

投资风险评估方面，代琤等从政治、安全、油气环境作业、经济法律政策、民族文化和技术角度，分析了可能会对阿富汗油气投资项目产生不利影响的风险因素，并提出中国石油企业的应对策略；杨俊从自然环境风险、政治法律风险、经济风险、资源风险等角度出发，建立 AHP-Fuzzy 综合评价模型对选定的油气资源投资合作国家的风险进行了实证评价。

投资环境的综合评价方法有 AHP 方法、熵权法、TOPSIS 法、主成分分析法、模糊综合评价法、因子分析法等。何波等选用 AHP 和熵权法对全球 7 个地区中的 57 个国家的油气投资环境进行了分析和对比，并据此提出了企业投资区位选择建议；孙鹏运用因子分析法对主要石油合作国进行了投资合作环境的综合评价和分析；郭亚军提出了纵横向拉开档次法，该方法可以针对时序立体数据进行动态综合评价，一定程度上克服了传统综合评价方法主观性强、难以进行时序评价的缺点。

1.2 油气投资环境评价研究

大区域整体投资环境评价方面，Mengchen Gu 等选取了 21 个国家，分析了国家地缘政治对油气投资的影响效果和机制；王信敏等运用 SE-DEA 理论，对 28 个主要油气出口国和我国投资目标国的投资潜力做了测算，并使用 Theil 指数对地区内部和跨地区的差异进行比较分析；李优树等选取了油气资源条件、国际合作条件、市场规模、经济政治环境和基础设施建设等因素，对“一带一路”沿线主要能源合作国家进行了油气投资环境分析。

单一目标国环境综合评价方面，Mensi W 等等通过私人投资、国家投资、石油产业和通货膨胀 4 个主要因素分析了沙特阿拉伯的油气投资环境，并阐述了石油产量和通货膨胀对国际投资流入的吸引力；国内方面，彭新媛以哈萨克斯坦为目标国，对其政治经济局势、油气产业发展程度、投资政策、石油合同保障性进行分析，综合评价了其油气投资环境和与我国的合作情况。

具体油气合作项目的投资环境评价方面，董秀成等选取中国石油天然气集团公司部署在伊拉克、苏丹、哈萨克斯坦的 3 个投资项目，基于灰色评价的原理和方法对其投资环境进行评价；朱伟等建立了石油建设项目的风险的评估系统，将现金流量模型和蒙特卡洛仿真法相结合，对石油建设项目中的风险评价工作进行了说明。

2 技术思路及研究方法

2.1 技术思路

本文经过广泛的资料搜集和比较分析，结合现有参考文献，得出了油气投资环境条件评价的指标体系，再运用逐层纵横向拉开档次法、非线性规划、TOMA-GA 混合算子等方法，使用 Python 编写评价程序进行样本国家油气投资条件的时序动态分析，运用 K-Means 方法对此前得出的评价结果进行聚类分析，得出油气投资环境好、较好、一般、较差的国别分类和，接下来对不同地区的国家进行归类分析，阐明该地区油气投资的整体时序变动情况，为我国对外油气投资提供参考。

指标选取过程中，本文遵循可比性、科学性、全面性、可得性、可量化性的原则，综合现有研究成果，结合本次研究的要求，从经济环境和资源条件出发，最终确定了油气投资环境条件评价的指标体系，其中包含 2 项准则层指标，8 项一级指标，22 项二级指标。数据包含主要油气合作国家 2010~2019 年的相关数据，数据来源于联合国统计司数据库、世界银行、国际劳工组织、国际货币基金组织、《华尔街日报》和美国传统基金会等，具体如表 1 所示。

表1　油气投资条件评价指标体系

目标层	准则层	一级指标	二级指标	数据来源	单位	备注	指标方向
油气投资条件	经济环境	经济实力	GDP总量	联合国统计司、世界银行	百万美元	现价美元	正
			人均GDP		美元		正
			GDP增长率		%		正
		对外合作环境	进口总额	WTO	百万美元	现价美元	正
			出口总额				正
			FDI净流入	世界银行			正
			跨境贸易便利度	世界银行《全球营商报告》	—		正
油气投资条件	经济环境	经济社会稳定性	通货膨胀率	世界银行	%	按GDP平减指数衡量的通货膨胀（年通胀率）	负
			汇率波动	联合国统计司	%	货币贬值幅度	负
			失业率	国际劳工组织	%		负
			偿债总额占国家收入的比重	世界银行	%		负
			国家总储备	国际货币基金组织	百万美元	包括黄金的国家总储备、现价美元	正
		经济体制	经济自由度指数	《华尔街日报》和美国传统基金会	—		正
			营商便利度指数	世界银行《全球营商报告》	—		正
			税收强度	世界银行《全球营商报告》	——		正
		劳动力	劳动生产率	国际劳工组织	美元	现价美元	正
	资源条件	出口条件	燃料出口总额	世界贸易组织	百万美元	现价美元	正
		石油资源	石油探明储量	BP世界能源统计年鉴	十亿桶		正
			石油产量		百万吨		正
			石油炼化能力		千桶/天		正
		天然气资源	天然气探明储量		万亿 m^3		正
			天然气产量		十亿 m^3		正

2.2　研究方法

(1) 逐层纵横向拉开档次法。本次测度基于面板数据，是动态综合测度问题，对于这一类问题，现有的研究一般采用将动态问题静态化的思路来处理，但这种处理方式往往会忽略投资条件在一定时期内的时序变化。基于此，郭亚军[10]提出了纵横向拉开档次法用于测度时序动态数据。然而传统纵横向拉开档次法由于缺乏对数据的系统加工处理，在深入分析数据中蕴含的现实经济社会意义上有所不足。因此，本文在原有方法的基础上，拓展性地运用了逐层纵横向拉开档次法，该方法通过对底层数据自下而上地逐层展开加工，可以充分利用时序立体数据的内部特征，增加了测度结果的准确性和科学性。

（2）非线性规划。为了测算出某一段时间内的综合测度值，需要将该时间段内每个时刻的测度结果进行合成，因此需要对时间权重和指数权重进行计算。通过研读相关文献，发现基于信息熵指数的非线性规划法是该领域中求解时间权重的主要方法，该方法不仅可以在区别不同时间点的重要程度，也可以在测度过程中综合考虑指标的重要程度，避免了因时序差异过大而忽视指标差异的片面性，提升测度准确性。因此本文基于信息熵的基本原理，构造熵指数，并利用时间度来测算时间指标内部的差异程度。

（3）TOMA-GA 混合算子。为了充分利用时间权重在综合指标测度中的作用，这里引入 TOWA-GA 算子作为时序加权的测度模型。也就是结合时序几何平均（TOWGA）算子和时序加权平均（TOWA）算子得出的混合算子。

（4）K-Means 聚类分析。K 均值聚类是一种反复寻找质心再以质心为核心，将距离质心较近的样本划分为一类的一种聚类方法。由于本次评价样本数量较大，测度结束后仅对结果做简单排序难以充分利用结果中隐藏的数据信息，因此对最终得出的数据进行聚类分析，按照油气投资条件的优劣将 43 个国家划分为不同组别，增加评估的可读性、可参考性，提升在实际投资中的应用价值。

3　结果和效果

本次研究筛选了我国油气资源主要进口来源国和油气对外投资伙伴国，结合“一带一路”倡议涉及的国家和地区，选出 7 个地区中的 43 个与我国对外油气投资合作关系紧密、投资潜力较大、油气资源储量丰富或石化产业规模较大的国家，具体国别和所在地区见表 2。

表 2　主要油气投资国家和所在地区

地区	国家
南亚地区（5 国）	印度、巴基斯坦、尼泊尔、不丹、孟加拉国
东南亚—太平洋地区（7 国）	新加坡、泰国、越南、马来西亚、印度尼西亚、澳大利亚、新西兰
中亚-俄罗斯地区（5 国）	哈萨克斯坦、土库曼斯坦、乌兹别克斯坦、俄罗斯、阿塞拜疆
中东地区（10 国）	伊朗、伊拉克、科威特、卡塔尔、沙特阿拉伯、阿联酋、也门、约旦、以色列、阿曼
欧洲（6 国）	英国、法国、德国、乌克兰、白俄罗斯、波兰
美洲（6 国）	加拿大、巴西、墨西哥、阿根廷、哥伦比亚、委内瑞拉
非洲（4 国）	埃及、南非、阿尔及利亚、摩洛哥

3.1　投资环境测度

根据上述指标体系和数据来源，本文收集了 43 个主要油气合作国家的经济和资源相关数据，并对原始数据进行指标类型一致化与无量纲化处理，构建了 2010—2019 年时间跨度为 10 年的 22 个指标的面板数据。参考李旭辉等的思路，使用 Python 语言编写逐层纵横向拉开档次法程序代码，进而确定测度指标权重，权重求解结果见表 3。根据指标权重可求得 2010—2019 年 43 国油气投资的油气投资环境综合测度值。

表3　指标权重求解表

目标层	准则层	准则层权重	一级指标	一级指标权重	二级指标	二级指标权重
油气投资条件	经济环境	0.627	劳动力素质	0.163	劳动生产率/美元	1.000
			对外合作环境	0.163	FDI 净流入/百万美元	0.193
					出口总额/百万美元	0.208
					跨境贸易便利度	0.384
					进口总额/百万美元	0.215
			投资保障条件	0.235	税收强度	0.336
					经济自由度指数	0.329
					营商便利度指数	0.335
			经济实力	0.188	GDP 增长率/%	0.470
					GDP 总量/百万美元	0.259
					人均 GDP/美元	0.272
			经济社会稳定性	0.251	偿债总额占国家收入的百分比/%	0.231
					国家总储备/百万美元	0.106
					失业率/%	0.214
					汇率波动/%	0.251
					通货膨胀率/%	0.197
	资源环境	0.373	出口条件	0.333	燃料出口总额/百万美元	1.000
			天然气资源	0.322	天然气产量/十亿立方米	0.483
					天然气探明储量/万亿立方米	0.517
			石油资源	0.345	石油产量/百万吨	0.333
					石油探明储量/十亿桶	0.330
					石油炼化能力/千桶/天	0.337

之后，为了引入时间因素对于油气投资的经济和资源环境的影响，采用熵值非线性规划法来确定时间权重向量，取时间度，求解出2010—2019年的时间权重向量如下：

$$\omega = (0.04103,\ 0.04872,\ 0.05784,\ 0.06865,\ 0.09678,\ 0.11487,\ 0.13642,\ 0.16193,\ 0.19222)^T$$

采用TOWA-GA混合算子，结合时间权重ω对2010—2019年的测度结果进行二次加权，得到最终测度值及排名(表4)。

表4　主要油气合作资国家投资环境测度结果

国家	2010	2011	2012	2013	2014	2015	2016	2017	2018	2019	排名
俄罗斯	2.095	2.179	2.211	2.225	2.325	2.213	2.186	2.257	2.304	2.312	1
沙特阿拉伯	2.133	2.241	2.260	2.256	2.234	2.127	2.067	2.074	2.129	2.114	2
加拿大	2.093	2.151	2.154	2.164	2.177	2.128	2.114	2.145	2.166	2.150	3
卡塔尔	2.067	2.100	2.102	2.109	2.101	2.055	2.024	2.021	2.037	2.032	4
德国	2.021	2.052	2.037	2.044	2.041	2.022	2.027	2.051	2.075	2.055	5
新加坡	2.005	2.019	2.017	2.024	2.023	1.990	1.982	2.008	2.023	2.016	6
英国	1.994	2.003	2.002	2.008	2.016	2.003	2.024	2.011	2.024	2.016	7

续表

国家	2010	2011	2012	2013	2014	2015	2016	2017	2018	2019	排名
澳大利亚	1.983	2.014	2.018	2.013	2.006	1.974	1.982	2.006	2.029	2.019	8
阿联酋	1.889	1.936	1.960	1.981	1.977	1.968	1.950	1.966	2.006	2.043	9
法国	1.908	1.930	1.913	1.910	1.909	1.899	1.911	1.930	1.950	1.950	10
科威特	1.883	1.939	1.954	1.935	1.916	1.864	1.852	1.819	1.846	1.843	11
以色列	1.826	1.837	1.831	1.845	1.852	1.842	1.851	1.860	1.869	1.877	12
伊朗	1.846	1.859	1.817	1.814	1.839	1.822	1.870	1.871	1.845	1.825	13
新西兰	1.821	1.829	1.833	1.834	1.842	1.840	1.842	1.849	1.852	1.851	14
马来西亚	1.768	1.780	1.791	1.795	1.799	1.780	1.764	1.776	1.787	1.790	15
阿曼	1.749	1.753	1.780	1.775	1.758	1.753	1.749	1.727	1.735	1.736	16
印度	1.733	1.752	1.756	1.770	1.742	1.724	1.713	1.738	1.780	1.805	17
波兰	1.704	1.719	1.711	1.720	1.736	1.752	1.758	1.769	1.782	1.781	18
泰国	1.715	1.705	1.727	1.719	1.708	1.713	1.703	1.714	1.735	1.732	19
墨西哥	1.639	1.652	1.643	1.653	1.781	1.765	1.750	1.757	1.770	1.754	20
印度尼西亚	1.678	1.713	1.711	1.697	1.685	1.656	1.660	1.687	1.702	1.685	21
哈萨克斯坦	1.594	1.647	1.677	1.669	1.662	1.648	1.654	1.682	1.698	1.698	22
巴西	1.626	1.644	1.640	1.625	1.715	1.655	1.635	1.672	1.684	1.670	23
伊拉克	1.620	1.651	1.696	1.684	1.657	1.663	1.663	1.617	1.645	1.662	24
委内瑞拉	1.677	1.733	1.736	1.706	1.665	1.609	1.628	1.617	1.583	1.444	25
南非	1.640	1.647	1.642	1.646	1.653	1.620	1.615	1.622	1.612	1.611	26
约旦	1.623	1.627	1.636	1.636	1.637	1.627	1.615	1.620	1.617	1.613	27
阿尔及利亚	1.637	1.643	1.647	1.648	1.650	1.596	1.588	1.592	1.593	1.603	28
阿塞拜疆	1.592	1.585	1.607	1.621	1.617	1.636	1.604	1.615	1.625	1.651	29
摩洛哥	1.599	1.609	1.605	1.605	1.607	1.612	1.613	1.624	1.622	1.627	30
不丹	1.592	1.581	1.574	1.575	1.585	1.629	1.642	1.640	1.643	1.650	31
越南	1.574	1.577	1.580	1.589	1.589	1.584	1.597	1.614	1.624	1.633	32
尼泊尔	1.569	1.566	1.574	1.575	1.580	1.613	1.605	1.621	1.622	1.612	33
哥伦比亚	1.572	1.602	1.603	1.622	1.614	1.585	1.583	1.577	1.583	1.590	34
埃及	1.616	1.606	1.602	1.604	1.599	1.589	1.569	1.557	1.571	1.584	35
白俄罗斯	1.507	1.483	1.513	1.567	1.589	1.600	1.599	1.636	1.639	1.641	36
乌兹别克斯坦	1.522	1.532	1.542	1.500	1.515	1.583	1.588	1.557	1.587	1.596	37
乌克兰	1.496	1.530	1.516	1.515	1.516	1.481	1.557	1.561	1.600	1.609	38
孟加拉国	1.469	1.472	1.472	1.471	1.593	1.572	1.571	1.573	1.577	1.575	39
阿根廷	1.572	1.572	1.559	1.553	1.525	1.541	1.505	1.522	1.507	1.490	40

续表

国家	2010	2011	2012	2013	2014	2015	2016	2017	2018	2019	排名
土库曼斯坦	1.471	1.515	1.516	1.521	1.542	1.537	1.537	1.543	1.543	1.541	41
巴基斯坦	1.403	1.407	1.407	1.400	1.583	1.578	1.566	1.557	1.566	1.544	42
也门	1.549	1.510	1.565	1.565	1.534	1.440	1.441	1.447	1.469	1.481	43

3.2　聚类分析

在得出2010—2019年间43个国家的油气投资条件测度结果后，可以利用该结果进行聚类分析，分出投资条件不同的组别，因此，选取2019年的截面数据进行K-Means聚类分析。

首先确定K的取值，根据轮廓系数法，并结合K所代表的具体聚类含义，确定K值为4。经过四次迭代，实现了收敛，将样本集中的国家初步划分为4类。根据方差分析如表5所示，三个指标的显著性检验值均小于0.05，说明不同类别之间差异显著，因此使用K-Means聚类的结果是有效的。

表5　方差分析表

	聚类		误差		F	显著性
	均方	自由度	均方	自由度		
经济环境	0.706	3	0.015	39	47.117	0.000
资源条件	0.997	3	0.021	39	46.590	0.000
总评分	0.467	3	0.010	39	48.915	0.000

根据聚类分析结果，将样本国家划分为4类，分别为好、较好、一般、较差，具体划分如表6所示。

表6　样本国家投资条件等级划分

投资条件等级	国家
好	俄罗斯、沙特阿拉伯
较好	科威特、卡塔尔、新加坡、阿联酋、澳大利亚、新西兰、加拿大、英国、法国、德国、以色列
一般	阿塞拜疆、埃及、印度、印度尼西亚、哈萨克斯坦、马来西亚、阿曼、巴基斯坦、泰国、乌兹别克斯坦、越南、也门、南非、阿尔及利亚、摩洛哥、巴西、墨西哥、阿根廷、哥伦比亚、尼泊尔、不丹、孟加拉国、乌克兰、白俄罗斯、波兰、约旦
较差	伊朗、伊拉克、土库曼斯坦、委内瑞拉

3.3　测度结果分析

从总体上来看，样本国家中除少数国家有较大幅度的波动外，其余国家的油气投资环境在测度时间内较为平稳，整体呈现波动上升趋势。

从投资条件等级组别划分来看，2019年油气投资条件“好”的国家包括俄罗斯和沙特阿拉伯，两国均为油气出口贸易大国，油气资源储量大、出口量多，且经济体量大、稳定性较高、发展程度较高、对外贸易环境相对较为宽松，所以成为我国对外油气投资的理想目的地；而被评为“较好”的国家多为油气开采或加工行业发达、经济体量大、油气出口贸易水平较高的国家，多分布在西亚中东、欧洲和大洋洲地区，此类国家的油气投资环境较好，可以根据实际情况开展投资活动；被评为“一般”的国家数量最多，且各国存在的问题各不相同，可概括为经济发达程度较低、社会稳定性较差、油气资源储量产量或加工出口量不高等，这些因素都会对油气投资活动造成负面影响，但是值得注意的是，并不是不能在该组别的国家进行投资，而是投资前需要谨慎评估该国的社会条件和资源条件，避免过高的风险；分组在“较差”等级的国家中，虽然油气资源储量较为可观，但国内外形势动荡，难以为投资提供足够的保障，且经济发达程度不高，基础设施不足，营商环境较差，因此不建议在这些国家进行投资。

为比较各地区的投资条件差异，取表3各地区内部均值绘制图1。很明显，从样本国家的所在区域来看，各区域间差距较为明显，中东地区、欧洲地区、东南亚—太平洋地区处于前列，究其原因，主要原因在于其丰富的油气资源和发达的经济条件；中亚—俄罗斯地区位于中游，且呈现增长趋势，主要得益于俄罗斯对区域整体投资条件的拉动作用和区域内国家积极响应“一带一路”倡议，加深与我国的能源合作；美洲地区的油气投资条件波动较为明显，尤其是2014年以后持续下滑，这一现象与当地经济发展停滞、社会动荡、政治混乱有关；南亚地区早期在所有样本地区投资条件最靠后，自2013年起投资条件实现了持续改善，原因在于印度、巴基斯坦等国积极的对外合作政策和较为平稳的经济发展状况；而非洲地区投资条件较差，并呈现下降趋势，这一现象与非洲经济落后、社会状态持续动荡和油气资源不丰富有关。

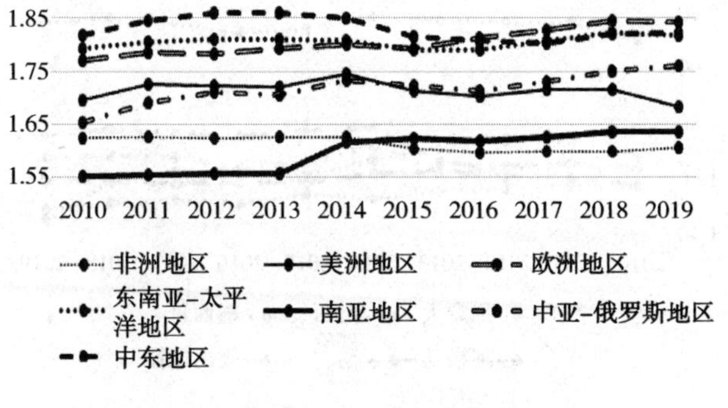

图1 各地区油气投资条件变化趋势

中东地区：整体水平位居所有测度样本中的前列，且除沙特阿拉伯有较大程度的波动以外，大多数国家的投资条件在测度期间内都呈现平稳发展的态势，如图2所示。中东作为世界上石油资源最丰富的地区，依托资源优势发展经济，并建立了完善的石油加工产业链，并利用港口优势积极拓展对外出口，营商环境优越，是油气投资较为理想的目的地。沙特阿拉伯的投资条件虽在2014年后趋于下滑，但仍是中东地区投资条件评分最高的国家；卡塔尔凭借其油气资源和金融业优势位居前列，阿联酋增长势头明显，并在2019年超过卡塔尔位居第2；然而伊拉克、也门等国由于常年战乱，社会动荡，经济发展受阻，是中东地区油气投资条件较差的国家，在进行投资决策时要谨慎考虑。

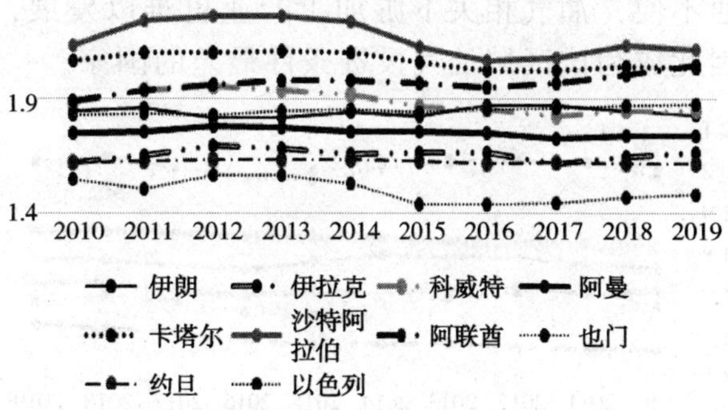

图2 中东地区各国油气投资条件动态演化

欧洲地区：如图3所示，凭借其雄厚的经济基础、完整的油气加工产业链、较高的投资保障水平和宽松的营商环境，欧洲地区油气投资条件处于较高水平，且发展平稳。德国工业基础深厚，炼油、化工产业发展水平高，形成了规模较大的油气产业，因此评分较高；而乌克兰和白俄罗斯由于常年内乱、政局动荡、经济发展程度不高，处于后排位置，不过两国政府积极响应“一带一路”倡议，重视油气产业对外发展，因此油气投资条件有了较大起色。

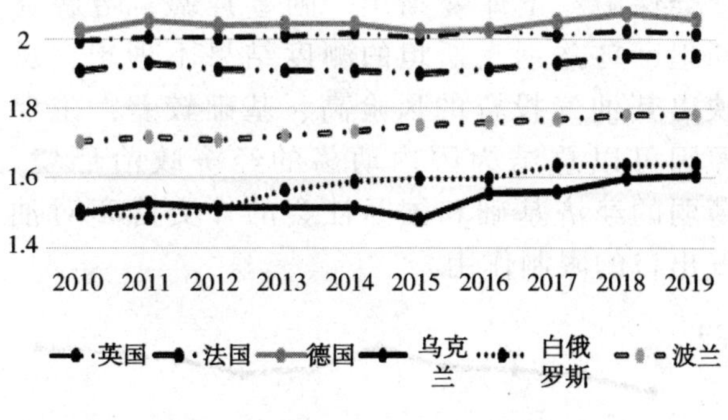

图3 欧洲地区各国油气投资条件动态演化

东南亚—太平洋地区：油气投资竞争较强，发展平稳，无显著波动，如图4所示。澳大利亚和新加坡的投资条件相差不大，但是二者的优势明显不同，新加坡油气资源并不丰富，但凭借其优越的地理位置，发展起了高水平的炼油化工产业，配套设施完善、运输条件便利，在全球油气贸易中发挥重要作用，而澳大利亚主要依靠丰富的油气矿产资源，积极开展出口业务，贸易较为发达；

新西兰、马来西亚、泰国等则处于中等水平，各有其特色竞争优势，但也面临着经济发展程度不高、本国资源不充足等问题；越南由于区位原因，无大规模的油气矿藏，加之交通不便，油气相关下游加工产业也难以发展，因此成为该区域油气投资条件最差的国家。

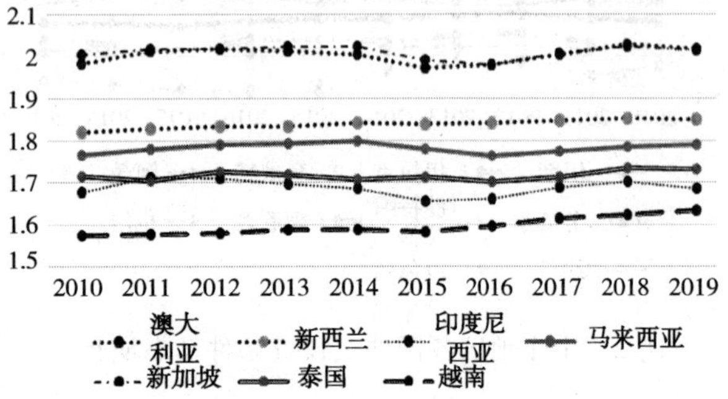

图 4　东南亚—太平洋地区各国油气投资条件动态演化

中亚-俄罗斯地区：除俄罗斯的油气投资条件优越以外，其他国家普遍评分较低，与俄罗斯差距悬殊，上升趋势也不明显，如图 5 所示。俄罗斯的投资优势主要体现在境内丰富的油气资源、较为强大的经济基础和管道和港口运输的便利性，且近年来与我国的外交关系亲密，积极拓展更深层次的合作，这为我国在俄罗斯的油气投资活动提供政治和社会保障；土库曼斯坦、阿塞拜疆、哈萨克斯坦、乌兹别克斯坦的测度结果不理想，反映出其油气投资的风险高、基础较差，主要原因可以总结为国内动荡的经济政治环境、薄弱的经济基础和国际社会的外交博弈对油气出口的限制作用。

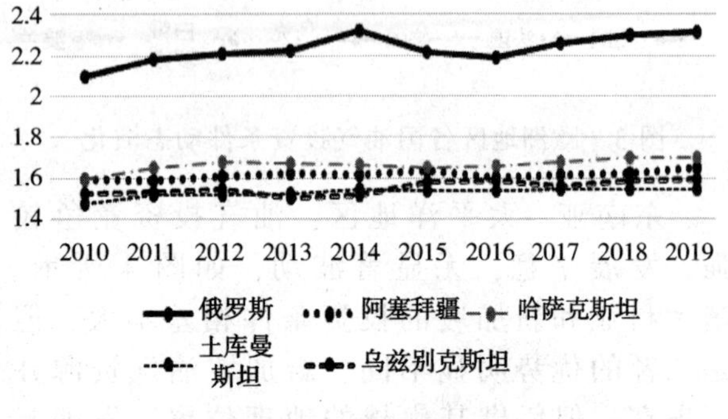

图 5　中亚—俄罗斯地区各国油气投资条件动态演化

南亚地区：内部差异较大，但整体呈现上升趋势，如图 6 所示。印度利用劳动力资源优势刺激经济增长，并积极布局石油化工、加工制造等产业，油气投资条件相对较好；而南亚地区的其他国家均处于较低水平，这些国家普遍经济较为落后、油气资源储量少、社会不稳定，油气投资条件较差。

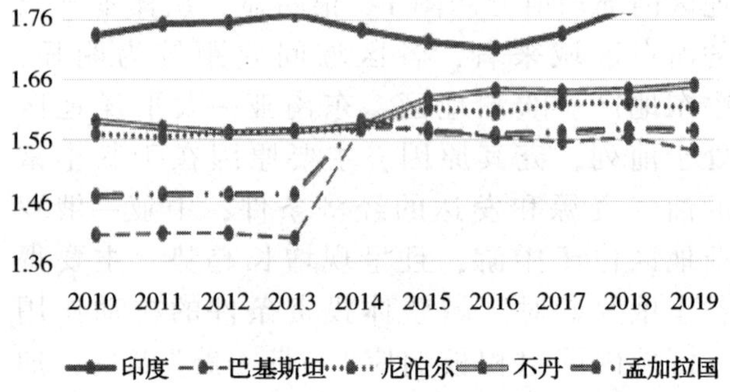

图 6　南亚地区各国油气投资条件动态演化

美洲地区：油气投资条件呈现明显的分化，除加拿大一枝独秀以外，其余国家投资条件普遍处于低水平，如图 7 所示。加拿大作为油气资源丰富的国家，除原油天然气直接出口外，还积极拓展下游加工产业，产业链完善，经济外向性强；哥伦比亚、委内瑞拉等国有较大的资源潜力，但政治经济环境的不利条件是油气投资的阻碍因素。

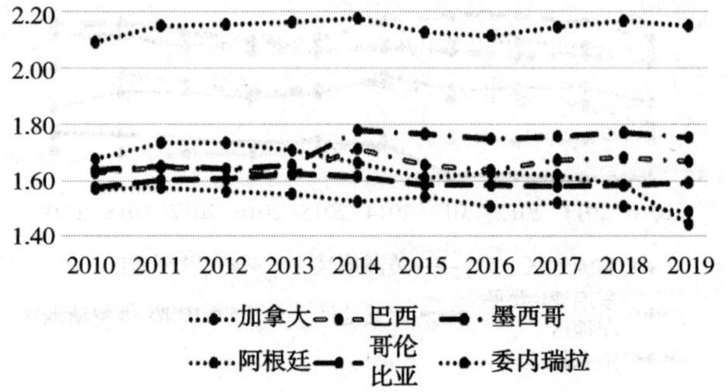

图 7　美洲地区各国油气投资条件动态演化

非洲地区：从整体上来看，非洲地区在所选区域中处于最低水平，且除摩洛哥保持平稳增长之外，其他国家呈现低位徘徊的趋势，如图 8 所示。摩洛哥十年来呈现良好的增长态势，并在 2017 年超越南非成为非洲油气投资条件最好的国家，这与稳定的国内环境和充足的油气资源有关；南非、阿尔及利亚、埃及三国都在 2014 年出现了较大程度的下滑，主要是受政治局势不佳、经济增长停滞影响。虽从 2017 年起，各国都呈现增长态势，但非洲仍是本次测度中油气投资条件最差的地区。

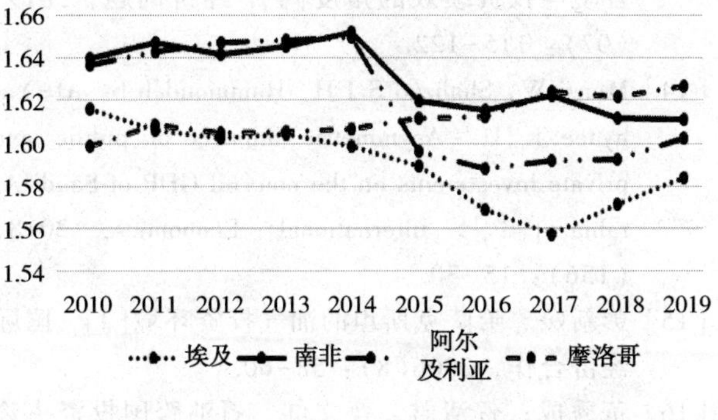

图 8 非洲地区各国油气投资条件动态演化

4 结论

积极推进在评价等级为“好”的国家进行油气投资。这些国家的油气投资条件最好，有很好的投资前景，企业投资时可以优先考虑。俄罗斯与我国现在正处关系亲密、合作深化的阶段，借助“一带一路”框架和亚洲投资银行，中方企业可以积极拓展在俄罗斯的油气合作，在更多领域、更深层次上进行投资，中国政府应适当在金融方面扶持与俄罗斯的油气开发合作，利用政策性外资银行资金发放人民币贷款，既可以避开美元的制约，又可以提供资金支持合作。沙特阿拉伯的油气资源非常丰富，并已经与中国有油气合作的基础。在合作时，油气企业尽量将自己放在合作上游的位置上，有充足的经验和技术，防止利益被削减。虽然这两个国家投资条件排名靠前，但是仍存在不同的风险，在投资合作前，企业要做好调查、咨询和规划工作，充分了解东道国的政治、法律制度、社会风俗等情况。建议在合作前，使用政策性保险，避免风险导致巨大亏损。

发展与评价等级为“较好”国家的油气投资合作。新加坡、卡塔尔、阿联酋等国经济发展速度很快，经济环境不断优化，招商引资能力很强，所以各国企业都在争取合作的机会，中国企业应该抓住合作机遇，使双方共赢。澳大利亚、新西兰、加拿大等国的油气投资条件也较好，与之进行油气合作能有效拓展我国油气进口来源和渠道。虽然存在着国家间合作关系不牢固、东道国风险因素多等问题，但是总体上来说机遇多于挑战。

重视与评价等级为“一般”国家的潜在油气投资合作。阿塞拜疆、埃及、越南、也门、乌克兰等国的投资条件存在较多不稳定因素，尤其是经济存在发展落后、金融体系混乱等问题，投资项目风险较大，但是企业若能有效规避风险，利用其国优势条件，就会有较大合作潜力，并能够在保障中国多元化的油气来源、提高我国能源安全方面发挥重要作用。且该组别国家较多，各国经济、政治、资源等条件各不相同，企业在进行投资时应立足东道国实际，警惕投资环境，建立有效的风险应对体系。

谨慎与评价等级为“较差”国家开展油气投资合作。伊朗、伊拉克、土库曼斯坦、委内瑞拉 4 国虽然有较丰富的资源，但普遍面临着经济发展落后、政治管理混乱、基础设施不足等问题，投资风险高、预期收益较差。因此企业在开展投资合作前，要做好面对政局动荡、恐怖组织威胁等准备，谨慎做出投资决定。

总而言之，本次测度得出了较为准确客观的结果，明确了样本国家油气投资条件的时序变化和各地区内部的差异情况，可以为我国制定国家层面的能源合作战略和企业层面的投资决策提供数据支持和决策参考。但考虑到指标设置可能不够全面等问题，在做出投资策略时应充分结合东道国的实际情况，科学审慎决策。

参 考 文 献

[1] 刘朝全，姜学峰 . 2020 年国内外油气行业发展报告[R]. 北京：中国石油集团经济技术研究院，2021.

[2] 丛培信 . 中国石化海外投资应加强风险管理[J]. 中国石化，2009(06)：63-65.

[3] 周娜，吴巧生，王然，孙奇 . “一带一路”国家天然气投资绩效评价及其改进路径[J]. 中国人口·资源与环境，2017，27(07)：60-71.

[4] Stephan L. Chinese energy investments in Europe：An analysis of policy drivers and approaches[J]. Energy Policy，2017，(101)：659-699.

[5] 王鸿雁，霍国庆，潘燕妮 . 基于两阶段模型的中国海外石油投资区位选择影响因素研究[J]. 数学的实践与认识，2014(10)：136-145.

[6] 代琤，李洪玺 . 阿富汗油气投资风险及应对策略[J]. 国际经济合作，2017，(02)：82-87.

[7] 杨俊."一带一路"沿线国家油气资源投资风险评价[J]. 中国矿业, 2018, 027(012): 52-57, 64.

[8] 何波, 安海忠, 方伟, 等. 全球油气资源投资环境的评价与优选[J]. 资源与产业, 2013, 15(6): 114-118.

[9] 孙鹏. 我国石油公司国际勘探开发合作选区决策优化研究[D]. 北京: 中国地质大学(北京), 2011.

[10] 郭亚军. 一种新的动态综合评价方法[J]. 管理科学学报, 2002, 5(2): 49-54.

[11] Mengchen Gu, Limao Wang. Assessment of oil and gas geopolitical influence [J]. Journal of Geographical Sciences, 2015, 25(3): 369-384.

[12] 王信敏, 刘丙泉, 孙金凤. 国际油气投资环境潜力演化和差异变动趋势研究[J]. 世界经济研究, 2015(2): 105-114.

[13] 李优树, 李蕾, 罗运兰. 中国对"一带一路"沿线国家油气投资的区位选择研究——基于投资环境与投资绩效的角度[J]. 经济问题, 2019, (07): 115-122.

[14] Mensi W, Shahzad S J H, Hammoudeh S, Al-Yahyaee K H. Asymmetric impacts of public and private investments on the non-oil GDP of Saudi Arabia [J]. International Economics, 2018, (156): 15-30.

[15] 彭新媛. 哈萨克斯坦的油气投资环境[J]. 国际经济合作, 2006(8): 58-60.

[16] 董秀成, 贺清君, 曹文红. 石油跨国投资决策多层次灰色综合评价模型[J]. 石油大学学报(自然科学版), 2001, 25(2): 129-129.

[17] 朱伟, 刘益超. 石油建设项目投资风险评价方法探讨[J]. 天然气工业, 2000(6): 26-29.

[18] 李旭辉, 张胜宝, 程刚, 等. 三大支撑带人工智能产业自主创新能力测度分析[J]. 数量经济技术经济研究, 2020, v.37(04): 4-26.

炼油企业碳达峰和碳中和的路径探索

胡明珠

（中国石油大庆石化公司）

摘　要　碳达峰和碳中和目标，是我国石化产业高质量发展新征程上的新课题。结合1000万吨规模炼油企业的碳排放现状，通过降低能耗总量、优化能源结构、降低过程排放及项目源头控制等路径的实施减少碳产生，通过二氧化碳补集技术强化碳移除，最终在短期内实现1000万吨规模炼油企业碳排放总量的降低。

关键词　碳达峰　碳中和　炼油企业　碳排放

1　引言

气候变化是全球面临的深层次危机，随着各国在气候问题上逐步达成共识以及减排目标的相继提出，碳中和已成为当下最热门的话题。石化行业作为国民经济发展的支柱和基础，低碳发展是必然选择。“碳达峰与碳中和”目标，不仅是我国石化产业高质量发展新征程上的新课题，也是经济和社会发展以及实现中华民族“第二个百年目标”重大而影响深远的课题，需要我们高度重视、认真研究，化挑战为机遇。通过结合千万吨规模炼油企业碳排放现状，在吸收国内外碳减排经验的基础上，对国内炼油企业碳达峰、碳中和路径进行研究。

2　1000万吨规模炼油企业的碳排放现状

以某地1000万吨规模炼油企业为例，碳排放主要来自燃料气和燃料油燃烧、催化烧焦、制氢装置尾气、硫磺回收、火炬排放和污水处理场，另外还有外购电能的间接排放，以2021年2月碳排放量21.63万吨为基准，预计全年碳排放量为259.67万吨。具体排放点和排放量见表1。

表1　该炼油企业碳排放表(2021年2月)

序号	使用单位	燃料名称	消耗量/($t/104Nm^3$)	二氧化碳排放当量/(tCO_2)
1	炼油厂(燃料气+炼厂干气)(除动力站外其他装置)	炼厂干气	15109.9077	45968.92
2	炼油厂(燃料气+炼厂干气)(动力站)	炼厂干气	5526.095722	16624.37
3	炼油厂燃料油	燃料油	10319	32715.34
4	炼油厂(除动力站外其他装置)	天然气	480.72346	10394.07
5	炼油厂(动力站)	天然气	175.5	3799.17
6	加氢火炬		0	0
7	硫磺火炬		4.2582	85.23
8	厂西火炬		1.2096	24.99
9	厂内火炬		1.2096	24.99
10	炼油厂重油催化裂化装置		24506	88058.22667
11	制氢	天然气	665.7394266	15041.19
12	炼油厂硫磺回收装置		488.5505	3387.57
13	炼油厂污水处理装置(厌氧工段)	CH_4排放量/t	12.574835	264.071535
	合计			21.63

3　碳达峰碳中和路径探索

炼油企业碳达峰碳中和路径探索可以从降低能耗总量、优化能源结构、降低过程排放及项目源头控制等方面减少碳产生，通过实施二氧化碳补集技术强化碳移除。

3.1　炼油能量系统优化

运用炼油能量系统优化技术进行工艺流程的优化，开展装置内部换热网络优化、装置间热供料并协同进行装置间热联合，优化利用低温热。

3.1.1　装置内换热网络优化

糠醛精制装置从两效蒸发工艺改造为三效蒸发工艺。糠醛精制装置原两效蒸发工艺能耗 29.4kg・oil/t 较大，其中加热炉的燃料占装置能耗的 69.14%左右，若采用三效蒸发工艺(五塔三效)，装置能耗能降低到 19kg・oil/t 左右。预计降低碳排放 0.95 万吨/年。

二套常减压装置降低加热炉出口温度。目前初底油换热至 277℃后分四路进入常压炉加热至 358℃进入常压塔。根据产品质量和电脱盐入口温度要求，可适当降低常压炉出口温度，当常压炉温度降低至 350℃时，可节约燃料 1.0t，折二氧化碳排放当量 3.16t，预计降低碳排放 2.77 万吨/年。

3.1.2　装置间热供料

加氢精制装置原料分别为一重催轻柴油、二重催轻柴油、焦化汽油、常一线油、常二线油，其中除焦化汽油外，都可以实现直供料方式，原料现在的温度为 40℃，按照设计温度可以达到 98℃。2021 年 4 月，调整上游装置原料温度从 40℃提至 60℃，可实现停用反应进料加热炉，节约瓦斯 200~300Nm^3/h，预计降低碳排放 0.55 万吨/年。

200 万吨催化裂化装置提高蜡渣油进装置温度。减四、减五线进装置温度提高到 101℃和 120℃左右，焦化重蜡油温度由 80℃提高到 185℃，轻蜡油温度提高到 70~80℃。经过调整后，蜡油温度可由 85℃提高到 105℃左右。常减压产出的 145℃的热渣流量约为 195t/h，80℃的冷渣流量约为 43t/h。经过调整后，可将热渣流量提高至 218t/h，冷渣的流量则降至 20t/h，预计可将原料的进料温度提高 6.2℃。降低燃料油 527 吨/年，降低碳排放 0.17 万吨/年。

加氢裂化装置为冷进料，若热供料，需进行热进料流程改造，储运部分改造思路如下：一套常减压装置常三、减一、减三线，糠醛酮苯装置轻、重去蜡油和蜡脱油装置蜡下油均不经过装置换热器降温，与 42 罐区新增的 2 台加氢裂化原料冷料泵输送的油品共同进入新建的加氢裂化装置热供料管网输送至加氢裂化装置。装置内改造主要思路如下：(1)取消原料油与柴油、航煤换热流程，保留原料油与尾油换热流程。(2)高换保持不变，尽量提高加热炉入口温度，熄灭主火嘴，保留部分长明灯，节约瓦斯 150Nm^3/h。(3)分馏进料换热流程中增加与柴油换热，弥补反应炉主火嘴熄灭带来的温度损失。(4)低温位热量生产热水。进行热进料流程改造后，节约燃料气 150Nm^3/h。预计节约燃料气 131.4 万立/年，减少碳排放 775 吨/年。进行热进料流程改造后，增加一台空冷，功率为 10.6kW，碳排放增加 72.14 吨/年。综上，采用热进料流程后，预计减少碳排放 0.07 万吨/年。

提高延迟焦化装置热渣油直供比例，装置处理量按 3200t/d 计，若热渣油由 135℃提高到 140℃，流量从 100t/h 提高至 125t/h，冷渣油温度由 75℃提高至 90℃，流量从 20t/h 降低至 5t/h，原料热量提高，可节省燃料气 180kg/h，预计减少碳排放 0.056 万吨/年。

柴油加氢脱硫装置原设计热进料温度为 90℃，二套常减压常二线停用冷却器出装置约 100℃；常三线停用冷却器出装置温度约 60℃，经过计算混合柴油入装置温度约在 66℃。进料温度比目前原料入装置温度高约 15℃，换热前温度提高 15℃，可节约燃料气约 547Nm^3/h，减少碳排放 0.14 万吨/年。

3.1.3　装置间热联合

一套常减压初底油与二重催车间油浆换热联合。一套常减压装置常压炉进料初底油换热终温原始设计 310℃，但装置在实际运行过程中受装置加工负荷、生产方案、换热器换热效率等多种因素影响，致使初底油换热终温始终偏低，2020 年初底油换热终温平均温度在 303℃，远低于原始设计值，从而增加了常压炉的燃料消耗。利用二重催车间塔底油浆与一套常压炉进料初底油换热，提高初底油换热终温，减少加热炉燃料消耗，降低装置能耗。若项目实施后，按初底油换热终温提高 10℃计算，年节约燃料费用 492 万元。预计降低碳排放 0.53 万吨/年。

3.1.4 低温热利用

汽油脱硫装置分馏塔顶空冷器 A-101 前增加两台低温水换热器，通过低温水与分馏塔顶油气换热，能够将 200~250t/h 的低温水由 75℃加热至 85℃左右，而分馏塔顶 90~100t/h 的油气可以由 110℃冷却至 85℃左右。通过低温热利用产生的热水可以用于厂内伴热采暖，且可以降低分馏塔顶空冷器 A-101 热负荷，节约电耗。预计降低碳排放 1.1 万吨/年。

3.2 提高加热炉热效率

各炼油装置通过加热炉改造，极大的降低排烟温度，加上与强化传热、保温等技术集成应用，显著提升加热炉热效率。拟在柴油脱硫和汽油脱硫装置加热炉、连续重整装置四合一重整加热炉、一套常减压装置加热炉采用 95+高效超净工业炉余热回收技术。

以连续重整装置四合一重整加热炉（F201~F204）为例，重整四合一加热炉设计热负荷约为 88.7MW（辐射+对流总热负荷），有一套余热回收系统，目前的排烟温度约为 150℃，对应热效率约为 91%。若在余热回收系统上采用“95+高效超净工业炉余热回收技术”，对重整单元四合一炉余热回收系统进行改造，改造内容如下：

（1）烟气系统

重整单元四合一炉系统高温烟气出对流顶汇总后，先进入新增高温空气预热器，经过引风机后进入低温段空气预热器 LAP（利旧原预热器），与空气换热后烟气温度降低至 85℃，冷烟气通过独立烟囱排入大气。

（2）空气系统

重整单元四合一炉燃烧空气依次经过鼓风机、前置预热器、低温段空气预热器（利旧原预热器）、新增高温空气预热器，与烟气换热后进入四合一炉燃烧器参与燃烧。

（3）燃料气系统

重整单元燃料气从分液罐出来后，160℃的燃料气进入 FPH 燃料气蒸汽换热器被预热至约 200℃，高温燃料气进入复合阻蚀剂处理系统，对燃料气进行精制处理，经过处理的燃料气进入重整单元四合一炉燃烧器进行洁净燃烧。

项目实施后，排烟温度可降低到 85℃，热效率提升至 95%；通过设置燃料复合阻蚀剂系统，对燃料气进行精处理，源头上减少二氧化硫、氮氧化物等污染物的生成，最大限度去除烟气中的腐蚀性介质，从根源上避免风机、尾部烟道和空气预热器发生酸露点腐蚀的风险。总二氧化碳减排量约 0.6 万吨/年。

3.3 天然气替代燃料油

该炼油企业锅炉装置有在用锅炉 5 台，存在以下问题：（1）锅炉老旧，排烟温度高，热效率低，产能低。（2）锅炉燃料已重油为主，碳排放量偏高。单位蒸汽消耗燃料油和天然气所产生的二氧化碳量分别为：燃料油：0.19t；天然气：0.14t。动力站年产蒸汽约 120 万吨，根据上述计算，消耗燃料油比消耗天然气多产生二氧化碳约 6 万吨。（3）除氧器进水依靠蒸汽加热，蒸汽消耗量高，能耗高。（4）锅炉高压给水泵无变频，低负荷运行时能耗高。

针对以上问题，拟采用如下解决方案：（1）停运 3#~5#炉，新建 130t/h、220t/h 中温中压燃气锅炉各 1 台，提高锅炉热效率，降低燃料碳转化率。（2）锅炉停止燃用燃料油，改烧天然气，采用超低氮燃气燃烧器，燃料充分脱硫，降低锅炉排烟温度至 80℃以下。（3）利用改造后的锅炉烟气给除盐水加热，取代低压加热器，节省蒸汽。（4）锅炉给水泵改造为变频泵，随锅炉负荷调整运行频率，达到节能的目的。

蒸汽产量按平均值 270t/h 计算，预计降低碳排放 11.83 万吨/年。

3.4 清洁电力替代

3.4.1 清洁电力替代蒸汽轮机

该炼油企业蒸汽来自燃油锅炉，部分蒸汽透平消耗了大量的蒸汽，若将现有 5 台透平改为电力驱动，具体见表 2。预计降低碳排放 19.92 万吨/年。

表 2 清洁电力替代蒸汽透平

序号	装置/透平位号	使用蒸汽等级/MPa	蒸汽消耗量/(t/h)	更改后电机使用电压/V	更改后电机功率/W	电能消耗/(kW·h)
1	延迟焦化装置/K1501	3.5	7.5	6000	2000000	2000
2	柴油脱硫装置/K5101	3.5	4.5	6000	1500000	1200

续表

序号	装置/透平位号	使用蒸汽等级/MPa	蒸汽消耗量/(t/h)	更改后电机使用电压/V	更改后电机功率/W	电能消耗/(kW·h)
3	连续重整装置/KT-201	3.5	27.9	6000	5768000	5768
4	连续重整装置/KT-202	3.5	33.4	6000	6457000	6457
5	连续重整装置/PT-801B	3.5	5.36	380	82000	82

3.4.2　清洁电力替代部分蒸汽伴热

该炼油企业部分高处伴热仍然采用蒸汽介质，经核算，可将13.6km长的蒸汽伴热线改为清洁电力替代蒸汽，可以有效降低碳排放，具体见表3，预计降低碳排放4.78万吨/年。

表3　清洁电力替代部分蒸汽伴热

序号	装置/伴热线长度/m	使用蒸汽等级/MPa	蒸汽消耗量/(t/h)	更改为电伴热消耗电能/(kW·h)
1	延迟焦化装置/3000	1.0	2.5	150
2	石蜡加氢装置/340	1.0	3	10.2
3	石蜡罐区/3070	1.0	3	92.1
4	连续重整装置/60	3.5	0.3	60
5	连续重整装置/5132	1.0	8	1600
6	一套常减压装置/1500	1.0	3	600
7	200万吨催化裂化装置/250	1.0	1.0	7.5
8	350万吨常减压蒸馏装置/300	1.0	0.8	9

3.4.3　清洁电力替代石蜡加氢装置加热炉

石蜡加氢装置加热炉投产于1993年，原设计无烟气余热回收及空气预热设施，设计热效率为80%，实际达到83%~86%，装置满负荷状况下，排烟温度实际达到180℃~210℃。将现有燃料气加热炉改造成电加热炉，设计功率1.2MW，设计电压380v。电加热炉将空气加热到530℃，排气温度为200℃，排气的空气全部循环到电加热二次加热后循环使用。预计降低碳排放0.038万吨/年。

3.5　高耗能设备更新改造

3.5.1　高耗能电机改造

该炼油企业内共计1049台运行电动机参照国家标准《高耗能落后机电设备(产品)淘汰目录(第1~4批)》，不符合《中小型三相异步电动机能效限定值及能效等级》(GB 18613—2012)标准中能效限定值要求。按照国家相关规定，需停止使用。

对于高耗能的1049台电机，按照国家要求驱动电机全部更新为符合国家标准电动机，相同工况下更换高效能电机预计节能率3%，节能300万千瓦时，降低碳排放0.23万吨/年。

3.5.2　高耗能机泵改造

该炼油企业供水车间二循7#8#泵自八十年代投用以来已经运行了近40年，该泵型号24SH-9A技术落后，离心泵的效率降低，能耗大，拟更换循环水泵型号KPS60-50；该炼油企业供水三循老系统现有机泵4台，目前运行3台备用1台。由于4台机泵并联运行且性能参数不一致，导致整体运行效率低下。拟更换3台4000t/h，扬程45米的机泵，运行2台备用1台，更换循环水泵型号KPS70-700。改造后每年节电量预计369.6万kWh，预计降低碳排放量0.28万吨/年。

3.6　二氧化碳捕集

制氢转化炉的主要燃料为PSA产生的副产品解吸气(CO_2约占52.9%，体积分数)，在制氢装置负荷在70%左右的情况下，解吸气量在13000~15000Nm^3/h左右。在该工况下PSA原料即中变气进PSA量约为51000Nm^3/h左右。其中CO_2约占18.2%(体积分数)，在中变气进入PSA前，增加脱碳设施，可以大幅度提高解吸气热值，减少CO_2带走的热量，提高转化炉热效率。PSA解吸气中的碳脱除后，需要补充的燃料气、所需的燃烧空气及相应产生的烟气量明显降低。

目前主要成熟的碳捕集技术包括：溶剂吸收技术、膜分离技术、变压吸附技术。具体技术对比见表4，根据制氢实际情况，选择溶剂吸收技术进行碳捕集。

表4 分离技术对比

分离方法	溶剂吸收技术	膜分离技术	变压吸附技术
规模		$1000Nm^3/h$	
装置	工艺复杂，设备多	流程简单，设备少，自控阀门少	流程简单，设备少，自控阀门多
工艺条件	常温，1~5MPa，纯度>99%	常温，3~5MPa，纯度>90%	常温，0.5~1MPa，纯度>95%
运行维护	连续运行，维护费高	可连续可间断，维护费低	可连续可间断，维护费低
占地面积	大	小	小
成本	一次性投入高，运行费用高	一次性投入低，运行费用高	一次性投入高，运行费用低

碳捕集实施后制氢装置中变气回收二氧化碳用于油田驱油等用途，预计降低碳排放15.74万吨/年。

4 方案实施后效果

该炼油企业实施上述全部措施后，碳减排总量见表5，从表5可以看出，碳排放量降低了61.687万吨/年，相比措施实施前碳排放量减少了约23%。

表5 碳减排汇总表

序号	措施	碳减排量/(万吨/年)
1	适时生产润滑油基础油	0.82
2	糠醛装置改造为三效蒸发工艺	0.95
3	二套常减压装置降低炉出口温度	2.77
4	加氢精制装置热供料	0.55
5	200万吨催化裂化装置热供料改造	0.17
6	加氢裂化装置热供料改造	0.07
7	一套初底油与二重催车间油浆换热联合	0.53
8	柴油脱硫装置热供料改造	0.14
9	延迟焦化装置热供料	0.056
10	汽油脱硫装置分馏塔顶低温热利用	1.1
11	延迟焦化装置加热炉CO监测改造	0.043
12	柴油脱硫装置加热炉改造	0.11
13	汽油脱硫装置加热炉改造	0.13
14	连续重整装置四合一重整加热炉改造	0.6
15	加氢裂化装置加热炉改造	0.05
16	一套常减压装置加热炉改造	0.78
17	天然气替代燃料油	11.83
18	清洁电力替代蒸汽轮机	19.92
19	清洁电力替代部分蒸汽伴热	4.78
20	清洁电力替代石蜡加氢装置加热炉	0.038
21	高耗能电机更新改造	0.23
22	高耗能机泵改造	0.28
23	制氢装置实施碳捕集	15.74
	合计	61.687

5 结束语

我国石化工业面临着发展与减碳的双重挑战。一方面，我国“双碳”目标明确，国家各部委积极推动各行各业碳达峰碳中和行动落实，石化行业作为碳排放较高行业，实现绿色低碳发展刻不容缓。另一方面，随着经济的发展和市场需求的变化，化工品及新材料的需求将持续快速增长，推动产能也快速增长，碳排放将随之增加。要实现我国石化工业减碳与发展协同互促，只有把科技与产业有效结合，以技术创新推动清洁生产。通过加快业务转型、深化节能提效、加快清洁替代、逐步削减低效产能、加强回收利用、积极发展新能源等，大幅减少产品全生命周期碳足迹，持续提升炼化业务减排创效能力。

参考文献

[1] 王红秋 雪晶 宋倩倩 慕彦君．我国石化行业低碳发展面临的形势[N]．中国石油报，2021-07-20(6)．

[2] 傅向升．石化“双碳”的解题思路[J]．中国石油石化，2021，6：30-31.

[3] 张艺峰 王茹洁 邱明英等．CO2 捕集技术的研究现状[J]，应用化工，2021，50(4)：04-05.

多产石脑油的催化剂在庆阳石化柴油加氢装置上的运用

白永伟 余颖庆 梁成虎 马康宁 左晓甜 高丽娟

（中国石油庆阳石化公司）

摘 要 中国石油天然气股份有限公司庆阳石化分公司现有一套120万吨/年柴油加氢改质降凝装置，采用中国石化大连石油化工研究院（以下简称FRIPP）开发FHI加氢改质异构降凝专利技术设计，以常压蒸馏装置提供的直馏柴油和重油催化裂化装置提供的催化柴油为原料，生产低凝柴油产品，副产的石脑油送至催化重整装置作原料。第一周期配套FZC保护剂、FF-36加氢精制催化剂和FC-14改质降凝催化剂级配体系，多产低凝柴油产品；为适应新周期装置增产石脑油及保留生产低凝柴油能力的技术要求，催化剂体系更换为FF-66/FC-16B催化剂体系，石脑油收率从2.42%提高到8%~9%，增产重整料约5.23万吨/年，有效降低了柴汽比，同时可以生产0号、-10号等低凝柴油产品。

关键词 柴汽比 石脑油 低凝柴油

1 引言

近年来随着国民经济发展，成品油消费结构逐渐变化，国内汽油市场需求增长高于柴油市场需求增长，迫使燃料性炼化企业开始降低柴汽比，增产汽油和减少柴油。庆阳石化公司通过对壳牌公司、标准公司、抚顺石油化工研究院催化剂比选，采用了中国石油化工抚顺石化研究院柴油加氢改质催化剂技术，成功的将石脑油收率从2.42%提高到8%~15%，增产重整料约5.23万吨/年。降低了柴油比，解决了重整料不足、氢气做燃料气、气柜液位高等其它问题。更换的加氢精制剂FF-66、加氢改质剂FC-16B使用效果显著。

2 120万吨/年加氢改质装置上周期运行分析

庆阳石化公司120万吨柴油加氢装置以直馏柴油和催化柴油为原料，新氢由60×104t/a催化重整装置提供，生产低凝柴油。于2010年10月开工投产，该周期采用中国石化抚顺石油化工研究院（FRIPP）开发FHI加氢改质异构降凝专利技术设计，配套FZC保护剂、FF-36加氢精制催化剂和FC-14改质降凝催化剂级配体系，该催化剂在装置运行8年，期间装置进行过一次“撇头”，2015年进行了再生一次，获得了满意的工业应用结果。

从上周期运行结果可以看出，采用FF-36/FC-14催化剂组合，加工直馏柴油和催化柴油混合油，低凝柴油收率可达95.18%、加氢石脑油收率仅为2.42%；低凝柴油的硫含量仅为5.9g/g，低凝柴油凝固点-8℃，低凝柴油十六烷指数61.7、较加工原料提高10.9个单位。另外装置长周期统计结果，低凝柴油产品收率93.34%~96.0%，产品性质稳定。FHI技术及配套使用催化剂体系很好满足装置技术要求，达到多产优质低凝柴油产品的目的（表1~表3）。

表1 柴油加氢装置上一周期物料平衡表

时间	2010年11月标定结果	时间	2010年11月标定结果
原料组成，%		产品收率，%	
直馏柴油	60.7	石脑油	2.42
催化柴油	39.3	柴油	95.18

表2 柴油加氢装置上一周期催化剂装填表

序号	项目	设计值	操作数据
1	高压分离器压力/MPa(g)	10.1	8.54
2	循环氢量/$Nm^3 \cdot h^{-1}$	149100	97695
3	反应器平均反应温度/℃ 反应器床层总压降/MPa	372	380 0.57
4	能耗/$KgEo \cdot t^{-1}$	12.64	9.34

表3 柴油加氢装置上周期主要产品性质

项目	石脑油	柴油
密度(20℃)/$g \cdot cm^{-3}$	0.704	0.820
馏程/℃		
IBP	32	181
10%	60	223
50%	94	282
90%	125	308
95%	153	356
硫/$\mu g \cdot g^{-1}$	0.6	5.9
氮/$\mu g \cdot g^{-1}$	0.2	0.2
凝点/℃		-8
十六烷指数		61.7
十六烷指数增幅		+10.9

3 120万吨/年加氢改质装置本周期运行总结

2018年为提高石脑油产量，庆阳石化公司决定采用FRIPP的FF-66加氢预精制催化剂和高活性的FC-16B改质降凝催化剂，加氢保护剂使用FRIPP开发了新一代四叶轮结构的FZC-105和FZC-106。且在开工过程中使用了硫化态的FF-36及FC-16B，减少了开工步骤，缩短开工时间36小时。

3.1 装置气密

11月8日15：00120万吨/年柴油改质装置开始氮气气密。

11月9日氮气气密结束，14：00开始引氢进行氢气气密，11月12日16：30所有泄漏点处理完毕，氢气气密结束。气密过程中，反应器入口温度控制120℃，催化剂床层未见明显温升。

3.2 催化剂活化

120万吨/年柴油加氢改质装置本周期采用硫化型催化剂，11月12日17：30启动原料油泵，引入低氮油，开始进行催化剂活化。活化初始条件见表4。

表4 催化活化初始条件

项目	工艺条件	项目	工艺条件
反应器入口温度/℃	122	低氮油量/$t \cdot h^{-1}$	45
反应器入口压力/MPa	8.71	循环氢量/$m^3 \cdot h^{-1}$	133600

18：30温波通过整个催化剂床层，催化剂润湿，高分建立液位，开始外甩清洗催化剂，并将低氮油量逐渐提高至60吨/小时，外甩低氮油澄清后建立循环。

19：00循环氢中检测到硫化氢，含量为640μg/g。

22：00开始以10℃/h升温速度升高反应器入口温度。

11月13日4：00反应器入口温度达到230℃，开始6小时恒温活化。

10：00恒温结束，准备分步引入直馏柴油，并改为一次通过流程。活化曲线见图1。

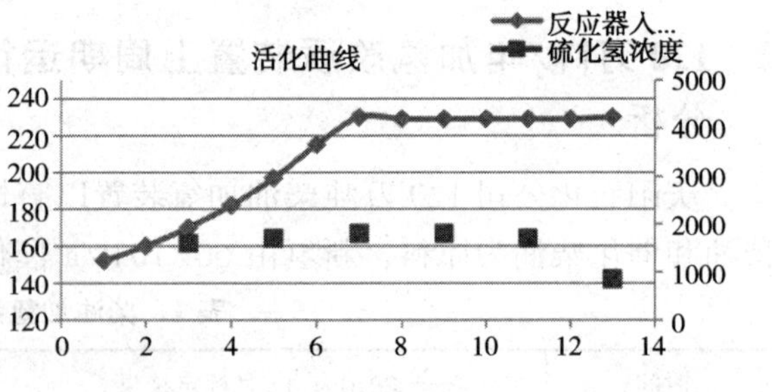

图1 活化曲线

3.3 切换原料

由于120万吨/年柴油加氢改质装置不具备注氨钝化流程，为保证操作安全，因此应在反应温度较低的工况下提前切换原料，将活化与切换原料步骤结合。11 月 13 日 11：00 开始引入新鲜直馏柴油原料 20 吨/小时，循环油外甩量 20 吨/小时，继续以 3℃/h 升温速度提高反应器入口温度。

13：00 由于加热炉负荷有限升温困难，加热炉瓦斯气波动较为严重，反应器入口温度降至 227℃。新鲜直馏柴油原料量提高至 40 吨/小时。

15：00 反应器入口温度为 234℃，直馏柴油提量至 60 吨/小时，停止循环改为一次通过。

19：00 切换催化柴油 23 吨/小时，温波通过催化剂床层后，继续升高反应器入口温度。

11 月 14 日 8：00 循环氢中硫化氢浓度超过 10000μg/g，活化及切换原料过程结束，开始调整操作。

3.4 开工初期运行结果

120 万吨/年柴油加氢改质装置 11 月 18 日运行结果如表 5~表 8 所示。

表 5 主要工艺条件

项目	工艺条件	项目	工艺条件
反应器入口压力/MPa	9.05	直馏柴油/$t\cdot h^{-1}$	78
平均反应温度/℃	369	催化柴油/$t\cdot h^{-1}$	60
总温升/℃	48	罐区柴油(催化柴油)/$t\cdot h^{-1}$	10

表 6 原料性质

原料油名称	直馏柴油	催化柴油	混合油
密度(20℃)/$g\cdot cm^{-3}$	0.8414	0.8881	0.8629
加工比例,%	52.7	47.3	100
馏程/℃			
IBP/50%	255/340	180/282	191/318
90%/95%	371/380	357/370	365/376
硫/$\mu g\cdot g^{-1}$	610	1021	804
氮/$\mu g\cdot g^{-1}$	330	760	533

表 7 产品性质,%(对新鲜进料)

项目	产品分布	项目	产品分布
石脑油	6.38	装置氢耗	1.21
柴油	92.17		

表 8 产品性质

项目	石脑油	柴油
馏程/℃		
IBP	47	175
50%	107	272
90%	137	342
95%	156	363
硫/$\mu g\cdot g^{-1}$	1.2	1.6
冷滤点/℃		2

从整个催化剂活化过程及初步运行结果可以看出，整个催化剂活化过程仅为 15 小时，石脑油收率为 6.38%，柴油收率为 92.17%，柴油产品质量满足技术要求。

3.5 装置标定结果

为进一步考核新更换 FF-66/FC-16B 催化剂性能，2018 年 12 月开始进行为期 72 小时的装置标定。装置标定按照生产运行的最大加工负荷(110%)进行标定，加工量为 150 吨/小时。标定结果列于表9~表13。

表9　原料油性质分析结果

项目	混合油		
	设计值	2016年标定值	2018年标定值
密度(20℃)kg·m^{-3}	854	850	861
HK/℃	192	186	209
50%/℃	285	281	306
90%/℃	356	348	362
95%/℃	371	365	374
凝点/℃	—	1	6
冷滤点/℃	—	—	10
总硫/μg·g^{-1}	697	759	822
总氮/μg·g^{-1}	445	497	536
闪点/℃	—	>80	89

从上述原料油性质分析表可以看出，2018年标定原料密度861kg/cm^3，高于设计值854kg/cm^3；原料95%馏程温度374℃，高于设计值371℃；原料硫含量822μg/g，大于设计时原料硫含量697μg/g；原料氮含量536μg/g，大于设计时原料氮含量445μg/g；原料冷滤点平均值10.4℃，原料性质比设计重。主要原因是120万吨/年柴油加氢装置基础设计时考虑重油催化裂化装置改造，改造后120万吨/年柴油加氢装置原料性质更优，但2018年大检修重油催化裂化装置未改造，120万吨/年柴油加氢装置原料未达到设计要求。2018年标定期间原料各指标参数比2016年高，主要原因是，2018年标定期间催化柴油占比大。

本次标定负荷为110%，标定期间加氢反应器入口温度比2016年低9℃；二床层出口温度比2016年低8℃；三床层入口温度比2016年低12℃；四床层入口温度比2016年低12℃；四床层出口温度比2016年低8℃。

表10　柴油加氢装置本周期操作条件

项目名称	位号	单位	2016年标定值	2018年标定值	比2016年
常柴入装置流量	FICQ1001	t/h	80.8	60	-20.8
催柴入装置流量	FIQ1002	t/h	68.7	65	-3.7
罐区油入装置量	FIQ1004	t/h	20.8	25	4.2
R101入口温度	FIC1024	℃	350	341	-9
R101一床层入口温度	TI-1026	℃	358	357	-1
R101一床层出口温度	TI-1027	℃	382	373	-9
R101一床层温升	计算	℃	24	16	-8
R101二床层入口温度	TI-1028	℃	382	374	-8
R101二床层出口温度	T1-1029	℃	385	380	-5
R101二床层温升	计算	℃	3	6	3
R101三床层入口温度	T1-1030	℃	387	375	-12
R101三床层出口温度	TI-1031	℃	393	388	-5
R101三床层温升	计算	℃	6	13	7
R101四床层入口温度	T1-1032	℃	394	382	-12
R101四床层出口温度	TI-1033	℃	398	390	-8
R101四床层温升	计算	℃	4	8	4

续表

项目名称	位号	单位	2016年标定值	2018年标定值	比2016年
R101出口温度	T-1035	℃	396	388	-8
床层总压降	PDIC1016	MPa	0.57	0.31	-0.26

一床层温升16℃，比2016年低8℃；二床层温升6℃，比2016年高3℃；三床层温升13℃，比2016年高7℃；四床层温升8℃，比2016年高4℃；由于催柴比例高于设计值，改质床层放热量大，温升高于设计。

表11 柴油加氢装置本周期物料平衡

	2016年标定值,%	2018年标定值,%	比2016年,%
入方			
直馏柴油	46.79	39.38	-7.41
催化柴油	39.74	41.91	2.17
罐区柴油	12.05	16.71	4.66
出方			
石脑油	2.42	8.05	5.63
精制柴油	95.18	89.31	-5.87

从物料平衡表中可以看出，2018年标定期间原料中催化柴油热进料的比例为41.91%，比设计值高，而且罐区柴油全部为催化柴油，使得催化柴油和直馏柴油比例高达58.62：39.38，比设计原料比例高的多。主要原因是120万吨/年柴油加氢装置基础设计时考虑重油催化裂化装置改造，改造后120万吨/年柴油加氢装置原料性质更优，但2018年大检修重油催化裂化装置未改造，120万吨/年柴油加氢装置原料未达到设计要求。2018年标定期间原料中催化柴油热进料的比例比2016年高，主要原因是2018年标定期间120万吨/年柴油加氢装置罐区冷进料全部为催化柴油，2016年罐区冷进料全部为常压柴油。

2018年标定期间装置石脑油收率为8.05%，较2016年提高5.63个百分点，精制柴油收率为89.31%。

从加氢石脑油产品性质分析数据可以看出，标定时石脑油产品硫氮含量均小于设计值，产品指标合格，但是石脑油的干点波动大，最低159.8℃，最高173.6℃。

表12 石脑油产品性质

分析项目	分析数据	分析项目	分析数据
密度(20℃)/$kg \cdot m^{-3}$	733	90%	145
馏程/℃		KK	168
HK	40	硫含量/$\mu g \cdot g^{-1}$	0.8
10%	70	氮含量/$\mu g \cdot g^{-1}$	0.1
50%	109	铜片腐蚀	1a

表13 精制柴油产品性质

项目	操作数据	项目	操作数据
密度(20℃)/$kg \cdot m^{-3}$	830	闪点/℃	72
馏程/℃		冷滤点/℃	+3
HK	192	总硫/$\mu g \cdot g^{-1}$	1.1
50%	282	总氮/$\mu g \cdot g^{-1}$	0.7
90%	350	十六烷值	53.4

续表

项目	操作数据	项目	操作数据
95%	365	运动粘度(20℃)/$mm^2 \cdot s^{-1}$	4.1
凝点/℃	-1		

从精制柴油性质分析数据可以看出，标定柴油硫、氮含量等指标均达到了设计值的要求，十六烷值54，高于设计值53。从馏程和密度上来看，柴油产品比设计值偏重，跟标定期间原料油中催化柴油占比大有关。

4　多产石脑油的精制剂 FF-66 和改质剂 FC-16B 使用效果

(1) 石脑油产率大幅增长。120万吨/年柴油加氢自2018年11月开工以来，石脑油产率从原料的2%～3%提高到8%～9%，最高产率为9.54%，弥补了重整料不足。

(2) FF-66及FC-16B适应性强。本次开工原料发生了较大变化，原设计的催柴占比由28.5%上升到45%以上，氢气消耗增加，柴油加氢反应系统降压运行，高分压力由8.7MPa下降到7.7MPa，产品精制柴油硫含量仍小于2mg/g，石脑油产率保持在8%以上。

(3) 催化剂活性好，初始反应温度低。在开工期间，反应温度在325℃时，催化剂既表现较好的改质活性，改质反应床层温升明显，比设计初始低了约9℃。

(4) 硫化态催化剂初次在装置运用。本次开工120万吨/年柴油加氢装置使用了FRIPP指导的载硫型催化剂，该催化剂在空气条件下装填，无需氮气置换，装填工作安全、高效；硫化态催化剂减少了开工步骤，缩短了开工时间。硫化态催化剂减少了催化剂预硫化、干燥步骤，开工时间缩短约36小时。

(5) 采用中国石化大连石油化工研究院柴油加氢改质催化剂技术的FF-66及FC-16B，对于提高石脑油产率的柴油加氢装置效益显著。装置改造小，循环氢压缩机及新氢压缩机不更换，催化剂适应能力强，活性高，操作稳定，值得推广应用。

浅谈催化裂化催化剂产业发展

龚建议

（中国石化催化剂有限公司）

摘　要　介绍了我国催化裂化(FCC)催化剂产业发展历程和现状；对国内外FCC催化剂供需情况和市场状况进行了分析。FCC催化剂产业要消化过剩产能、实现良性发展需要重点关注绿色生产、新材料新基质研发、产业规模化连续化自动化智能化、追求高端、加快专用产品开发等方面并取得实质性进步。

关键词　FCC催化剂　产业　发展

1　前言

石油炼制的发展很大程度上依赖于催化剂的发展，催化技术在炼化生产中占有重要的地位。催化裂化(FCC)是石油炼制的核心工艺之一，在炼厂轻质油品的生产过程中占有重要地位，是炼厂中最重要的重油轻质化和获取经济效益的手段。随着原油性质的日渐变差、石油产品质量的升级换代、下游化工原料需求的不断增长及环保要求的不断提高，FCC技术在不断的发展。FCC催化剂作为FCC技术的核心，随着FCC技术的不断发展而发展。

自1964年4月，被誉为“炼油裂化催化剂摇篮”的兰州催化剂厂建成伊始，催化剂科研和生产技术人员在炼油催化剂应用科学的奠基人、国家最高科学奖获得者闵恩泽院士的带领下，从成功开发被誉为石油化工战线的“五朵金花”之一的硅铝小球和硅铝微球起步，相继开发了REY分子筛、REHY分子筛、超稳Y型分子筛、择型分子筛、特种催化新材料及全合成、半合成和复合分子筛应用制备工艺，经历了产品从无到有、技术水平从低到高、研究开发从跟踪模仿到完全自主创新、装置规模从小到大的FCC催化剂产业发展成功之路。经过几十年的发展，FCC催化剂制备已经完成产业化蜕变，全国年产销规模超过30万吨，生产基地由过去的小作坊已演变成现代化的大工厂，产业目标从过去的填补国内空白、结束国外产品垄断到现在产品远销全球五大洲20多个国家和地区，成为全球第二大的FCC催化剂生产大国。顺利实现了跟跑到并跑的转变，目前正在向领跑世界迈进。

2　我国FCC催化剂产业发展历程和现状

我国FCC催化剂技术起步于60年代，1964年我国第一个FCC催化剂生产基地在兰州建成，并成功解决成型破碎问题，生产出硅铝小球催化剂，实现移动床裂化催化剂从无到有；65年研制出无定形硅铝微球催化剂，实现流化床催化剂国产化，奠定了流化催化裂化基础。硅铝小球和硅铝微球誉为石油化工战线的“五朵金花”之一，填补了中国催化裂化催化剂的空白，结束了国外产品的垄断。

在70年代，湖南岳阳和山东淄博先后建成6000吨/年规模的无定型硅酸铝微球装置及配套的分子筛生产装置，兰州、长岭、齐鲁三大国有FCC催化剂产业基地形成。技术上先后开发出X和Y分子筛，无定型催化剂上升到分子筛催化剂，轻油收率提高，FCC催化剂性能水平上台阶。

到80年代，FCC催化剂制备技术取得重大突破，开发出超稳Y型分子筛和半合成催化剂，实现重油FCC催化剂国产化替代；三大国有FCC催化剂产业化基地同步发展，先后在80年代中期产销量突破万吨大关。随着产业规模的扩大和生产技术的进步，三大生产基地率先走向市场，与国际催化剂巨头同台竞技，抢占国内市场。随后，又不断有新的分子筛和基质材料开发出来，制备技术水平也不断提升，初步实现了跟踪模仿到自主创新的转变。

90年代，良性的市场竞争促进了FCC工艺技术和催化剂的发展，开发出DCC、MGG、ARGG、MIO、MGD等专有FCC新工艺并配套专用FCC催化剂，开发出ZSM、REHY等性能优异的分子筛和双铝基催化剂制备技术。开发复配不同种类分子筛的功能型催化剂，推出一系列功能型FCC催化剂产品，如多产汽油、多产液化气、增产柴油、提高汽油辛烷值、提高掺渣比、降低汽油烯烃等功能型FCC催化剂，较好地满足了市场个性化需求。在生产技术上得益于国家科委组织的“新型催化裂化催化剂生产技术攻关改造”，1996年攻关改造任务顺利完成，生产技术取得巨大突破，产品合格率和产品收率大幅度提高，为产业升级奠定基础。在产业规模上，三大基地先后建成大型超稳分子筛和择型分子筛生产线以及新的FCC催化剂生产线，逐步向规模化发展。在市场上，随着我国FCC催化剂不断进步、国内市场占有率不断提升，也尝试走出国门，1993年，中石化催化剂齐鲁分公司RHZ-300催化剂出口到保加利亚，FCC催化剂产品首次进入国际市场，实现了零的突破，这也标志着FCC催化剂产业开始得到国际市场的认可。

时间进入到21世纪，FCC催化剂产业迎来了飞速发展。技术上，MIP、CPP、MCP、LTAG、IHCC等一系列工艺和配套的催化剂开发，促进了产业发展，特别是MIP工艺开创催化裂化分区反应的先河，引领世界FCC工艺潮流；高固含量、高球形度催化剂制备技术开发成功，一系列清洁生产技术开发并应用，催化剂制造走向清洁化、高端化。在产业发展上，2004年中石化党组决定将分散在炼化企业和研究院所的催化剂企业进行专业化重组组建专业化公司----催化剂公司。催化剂公司成立以后，十分重视FCC催化剂产业的发展，加大产业发展投入，在齐鲁投资建设5万吨/年一期、二期工程，齐鲁基地FCC催化剂产能规模达到12.3万吨/年，成为亚洲最大的FCC催化剂生产基地；在长岭投资单线规模5万吨/年的FCC催化剂生产线(亚洲规模最大的单线生产装置)，长岭产能规模达到11万吨/年，中国石化催化剂有限公司FCC催化剂总产能已达到23.3万吨/年，超过美国Albemarle公司，位居世界第二位。中石油兰州也不甘落后，于2020年7月在福建长汀建成5万吨/年的新基地，总产能规模达到10万吨/年。在国有FCC催化剂产业竞相发展的同时，民营资本也于2008年开始进入FCC催化剂产业，先后有山西腾茂、青岛惠成、菏泽多有、四川润和等企业加入竞争行列，形成7.5万吨/年的产能。我国FCC催化剂产能规模已达到45万吨/年，超过美国，跃居世界第一(由于部分企业产能尚未完全发挥，实际产销规模暂居世界第二位)。

3　FCC催化剂需求和市场分析

3.1　全球FCC催化剂需求分析

FCC催化剂需求取决于原油加工能力和催化装置加工能力。全球原油加工能力的发展总体呈上升趋势，于2018年达到阶段峰值。2019年，全球共有炼厂763座，平均规模为644万吨/年，总炼油能力约为49.07亿吨/年，较最高峰减少0.6%，有一定的下滑(下滑的原因是转型升级和淘汰落后产能)。其中催化裂化能力约9.2亿吨/年。初步估算，目前FCC催化剂需求约92万吨/年，据有关咨询机构推测至2021年底，全球炼油产能将会新增480万桶/天，平均每年增长1.6%左右，2022年以后，随着新能源汽车以及节能减排政策推行，预计未来维持在1.3%左右增速。预计到2025年全球石油加工能力将达到53.5亿吨左右，其中催化裂化能力将达到10亿吨/年。按照现有平均剂耗水平测算，则全球年需求FCC催化剂约在100万吨左右。

3.2　国内市场FCC催化剂需求分析

我国炼油工业的发展与国际发展趋势基本一致。近年来，我国炼油工业快速发展，炼油加工能力逐年增长，到2019年底，炼油加工能力达到8.6亿吨/年，炼油主体包括中国石化、中国石油、中海油、中国中化、中化集团等央企，延长石油等地方性国企、山东地区地方性炼油企业以及近年来民营资本新建的一体化炼化企业。据初步统计，全国共有180余套催化裂化装置在运行，催化加工能力达到2.16亿吨/年，年FCC催化剂需求达到20万吨。按照目前在建，已批准建设和规划的项目测算，2025年炼油能力将升至10.2亿吨/年，其中催化裂化能力将达到2.56亿吨/年，届时FCC催化剂需求将达到23.7万吨/年。

3.3　国内外FCC催化剂市场分析

全球主要FCC催化剂供应商包括美国Grace Davison公司、中国石化催化剂有限公司、美国Albemarle公司、德国BASF公司、中国石油兰州石化公司催化剂厂、日本 JGC C&C 公司、俄罗斯 KNT 公司和以山西腾茂、青岛惠诚等为代表的中国民营催化剂公司。这些公司构成了全球主要的 FCC 催化剂供应商，总生产能力约为 110 万吨/年，其中我国 FCC 催化剂产能达到 45 万吨/年。

供需对比我们可以发现，目前我国 FCC 催化剂总产能 45 万吨/年，国内市场需求仅 20 万吨/年，总产能远远大于总需求；从全球范围看，FCC 催化剂的总产能 110 万吨/年，全球总需求约 92 万吨/年，总产能也已大于总需求，产能过剩已成为不争的事实，FCC 催化剂迎来全球化竞争。

从国际市场看，美国 Grace Davison、美国 Albemarle、德国 BASF 三大催化剂巨头有近 80 年的生产经验、引领技术的发展、具有完备的营销渠道且与国际主要 FCC 工艺供应商 UOP、德新尼布（原石韦公司）、SHELL、EXXONMOBIL 等建立了长期稳定的合作关系，在国际市场处于垄断地位。虽然我国 FCC 催化剂在 20 世纪 90 年代就进入国际市场，经过多年的努力，全球已有 20 多个国家和地区 26 家公司三十多家炼油厂使用过我国的 FCC 催化剂（不包括中国大陆），但长期稳定的客户不多、年出口量偏低、市场占有率不高。

从国内市场看，近年来，由于 FCC 催化剂和分子筛部分专利保护过期及国有企业技术人才流失等原因，民营 FCC 催化剂得到快速发展，产能严重过剩。FCC 催化剂产品同质化日趋严重，市场竞争十分激烈，产品价格逐步走低，FCC 催化剂产业进入微利时代。美国 Grace Davison、Albemarle 和德国 BASF 等国际知名 FCC 催化剂供应商已逐步退出中国市场。未来国内市场竞争主要在中石化催化剂有限公司、中石油兰州催化剂厂及民营催化剂企业之间展开。

4　FCC 催化剂产业发展需要重点关注的问题

由上述分析可知，我国 FCC 催化剂产业发展面临严重挑战。产能严重过剩，有 20—25 万吨产能需要到国际市场寻找生存空间。为此，笔者以为 FCC 催化剂从业者需要重点关注一下几方面的问题。

4.1　绿色生产是行业生存发展的基础

FCC 催化剂及分子筛生产过程涉及到高岭土、氧化铝、稀土等固体，同时也使用硫酸铵、氯化铵、水玻璃、硫酸铝及常规酸碱等溶液，生产过程还需要进行高温焙烧，生产过程产生一定量的“三废”（废水、废气、废渣）。随着国家和地方政府对环保要求越来越高，环保排放指标也越来越严，环保执法力度也空前加大。执行严格的环保标准、实现达标排放成为 FCC 催化剂产业发展的基本要求。2014 年、2017 年、2018 年国内民营 FCC 催化剂生产企业先后发生村民阻工群体事件、偷排废水被查被停业整顿和排放不达标受到地方政府的处罚等环保问题。这一方面表明部分民营企业环保意识淡薄，环保投入不足，存在严重的环保隐患，另一方面也给 FCC 催化剂产业从业者敲响了警钟，环保不达标企业将面临关门的风险。

产业发展的龙头中国石化催化剂有限公司严格履行社会责任，21 世纪初就开始重视 FCC 催化剂清洁生产工作，与研究单位一起开发清洁生产技术，到 2010 年代，在废水、废气、废渣治理方面进一步加大投入，开发的清洁生产技术得到成功应用，三废排放严于国家和地方标准执行，FCC 催化剂制备率先走向清洁化、高端化。特别是 2019 年又投资近 2 亿元建设了废水脱盐系统，首次在国内实现“近零”排放，并按照中石化集团公司总体部署开展“绿色企业”创建活动，逐步由“清洁生产”向“绿色生产”过渡，为产业发展树立了标杆，引领了产业的发展。

4.2　重视新材料、新基质的开发和应用

提升技术水平是产业发展、提升竞争力的永恒的主题。发展中大孔型催化剂是 FCC 催化剂的主要发展方向之一。也是 FCC 催化剂领域比较活跃的课题，催化剂研发人员和产业从业者做了大量工作。目前，FCC 催化剂中引入中大孔主要靠对高岭土酸碱改性、对催化材料离子改性、开发大孔硅铝基材料、开发介孔分子筛、原位晶化和引入模板剂等技术手段，取得了较好的成效。大量的研究成果也已应用到 FCC 催化剂产业实际生产中，较大程度提高了 FCC 催化剂性能，为解决 FCC 原料的重质化、降低 FCC 催化剂的结焦率、提高 FCC 装置轻质产品收率和多产低碳烯烃以及清洁油品生产等方面做出了突出的贡献。但总体感觉还是处于量变的过程，没有质的突破。

近期，北京石油化工科学研究院与中石化催

化剂有限公司合作推出的新品种让从业者看到了曙光。譬如：新开发的大孔渣油FCC催化剂得到美国市场的认可并成功应用；将新的特种分子筛改性应用到FCC催化剂中，生产出既具有优异碳四烯烃选择性、又具有较强新鲜原料重油裂化能力的HBC催化裂化催化剂，较好地解决了烷基化装置碳四原料不足的问题等。

FCC催化剂产业要提升国际竞争力，必须实现技术升级。这就需要进一步在催化新材料、新基质的开发和应用方面加大研究开发力度，力争在这一领域取得突破。

4.3　实现产业升级需要持续推进装备大型化、自动化、连续化和智能化

FCC催化剂产业属于精细化工范畴，规模相对较小，过去都是采取间歇、分段式生产，其装置大型化、自动化、连续化、智能化进程远不如其服务的石油炼制行业。

近年来，随着装备技术和控制技术的进步，中石化催化剂公司在装备大型化、自动化、连续化、智能化方面进行了有益的尝试。大型喷雾干燥塔和大型焙烧炉等大型化设备、连续合成连续交换连续成胶等连续反应新技术、自动配料自动在线检测自动包装及设备DCS控制等自动化装备在齐鲁和长岭分公司新建的FCC催化剂生产线建设上成功应用，率先实现了生产装备的升级。新装置生产的产品展现出非常好的产品品质、产品批次之间的重复性和大装置生产的规模效应，为产业升级指明了发展方向。

未来，随着石油炼制工业的发展，大型炼化一体化装置将追求更平稳的生产，需要性能更稳定的催化剂。这样大型化、自动化、连续化装置的优势将进一步凸显，小作坊式生产必将逐步被淘汰。FCC催化剂生产装备大型化、自动化、连续化是产业升级的必然选择。最终，随着技术的进步，FCC催化剂生产也必将进入智能化时代。

4.4　品牌高端化成为企业长远发展的自我追求

FCC催化剂作为一个高技术产品，曾经被国外公司所垄断，石化研发人员和催化剂人经过几十年的努力，打破垄断，并实现了跟跑到并跑的跨越，打造了FCC催化剂产业。但随着专利保护过期和部分技术人员流失，我国民营资本进入FCC催化剂产业并迅速发展，近年来产能快速增长，很快将过去三足鼎立的市场格局打破，民营企业用低价抢占了一定的市场。部分区域由于激烈的市场竞争，民营企业之间互相恶性压价，把过去的高技术产业很快转化成常规的靠价格取胜的低端产业。但笔者以为，这种现象是暂时的。一方面，随着大型炼化一体化大装置建成，落后产能淘汰，原来装置原料来源复杂、计量手段不完善，无法准确评估催化剂性能的状况将彻底改变，催化剂的使用性能将在装置应用中得到准确量化，低端产品将无处遁形；另一方面FCC催化剂高技术属性没有发生改变，一旦新材料、新基质取得突破性进展，高端产品的优越性将显现，市场乱象将彻底改变。催化剂企业要想长远发展必须追求高端化，依靠高端产品为客户创造更高的价值，依靠高端服务去满足客户个性化的需求，依靠更可靠的品质去赢得客户的口碑，而不是靠低价抢占市场。这将成为FCC催化剂企业痛定思痛的自我追求。

4.5　专用催化剂和个性化催化剂比重将逐步加大

催化裂化因原料适应性广、转化深度大；高价值产品收率高；操作条件相对缓和；投资省等优点一直处于石油炼制的核心地位。随着分子炼油理念逐渐深入人心和催化裂化专用工艺技术快速发展，催化裂化在石油炼制工业的核心地位不会动摇，还将发挥更大的作用。

近些年，DCC、MIP等一系列催化裂化新工艺得到市场的高度追捧，为炼油技术升级和产品升级提供了技术支撑，也为炼油企业带来巨大的经济效益。与专有工艺配套的专用催化剂也得到快速发展，为专用工艺更好的发挥作用提供了支撑，专用剂占FCC催化剂的比例逐年递升。可以预见，未来将会有更多的专用剂推向市场。据悉，中石化多产丙烯和船燃组分的催化裂化新工艺MFP及专用催化剂将很快推向市场，在催化柴油出路堪忧，船燃标准提高、价格上涨的市场环境下，MFP及专用催化剂将具有非常好的市场前景。中石化还将推出MIP-CGP专用剂第二代产品和适用于生产新京标超低烯烃汽油的专用催化剂。MIP-CGP第二代产品与第一代相比，在丙烯产率上将会有较大幅度的提升且液化气产率增长幅度不大，主要是增加丙烯选择性，提高液化气中丙烯的浓度。

在个性化FCC催化剂方面，过去一直强调的是“量体裁衣”，这也是催化剂生产企业相互

竞争的一种营销手段和技术手段。随着对原料分子级别认识的加深、催化新材料的开发、催化剂配方技术的经验积累以及催化剂数据库的建设和模拟软件的开发应用，“量体裁衣”模式将会得到更好的发展，个性化催化剂水平将会进一步提高，越来越受欢迎，也将为用户催化裂化装置创造更好的效益。

4.6 技术开发和技术服务要适应市场的需求

FCC 催化剂作为高科技产业，持续的技术进步和优质的技术服务是行业得以持续发展的根本保障。随着炼化技术的不断进步以及和其他学科的相互交融，石油炼制行业正发生深刻的变化，原料重质化、劣质化，装置大型化、集成化，产品轻质化、清洁化，还要求多产化工原料。炼油的核心工艺催化裂化将承担更重要的任务，将对 FCC 催化剂提出更多、更高的要求。如进一步增产汽油、提高汽油辛烷值；进一步降低生焦、提高轻质油品收率；进一步提高重油裂化能力和抗重金属污染能力；进一步适应油品升级和环保排放升级的更高要求；实施分子级别的调控，灵活地、选择性地多产低碳烯烃、碳四组分或高价值组分等等。FCC 催化剂技术开发和技术服务要针对上述市场要求开展，未来的 FCC 催化剂将可能是智能化优选载体和组装活性中心、具有理想的孔结构等物化性质、通过控制反应路径来实现定向催化。通过 FCC 催化剂技术进步和精准优质的技术服务来助力炼油工业的发展。

参 考 文 献

[1] 侯祥麟. 中国炼油技术：第二版[M]. 北京：中国石化出版社，2005：21-28.
[2] 陈俊武. 催化裂化工艺的前景展望[J]. 石油学报：石油加工，2004，20(5)：1-5.

高性能FF系列加氢裂化预处理催化剂的开发及应用

杨占林　王继锋　彭绍忠　姜　虹　唐兆吉

(中国石油化工股份有限公司大连石油化工研究院)

摘　要　随着原油的日趋劣质化及清洁燃料升级换代步伐的加快，加氢裂化装置加工能力持续增长，加氢裂化预处理技术也将得到快速发展。本文重点介绍大连石油化工研究院(FRIPP)在加氢裂化预精制催化剂方面的研究进展及工业应用情况。早期开发的催化剂主要通过调节载体的性质来改善催化剂的性能，而近期开发的FF-46和FF-56催化剂，进一步优化了活性位及载体的作用方式，催化剂性能得到大幅度提升，基于新理念开发的FF-66催化剂，具有更高的体积活性，降低炼厂产品质量升级的成本。截止到2020年3月，FRIPP不同牌号的加氢预处理催化剂累计生产万余吨，创造了巨大的经济效益和社会效益，总体上达到了世界先进水平，为我国石化工业的发展作出了贡献。

关键词　加氢裂化预处理　催化剂　研究进展　工业应用

1　前言

加氢裂化技术具有原料适应性强、生产操作和产品方案灵活性大、产品质量好等特点，能够将各种重质劣质进料直接转化为市场急需的优质喷气燃料、柴油、润滑油基础料以及化工石脑油和尾油蒸汽裂解制乙烯原料等，已成为现代炼油和石油化学工业中最重要的重油深度加工工艺之一，在国内外获得了日益广泛的应用。进入21世纪，随着经济的高速发展，石油产品的需求快速增长，2018年我国炼油总能力达到8.3亿吨，居世界第二位。与此同时，我国加氢裂化加工能力也获得迅猛的发展，总处理能力接近100.0Mt/a，占原油一次加工能力的近15%，远高于世界平均水平。

加氢裂化催化剂体系存在的主要问题是裂化催化剂活性有余而加氢裂化预处理催化剂能力不足，使用高活性加氢裂化预处理催化剂可以提高清洁柴油的产量或降低生产成本。Albemarle公司(该公司兼并了荷兰AKZO公司的催化剂业务)开发的STARS催化剂制备技术在最近十几年获得了广泛的工业应用，其代表催化剂为KF-848催化剂，最近又推出活性更高的KF-868和稳定性更好的KF-860催化剂。

FRIPP经过多年技术攻关，目前其技术水平处于国际同类催化剂先进水平。FRIPP基于新的催化剂制备理念，成功开发了FF-66加氢裂化预处理催化剂，该催化剂选择合适的氧化铝作为载体，采用特殊助剂优化活性相结构，使活性组分分布更加均匀，易硫化形成高加氢活性中心；与此同时，催化剂的堆积密度大幅度下降，极大降低炼厂的催化剂采购成本，提升了催化剂在国内和国际市场的竞争力。

2　FRIPP加氢裂化预处理催化剂

图1给出FRIPP近年来加氢裂化预处理催化剂的进步情况，早期开发的催化剂主要通过调节载体的性质来改善催化剂的性能，而近期开发的FF-46和FF-56催化剂，进一步优化了活性位及载体的作用方式，催化剂性能得到大幅度提升，FF-66催化剂采用新的制备理念，催化剂体积成本大幅度下降，活性不变，下面进行详细介绍。

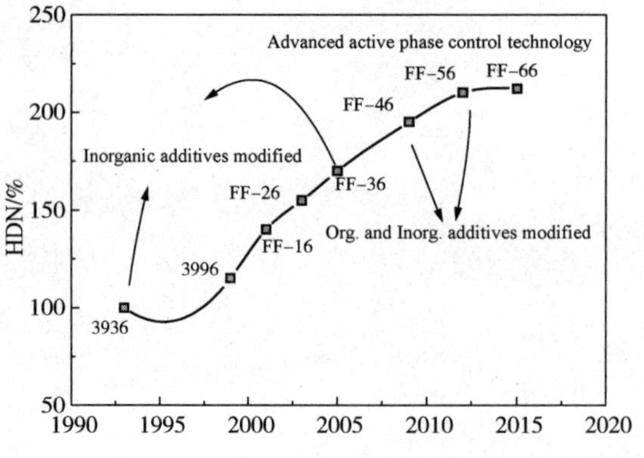

图1　FRIPP加氢裂化预精制催化剂的进步

2.1 早期开发的加氢裂化预处理催化剂

自上世纪90年代初以来，FRIPP相继开发了3906、3926、3936、3996、FF－16、FF－26、FF-36催化剂。其中3936为第一个达到国际先进水平的重质馏分油加氢处理催化剂，制备催化剂过程中，载体在浸渍金属溶液之前，采用预浸工艺，达到了改变载体表面电化学性质、增加载体表面羟基数目、改善载体与金属相互作用的效果，使金属分布更加均匀。3996催化剂与3936催化剂相比较，制备技术上除保持了3936催化剂孔分布集中、异型条成型、金属分布均匀、孔容较大、强度高等特点外，在以下几个方面有所改进：优化了化学组成；催化剂表面积提高了10%；催化剂的堆积密度提高约7%；降低成本，制备条件更趋缓和。FF-16是FRIPP进入21世纪开发的第三代重质馏分油加氢处理催化剂，FF-16催化剂具有孔容和比表面较大、堆积密度适中、酸性质好等特点，催化剂金属易于硫化且硫化完全。FF-26是FRIPP开发的第四代重质馏分油加氢处理催化剂，该催化剂使用改性氧化铝为载体，具有堆积密度大、孔分布集中等特点。FF-36催化剂选用廉价氧化铝为原料，用复合助剂对其进行改性制备载体，以钼、镍为活性金属组分，采用合理的负载技术和工艺流程制备催化剂。

以上催化剂有一个共同点，通过无机助剂改善催化剂性能，并采用高温热处理技术对催化剂进行活化处理。

2.2 Ⅱ类活性相加氢裂化预处理催化剂

Ⅱ类催化剂具有很高的本征活性，2010年前后开发出第一代Ⅱ类活性相催化剂FF-46，采用合适的助剂和加入方式对载体进行改性，降低载体表面的强酸含量，减缓结焦反应导致的催化剂失活，增强催化剂的稳定性。采用专有技术在分子水平上调节活性中心结构，降低活性金属与载体的相互作用，从而促进活性金属的完全硫化，生成更多的高活性相中心，使之具有高加氢脱氮活性。

在FF-46催化剂的基础上，FF-56催化剂通过预浸渍技术，改善催化剂孔结构，使孔分布向大孔方向偏移；FF-56催化剂采用Mo-Ni为催化剂活性金属组分，表面Ni的分散度明显高于参比催化剂；FF-56催化剂活性金属与载体的相互作用适度增加，大于7层MoS_2片晶数明显少于FF-46催化剂，长周期运转稳定性得到增强。FF-56催化剂解决了FF-46催化剂对加氢装置操作开工条件的限制；FF-56催化剂以大孔径氧化铝载体制备催化剂，物化性质更优，单位体积催化剂成本下降，这些使FF-56催化剂工业应用更有竞争优势。

2.3 具有Ⅰ、Ⅱ类活性相结构优点的FF-66加氢裂化预处理催化剂

新一代FF-66加氢裂化预处理催化剂的开发，在保证高性能的同时，注重成本的降低，大幅度降低炼厂的催化剂采购成本，目前催化剂已经大规模工业应用，上海石化的初期标定结果表明，加氢精制FF-66催化剂加氢脱氮活性高，可以在略低的反应温度下达到良好的精制效果（表1）。

表1 FF-66催化剂的创新点及其效果

序号	创新点	效果
Ⅰ	催化剂Ⅱ类活性相制备技术与常规制备技术结合	拓宽催化剂工业装置应用范围，解决开工过程中的气密温度受限问题。
Ⅱ	合适复合助剂选取及载体制备调控技术	改善载体的孔结构和表面酸性，提高中强酸含量，改善活性。
Ⅲ	活性相形貌控制技术，提高催化剂活性中心数量及本征活性	增加Ni-Mo-S活性相数量，改变MoS_2形貌，增多吸附反应活性位，提高活性组分利用率。
Ⅳ	催化剂表面酸性位控制技术	加氢中心和酸性中心得到良好匹配。

采用新技术制备的FF-66催化剂，在小型加氢装置上，以伊朗VGO为原料油，在反应压力14.7MPa、氢油体积比1000：1、体积空速$1.0h^{-1}$等条件下，FF-66催化剂与FF-56催化剂活性相当，但其堆积密度与FF-56催化剂相比，降低了15%～25%（表2）。表3给出了几种催化剂的原材料成本情况，以FF-66催化剂成本为基础进行比较，从吨催化剂成本上来看，由于FF-66催化剂使用了廉价氧化铝原料，其成本比FF-36A低16%，FF-56催化剂无高温焙烧过程，其吨成本与FF-66催化剂相当；几种催化剂的堆积密度相差较大，从相对体积成本上看，FF-66催化剂成本优势较大，比FF-36A和FF-56催化剂低20%左右，大幅度降低单位体积催

化剂的采购成本，提升了催化剂在国内和国际市场的竞争力。

表2　小型装置催化剂的活性评价结果

催化剂	FF-56	FF-66
原料油	伊朗VGO	
堆积密度/(g·cm^{-3})	0.99	0.78
工艺条件		
反应氢压/MPa	14.7	
体积空速/h^{-1}	1000：1	
氢油体积比	1.0	
反应温度/℃	基准	
精制蜡油氮/(μg·g^{-1})	6.4	6.2

表3　几种催化剂的成本比较

催化剂	FF-36A	FF-56	FF-66
相对重量成本	113	100	97
相对体积成本	101	100	79

3　FRIPP加氢裂化预处理催化剂的工业应用

截止到2020年3月，FRIPP不同牌号的加氢预处理催化剂累计生产万余吨，在镇海炼化、扬子石化、金陵石化、广州石化等多家大型加氢裂化及加氢改质装置上工业应用，创造了巨大的经济效益和社会效益。表4给出近几年FRIPP加氢裂化预处理催化剂工业应用的概况。

表4　FRIPP加氢裂化预处理催化剂工业应用概况

催化剂	应用时间	应用地点	装置类型	规模(万吨/年)
FF-46	2015	宁波	馏分油加氢	170
	2016	茂名	高压加氢裂化/单段串联	240
	2016	广州	柴油加氢改质	200
FF-56	2015	宁波	高压加氢裂化/单段串联	120
	2015	九江	高压加氢裂化/单段串联	240
	2015	淄博	高压加氢裂化/单段串联	56
	2016	宁波	高压加氢裂化/单段串联	240
	2016	北京	中压加氢裂化	100
	2016	武汉	高压加氢裂化/单段串联	180
	2016	宁波	中压加氢裂化	200
	2018	宁波	高压加氢裂化/单段串联	150
FF-66	2016	天津	高压加氢裂化/单段串联	120
	2016	天津	高压加氢裂化/单段串联	180
	2017	九江	高压加氢裂化/单段串联	240
	2017	上海	高压加氢裂化/单段串联	150
	2017	茂名	柴油改质	100
	2017	南京	高压加氢裂化/单段串联	200
	2017	茂名	高压加氢裂化/单段串联	240
	2017	南京	高压加氢裂化/单段串联	150
	2017	南京	高压加氢裂化/单段串联	200
	2017	长岭	柴油改质	100
	2017	广州	高压加氢裂化/单段串联	120
	2017	东营	高压加氢裂化/单段串联	150
	2018	宁波	高压加氢裂化/单段串联	120

续表

催化剂	应用时间	应用地点	装置类型	规模(万吨/年)
FF-66	2018	海口	高压加氢裂化/单段串联	150
	2018	漳州	高压加氢裂化/两段全循环	316
	2018	大庆	柴油加氢改质	100
	2018	呼和浩特	柴油加氢改质	90
	2018	沧州	高压加氢裂化/单段串联	120
	2018	盘锦	柴油加氢改质	120
	2018	克拉玛依	柴油加氢改质	150
	2018	潞安	煤制油加氢单元	16
	2018	泉州	高压加氢裂化/单段串联	238
	2018	滨州	催柴裂解	70
	2019	宁波	柴油加氢裂化	200
	2019	惠州	煤柴油加氢裂化	360
	2019	淄博	SSOT	56
	2019	南京	高压加氢裂化/单段串联	200
	2019	青岛	高压加氢裂化/单段串联	200
	2019	濮阳	高压加氢裂化/单段串联	40
	2019	玉门	加氢改质降凝	50
	2019	大庆	加氢改质降凝	170
	2019	广州	加氢改质	200
	2020	宁夏	加氢裂化	400
	2020	泰州	加氢裂化	150
	2020	宁波	加氢裂化	120
	2020	天津	加氢裂化	180
	2020	武汉	加氢裂化	180
	2021	九江	加氢裂化	240
	2021	云南	柴油加氢改质	180
	2021	岳阳	催化柴油加氢裂化	100
	2021	北京	中压加氢裂化	120
	2021	大榭	加氢裂化	240
	2021	茂名	加氢裂化	240

3.1 FF-66 催化剂典型工业运行结果 1

2017 年 7 月某分公司 150 万吨/年加氢裂化装置 R1001(精制反应器)催化剂主体使用 FF-66 新鲜催化剂，采用密相装填(床层顶部采用普通装填)，共装填 FF-26 加氢精制催化剂 4.16 吨、FF-66 加氢精制催化剂 90.59 吨、各类保护剂

6.4吨。2017年8月一次开汽成功，截止2020年4月，已连续运32个月，装置运行平稳，产品性能稳定。如表5所示，精制反应少装填催化剂约16吨，装填量减少13.4%，大幅度减少炼厂的催化剂采购成本。

表5　R1001催化剂装填情况

本周期			上周期		
床层	催化剂	装填量，t	床层	催化剂	装填量，t
一层	FF-46再生	8.64	一层		
一层	FF-26	4.16	一层	FF-26	36.97
一层	FF-66	19.78	一层		
二层	FF-66	70.80	二层	FF-26	82.40
合计装填量/t	103.38		合计装填量	119.37	

150万吨/年加氢裂化装置本周期精制系列加工蜡油原料油干点在460~500℃之间，硫含量在1%~2.5%之间，氮含量在400~1000之间，密度在885~915kg/m^{3}之间，金属总含量在1~2.5mg/kg之间，原料油性质较为稳定，能够控制在技术协议限制值以内。

150万吨/年加氢裂化装置开工两年以来，精制反应器入口、出口温度较为稳定。精制反应器入口温度约为344℃，平均反应温度约为362℃，温升约为34℃。精制反应器压差维持在0.3MPa左右，较为平稳无上涨趋势。原料油进料量在180t/h~240t/h左右波动，混氢量约为20万Nm^3/h，原料油加工量以及氢油比较为稳定，装置整体运转情况良好，精制油氮含量维持在40~50ppm之间，具有较好的活性稳定性(图2~图4)。

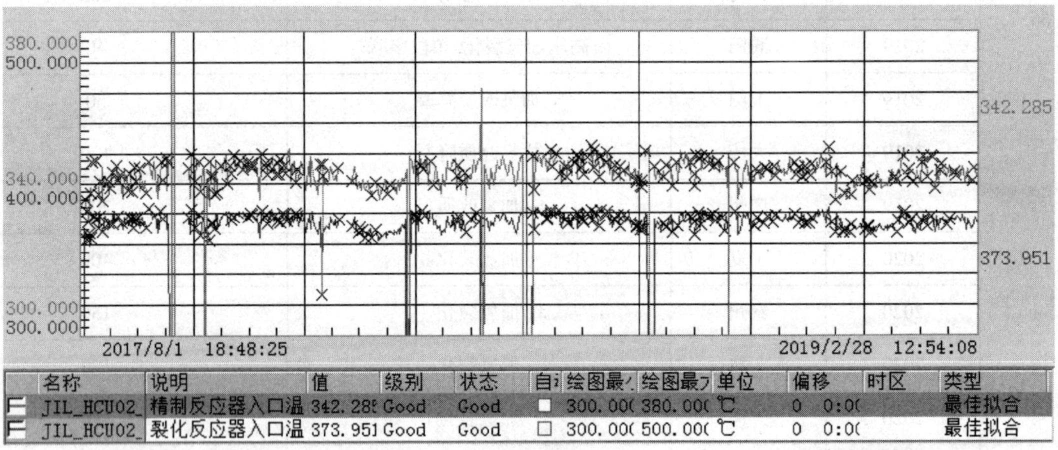

图2　精制裂化反应器入口温度

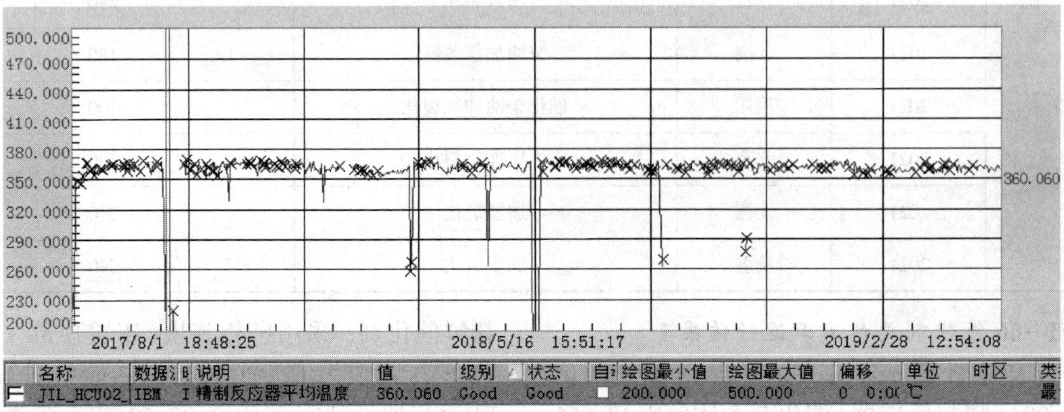

图3　精制反应器平均温度

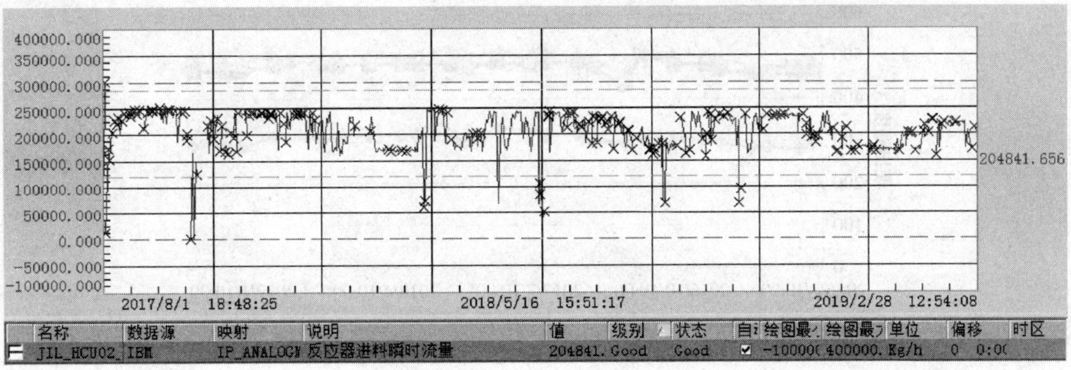

图4 原料油进料量

3.2 FF-66催化剂典型工业运行结果2

某石化120万吨/年加氢裂化装置催化剂装填于2016年8月28日开始，至9月8日结束，共装填各类催化剂308.23吨，其中再生旧催化剂75.28吨，新鲜FF-66催化剂79.71吨。某石化180万吨/年加氢裂化装置催化剂装填于2016年9月8日开始，至9月14日结束，共装填各类催化剂302.35吨，其中再生旧催化剂53.1吨，新鲜FF-66催化剂105.96吨。如表6所示，同旧催化剂相比，FF-66催化剂的装填密度大幅度下降，相同装填方法，装填堆比降低20%以上。同时，从两套装置的比较来看，FF-66催化剂的工业装填堆积密度比较稳定，几乎与设计值相同。

如图5~图7所示，给出120万吨/年加氢裂化装置的原料油性质情况，可以看出，本周期原料密度与上周期基本相当，基本在0.91~0.92g·cm³之间变化，而5%、90%和95%馏出点明显高于上周期，说明原料性质相对较重。装置连续运转三年多，进料量相对稳定，精制反应器平均反应温度维持在360~365℃之间，装置的精制油氮含量基本维持在20~30μg·g⁻¹左右，明显好于上周期，说明FF-66催化剂具有较好的活性和稳定性。

表6 催化剂装填密度比较

催化剂	装置	装填重量/t	装填类型	堆积密度
旧再生剂	1#加裂	75.28	密相装填	基准1
FF-66	1#加裂	79.71	密相装填	基准1×76%
旧再生剂	2#加裂	53.10	普通装填	基准2
FF-66	2#加裂	105.96	密相装填	基准2×86%

某石化180万吨/年加氢裂化装置转入正常生产后，满负荷生产，进料为210~220t/h(图8)。该套装置控制精制反应器出口生成油氮含量为10~20μg/g，与上周期相比，精制反应器入口温度低约5℃左右，说明FF-66催化剂具有较好的反应活性(图9)。

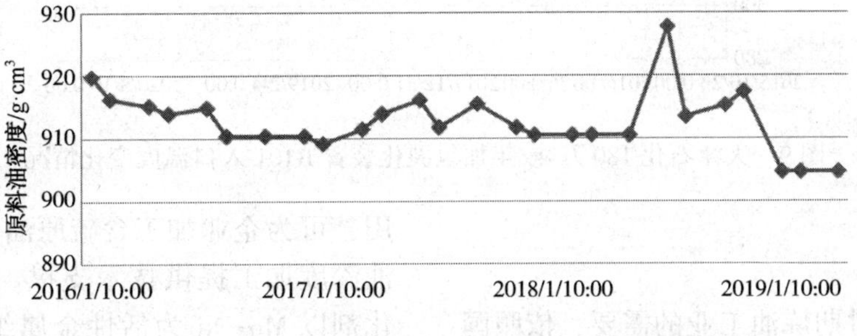

图5 120万吨/年加氢裂化装置原料密度情况

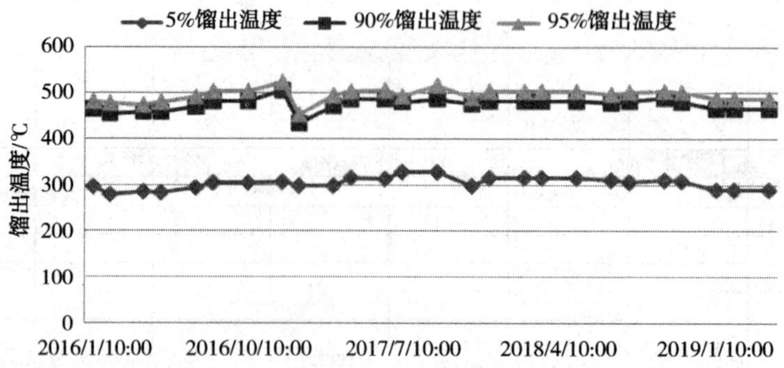

图6 120万吨/年加氢裂化装置原料馏程情况

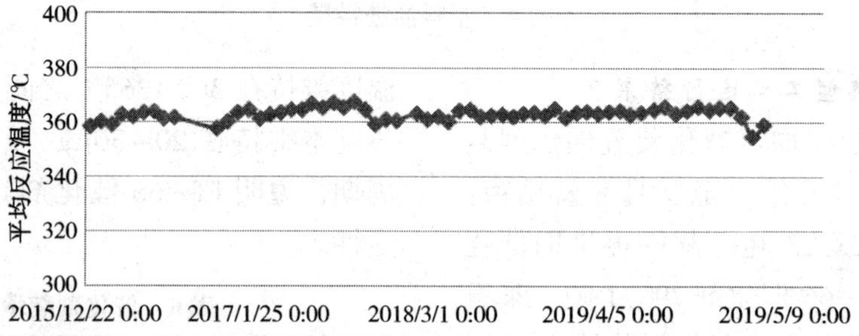

图7 120万吨/年加氢裂化装置精制段平均反应温度变化情况

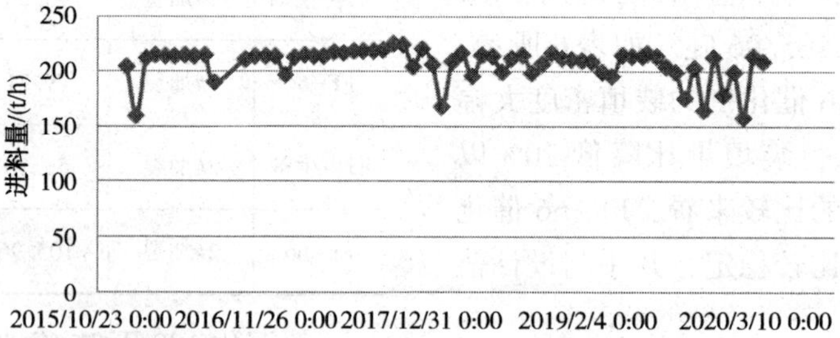

图8 天津石化180万吨/年加氢裂化装置进料量变化情况

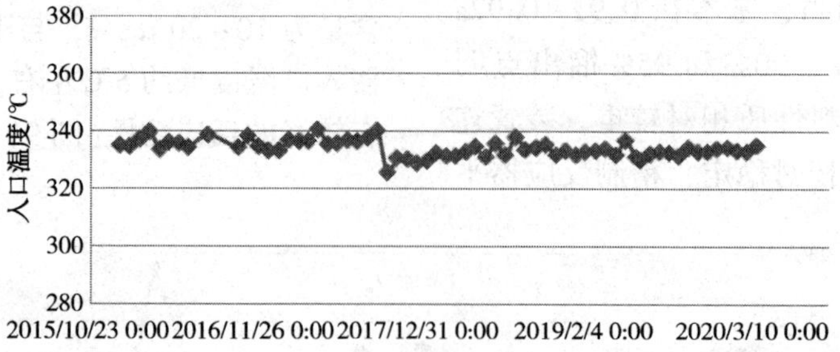

图9 天津石化180万吨/年加氢裂化装置R101入口温度变化情况

4 结束语

根据我国不同时期炼油工业的需要，依照国产和进口原油的基本油性特征，FRIPP有针对性地开发出重质馏分油加氢处理催化剂。FRIPP开发的加氢处理催化剂已在炼油企业得到广泛应用，可为企业加工含硫原油、生产清洁燃料及重油深度加工提供技术支撑。新开发的FF-66催化剂以Mo-Ni为活性金属组分，合理选取金属含量及配比，提高活性金属利用率；通过制备技术改进，提高活性中心的本征活性，并加强酸性中心与加氢中心的匹配性，通过Ⅱ类活性相制备技术与常规制备技术结合，不但提高催化剂的活性效果，而且拓宽催化剂工业装置应用范围，解决开工过程中的气密温度受限问题。FF-66催化剂制备工艺简单，与FF-56催化剂相比，堆积密度降低15%以上，可大幅度降低炼化装置催化剂的采购成本。工业应用结果表明，催化剂运转过程中显示较好的脱硫、脱氮效果。经过近二十年的研究开发和工业实践，FRIPP加氢处理催化剂从总体上看，已经达到世界先进水平，为我国石化工业的发展作出了贡献。

参 考 文 献

[1] 杨占林，彭绍忠，姜虹，周礼俊．FF-46加氢裂化预处理催化剂的开发与应用[J]．石油炼制与化工，2012，43(1)：11-15.

[2] 杨占林，姜虹，唐兆吉，王继锋，温德荣．FF-56加氢裂化预处理催化剂的制备及其性能[J]．石油化工，2014，43(9)：1008-1013.

[3] 王继锋，梁相程，温德荣，魏登凌，姚颂东，彭绍忠．重质馏分油加氢精制催化剂的研制、生产和应用[J]．石油化工高等学校学报，2001(14)，1：42-46.

[4] 彭绍忠，魏登凌．FF-16高活性加氢预处理催化剂的开发[J]．石油炼制与化工2004，35(4)：14-17.

[5] 温德荣，俞正南，梁相成，刘永善．FF-26加氢裂化预处理催化剂的研制及工业放大[J]．石油炼制与化工，2005，36(6)：6-8.

[6] 魏登凌，彭绍忠，王刚，姜虹．FF-36加氢裂化预处理催化剂的研制[J]．石油炼制与化工，2006，37(11)：40-43.

三种铬系催化剂在高密度聚乙烯装置上的应用

曾少敏　解利军　甄　悦　赵士河　李　涛

(中国石油独山子石化公司)

摘　要　本文研究了一种国产催化剂和两种进口催化剂在高密度聚乙烯装置上的应用。结果表明，三种催化剂都能生产出满足公司质量标准的HD5502XA产品；国产催化剂具有较高的催化剂收率和较低的反应温度，生产的聚乙烯粉料平均粒径最高达到620μm；进口EP催化剂粒径分布最集中；使用进口SYOL催化剂时挤压机功率最低，生产成本最优廉。

关键词　催化剂　铬　聚乙烯　成本

中国石油独山子石化公司高密度聚乙烯装置采用BP-Solvay公司的Innovene S双环管低压淤浆工艺，既可以生产宽分子量分布的单峰产品，也可以生产双峰产品。装置于2009年建成投料，相继开发了注塑专用料T60-800、小中空专用料HD5502XA和HD5503GA、管材专用料TUB121N3000、燃气管材专用料TUB121N3000B等多种牌号，受到市场广泛欢迎。

HD5502XA产品是公司2011年开发的小中空专用树脂，年产量约15万~20万吨，具有良好的加工性能，制品色泽明亮、性能稳定，受到客户的认可。为了实现催化剂国产化和进一步提高产品性能，本文对1种国产催化剂(NTR)和2种进口催化剂(EP、SYLO)的收率、工艺参数、产品性能、加工成本进行了比较和讨论。

1　反应器概况和技术特点

独山子石化公司高密度聚乙烯装置采以异丁烷作为聚合反应稀释剂，以采用铬系和钛系催化剂，其中钛系催化剂可用于生产单峰产品也可用于双峰产品。与生产单峰产品相比，双峰产品生产时需要投用一重要设备—中间处理单元(R3)，双峰产品生产过程如图1所示。所有原料和催化剂首先在第一反应器(R1)内初步聚合；第一反应的淤浆经过中间处理单元后进入第二反应器(R2)继续反应。反应在淤浆环管反应器系统中进行，反应器中聚合物颗粒悬浮在异丁烷溶剂中增长，聚合物淤浆通过排料阀排出，经旋流离心分离后，聚合物粉料同异丁烷溶剂、未反应的共聚单体分离，分离后的异丁烷通过一个简单的溶剂回收系统重新回到反应器，聚合物粉料由氮气输送到挤出造粒系统同添加剂混合后进行挤出造粒，颗粒进行均化后经风送到包装单元。

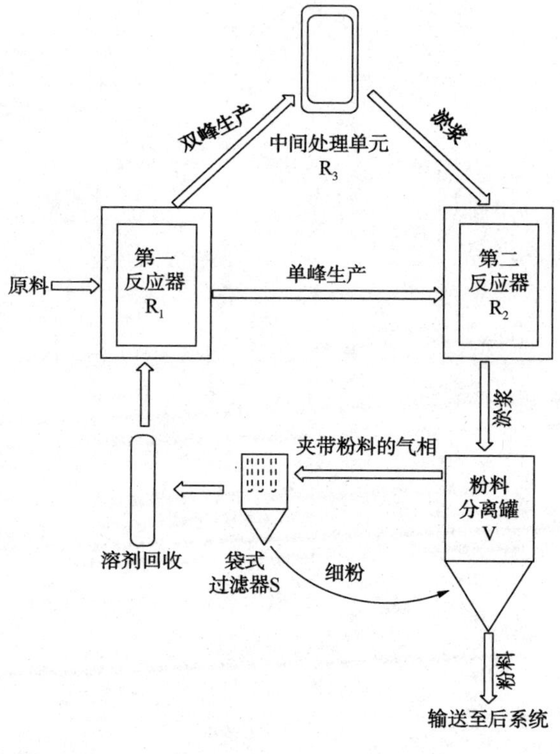

图1　双环管低压淤浆工艺生产示意图

2　催化剂性能比较

国产催化剂(NTR)和进口催化剂(EP、SYLO)均为无机铬系催化剂，制备过程如下：将多孔的SiO_2浸渍于铬氧化物或无机铬盐的溶液中，然后通入空气或氧气高温活化干燥，最后通入干燥的惰性气体(氮气)保存。三种催化剂的各项性能和活化时的参数如表1所示。

表 1 催化剂性能和活化参数对比表

序号	项目	单位	NTR	EP	SYLO
1	铬含量	wt%	0.95-1.15	0.95-1.15	0.85-1.15
2	比表面积	m^2/g	320-380	270-350	280-355
cm^3	孔容	cm^3/g	1.65-1.85	≥1.6	1.50-1.65
4	平均粒径(D50)	μm	100-110	100-115	104-111
5	总挥发性成分含量(500℃)	wt%	≤8	≤5	<10
6	氧化钠	ppm	≤800	≤750	<800
7	活化温度	℃	760±20	760±20	780±20

从表 1 中可以看出，三种催化剂的各种物理性能相当，但国产 NTR 催化剂的比表面积要高于两种进口催化剂，活化温度偏低；SYLO 催化剂的孔容低于 NTR 和 EP 催化剂，对催化剂活性和产品性能有一定影响。

3 三种催化剂生产 HD5502XA 对比分析

3.1 反应参数对比

高密度聚乙烯装置在不同的时间对三种催化剂分别进行了试用，均能生产出满足公司质量标准的产品，但三种催化剂在收率、工艺参数方面存在一定的差异，具体数据如表 2 所示。

从表 2 中可以看出，在相同的乙烯浓度下，三种催化剂对已烯的响应能力相当，但进口催化剂剂需要在较高的反应温度下才能生产出合格产品，因聚合物存在溶解的风险，若需要提高产品熔融指数时，两种催化剂的温度操作空间较低；国产 NTR 催化剂的活性和反应工况要优于进口催化剂，反应温度较进口催化剂低 1℃，产品熔融指数提升空间较大，且其收率要高于进口催化剂 EP 和 SYLO。这种现象与表 1 中催化剂的性能表现一致，NTR 催化剂有较高的比表面积和孔容。

表 2 反应器运行参数对比表

关键运行参数	单位	EP 典型值	SYLO 典型值	NTR 典型值
R3001 温度	℃	102.0~102.8	102.0~102.8	100~101
R3001 乙烯浓度	mol%	4.5~7	4.5~7	5~7
R3001 已烯/乙烯流量比	(kg/tPE)	5~5.5	5~5.5	5~5.5
R3002 温度	℃	101~102	102.0~102.8	100.5~101.5
R3002 乙烯浓度	mol%	4~5	4~5	4~6
R3002 已烯/乙烯流量比	kg/tPE	4.5~6	4.5~6	4.5~6
催化剂收率	kgPE/gCat	3000	2900	3200

3.2 设备运行状况对比

在试用 3 种催化剂期时，反应器保持相同的固相浓度，轴流泵功率无明显差别。因 NTR 催化剂有较高的比表面积和孔容，生产的 HD5502XA 粉料粒径大，旋流分离器的提浓效果较好，维持相同的固相时，需要加入的异丁烷量较低。但该催化剂生产的 HD5502XA 粉料熔指偏低，导致挤压机功率较高，平均在 8400KW，比 SYLO 和 EP 催化剂生产期间高 370KW。

4 产品性能比较

4.1 粉料性能对比

催化剂颗粒的形态结构和活化处理强烈地影响催化剂的活性和控制聚合物的结构，如相对分子量、相对分子量分布和支链的支化。每一催化剂颗粒产生的聚合物颗粒大于期本身许多倍，因此聚合物颗粒的形状和粒径分布会反映出催化剂相应的性质。三种催化剂生产的粉料平均粒径为620μm(NTR)、590μm(EP)、490μm(SYLO)，粉料的粒径分布对比如图2所示。

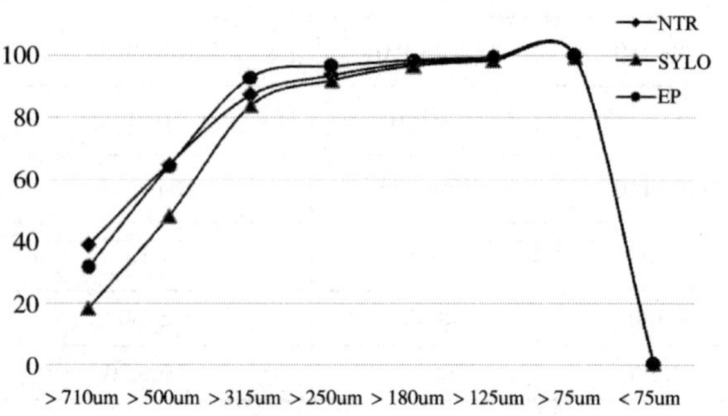

图2　粉料粒径对比图

从图1中可以看出，国产NTR催化剂生产的粉料粒径>710mm的占比最高(38.9%)，细粉含量最低；SYLO催化剂生产的粉料粒径>710mm占比最低(18.4)，细粉最高；EP催化剂生产的粉料粒径分布最集中，有利于延长袋式过滤器使用时间和保证挤压机平稳运行。这与催化剂的比表面积和活化温度条件保持一致，催化剂颗粒越大，细粉含量越高；活化温度越高，更容易导致催化剂破碎，细粉含量增多。

4.2　流变性能分析

三种催化剂生产的粉料进过挤压造粒后，均满足公司出厂产品质量标准要求，熔融指数、密度、弯曲模量、拉伸性能等各项指标性能相当，无明显区别。三种催化剂生产的HD5502XA粒料产品在170℃下，使用20mm/2mm口模进行高压毛细流变测试，测试对比结果如图3所示。

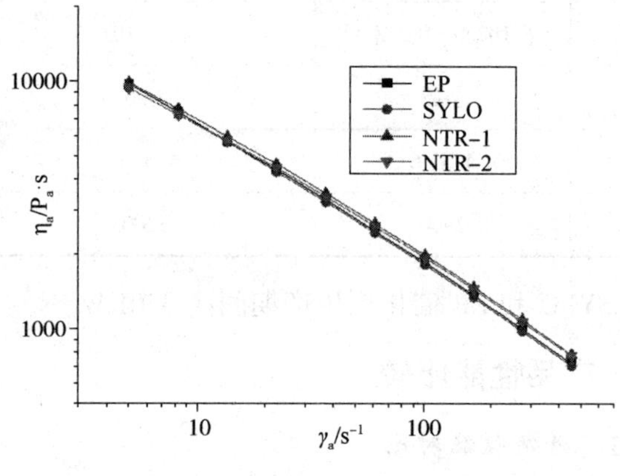

图3　170℃下HD5502XA产品流变分析

从图3可以看出，采用NTR催化剂生产的HD5502XA产品表观剪切粘度略高于EP及SYLO催化剂生产的HD5502XA产品。这主要与聚乙烯分子结构和分子量分布有关。

4.3　制品性能测试

三种催化剂生产的HD5502XA产品在雅琪A0-70SN型吹塑机上进行4L提手壶的吹塑加工试验，加工中型坯成型稳定，吹塑良好，壶口挺度较高，切割平整，无扁口、缺口及塌陷，壶合缝处结合紧密；跌落和码垛试验达到GB/T 13508—2011《聚乙烯吹塑容器》的要求。三种催化剂结构不同，生产的产品在分子结构和分子量分布上存在一定的区别，三种产品的制品克重存在少许差别，NTR和EP生产的HD5502XA产品制品克重约为317g，比SYLO制品略高10g。

5　成本分析

通过对原料、能耗和三剂等三个方面对不同催化剂生产的HD5502XA产品成本进行对比，对比结果如表3所示。

表3　三种催化剂生产成本对比表

序号	成本组成	单位	NTR	EP	SYLO
1	原材料消耗	元/吨	3711	3711	3711
2	能源消耗	元/吨	118	117	115
3	三剂消耗	元/吨	136	140	122
4	总成本	元/吨	3965	3968	3948

从上表可以看出，SYLO催化剂生产HD5502XA产品时的总体成本最低为3948元/吨，EP和SYLO催化剂的生产成本相当；因NTR催化剂生产的HD5502XA粉料粒径较大，熔融指数较低，导致挤压机功率上涨，能源消耗成本增加。

6　结论

(1)三种催化剂均能在高密度聚乙烯装置上成功生产HD5502XA产品，NTR催化剂的反应温度较两种进口催化剂低1℃，收率达到3200kgPE/gCat。

(2)NTR催化剂生产的HD5502XA粉料平均粒径达到620μm，熔指较其它两种催化剂偏低，导致挤压功率上涨370KW；EP催化剂生产的粉料粒径分布最集中，有利于延长袋式过滤器使用时间和保证挤压机平稳运行。

(3)三种催化剂生产的HD5502XA产品加

工成 4L 壶后，制品性能相当，满足国家标准要求

(4) SYLO 催化剂生产 HD5502XA 产品时的总体成本最低为 3948 元/吨，EP 和 SYLO 催化剂的生产成本相当。

参 考 文 献

[1] 苏春明．乙烯聚合铬系催化剂研究进展[J]．橡塑技术与装备，2013，39(8)：10~16.

[2] 王敏，任红，张廷山，严婕．负载型铬系催化剂的研究进展[J]．江苏化工，2020，28(5)：16~20.

LZ-5G 型脱硝助燃剂对重油催化烟气的影响

刘子龙　郗艳龙　张　旭　张　旭(小)

(中国石油化工股份有限公司石家庄炼化分公司)

摘　要　主要介绍了中国石油化工股份有限公司石家庄炼化分公司3#催化裂化装置对LZ-5G型CO脱硝助燃剂的工业应用。结果表明，在加入CO脱硝助燃剂后，有利于降低烟气中的氮氧化物，但需控制合适的加注量，并结合反再条件摸索适宜的工况，重点关注烟气中的氧含量及CO含量。

关键词　重油催化裂化　烟气　催化剂　脱硝

催化裂化装置除使用主催化剂(催化裂化催化剂)以外，还先后开发了多种起辅助作用的助催化剂(简称助剂)。这些助剂以固体或液体的方式，加注到催化裂化催化剂货原料油中，起到特定的辅助作用。如金属钝化剂使沉积到催化剂上的重金属钝化，降低对催化剂的毒害；CO助燃剂能够减轻再生器尾然等。近年来随着国家对环保问题的日益重视，硫转移注剂、CO脱硝助燃剂等助剂因其高效脱硫脱氮效果及其加注便捷的优势，在重油催化裂化装置得到广泛应用。

但因其各自的反应机理、加注量的不同，会对催化烟气产生不同的效果。在石家庄炼化分公司3#催化裂化装置使用山东骏飞化工有限公司生产的LZ-5G型CO脱硝助燃剂时，因其加注量偏，导致烟气中NO含量偏高，影响净化烟气NOX的外排数据。本文旨在通过装置实际大运行经验结合各类助剂加注量、反应机理，分析对重油催化裂化烟气产生的影响，提高重油催化裂化装置烟气环保数据的稳定性。

1　LZ-5G 型 CO 脱硝助燃剂的原理

1.1　LZ-5G 型 CO 脱硝助燃剂成分及相关参数

LZ-5G是一种以 Al_2O_3 为载体的非铂CO脱硝助燃剂，能有效地减轻催化裂化再生器尾然，同时减少再生烟气中的 NO_X 的生成。其成分及相关参数如表1所示：

表1　LZ-5G 型 CO 脱硝助燃剂成分及相关参数

技术参数		质量标准	检测方法
Al_2O_3 含量/%		≥80	HG/T 3927-2007
比表面/(m^2/g)		≥110	HG/T 3927-2007
松装密度/(g/ml)		0.75-1.20	GB/T6609.25
孔容积/(ml/g)		≥0.13	水滴法
磨损指数		≤3.5	Q/TSH 3490.909
灼烧减量/%		≤8	HG/T 3927-2007
粒度分布	0~40μm	≤17%	标准筛
	0~149μm	≥87%	

1.2　LZ-5G 型 CO 脱硝助燃剂反应机理

1.2.1　助燃反应机理

含铂(Pt)的助燃能力和脱硝能力都很强，在500℃以下，Pt能表现出很明显的脱硝能力。原因在于Pt有很强的吸附H和与N配位的能力，而Pt-O键的生成和分解在高温下都比较容易。所以，铂在具备助燃能力的同时，也能催化 NO_X 还原为 N_2。

但在600℃以上，Pt则主要表现为很强烈的氧化催化作用(CO助燃)，而对碱性氮的活化能力(催化 NR_3 生成 N_2)已经很弱，表现为在高于600℃时，基本只具备助燃能力而不再具备脱硝能力，导致含N的杂环及稠环芳烃以焦炭的形式沉积在催化剂表面，且这部分焦炭很难在烧焦过程中去除。

而金属钯(Pd)在600℃以上的高温中，虽然助燃能力稍弱于Pt，但Pd对碱性氮(NR_3)的活化能力仍很强，达到刻意弱化助燃的同时具备脱硝的能力。

助燃过程反应机理(以下Pr代表金属)

$$2Pr+O_2 \longrightarrow 2Pr:O \quad (1)$$

$$Pr:O+CO \longrightarrow Pr+CO_2 \quad (2)$$

$$Pr+CO \longrightarrow Pr: CO \quad (3)$$

$$Pr: O+Pr: CO \longrightarrow 2Pr+CO_2 \quad (4)$$

比如 Pt，既有孤对电子，也有空轨道，既可以接受孤对电子，也可以提供孤对电子，从而与 O_2、CO、NH_3、NO 等具备 π 键结构的分子形成配位键，在一定程度上降低了 O_2、CO、NH_3、NO 的键能。在 O_2 含量较低的情况下，CO 的氧化反应不容易进行，但由于 Pt 对 O_2 的吸附活化，使这一氧化反应可以在较低的浓度下进行，从而达到助燃的效果。

催化剂上的沉积焦炭在烧焦过程中，氧富足的情况下倾向于生成 CO_2，但再生系统中上部氧含量越来越低，导致生成大量的 CO，在不使用助燃催化剂时，很难氧化 CO；但在有助燃催化剂时，反应会快速进行，迅速降低 CO 含量。

1.2.2 脱硝反应机理

脱硝的过程，是 NOx 被 C、CO 或 NH_3/NR_3 等还原剂还原为 N_2 的过程，利用的是某些金属化合物对 O_2 和 NH_3/NR_3 的吸附、配位和化合能力。LZ 系列脱硝剂选择的贵金属、稀有金属和稀土金属氧化物，通过不同元素对 O_2 和 NH_3 的不同的吸附配位化合能力，协同完成脱硝过程。

脱硝过程的表观方程式如下：

$$NOx+CO \longrightarrow N_2\uparrow +CO_2\uparrow$$

我们用 Pr 和 Rx 表示不同的金属元素，反应机理如下：

$$Rx+NR_3 \longrightarrow Rx: NR_3 \quad (5)$$

$$Pr+NOx \longrightarrow Pr: N-Ox \quad (6)$$

$$Pr: N-Ox+CO \longrightarrow Pr+CO_2\uparrow +N_2\uparrow \quad (7)$$

$$Rx: NR_3+Pr: N-Ox \longrightarrow Pr+Rx+N_2\uparrow +R-R \quad (8)$$

LZ-5G 型 CO 脱硝助燃剂特殊的配方使得反应⑧的活化能大幅降低而得以迅速进行。不仅降低烟气中 NOx 的含量，还能使难以烧焦去除的含 N 沉积物去除，净化主催化剂和助剂，使其保持高活性。

2 LZ-5G 型 CO 脱硝助燃剂的工业应用

2.1 LZ-5G 型 CO 脱硝助燃剂的工业应用量

根据 LZ-5G 型 CO 脱硝助燃剂产品手册说明，根据原料油性质的不同，建议采用以下的用量，CO 脱硝助燃剂的用量应当占分子筛催化剂藏量的 1.0%~3.0%。正常生产期间，采用快速补充的方法，即利用小型催化剂加料线（或助剂加料流程）按时按比例快速加剂。一般要求一个月内使反再系统中脱硝助燃剂的含量达到催化剂藏量的 1.0%~3.0%，且前 10 天要迅速接近 1.0%~1.5%。

中石化石家庄炼化公司 3#催化裂化装置在正常生产期间，通过助剂加剂流程，每天按时按比例加注。根据原料油性质的变化，加注量一般维持在 120~160kg/d。新鲜催化剂加注量一般维持在 5t/d，LZ-5G 型 CO 脱硝助燃剂的加注占比约为 2.4%~3.2%，符合使用要求。

2.2 LZ-5G 型 CO 脱硝助燃剂的工业应用效果

因中石化石家庄炼化公司 3#催化裂化装置烟脱单元开工后，净化烟气氮氧化物（NO_X）含量持续升高，为降低 NO_X 含量，催化装置于 2020 年 10 月 12 日将 LZ-5G 型 CO 脱硝助燃剂加注量由 160kg/d 提高至 180kg/d，同时 CO 助燃剂加注量维持 40kg/d 不变。20、21 日 CO 脱硝助燃剂加注量由 180kg/d 提高至 200kg/d，停止加注 CO 助燃剂。其烟气含量变化如表 2 所示。

表 2 净化烟气分析数据

采样日期	氧含量/%	二氧化硫/（mg/m^3）	一氧化氮/（mg/m^3）	二氧化氮/（mg/m^3）	氮氧化物/（mg/m^3）	颗粒物/（mg/m^3）
2020/9/11	3.6	<3	<3	56	56	10.9
2020/10/12	3.9	6	<3	92	92	22.5
2020/10/19	3.5	<3	9	80	90	21.7
2020/10/20	3.78	11.44	54.94	47.15	131.2	-

CO 脱硝助燃剂加注量加注量增加后，再生器尾然效果较好，再生烟气中的 CO 含量下降，影响 $2CO+2NO \rightarrow 2CO_2+N_2$ 还原反应，导致烟气中的 NO 含量增加，影响 NO_X 排放数据。

DCS 中 CO 含量 AI-60101 与烟脱单元入口

氮氧化物含量 AI-60201A 变化趋势如图 1 所示。

根据上图趋势变化可知，催化烟气中的氮氧化物含量由 40mg/m³逐步上涨至 128mg/m³，CO 含量 800mg/m³逐步下降至 30mg/m³，两者变化趋势符合上述反应理论。

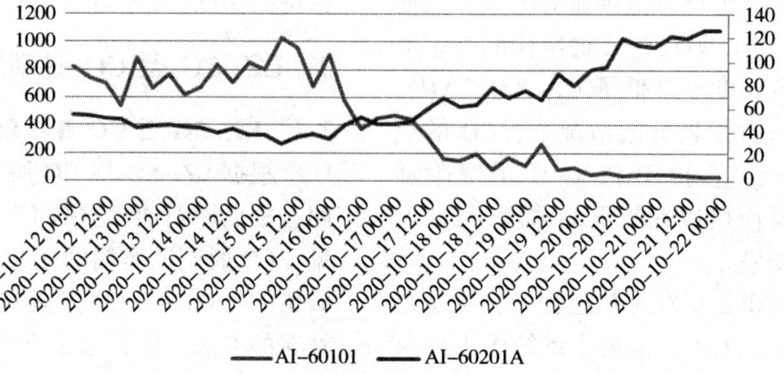

图 1　CO 含量、烟脱单元入口氮氧化物含量变化趋势图

3　结果与讨论

再生烟气中的氮氧化物主要来源于原料油中的有机氮化合物，进料中的氮约 50%集中在待生催化剂焦炭中，其中碱性氮 100%进入焦炭。焦炭中 5%～20%的氮在再生器中氧化为 NO_X，大部分为 NO。其余转化为 N_2。

氮氧化物生成的表观方程式如下：

$$焦炭中\ N \longrightarrow HCN(或\ NH_3) \quad (9)$$

$$HCN(或\ NH_3)+O_2 \longrightarrow NO \quad (10)$$

$$NO+C \longrightarrow N_2+COx \quad (11)$$

$$NO+CO \longrightarrow N_2+CO_2 \quad (12)$$

影响催化烟气中 NO_X 的关键因素是进料中的氮含量，重油催化中进料为加氢进料，则进料中的碱性氮含量尤为关键。再生器采用 CO 部分燃烧或完全燃烧的方式、待生剂斜管的分布器形式、主风与待生剂的接触均匀性、铂基 CO 助燃剂的使用，均会对催化烟气中的 NO_X 产生影响。

3#催化采用再生器完全燃烧方式，烟气中的的 NO_X 含量与过剩氧含量密切相关。过剩氧含量低，烟气中的 CO 含量高，有利于 NO_X 还原为 N_2。

此外铂基 CO 助燃剂的助燃效果高，对脱氮效果影响不大。CO 脱硝助燃剂则偏向于脱氮。为确保再生器不尾然且降低烟气中 NO_X 含量时，铂基 CO 助燃剂的加注剂量要注意把控，避免造成烟气中的 CO 含量偏低，影响 NO_X 还原反应。

再者根据硫转移注剂的反应机理，SO_2 只有氧化为 SO_3 才能够与硫转移注剂中的金属氧化物反应生成硫酸盐，烟气中剩余氧含量较高时，SO_3 的浓度较高，有利于烟气脱硫。硫转移注剂的反应环境与 CO 脱硝助燃剂存在冲突，需综合考虑。

4　结论及建议

优先通过 FCC 进料加氢处理，调整进料蜡渣油比例，降低进料的氮含量(碱氮含量)，从源头减少 NO_X 的生成。

按照 CO 脱硝助燃剂产品说明，加注 CO 脱硝助燃剂，同时控制 CO 助燃剂的加注量，跟踪再生器顶烟气氧含量，控制在 2.5%～3.5%之间。在生产许可的情况下，可通过调整主风量控制再生器顶烟气氧含量。

综合考虑 CO 助燃剂、CO 脱硝助燃剂、硫转移注剂的加注量，摸索其合适的反应条件。

参 考 文 献

[1] 陈俊武，许友好．催化裂化工艺与工程[M]．北京：中国石化出版社，2015.

碳二加氢催化剂的长周期监测和预测系统的应用

鞠雪松　赵秀娟　崔吉海

（中国石油兰州石化公司）

摘　要　兰州石化46万吨/年乙烯装置采用KBR工艺包，为前脱丙烷加氢流程，乙炔的脱除是制备聚合级乙烯的关键，所以碳二加氢催化剂的长效稳定运行决定了乙烯装置能否长周期稳定运行，之前46万吨/年乙烯装置一直使用壳牌公司生产的KL7741B系列催化剂，在2019年大检修期间已将碳二加氢一床催化剂更换为中国石油自主研发的PEC-21催化剂，为使国产碳二加氢催化剂得到进一步得到推广和应用，兰州石化46万吨/年乙烯装置对碳二加氢催化三个反应床的出入口温度变化、除却率进行监测，并利用数据库对数据进行整合、分析，通过机器学习技术对碳二加氢反应器未来的运行情况进行预测，对装置下一步的运行给出前瞻性的数据支持。

关键词　乙烯装置　碳二加氢反应器　长周期　大数据

1　应用背景

兰州石化46万吨/年乙烯装置采用KBR前脱丙烷前加氢工艺，如图1所示。高压脱丙烷塔塔顶流出物含有氢气、甲烷、CO、乙炔、丙炔、丙二烯、丙烯、乙烯、丁二烯等分子，物经过4段压缩后，进入保护剂反应器中脱除微量硫、砷，然后进入三段串联加氢反应器，在催化剂的作用下，将物料中乙炔体积分数脱除至<1μ/L。KBR工艺的特点是裂解深度高，双烯收率高，但与此同时会生成较多的乙炔和CO，导致装置对碳二加氢催化剂的选择性和稳定性要求更高，此前一直采用壳牌KL7741B系列的催化剂，在上一检修周期运行过程中出现了催化剂异常失活的现象，在装置末期一床除却率仅有20%左右，入口温度在115℃左右，控制难度相当大，随时有飞温的风险。

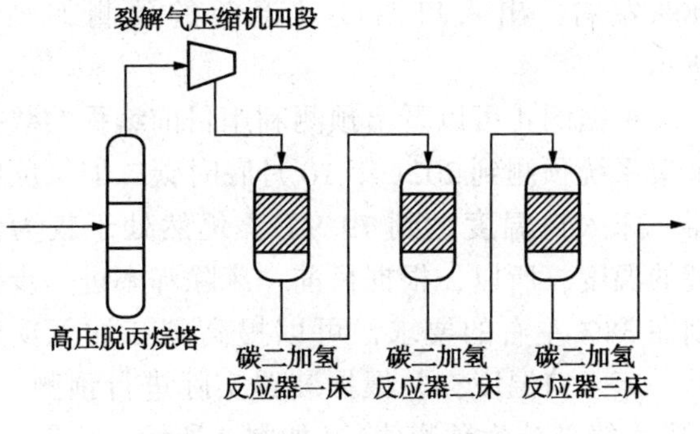

图1　碳二加氢反应器流程

在本周期将碳二加氢催化剂一床更换为中石油自主研发的PEC-21催化剂，二床和三床保持原壳牌生产的KL7741B系列催化剂，已经运行接近两年时间，在这期间，乙烯装置对碳二加氢催化的使用进行重点监测，对三个反应床的进出口温度、除却率进行每月统计，并通过数据库对数据进行整理和分析，使用机器学习技术最终达到在不同工况和应用条件下的预测情况，希望以此能够在生产实践和国产催化剂的应用方面取得数据上的保证。

2　主要应用过程

2.1　碳二加氢催化剂除炔率数据监测

根据上一周期的碳二加氢催化剂一床出现失活后的运行经验，对碳二加氢反应器各床的进出口温度和除却率进行监测可以及时发现在运行期间出现的问题，并通过工艺优化进行调整，保证装置的长周期运行。

目前装置更换催化剂后已经运行接近两年，利用数据库对碳二加氢反应器的数据进行有效的分类和整理，形成数据库，分类进行调用，可随时查看碳二加氢反应器三个床层的出入口温度和除却率，做到按月检查，如果出现异常点及时进行分析，可以有效避免出现上周期的突然失活现象，如图2所示，是根据装置2020年1月至2021年3月的15个月运行数据，将一床的除炔率和二床的除炔率进行记录，并拟合预测曲线，如图2所示：

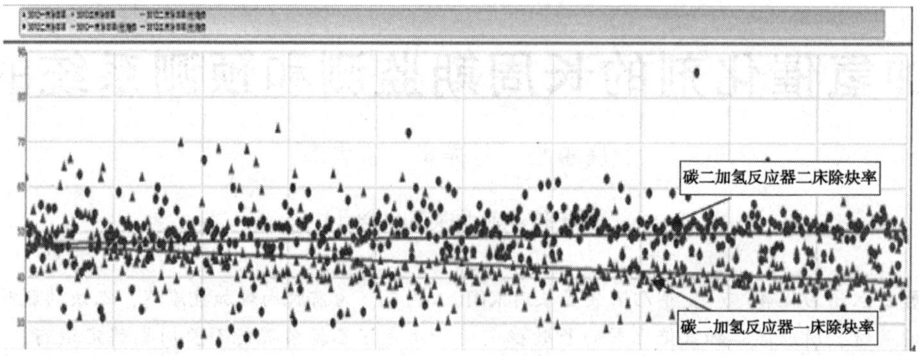

图2　碳二加氢反应器一床、二床除却率统计和拟合曲线

通过图2中的拟合曲线，将2021年4月的碳二加氢反应器一床除炔率和二床除炔率与2020年1月至2021年3月的拟合曲线进行匹配分析得到图3。

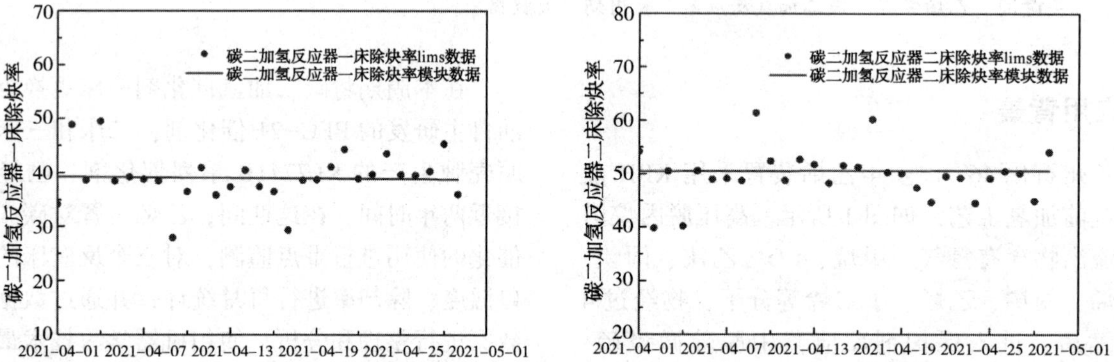

图3　碳二加氢反应器一、二床除炔率拟合值与Lims数据线性情况

通过图3可以看出利用对历史数据得到的拟合值和乙烯装置碳二加氢反应器一床除炔率和二床除炔率lims数据进行对比，得到了良好的拟合性，说明利用历史趋势分析碳二加氢反应器除炔率是十分合理的。

2.2　碳二加氢床层温度数据监测

由于吸附在催化剂表面上的乙炔易加氢二聚生成1，3-丁二烯等不饱和烃，继续反应生成C6~C24等高聚物(绿油)。绿油会附着在催化剂表面堵塞孔道和活性中心，导致加氢活性和选择性逐渐下降。为了补偿活性的损失，装置一般是以提高床层的入口温度以保持碳二加氢催化剂活性的损失，但是提高温度后会进一步导致碳二加氢反应器选择性进一步下降和绿油生产量进一步增加，这样的恶性循环会导致催化剂使用周期缩短，生产成本升高。

基于以上问题，乙烯车间一方面根据碳二加氢反应器各床除炔率情况谨慎控制床层温度的提高，另一方面通过对床层温度的提高，观察碳二加氢反应器入口温度的变化的历史趋势，在相同的除炔率下，有效的预测下一步碳二加氢反应器入口温度的变化规律，并通过各床入口温度的变化去考虑三个反应床除炔率的分配情况。进入2021年5月发现碳二加氢反应器一床除却率明显下降，根据碳二加氢反应器大数据采集情况进行分析，若保持碳二加氢反应器一床除却率在38%左右，出入口温度及温差的预测如图4所示。

根据图4可以看出预测利用目前编程的数据采集系统预测到2021年10月底时碳二加氢反应器一床入口温度达到79.9℃，仍然处于较为合理的温度，所以，根据目前一床除却率进一步控制在38%左右的要求，可以提高碳二加氢反应器一床入口温度，并根据装置实际进行预测(图5中直线部分为预测值)，如图4所示。

	趋势值			
	日期	301D一床入口温度	301D一床出口温度	301D一床温升
565	2021-10-17	79.6615504	97.1620375	17.4863969
566	2021-10-18	79.6833647	97.1871234	17.4896156
567	2021-10-19	79.705179	97.2122094	17.4928342
568	2021-10-20	79.7269933	97.2372953	17.4960529
569	2021-10-21	79.7488076	97.2623813	17.4992715
570	2021-10-22	79.7706219	97.2874673	17.5024901
571	2021-10-23	79.7924362	97.3125532	17.5057088
572	2021-10-24	79.8142505	97.3376392	17.5089274
573	2021-10-25	79.8360648	97.3627251	17.512146
574	2021-10-26	79.8578791	97.3878111	17.5153647
575	2021-10-27	79.8796934	97.412897	17.5185833
576	2021-10-28	79.9015077	97.437983	17.521802
577	2021-10-29	79.923322	97.463069	17.5250206
578	2021-10-30	79.9451364	97.4881549	17.5282392
579	2021-10-31	79.9669507	97.5132409	17.5314579

图 4　碳二加氢反应器一床入口、出口温度预测值

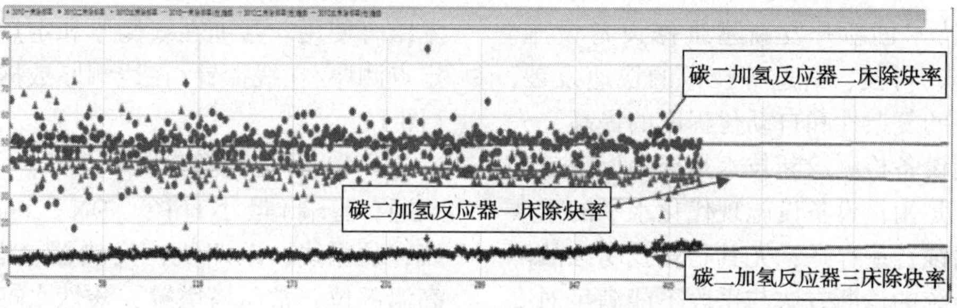

图 5　碳二加氢反应器各床除炔率预测图像

根据以上分析，乙烯装置最终决定适当提高碳二加氢反应器一床入口温度，保证其除却率达到 38%~40%，并根据实际情况进一步对碳二加氢反应器各床运行情况进行分析。

3　总结及进一步计划

通过对碳二加氢反应器大数据采集工作的展开和实施，对碳二加氢反应器各床催化剂运行情况有了更加深刻的了解，通过数据采集可以达到离线预测的目的，在指导生产的过程中起到了尤为重要作用，但目前仅为开发的初期，软件功能需要进一步完善，希望未来从以下几个方面实施：

(1) 继续对碳二加氢反应器工艺数据和 lims 数据进行收集，完善数据库；

(2) 对碳二加氢催化剂除缺率变化进行分类分析，希望能够通过机器学习的方法找出变化规律；

(3) 通过长周期监测，实现碳二加氢反应器第一床国产催化剂(PEC-21)的完整周期数据收集，为下一步实现将第三床催化剂国产化打下良好的数据基础。

参 考 文 献

[1] 梁玉龙，张展，付雯洁，等. PEC-21 催化剂在兰州石化应用情况分析[J]. 石油与天然气化工，2020，50(2)：23-29.

[2] 王松汉. 乙烯装置与运行[M]. 北京：中国石化出版社，2009：634-642.

应用先进技术手段提高设备安全保障能力

郑永博　雷雨田　柳建军　张　勇　钱义刚　魏治中

(中国石油庆阳石化公司)

摘　要　通过涡流检测技术在庆阳石化装置上的应用，成功发现隐患，落实安全措施，保障了设备本质安全。

关键词　涡流检测　定期检测　隐患发现　安全措施　本质安全

保养对于设备设施至关重要，季节的更替会使得设备设施所处环境的温度、湿度等理化指标都要发生变化。一个季节的使用会使设备设施的产生腐蚀、磨损、管路内产生阻塞等需要保养的情况。

1　通过技术创新开发新型维修设备设施。随着设备设施、科技、信息等技术的快速发展，伴随设备设施的复杂性和自动化程度的提高，先进的诊断检测设备检测诊断技术是提高保障效率的重要手段，是衡量设备设施现代化水平的重要标志。设备腐蚀普遍存在，尤其是查找腐蚀故障更加困难，传统的诊断方法与手段不能满足对高技术设备设施诊断的要求，为此，越来越重视故障检测诊断系统的应用。

1.1　据统计，先进测试技术的应用，能够保障设备设施安全运行，使设备设施的维修失效率提高10倍以上、故障诊断效能提高30%以上，并可在设备设施全寿命周期内节省20%以上的维修费用。

1.2　在设备设施领域的应用中，大量使用的数字化信息技术使得保障信息的获取、分析判断筛选、实时分发处理、优先存储传输等设备设施保障工作更可靠、更精确、更到位。在加大高新技术在保障设备设施中的使用力度投入，迅速提升了整个保障设备设施的总体性能。通过将人工智能技术、云技术等应用到状态监测及故障诊断设备中，给其赋予了人的意识和分析判断的能力。

1.3　脉冲涡流的技术特点是无需表面处理，在线检测，温度可高至500℃，扫查代替点测，大面积快速扫查，采用壁厚数据成像技术，直观显示壁厚结果，相比于其他面扫查技术，可实现不同管径，不同材质，不同工况(高空、高温)；及复杂环境下进行全面的面扫查。在线检测：获取检测数据更容易，检测范围更大，结果更准确。在生产运行期间，正在发挥越来越大的价值。与定点测厚、在线测厚、在线探针等各种技术结合使用。帮助在线测厚和定点测厚选点，对定点测厚/在线探针/在线测厚数据异常位置扩检(图1)。

1.4　石化装置管线(直管、弯头、大小头、三通、盲端)最小直径　DN<20mm，常顶挥发线，顶循线，减四线；换热器、塔器、储罐等，高温部位，常压塔塔壁，酸性水罐与闪蒸罐；高压空冷出入口管线，富液线，酸性气线，干气线，分馏塔顶大油气线，回炼油返塔管段，加热炉管的扫查，流化床炉(CFB)、煤粉炉、燃油炉、燃气锅炉炉管；小接管；不同型号和规格的阀门壁厚，设备入口短节管壁，埋地带PE层管线检测。重点位置：低温部位的腐蚀、分馏塔顶油气线顶循线、碱液线；高温部位的腐蚀油浆线回炼油线。硫磺装置再生酸性气空冷出口弯头。有些专业公司目前都已积累了丰富的经验。

1.5　不拆保温扫查项目有对于单点测量，理论上讲，每个管件都需要现场校准，并不能实现真正的不拆保温。生产现场的保温系统(偏心/不规则)会对脉冲涡流的检测造成巨大困扰，很难保证检测精度。传感器直径偏大，很容易导致误检和漏检。隔保温检测对检测人员经验和理论的要求非常高，否则很难保证检测质量。隔保温脉冲涡流检测的准确性复验很困难，检测效果很难判断生产现场容易出现严重腐蚀问题的地方，脉冲涡流隔保温检测往往应用受限制。穿透较厚的保温层往往检测效率非常低。

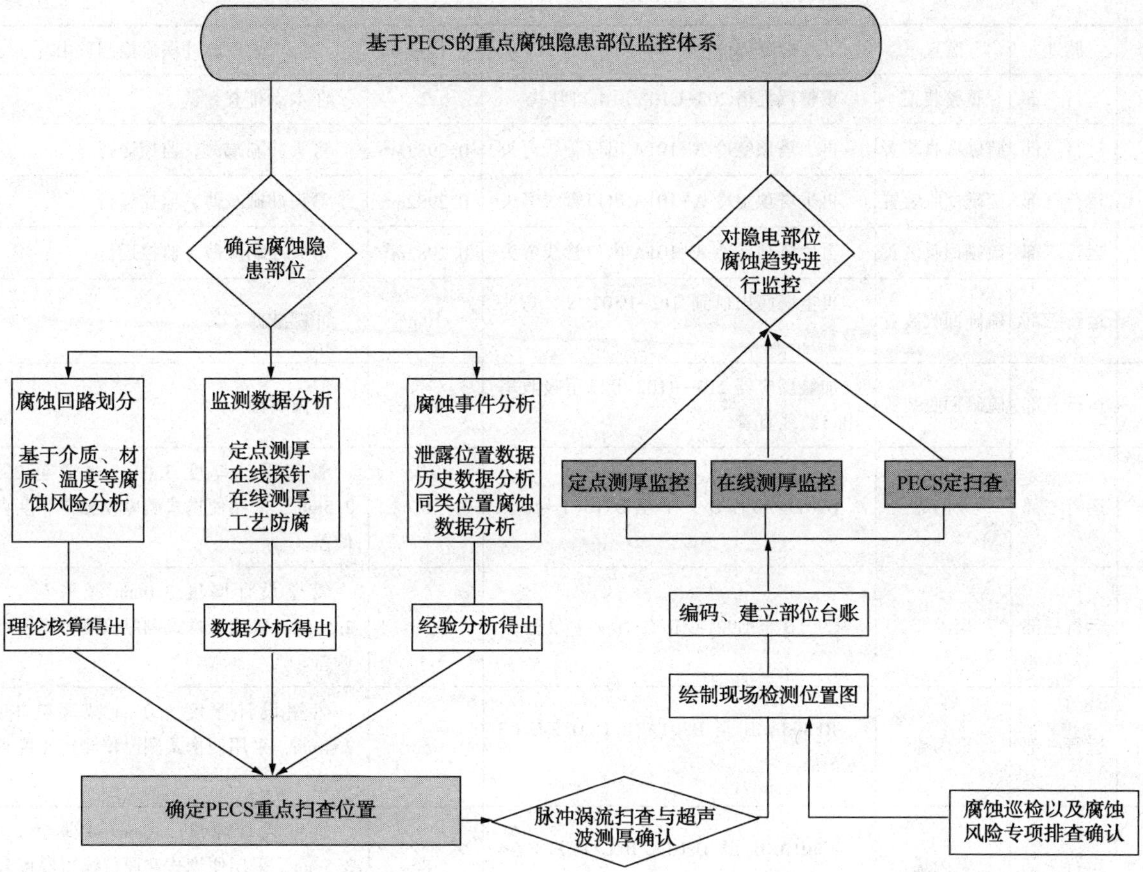

图 1

2 庆阳石化公司2021年5月份脉冲涡流检测计划(表1)

表 1

序号	属地	装置	检测部位(从＊＊至＊＊)	工作量/m	采用脉冲涡流检测理由
1	运行二部	重整装置	重整第一提升器203-D304至上部料斗203-D310	4	
2	运行二部	重整装置	重整第二提升器203-D331至上部料斗203-D312	2	
3	运行二部	重整装置	重整第二提升器203-D332至上部料斗203-D313	2	
4	运行二部	重整装置	重整第二提升器203-D333至上部料斗203-D314	3	
5	运行二部	重整装置	重整第二提升器203-D334至上部缓冲罐203-D301	3	
6	运行二部	柴油加氢	柴油加氢装置汽提塔顶空冷A-201进出口管线	4	助剂点排查
7	运行二部	柴油加氢	柴油加氢装置204-E102管程出口管线	2	注水点排查
8	运行二部	柴油加氢	柴油加氢反应产物空冷A101入口弯头	2	注水点排查

续表

序号	属地	装置	检测部位(从＊＊至＊＊)	工作量/m	采用脉冲涡流检测理由
9	运行二部	重整装置	重整汽提塔 203-C102 顶出口管线	2	注水点排查
10	运行三部	硫磺回收装置	再生塔顶空冷 A-101A 出口管线弯头	0.2982m^2	弯头冲刷减薄，监控运行
11	运行三部	硫磺回收装置	再生塔顶空冷 A-101A 出口管线弯头	0.2982m^2	弯头冲刷减薄，监控运行
12	运行三部	硫磺回收装置	再生塔顶空冷 A-101A 出口管线弯头	0.2982m^2	弯头冲刷减薄，监控运行
13	运行三部	硫磺回收装置	再生塔底出口到 212-P102 入口弯头及直管	10m	冲刷减薄
14	运行三部	硫磺回收装置	加氢反应器 210-R102 出口至吸收塔出口跨线直管	0.6m	高温腐蚀
15	运行三部	聚丙烯	D901A/B/C/D/E/F 至 D910(1号)	8	管壁设计厚度 3.0mm 减薄至 2.3～2.5mm，采用便携式测厚仪测得厚度存在偏差。
16	运行三部	聚丙烯	C901B 至 D901A/B/C/D/E/F(2号)	5	管壁设计厚度 3.0mm 减薄至 2.3～2.5mm，采用便携式测厚仪测得厚度存在偏差。
17	运行三部	聚丙烯	RF806A/B 至 D901A/B/C/D/E/F(3号)	5	管壁设计厚度 3.0mm 减薄至 1.9～2.4mm，采用便携式测厚仪测得厚度存在偏差。
18	运行三部	聚丙烯	C901A/B 至 D901A/B/C/D/E/F(4号/5号)	8	管壁设计厚度 3.0mm 减薄至 2.1～2.5mm，采用便携式测厚仪测得厚度存在偏差。
19	运行四部	烷基化	流出物碱洗罐 D210 进口弯头	0.3	上季度检测出现腐蚀情况，需再次检测分析腐蚀减薄速率
20	运行四部	烷基化	流出物碱洗罐 D210 出口弯头	0.3	上季度检测出现腐蚀情况，需再次检测分析腐蚀减薄速率
21	运行四部	烷基化	流出物水洗罐 D211 进口管线	5	上季度检测出现腐蚀情况，需再次检测分析腐蚀减薄速率
22	运行四部	烷基化	流出物水洗罐 D211 出口弯头	0.3	上季度检测出现腐蚀情况，需再次检测分析腐蚀减薄速率
23	运行四部	烷基化	脱异丁烷塔进料换热器 288-E-213 出口第二弯头	0.3	上季度检测出现腐蚀情况，需再次检测分析腐蚀减薄速率
24	运行四部	烷基化	脱异丁烷塔进料换热器 288-E-213 出口第二弯头后直管	2.5	上季度检测出现腐蚀情况，需再次检测分析腐蚀减薄速率
25	运行四部	烷基化	脱异丁烷塔进料换热器 288-E-213 出口第三弯头	0.3	上季度检测出现腐蚀情况，需再次检测分析腐蚀减薄速率
26	运行四部	烷基化	反应器 R201 管程入口前第二弯头	0.3	上季度检测出现腐蚀情况，需再次检测分析腐蚀减薄速率
27	运行四部	烷基化	反应器 R201B 管程入口前第二弯头	0.3	上季度检测出现腐蚀情况，需再次检测分析腐蚀减薄速率
28	运行四部	烷基化	排酸罐 D216 顶出口弯头	0.5	上季度检测出现腐蚀情况，需再次检测分析腐蚀减薄速率

续表

序号	属地	装置	检测部位(从＊＊至＊＊)	工作量/m	采用脉冲涡流检测理由
29	运行四部	烷基化	排酸罐 D216 顶进口弯头	0.5	上季度检测出现腐蚀情况，需再次检测分析腐蚀减薄速率
30	运行四部	烷基化	流出物碱洗罐 D210 进口前第一三通	0.5	上季度检测出现腐蚀情况，需再次检测分析腐蚀减薄速率
31	运行四部	烷基化	排酸泵 288-P-212 出口第二弯头	0.2	上季度检测出现腐蚀情况，需再次检测分析腐蚀减薄速率
32	运行四部	烷基化	废酸排出泵 P-220A 出口第三弯头	0.2	上季度检测出现腐蚀情况，需再次检测分析腐蚀减薄速率
33	运行四部	烷基化	循环异丁烷冷却器 E-208 出口第一弯头后直管	2	上季度检测出现腐蚀情况，需再次检测分析腐蚀减薄速率
34	运行四部	烷基化	循环异丁烷冷却器 E-208 出口三通	0.6	上季度检测出现腐蚀情况，需再次检测分析腐蚀减薄速率
35	运行四部	烷基化	循环异丁烷冷却器 E-208 出口三通后直管	1	上季度检测出现腐蚀情况，需再次检测分析腐蚀减薄速率
36	运行四部	烷基化	循环异丁烷冷却器 E-208 出口三通后变径	0.1	上季度检测出现腐蚀情况，需再次检测分析腐蚀减薄速率
37	运行四部	烷基化	反应器 R201A 入口前直管	3.5	上季度检测出现腐蚀情况，需再次检测分析腐蚀减薄速率
38	运行四部	烷基化	反应器 R201A 入口前三通西侧直管	0.8	上季度检测出现腐蚀情况，需再次检测分析腐蚀减薄速率
39	运行四部	烷基化	反应器 R201A 入口前三通东侧直管	0.8	上季度检测出现腐蚀情况，需再次检测分析腐蚀减薄速率
40	运行四部	烷基化	反应器 R201B 入口前三通东侧直管	0.8	上季度检测出现腐蚀情况，需再次检测分析腐蚀减薄速率
41	运行四部	异构化	硫保护罐出料空冷 286-A-101 入口北侧弯头	1	上季度检测出现腐蚀情况，需再次检测分析腐蚀减薄速率
42	运行四部	异构化	硫保护罐出料空冷 286-A-101 入口南侧弯头	1	上季度检测出现腐蚀情况，需再次检测分析腐蚀减薄速率
43	运行四部	异构化	异构化汽油空冷 286-A-104 入口北侧弯头	1	上季度检测出现腐蚀情况，需再次检测分析腐蚀减薄速率
44	运行四部	异构化	异构化汽油空冷 286-A-104 入口南侧弯头	1	上季度检测出现腐蚀情况，需再次检测分析腐蚀减薄速率
45	运行四部	异构化	反应器出口分液罐 D-107 出口弯头	0.8	上季度检测出现腐蚀情况，需再次检测分析腐蚀减薄速率
46	运行四部	异构化	反应器出口分液罐 D-107 出口直管	1	上季度检测出现腐蚀情况，需再次检测分析腐蚀减薄速率
47	运行四部	异构化	P105 出口阀组至 UV-02201 前弯头	0.8	上季度检测出现腐蚀情况，需再次检测分析腐蚀减薄速率

续表

序号	属地	装置	检测部位(从＊＊至＊＊)	工作量/m	采用脉冲涡流检测理由
48	运行四部	异构化	P105出口至E108壳程入口混氢点变径	0.5	上季度检测出现腐蚀情况，需再次检测分析腐蚀减薄速率
49	运行四部	异构化	P105出口至E108壳程入口混氢点三通	0.5	上季度检测出现腐蚀情况，需再次检测分析腐蚀减薄速率
50	运行四部	异构化	P105出口至E108壳程入口混氢点弯头	0.5	上季度检测出现腐蚀情况，需再次检测分析腐蚀减薄速率
51	运行四部	异构化	后置反应器R102至E108出口第一弯头	0.8	上季度检测出现腐蚀情况，需再次检测分析腐蚀减薄速率
52	运行四部	异构化	反应器R101至E109管程出口第一弯头	0.8	上季度检测出现腐蚀情况，需再次检测分析腐蚀减薄速率
53	运行四部	异构化	反应器进料加热器E110至R102三层平台处弯头	0.8	上季度检测出现腐蚀情况，需再次检测分析腐蚀减薄速率
54	运行四部	异构化	自E109管程至R102入口前第二弯头	0.8	上季度检测出现腐蚀情况，需再次检测分析腐蚀减薄速率
55	运行四部	异构化	循环氢干燥器D109入口再生线1#弯头	0.8	上季度检测出现腐蚀情况，需再次检测分析腐蚀减薄速率
56	储运	308单元	油浆销售线	3	弯头冲刷壁厚减薄，管壁是否减薄，是否存在缺陷
57	储运	308单元	液化气销售线	5	弯头冲刷壁厚减薄，管壁是否减薄，是否存在缺陷
58	储运	308单元	苯销售线	3	弯头冲刷壁厚减薄，管壁是否减薄，是否存在缺陷
59	储运	308单元	液化气1#鹤管	2	弯头冲刷壁厚减薄，管壁是否减薄，是否存在缺陷
60	储运	308单元	丙烷1#鹤管	2	弯头冲刷壁厚减薄，管壁是否减薄，是否存在缺陷
61	储运	308单元	丙烷2#鹤管	2	弯头冲刷壁厚减薄，管壁是否减薄，是否存在缺陷
62	储运	312管廊	312管廊301泵房处热媒水管线	1	三通处冲刷壁厚减薄，出现腐蚀穿孔3次，是否存在缺陷
63	储运	302单元	302泵房码头处油浆线	1	弯头冲刷壁厚减薄，管壁是否减薄，是否存在缺陷
64	储运	306单元	306单元催化汽油线	1	弯头冲刷壁厚减薄，管壁是否减薄，是否存在缺陷
65	动力	制冷换热站	制冷机A换热器管束(从进水侧至出水侧)	ϕ10铜管，计划检测200支，长度约1100米	制冷机A管束泄漏，目前检查已堵漏9支，部分微漏点正在查找，主要集中在隔板上下，按照运行部安排计划对隔板上下各两排34＊4=136支管进行全部检测，其余部位抽查64支管，防止开机后重新出现漏点导致制冷机无法运行。

3　庆阳石化脉冲涡流缺陷扫查。5月下旬，机动设备处责成天津因科对装置重点腐蚀部位进行例行设备体检，此次扫查问题主要集中在运行二部重整装置，运行三部聚丙烯装置和硫磺回收装置。

6月初，对运行二部重整第二提升器203-D312提升线卡具注胶。对运行三部硫磺回收装置R201出口至吸收塔出口跨线直管补焊。对腐蚀速率高、减薄明显部位落实了安全措施(图2)。

图2

3.1　运行二部

3.1.1　第二提升线

(1) 检测位置现场示意图(图3)

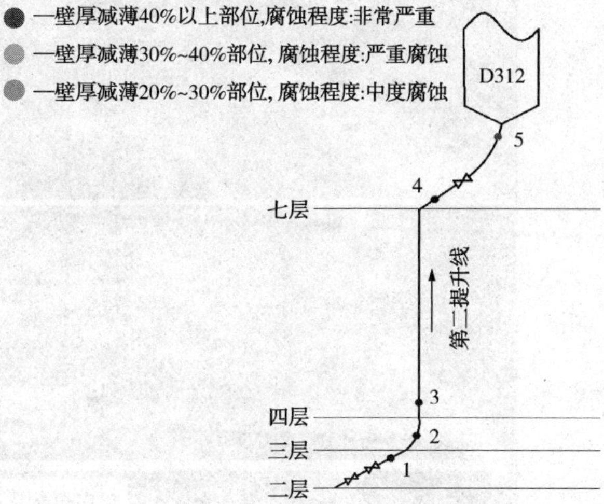

图3

(2) 检测数据(表2)

表2

检测部位编号	检测部位位置	材质	规格		检测最大值/mm	检测最小值/mm	上次检测最小值/mm	减薄率	最小值位置
			管径	壁厚/mm					
1	二层平台1#弯管	1.25Cr0.5Mo	DN80	9.5	11.23	10.15	—	—	—
2	三层平台2#弯管	1.25Cr0.5Mo	DN80	9.5	11.55	10.26	—	—	—
3	四层平台3#弯管	1.25Cr0.5Mo	DN80	9.5	11.07	10.54	—	—	—
4	七层平台4#弯管	1.25Cr0.5Mo	DN80	9.5	11.15	9.98	—	—	—
5	七层平台5#弯管	1.25Cr0.5Mo	DN80	9.5	8.91	4.58	—	51.79%	打卡子上部外弯

(3) 检测情况说明

如图4所示，第二提升线5#弯管(单线图中位置5)经检测发现该弯管存在腐蚀减薄现象，该弯管打卡子上部外弯整体减薄明显，弯管打卡子上部外弯壁厚值基本在4.58~7.00mm，实测壁厚最大值8.91mm，最小值为4.58mm(上次检测最小值部位已进行打卡子处理)，设计壁厚9.5mm，壁厚减薄率为51.79%(表2)。现场已进行标记措施，具体检测情况已和车间进行沟通汇报，建议车间对该位置进行相应的补强措施并在条件允许的情况下对其进行跟换。

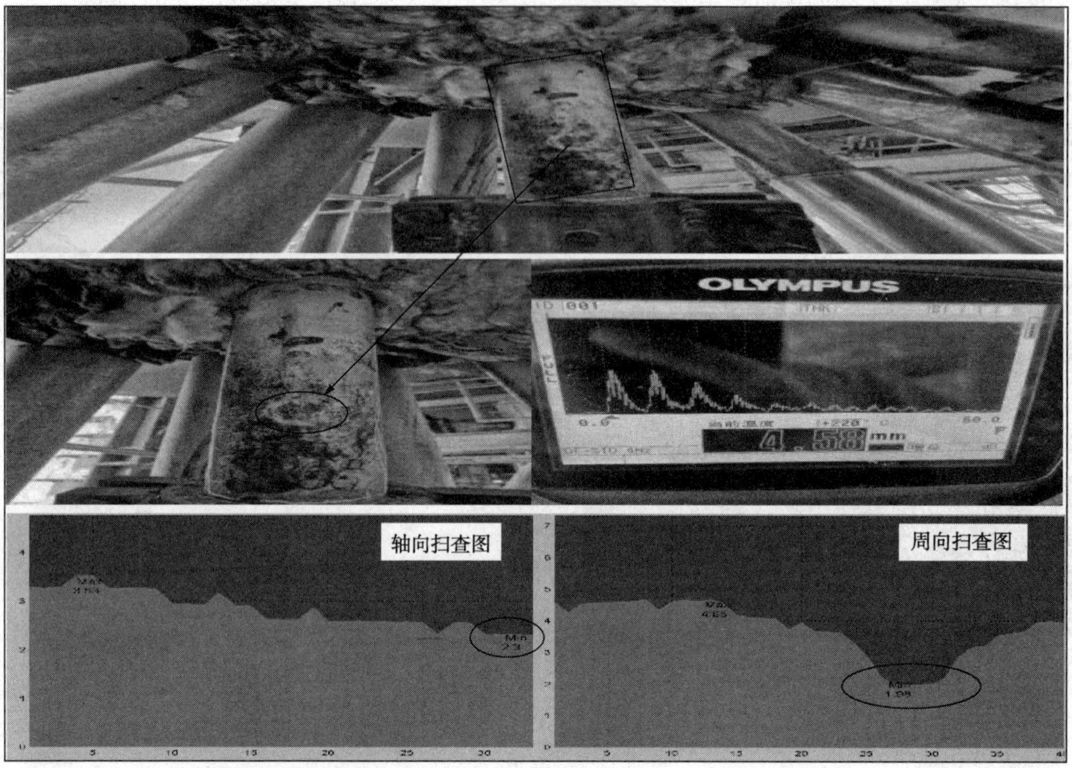

图 4　第二提升线 5#弯管现场照片及脉冲涡流扫查图

3.1.2　第三提升线

（1）检测位置现场示意图(图 5)

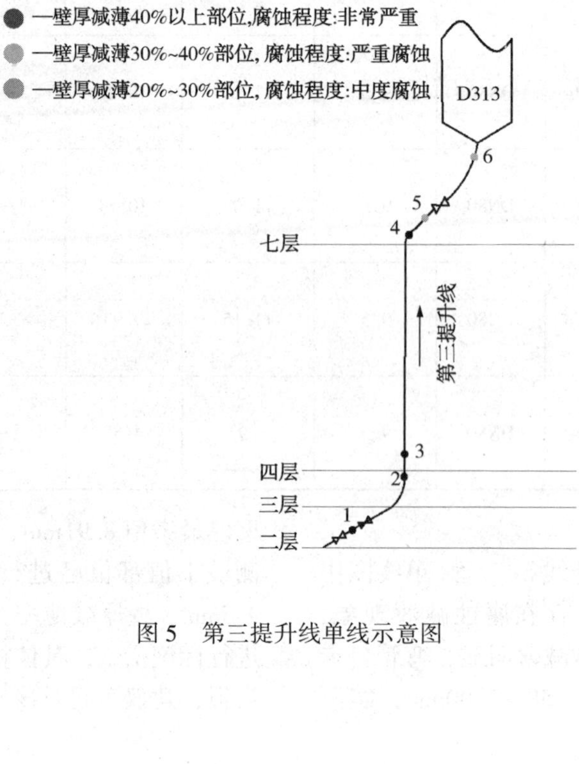

图 5　第三提升线单线示意图

（2）检测数据(表 3)

表 3

检测部位编号	检测部位位置	材质	规格		检测最大值/mm	检测最小值/mm	上次检测最小值/mm	减薄率	最小值位置
			管径	壁厚/mm					
1	二层平台阀前 1#短节	1. 25Cr0. 5Mo	DN80	9. 5	11. 12	9. 10	—	4. 21%	—
2	三层平台 2#弯管	1. 25Cr0. 5Mo	DN80	9. 5	11. 42	10. 11	—	—	—
3	四层平台 3#弯管	1. 25Cr0. 5Mo	DN80	9. 5	11. 33	10. 52	—	—	—
4	七层平台 4#弯管	1. 25Cr0. 5Mo	DN80	9. 5	10. 43	7. 65	—	19. 47%	—
5	七层平台 5#弯管	1. 25Cr0. 5Mo	DN80	9. 5	9. 27	6. 99	—	26. 42%	弯管北侧中心
6	七层平台 6#弯管	1. 25Cr0. 5Mo	DN80	9. 5	9. 41	6. 95	—	26. 84%	打卡子上部外弯处

(3) 检测情况说明

如图 6 所示，第三提升线 6#弯管(单线图中位置 6)经检测发现该弯管存在壁厚腐蚀减薄现象。最小值部位位于弯管外弯靠近打卡子处，该弯管实测壁厚最大值 9. 41mm，最小值为 6. 95mm，设计壁厚 9. 5mm，壁厚减薄率为 26. 84%。第三提升线七层平台 5#弯管也发现减薄现象，检测最小值位于该弯管北侧中心处(表 3)。现场已进行标记措施，具体检测情况已和车间进行沟通汇报，建议车间对该弯管进行周期性监控措施。

图 6　第三提升线 6#弯管现场照片及脉冲涡流扫查图

3. 1. 3　第四提升线

(1) 检测位置现场示意图(图 7)

(2) 检测数据(表 4)

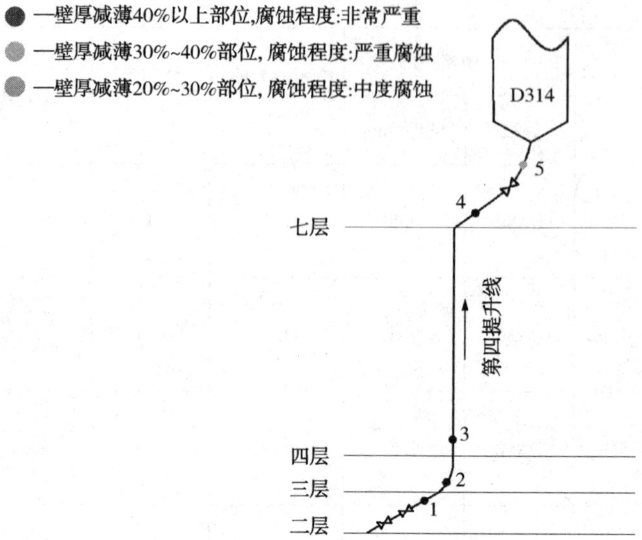

图 7　第四提升线示意图

表 4

检测部位编号	检测部位位置	材质	规格		检测最大值/mm	检测最小值/mm	上次检测最小值/mm	减薄率	最小值位置
			管径	壁厚/mm					
1	二层平台1#直管	1.25Cr0.5Mo	DN80	9.5	9.75	8.13	—	14.42%	—
2	三层平台2#弯管	1.25Cr0.5Mo	DN80	9.5	9.22	7.93	—	16.53%	—
3	四层平台3#直管	1.25Cr0.5Mo	DN80	9.5	9.64	8.17	—	14.00%	—
4	七层平台4#直管	1.25Cr0.5Mo	DN80	9.5	9.43	7.75	—	18.42%	—
5	七层平台5#弯管	1.25Cr0.5Mo	DN80	9.5	10.34	7.07	—	25.58%	打卡子上部外弯

(3) 检测情况说明

如图 8 所示，第四提升线七层平台 5#弯管(单线图中位置 5)经检测发现壁厚腐蚀减薄现象。检测最小值部位位于该弯管打卡子外弯中间位置，实测壁厚最大值 10.34mm，实测壁厚最小值 7.07mm，(上次实测壁厚最小值部位已进行打卡子处理)设计壁厚 9.5mm，减薄率 25.58%(表 4)。现场已进行标记措施，具体检测情况已经跟车间沟通汇报，建议对该位置采取重点周期性监控。

图 8　第四提升线 5#弯管现场照片及脉冲涡流扫查图

3.2 运行三部

3.2.1 粒料进 D901 管线

（1）检测位置现场示意图(图 9)

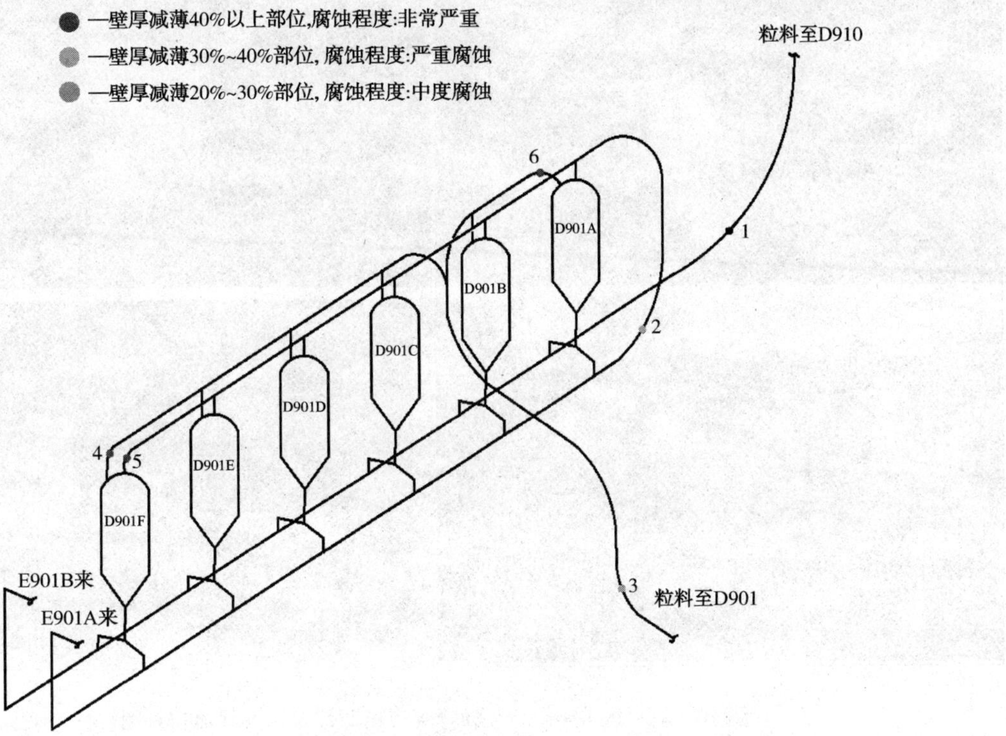

图 9　粒料进 D901 管线单线示意图

（2）检测数据(表 5)

表 5

检测部位编号	检测部位位置	材质	规格		检测最大值/mm	检测最小值/mm	上次检测最小值/mm	减薄率	最小值位置
			管径	壁厚/mm					
1	1#弯管	不锈钢	DN250	3	2.83	2.41	2.43	19.67%	外弯中心
2	2#弯管	不锈钢	DN250	3	2.74	2.25	2.38	25.00%	外弯中心
3	3#弯管	不锈钢	DN200	3	2.78	2.31	2.42	23.00%	外弯中心
4	4#弯管	不锈钢	DN200	3	2.89	1.75	1.94	41.67%	外弯中心
5	5#弯管	不锈钢	DN250	3	2.86	1.76	1.87	41.33%	外弯中心
6	6#弯管	不锈钢	DN200	3	2.91	1.74	—	42.00%	外弯中心

（3）检测情况说明

如图 10 所示，粒料进 D901 管线 6#弯管(单线图中位置 6)经检测发现弯管外弯整体减薄，该弯管实测壁厚最大值 2.91mm，最小值为 1.74mm，设计壁厚 3mm，壁厚减薄率为 42.00%，该管线的 2#弯管、3#弯管、4#弯管、5#弯管均发现腐蚀减薄现象，且整体都存在不同程度减薄。建议车间对该位置对其进行相应的补强措施并在条件允许的情况下对其进行跟换。

图 10　粒料进 D901 管线 6#弯管现场照片及脉冲涡流扫查图

3.2.2　加氢反应器 R102 出口管线

(1) 检测位置现场示意图(图 11)

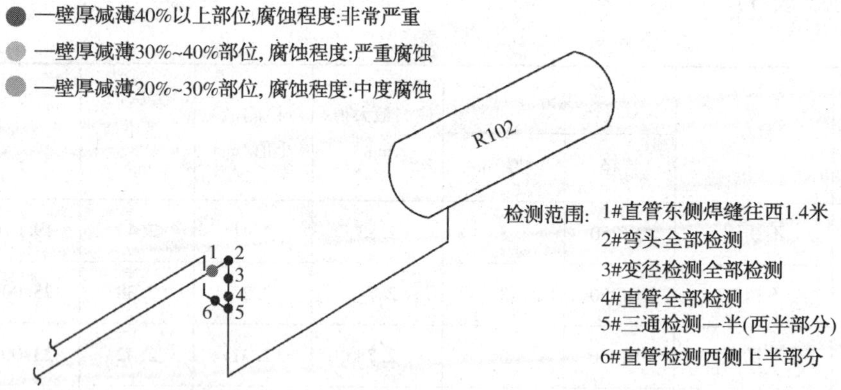

图 11

(2) 检测数据(表 6)

表 6

检测部位编号	检测部位位置	材质	规格		检测最大值/mm	检测最小值/mm	上次检测最小值/mm	减薄率	最小值位置
			管径	壁厚/mm					
1	1#直管	碳钢	DN250	7.8	8.65	1.64	6.20	78.97%	打卡子东侧底部
2	2#弯头	碳钢	DN250	7.8	11.23	8.84	—	—	—
3	3#变径	碳钢	250→300	7.8	9.18	7.79	—	—	—

续表

检测部位编号	检测部位位置	材质	规格		检测最大值/mm	检测最小值/mm	上次检测最小值/mm	减薄率	最小值位置
			管径	壁厚/mm					
4	4#直管	碳钢	DN300	8.5	8.08	7.43	—	—	—
5	5#三通	碳钢	DN300	8.5	13.78	10.04	—	—	—
6	6#直管	碳钢	DN300	8.5	8.64	7.77	—	—	—

(3) 检测情况说明

如图12所示，加氢反应器R102出口1#直管(单线图中位置1)经检测发现该直管下部整体存在壁厚腐蚀减薄。最小值部位位于直管打卡子东侧底部，卡子底部附近存在严重外腐蚀，且打卡子底部附近有明显的外部腐蚀凹坑。该直管底部东侧焊缝往西1.4m内发现多处腐蚀减薄现象，直管底部壁厚值大部分在6.5mm左右且有两处壁厚值小于5.5mm。该直管实测壁厚最大值8.65mm，最小值为1.64mm，设计壁厚7.8mm，壁厚减薄率为78.97%(表6)。现场已进行标记措施，具体检测情况已和车间进行沟通汇报。建议车间对该直管底部减薄位置采取补强措施并在条件允许的情况下对其进行更换。

图12 加氢反应器R102出口1#直管现场照片及脉冲涡流扫查图

(2) 检测数据(表7)

3.2.3 再生塔顶空冷212-A-101A/B出口管线

(1) 检测位置现场示意图(图13)

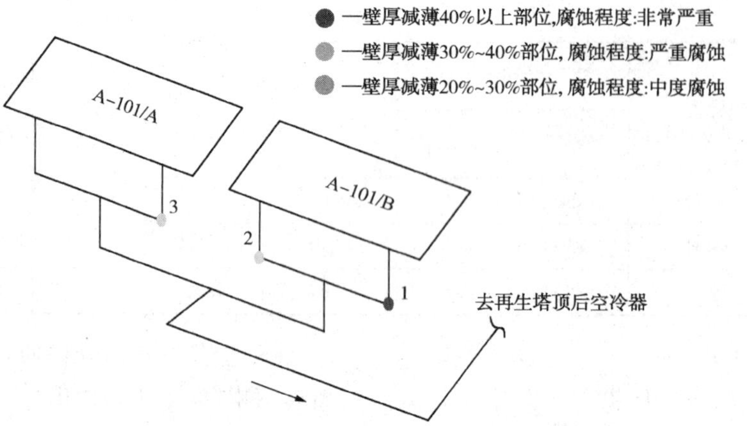

图 13　再生塔顶空冷 212-A-101A/B 出口管线示意图

表 7

检测部位编号	检测部位位置	材质	规格		检测最大值/mm	检测最小值/mm	上次检测最小值/mm	减薄率	最小值位置
			管径	壁厚/mm					
1	1#弯头	不锈钢	DN200	4	5.85	2.36	2.37	41.00%	外弯中心
2	2#弯头	不锈钢	DN200	4	5.47	2.52	2.54	37.00%	外弯中心
3	3#弯头	不锈钢	DN200	4	5.13	2.71	2.71	32.25%	外弯中心

(3) 检测情况说明

如图 14 所示，再生塔顶空冷 212-A-101A/B 出口 1#弯头(单线图中位置 1)经检测发现壁厚严重腐蚀减薄。该弯头外弯整体减薄，检测最小值部位位于该弯头外弯中间位置，实测壁厚最大值 5.85mm，实测壁厚最小值 2.36mm，(上次实测壁厚最小值 2.37mm)设计壁厚 4mm，减薄率 41.00%(表 7)。现场已进行标记措施，具体检测情况已经跟车间沟通汇报，建议对该位置采取重点周期性监控。

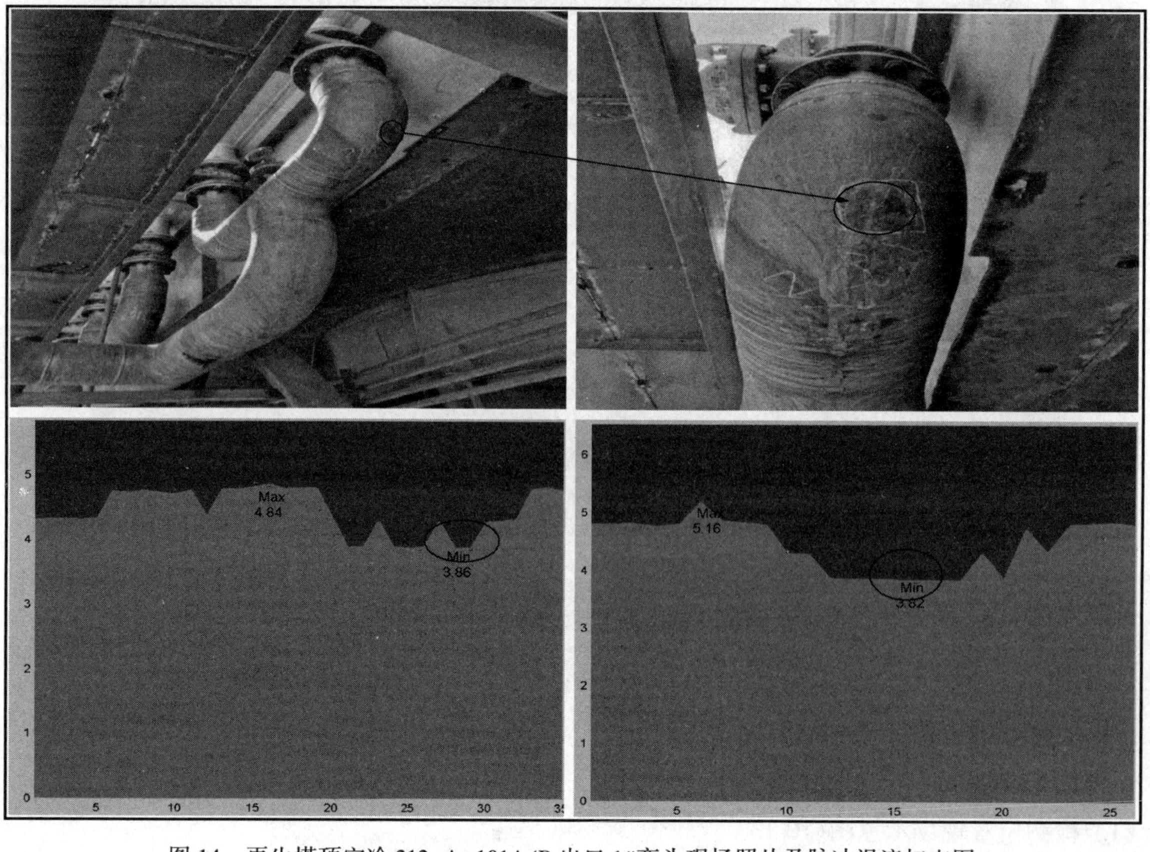

图 14　再生塔顶空冷 212-A-101A/B 出口 1#弯头现场照片及脉冲涡流扫查图

4 本次扫查装置为：

4.1 运行二部：检测管件共计48件；发现减薄率超过40%的位置1处；建议根据情况进行补强或更换；未发现减薄率30%~40%位置；发现减薄率20%~30%的位置3处，建议进行周期性检测。

4.2 运行三部：检测管件共计21件；发现减薄率超过40%的位置5处；建议根据情况进行补强或更换；减薄率30%~40%位置2处，减薄20%~30%位置2处，建议进行周期性检测。

4.3 运行四部：检测管件共计21件；未发现减薄率超过20%以上的位置。

5 隐患消除后管理措施落实：通过梳理，机动设备处要求属地执行每月申报设备涡流检测计划，严格执行，严格控制计划费用，对发现隐患及时治理。

5.1 减薄率在20%~30%的位置9~12个月之间进行周期监控；

5.2 减薄率在30%~40%的位置6个月左右进行周期性监控；

5.3 减薄率在40%以上位置如果未采取处理措施，建议3个月左右进行复检

5.4 减薄率在40%以上位置如果已进行补强或更换，后续考虑此部位及其周边管线6个月进行一次检测

5.5 管线所有减薄30%以上部位，对其上下游管线进行整体排查。

5.6 下周期对运行二部重整装置的5条提升线(重点对第二提升线、第三提升线、第四提升线进行脉冲涡流扫查检测)、干燥塔底部出口管线、循环氢和新氢混合点前后管线；重整分馏系统：分馏塔顶空冷器入口管线、脱戊烷塔顶空冷出入口管线；抽提系统：环丁砜溶剂再生系统管线。

5.7 运行三部聚丙烯装置的粒料进D901管线；硫磺回收装置的再生塔顶空冷A-101A出口管线，加氢反应器R102出口管线，急性水空冷出入口管线，急性水泵的出入口管线进行脉冲涡流扫查检测。

结论：涡流技术的先进行在庆阳石化隐患排查中实践应用，有助于设备本质安全的保障，能及时发现设备隐患，落实安全措施，值得长期坚持并大力推广。

参 考 文 献

[1] 黄松龄. 电磁无损检测新技术[M]. 北京：清华大学出版社，2014：28-31.

[2] 周德强，田贵云，王海涛，等. 脉冲涡流无损检测技术的研究进展[J]. 无损检测，2011(10)：28-32，38.

附墙燃烧梯形加热炉的开发与应用

董　罡　魏学军　李　月

(中石油华东设计院有限公司)

摘　要　中石油华东设计院有限公司在吸收了国内外延迟焦化装置加热炉的先进技术的基础上，自主研发了底烧梯形加热炉，本文详细介绍了底烧梯形加热炉在延迟焦化装置加热炉的技术开发和应用案例，重点介绍了国内首次应用的对流段及辐射段均为独立管程模式的多管程梯形焦化炉，该焦化炉在处理炉管结焦时的操作更方便灵活，适应较宽范围加工量的变化。底烧梯形加热炉技术已经应用在了多个新建项目上，可实现装置安全高效、长周期运行。

关键词　附墙燃烧　单管程单室结构　梯形炉　CFD数值模拟

1　国内焦化加热炉技术发展简述

1.1　概述

延迟焦化装置的加热炉(以下简称焦化炉)是影响装置长周期运行和效益的重要设备，伴随着我国延迟焦化装置的大型化的发展和技术进步，延迟焦化装置的焦化炉也经历了单面辐射箱式炉、双面辐射箱式炉和梯形炉的三个发展时期。

2008年，随着中海油惠州炼化公司引进的美国福斯特惠勒公司六辐射室六管程双面辐射卧管梯形炉的建成，国内工程公司也相继开始进行梯形炉的技术开发和工程设计，单管程加工能力达到0.40Mt/a。2010年以后，中石化、中石油新建的延迟焦化装置多数已采用国内工程公司设计的梯形焦化炉(图1、图2)。

图1　美国福斯特惠勒公司梯形焦化炉

图2　山东某炼化企业梯形焦化炉(SEI专利)

1.2　梯形焦化炉技术要点：

焦化炉主要技术要点：

(1) 双面辐射卧管梯形炉，一个辐射室只有一路炉管；

(2) 较高冷油流速：线速度>2m/s；采用多点注汽技术适时增大介质流速，使其处于高湍流状态，提高管壁焦垢脱离速度，降低管壁生焦速度；

(3) 油品在管内>426℃(800F)停留时间≯35s；

(4) 更高的焦化反应温度，炉出口温度达505~515℃；

(5) 具有炉管在线清焦手段，延长装置运行周期；

(6) 炉膛设置密闭看火孔，无空气泄露，采用CO控制燃烧技术，节能减排。

双面辐射卧管梯形炉技术使炉管保持更为均匀和更高的平均表面热强度，可以提高加热炉出口温度，增加给热量，提高了焦炭塔内的反应温度和深度，有利于提高液体产品收率，降低焦炭产率。配套的在线清焦手段则可延长加热炉的运行周期，能保证装置运行时间延长到4年以上，降低了操作费用。焦化温度每提高5℃，液体产品收率将增加1%，还可把焦炭"熬"得更干，最大程度地降低石油焦挥发分的含量，经济效益更佳，且有利于本质环保。采用提高炉出口温度的方法增加生焦反应给热量，要比延长管内停留时间更安全可靠，炉管更不易结焦。以规模为100万吨/年的装置为例，液收提高2%，每年可增效约2000万人民币。

梯形炉主要设计参数如表1所示。

表1　国内典型梯形焦化主要设计参数

焦化炉所属公司	炉管规格/mm	冷油流速/($kg/m^2 \cdot s$)	线速度/(m/s)	单管程最大进料量/(t/h)	炉出口温度/℃
中海油惠州炼化	ϕ127×12.7	2028	2.06	59.2	513
中石油广东石化	ϕ120.7×14.1	2396	2.3	57.97	504
中石油云南石化	ϕ114.3×11.13	2047	1.98	47.6	510
中石油锦州石化	ϕ127×10	1918	1.96	62.1	500

2　底烧式附墙燃烧梯形焦化炉技术的开发

2.1　底烧梯形焦化炉技术

针对双面辐射箱式焦化炉的不足，中石油华东设计院有限公司(以下简称华东院)自主研发了一种底烧式附墙燃烧梯形焦化炉，焦化炉辐射室的截面形状呈下大上小的梯形结构，火焰呈扇形贴着炉侧墙斜向上燃烧，从而有效地提高辐射室炉膛上、下部烟气温度场和热强度场的均匀性，使得辐射室上、下部的炉管表面热强度周向不均匀系数小，火焰对炉管的加热均匀，使炉管内介质有稳定的温升梯度，减缓了原料油在炉管内的结焦。本实用新型还提供了多种辐射室-对流室组合形式，以增强加热炉应对延迟焦化装置加工量变化的调节灵活性，并且适应各种在线炉管除焦手段，用以实现装置的安全平稳、长周期运行，提高延迟焦化装置的经济效益。

2.1.1　梯形焦化炉炉墙倾斜角度的确定：

在梯形焦化炉设计开发过程中，我们利用CFD数值模拟方法，将侧墙垂直的箱式焦化炉作为基准工况，再将侧墙调整成三个倾斜角度(相对炉底平面分别倾斜87°、84°、80°)的工况作为另三种对比工况，对辐射室内的燃烧和传热进行数值模拟，比较这几种工况炉膛内烟气流动状态与温度场情况，来得出最有利于炉膛燃烧传热的结构(图3~5)。

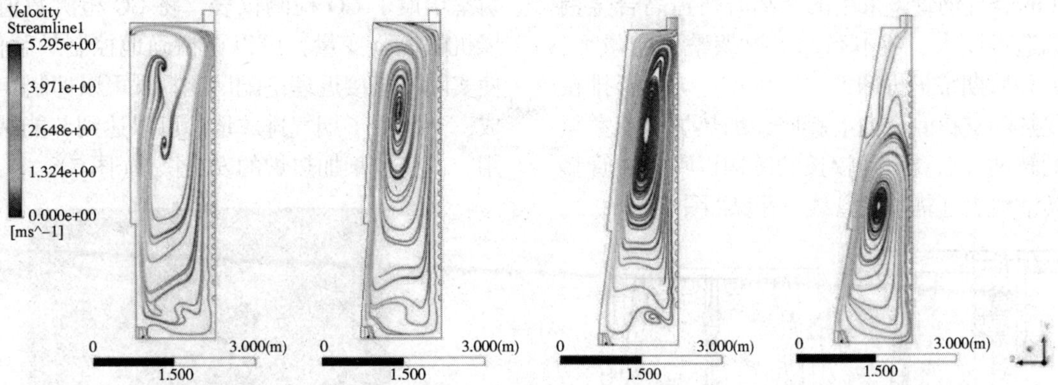

图3　典型截面烟气流动场

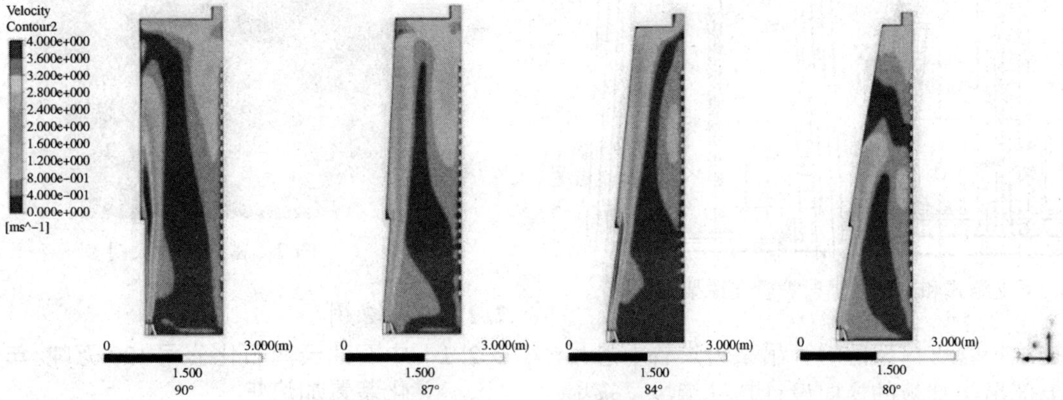

图4　典型截面烟气流速场

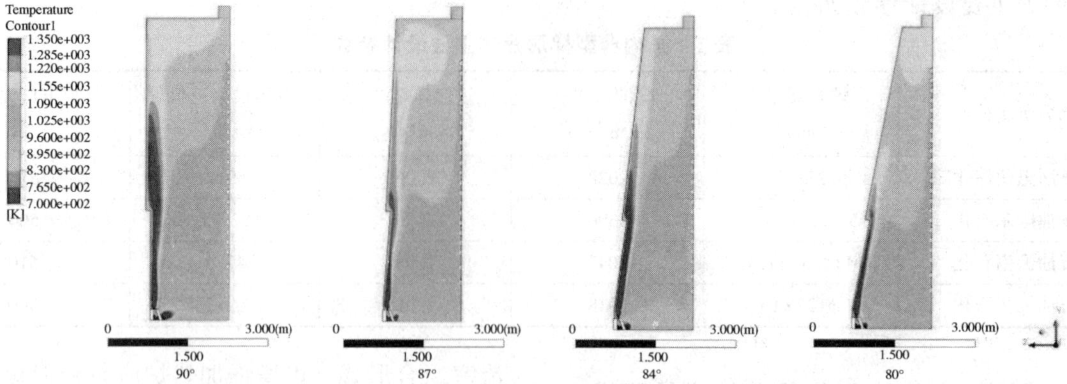

图 5　典型截面温度场

对于附墙燃烧，梯形焦化炉的炉膛烟气流动、温度分布比普通侧墙垂直的焦化炉效果好很多，能够更大限度地突出附墙燃烧器的优势，从而提高炉膛传热效率，改善炉管受热不均，减少和延缓炉管结焦。对于附墙燃烧梯形焦化炉，侧墙的倾斜程度会影响炉膛内的烟气流动、温度分布。通过模拟分析我们得出 87°~85°的侧墙倾斜角度是最为理想，倾斜程度过大反而不利于炉膛内热量的传递。

2.1.2　辐射炉管支撑架的设计

下支撑式炉管支撑架的主体管柱是两根外径 Φ219mm 的竖直钢管，采用的是离心铸造高合金钢钢管，制造难度大、成本高、支撑架整体质量大，前期安装和后期维护拆卸也比较困难。炉管管排在炉膛中受热随支撑管架向上膨胀，加热炉对流室至辐射室的转油线需要设计较长的结构以吸收炉管膨胀量，转油线上还需增设管线支吊架(图 6)。

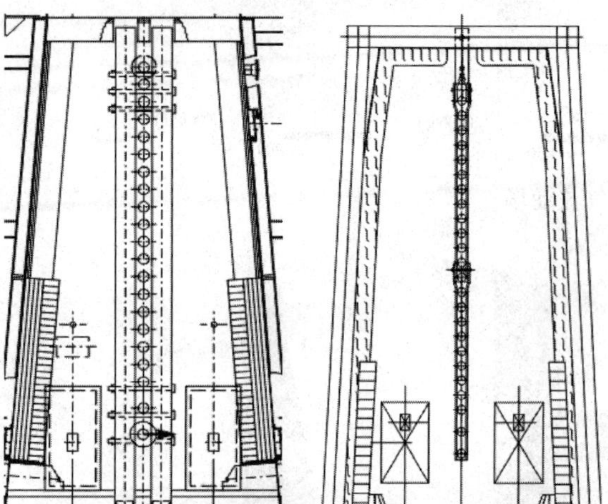

图 6　下支撑式和吊挂式辐射炉管支撑架对比图

吊挂式炉管支撑架的炉管吊架为炉管上悬吊结构，上部吊架耳板的换向设计巧妙解决了辐射室顶部空间狭窄及仅有横梁悬挂结构限制的问题，管架均为静态铸造件。由于吊架与炉管管排受热后一同向下膨胀，故无需考虑炉管的膨胀支撑问题，能够缩短对流室至辐射室的转油线的长度设计，从而减少支撑投入，降低造价，提高梯形加热炉的经济性，上吊式比下支撑式造价低约 60%以上。炉管吊架的安装、维护和拆卸也更加简单易行(图 6)。

2.1.3　CO 燃烧控制技术及密闭看火门

底烧梯形加热炉辐射室看火门均为密闭看火门的设计，这是采用 CO 燃烧控制技术的保证，在辐射室增设了 CO 检测仪表，将 CO 检测数值作为鼓风机的控制变量，可以更精确地控制炉膛供风量，使实际燃烧接近理论配风比，既可以抑制 NOx 的生成，又减少了烟气排放量，可以达到节能减排的作用，也有利于加热炉的安全操作(图 7)。

图 7　密闭式看火门

2.2　应用案例

2.2.1　中石油云南石化公司 120 万吨/年延迟焦化装置加热炉

由中石油华东设计院有限公司(以下简称华

东院）总承包建设中的云南石化120万吨/年延迟焦化装置焦化炉是国内第一套对流段及辐射段均为独立管程模式的多管程梯形焦化炉，并且采用了“底烧式梯形加热炉”、“宽火焰扁平附墙低氮氧化物节能型气体燃烧器”和新型“辐射室炉管吊架”三项华东院自主专利技术。华东院工业炉专业在开发新炉型的过程中，利用CFD数值模拟方法，对辐射室内的燃烧和传热进行数值模拟，比较多种工况炉膛内烟气流动状态与温度场情况，得出最有利于炉膛燃烧传热的结构。该套装置设计难点是要求掺炼25%的催化油浆（实际运行掺炼催化油浆比例超过30%），针对掺炼催化油浆炉管易结焦和磨损的问题，我们设计了每一管程炉管的辐射室和对流室均独立设置的梯形炉，使得焦化炉在处理炉管结焦时的操作更方便，灵活适应各种加工量的变化。该套装置于2018年1月15日一次开车运行成功并稳定运行，生产出合格产品，对云南石化公司全厂流程调整、物料优化起到了积极的作用（图8、图9）。

图8　云南石化延迟焦化装置-底烧梯形焦化炉

图9　底烧梯形焦化炉炉膛附墙燃烧火焰

2.2.2　山东京阳科技股份有限公司针状焦装置加热炉

山东京阳科技股份有限公司一期10万吨/年针状焦延迟焦化装置为华东院院首次设计的针状焦焦化装置，于2017年11月11日投产成功，生产出品质优良的针状焦产品。二期10万吨/年针状焦延迟焦化装置与2019年12月28日投产成功，顺利出焦并生产出合格的高端接头用针状焦。一、二期装置均采用了底烧梯形加热炉成套专利技术（图10）。

图10　山东京阳针状焦装置底烧梯形焦化炉

2.3　渣油加氢装置加热炉应用案例

由华东院（CEI）总承包的中石油锦州石化和锦西石化两套150万吨/年渣油加氢装置反应进料加热炉的设计方案选用了底烧梯形加热炉成套技术，目前已完成了详细设计，正在建设中。

3　总结

延迟焦化装置和渣油加氢装置等加工劣质重油炼油工艺装置的加热炉已经进入双面辐射卧管梯形炉伴以附墙燃烧先进技术阶段，中石油华东设计院有限公司（CEI）在附墙燃烧梯形炉技术的研发方面也取得了长足的进步，在借鉴和总结了国内外附墙燃烧技术的基础上，自主研发的底烧式附墙燃烧梯形加热炉有了多个非常成功的应用案例，已建成投产的装置开工以来，运行十分稳定，各个管程的炉出口介质温度近乎一致，炉膛火焰燃烧状况良好，烟气中NO_x含量低于50mg/m^3，炉体外壁温度≤60℃，加热炉热效率>92%，加热炉的调节控制灵活方便，满足了装置安全高效、长周期运行的要求。

参考文献

［1］胡尧良．延迟焦化装置技术手册［M］．北京：中国石化出版社，2013.

先进控制在延迟焦化装置的应用

徐　伟　郭　辉　刘　海　赵　斌

(中国石化塔河炼化有限责任公司)

摘　要　延迟焦化属于多塔并联半连续半间歇式操作的复杂工艺生产过程，原料来源较为复杂，各单元变量及单元之间存在紧密的关联性，生产过程中很难进行平稳控制。采用基于多变量预测控制的先进控制算法、基于神经网络的智能软测量技术和智能优化的实时策略，统筹考虑延迟焦化装置的控制需求，重点抑制装置能量流和物料流的波动，消除控制器之间的相互耦合，以降低主要控制参数的波动，来实现装置的平稳运行，也可以达到提高收率和节能降耗等目标。

关键词　延迟焦化　先进控制　应用

某炼厂延迟焦化装置设计加工塔河常压渣油，设计处理能力为220万吨/年，延迟焦化反应部分设置三台焦化炉六台焦炭塔(一台焦化炉对应两台焦炭塔)，循环比为0.8，装置采用分馏、焦化反应、吸收稳定、冷焦水处理、除焦系统等部分组成。装置在运行过程中受焦炭塔的生焦、切塔、放空、小吹汽、大吹汽、小给水、大给水、冷焦、放水、除焦、试压、预热、切塔、生焦等一系列步序的周而复始的运行影响，连续性生产部分的分馏和吸收稳定操作参数波动较大，表现为分馏塔顶压力波动大，吸收稳定部分产出的干气中C_3以上组分波动大。给生产平稳运行带来了很大的压力，给操作人员的操作调整带来了很大的工作量。为了平稳操作，降低操作人员的工作量，提高装置的平稳运行水平，2019年采用Honeywell公司先进的控制套件ProfitSuite软件技术对延迟焦化装置操作参数进行优化，此次优化过程设置2个先进控制器，分别是加热炉先进控制器吸收稳定先进控制器。

1　先进控制技术简介

先进控制技术应用Honeywell公司的控制套件ProfitSuite，提供一套全面的分层实时在线和离线优化控制解决方案。作为先进控制套件ProfitSuite中的核心应用，ProfitController用来实现多变量预估控制和局部优化。为保证生产操作的安全，Profit Suite提供了丰富的现场保护功能，随时监视现场仪表、自控回路以及通讯状态，并根据DCS系统各回路的状态做出相应的保护措施。方案充分利用DCS系统资源，将装置的自动优化控制推向更高的水平，来实现装置运行更加平稳，达到降低操作人员的劳动强度、装置经济效益最大化的目的。

1.1　先进控制技术控制策略

先进控制技术采用分层控制来实现优化操作参数，具体分层控制策略如图1所示。以原有DCS常规控制和检测仪表为基础，实施工艺计算和中间调节控制(IRC)，建立多变量控制器，对装置进行简单操作优化来实现装置平稳运行。多变量控制层之上是实时优化层，通过优化计算给多变量控制器和中间调节控制甚至常规PID控制回路反馈设定值的大小，原有的PID控制回路被保留，作为实施先进控制的基础。优化层、多变量控制层、中间调节控制、基础控制层，各层之间可以相互通信，协调运行，又可以独立控制，一旦上层控制停止，下层控制可以继续进行。

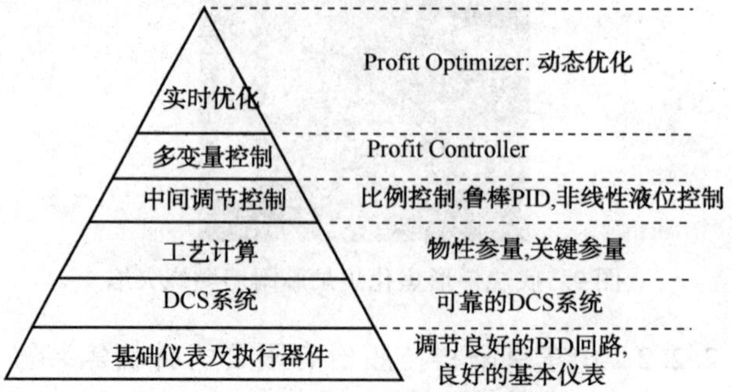

图1　生产过程的分层控制策略

2 装置先进控制应用效果

2.1 装置操作关键变量均方差对比

表 1 控制器主要参数投运前后标准差对比表

项目	APC 投用前（2018 年 1 月）		APC 投用前（2018 年 5 月）		APC 投用后（2019 年 5 月）		降幅(%)
	平均值	标准差	平均值	标准差	平均值	标准差	
A 炉第一路出口温度/℃	489.65	2.24	485.58	2.66	485.47	1.19	46.88~55.26
A 炉第二路出口温度/℃	489.40	2.23	485.47	2.45	485.50	1.22	45.29~50.20
A 炉第三路出口温度/℃	489.53	2.37	485.96	3.00	485.50	1.82	23.21~39.33
A 炉第四路出口温度/℃	489.40	2.74	486.08	2.76	485.27	1.36	50.37~50.72
A 炉氧含量/%	3.38	0.29	3.56	0.42	2.71	0.11	62.07~73.81
A 炉炉膛负压/kPa	-29.21	3.88	-28.69	2.91	-28.55	1.51	48.11~61.08
B 炉第一路出口温度/℃	488.36	11.89	485.42	2.37	485.49	1.12	52.74~90.58
B 炉第二路出口温度/℃	488.87	9.61	485.75	2.95	485.50	1.12	62.03~88.35
B 炉第三路出口温度/℃	488.74	9.85	486.13	4.56	485.54	1.24	72.81~87.41
B 炉第四路出口温度/℃	488.95	8.46	485.97	2.61	485.55	1.24	52.49~85.34
B 炉氧含量/%	3.34	0.96	3.53	0.64	2.70	0.32	50.00~66.67
B 炉炉膛负压/kPa	-29.96	2.77	-28.10	3.41	-27.46	2.11	23.83~38.12
C 炉第一路出口温度/℃	489.81	1.33	485.93	3.03	486.43	0.63	52.63~79.21
C 炉第二路出口温度/℃	489.74	1.20	486.36	3.69	486.47	0.68	43.33~81.57
C 炉第三路出口温度/℃	489.93	1.13	485.84	3.08	486.23	0.52	53.98~83.17
C 炉氧含量/%	3.48	0.42	3.45	0.33	2.90	0.25	20.24~40.48
C 炉炉膛负压/kPa	-27.86	3.65	-31.21	5.80	-28.57	3.61	1.10~37.76
A 炉热效率/%	93.12	0.58	92.36	0.67	93.53	0.26	0.41~1.17
B 炉热效率/%	92.53	2.82	91.79	0.93	93.36	0.20	0.83~1.57
C 炉热效率/%	93.10	0.80	93.25	0.28	94.09	0.2	0.84~0.99
干气中 C3+含量/%	5.93	0.83	3.79	1.35	3.51	0.58	0.28~2.42
液态烃中 C5+含量/%	0.58	0.17	0.36	1.03	0.31	0.02	0.05~0.27

注：1、标准差指统计学上各单位标志值与平均数离差的平方之算术平均数的平方根。均方差是测定标志变动度的主要指标，可用来描述概率分布与其数字期望的离散程度，故能反映平均数的代表性。均方差的值越小对应数据越平稳。

2、标准差的公式如下：（Xi 为第 i 个元素，$\bar{X}$ 是平均值）。

$$S=\sqrt{(X_1-\bar{X})^2+(X_2-\bar{X})^2+(X_3-\bar{X})^2+\cdots\cdots+(X_n-\bar{X})^2}$$

如表所示，加热炉控制器投用后，A、B、C 炉炉出口温度标准差降低 23.21%~90.58%，A、B、C 炉氧含量标准差降低 20.24%~85.34%，A、B、C 炉炉膛负压标准差降低 1.10%~61.08%，A、B、C 炉热效率标准差降低 0.41%~1.17%。吸收稳定控制器投用后，干气中 C3+含量标准差降低 0.28%~2.42%，液态烃中 C5+含量标准差降低 0.05%~0.27%。

2.2　装置关键变量投用前后趋势对比

2.2.1　加热炉APC投用前后CV(被控变量)曲线对比

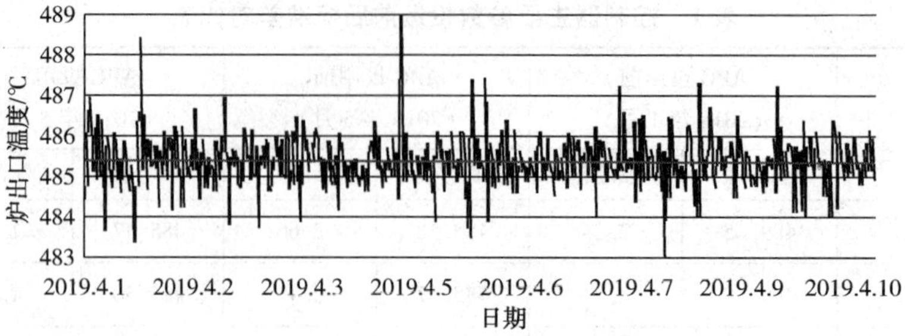

图2　APC投用前炉出口温度趋势图

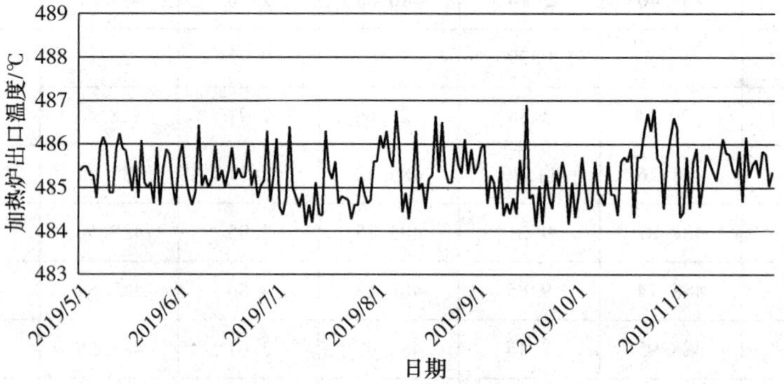

图3　APC投用后炉出口温度趋势图

如图2和图3所示，APC投用后加热炉炉出口温度比投用前运行平稳。

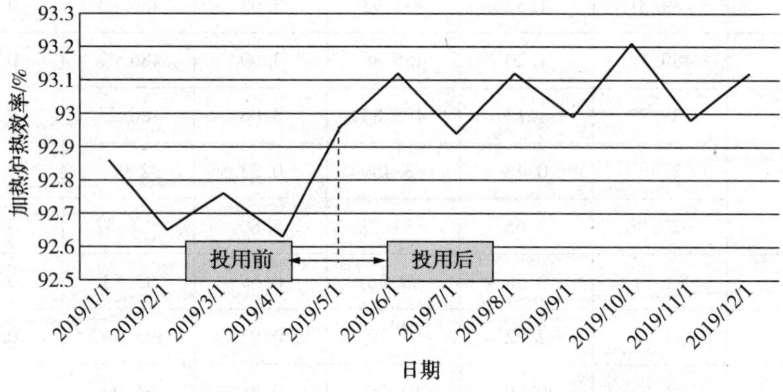

图4　APC投用前后加热炉热效率趋势图

如图4所示，APC投用后加热炉热效率明显提高。

2.2.2　吸收稳定先进控制投用前后CV(被控变量)曲线对比

如图5所示，先进控制投用后吸收塔油气比控制较未投用时平稳。

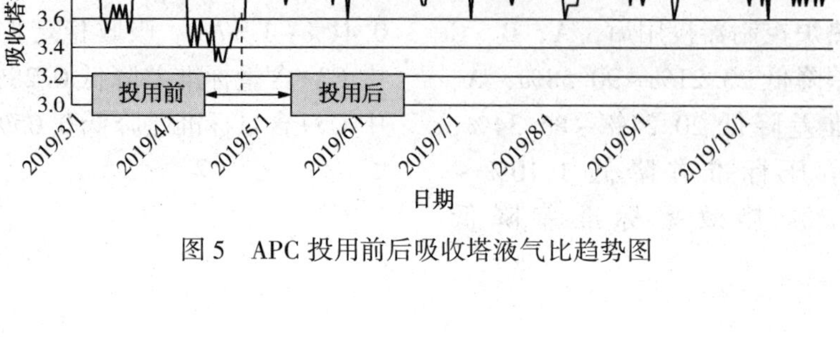

图5　APC投用前后吸收塔液气比趋势图

2.3 效益估算

2.3.1 加热炉节约燃料效益估算

表 2 加热炉节约燃料气效益估算表

产品	热效率提高/%	热效率提高均值/%	节约燃料气数值/吨	价格/(元/吨)(燃料气)	经济效益/(万元/年)
加热炉热效率 A	0.41~1.17	0.79	79.86	1588.16	12.68
加热炉热效率 B	0.83~1.57	1.20	121.31	1588.16	19.27
加热炉热效率 C	0.84~0.99	0.915	92.49	1588.16	14.69

按照加热炉热效率每提高 1%，节约燃料气 101.09 吨，每吨燃料气 1588.06 元计算，加热炉 A、B、C 每年节约费用 46.64 万元(表 2)。

2.3.2 降低干气提高液化气产量效益估算

表 3 降低干气提高液化气产量效益估算表

产品	数值降低/%	数值降低平均值/%	干气降低量/吨	液化气提升量/吨	干气价格/(元/吨)	液化气价格/(元/吨)	经济效益/(万元/年)
C3 及以上	0.28~2.42	0.28	383.36	383.36	1375	1986.24	23.43

按照降低干气全部变为液化气，干气每吨 1375 元，液化气每吨 1986.24 元计算，每年增加效益 23.43 万元(表 3)。

2.3.3 降低液化气提高汽油产量效益估算

表 4 降低液化气提高汽油产量效益估算表

产品	数值降低/%	数值降低平均值/%	液化气降低量/吨	汽油提升量/吨	液化气价格/(元/吨)	汽油价格/(元/吨)	经济效益/(万元/年)
C5 及以上	0.05~0.27	0.16	219.06	219.06	1986.24	5645.66	80.16

按照降低液化气全部变为汽油，液化气每吨 1986.24 元计算，汽油每吨 5645.66 元，每年增加效益 80.16 万元(表 4)。

2.3.4 其它效益

2.3.4.1 先进控制系统能够有效的提升延迟焦化装置的运行稳定性，降低了各个装置的生产指标波形幅度。

2.3.4.2 通过系统的投用，降低了操作人员的工作量。

3 结束语

延迟焦化装置加热炉、吸收稳定投用 APC 先进控制系统后，实现了生产过程自动调整控制，装置操作关键变量标准差降低，日常操作更加平稳，装置关键工艺指标得到提升，产品质量控制得到优化，每年创造效益 150.23 万元，同时降低了操作人员的劳动强度。

参 考 文 献

[1] 王赓．先进控制技术(APC)在大型延迟焦化装置的应用[J]．中外能源，2018，23(09)：76-85.

[2] 王惠芳，郑立爽，王红旗．先进控制技术及其在典型化工过程中的应用[J]．山东工业技术，2019(09)：16.

[3] 高国勇．先进控制技术在常减压装置的应用[J]．中外能源，2019，24(09)：74-81.

炼化钢结构水性环保耐候防腐蚀涂料体系研究

崔灿灿　石家烽　王　磊　韩忠智　郭晓军

(中国石油集团工程技术研究有限公司)

摘　要　开展水性环氧富锌底漆、水性环氧云铁中间漆、水性丙烯酸聚氨酯面漆技术研究，通过采用反应性环氧树脂乳化剂接枝中高分子质量环氧乳液作为环氧体系成膜树脂提高涂层玻璃化转变温度Tg与防腐蚀性能、水性含氟高羟值丙烯酸树脂分散体与GMA(甲基丙烯酸缩水甘油酯)接枝改性水性丙烯酸分散体树脂作为丙烯酸聚氨酯面漆成膜树脂实现优异抗光老化、耐化学介质与防腐蚀性能等技术方案，形成适用于炼化钢结构等领域C4-CX大气腐蚀环境的水性环保耐候防腐蚀涂料体系，性能满足相应技术标准要求，安全、环保、性能优异。

关键词　炼化　钢结构　水性　环保　耐候　防腐蚀涂料

1　引言

随着对环境保护和施工安全的日益重视，溶剂型涂料中挥发性有机物(VOC)的排放限制日益严格，VOC防控与综合治理提到空前高度。2015年2月1日起，国家对施工状态下挥发性有机物(VOC)含量高于420克/升(含)的涂料开始征收4%消费税。发展环境友好型涂料是我国涂料行业实现产品转型升级、保持可持续发展的必然选择，水性涂料安全环保、施工方便，涂料水性化是发展友好型涂料的一条重要途径。

另外，石油石化大部分使用传统溶剂型防腐涂料，挥发性有机物(VOC)含量较高，涂料产品闪点较低，涂装过程中存在一定的不安全因素。如何有效控制涂料带来的安全银黄是石油石化行业需要解决的技术问题。而水性防腐蚀涂料体系具有符合环保标准、低VOC和安全性的优点，目前，在工业防腐涂料行业如炼化装置钢结构防腐维修与扩建工程、船舶、海上平台设施与集装箱以及跨海、跨江公路大桥等防腐工程领域正在积极推广应用。

本研究形成的水性环保耐候防腐蚀涂料体系，具有良好的耐候性、耐酸碱盐等化学介质性能与防腐蚀性能，性能满足HG/T 5176《钢结构用水性防腐涂料》、HG/T 3668《富锌底漆》、HG/T 4759《水性环氧树脂防腐涂料》、HG/T 4761-2014《水性聚氨酯涂料》、GB/T 50393《钢质石油储罐防腐蚀工程技术标准》技术要求，适用于炼化钢结构等C4-CX大气腐蚀环境金属防腐。

2　实验部分

2.1　主要原材料

水性环氧乳液与改性多元胺固化剂(湛新，汉森，同德，联固化学)，水性羟基丙烯酸树脂(湛新，拜耳，巴斯夫，同德，联固化学)，水性异氰酸酯固化剂(同德，巴斯夫，拜耳，联固化学)，丙二醇甲醚醋酸酯(PMA)，丙二醇二醋酸酯(PGDA)，混合二元酸酯(DBE)，含颜料亲和基团的高分子量嵌段共聚物溶液分散剂，聚醚硅氧烷基材润湿流平剂，聚硅氧烷和聚乙二醇疏水混合物消泡剂，改性脲溶液增稠剂，表面活性的低分子量聚合物防爆泡助剂，Tinuvin1130苯并三唑类紫外线吸收剂，TINUVIN292光受阻胺类稳定剂，湿法绢云母(滁州格锐)，钛白粉(南京钛白)，硅微粉(滁州格锐)，α-Fe_2O_3鳞片状云母氧化铁，去离子水(自制)等。

2.2　涂料的制备

根据确定的各组分比例，配制涂料，具体工艺如图1~图4所示。

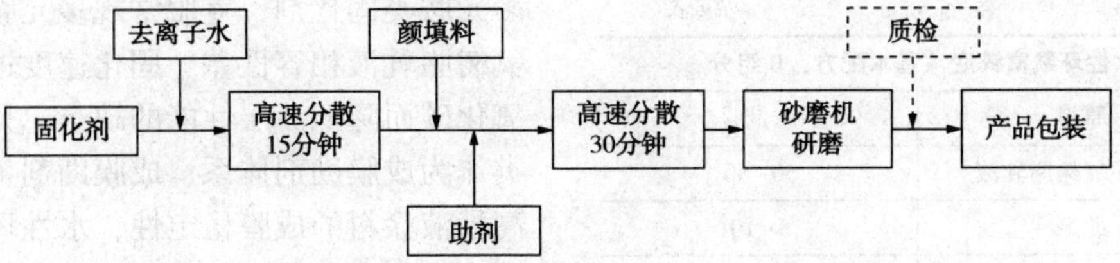

图 1　水性环氧富锌底漆与水性环氧云铁中间漆 A 料生产工艺

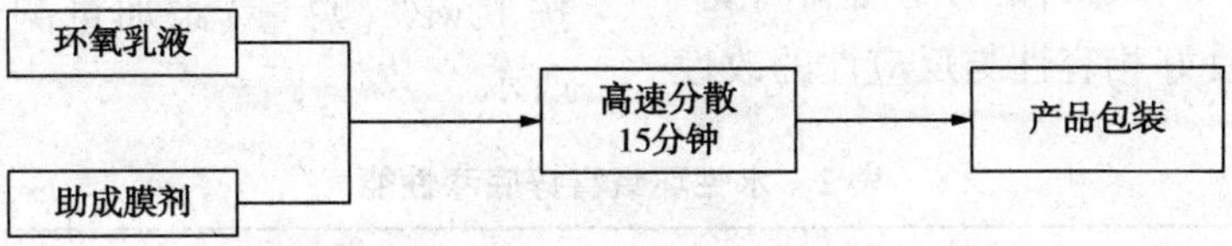

图 2　水性环氧富锌底漆与水性环氧云铁中间漆 B 料生产工艺

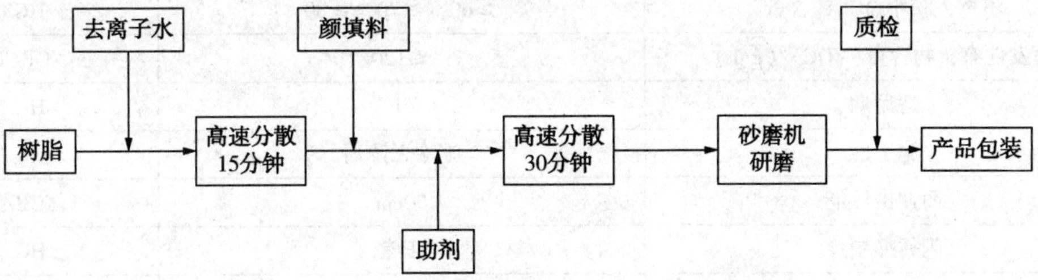

图 3　水性丙烯酸聚氨酯面漆 A 料生产工艺

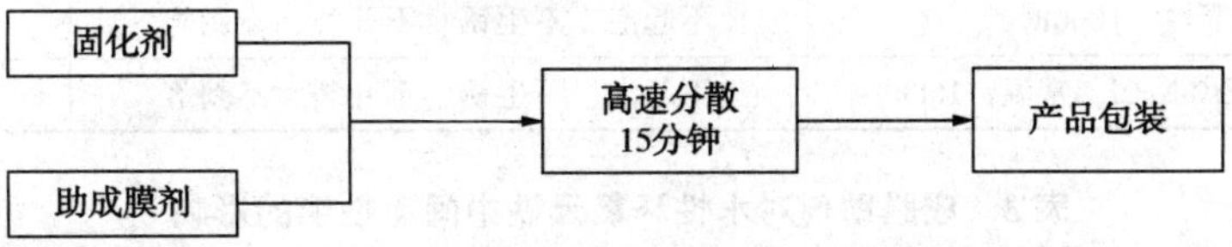

图 4　水性丙烯酸聚氨酯面漆 B 料生产工艺

3　结果与讨论

3.1　水性环氧富锌配方与性能研究

反应性环氧树脂乳化剂接枝中等分子量环氧乳液作为体系成膜树脂，使得分子链更长，降低水和氧的透过速率，有效减缓底材的腐蚀；同时，分子量增大后，提高涂层的玻璃态转化温度 Tg，使得涂层浸水后其 Tg 仍高于环境温度，附着点不因涂层变软而移动，仍固定于原附着点，从而能保证涂层的湿附着力。防闪锈剂采用能够迅速钝化金属表面的有机物，具有瞬间抗闪锈功效，而且可提高涂层耐盐雾性。采用 325 目片状锌粉，较球状锌粉拥有更优异的抵抗水蒸气和腐蚀介质渗透能力(图 5)。水性环氧富锌底漆配方与性能分别见表 1 与表 2。

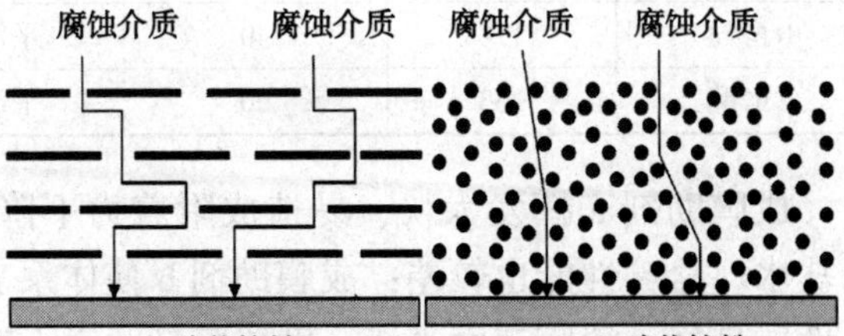

图 5　片状锌粉与球状锌粉屏蔽腐蚀介质扩散示意图

表 1　水性环氧富锌配方，A 组分

序号	原料	质量%
1	成膜助剂	10~30
2	助剂	5~10
3	多元胺固化剂	15~30
4	锌粉	60~90
5	防闪锈剂	0.2~0.8
6	附着力促进剂	0.2~1
7	去离子水	余量

续表

表1续　水性环氧富锌底漆基本配方，B组分

序号	原料	质量%
1	水性环氧树脂乳液	50~80
2	助剂	5~10
3	去离子水	余量

3.2　水性环氧云铁防腐蚀涂料配方与性能研究

采用与环氧乳液良好相容性与反应性的改性多元胺类固化剂，克服常规多元胺类固化剂与环氧树脂乳液相容性差、固化速度过快、易吸收二氧化碳而降低涂层性能的缺点；另外，采用醇醚类作为成膜助剂体系，成膜助剂主要的作用是提高乳液涂料的成膜稳定性，水性环氧体系常用的成膜助剂主要有乙二醇乙醚、乙二醇丁醚、乙二醇、丙二醇等。试验选用助成膜剂a、b、c，暂按10wt%(总量)添加量测试，试验结果如表3所示。

表2　水性环氧富锌底漆性能

序号	项目	测试结果	试验方法
1	在容器中状态	搅拌均匀后无硬块，呈均匀状态	目测
2	不挥发份中金属锌含量	≥60，≥70，≥80	HG/T 3668
3	挥发性有机物含量(VOC)/(g/L)	≤120	GB/T 23986
4	适用期	5h	HG/T 3668
5	施工性	施涂无障碍	HG/T 3668
7	耐冲击性能	50cm	GB/T 1732
8	闪锈抑制性	正常	HG/T 5176
9	早期耐水性	正常	HG/T 5176
10	附着力，MPa	≥6	GB/T 5210
11	耐盐雾性，1000h	不起泡、不生锈、不开裂、不剥落	GB/T 1771
12	耐化学介质性(3%NaCl，常温，168h)	不起泡、不生锈、不开裂、不剥落	GB/T 9274

表3　成膜助剂对水性环氧云铁中间漆性能的影响

成膜助剂类型	沸点/℃	表干时间/min	漆膜外观	附着力/级	耐盐水性(50g/L NaCl)	耐盐雾性能
a 脂肪醇	78	6	粗糙	2	120h 生锈	168h 返锈
b 醇醚	170	40	平滑	1	240h 完好	300h 完好
c 醇酯	233	90	平滑	1	240h 完好	300h 完好

成膜助剂a挥发太快，易造成附着力下降，耐盐水、盐雾性能也较差；成膜助剂b使体系表干性能良好，漆膜表面光滑；助成膜剂c表干时间相对较长，不利于现场施工。采用醇醚类作为成膜助剂体系。

水性环氧云铁防腐蚀涂料配方与性能分别见表4与表5。

表4　水性环氧云铁中间漆基本配方，A组分

序号	原料	质量%
1	水性胺类固化剂	40~50
2	滑石粉	5~10
3	炭黑	0.1~0.2
4	湿法绢云母	8~10

续表

序号	原料	质量%
5	鳞片状云母氧化铁	5~10
6	助剂	2~5
7	去离子水	余量

表4　水性环氧云铁中间漆基本配方，B组分

序号	原料	质量%
1	水性环氧树脂乳液	30~70
2	成膜助剂	余量

表 5 水性环氧云铁中间漆性能

序号	项目	测试结果	试验方法
1	在容器中状态	搅拌均匀后无硬块，呈均匀状态	目测
2	冻融稳定性(3 次循环)	不变质	HG/T 5176
3	挥发性有机物含量(VOC)/(g/L)	≤120	GB/T 23986
4	适用期	5h	HG/T 3668
5	施工性	施涂无障碍	HG/T 3668
7	耐冲击性能	50cm	GB/T 1732
9	早期耐水性	正常	HG/T 5176
10	附着力/MPa	≥6	GB/T 5210
11	50g/L NaCl (常温，240h)	不起泡、不生锈、不开裂、不剥落	GB/T1733
12	50g/L H_2SO_4 (常温，24h)	不起泡、不生锈、不开裂、不剥落	GB/T9274
13	50g/L NaOH (常温，168h)	不起泡、不生锈、不开裂、不剥落	GB/T9274

3.3 水性丙烯酸聚氨酯防腐蚀涂料配方与性能研究

采用水性含氟高羟值羟基丙烯酸树脂分散体与 GMA(甲基丙烯酸缩水甘油酯)接枝改性水性丙烯酸分散体树脂作为成膜树脂。其中水性含氟羟基丙烯酸树脂分散体，分子链中含有 C-F 键，F 具有强的电负性，吸电子能力强，C-F 键可极化性低，其聚合物分子间作用力较低，使得聚合物具有较低的表面自由能，具有较强拒水特性，且 C-F 键能高、化学惰性，赋予涂层良好的耐化学品性能与良好的长效耐候性；水性高羟值丙烯酸树脂分散体，羟基含量多，交联密度大，有助于提高涂层体系防腐性能与机械性能；GMA(甲基丙烯酸缩水甘油酯)接枝改性水性丙烯酸树脂分散体分子链中含有环氧基团，提升涂层耐介质性能与防腐蚀性能；选用经氧化锆/氧化铝处理包膜及特殊有机处理的金红石型钛白粉 CR828，具有高光泽度、高耐候性与高遮盖力。

采用具有优良耐光老化性能的脂肪族异氰酸酯固化剂，100%固含的亲水型脂肪族异氰酸酯固化剂，与羟基丙烯酸分散体树脂基料具有良好的相容性；采用高沸点、挥发速率低、对树脂溶解力强的丙二醇二醋酸酯(PGDA)作为体系成膜助剂，有效帮助成膜、防冻及延长涂膜开放时间以利于流平、改善表观。为补偿水与—NCO 的副反应，使体系中的—OH 等交联反应基团能够充分反应完全，将两组分中的—NCO/—OH 摩尔配比控制在 1.3~1.5 之间。水性丙烯酸聚氨酯防腐蚀涂料配方与性能分别见表 6 与表 7。

表 6 水性丙烯聚氨酯面漆基本配方 A 组分(羟基丙烯酸树脂组分)

成分	质量比%
含氟高羟值羟基丙烯酸树脂分散体	15~20
GMA(甲基丙烯酸缩水甘油酯)接枝改性水性丙烯酸分散体	10~20
分散剂	0.4~1
基材润湿流平剂	0.2~0.6
消泡剂	0.4~0.6
流变增稠剂	0.1~0.3
防爆泡助剂	0.1~0.3
紫外光稳定剂	0.2~0.4
颜填料	20~40
去离子水	余量

表 6 续 水性丙烯聚氨酯面漆基本配方 B 组分

成分	质量比%
水性异氰酸酯固化剂	30~50
成膜助剂	余量

表7　水性丙烯酸聚氨酯涂料综合性能

试验项目	测试结果	试验方法
在容器中状态	搅拌后均匀无硬块	实测
储存稳定性(50℃±2，7d)	无异常	HG/T 4761
干燥时间/h	表干2 实干24	GB/T 1728
铅笔硬度	H	GB/T 6739
划格试验/级	1	GB/T 9286
弯曲试验/mm	1	GB/T 9286
耐冲击性/cm	50	GB/T 1732
光泽(60°)/单位值	90	GB/T 9754
耐磨性(500g/500r)/g	0.03	GB/T 1768
耐干热性(70±2℃，15min)/级	1	GB/T 4893.3
早期耐水性	正常	HG/T 5176

3.4　水性环保耐候防腐蚀涂料体系性能研究

以研制的底漆、中间漆与面漆制备复合涂层，控制水性环氧富锌底漆80μm、水性环氧云铁中间漆120μm、水性丙烯酸聚氨酯面漆60μm，测试复合涂层性能，结果见表8。

表8　水性环保耐候防腐蚀涂料体系复合涂层性能

试验项目		测试结果	试验方法
复合涂层	耐水性	240h无异常	GB/T 1733
	耐酸性(50g/L H_2SO_4)	168h无异常	GB/T 9274
	耐碱性(50g/L H_2SO_4)	168h无异常	GB/T 9274
	耐盐雾性	1000h不起泡、不脱落、不生锈	GB/T 1771
	耐人工气候老化性	1000h不起泡、不剥落、无裂纹， 粉化0级，变色1级，失色1级	GB/T 1865

4　结论

中高分子质量反应性环氧树脂乳化剂接枝环氧乳液可提升环氧涂层防腐性与附着力等性能，水性含氟高羟值羟基丙烯酸树脂分散体与GMA(甲基丙烯酸缩水甘油酯)接枝改性水性丙烯酸分散体树脂同时改善丙烯酸聚氨酯面漆耐腐蚀性、耐介质性及耐候性。水性环氧富锌底漆、水性环氧云铁中间漆、水性丙烯酸聚氨酯面漆，VOC排放量低，性能满足相应技术标准要求，与传统溶剂型相应涂料体系性能相当，既保证了涂层性能，又实现了安全环保，适用于C4-CX大气腐蚀环境，可广泛应用于炼化钢结构防腐。

参考文献

[1] 孟令巧，史星照，周志平，等．环保型水性涂料研究进展及发展趋势[J]．中国胶粘剂，2019，28(01)：60-65.
[2] 张荣华．试论环境友好型水性涂料的研究进展[J]．化工管理，2014(18)：209-209.
[3] 石家烽，崔灿灿，王景山等．水性涂料的研究进展[J]．现代涂料与涂装，2018(1).
[4] 李明春，蒋健明，康思波 等．双组份水性环氧富锌底漆制备与性能研究[J]．广州化工，2017，45(23)：29-31.
[5] 张玉国，李国军，禹汉文 等．双组分水性环氧富锌涂料的制备[J]．上海涂料，2018，56(06)：25-29.
[6] 崔灿灿，石家烽，孙肇兴 等．水性丙烯酸聚氨酯防腐蚀涂料研究[J]．现代涂料与涂装，2019，22(01)：14-17+47.
[7] 万雪期，姚伟，郭翠翠 等．水性含氟丙烯酸涂料的制备及性能研究[J]．中国涂料，2018，33(10)：60-64

炼化装置长周期安全运行防腐涂料技术研究与应用

韩忠智　王　磊　康绍炜　郭晓军　段绍明

（中国石油集团海洋工程有限公司，中国石油集团工程技术研究有限公司）

摘　要　针对炼化装置及配套设备停产检修与不停产维修期间的安全长效防腐技术难题，开展了炼化装置在不同工况下的腐蚀机理分析技术研究，通过采用缓蚀功能及渗透性极强的低分子改性环氧树脂作为成膜物，利用钝化缓蚀颜料、螯合剂协同作用等技术方案，开发出低表面处理及高温施工防腐材料技术、抗硫化氢、高耐候等特殊功能防腐蚀涂料技术体系，形成炼化装置长周期安全运行防腐涂料及施工技术体系成果，解决了炼油厂装置及设施腐蚀及特殊防护问题，实现防腐维修周期从3年延长到8年以上，保证炼油厂装置及设施的安全与长期使用寿命。

关键词　炼化装置；低表面；高耐候；防腐；涂料

1　前言

随着我国能源行业的不断发展，石油石化行业逐渐成为全球经济的重要推动力和现代社会正常运行的重要支柱。我国的石油炼化近年来都得到了长足的发展，目前已形成十几个千万吨级炼油基地，并且形成了多个百万吨级乙烯基地[1-3]。由于石油石化行业的持续快速发展，国产和进口含硫、含酸原油的比例日益增大，原油品质的劣质化和多样化，原油腐蚀程度明显增加，导致生产装置腐蚀程度越来越严重。同时，我国目前的千万吨级大型原油炼化企业大多布局在东部沿海地区[4-6]。项目多处于高温高湿的沿海地区，空气中含盐量大、紫外线照射强，腐蚀环境比较苛刻[7]。

炼化装置遭受到的氢致开裂、应力腐蚀开裂、硫化氢二氧化碳腐蚀等多方面的严重腐蚀，为炼油炼化装置及管道的长周期、安全、稳定运行造成了严重的安全风险和极大的挑战。同时，由于炼化装置具有高压、高温、易燃易爆等特点，也给装置及管道的防腐施工带来了难度，对设备材料的选型、防腐技术水性的高低和安全施工的要求都带来了挑战[8-9]。随着国家和企业对安全、环保、节能要求的提高，炼化装置长周期安全平稳运行的实际需要，对石油炼化企业炼化装置的不停产即可进行防腐维修施工及长效防腐蚀技术提出了更高的要求[9-11]。

因此，本文根据炼化装置及配套设施所处环境及使用功能，解决炼化装置不停产即可进行防腐维修施工，同时提升涂层的长效防护性能，保证炼化装置长周期安全运行。

2　主要研究内容

炼油厂装置及配套设施的腐蚀防护分为过程设备、原油储罐、中间产品罐和成品罐、埋地设备、水罐的防腐蚀保护等。由于这些装置所处环境及使用功能的不同，涂料除了需要具有相应的防腐蚀外，还需要低表面、带温涂刷、耐酸、换热器等特殊性能。通过分析引起炼化装置及特殊部位的功能防护，有针对性的对问题突出的部位开展防腐及防护涂料的研究，结合现场维检修施工实际需要，开展适合不同部位的系列炼化装置长周期安全运行防腐涂料技术，实现防腐维修周期从3年延长到8年以上。

针对炼化维修项目，受到现场施工条件的限制，不能喷砂除锈，不能用电动工具的实际问题，开展带锈涂装低表面处理环氧涂料研究。

针对炼油厂高温装置的维修，需要涂料能够耐高温，并可现场高温表面涂刷，开展有机硅耐高温涂料。

针对炼化装置在海洋大气中的腐蚀问题，开展耐紫外光老化性能优异的的高耐候聚氨酯涂料体系的研究。同时，解决底漆冬季低温固化慢、甚至不固化，夏季温度高的条件下适用期短、易爆聚等问题。

针对含 H_2S、CO_2 酸性气体、高压、高矿化度的腐蚀环境，及热交换器，集热（150~300℃）和油（原油、汽油、柴油）于一体的复杂介质条件，开展耐酸性优异的换热器防腐蚀涂料的研究。

针对炼化厂炼化装置耐火钢结构的防火要求，开展可耐烃类火灾的环氧膨胀防火涂料研究。

针对炼油厂的原油储罐罐底板的外表面，埋地管道的外表面防腐保护，处于酸碱盐及微生物腐蚀环境，开展耐酸碱盐及微生物腐蚀的无溶剂环氧煤沥青涂料的研究。

3 结果与讨论

3.1 低表面处理环氧防腐蚀涂料的研究

针对石油炼化一些维修项目，如石化系统的管道、油罐及附属钢结构等，受到现场施工条件的限制，不能喷砂除锈，不能用电动工具的实际问题，不停产即可进行防腐维修施工，解决涂料带锈涂装关键技术问题。同时，解决涂料环境适应性问题，可在冬季低温条件下固化，可在潮湿条件下固化。

涂料采用具有缓蚀功能及渗透性极强的低分子改性环氧树脂作为成膜物，利用与钝化缓蚀颜料、螯合剂的协同作用，把铁锈转化成涂层的一部分，实现优异的渗透性及防锈能力，可将涂料直接涂装于无疏松锈层、无油、无杂质的带锈钢材表面，节约表面处理费用。该涂料能吸收基材表面无法排挤除去的水分，因而适宜在潮湿条件下涂敷，涂料固化后性能良好。可带湿带锈涂装(附着力(St2级)大于8MPa、耐盐雾1500h涂层完好)。授权发明专利：一种低表面处理环氧涂料及其制造方法、ZL 2015 1 0224149.2；一种具有低表面处理环氧涂料涂层的钢板及其制造方法、ZL 2015 1 0226450.7。2018年入选中国石油集团公司自主创新重要产品。

3.2 带温涂刷有机硅耐高温防腐涂料的研究

炼油厂高温管道、高温炉、催化裂化装置等设备长期在很高的温度下工作，表面需要耐高温涂料进行防护。要求耐高温涂料不会出现脱落、变色等现象，且仍能保持一定的物理机械性能，从而使得被保护物在高温环境中可以正常工作。尤其是针对一些高温装置的维修，需要涂料能够在高温表面涂刷施工，不停产即可进行防腐维修施工，解决现场带温施工问题。

采用聚酰亚胺与有机硅树脂形成海岛结构共聚物，提高涂层的强度、耐热、耐老化性能，结合不同沸点的溶剂，固化过程中形成挥发梯度，实现涂料可在高温基材(200℃~400℃)上直接涂刷施工，长期耐温650℃不变色，表观良好，无起泡、无脱落、无变色，开发出改性有机硅耐高温涂料。授权发明专利：一种单组份有机硅耐热防腐蚀涂料及其制备方法、ZL2016 1 0853284.8。

3.3 高耐候聚氨酯防腐涂料体系的研究

炼油厂的原油储罐、中间产品罐、成品罐及其附属设备钢结构外表面暴露于工业大气中，除了受大气中的腐蚀因素腐蚀外，更长年经受太阳光紫外线的照射，因此防腐蚀涂料除了需具有防腐蚀性能外，特别需要能够经受紫外线照射的高耐候性防腐蚀涂料体系，同时解决涂料冬季低温固化慢、甚至不固化，夏季温度高的条件下适用期短、易爆聚等问题，提高漆膜的干燥速度，提高施工效率。

底漆采用片状锌粉与球状锌粉搭配，提高涂层的致密性及阴极保护功能，改性成膜物树脂，提高树脂粘接力及对锌粉的包覆性，具有冬季可低温固化，夏季温度高的条件下适用期长，漆膜干燥速度快等特性。面漆利用片状填料体系的级配效应，并通过环氧树脂与聚氨酯的改性形成互穿网络结构，综合了环氧树脂和聚氨酯的优点，使涂层具有更优异的附着力及耐候性，形成了聚氨酯防腐蚀涂料体系。(耐紫外光老化大于2000h不粉化变色，耐盐雾大于2000h涂层完好)授权发明专利：一种环氧富锌底漆及其制造方法、ZL 2014 1 0723132.7。2015年入选集团公司度自主创新重要产品。

3.4 抗硫化氢及耐酸腐蚀换热器涂料

许多生产设备及装置因与酸性介质接触受到严重腐蚀，极大缩短了使用寿命。针对硫黄回收装置酸性水罐、压力容器、含硫污水池等设备设施，在含H2S、CO2酸性气体、高压、高矿化度的腐蚀环境下，普通环氧涂料体系已不再适用于酸性腐蚀条件下使用。另外，炼油行业的热交换器，它处于介质的腐蚀、物料的结垢、热量的传导、流体的冲刷等复杂环境之下。一旦防护措施不当很容易发生管束穿孔、结垢堵塞而停工检修更新，造成很大的经济损失。换热器的腐蚀要比其它设备更为严重，开展耐热及防腐性能优异的换热器涂料，保证在检修期间碳钢换热器防腐涂层耐240℃蒸汽冲扫，可安全运行2个运行周期。因此，开发出耐酸性优异的换热器防腐蚀涂料。

通过采用酚醛改性环氧树脂，与丁醇醚化的酚醛树脂反应形成致密结构，提高固化后成膜物的交联密度，兼有环氧良好的附着力、强韧性，又具有酚醛良好的耐酸性、耐磨性、耐热性和耐溶剂性。纳米级填料的加入提高涂层的致密性，使得涂层具有优异的耐酸性能及抗硫化氢腐蚀性能。抗硫化氢腐蚀换热器涂料(总压32MPa，H_2S分压3.2MPa，CO_2分压3.2MPa，90℃溶液中168h涂层完好，93℃下可耐15%盐酸和15%氢氟酸的腐蚀，耐油田污水100℃、1000h涂层完好，耐热性200℃，蒸汽冲扫240℃、0.46MPa、24h不起泡、不脱落)。2014年入选集团公司度自主创新重要产品。

3.5　环氧膨胀型防火涂料的研究

炼油厂配套设施中大量的钢结构处在易燃易爆的烃类火灾环境中，发生烃类火灾时，防火涂层需具有耐烃类火灾及抵抗爆炸引起的冲击，延长钢构及装置的耐火时间。

本发明采用有机与无机复合膨胀体系，使漆膜在火焰高温的作用下，能迅速膨胀产生大量惰性气体和形成低导热的、具有一定强度的不燃性泡沫层，起到隔绝氧气的作用而达到阻燃的目的，可以起到抑制烟雾的抑烟剂作用。金红石型钛白粉、绢云母粉、滑石粉等无机填料在涂层中起到增强剂的作用，对于涂料的防火性能具有协同效应，加入可以提高发泡层涂层的致密程度，在涂层表面形成的白色物质对膨胀炭质层起着增强作用，使炭质层不易塌陷，从而使涂层的防火阻燃作用更加显著。授权发明专利：环氧膨胀防火涂料及制造方法、ZL 2010 1 0236473.3。

3.6　无溶剂环氧煤沥青防腐蚀涂料的研究

炼油厂的原油储罐罐底板的外表面与储罐基础的沥青砂等接触，处于酸碱盐及微生物腐蚀环境，应当采用适合埋地环境的长效防腐蚀涂料，环氧煤沥青防腐涂料在其防腐功能的基础上，能有效对土壤或水中中的细菌繁殖和杂草、苇根的侵蚀有明显的抑制作用。环氧煤沥青防腐涂料还可以应用在埋地管道的外表面防腐保护。

采用煤焦油、煤沥青和活性稀释剂改性环氧树脂作为成膜物，通过片状湿法绢云母粉延长腐蚀路径，提高涂层抗氯离子渗透性，酚醛胺和聚酰胺固化剂混合，提高涂层柔韧性及耐酸碱盐性，开发出耐酸碱盐及微生物腐蚀的无溶剂环氧煤沥青涂料。无溶剂环氧煤沥青涂料的耐酸性10%H_2SO_4、90天涂层完好，耐盐水性5%NaCl、3000h涂层完好，抗氯离子渗透性30d≤1×10^{-3} $mg/cm^2\cdot d$。授权发明专利：一种无溶剂环氧煤焦油防腐涂料及其制备方法和应用，ZL 2014 1 0698880.4。2014年获得天津市重点新产品。

4　推广应用

该技术在石油化工领域的炼化装置腐蚀防护工程中得到应用，经过实际投入应用情况证明，该项综合技术满足实际工程需求，达到预期目标，效果良好。

该科技成果先后在中国石油大连石化装置及钢构防腐工程、中国石油大港石化炼化装置及配套设施改建工程、中国石油独山子石化装置及钢构防腐工程、中国石油克拉玛依石化装置及钢构防腐工程、中石油大庆炼化公司硫黄回收装置酸性水罐工程、中石油锦州石化全厂检修防腐工程、中海油绥中36-1陆上终端原油储罐项目、天津乙烯炼化一体化项目中转油库库区及配套工程、塔里木油田压力容器内防腐项目、中石化曹妃甸原油商业储备基地工程等项目。

有机硅耐高温涂料及涂层技术在大港石化催化裂化装置的维修工程中得到成功应用，涂料可在200℃~400℃高温条件下涂刷，长期耐温达到650℃不变色。在施工现场，通过与国外两家知名公司对比，该涂料高温涂刷不起泡，表观良好，附着力良好，涂层耐温不变色，其施工性能和物理化学性能超过了国外同类产品的水平。目前工程现场涂层的应用效果良好。

耐候性聚氨酯防涂料及涂层技术成功应用在炼油厂钢结构外表面等部位，解决了现有聚氨酯防涂料漆膜易泛黄、耐候性差、耐光老化性差等问题，涂层最长已使用8年以上，涂层表面未粉化、变色、脱落及发生腐蚀，为炼油厂设备的安全运行提供了保障。

抗硫化氢及耐酸腐蚀涂料技术在塔里木油田压力容器防腐工程中得到成功应用，耐酸涂料具有优异的防腐蚀性能，现场应用结果表明，涂料施工适用性强，各项性能均满足油田防腐工况指标要求，开罐后容器涂层完好，满足油田“压力容器3年一检、储罐6年一检”的要求，延长了容器检修周期。

5 结论

开发低表面处理及高温施工防腐材料技术、抗硫化氢、抗烃类火灾、高耐候等特殊功能防腐蚀涂料技术体系，形成系列炼化装置长周期安全运行防腐涂料技术，解决炼化装置不停产即可进行防腐维修施工，同时提升涂层的长效防护性能，替代国外同类的防腐涂料技术，延长炼油厂检修维护时间(8 年以上)，保证炼油厂装置的安全与长期使用寿命，为我国炼油装置的长期、安全运行提供技术支持。

参 考 文 献

[1] 蒋利萍. 炼化设备腐蚀及防护措施探讨[J]. 理论前沿, 2014(8): 380-380.

[2] 赵子龙. 石油炼厂设备的腐蚀与防护[J]. 中国石油和化工标准与质量, 2012, 33(11): 295-295.

[3] 徐庆梅. 石油炼化企业腐蚀现状与控制措施[J]. 全面腐蚀控制, 2019, 33(02): 78-79.

[4] 宋广成. 石油炼化企业设备防腐蚀及涂料施工概述[J]. 现代职业安全, 2015(3): 23-25.

[5] 刘新. 石油炼化重防腐涂料的发展应用[J]. 上海涂料, 2012, 50(5): 33-36.

[6] 刘小辉, 胡安定. 石油炼制设备腐蚀与防护综述[J]. 中国设备工程, 2010(11): 10-13.

[7] 袁声明. 石油领域炼化设备腐蚀与防腐工作研究[J]. 中国设备工程, 2016(9): 72-73.

[8] 史勉, 邢彬彬, 何璐, 等. 原油重质、劣质化形势下炼化企业金属设备腐蚀与防护[J]. 全面腐蚀控制, 2014(7): 84-87.

[9] 周敏. 中国石油炼化企业腐蚀与控制现状[J]. 腐蚀与防护, 2012(S1): 62-68.

[10] 来维亚, 尹成先, 徐秀清, et al. 中石油东部炼油企业设备腐蚀与控制现状[J]. 装备环境工程, 2017(14): 18.

[11] 章振跌. 加工重质原油炼油厂的腐蚀现状与防护措施[J]. 石油炼制与化工, 1992(1): 40-44.

石墨烯改性抗 H_2S 酸性介质高效防腐涂层技术研究及应用

王　磊[1]　韩忠智[1]　丁　超[1]　张彦军[1,2]　郭晓军[1]

（1. 中国石油集团工程技术研究有限公司；2. CNPC 石油管工程重点实验室涂层材料与保温结构研究室）

摘　要　为解决 H_2S、CO_2 等酸性介质存在条件下石油石化装置内防腐问题，本文通过采用酚醛环氧树脂和酚醛胺固化剂配套成膜物体系、耐酸性颜填料体系等研究，形成具有耐酸性良好的涂料，同时通过在涂料中添加石墨烯分散体，改善涂层耐盐雾、附着力、耐化学品性。研究结果及现场应用情况表明：石墨烯改性耐酸涂料具有优异的综合物理化学性能，其涂层耐盐雾性能、耐化学品性、抗硫化氢腐蚀、耐碱性能优异，满足 H_2S、CO_2 存在酸性油气田恶劣腐蚀环境下的防腐要求。

关键词　耐酸性　石墨烯　涂料　硫化氢　二氧化碳　内防腐

地层中 H_2S、CO_2 等酸性气体作为溶解气存在于原油或地质水中，这种含 H_2S、CO_2 的酸性油气田主要分布于四川盆地、塔里木盆地、渤海湾盆地、鄂尔多斯盆地等。酸性气体存在对油气钻采设备、油气炼化装置的腐蚀产生严重影响，一方面腐蚀将直接导致设备腐蚀穿孔报废、装置停产，其次严重腐蚀将导致 H_2S 气体泄漏、火灾等安全事故，影响油气田、炼化企业的生产安全。

防腐涂料作为一种高效可靠便捷的防护材料在油气田、炼化装置具有广泛应用。环氧防腐蚀涂料具有附着力强、耐盐雾等特点，其耐碱、酸、盐等多种介质腐蚀性能优异，在石油石化行业应用广泛。但当工作介质中存在较强酸性介质时，环氧涂层将产生严重腐蚀失效；普通环氧涂层对温度压力范围敏感，在 H_2S 与 CO_2 共存时涂层失效速度与温度成正比，且存在一旦出现起泡情况会加剧整体涂层失效。耐酸防腐蚀涂料不仅具有较强耐酸防腐性能，同时其物理化学性能均优于环氧涂料。石墨烯作为一种新型单片层状碳纳米材料，具有优异的化学稳定性、高导电性、非凡机械性能和防腐性能。

针对酸性油气田特殊腐蚀环境和高产输送条件，本文通过对抗 H_2S 酸性介质防腐蚀涂层配套技术的研究，制备出具有高效耐酸性油气防腐的内防腐蚀涂料，同时添加石墨烯提高耐酸涂料的防腐性能，通过对涂层物理化学性能及不同油气田、炼化装置下涂层防护效果的测试，提出改善 H_2S、CO_2 及强酸等恶劣酸性腐蚀环境下的内腐蚀现状的解决方案。

1　耐酸防腐蚀涂料的研制

酚醛环氧树脂较环氧树脂具有更多环氧基，其分子示意图如图 1 所示。该树脂可与脂肪胺或胺类加成物进行常温固化，因其固化物可形成高交联密度的互穿网络结构，如图 2 所示，其耐热性和耐化学品性均具有显著提高。该固化产物主链上含有大量的刚性苯环结构，且由亚甲基连接，结构规整致密，腐蚀介质难以浸入。

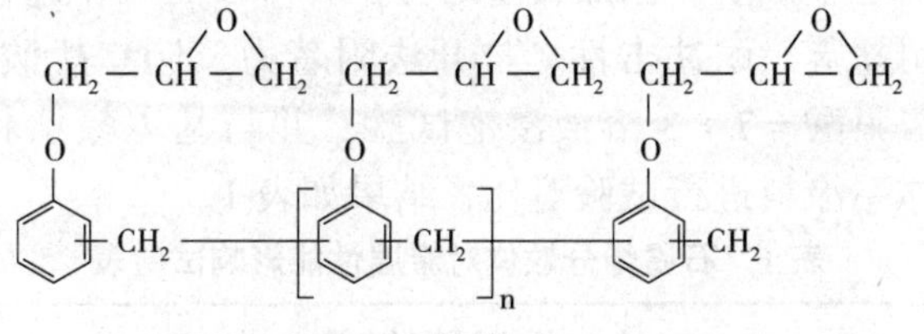

图 1　酚醛环氧树脂分子式示意图

为提高涂层耐温性，选用酚醛胺作为酚醛环氧树脂固化剂，经过对常见三种酚醛胺固化剂筛选对比，确定出具有表干时间适宜、附着力及柔韧性良好的树脂与固化剂组合形成成膜物体系。

在成膜物体系基础上开展具有较强耐酸性的颜填料体系研究。通过对三聚磷酸铝等不同颜填料与成膜物体系制备的涂层在 50℃ 盐酸：氢氟酸 = 7：3 溶液中浸泡 72h 试验对比，筛选出适宜的颜填料种类。试验结果表明：氧化铁黄、氧化铬绿、三聚磷酸铝、沉淀硫酸钡、玻璃鳞片具有良好的耐酸性。选取该五种填料进行级配试验，并对比30d容器中状态、附着力、柔韧性及盐酸与氢氟酸溶液浸泡试验结果，得到具有良好柔韧性、附着力及施工适应性配比比例。

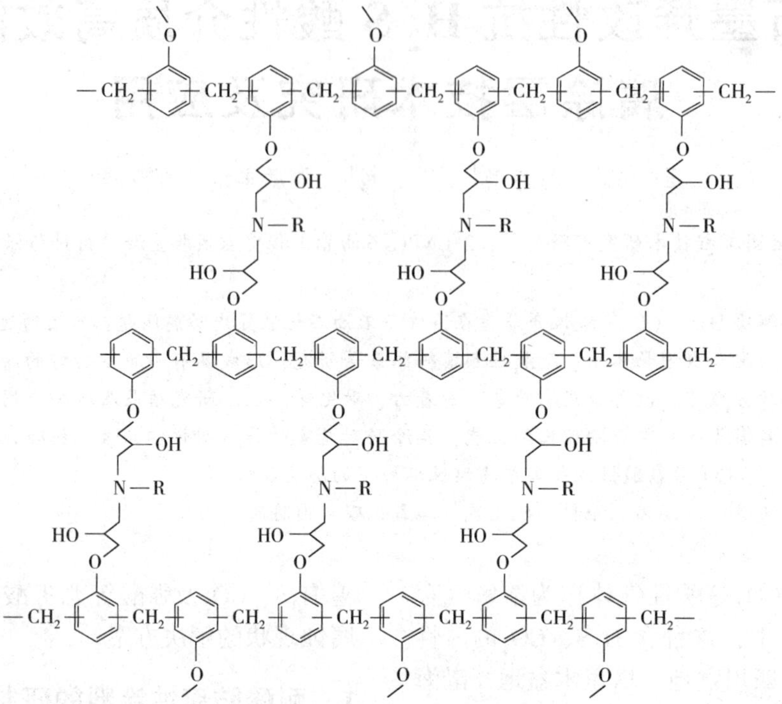

图2　固化物网络结构示意图

石墨烯具有较高比表面积、突出力学性能、优异的热传导性及化学稳定性等特点，将其应用于重防腐涂料领域具可有效提高涂层耐磨、耐盐雾、耐冲击性及附着力，同时由于石墨烯屏蔽作用可有效阻止水气、腐蚀离子在涂层内扩散，明显提高涂层耐介质浸泡性能。在基本颜填料体系确定基础上，添加石墨烯分散体0.5%~2%进行耐盐雾、耐冲击性、拉开法附着力、50℃盐酸：氢氟酸=7：3溶液浸泡试验，并与基本颜填料体系涂料进行试验对比，结果如表1。

表1　石墨烯分散体对涂层性能影响试验表

测试性能	添加石墨烯分散体涂层	基本颜填料体系涂层
涂层外观	良好	良好
耐盐雾性	2000h，涂层完好	1478h，涂层起泡
耐冲击性/cm	50	50
附着力/MPa	14.8	11.4
50℃盐酸：氢氟酸=7：3溶液	600h，涂层完好	413h，涂层起泡

由表1可以看出添加石墨烯分散体后涂层耐盐雾性、附着力有明显提高，涂层对腐蚀离子的屏蔽性改性，提高了涂层的耐酸性。同时由于基本颜填料体系中玻璃鳞片的添加，涂层具有良好耐盐雾、耐腐蚀介质扩散性能，与石墨烯分散体共同作用提高涂层防腐效果。

助剂体系作为涂料重要组成部分，可以有效改善涂层表观、施工适用性及物理机械性能。通过试验确定涂料中助剂加量：0.1%~0.3%硅烷类消泡剂、1%~3%聚丙烯酸酯类流平剂、2%~4%改性聚氨酯类分散剂，消除涂料生产和涂装过程中的气泡、改善涂敷时流平性和表观。

2　耐酸涂料的性能研究

通过以上制备试验研究形成涂料基本配方体系，同时兼顾耐酸涂料底漆的润湿性及面漆涂层表观及防腐性要求，调整基本配方中树脂、固化剂、溶剂的配比，并根据涂料状态改善其流变性、沉降性，得到如表2、表3所示耐酸涂料配方。

涂料性能研究将从耐化学品性、耐盐雾性、抗硫化氢腐蚀试验、耐碱性介质试验、涂层抗氯离子渗透性试验等方面进行测试。

表 2 耐酸防腐蚀涂料底漆参考配方

原材料	质量比/%	原材料	质量比/%
Part A		流平剂	1~3
酚醛环氧树脂	20~35	分散剂	2~4
氧化铁黄	1~3	二甲苯	15~25
氧化铬绿	2~5	乙醇	3~8
三聚磷酸铝	4~8	正丁醇	3~6
沉淀硫酸钡	8~15	DBE	3~8
玻璃鳞片	10~15	Part B	
触变剂	0.3~0.7		
石墨烯分散体	0.5~2	酚醛胺固化剂	8~16
其他填料	10~15	二甲苯	4~8
消泡剂	0.1~0.3	正丁醇	1~2

表 3 耐酸防腐蚀涂料面漆参考配方

原材料	质量比/%	原材料	质量比/%
Part A		流平剂	1~3
酚醛环氧树脂	30~50	分散剂	2~4
氧化铁黄	1~3	二甲苯	10~15
氧化铬绿	5~8	乙醇	2~6
三聚磷酸铝	4~8	正丁醇	1~2
沉淀硫酸钡	6~10	DBE	3~8
玻璃鳞片	8~11	Part B	
触变剂	0.3~1		
石墨烯分散体	0.5~2	酚醛胺固化剂	13~20
其他填料	10~15	二甲苯	2~4
消泡剂	0.1~0.3	正丁醇	0.5~1

2.1 耐酸涂层耐化学品性试验

耐化学品性是直接评价涂层耐腐蚀性能指标。将耐酸涂料 2 道底漆和 2 道面漆涂刷在 φ10mm×120mm 普通低碳钢试棒上，涂层总干膜厚度均不低于 300μm。待涂层固化养护后将试棒浸泡在如下化学品中，如表 4 所示，石墨烯改性耐酸涂料涂层 1000h 小时浸泡后涂层完好。

表 4 耐酸涂料耐化学品性试验结果

试剂名称	时间/h	温度/℃	试验结果
30% H_2SO_4	1000	70	漆膜完好
10% HNO_3	1000	70	漆膜完好
20% H_3PO_4	1000	70	漆膜完好
12%HCl+3%HF	1000	70	漆膜完好
12%HCl+3%HF+3%HCHO+3%HAc	1000	70	漆膜完好
28%HCl+0.01%HCHO+0.02%HAc	1000	70	漆膜完好
20%NaOH	1000	70	漆膜完好
H_2S 饱和溶液	1000	常温	漆膜完好
5%NaCl+0.5% CH_3COOH 溶液	1000	常温	漆膜完好

2.2 耐酸涂层耐盐雾性试验

由于石墨烯的添加可显著提高体系耐盐雾性，因此重点对石墨烯改性耐酸涂料的耐盐雾性效果展开研究。将耐酸涂料 2 道底漆和 2 道面漆涂刷于 70mm×150mm×1mm 普通低碳钢试片上，3 片平行试片涂层总干膜厚度均不低于 300μm。参照 GB/T 1771 将试片放入温度为(35±2)℃、盐水浓度为(50±10)g/L 中性 PH 盐雾试验箱中进行耐盐雾性试验。

一般耐盐雾性能良好的环氧涂料均无法实现2000h长期测试，因此为充分测试耐酸涂料耐盐雾性，在经2000h耐盐雾试验发现耐酸涂层完好、光泽良好后，将试片继续放置于盐雾箱中实验直至涂层出现失效。最终第1片试片8464h时起泡，第2片试片9231h时起泡，第3片试片10000h时仍无起泡。可以看出成膜体系、石墨烯及玻璃鳞片的组合对耐酸涂料耐盐雾性能具有积极促进作用。

2.3　耐酸涂层抗H_2S腐蚀试验

参照NACE TM0187，将涂有2道底漆和2道面漆的φ10mm×120mm试棒放入如图3所示高温高压反应釜中，模拟温度90℃、压力32.0Mpa(其中H_2S分压为3.2MPa，CO_2分压为3.2MPa)、Cl^-浓度为20429mg/L油气井工作介质腐蚀环境，持续进行168小时静态高温高压试验，结束后检查涂层表观及附着力情况。

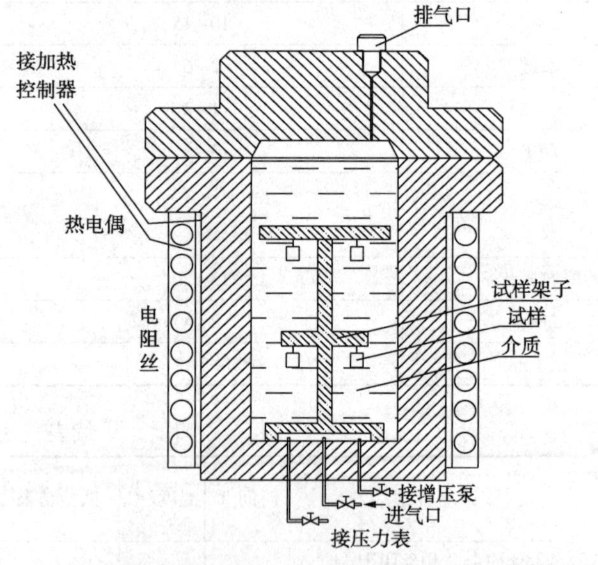

图3　高温高压试验装置示意图

试验结果表明，耐酸涂料试验后涂层试件外观完好，涂层无明显颜色变化，采用刻V型槽法检测附着力，涂层与基体金属的附着力变化为“轻微损失附着力”。涂层下基材金属表面露出银白色金属光泽。结果表明，耐酸涂料在高温高压下具有良好的耐H_2S、CO_2腐蚀能力。

2.4　耐酸涂层耐碱性介质试验

为模拟油气田工作介质中存在强碱性物质腐蚀的情况，将耐酸涂层在高温高压下浸泡于碱性介质中进行试验。耐酸涂料涂刷于20mm×30mm×3mm普通低碳钢试片上并包裹所有表面，采用2道底漆和2道面漆的涂层结构，涂层干膜总厚度不低于300μm。将试件固定于特制的样品架上后放入高温高压釜中，并倒入PH值为12.5的NaOH溶液，通入氮气除氧后将高温高压釜温度升高到150℃，设置压力为70MPa，24h后取出试片观察涂层表观及附着力情况。

测试结果如图4所示，表明耐酸涂料在高温高压耐碱性介质腐蚀试验后，涂层表观良好，涂层颜色轻微变浅，采用SY/T 0544-2004附录C方法进行附着力测试，涂层附着力为A级。结果表明耐酸涂料具有较好耐碱性能，同时短期耐温150℃性能良好。

2.5　耐酸涂层抗氯离子渗透性试验

为进一步测试添加石墨烯的耐酸涂料对腐蚀离子屏蔽作用，将耐酸涂料刷涂于玻璃板表面，2道底漆和2道面漆使涂层总干膜厚度达到250～300μm，干燥后将涂层揭下裁成直径φ60mm圆试片，根据JTJ 275-2000附录C要求，将圆试片置于如图5所示抗氯离子渗透性试验装置中，涂层一面朝向3%食盐水，一面朝向蒸馏水。

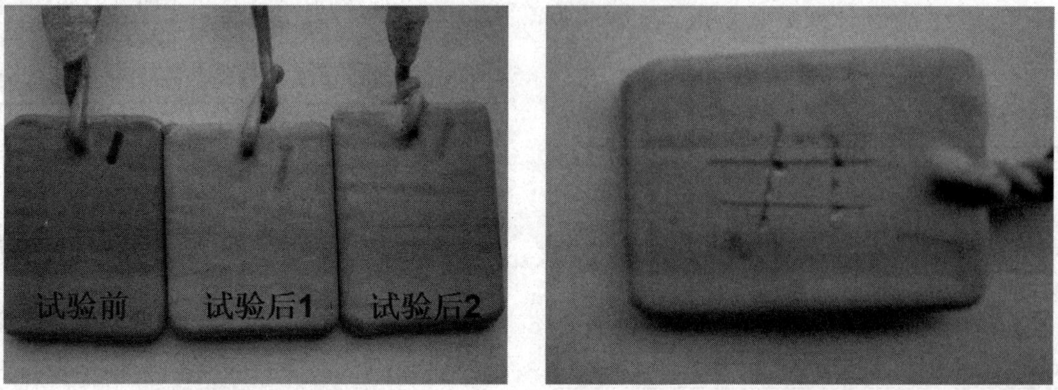

(a)涂层试验前后外观对比图　　(b)涂层附着力测试

图4　高温高压耐碱性介质浸泡试验结果

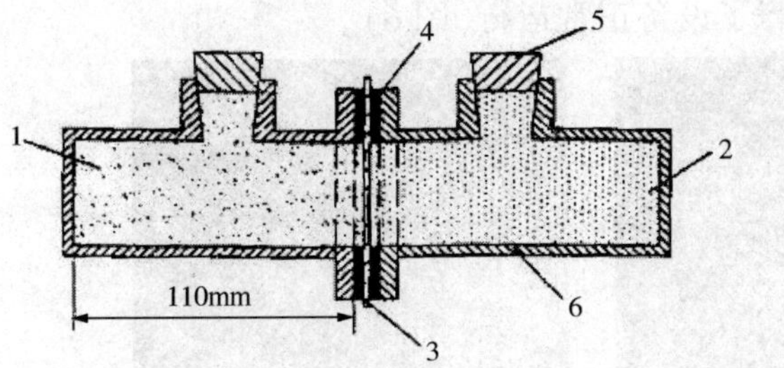

图 5　涂层抗氯离子渗透性试验装置

1—3%食盐水；2—蒸馏水；3—试件（活动涂层片）；
4—硅橡胶填料；5—硅橡胶塞；6—内径为 40~50mm 试验槽

将该装置置于室温下 30 天后测定蒸馏水中 Cl^- 含量，计算氯离子穿过涂层渗透量。经测试表明耐酸防腐蚀涂层氯离子穿过涂层渗透量为 $2.4\times10^{-3}mg/cm^2\cdot d$，低于普通涂料氯离子渗透量标准，说明添加石墨烯耐酸涂料具有较好阻隔腐蚀离子扩散的能力。

除进行上述试验研究外，本文还对耐酸涂料的其他物理化学性能进行了检测，综合检测结果见表 5。

表 5　石墨烯改性耐酸防腐蚀涂料综合性能表

序号	测试项目		底漆	面漆	测试方法
1	固体含量/%		≥75	≥70	GB/T 1725
2	附着力/级		1	1	GB 9286
3	柔韧性/mm		1	1	GB/T 1731
4	耐冲击/cm		50	50	GB/T 1732
5	剪切粘结强度/MPa		10.8		SY/T 0041
6	硬度（摆杆阻尼试验）		0.62		GB/T 1730
7	气压起泡（8.3MPa，24h）		无气泡		SY/T 6530
8	水压起泡（20MPa，150℃，24h）		无起泡		SY/T 6530
9	体积电阻率/Ω·m		5.7×10^{16}		GB/T 1410
10	电气强度/（MV/m）		32.8		GB/T 1408.1
11	耐磨性（1000g/1000r）/mg		16.5		GB/T 1768
12	耐磨性（落砂）/l/μm		2.01		ASTMD968
13	耐盐雾试验/h		8464		GB/T 1771
14	耐土酸（HCl∶HF=7∶3，温，800h）		涂层完好		GB/T 1763
15	耐酸性（70℃，1100h）	30% H_2SO_4	涂层完好		GB/T 1763
16		10% HNO_3	涂层完好		GB/T 1763
17		20% H_3PO_4	涂层完好		GB/T 1763
18		12%HCl+3%HF+3%HCHO+3%HAc	涂层完好		GB/T 1763
19		28%HCl+0.01%HCHO+0.02%HAc	涂层完好		GB/T 1763
20	耐油田污水煮（100℃，4200h）		涂层完好		GB/T1763
21	耐碱性（20%NaOH，70℃，1100h）		涂层完好		GB/T1763
22	耐碱性（5%NaOH，100℃，1000h）		涂层完好		GB/T1763
23	耐汽油（常温，500h）		涂层完好		GB/T1763
24	耐煤油（常温，500h）		涂层完好		GB/T1763
25	高温高压（70MPa，150℃，pH=12.5，24h）		附着力 A 级		SY/T0544
26	H_2S 分压 3.2MPa，CO_2 分压 3.2MPa，90℃，总压 32MPa，168h		漆膜不起泡、不脱落，附着力≤2 级		NACE TM0185 SY/T0544

3　石墨烯改性耐酸涂料在油田及炼化装置应用

3.1　耐酸涂料在塔里木油田应用

段塞流捕集器是用于捕集多相流管道流出液塞、气液分离、为来液量波动提供缓冲容积的装置，主要工作介质为油气水混相流。2010 年，塔里木油田某作业区油气处理厂两台段塞流捕集器采用耐酸涂料进行防腐试验，通过历年开罐检查发现内防腐层无起泡、无脱落，至 2015 年涂层仍保持良好状态，达到预期试验效果，有效保障了设备正常运行(图6)。

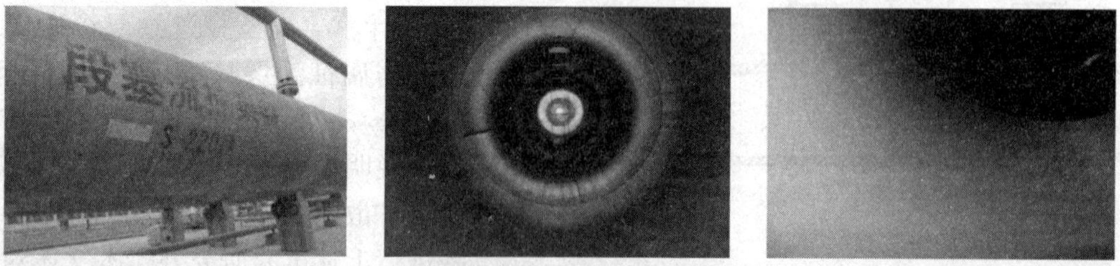

(a)段塞流捕集器外观及防腐施工后涂层表观

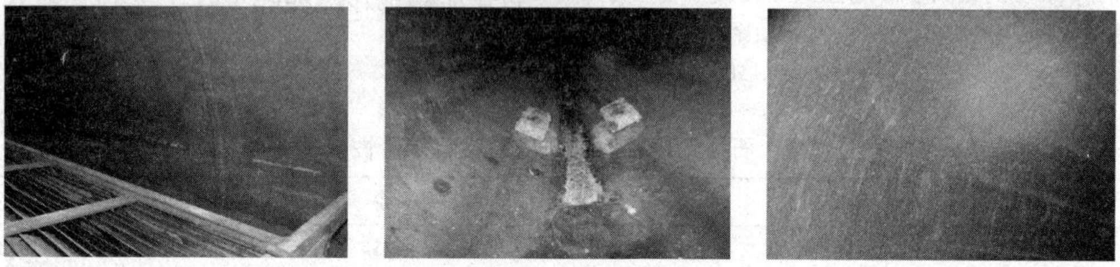

(b)防腐施工4年后开罐涂层表观及罐内状态

图6　耐酸涂料在段塞流捕集器内防腐进行应用

2014年，中国石油集团石油管工程技术研究院针对塔里木油田油气处理系统、污水处理系统、原油储罐等装置开展涂料技术适应性评价，通过对油田地面系统工况环境分类，参考地面系统不同区块、重点部位腐蚀介质检测化验结果，结合压力容器实际运行参数制定试验参数，参数覆盖各类环境，主要评价参数如表6所示，并对耐酸涂料进行不同介质下的性能测试。

表6　工作介质主要评价参数表

序号	工作温度/℃	H_2S含量/(mg/m^3)	CO_2含量/%	Cl^-含量/(g/L)	测试总压/MPa	介质类别
1	50	/	0.8	60	12	最低门槛值
2	80	/	0.8	120	12	高压CO_2环境
3	80	/	5	120	12	高压CO_2环境
4	80	300	5	120	12	高压H_2S环境
5	80	2000	5	120	12	高压H_2S环境
6	80	20000	5	120	12	高压H_2S环境
7	80	/	5	120	2	油系统CO_2环境
8	80	300	5	120	2	油系统H_2S环境

结果表明，耐酸涂料在塔里木油田不同工况环境下均具有良好防护作用，涂层性能优异、附着力良好，可在不同H_2S浓度、CO_2浓度、分压下保持优异防腐性能(图7)。

图7　不同试验条件下涂层性能测试结果

长期以来，塔里木油田深受油气“四高一低（高 CO_2、高 H_2S、高 Cl^-、高矿化度、低 pH 值）”腐蚀环境的制约。自 2015 年起油田开始全面推广应用耐酸涂料，目前已实现对全油田 H_2S 环境下使用耐酸涂料全覆盖。2018 年经对应用耐酸涂层进行全面检查发现，内防腐涂层基本保持完好，无涂层失效，实现压力容器由“一年一检”到“三年一检”过渡，延长了检修周期，为油田实现油气当量 3000 万吨目标节约宝贵检修时间，进一步提高塔里木油田本质安全水平。

3.2 耐酸涂料在新疆油田应用

2013 年，新疆油田 3 台 Φ3200 型可移动式污水处理装置开展设计与制造，由于三台处理罐存放介质为含硫污水，同时介质 PH 在 3.0～12.5 间波动，对涂料耐酸碱性均提出较高要求。三台处理罐要求最高耐 120℃，长期耐 85℃，进一步加剧涂层防护难度。为此，经过缜密的筛选过程，最终确定采用石墨烯改性耐酸涂料用于防腐。对罐体内壁喷砂除锈达到 Sa2.5 级，并涂敷一遍耐酸涂料底漆，待涂层实干后进行焊接组装，涂敷第二遍底漆。最后涂敷两道耐酸涂料面漆，干膜厚度大于 300μm，对涂层体系养护 7 天后投入使用。经过对该涂层持续跟踪及现场反馈发现，耐酸涂层五年内状态良好，无起泡、无脱落（图 8）。

图 8　耐酸涂料在新疆油田污水处理罐中应用

3.3 耐酸涂料在锦州石化应用

锦州石化某车间 2019 年含硫污水汽提装置为了提高设备原料水储存能力，增加原料水沉降时间，2019 年计划新增 4 台 3000m^3 原料水罐。由于储存介质为高浓度硫化物或氨氮废水，硫化物含量为 3000～8000mg/L，含氨氮 12000～18000mg/L，含油 300～1500mg/L，pH 值 6～9，腐蚀介质具有极强的腐蚀性。经多方调研后，最终选用耐酸涂料进行防腐，并取得良好防腐效果，目前 4 台原料水罐已全部投用近半年，无涂层脱落反馈，效果良好。

3.4 耐酸涂料在大庆炼化应用

大庆炼化某公司酸性水罐 V3402AB 于 2001 年首次建设，2002 年正式投用，分别于 2007 年 8 月和 2014 年 9 月重建，主要原因是：酸性水罐壁四周多处腐蚀开裂，威胁安全生产。之前使用涂料都在使用达到 3 年后发生罐外壁腐蚀穿孔问题，2007 年漏点 51 处，2014 年漏点 57 处。罐内酸性水数据：含油 35.5mg/L；含硫化氢 5210mg/L；含氨氮 14800mg/L。催化裂化来水数据：含硫化氢 336mg/L；含氨氮 3300mg/L；含氯化物 57.5mg/L。2014 年水罐检修期间采用我公司耐酸防腐蚀涂料防腐，至今效果良好（图 9）。

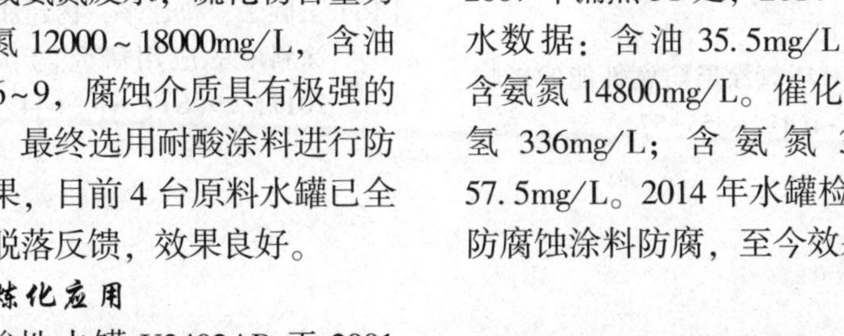

(a)罐壁腐蚀穿孔情况　(b)内壁表面腐蚀图　(c)内涂层重做后涂层表观

图 9　耐酸涂料在大庆炼化某酸性水罐中应用

4 总结

针对油气田含 H_2S、CO_2 等酸性介质苛刻腐蚀环境特点，通过选用耐温性好、交联密度高的酚醛环氧树脂与酚醛胺固化剂、耐酸性颜填料配套进行涂料制备研究，同时增加石墨烯改善耐酸涂料耐盐雾、附着力及耐酸碱盐性能，形成石墨烯改性耐酸防腐蚀涂料。

对制备的石墨烯改性耐酸涂料进行耐化学品浸泡、耐盐雾试验、抗 H_2S 腐蚀试验等测试，结果表明该涂料具有优异耐酸性能、耐盐雾性，可长期在100℃以下环境下使用，有效缓解 H_2S、CO_2、土酸、盐酸、硫酸等强酸性物质腐蚀，满足石油石化行业对酸性环境防腐的要求。

多次石油石化使用经验表明，石墨烯改性耐酸涂料具有良好的抗强酸性物质腐蚀作用，可极大提高石油石化装置耐酸性介质能力，延长储罐等设备检修周期，降低本质安全隐患，提升石油石化防腐水平与质量。

参 考 文 献

[1] 陈茂军，罗兴．高含 H_2S 和 CO_2 天然气井中的钻采设备防腐措施[J]．表面技术，2006，35(1)：80-82.
[2] 徐赣川，杜磊，米力田，等．酸性油气田管道环氧防腐涂料施工工艺[J]．涂料工业，2009，39(5)：60-72.
[3] 王菁，岳文华．耐酸环氧涂料的研究[J]．上海涂料，2015，53(5)：11-13.
[4] 余辉，何毅．CO_2/H_2S 对环氧涂层防腐性能的影响[J]．腐蚀防护，2011，14(12)：55-57.
[5] 陈芳，吴远程，高凌俊．酚醛环氧涂料在石化污水罐重防腐中的应用[J]．试验研究与应用，2017，20(10)：4-6.
[6] 汤诚，朱志录，冯俊．酚醛环氧防腐涂料的制备及性能研究[J]．海洋和重防腐涂料与涂装，2010，25(7)：32-34.
[7] 牙亚萌，张胜利，李唯，等．高温、含 H2S 环境的设备内壁陶瓷金属涂层防腐技术[J]．天然气与石油，2016，34(2)：72-77.
[8] 钟兆魁，刘亮亮，倪培超．硅胶行业用耐湿热、耐酸涂料的研制[J]．涂料工业，2010，40(2)：40-44.
[9] 邹积强．酸性水罐腐蚀的联合保护[J]．石油化工腐蚀与防护，2015，32(5)：30-32.
[10] 潘一，张明明，梁丹丹，等．石油储罐内外防腐技术[J]．当代化工，2012，41(12)：1366-1368.
[11] 张弘毅．高质量石墨烯制备与应用基础研究[D]．南京：东南大学，2017：1-12.
[12] 王耀文．聚苯胺与石墨烯的制备及其在防腐涂料中的应用[D]．哈尔滨：哈尔滨工程大学，2012：6-9.
[13] 杨修宝，崔定伟，瞿研．石墨烯在功能性涂料应用中的研究进展[J]．电子元件与材料，2017，36(9)：83-87.
[14] 方坤，马玉然，李依璇，等．颜填料对酚醛环氧树脂涂层性能的影响[J]．电镀与精饰，2013，35(6)：26-29.
[15] 沈海斌，刘琼馨，瞿研．石墨烯在涂料领域中的应用[J]．涂料技术与文摘，2014，35(8)：20-22，32.
[16] 王胜荣，曹建平，杨建炜，等．石墨烯及其在防腐涂料中的应用研究[J]．腐蚀科学与防护技术，2017，29(6)：640-644.

高分子涂层在工艺容器中的运用

杨福昌

（中海油石化工程有限公司）

摘　要　本文介绍了各种高分子工艺内涂层的性能对比，高分子涂层在工艺容器中的应用现状，对实际应用中涂层失效原因进行分析，就工艺涂层的选型提出一些建议，并结合实际案例，分析工艺容器涂层未来的发展趋势。

关键词　高分子涂层　工艺容器　内涂层　防腐

1　概述

工艺容器是化工生产中常用的重要设备，在油气行业更为常见。在实际的运用中，工艺容器会受到储存或运输的介质、温度、压力等影响，会产生如全面腐蚀、应力腐蚀、氢损伤、缝隙腐蚀、磨损腐蚀等各种腐蚀，导致设备出现故障，介质泄漏，对安全生产造成威胁。工艺容器的防腐策略包括合理选材、添加缓蚀剂、改善焊接质量、电化学防护、使用防腐涂剂、应用防护衬里和加强管理维护等多种方法。其中使用防腐涂剂即涂层技术是一种广泛应用且经济有效的防腐方法，国外石油公司也将工艺容器内应用的高分子涂层定义为衬里（Coating）。近年来，涂层技术在工艺容器等设备关键腐蚀区域得到了很好的应用，替代复合板，大大降低了项目的投资成本。但是人们对涂层的性能和使用缺乏认知，将工艺容器内涂层和外油漆等同，或将工艺容器内涂层和储罐内涂层等同，对涂层的性能选择不够重视，往往导致涂层选型错误，且对施工过程质量控制不当，导致实际生产过程中涂层提前失效，造成对涂层技术的不信任与否定。

2　涂层技术应用现状

目前国内没有专门针对工艺容器内防腐的标准，可参考的标准有 SY/T 0611-2048《高含硫化氢气田技术系统内腐蚀控制规范》，GB/T 50393-2017《钢质石油储罐防腐蚀工程技术标准》，SY/T0319-2012《钢质储罐液体涂料内防腐层技术标准》等。

工艺容器内防腐常用的内涂层可分为有机防腐涂层、无机防腐涂层和有机无机复合防腐涂层。有机涂层是目前工艺容器内防腐的主要选择，主要包括丙烯酸脂，硅树脂，聚氨酯，乙烯基脂，聚脲，衬胶，氟橡胶，环氧树脂，酚醛环氧树脂，改性酚醛环氧树脂等，具有良好粘接性能、机械强度、耐化学品性能、耐磨抗冲击等特点。其性能对比如表 1 所示。

表 1　不同类型涂层性能对比表

粘接性能（由高到低）	机械性能（由高到低）	耐化性能（由高到低）	耐磨性能（由高到低）
环氧树脂 酚醛环氧树脂	环氧树脂 酚醛环氧树脂	环氧树脂 酚醛环氧树脂	聚氨酯 聚脲
聚氨酯 聚脲 多硫化物、硅树脂	聚氨酯 聚脲	乙烯基酯 聚氨酯 聚脲	环氧树脂 酚醛环氧树脂 多硫化物 乙烯基酯
丙烯酸甲酯 丙烯酸醇酸 丙烯酸 乙烯基酯	乙烯基酯 丙烯酸甲酯 丙烯酸醇酸 多硫化物、硅树脂	丙烯酸甲酯 丙烯酸醇酸 多硫化物、硅树脂	硅树脂 丙烯酸 丙烯酸甲酯 丙烯酸醇酸

国内工艺容器的设计寿命一般为 15~20 年，涂层的应用收到了较好的效果，但也有部分应用 1 年或几个月时间就出现鼓泡、脱落、开裂等现象的。涂层提前失效的原因主要包括两个方面，一是涂层选型不当，不能适应工况；二是涂层施工质量控制不到位，导致涂层在生产过程中失效，部分涂层甚至在还未投入使用前就开始失效(图 1、图 2)。

图 1　国内某石油公司分离器内涂层鼓泡

图 2　国内某石油公司分离器内涂层大面积脱落

导致工艺容器涂层失效，主要原因有如下几种：

• 涂层内部空隙

含溶剂涂层，在涂层固化过程中，溶剂挥发会在涂层内留下毛细孔，如涂层的恢复速度无法及时填充溶剂挥发时候产生的毛细孔，则会在涂层内留下孔隙，介质会通过涂层内的毛细孔，与基材接触，导致腐蚀。涂层填料调和不均匀，或者多孔填料，同样会在涂层内留下毛细孔。

• 渗透作用

基材表面处理时候，基材表面油污或者渗透进基材的污染物没有清理达标，或者涂层内含有亲水性溶剂，在渗透作用下，尤其是有冷墙效应加持下，会加速液体向涂层内渗透，导致涂层鼓包(图 3~图 5)。

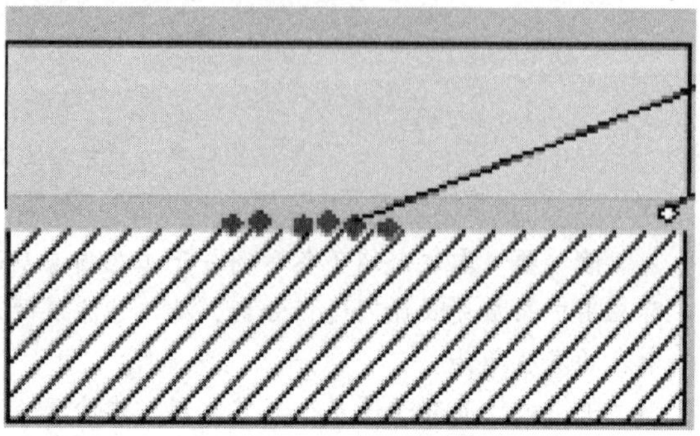

图 3　基材表面盐分污染

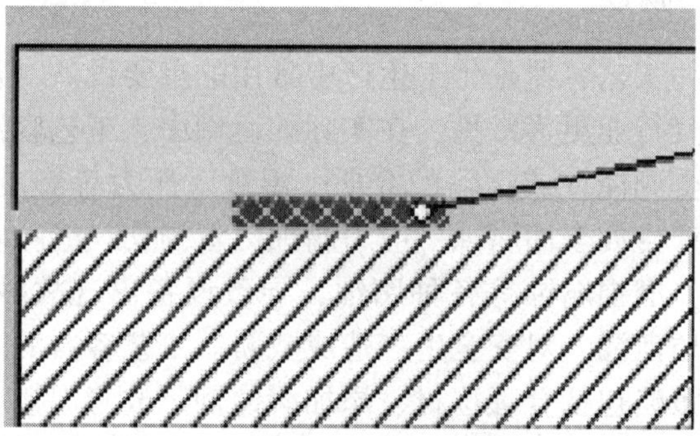

图 4　盐分溶解

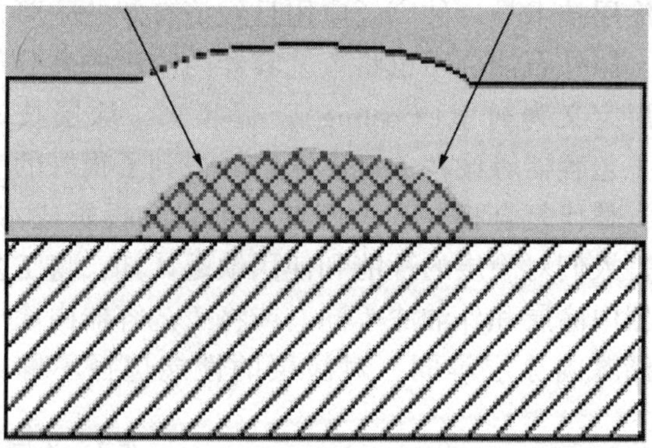

图 5　涂层鼓包

• 耐温性能不满足要求，涂层无法耐操作工况的浸泡温度，或者在大修期间，蒸汽吹扫破坏涂层。

• 耐化性能不满足要求，涂层与工艺容器内的介质化学性不相容，导致涂层本体化学腐蚀。

• 涂层施工质量控制问题，涂层施工涉及表面处理、混合材料、喷涂或刷涂材料、控制涂层间的施工间隔、最终的检测，以及整个施工过程的温湿度检测等多个阶段。目前涂层施工的质量控制文件已经非常严格有序，但是部分指标无法量化，依据目测评估，主观因素影响大，与施工团队和监理的专业程度有关，甚至存在部分承包商施工队将工艺容器内涂层视作外油漆进行施工。

3 工艺容器内涂层选择

对于工艺容器内高分子涂层的选用，应依据不同的介质、温度和压力进行选择。涂料的种类应根据所要达到的性能进行调整，没有一种涂料可以适用于所有的工况。对于新型涂料，不能确定其性能时，应要求厂家出具独立测试报告和第三方检验机构报告，结合以往实际使用效果和业绩，或者先进行试片测试。

工艺容器在使用过程中会遇到气、气液相、液相三相不同浸泡环境浸泡和腐蚀、以及高温、高压、急减压、腐蚀磨损，冷墙等多种苛刻的工况。

气、气液相、液相三种不同相位，分别对应干热，湿热和浸泡三种工况，腐蚀工况不同，一般涂层失效，大部分出现在气液相界面，因此需要综合考虑三种液相情况下。图6为国内某石油公司，工艺容器内涂涂层失效案例，在气液相涂层失效，其他区域涂层完好。

图6 原油分离某工艺容器内部图

国际石油公司常用的测试方法为按照NACE TM0174-2002标准，使用不同的介质在不同的温度不同的压力下进行浸泡测试，以检验涂层在各种相位下的耐腐蚀性能及耐冷墙效应。图7为挪威国家石油公司测试的不同涂层浸泡效果。

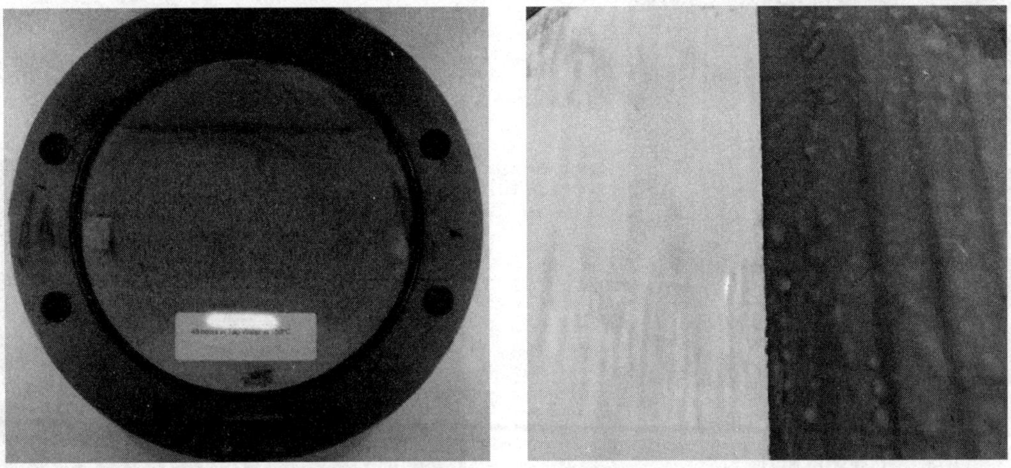
图7 涂层浸泡测试失效图(左侧为溶剂类涂料毛细挥发，右侧为涂料鼓泡)

一些特殊的工艺容器，如放空分离器，火炬分液罐等，在生产过程中需要介入放空操作，导致工艺容器内的温度和压力急剧大幅降低，出现负压和零下低温工况。由于工艺容器内的液体，在温度和压力的作用下，小分子量介质以及离子会有部分穿透涂层，尤其是溶剂型涂层，由于溶剂挥发后会在涂层内留下毛细孔，更容易导致工艺容器内介质渗透涂层，如容器没有保温，在冷墙的作用下，会加速渗透的速度，并且最终和工艺容器内的压力平衡。如果出现放空操作，容器内的压力急剧降低，而残留在涂层内的介质压力不能瞬间释放，导致出现压差，如涂层粘接力不够，涂层会由于压差的作用，大面积脱落，图8为国内某放空分离器，由于放空操作，涂层大面积脱落。

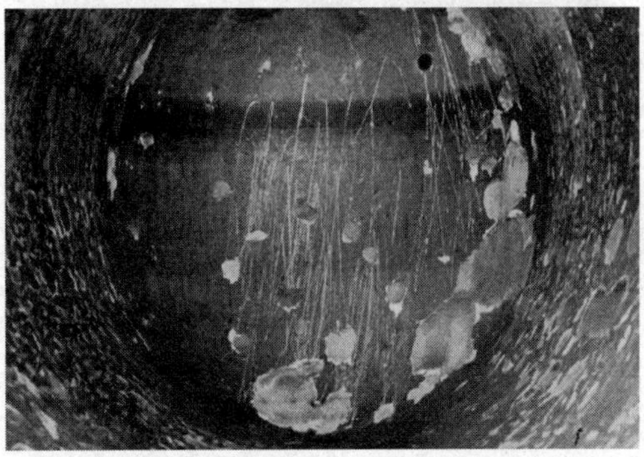
图8 某放空设备涂层脱落

针对放空工况的工艺容器，国际石油公司常用的测试方法为NACE TM0185，涂层在不同的温度和压力浸泡环境下，进行极速和慢速减压测试，图9~图11为挪威国家石油公司，测试不同涂层的结果。

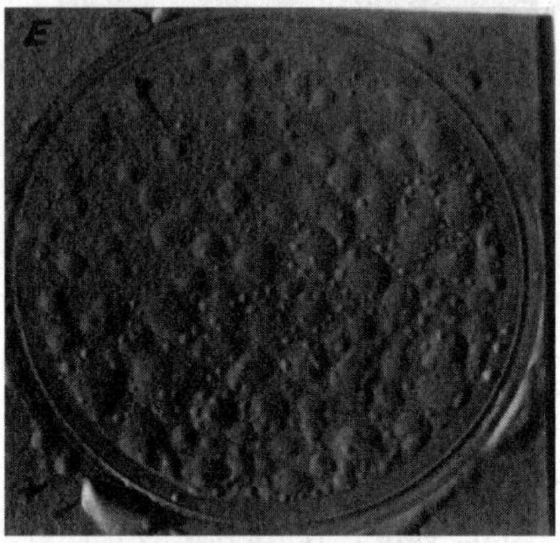

图9　玻璃鳞片，70度8kg
工况下中等速度解压一次

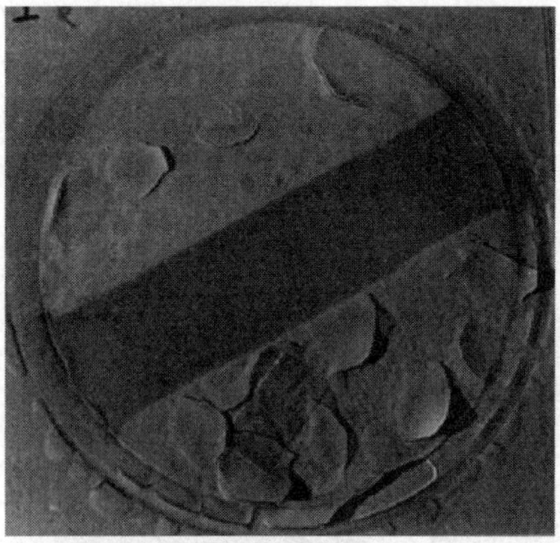

图10　溶剂型环氧，70度8kg
工况下中等速度解压一次

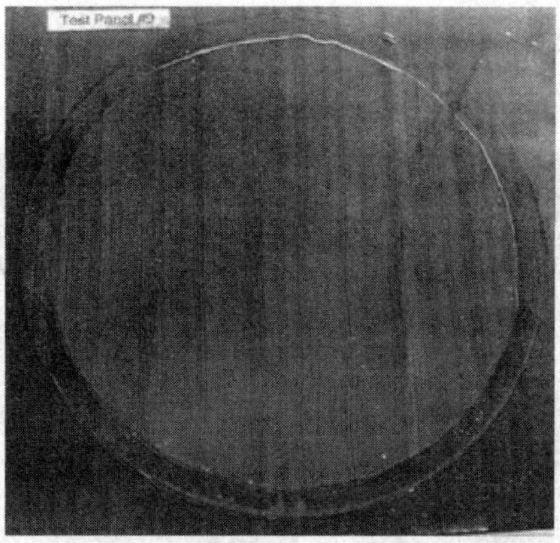

图11　无溶剂环氧，85度8kg
极速解压一次

从上述测试结果可见，不同类型涂层，在相同工况下，测试结果大相径庭，因此在有放空操作的工艺容器内涂层选择时，要重点考虑涂层的粘接性能，涂层是否含有挥发性溶剂，涂层是否有类似工况的急减压测试或类似的成功业绩。

工艺容器内的颗粒介质磨损，工艺流体夹带颗粒，在高压作用下，高速冲击涂层，对涂层是一种严峻的考研，如涂层耐磨性能达不到要求，涂层很快就会被磨损消耗，失去对工艺容器的保护作用。国际常规的测试标准为泰伯测试，但泰伯测试不能完全模拟实际工艺容器生产过程中的冲击磨损，仅能作为工艺容器内涂层选型的参考数据。国际石油公司通常采用高压水夹带颗粒冲击涂层，模拟工艺容器内的工况，测试涂层的实际耐磨性能。

英国北海油田为测试平台上分离器内涂层耐磨性能，将涂层测试板浸泡在85度的盐水中，表面堆积满砂砾，采用1500psi高压水冲击涂层，56小时连续冲击模拟现场分离器2年工况(图12)。

图12　英国北海油田涂层耐磨性测试

挪威石油公司，采用高压水夹杂砂砾，冲击涂层，模拟现场工况，测试流程如图13所示。

因此，磨损工况的工艺容器内涂层选型，应重视涂层的实际耐磨性能，要求涂层具有模拟现场的实际工况磨损测试报告，或类似工况成功应用案例，泰伯测试仅能作为参考。

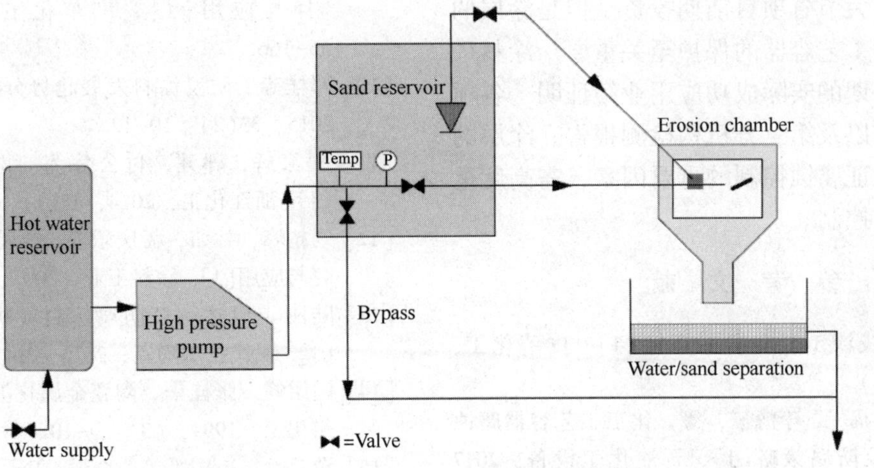

图 13 挪威石油公司涂层耐磨性测试流程图

4 实际应用

国内开始使用高分子涂层应用于酸性油气田开始研究于川渝区块，因为含硫量高，对于涂层的工况选择严苛，同时具有较强的涵盖性。同时也为我国在其他国家和区块针对高含硫项目的材料选择提供了借鉴。石油开采的过程包括油水的分离，分离器设备运行的工况条件苛刻，不仅操作温度高、压力高，而且腐蚀性 H_2S 和 CO_2 酸性介质含量高，传统的抗化学腐蚀涂层不能满足分离器所承受的腐蚀、管口夹带的固体颗粒磨蚀以及高温高压的工况。采用抗高温的耐腐蚀高分子涂层产品进行保护，可应对腐蚀工况，延长设备使用寿命。海外油田整装项目，如鲁迈拉油田脱气、脱水、电脱盐设备、米桑油田的分离器、分液罐、闭排罐等均采用碳钢加高分子涂层技术，适应采油生产工况，保护工艺容器，大大低投资成本，尤其是总包项目，具有明显的优势，表 2 为国内某石油公司总包的伊拉克酸性天然气项目，使用碳钢板材做内防腐，与复合板才的价格对比。

表 2 伊拉克某项目重点设备采用碳钢+Belzona 涂层和复合板的价格对比

序号	设备名称	碳钢加涂层价格/元	镍基复合板价格/元
1	一、二级分离器	2000000	5000000
2	火炬分液罐	100000	300000
3	闭排罐	100000	300000
4	聚结除油器	20000	500000
5	斜板除油器	20000	500000

在含有硫化氢的工况中，工艺容器罐壁容易发生氢脆，具体与操作温度、氢的分压、作用时间和钢的化学成分有关。温度越高、氢分压越高、碳钢的氢脆层就越深。如合成氨生产过程中的脱硫塔，近几年石化厂面对脱硫塔的腐蚀修复尝试了多种方法，更换内衬、焊接不锈钢板等均不能提供长期解决方案。2017 年湖南某石化工厂应用耐腐蚀高分子涂层进行脱硫塔防腐，使用一年后运行良好，打开检修发现涂层整体完好。案例分享后，各地多家化工厂脱硫塔和综合塔选择通过改进脱硫塔工艺结合应用高分子涂层的长期解决方案进行保护，延长设备的使用寿命，减少维修次数和成本，提高了化工生产的安全性。

国内安岳气田磨溪区块龙王庙组气藏天然气处理厂的设备含 H_2S、Cl^- 和 CO_2 等腐蚀性介质，温度高，工况环境恶劣，选用陶瓷金属涂料对工艺容器内部进行防腐，该陶瓷金属涂料是一种高分子聚合涂料，采用先进技术将不同金属、非金属填料以及改性环氧树脂进行聚合而成，耐磨、耐高温，抗急减压，产品不含挥发性有机化合物（VOC），施工安全环保。

海洋石油平台的设备应用环境湿度大，Cl^- 含量高，平台上分离器、闭排罐、开排罐腐蚀严重，高分子涂层可用于应对此类腐蚀。海上平台湿度高，施工时应格外注意，可利用除湿机控制湿度。

5 小结

高分子涂层在工艺容器上所能发挥的作用非常大，在应对高含 H_2S、高含 CO_2 等恶劣工况时，高分子涂层表现出优异的性能，可提供长期解决方案，大大节省项目前期投资。但是涂层的选型和施工对工艺容器的保护至关重要。涂料厂家应具有长周期的实际成功应用业绩证明，各项独立测试报告以及第三方机构检测报告。涂层的施工质量是保证腐蚀控制的重要因素，需高度重视施工的质量控制。

参考文献

[1] 丛日升．浅谈工艺容器的腐蚀[J]．皮革化工，2004，21(3).

[2] 沈书乾，郭福平，李海三，等．化工工艺容器腐蚀影响因素及防腐策略[J]．石油化工设备，2017(02)：63-67.

[3] 吴荫顺，曹备．阴极保护和阳极保护：原理、技术及工程应用[M]．北京：中国石化出版社，2007.

[4] 牙亚萌，张胜利，李唯，et al. 高温、含 H_ 2S 环境的设备内壁陶瓷金属涂层防腐技术[J]．天然气与石油，2016，34(02)：84-89.

[5] 赵志强．内浮顶储罐内壁腐蚀及防护[J]．石油化工腐蚀与防护，2009，26(1)：31-33.

[6] 刘威．钢制储罐的腐蚀及防腐蚀措施[J]．齐齐哈尔大学学报，2009，25(3)：96-98.

[7] 曹学文，董培林．钢制管道及储罐内防腐涂料应用研究[J]．管道技术与设备，1996，(2)：15-16.

[8] 孙铭毅．储罐防腐及涂料的选择[J]．石化技术，2015，22(7)：13-15.

[9] 张鑫，许乃迪，于楠．储罐防腐工程中防腐涂料的选择与应用[J]．广东化工，2012，39(11)：165-166.

[10] 邓桂芳．防腐涂料发展趋势分析[J]．化学工业，2015，33(2)：10-12.

[11] 程家辉，郭建，付公伟等．陶瓷涂料研究进展[J]．浙江化工，2014，45(1)：29-31.

[12] 刘超峰，林茹，孟庆乐等．金属基体陶瓷涂料的研究与应用[J]．涂料工业，2007，37(9)：61-64.

[13] 陆刚．概述陶瓷防腐涂料在机械设备上的运用[J]．现代技术陶瓷，2015，36(4)：32-38.

[14] 闫绍峰，张桂华．陶瓷金属化涂料的研制[J]．贵州化工，1999，(3)：9-10.

[15] 翟兰兰，凌国平等．金属/高分子涂层附着机理的研究方法[J]．材料导报，2006，20(增刊 2)：274-277.

[16] 杨洪所，刘佳福，洪常军等．高分子复合材料在石油天然气工业中的应用[J]．科技创新与生产力，2012，(6)：61-63.

[17] 侯开红．贝尔佐纳高分子修补材料在天然气净化厂的应用[J]．石油与天然气化工，2004，33(4)：307-308.

[18] 马红杰，豆伟红，黄粱柱等．储罐内防腐蚀涂层鼓泡分析[J]．石油化工腐蚀与防护，2009，26(5)：55-56.

[19] 王勇，彭绪武，徐绍方．大型储罐防腐蚀质量控制[J]．石油化工腐蚀与防护，2013，30(4)：41-44.

[20] 殷悦，赵龙．涂料防腐蚀施工质量控制及检验[J]．全面腐蚀控制，2015，29(3)：33-36.

浅谈石化装置钢结构防火保护

陆 鹏

（吉林梦溪工程管理有限公司）

摘 要 随着以钢构件为承重结构的建筑设计和施工技术越来越广泛地应用到石油化工装置，由此带来的防火安全问题也日益受到各方的密切关注。

论述了钢结构防火保护的必要性。

详细介绍了钢结构防火保护的两种方法。

关键词 被动保护 防火涂料 环氧树脂 烃类火 主动保护 水喷雾系统

1 钢结构防火保护的方法和应用

一座建筑物的消防安全是一个系统工程，从建筑防火理论看，国内外消防界基本一致认为有主动防火和被动防火两大体系。

建筑被动防火体系主要是根据燃烧的基本原理，采取措施防止燃烧条件的产生或削弱燃烧条件的发展、阻止火势蔓延，即控制建筑物内火灾荷载密度、提高建筑物的耐火等级和材料的燃烧性能、控制和消除点火源、采取防火防烟分隔措施以阻止火势蔓延。建筑主动防火体系则主要采取措施及早探测火灾、破坏已形成的燃烧条件、终止燃烧的连锁反应，使火熄灭或把火灾控制在一定范围内。达到减少火灾危害的目的。该系统主要依靠设置火灾自动报警系统、灭火设施和防排烟系统来实现。

建筑中钢结构构件的防火保护属于被动防火体系。但从钢结构本身的防火设计来看，也可通过主动防火措施和被动防火措施来实现。

1.1 钢结构构件的被动防火保护方法

钢结构构件的被动防火保护就是一种在火灾中部依靠降低火灾的燃烧释放率或抑制火灾增长来实现结构不受高温或火焰严重影响的防火保护方法。它只凭所采取的措施自身的热特性，使结构构件与高温烟气或火焰隔离或减小构件所受热量的吸收速度，从而减少构件升温速度，使构件在火灾作用下仍能发挥其预定功能。一般采用不燃的热惰性材料或热导率小且遇热能自行膨胀或炭化的涂敷材料直接包敷在钢结构的外面或在火灾时充入循环水冷却保护。

直接包敷保护方法是在钢结构表面或外表直接施用防火材料，如砌筑砖石、浇筑混凝土、抹灰、喷涂防火涂料或包敷防火板等将裸露的钢结构包封或覆盖起来，达到提高钢结构耐火极限的目的。设计过程中选用材料方案及特点见表1。

表1 钢结构防火设计方案与材料特点

方案	特点及适用范围
外包混凝土砌筑或砖砌体	强度高、耐冲击、适用于钢柱及设备裙座的防火。高温下易崩裂，不太适用于初期升温很快的火灾。
防火涂料	工艺成熟、施工便利、适用于钢结构任何部位，要求涂料具有良好的耐候性及耐久性。
防火板包裹	预制性好，多用于民用建筑，适用于如电梯间等要求表面平整、装饰性好的部位。
柔性毡状隔热材料	施工快捷，直接包裹。目前未见在国内化工装置中适用
构件内部充水冷却保护	效果良好，但成本较高，增加结构自重，内部需做耐水防腐处理，国内外均试验不多。

1.1.1 目前石化装置防火涂料的选用

石油化工装置中，钢结构的防火保护国内目前最常用的方法是防火涂料喷涂。

国产防火涂料目前分为厚型（H）、薄型（B）、超薄型（CB）等几种类型。

厚型（H）防火涂料既非膨胀型防火涂料，依靠自身材料的不燃烧性、低导热性保护钢构件。

其主要成分为无机绝缘材料(如膨胀蛭石、矿物纤维等)掺加无机粘接剂。

薄型(B)及超薄型(CB)防火涂料即膨胀型防火涂料，在受火时膨胀发泡形成致密的防火隔热层，延缓钢结构升温，保护钢构件。其主要成分为有机树脂类，掺加发泡剂、阻燃剂等。

1.2.2　国产防火涂料在石化装置应用中存在的问题

在设计中，选用防火涂料应根据石油化工装置以下两个特点：

(1) 石油化工装置钢结构目前多为室外露天，环境条件特殊，多为酸碱、油气腐蚀环境，在选用防火涂料时，应考虑选用适合室外用的粘接力强、强度高、耐水、耐腐蚀、耐冻融、耐湿热和抗老化性能好的钢结构防火涂料。

(2) 石油化工中的“火”通常是以油、气为燃烧介质，通常称为烃类火。与标准火灾(即建筑火灾)最大的不同点是升温曲线不同，标准火灾的升温曲线，在30min时的火焰温度约700~800℃，而烃类火灾升温快，在10min内温度达到1000℃以上，见图1。并且，在发生烃类火灾时，常常还伴随有爆炸发生。因此，目前《石油化工企业设计防火规范》对防火涂料的选用要求“耐火层选用应适用于烃类火灾”。

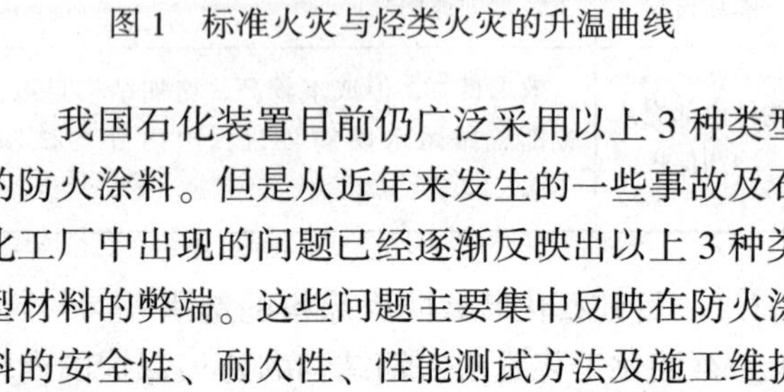

图1　标准火灾与烃类火灾的升温曲线

我国石化装置目前仍广泛采用以上3种类型的防火涂料。但是从近年来发生的一些事故及石化工厂中出现的问题已经逐渐反映出以上3种类型材料的弊端。这些问题主要集中反映在防火涂料的安全性、耐久性、性能测试方法及施工维护等方面。

薄型和超薄型涂料的主要组分包括三个部分：酸源、碳源和气源。酸源即各种磷酸盐类，目前多为聚磷酸铵，磷酸三聚氰胺等；碳源即各种含碳丰富的有机物，如多元醇、氯化(或溴化)石蜡、淀粉等，目前多为季戊四醇或双季戊四醇，辅以少量的氯化石蜡；气源是遇火能放出不燃性气体，从而将碳源吹制成蜂窝状炭质层的物质，通常为各类胺类，如尿素、双氰胺、胍等，目前用量最多的是三聚氰胺，其成膜基料为各种有机树脂或乳液，如氯偏乳液等。从以上常见组分可以看出，这些都是有一定水溶性的物质，随着常年累月风吹雨淋，上述物质会慢慢从涂料中析出，产生分解、降解、老化等问题，从而使涂层剥落、粉化，防火涂料的防火性能几年后慢慢下降，直至失去防火性能。并且防火涂料遇火产生膨胀对基材起到保护作用的同时，其阻燃成分有可能释放出诸如NH_3、HCN、HX、NO_x、CO、Cl_2、Br_2等有毒气体，当这些气体的浓度超过了人体耐受极限，就会对火灾现场人员及消防灭火人员产生危害。

厚型涂料的特点是耐火性能可靠性高，同薄型、超薄型相比无毒性，但其自重大，装饰性差，占用空间大，对机械撞击敏感，施工较复杂。更为严重的是由于施工工艺和施工质量存在缺陷，容易使涂料粘结强度不够，在户外经过风吹雨淋容易开裂，水汽易进入，造成内部包裹钢结构的腐蚀，同时涂料也会出现大面积的剥离和脱落。某石化装置1#管桥采用了SJ-1厚型室外钢结构防火涂料，厚度20mm，耐火极限设计1.5h，2006年8月份施工完成，至2010年3年多的时间就出现了大面积脱落、剥离，几乎丧失了粘结强度和抗压强度，已不能满足石化行业防火规范的要求。

钢结构的防火涂料作为一种功能性涂料，其性能主要包括两大方面：一是理化、力学性能，它反映了涂料抵抗水、冷热变化、干湿变化、振动、荷载等各种环境因素的能力，以及其与基材的黏结牢固程度；二是防火性能，它表示涂料抵抗火灾侵袭能力，以耐火极限表示，即将规定的构件涂以规定厚度的防火涂料，按时间-温度标准曲线进行防火试验，以构件从受火作用起到支撑能力或完整性被破坏为止所用的时间，它是防火涂料的主要指标。防火试验中，构件的加载条件和升温曲线是试验的两个重要条件。相同的构件，施加同样的荷载若采用不同的升温曲线所测得的耐火极限是不同的。我国防火涂料产品的耐火极限试验的升温曲线是按ISO834时间-温度标准曲线进行的，试验中以木质纤维为燃烧介质，通常称为标准火，而石油化工中以油、气等为燃烧介质，通常称为烃类火。由于烃类火的温升比标准火快得多，同样耐火极限的防火涂料因其受火类型的不同，对基材的保护效果也就不同，设计用于纤维火的常规防火涂料在烃类火灾中的有效性仅达到60%左右。尽管目前国家规范要求石化装置中使用的防火涂料应适用于烃类火，但由于目前国内设备条件等因素所限，国产防火涂料还未按烃类火升温曲线和GB 14907—2002标准规定的方法对钢梁进行耐火极限试验，其相关试验和检测方法也不完善。因此在大型石化装置使用国产传统防火涂料，势必存在一定的安全隐患。

1.2 钢结构构件的主动防火保护方法

钢结构构件的主动防火保护是一种采用主动消防措施排除环境热量、抑制火灾增长和灭火，在火灾发生后从根本上消除高温和火焰对钢结构的威胁。在此，将重点结合张家港道康宁19万吨/年有机硅聚硅氧烷项目所采用的水喷雾系统对钢结钩的保护来进行介绍。该工程是外资在华投资项目，其装置内钢结构、塔、卧罐、空冷器、反应器等均采用水喷雾灭火系统防护，设计方面所采用的规范为《石油化工企业设计防火规范》(GB 50160—2008)、《水喷雾灭火系统设计规范》(GB 50219—95)、NFPA 15 STANDARD FOR WATER SPRAY FIXED SYSTEMS FOR FIRE PROTECTION (2007 EDITION)、美国工厂联合保险系统相关FM标准和道康宁企业规范标准EMTN。

1.2.3 主动防火保护的应用背景

在道康宁的众多生产工厂中，防火涂料通常作为钢结构防火保护的常规措施，是因为防火涂料在实施后不会出现机械故障而导致性能失效；好的防火涂料不会在爆炸中损坏；防火涂料性能的发挥不依赖于其他系统的建立和执行(比如自动喷水灭火系统需依赖于消防给水系统)；防火涂料实施后不需要做定期的性能测试(当然防火涂料必须定期检查和维护)。但是，根据道康宁公司累积的经验，防火涂料在使用中出现了很多的问题，包括耐烃类火的防火涂料价格昂贵，其覆盖下的钢结构存在被腐蚀的问题，复杂的维护(比如修补、清洁、重新喷涂等)以及防火涂料寿命有限等。特别是钢结构的腐蚀问题始终难以全部避免，因此同其他国外企业一样，道康宁公司也考虑到用主动防护措施替代被动防护，也就是用水喷雾系统对钢结构进行防护冷却替代防火涂料对钢结钩的保护。

1.2.2 水喷雾系统的应用机理

水喷雾灭火系统是利用水雾喷头在一定水压下将水流分解成细小水雾滴进行灭火或防护冷却的一种固定式灭火系统。该系统式在自动喷水系统的基础上发展起来的，不仅安全可靠，经济实用，而且适用范围广。当水喷雾系统应用到灭火功能时，主要是利用水雾冷却和所产生水蒸气的窒息作用，以及乳化和稀释等手段来实现灭火。当水喷雾系统应用到防护冷却功能时，主要是向暴露在火灾中的建筑或设备直接喷射水雾，以减少火焰传递的热量。

防护冷却是水喷雾系统的重要用途，它可以向保护对象提供安全的保护措施，使保护对象在火灾条件下或在受到火灾威胁时免遭破坏，为采取其它灭火手段和事故处理措施争取时间。事实证明这种事故处理方法是行之有效的，并且在国外和国内得到了广泛的应用。

1.2.3 水喷雾系统设置前提

在项目设计初期，需要进行技术经济分析判断是否可采用水喷雾系统对钢结钩进行防火保护。如有以下情况，对露天的工艺框架不宜考虑采用水喷雾系统进行主动防火保护：

1）厂区污水收集和排放系统能力不够。厂区排水设计需满足至少2%的装置地坪坡度坡向装置四周的排水沟或者排水管网，并且该系统能保证及时排除可能存在的物料泄漏量和最大消防用水量，避免火灾时易燃易爆物料泄露扩散到其他装置或区域。

2）除以下烃类物料外，其他有烃类物料储存，加工或制造的工艺装置：

(1) 可燃液体操作温度低于其闪点温度。

(2) 酒精或其他高水溶性可然液体

(3) 气体，包括氯甲烷。

(4) 润滑油类。

(5) 物料容积小于等于38升。

3）水喷雾系统和/或消防给水系统不能提供有效钢结构保护时。

4）可能存在其他罕有的特大火灾或爆炸危害潜在时(比如严重的立体火灾或者无约束蒸汽云爆炸危害)

1.2.4 系统设置

1.2.4.1 钢结构保护水喷雾系统工艺流程见图2

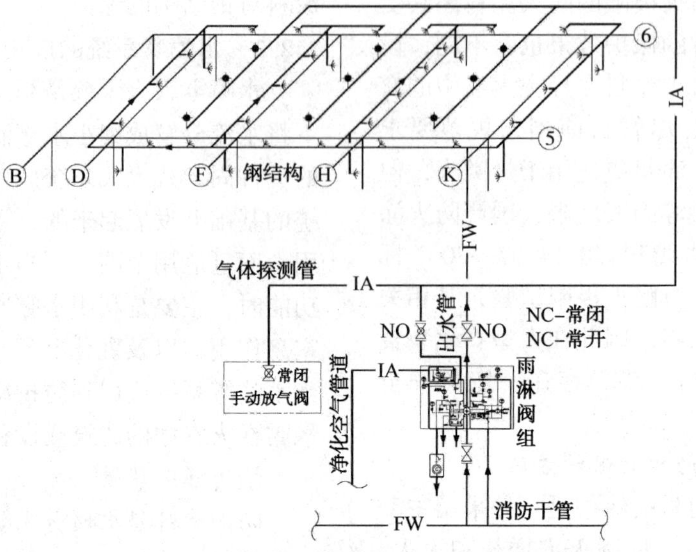

图2 钢结构保护水喷雾系统工艺流程图

1.2.4.2 钢结构的保护范围

在《石油化工企业设计防火规范》(GB 50160—2008)第5.6.1和第5.6.2条，规定了钢结构耐火保护的范围：

下列承重钢结构，应采取耐火保护措施。

(1) 单个容积等于或大于5m3的甲、乙A类液体设备的承重钢构架、支架、裙座；

(2) 在爆炸危险区范围内，且毒性为极度和高度危害的物料设备的承重钢构架、支架、裙座；

(3) 操作温度等于或高于自燃点的单个容积等于或大于5m^{3}的乙B、丙类液体设备承重钢构架、支架、裙座；

(4) 加热炉炉底钢支架；

(5) 在爆炸危险区范围内的主管廊的钢管架；

(6) 在爆炸危险区范围内的高径比等于或大于8，且总重量等于或大于25t的非可燃介质设备的承重钢构架、支架和裙座。

上述的承重钢结构的下列部位应覆盖耐火层，覆盖耐火层的钢构件，其耐火极限不应低于1.5h：

(1) 支承设备钢构架：

a. 单层构架的梁、柱；

b. 多层构架的楼板为透空的钢格板时，地面以上10m范围的梁、柱；

c. 多层构架的楼板为封闭式楼板时，地面至该层楼板面及其以上10m范围的梁、柱；

(2) 支承设备钢支架；

(3) 钢裙座外侧未保温部分及直径大于1.2m的裙座内侧；

(4) 钢管架：

a. 底层支撑管道的梁、柱；地面以上4.5m内的支撑管道的梁、柱；

b. 上部设有空气冷却器的管架，其全部梁、柱及承重斜撑；

c. 下部设有液化烃或可燃液体泵的管架，地面以上10m范围的梁、柱；

(5) 加热炉从钢柱柱脚板到炉底板下表面50mm范围内的主要支撑构件应覆盖耐火层，与炉底板连续接触的横梁不覆盖耐火层；

(6) 液化烃球罐支腿从地面到支腿与球体交叉处以下0.2m的部位。

以上钢结构保护部位均在设计文件“钢结构保护划分图”中做了明确划分和标识，便于采用主动保护的构件采用水喷雾系统保护，不便于水喷雾系统设置或者有特殊要求的钢结构采用chartek防火涂料保护。

2 结语

石油化工企业中，暴露在火灾危险下钢结构必须实施防火保护。在被动防火保护领域，我国从对室外防火涂料的认识、研究、检测及应用都与国外存在较大差距，无论技术方面还是阻燃理论方面，远远落后于国外水平。随着我国石油行业的发展和海上石油开采步伐的加快，对耐烃类火和爆炸的户外用防火涂料的需求将越来越大，因此，我国关于防火涂料的管理部门、检测部门、研究单位都应抓住契机，通力协作，对环氧防火涂料的研究和开发引起高度的重视，争取拥有自主知识产权，力争短时间内使我国的环氧防火涂料投入市场，提高与国外大型涂料公司的核心竞争力；与此同时，在石油化工装置设计阶段，在有条件的情况下，对钢结构的保护也可由主动防火保护代替传统的被动防火保护，即采用水喷雾系统代替防火涂料对钢结构进行防火保护，水喷雾系统在世界工业发达国家应用很普遍，相关规范也很成熟，水喷雾系统自引进到国内以后，在我国各行业的应用范围和数量正在逐步扩大，国家相关部门也应加快研究，结合我国国情完善相关规范，使设计者可结合相关国家规范进行合理的设计，务必使钢结构的防火保护更加安全、经济和可靠，为保障国家财产安全，人民生命安全做出贡献。

IPC智能控制在常减压蒸馏装置的开发及应用

王耀全　秦玉建　周梓桐

(中国石油云南石化公司)

摘　要　IPC智能控制系统在云南石化1300万吨/年常减压蒸馏装置上开发及应用，装置所有基础控制回路实现了精准控制，有效提升常减压装置智能化运行水平，降低操作人员劳动强度，降低装置综合能耗，使装置实现“安、稳、长、满、优”运行，助力企业实现高质量发展。

关键词　智能控制　常减压　智能PID控制

1　前言

国内炼化企业面临碳达峰、碳中和任务紧迫，安全生产形式复杂严峻，数字化、信息化企业建设有待快速推进，世界各国都颁布了一系列以“智能制造”为主题的国家战略，智能制造已成为提升石化企业核心竞争力的主要途径和最重要的抓手。

云南石化1300万吨炼油项目是中石油“十三五”期间唯一建成投产的千万吨炼厂，是中国石油融入和推动“一带一路”建设示范项目，是中缅油气管线配套的重要项目。常减压蒸馏装置是炼油项目的“龙头”装置，装置由换热网络、原油电脱盐、初馏部分、常压蒸馏部分、减压蒸馏部分、辅助部分、公用工程部分组成，是目前国内投产运行的单套炼油能力最大的常减压装置。

2　装置控制现状

装置设计206个控制回路，首次开车前公司购买了PID整定与优化软件与性能评价软件，由于PID整定软件应用局限性，大部分控制回路PID采用了人工经验方法整定，对工况适应性差，操作人员劳动强度大，自控率、平稳率有待进一步提高。2019年开发投用APC先进控制系统，一定程度提高了装置平稳率，但由于装置加工切换原油频繁，工艺流程长，前后关联程度高，内部、外部干扰因素多，装置整体控制难度大，报警数量多，PID整定过于依赖人工经验，造成APC先进控制系统自适应性较差。

常减压装置过程控制面临较大挑战，生产过程复杂，精准建模难；基础PID控制采用人工经验方法整定，控制粗放；控制方案缺陷，难以实现自动控制；生产过程存在多变量，非线性，强耦合，大时滞；仪表故障原因复杂，分析诊断难。传统的PID控制和APC难以全面解决装置控制难题，在公司“数字化转型、智能化发展”的战略规划下，2020年装置大检修前开展技术调研，引进了Robust-IPC全流程智能控制系统，在常减压装置开发与应用。

3　Robust-IPC全流程智能控制系统开发

Robust-IPC全流程智能控制包含智能建模、智能PID控制、智能变参数非线性区域控制、烽燧控制、智能函数控制、多变量智能控制、专家系统、最优控制设计、故障诊断与防护、智能优化等多项控制方法，基于软件平台和硬件平台，解决生产装置从基础层控制到多变量控制的精准控制难题，提高装置智能化水平，实现真正意义的“安、稳、长、满、优”运行。

3.1　智能PID控制

基于智能模型库，自动设计智能PID控制器，挖掘2.8亿个装置生产过程数据，建立15万个模型，将装置206个传统PID控制升级为智能PID控制，达到高精度无超调快速平稳控制，适用于装置提降量、原油切换、方案调整多种工况下长期投用，解决了PID参数整定粗放，无法满足系统多种工况需求的问题，同时建立控制器性能评价体系(图1)。

3.2　智能变参数非线性区域控制

将装置25个液位-流量串级控制升级为智能变参数非线性区域控制，解决传统液位-流量串级控制流量大幅波动的控制难题，发挥液位的缓冲作用，尽可能使流量稳定，减少对下游单元的影响(图 2)。

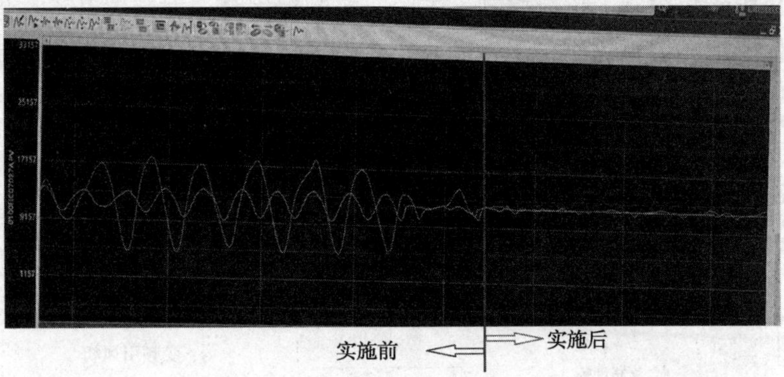

图 1　减二线和减三线产品罐压力实施前后控制曲线效果对比图

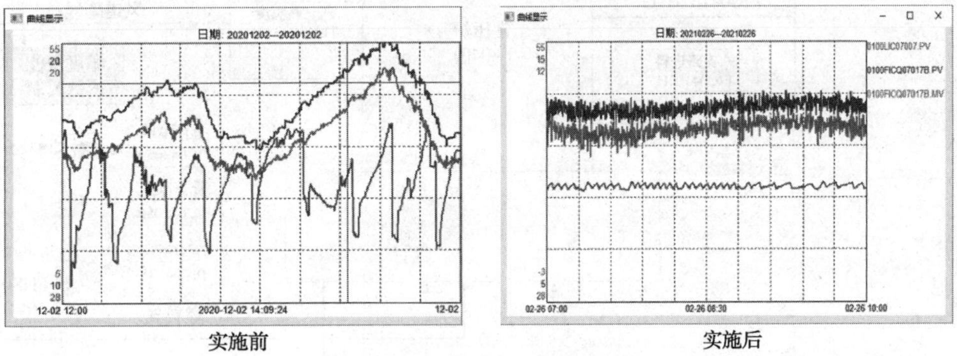

图 2　液位-流量串级控制与智能控制效果对比曲线图

3.3　智能函数控制

基于生产大数据，开发了常压塔一中回流、常二中回流、常压炉出口温度、减压炉出口温度、常压炉负荷、减压炉负荷 6 个智能函数控制器，对控制回路按照设定的函数进行智能控制，当生产负荷变化、生产方案变动、切换不同原油等操作时，采用智能函数控制，操作人员只需输入指令，保证相关参数平稳的基础上，实现智能平稳提降负荷，杜绝人工操作过度粗放导致装置波动及影响产品质量(图 3)。

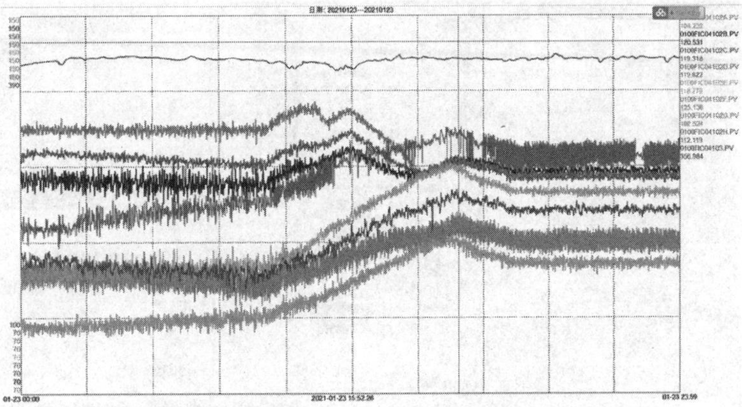

图 3　常压炉智能函数控制提降负荷控制曲线对比图

3.4　多变量智能控制

常减压装置工艺复杂流程长，存在多变量、非线性、强耦合、大时滞、多约束、多目标、自干扰等世界性控制难题，常规控制难以实现稳定运行。多变量智能控制针对复杂对象的特点，设计具有多约束和多目标调控的多变量智能控制器，根据生产装置特点，开发常压炉和减压炉的多变量智能控制，将常规 PID 控制和手动多变量控制升级为多变量智能控制。主要包含：炉出口温度控制、温度智能函数控制、负荷控制、支路温度均衡、氧含量控制、炉膛负压、烟气排放温度、本质安全控制，实现复杂单元智能控制，控制精度高，对装置开工、停工、大幅度提降量等多种复杂工况实现智能控制(图4)。

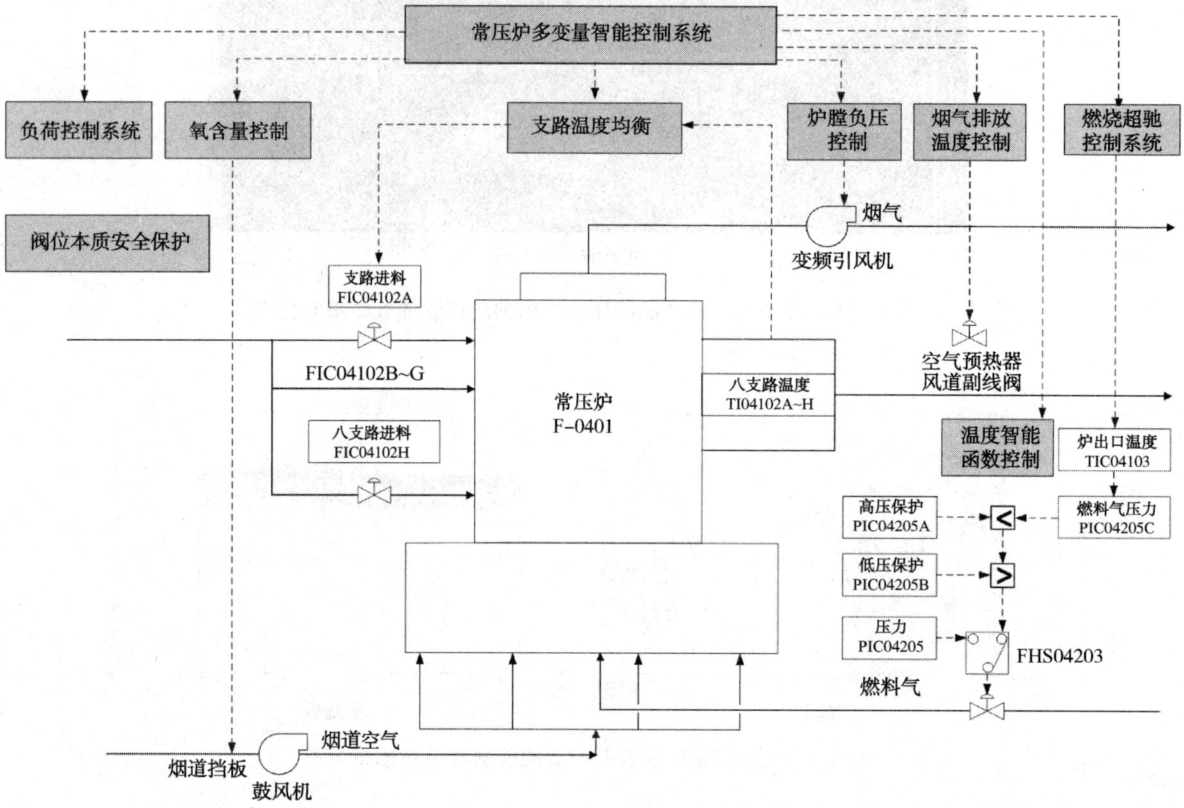

图4　常压炉、减压炉多变量智能控制系统图

开发常压炉、减压炉膛负压和氧含量的故障诊断与防御控制，当控制回路出现异常时，准确诊断、报警并防护。同时开发常压炉、减压炉本质安全控制，保证加热炉长期平稳运行(图5、图6)。

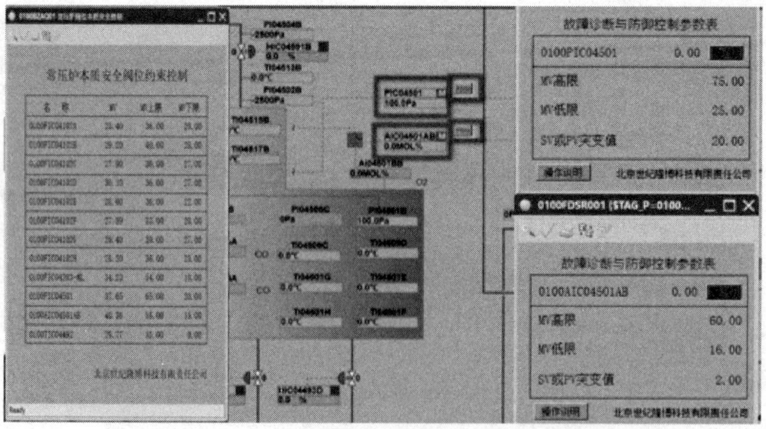

图5　加热炉故障诊断及本质安全开发操作模块图

常压炉总出口温度与8支路温度实现均衡控制，投用后基本实现“九线合一”，见图7.

3.5　专家控制系统

基于生产大数据、机理模型及专家经验，形成专家知识库，融合智能控制理论方法，开发专家控制系统，解决生产装置瓶颈控制难题。

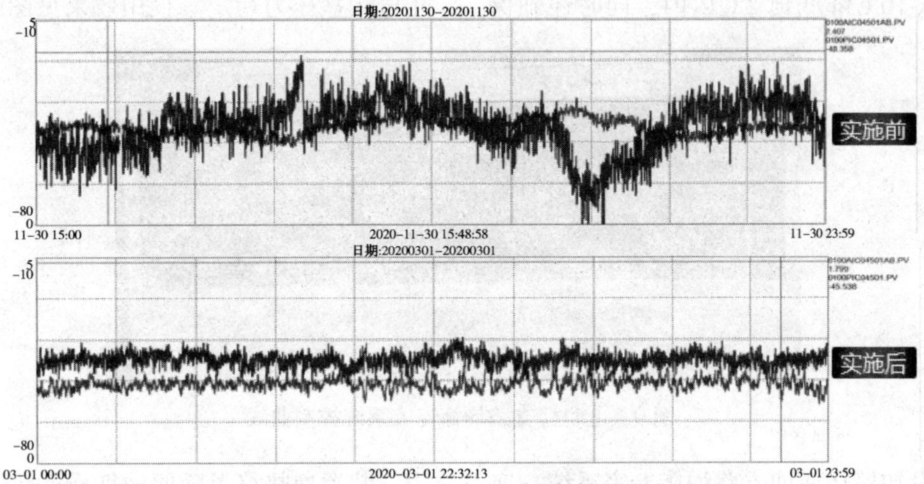

图 6　常压炉氧含量、负压控制效果对比图

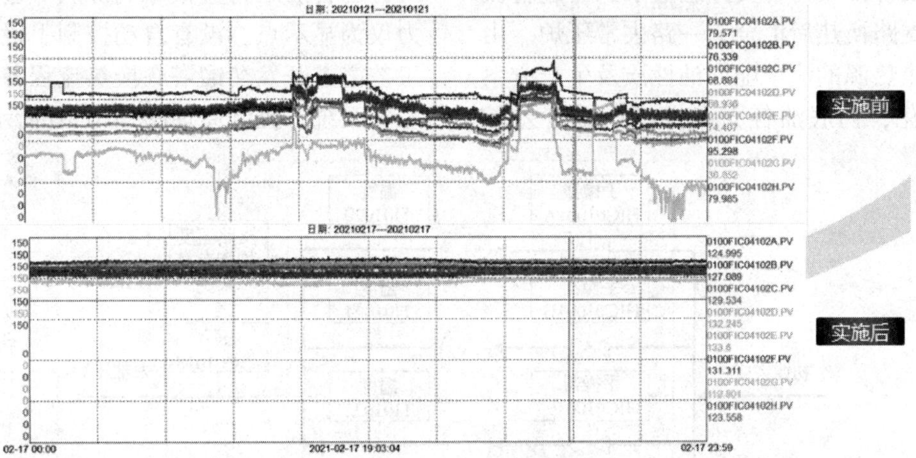

图 7　常压炉出口温度及支路均衡控制效果对比图

（1）开发电脱盐罐压力与脱后三路支路均衡专家系统。原设计电脱盐罐压力同时与原油脱后三支路流量串级控制，由于各支路换热情况不同，相同流量下各支路换热后原油温度不同，从而影响换热效率，导致原设计方案难以投用。结合工艺生产需要，开发了支路温度均衡专家系统解决方案，方案原理图如图 8 所示。

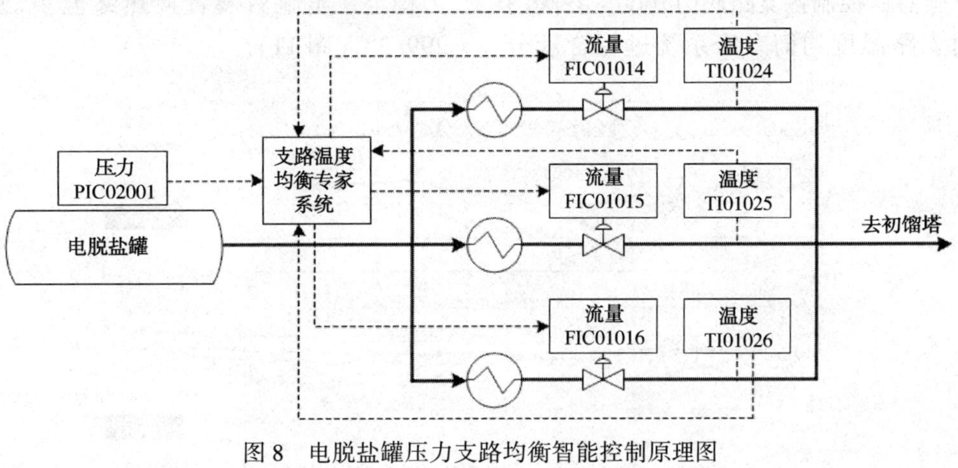

图 8　电脱盐罐压力支路均衡智能控制原理图

电脱盐罐压力支路均衡专家系统投用后，对脱后三路换热支路均衡起到了较好的效果，脱后

3 支路温差从 10℃降低到 2℃以内，同时还确保了电脱盐压力稳定。投用效果见图 9.

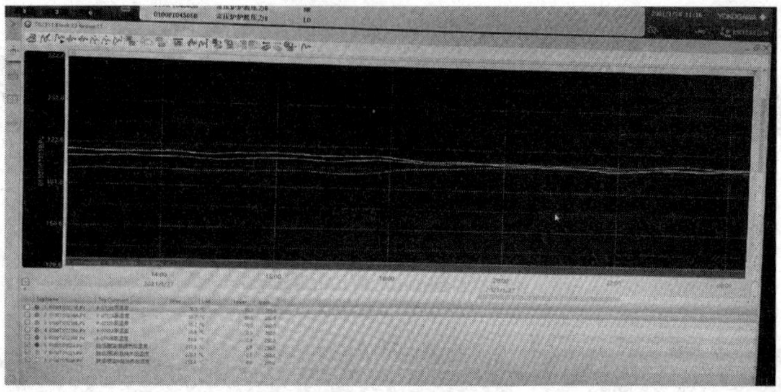

图 9　电脱盐支路均衡专家系统控制曲线

(2) 开发初馏塔底油支路均衡专家系统，实现换热终温的均衡控制。初馏塔底设计为四路进行换热，原设计方案为各支路通过手操器进行流量调节，各支路换热后汇合为一路去常压炉。由于各支路换热热源的流量随原油性质及生产方案的变化而变化，初底油各支路换热后温度差较大，装置换热终温随原油性质变化与生产方案调整经常性变化，装置运行综合能耗相对较高。另外，汇合后压力直接影响加热炉进料稳定，但压力仅为显示点，没有自动控制手段。为此，结合工艺需求开发初馏塔底换热流程各支路温度均衡专家系统，控制原理图如图 10 所示。

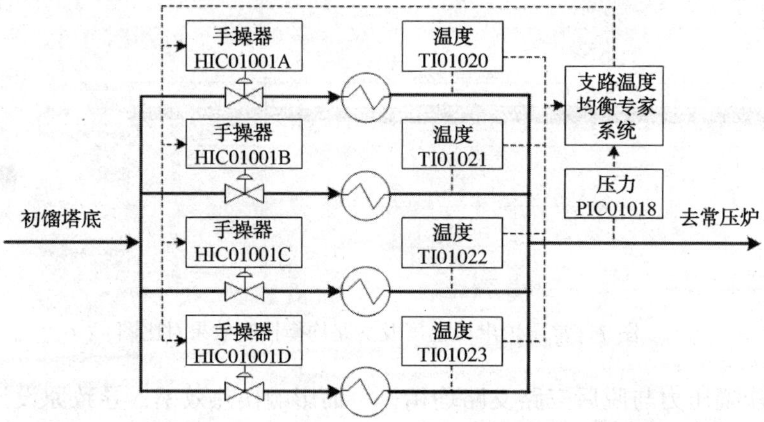

图 10　初馏塔底四路支路温度均衡智能控制原理图

新增汇合后压力控制器 PIC01018，同时调整 4 支路手操器，控制各支路阀门开度，各阀门开度大小由支路温度均衡专家系统进行合理分配，实现各支路温度均衡，同时保证了汇合后压力稳定。实施后装置换热终温由 297℃提升到 299.3℃(图 11)。

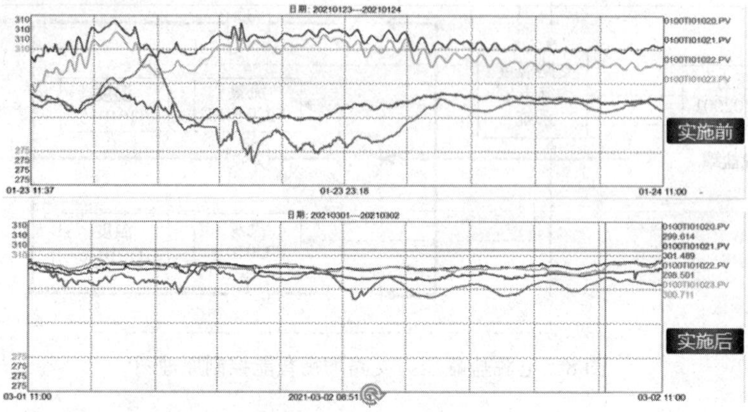

图 11　初底油支路均衡专家系统控制效果图

（3）开发常一线、混合柴油、常压渣油、减二线、减压渣油给下游装置热供料 5 个压力、流量区域专家控制系统，确保压力控制平稳。

3.6 沥青生产超驰选择控制

减压塔减四线外送控制阀与减四线液位串级控制，为更加平稳控制沥青产品质量，优化减四线外送控制方案，形成减四线外送控制阀与液位、减四线抽出温度优选控制，不生产沥青期间，外送控制阀与液位串级控制，平稳控制减四线液位，生产沥青期间，外送控制阀选择与减四线抽出温度串级控制，实现沥青产品质量的优化控制。该控制方案的优化投用，沥青产品调整合格时间由原来的 12 小时缩短至 4 小时，并且实现沥青生产全过程质量优化控制（图 12）。

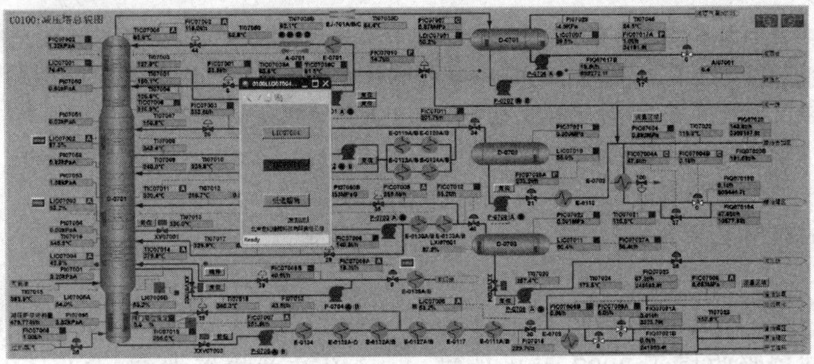

图 12 减四线液位与温度选择性控制操作模块图

4 应用效果

Robust-IPC 全流程智能控制系统在 1300 万吨/年常减压装置应用，自控率达到 99.8% 以上，平稳率达到 99.5% 以上，报警次数下降 91.4%，岗位操作频次大幅度减少，提高装置智能化控制水平。综合 4 年同期数据，综合能耗平均下降 1.2 千克标油/吨以上，下降幅度 13.4%，装置综合收率平均提高 0.05%，年效益达 5000 万元（表 1）。

表 1 综合能耗核算统计表

年份	2 月份		3 月份		2~4 月份	
	加工量/t	综合能耗/(kgEO/t)	加工量/t	综合能耗/(kgEO/t)	加工量/t	综合能耗/(kgEO/t)
2018 年	732547	8.29	812007	7.99	2248591	8.14
2019 年	821380	8.53	857190	8.69	2509830	8.56
2020 年	698940	8.25	721780	8.61	2188180	8.67
2021 年	770360	6.99	860320	7.38	2566219	7.41

5 结论

（1）Robust-IPC 全流程智能控制是实现石化产业智能转型的重要基础，IPC 智能控制有效提升了常减压装置智能化运行水平。

（2）大幅度降低了操作人员劳动强度，降低装置综合能耗，真正实现大平稳出大效益。

（3）实现了常减压装置在正常运行、开停工、提降量、方案变动操作过程的智能精准控制，使装置始终运行在最佳状态，装置的整体技术经济指标得到有效提升。

（4）该智能控制系统在全面提升公司智能化建设方面，具有良好的示范效应和推广应用价值。

焦化装置吸收塔人孔法兰泄漏原因分析及建议措施

王　平　程前进　梁春阳

(中国石油化工股份有限公司洛阳石化分公司)

摘　要　本文对中国石化股份有限公司洛阳石化分公司 1.40M/a 焦化装置吸收塔 5 处材质为 0Cr13 的人孔法兰焊缝泄漏原因进行了分析。根据 0Cr13 不锈钢特点及其焊接性能，分析了点蚀产生的原因。初步分析人孔法兰泄漏主要原因是介质中的硫化氢和氯离子共同作用造成焊缝部位发生点腐蚀，提出了对人孔法兰焊缝部位做金相分析、扫描电镜及能量色散 X 射线光谱(EDX)分析、规范工艺操作、邀请专家评估等建议和预防措施。

关键词　0Cr13　人孔法兰焊缝　硫化氢　氯离子　点腐蚀

中国石油化工股份有限公司洛阳石化分公司 1.40Mt/a 焦化装置吸收塔于 2007 年 8 月建成，于 2008 年 6 月投用。该塔规格为 Φ2000mm×41673×(14+3)mm，筒体与封头材质为 16Mn R+0Cr13Al 复合板，主要介质为油气、汽油，气相为气压机出口油气分离器所来的油气，液相为分馏塔顶油气分离器来的粗汽油和稳定塔底汽油。设计压力 1.53MPa，操作压力为 0.9~1.3MPa；设计温度 65℃，操作温度为 30~45℃。在 2019 年停工检修开工运行第三天，6 月 27 日吸收塔第 5、6 个人孔筒节法兰焊缝泄漏，7 月 8 日吸收塔第 1、2、3 个人孔法兰焊缝泄漏，11 月 12 日吸收塔第 5 个人孔法兰焊缝再次泄漏。通过查找设计资料，吸收塔人孔法兰采用对焊法兰，规格为 Φ530 ＊12mm，人孔筒节采用钢板卷制，材质为 0Cr13，法兰材质为 0Cr13(Ⅲ级锻件)。

1　现场概况

吸收塔五个人孔泄漏部位均位于人孔法兰与筒节的环焊缝热影响区，且都是贯穿性砂眼，具体见图 1 和图 2。

图 1　吸收塔第 1、2、3 个人孔法兰焊缝泄漏现场照片

图 2　吸收塔第 5、6 个人孔法兰焊缝泄漏现场照片

2 0Cr13 不锈钢钢材特性

2.1 特点

当合金钢中的主要元素 Cr 质量分数超过12%时，钢具有不锈钢的特性，对某些腐蚀性介质具有耐腐蚀性。通常的不锈钢多为单相组织，0Cr13 属于半铁素体不锈钢中含 Cr 量最低的一种，耐蚀性优于含碳量高的 1Cr13，2Cr13 等马氏体不锈钢；塑性、韧性和冷成型性优于含 Cr 量更高的其它铁素体不锈钢。当 0Cr13 钢中含 C 量控制很低时，其塑性，特别是韧性、冷成型性还会显著提高。应力腐蚀敏感性低于奥氏体不锈钢，对连多硫酸不敏感，抗高温硫腐蚀的性能尚可，广泛用于炼油装置中低温 $HCL-H_2S-H_2O$ 设备系统(如常压塔顶，汽提塔塔体及内件)以及温度高于 240℃的油/油换热器等。

2.2 焊接性能

0Cr13 属于铁素体不锈钢，易在热影响区产生晶间腐蚀，使常温塑性、韧性降低而引起脆化。铁素体不锈钢在焊接热循环的作用下，热影响区晶粒明显长大，接头的韧性和塑形急剧下降。热影响区晶粒长大的程度取决于焊接时所达到的最高温度及其保持时间。因此，在焊接铁素体不锈钢时，应尽量采用小的线能量，即采用能量集中的方法，如小电流 TIG、小直径焊条手工焊等，同时尽可能采用窄间隙坡口、高的焊接速度和多层焊等措施，并严格控制层间温度。

由于焊接热循环的作用，一般铁素体不锈钢在热影响区的高温区产生敏化，在某些介质中产生晶间腐蚀。焊后经 700~850℃退火处理，使铬均匀化，可恢复其耐蚀性。退火后应快冷，防止出现 σ 相及 475℃脆性。此外，铁素体不锈钢的晶粒在 900℃以上极易粗化且难以消除，因为热处理工艺无法细化铁素体晶粒。

铁素体不锈钢焊材基本上有三类：(1)成分基本与母材匹配的焊条；(2)奥氏体焊条；(3)镍基合金焊条，由于其价格较高，故很少选用。铁素体不锈钢焊材可采用与母材相当的材料，但是拘束度大时，很容易产生裂纹，焊后可采用热处理，恢复其耐蚀性能，并改善接头塑形。采用奥氏体焊材可免除预热和焊后热处理，但对于不含稳定元素的各种钢，热影响区的敏化仍然存在。奥氏体或奥氏体-铁素体焊缝金属基本与铁素体母材等强，但在某些腐蚀介质中，焊缝的腐蚀性可能与母材有很大的不同，这一点在选择焊材时要留意。

吸收塔人孔法兰采用环焊缝型式进行焊接，焊条为 A307(奥氏体不锈钢焊条)，焊后未进行热处理。同时查阅吸收塔制造资料，吸收塔八个人孔法兰环焊缝编号 B4-(1~8)均为 100%探伤检测，合格级别为Ⅲ级，其中 B4-3 存在未熔合 40mm 和条缺 8mm 缺陷；B4-7 存在未熔合 5mm 缺陷；B4-8 存在未熔合 13mm 缺陷。其它环焊缝部位均没有大的质量缺陷。通过查阅资料可以看出人孔法兰环焊缝部位无大的焊接问题。

3 腐蚀调查

3.1 化学成分分析

人孔法兰泄漏后，组织理化人员对人孔法兰、筒节及焊缝进行了材质分析，法兰、焊缝及筒节材料中分析结果见表 1。

表 1　0Cr13 成分标准及测定值　　%

牌号	C	Mn	Cr	Ni
铁素体不锈钢(GB/T 24511—2017)	≤0.08	≤1.0	11.5~13.5	≤0.6
铁素体不锈钢(NB/T 47010—2017)	≤0.06	≤1.0	11.5~13.5	≤0.6
测定值	0	1.19	13.13	0.28

由表 2 可以看出，钢中 Mn 质量分数为1.19%，高于标准下限，其中锰和镍一样扩大 γ 相区，形成无固相溶体，是无镍或节镍不锈钢的主要奥氏体化元素，Cr 的含量符合标准要求。

3.2 硬度检测

对八个人法兰环焊缝热影响区硬度进行了检测，具体结果见表 2。

表 2　硬度测试

<table>
<tr><td rowspan="2">硬度值</td><td colspan="3">1 区</td><td colspan="3">2 区</td><td colspan="3">3 区</td></tr>
<tr><td>1</td><td>2</td><td>3</td><td>1</td><td>2</td><td>3</td><td>1</td><td>2</td><td>3</td></tr>
<tr><td>测量值</td><td>190</td><td>130</td><td>142</td><td>117</td><td>101</td><td>124</td><td>141</td><td>131</td><td>137</td></tr>
<tr><td>标准值</td><td colspan="9">GB/T 24511—2017 要求：HB≤183；NB/T47010-2017 要求：HB110~163</td></tr>
</table>

根据 GB/T 24511—2017《承压设备用不锈钢和耐热钢钢板和钢带》、NB/T 47010—2017

《承压设备用不锈钢和耐热钢锻件》要求，人孔法兰焊缝附近硬度高于NB/T 47010—2017规范，同时低于GB/T 24511—2017，从表3可见，2区测量值HB105低于NB/T 47010—2017规范，1区测量值HB190大于GB/T 24511—2017规范，说明人孔法兰焊缝部位存在一定的残余应力。

3.3 渗透检测

根据人孔法兰环焊缝泄漏情况，对八个人孔法兰焊缝部位进行了磁粉渗透检测(图3)，具体结果见表3。

表3 磁粉渗透检测报告

焊缝编号	焊缝规格	检测面	评定级别
1	DN500	外表面	I
2	DN500	外表面	I
3	DN500	外表面	I
4	DN500	外表面	I
5	DN500	外表面	I
6	DN500	外表面	I
7	DN500	外表面	I
8	DN500	外表面	I

通过现场磁粉检测，除法兰焊缝泄漏点外，均未发现外表面缺陷。

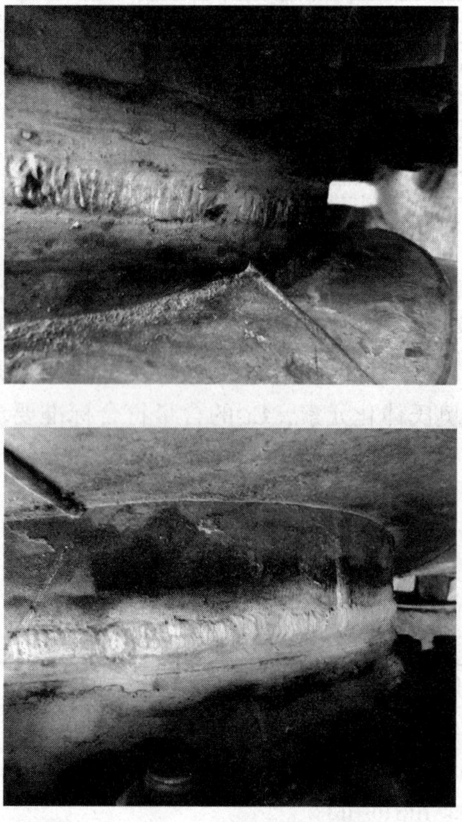

图3　第5个和第6个人孔法兰焊缝磁粉检测照片

3.4 定点测厚

根据人孔法兰环焊缝泄漏情况，对第5个、第6个人孔法兰焊缝部位进行了超声波测厚，具体见表4和表5。

表4 第5个人孔测厚数据表

序号	数值	序号	数值
1	11.51mm	11	11.37mm
2	11.50mm	12	11.41mm
3	11.25mm	13	12.00mm
4	11.60mm	14	11.64mm
5	11.47mm	15	11.55mm
6	11.41mm	16	11.25mm
7	11.45mm	17	11.00mm
8	11.65mm	18	10.80mm
9	11.48mm	19	11.38mm
10	11.38mm	20	11.17mm

表5 第6个人孔测厚数据表

序号	数值	序号	数值
1	12.18mm	11	11.38mm
2	11.68mm	12	11.75mm
3	12.13mm	13	11.95mm
4	11.84mm	14	11.93mm
5	12.02mm	15	12.17mm
6	11.90mm	16	11.30mm
7	12.15mm	17	12.20mm
8	11.81mm	18	12.28mm
9	11.90mm	19	11.83mm
10	11.64mm	20	11.92mm

从表4、表5可以看出，人孔法兰焊缝部位测厚数据与原始壁厚12mm比较，人孔法兰焊缝部位腐蚀减薄较轻。

4 原因分析

本次5处人孔法兰泄漏部位均为焊缝热影响区，泄漏形式为砂眼，失效的第1、2、5、6个人孔均位于吸收塔塔盘上方，第3个人孔位于集液箱处，所有人孔都处于气液相交汇处，存在流动死区。

同时吸收塔富气中的组分体积分数为：氢气18.39%、二氧化碳0.315%、丙烷8.93%、丙烯1.74%、异丁烷2.006%、正丁烷3.75%、1-丁烯0.54%、乙烯0.761%、乙烷14.73%、氧气

0.56%、氮气 3.54%、甲烷 37.19%、一氧化碳 0.19%，C_5及以上 2.79%，硫化氢 3.90%。吸收塔入口富气分液罐含硫污水中氯离子平均值为 13.749mg/L，PH 值平均值为 8.228，具体见图 4、图 5。

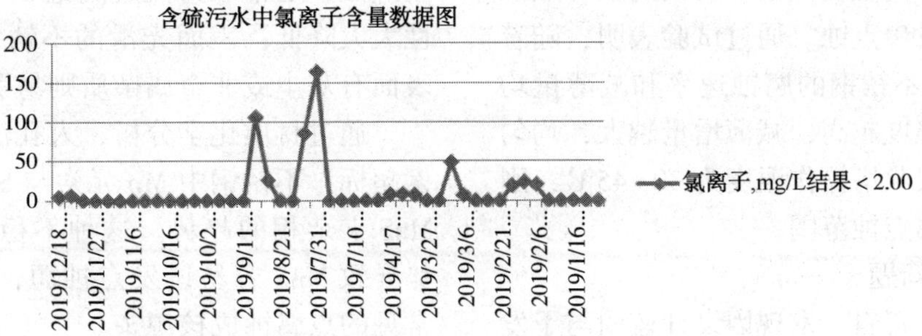

图 4　入口富气分液罐 V1201 含硫污水中氯离子数据图

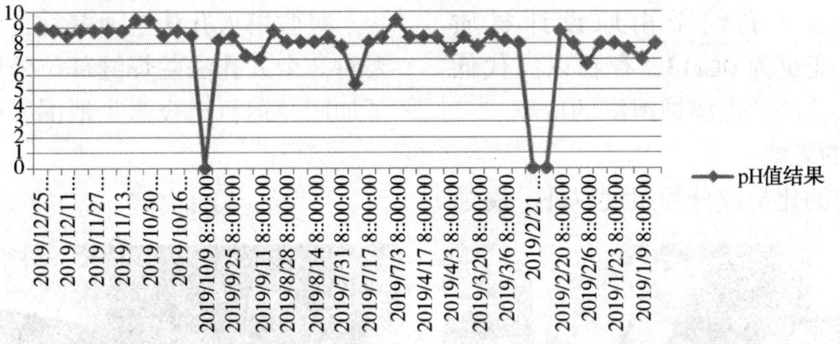

图 5　入口富气分液罐 V1201 含硫污水中 PH 分析数据图

其中 7 月份氯离子含量达到 163.66mg/L，9 月份氯离子含量达到 106.64mg/L，说明吸收塔介质中不仅存在硫化氢腐蚀，也存在氯离子腐蚀。而从腐蚀部位可以看出人孔法兰部位存在硫化氢腐蚀和点腐蚀。

在炼油装置的腐蚀介质中，0Cr13 不锈钢在高温腐蚀系统中以高温硫腐蚀为主，在低温腐蚀系统中以酸性 Cl^- 的点蚀为主。点蚀是一种外观隐蔽而破坏性很大的局部腐蚀，常发生于易钝化金属和合金之中。不锈钢因含有较多的 Cr 在很多介质中能形成稳定的钝化膜而表现出良好的耐腐蚀性能，但是在某些含侵蚀性阴离子(如 Cl^-、Br^-、SCN^-等)的溶液中常发生微小区域内金属阳极溶解而出现蚀孔或麻点现象，即点腐蚀或小孔腐蚀，简称点蚀或孔蚀。点蚀具有破坏高度集中、蚀孔的分布不均匀、蚀孔隐蔽、有或长或短的孕育期(或诱导期)等特征，通常被视为最具破坏性的局部腐蚀形式之一。点腐蚀导致不锈钢表面形成针状坑点且从表面向内扩展形成空穴，这种腐蚀的危害性在于使材料在均匀腐蚀很不明显的情况下腐蚀穿孔。

4.1　影响不锈钢点腐蚀的介质因素

4.1.1　环境介质的影响

对于不锈钢来讲，环境介质因素中 Cl^- 对其点蚀行为有重要影响。试验表明，Cl^- 浓度越大，其点蚀破裂电位越负，点蚀形核阻力和再钝化能力随之降低，越易发生点蚀。在点蚀形成过程中，Cl^- 的作用主要体现在当钝化膜的局部阳极电流密度升高时，富集在该区域的溶液层中，一方面降低钝化膜的离子电阻，使其保护性变差；另一方面与金属离子络合加速钝化膜的溶解。同时介质中含高硫化氢介质，H_2S 使不锈钢在含介质中点蚀敏感性增加主要有以下两个方面：(1) H_2S 会渗入母材并在水中水解成 H^+ 和 HS^- 点蚀坑内就会聚集高浓度的 H^+，势必使坑内的 PH 值降低，为了维持孔内介质的电中性，介质中的 Cl^- 就会向小孔内迁移，侵蚀新的表面促使点蚀的继续发展；(2)湿的 H_2S 会与铁发生反应，从而使材料点蚀敏感性增加。H_2S 的存在促进了不锈钢点蚀的发生，但 Cl^- 才是诱导不锈钢点蚀的关键因素

4.1.2　温度的影响

不锈钢所处的环境温度对其点蚀的产生也有

重要影响。20世纪70年代，Brigham等提出了临界点蚀温度这一参数，并用其来评估不锈钢的耐点蚀能力。临界点蚀温度越高，不锈钢的耐点蚀能力越强。当环境温度低于不锈钢的临界点蚀温度时，则不会发生点蚀。通过试验表明，随着温度升高，0Cr13不锈钢的腐蚀速率和减薄量均有所增加，并且温度越高，减薄增量越大，均匀腐蚀越严重。而吸收塔操作温度为30~45℃，刚好处于不锈钢金属点蚀范围。

4.1.3　材质代用问题

通过查找设计资料，发现因设计蓝图与予发招标样图不同，工程工期较紧，按蓝图重新备料将严重耽误工程工期，在吸收塔制造过程中，人孔法兰、法兰盖及人孔筒节由原设计材质0Cr18Ni10Ti(321)变更为0Cr13，存在以高代低的现象，增加了人孔法兰点腐蚀泄漏的机率。

4.1.4　其他因素的影响

除腐蚀环境中的化学成分和温度以外，腐蚀介质的PH值、流速、不锈钢表面状态等因素也会影响不锈钢的点蚀行为。PH值越低其点蚀电流越大，蚀坑体积越大；在流动的介质中不易产生点蚀，通常认为流速超过1.5m/s不锈钢敏感性大大降低；表面光滑的不锈钢不易形成点蚀，表面有灰尘或非金属杂质则易引起点蚀。

通过材质化学分析，人孔法兰焊缝处Mn元素超标，不锈钢中Mn元素与S元素有结合生成MnS夹杂相的趋势。这种不稳定性与易溶解趋势导致MnS容易诱发点蚀源，成为不锈钢最为常见的点腐蚀成核源头。

5　采取措施

吸收塔人孔法兰泄漏后，设备工程处组织外委对8个人孔法兰焊缝部位外缠碳纤维材料进行了加固，运行至今未见泄漏发生(图6)。

图6　吸收塔人孔法兰外缠碳纤维材料效果图

6　结论及建议

吸收塔塔人孔法兰焊缝泄漏为H_2S和Cl^-氯离子共同作用下发生的不锈钢点蚀，同时人孔部位介质流动缓慢，更加速了焊缝部位点腐蚀状况，因此建议采取以下几项措施：

(1) 密切关注原料中的氯离子含量，加强分馏塔顶除油除盐效果，减少氯离子带入吸收稳定系统。

(2) 本次分析只是在理论基础上进行了分析，没有进入容器内部进行观察，无法知道焊缝部位内部情况，建议下次停工时对泄漏法兰进行金相分析以及扫描电镜及能量色散X射线光谱(EDX)分析，从而分析金属内部金相组织和杂质成分分析，以判断焊缝泄漏形式。

(3) 制定吸收塔人孔法兰泄漏应急预案，组织班组人员对应急预案进行演练。

(4) 加强吸收塔人孔法兰巡检力度，充分利用每周二和每周四的高空巡检，密切关注人孔法兰焊缝泄漏情况。

(5) 组织专家对吸收塔人孔进行风险评估，制定人孔法兰修复或检修方案。

(6) 在正常生产过程中，严格规范工艺操作，将操作参数控制在相应工艺指标内。避免因操作波动大，造成设备腐蚀加快。

参考文献

[1] 陆世英. 不锈钢概论[M]. 北京：中国科学技术出版社，2007：98-110.

[2] 孙家孔．石油化工装置设备腐蚀与防护手册[M]．北京：中国石化出版社，1996：64-67.

[3] 吴剑．不锈钢的腐蚀与防蚀技术-(一)点腐蚀的形成条件、形貌特征及其预防[J]．腐蚀与防护，1997，18(1)：40-41.

[4] 魏宝明．金属腐蚀理论及应用[M]．北京：化学工业出版社，1991：19-20.

[5] 霍玉龙．不锈钢点蚀的电化学噪声行为研究[D]．哈尔滨：哈尔滨工业大学，2013.

[6] 李明，李晓刚，陈华，等。在湿 H_2S 环境中金属腐蚀行为和机理研究概述[J]．腐蚀科学与防护技术，2005，17(2)：107-111.

硫黄装置运行中的腐蚀分析及对策

由召举

(中国石油化工股份有限公司洛阳石化)

摘　要　硫黄回收装置是炼化企业环境治理污染减排的重要装置之一，它的平稳操作及安全运行直接影响炼化企业的安全环保及经济效益。在装置的运行过程中，出现多次由于腐蚀导致的设备及管线泄漏的问题，严重影响装置的长周期平稳运行。本文通过对出现的腐蚀泄漏问题归纳梳理，介绍了不同类型的腐蚀对该装置各设备的腐蚀情况及危害。通过材质升级、工艺管控腐蚀检测等措施，为硫黄回收装置的平稳安全和长周期运行提供了安全保障。对今后装置的运行维护提出可靠意见。

关键词　腐蚀　泄漏　措施　长周期

1　概述

为适应中石化洛阳分公司的扩能改造，2012年9月，二期4万t/a硫黄回收装置建成投产。硫黄装置采用胺液集中再生进行全厂干气脱硫溶剂的处理，再生塔底的贫胺液送至上游装置进行循环使用，塔顶脱出的酸性气进入克劳斯炉燃烧后，经过三级冷凝冷却器及级间中压蒸汽加热器，进入两级反应器反应产生硫黄，克劳斯尾气经斯科特加氢反应器加氢还原，经急冷塔急冷后，利用贫胺液吸收，产生的尾气通过焚烧炉焚烧后达标排放。

在装置的运行过程中，出现了多次腐蚀泄漏的情况，其中影响装置安全生产的问题有以下几项。

(1) 再生塔顶酸性气系统及回流管线和设备的湿硫化氢腐蚀及冲刷腐蚀；

(2) 急冷水系统的管线及设备腐蚀；

(3) 三级冷凝冷却器的管板应力腐蚀开裂；

(4) 液硫系统的蒸汽冲蚀及硫腐蚀；

2　腐蚀原因分析及影响

2.1　再生塔顶系统的腐蚀

溶剂再生塔采用常规汽提工艺，塔顶压力0.08MPa±0.01MPa，塔顶温度105℃±5℃。酸性气自再生塔顶出来后，先经空冷器冷却至65℃，然后经水冷器冷却至45℃，进入酸性气分液罐，然后经酸性水回流泵打回至再生塔顶。

溶剂再生装置塔顶系统原采用的材质为20#钢。正常运行状况下，管线中为水蒸汽、H_2S、CO_2和烃类物质的混合气体。由于大量水蒸汽的存在，经冷却后，产生大量液态水，形成低温(≤120℃)的$H_2S-CO_2-H_2O$腐蚀体系。同时在受到气液机械冲刷作用下，对管线产生了腐蚀+冲蚀的作用。同时氢气的产生，导致氢原子渗入到碳钢内，引起碳钢表面氢鼓泡，加剧了弯头的腐蚀(图1)。

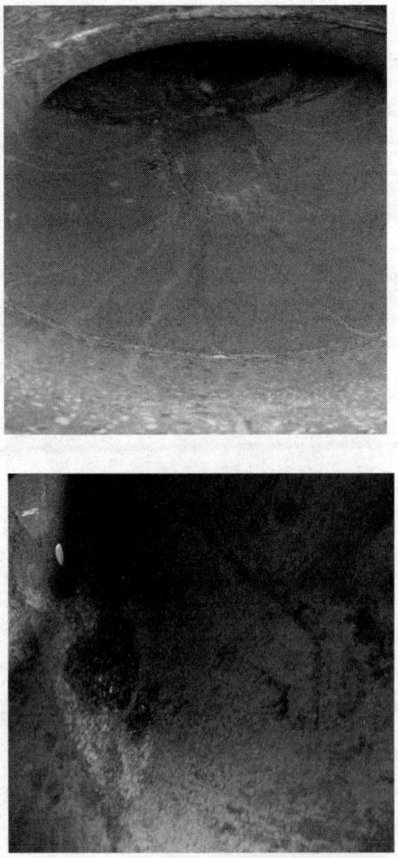

图1　酸性水管线的腐蚀

酸性气空冷器出口酸性水量较大，平稳运行状态下达 15t/h，进入酸性气水冷器后，气液混合物经冲刷水冷器管束，造成了管束的腐蚀泄漏(图 2)。

图 2　酸性气水冷器的腐蚀

酸性气和酸性水的气液混合物出酸性气水冷器后，沿管内壁下侧流动，经 90°弯头后，靠近弯头处内侧管壁流动，并沿该流道垂直进入酸性气分液罐。因此气液混合物进分液罐前法兰焊缝为水冷后管线内酸性水流速最大处，造成了该处焊缝的腐蚀泄漏(图 3)。

图 3　酸性水分液罐处的腐蚀

酸性气分液罐内的酸性水经酸性水泵，输送至再生塔顶作为冷回流。酸性水在 DN50 管线内流速约为 2.12m/s，流速较大，流体的冲刷腐蚀影响严重。同时，酸性水中含有高浓度 H_2S，形成湿硫化氢腐蚀环境。管线采用 20#碳钢，对低温下的湿硫化氢腐蚀耐蚀性差，在高流速酸性水的冲刷下很快暴露新的腐蚀表面，发生新的腐蚀，加快了腐蚀速率。FeS 腐蚀冲刷后，该杂质对控制阀的阀芯进行磨蚀。由于控制阀后压力降低，酸性水中的部分 H2S 析出产生气泡，导致阀芯部位存在汽蚀，加速了阀芯的腐蚀，以至阀芯起不到节流作用。

2.2　急冷水系统的硫腐蚀及冲刷腐蚀

硫黄装置急冷水系统是采用除盐水进行冷却，循环量为 90t/h，但在运行的过程中，由于与加氢后的尾气接触，因此受尾气内组分的影响，其溶解部分 H_2S，因此通过注氨的手段可以调节急冷水的 PH，使急冷水呈中性或弱碱性。

在装置操作波动大或调整不及时的情况下，过程尾气中含有未被加氢的 SO_2 和未完全加氢的硫单质，经过急冷水洗涤时，进入急冷水中，形成亚硫酸导致急冷水呈强酸性，引起管线弯头、变径部位的电化学腐蚀。其腐蚀机理如下：

$$Fe+H_2SO_3=H_2+FeSO_3$$

由于流量大，在 DN150 管线内流速约为 1.42m/s，但在泵出口阀处，存在 DN80 的变径部位流速高达 4.98m/s，对该处具有严重的冲刷腐蚀作用。

2016 年 11 月 19 日由于下午 14：00 氢气管网波动，加氢反应器加氢不足，导致急冷水性质变化，PH 值最低时达到 2.39，呈强酸性。晚上 21：00 运行泵出口阀后变径部位腐蚀断裂，导致急冷水系统紧急停运(图 4)。

在后续运行中，由于大量的硫粉在空冷和水冷器沉积，流通面积减小导致急冷水流速加快，冲刷管壁，冷却器在电化学腐蚀和冲刷腐蚀的作用下，硫粉堆积严重的部位腐蚀较强，空冷管束产生穿孔泄漏(图 5)。

2.3　冷凝冷却器管板焊缝的应力腐蚀开裂

克劳斯炉出来的过程尾气经过冷却后进入一级冷凝冷却器，冷却至 175℃后经中压蒸汽加热进入一级反应器，其入口温度约 280~320℃，进入二级冷凝冷却器冷却至 165℃，然后经过中压蒸汽加热后进入二级反应器，其出口温度约 235~250℃，进入三级冷凝冷却器。

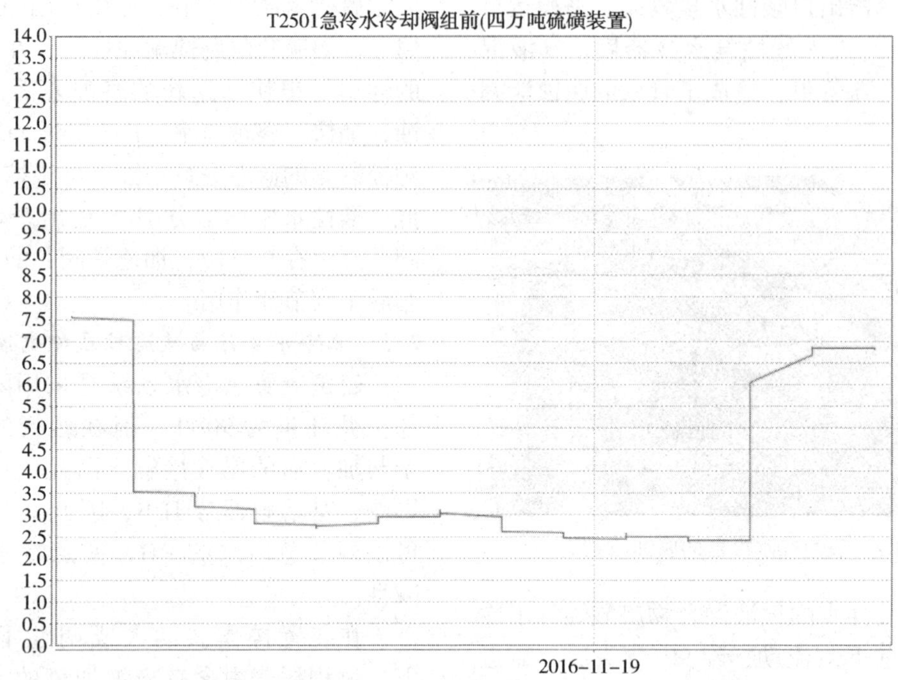

图4　2016年11月19日急冷水PH值变化曲线

图5　急冷水管束腐蚀泄漏

三级冷凝冷却器为固定管板式换热器，且其高温端处于高温硫腐蚀的温度区间，H_2S和单质硫对管板存在均匀的硫腐蚀作用，产生的FeS附着力差，受高速过程气的冲击而剥落，过程气中的硫渗入焊缝缺陷部位。三级冷凝冷却器两端温差较大，温差应力明显。2#硫黄装置投用1个月内，由于三台冷凝冷却器的焊缝热处理未按要求进行，热处理不合格，焊缝热影响区受到渗硫作用，产生应力腐蚀开裂。三台换热器高温端管板均有严重的焊缝开裂，低温侧管板仅E2603有轻微渗漏(图6)。

图6　硫黄冷凝冷却器泄漏照片

2.4 液硫系统的腐蚀

经过三级冷凝冷却器冷却下的液态硫黄经夹套伴热管线进入液硫池，在硫池内脱除 H_2S 及 H_2SX 后经液硫泵送至硫黄包装。

由于夹套管线在制作过程中，伴热给汽管通过加强管接头与夹套外管连接，蒸汽进入夹套管时正对内管管壁冲击，在长时间的冲刷作用下，内管管壁冲刷部位减薄泄漏，蒸汽进入过程气系统，硫黄无法正常排出，系统压力上升。

同时由于蒸汽串入过程气系统，液硫含水量增高，导致硫池内水蒸汽量大。液硫泵支撑板原为2Cr13材质，在大量水蒸气携带硫蒸汽溢出后支撑板腐蚀严重，支撑板强度不够，导致液硫泵启动后震动大，无法正常运行。支撑管为316材质，但长时间处于该腐蚀环境中，导致支撑管腐蚀穿孔。硫蒸汽经穿孔部位进入液硫泵的滑动轴承部位后凝成硫粉，泵轴抱死，泵无法启动。

3 解决措施

3.1 再生塔顶系统的腐蚀处理

酸性气空冷器出口和酸性气水冷器出口的腐蚀泄漏均是由低温（≤120℃）的 $H_2S-CO_2-H_2O$ 腐蚀体系造成的，可以采取相同的对策。

为了保持装置的运行，空冷临时切出流程后，将空冷内介质处理干净，采取了贴钢板补焊的方式堵住了漏点。为了防止未出现泄漏穿孔的空冷器在运行中出现新的泄漏，组织相关专业人员对空冷器弯头出口进行测厚，厚度达到焊接作业要求的出口弯头处，采取贴补钢板加强弯头的厚度，增加了管线的腐蚀余量。水冷器出口也采用“包盒子”的方式对漏点进行暂时处理。但是由于湿硫化氢腐蚀的影响，贴焊后时间不久，焊缝处便开始出现新的泄漏。为保证装置安全运行，择机对装置进行停工处理，对酸性气空冷器和水冷器出口管线进行了整体更换，以避免其他部位减薄造成的泄漏。在对管线进行更换后，通过热处理消除焊缝的残余焊接应力，避免应力腐蚀对设备的危害。

换热器管束由于腐蚀严重，防冲挡板已经腐蚀殆尽，多根换热管腐蚀断，另有多数换热管腐蚀减薄情况不明。为保证装置正常运行，需换热器管束进行更新，并将材质升级为09Cr2AlMoRE，以减少湿硫化氢系统的腐蚀及酸性水对管束的冲蚀。

酸性水管线由于湿硫化氢腐蚀和高速冲刷腐蚀的影响，整体减薄严重，是溶剂再生装置腐蚀最严重的管线。为了根治酸性水线的腐蚀问题，避免泄漏造成的人身和环境安全问题，最后采取了材质升级的办法。原管线采用20#碳钢，根据工艺介质和操作条件分析，酸性水的成分主要为 H_2S 溶液，含有极少量有机胺，采用常用不锈钢即可满足要求，考虑到材质更新的成本，决定材质更新为304，同时节流控制阀材质升级为阀芯为316+st材质，有效的降低了腐蚀的影响。

材质升级后，酸性水回流线未出现腐蚀泄漏的状况，控制阀节流效果良好，达到了装置安全平稳运行的要求。

3.2 急冷水系统的腐蚀预防

系统管线和设备均采用普通碳钢材质，抗腐蚀性差。由于装置开工初期运行不平稳，急冷水出现PH为2~3的情况，导致空冷器、水冷器及泵出口阀后变径均出现腐蚀泄漏的情况。

检修过程中对水冷器管束加强检查，对腐蚀严重的管束进行更换，并将材质升级为09Cr2AlMoRE。空冷器管束内壁由于积聚的硫粉较多，运行期间未出现泄漏，在管束内壁清理后投用，出现部分管束穿孔的情况。临时对穿孔的管束进行堵管，大检修期间进行管束整体更换。对泵出口变径腐蚀泄漏，发生泄漏后采取调整负荷的方式紧急处置，将管段切除后进行了更换。

急冷水正常运行期间PH值为7~9，仅是均匀的钢材表面腐蚀。因此控制急冷水质量是解决急冷水系统腐蚀的关键。为保证急冷水水质实时监控，2#硫黄装置建设初期便增加在线pH计，并将pH值引入DCS，作为硫黄装置关键控制指标进行控制。在pH指示异常时及时对急冷水进行置换，保证水质正常。1#硫黄装置增上pH探针，对急冷水pH进行在线监测。

操作方面对班组加强培训，通过控制加氢反应器床层温度判断加氢量是否足够，保证克劳斯尾气中所有的 SO_2 被还原为 H_2S，确保急冷水不会呈酸性，降低设备的腐蚀速率。

3.3 应力腐蚀开裂问题的解决

由于三台换热器均出现焊缝开裂的情况，系统内大量硫黄凝固，无法正常运转，装置进行了紧急停工处置。停工后临时协调三台同样规格的换热器进行更换，并对原制造厂家问责。由于负荷过低，2014年开始充氮保护备用，发现E2604

内部渗水，管板进行着色检查后发现管板有轻微缺陷。2015年大修期间又对E2604换热器进行了整体更新，并加强质量控制，保证焊缝无缺陷，且按要求进行消应力处理。目前三台冷凝冷却器运行正常。

3.4 液硫系统的腐蚀处理

液硫夹套管线的腐蚀主要为蒸汽冲刷引起，目前将该段蒸汽伴热切断，外侧以包盒子的方式重做夹套伴热，重新设计伴热流程，保证该段伴热正常。待大检修期间对该段伴热线进行更换。同时对其他套管检查，如有缺陷，利用停工机会进行整体更换。

液硫泵支撑板的腐蚀主要由材质引起，因此将支撑板升级为316不锈钢，增加抗腐蚀性。更换后，液硫泵启动正常，未出现震动大的情况。支撑管原316材质已属抗硫腐蚀能力好的材质，因此注意在停工检修期间的检查，如已腐蚀减薄，则进行更换。

操作方面要求班组关注蒸汽喷射器的运行状态，保证蒸汽喷射器能及时将硫池内的废气抽送至酸性气燃烧炉，避免大量聚集在硫池顶部，造成对支撑板和支撑管的腐蚀。

4 结论

硫黄装置作为炼厂重要的环保装置，跟随国家环保战略的调整，已经处于越来越重要的位置。硫黄装置的主要腐蚀类型有高温硫腐蚀、低温硫腐蚀、湿硫化氢腐蚀、冲蚀等多种原因，防腐成为关系到硫黄装置安全平稳运行的重点课题。

通过经验积累与总结，明确检修方向，提前制定检修计划，为下一周期的装置平稳高效运行做出指导。

参 考 文 献

[1] 由召举. 溶剂再生装置管线腐蚀分析及对策[J]. 石油化工腐蚀与防护，2016，33(3).

常减压蒸馏装置节能降耗与技改技措应用

秦玉建

（中石油云南石化有限公司）

摘　要　分析了某炼油厂1300万t/a常减压蒸馏装置能耗构成，针对燃料气组成、换热网络等采取了节能优化改造措施，新增智能控制技术。结果表明，通过减压产品罐氮封改造为燃料气，使燃料气中氮气组分下降了4.9%，燃料热值提高3443.02KJ/kg；减二线并至常压渣油改造与智能控制技术之路平衡控制换热终温提高4.76℃，燃料消耗节约211.3.09kg/h；利用智能控制技术平稳控制降低常压炉和减压炉氧含量至1.8%，加热炉热效率分别提高0.12%和0.14%；平稳控制减压抽真空系统节约1.0MPa蒸汽消耗0.128kgEo/t原料，装置综合能耗由8.55kgEo/t原料降至7.76kgEo/t原料。

关键词　智能控制技术；能耗；换热终温；加热炉热效率

1　前言

由于常减压蒸馏装置的能耗一般约占炼油生产过程中总能耗的30%，因此降低该装置的能耗对炼厂节能降耗而言具有极其重要的意义。某炼油厂1300万t/a常减压蒸馏装置设计加工原料为沙轻+沙中+科威特原油，主要包括电脱盐、初馏塔、加热炉、常压塔、减压塔等单元。本工作根据该装置的生产工艺及运行状况，对燃料气组成、换热网络等采取了节能优化改造措施，新增智能控制系统，降低了装置能耗，实现了节能降耗的目标。

2　装置能耗构成分析及同类装置能耗对比

2.1　装置能耗构成分析

装置能耗主要包括动力、燃料、和热进热出热量，见图1，能耗量详见表1。综合来看，降低燃料消耗和1.0MPa蒸汽是日常生产调整和节能优化的工作重心。降低燃料消耗的可行途径：一是提高加热炉热效率，二是提高加热炉进料温度（换热终温）。降低1.0MPa蒸汽的可行途径：降低减顶真空度。

表1　常减压装置能源消耗

序号	项目	单位时间耗量/t(kW·h)/h	单耗/t(kW·h)/t	换算系数	能耗/(kgEO/t原料)
1	原油加工量	1269.42			
2	生产水	3.13	0.002	0.17	0.00
3	循环水	3255.88	2.565	0.1	0.26
4	除盐水	0.56	0.000	0.23	0.00
5	除氧水	12.26	0.010	9.2	0.09
6	1.0MPa蒸汽	13.08	0.010	76	0.78
7	电	7327.35	5.772	0.233	1.35
8	燃料气	5.74	0.005	950	4.30
9	天然气	3.38	0.003	930	2.47
10	热进热出			1	-0.72
11	装置综合能耗				8.52

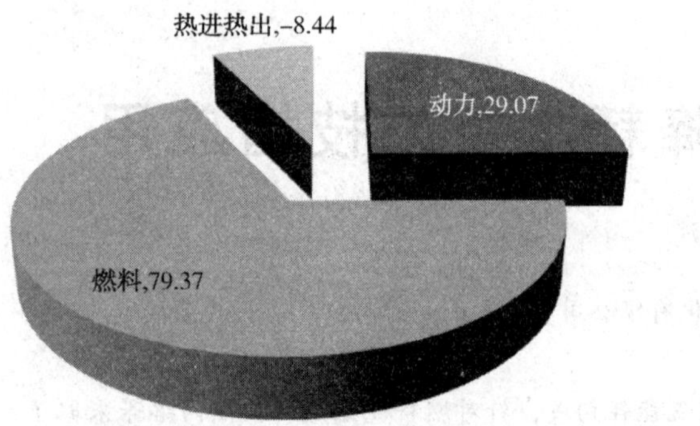

图1　常减压装置能量消耗构成

2.2　同类装置能耗对比

2021年第一季度同类装置能耗情况见表2。表2中数据说明，虽然装置能耗受装置规模、加工路线、所加工的原油性质、产品方案、上下游物料互供及热量输转等多方面的影响，但装置能耗从较高的10.40kgEO/t到较低的6.94kgEO/t，装置之间相差4.54kgEO/t，差别较大。

表2　同类装置能耗情况

序号	单位	一季度
1	某石化-1300万吨/年蒸馏常压	7.91
2	茂名5常-1000万吨/年蒸馏常压	6.94
3	大连西太-1000万吨/年蒸馏常压	7.62
4	中化泉州-1000万吨/年蒸馏常压	8.06
5	独山子石化-1000万吨/年蒸馏常压	8.58
6	广西石化-1000万吨/年蒸馏常压	8.90
7	四川石化-1000万吨/年蒸馏常压	9.56
8	大连石化-1000万吨/年蒸馏常压	10.40

3　节能降耗技改技措项目

3.1　减二线流程改造

由于公司重油加工平衡安排，蜡油加氢裂化装置负荷长期受限制，导致减二线抽出量长期低于产品切割流程范围，部分减二线压至减三线抽出，造成减二线抽出温度，减二中及三线抽出温度，减四线抽出温度均下降，对装置换热网络正常运行造成不利影响，降低了换热终温，增加常压炉热负荷及燃料消耗。

在减二线至罐区流量计前接DN150管线至常渣及重蜡油出装置去罐区阀组流程，应对蜡油加氢裂化装置负荷受限制期间，将部分减二线油并至常压渣油，维持装置换热网络正常运行。

3.2　产品罐氮封改造

常减压装置减二线产品罐D-0702、建三线产品罐D-0703以及轻烃回收吸收油罐D-0201、脱乙烷进料罐D-0301顶部压力控制补压介质原设计为氮气，生产运行期间大量氮气进入火炬气系统，对气柜造成较大压力，同时氮气回收进入燃料气管网，大大降低了燃料气的热值，用燃料气代替氮气对常减压D-0702、D-0703补压控制，用轻烃回收再吸收塔顶干气代替氮气对轻烃回收D-0201、D-0301补压控制改造，降低燃料气系统中的氮气含量。

3.3　Robust-IPC全流程智能控制技术应用

采用国际领先的新一代Robust-IPC全流程智能控制技术，主要包括：Robust-M智能建模、Robust IMC-PID智能PID优化控制、Robust ANLC智能变参数非线性区域控制、Robust BFC烽燧控制、Robust MIC多变量智能控制、Robust IFC智能函数控制、Robust ES专家系统、Robust OCD最优控制设计、Robust IAMS智能报警管理系统、Robust FDP故障诊断与防护。

优化控制策略9个，涉及控制回路88个，其中，开发了常压炉多变量智能控制、减压炉多变量智能控制、电脱盐后压力多变量智能控制、初馏塔塔底油支路均衡多变量智能控制。故障诊断与防御控制4个，智能约束控制7个，压力流量区域控制7个，开发了阀位本质安全约束控制和报警管理。

(1) 加热炉氧含量降低

利用常压炉多变量智能控制，常压炉、减压炉支路平衡、出口温度、负压控制、氧含量控制全面投用智能控制，常压炉氧含量由2.3%降至1.8%，减压炉氧含量由2.32%降至1.8%，常压炉热效率由93.13%升高至93.25%，减压炉热效率由93.19%升高至93.33%。

(2) 减压抽真空平稳控制降低蒸汽消耗

充分利用好Robust-IPC智能控制，减压塔真空度与抽真空蒸汽压力串级控制，减压塔残压由0.7kPa~4.0kPa平稳控制在1.60kPa，降低蒸汽消耗。

(3) 支路均衡多变量智能控制，提高换热终温

利用Robust-IPC智能控制，对脱后原油三路换热网络、初底油四路换热网络设支路温度平衡，提高换热终温。

4　节能降耗技改技措实施效果

（1）提高换热终温，减低燃料消耗

通过减二线流程改造、支路均衡多变量智能控制措施投用，2021 年 2 月至 5 月（1 月份停工检修，后文均对比 2 月至 5 月情况）换热终温月平均值与 2020 年同期对比见图 2，从图 2 可以看出，2021 年换热终温显著提高。2 月至 5 月换热终温月度平均升高 4.76℃。应用 Aspen Hysys 模拟计算，装置加工量按 2021 年 5 月 1209t/h 计算，常压炉将初底油由 2020 年的换热终温 293.11℃加热至 356℃，需提供 5.674×10^4kW 热量。常压炉将初底油由 2021 年的换热终温 297.87℃加热至 356℃，需提供 5.257×10^4kW 热量。因此，常压炉需提供的热量降低为：

$$5.674\times10^4\text{kW}-5.257\times10^4\text{kW}=2520\text{kW}=9.072\times10^6\text{kJ/h}。\quad(1)$$

常压炉热效率为：93.25%。因此常压炉实际需提供的热量降低为：

$$9.072\times10^6\text{kJ/h}\div0.9325=9.729\times10^6\text{kJ/h}\quad(2)$$

燃料气的热值 2 月至 5 月分析数据平均值计算为：46025.10KJ/kg，降低燃料用量为：

$$9.729\times10^6\text{kJ/h}\div46025.10\text{KJ/kg}=211.3.09\text{kg/h}\quad(3)$$

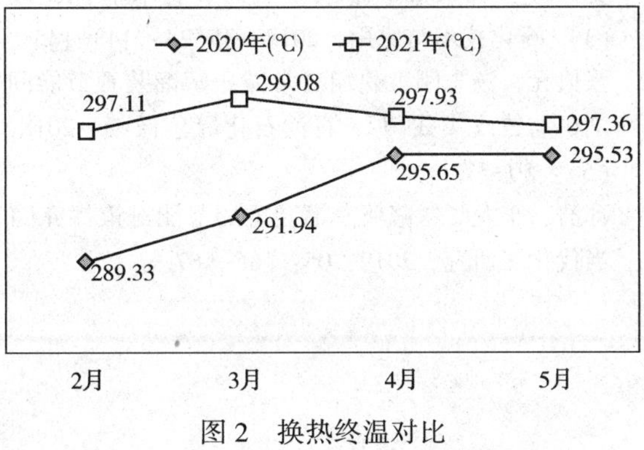

图 2　换热终温对比

（2）产品罐氮封改造，减低燃料气中氮气组分，提高燃料热值

投用产品罐氮封改造，2021 年 2 月至 5 月燃料气中氮气含量比例月平均值与 2020 年同期对比见图 3，从图 3 可以看出，2021 年氮气含量显著降低，燃料气中氮气组分体积分数月度平均降低 4.9%，燃料热值由 42582.08KJ/kg 升高至 46025.10KJ/kg。

（3）加热炉热效率提高，降低燃料消耗

利用常压炉多变量智能控制，常压炉热效率升高 0.12%，减压炉热效率升高 0.14%，按 2021 年 2 至 5 月份燃料消耗常压炉与减压炉分

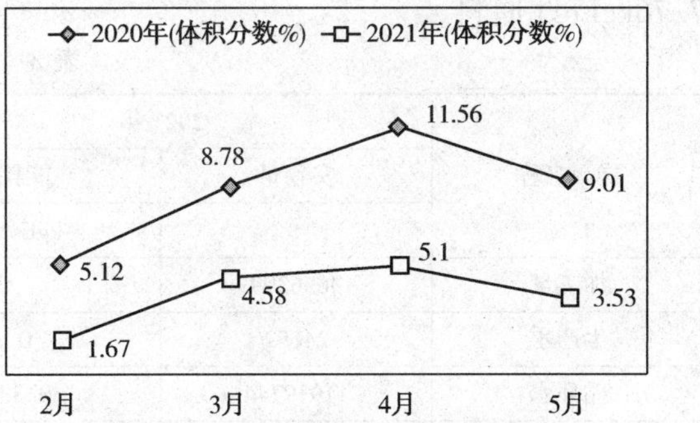

图 3　燃料气中氮气含量对比

别为 1550.475t 与 1033.65t，节约燃料为：

① 常压炉　1550.475t×0.12%＝1.86t　（4）

② 减压炉　1033.65t×0.14%＝1.45t　（5）

（4）减压抽真空平稳控制降低蒸汽消耗

充分利用好 Robust-IPC 智能控制，2021 年 2 月至 5 月蒸汽消耗与 2020 年同期对比见图 4 与图 5，从图 4 与图 5 可以看出，2021 年蒸汽消耗显著降低，蒸汽消耗实物量月度平均降低 843.75t，蒸汽消耗能耗月度平均降低 0.128kgEo/t 原料。

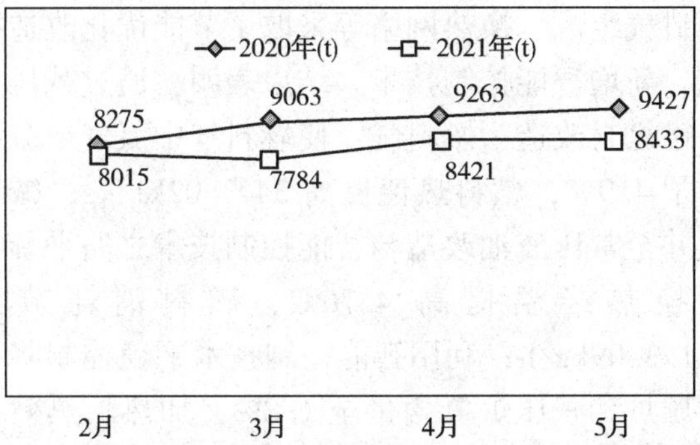

图 4　蒸汽消耗实物量对比

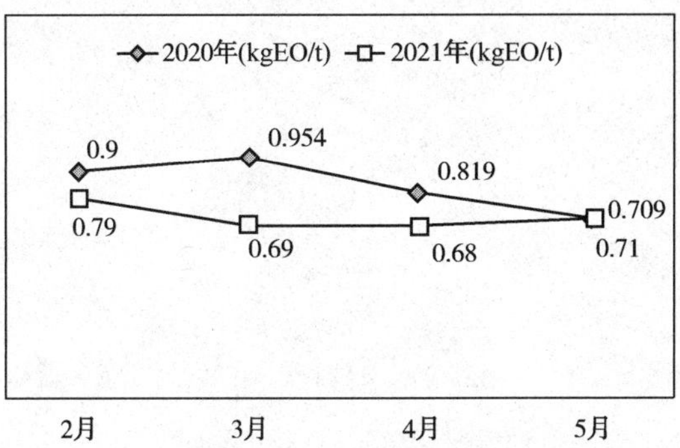

图 5　蒸汽消耗能耗对比

（5）装置综合能耗

2021 年 2 月至 5 月装置综合能耗与 2020 年同期对比见表 3，从表 3 可以看出，2021 年装置综合能耗显著降低，由 8.55kgEo/t 原料降至

7.76kgEo/t 原料。

表3　装置综合能耗情况

能源名称	2021年		2020年	
	实物量	能耗	实物量	能耗
	t	kgEo/t	t	kgEo/t
加工量	3636309		4290990	
生产水	24652	0	371	0
循环水	11919744	0.33	10400468	0.242
除盐水	12182	0.01	641	0
除氧水	35680	0.09	43155	0.093
1.0MPa 蒸汽	41336	0.86	46003	0.815
电	22775820	1.46	25506759	1.385
燃料气	15856.1	4.14	19348	4.284
天然气	6296.9	1.61	11510	2.495
热进热出		-0.75		-0.76
装置综合能耗		7.76		8.55

5　结束语

某炼油厂1300万t/a常减压蒸馏装置针对燃料气组成、换热网络等采取了节能优化改造措施，新增智能控制技术。结果表明，通过减压产品罐氮封改造为燃料气，使燃料气中氮气组分下降了4.9%，燃料热值提高3443.02kJ/kg；减二线并至常压渣油改造与智能控制技术之路平衡控制换热终温提高4.76℃，燃料消耗节约211.3.09kg/h；利用智能控制技术平稳控制降低常压炉和减压炉氧含量至1.8%，加热炉热效率分别提高0.12%和0.14%；平稳控制减压抽真空系统节约1.0MPa蒸汽消耗0.128kgEo/t原料，由8.55kgEo/t原料降至7.76kgEo/t原料，节能效果显著。

参考文献

[1] 莫才颂，林荣雄．常减压蒸馏装置节能优化改造[J]．石化技术与应用，2017，35(2)：143-145.

[2] 张典元，汤志刚，魏翔．常减压蒸馏装置节能问题剖析与技改实践[J]．石油石化绿色低碳，2018，3(5)：50-57.

[3] 孙浩，于龙．常减压蒸馏装置的节能对策探究[J]．当代化工研究，2019，05：166-167.

石油化工行业储罐基础防渗要求与施工期监管重点的建议

崔　鹏[1]　曾维丁[1]　包　丽[2]　李玉贵[3]

（1. 北京中环格亿技术咨询有限公司；2. 南京达济环保科技有限公司；3. 盛虹炼化(连云港)有限公司）

摘　要　石油炼制工业属高污染、高风险类项目，是各级生态环境保护部门监管的重点，公众对此也高度关注，本文从炼化工业储罐基础防渗设计、施工、监管重点等方面出发，列举部分案例进行说明，提供给同行和企业单位借鉴。

"十二五"末，国家发展改革委发布了《石化产业规划布局方案》(发改产业[2014]2208号)文，重点建设我国七大石化产业基地，包括大连长兴岛(西中岛)、河北曹妃甸、江苏连云港、上海漕泾、浙江宁波、广东惠州、福建古雷，随着方案的出台，我国在"十三五"期间上马了大量炼化一体化项目，与此相伴的地下水和土壤污染的风险也随之而来，尤其石油炼制工业储罐多、规模大、存储物料种类复杂等，对场地土壤和地下水质量构成了威胁。生态环境部也加大了炼化等重点行业项目的监管，个别建设单位在项目初步设计文件中未编写环保篇章，进而未能严格对储罐基础防渗等环境保护措施提出进一步要求。

本文主要从国内大型炼化项目储罐基础防渗设计方面入手，针对储罐基础施工图设计、行业技术规范、环评文件要求等方面分析设计的符合性，对常出现的问题进行总结，提出管理建议。

1　储罐基础防渗设计

炼化行业储罐基础防渗设计依据及规范主要包括：石油化工行业技术规范和建设项目环境影响报告书及其批复。

1.1　*技术规范要求*

1.1.1　环墙式罐基础(图1)的防渗层应符合下列规定：

环墙式罐基础采用柔性防渗措施，即采用高密度聚乙烯(HDPE)膜，膜的厚度不宜小于1.50mm；膜上、膜下应设置保护层，保护层可采用长丝无纺土工布，膜下保护层也可采用不含尖锐颗粒的砂层，砂层厚度不应小于100mm；高密度聚乙烯(HDPE)膜铺设应由中心坡向四周，坡度不宜小于1.5%。

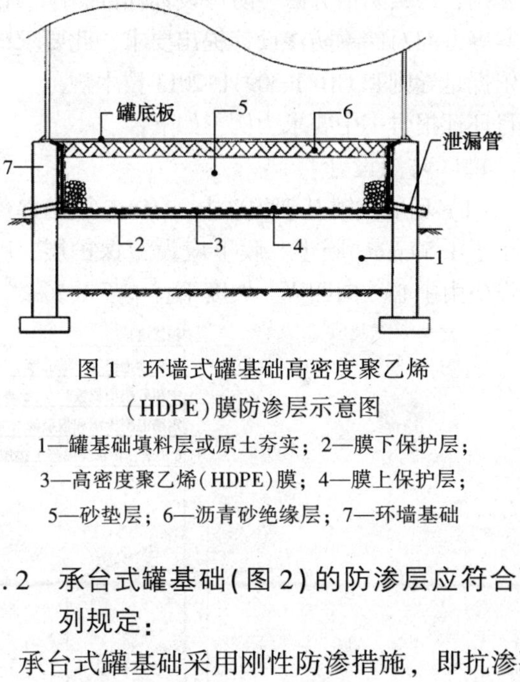

图1　环墙式罐基础高密度聚乙烯(HDPE)膜防渗层示意图

1—罐基础填料层或原土夯实；2—膜下保护层；3—高密度聚乙烯(HDPE)膜；4—膜上保护层；5—砂垫层；6—沥青砂绝缘层；7—环墙基础

1.1.2　承台式罐基础(图2)的防渗层应符合下列规定：

承台式罐基础采用刚性防渗措施，即抗渗凝土承台，承台及承台以上环墙应采用抗渗混凝土，抗渗等级不应低于P6；承台及承台以上环墙内表面宜涂刷聚合物水泥等柔性防水涂料，厚度不应小于1.0mm；承台顶面应找坡，由中心坡向四周，坡度不宜小于0.3%。

1.1.3　其它规定：

罐基础环墙周边泄漏管宜采用高密度聚乙烯(HDPE)管。当泄漏管低于地面标高时，泄漏管对应位置外应设置检漏井，检漏井顶部应设置活动防雨钢盖板，检漏井应采用抗渗钢筋混凝土，强度不低于C30，抗渗等级不宜低于P8，壁厚和底板厚度不宜小于100mm。

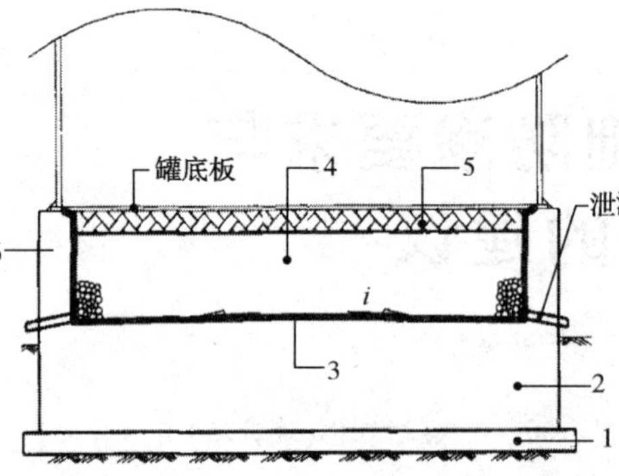

图2　承台式罐基础防渗层示意图

1—混凝土垫层；2—钢筋混凝土承台；3—防水涂料层；4—砂垫层；5—沥青砂绝缘层；6—环墙

1.2　环评及批复要求

按照地下水环境影响评价技术导则要求，环评报告中均编制了地下水污染防治措施章节，会从防渗原则、污染防治分区、防渗设计标准、防渗设计方案等方面对储罐防渗设计提出要求，此要求的主要依据是导则和GB/T 50934-2013技术规范，以某项目环评报告书中要求为例，如下：

罐区防渗设计：

(1) 环墙式罐基础防渗中，HDPE膜的厚度不宜小于1.50mm，膜上、膜下应设置保护层，膜的铺设应由中心坡向四周，坡度不宜小于1.5%。

(2) 承台式罐基础防渗中，承台及承台以上环墙应采用抗渗混凝土，抗渗等级不应低于P6；承台及承台以上环墙内表面宜刷聚合物水泥等柔性防水涂料；承台顶面应找坡，由中心坡向四周，坡度不宜小于0.3%。

从环评中罐区防渗设计内容可以看出，环评要求的内容与技术规范要求基本一致，但实际情况不排除环评有特别要求，所以建设单位或其委托的环境监理单位和环保管家要及时识别环评和设计规范存在的差异，及时提醒建设单位在详细设计阶段增加相关内容。

2　施工图设计

建设项目进入详细设计阶段，由于环评单位、设计单位等对技术规范的理解不同和开展工作的时间差，会存在设计和环评不符情况出现，比如将规范中部分“宜”的内容进行删减或提出更高的要求，个别项目环评报告中对储罐基础承台及承台以上环墙内“聚合物水泥等柔性防水涂料”未提出要求，这就导致环评和技术规范不相符问题存在，以某新项目储罐施工图设计为例，见图3。

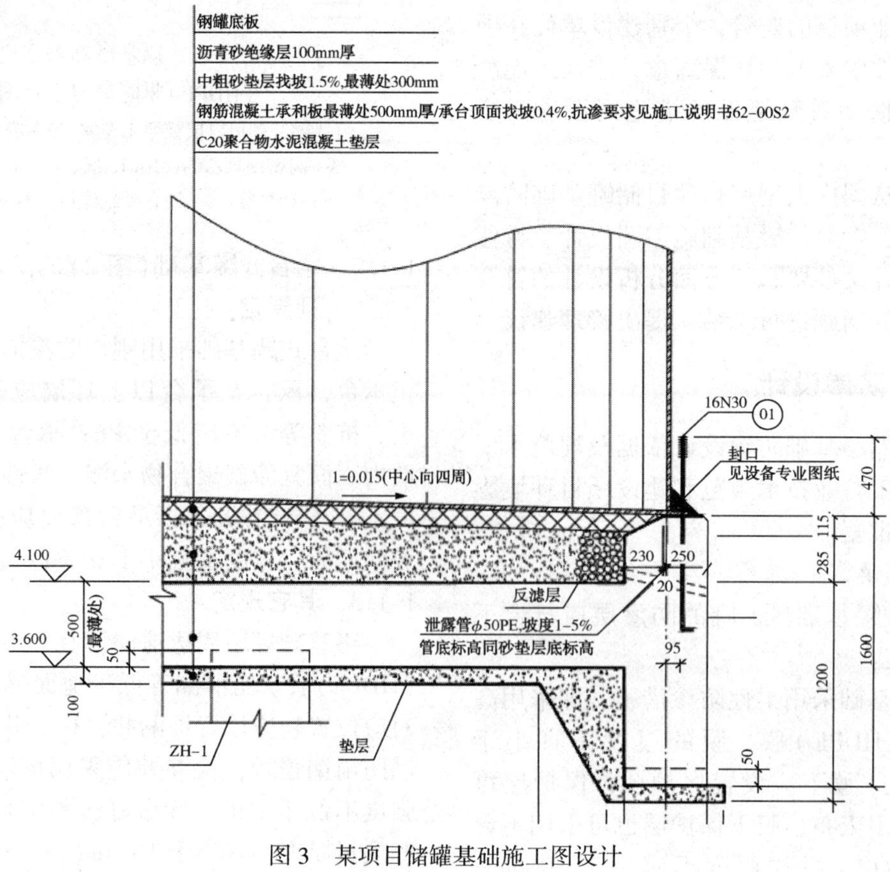

图3　某项目储罐基础施工图设计

由图3可看出，施工图中关于防渗内容包括泄漏管、钢筋混凝土承台、坡度等内容，未对承台以上“聚合物水泥等柔性防水”未提出要求，实际建设中承台以上缺少防水环节，导致实际建设内容与环评及技术规范不符，最终影响建设项目竣工环境保护验收工作。

3 施工期监管重点

从第1、2章节中对炼化行业储罐基础防渗技术规范、环评、详细设计等方面内容可看出，其对储罐基础防渗均会有详细的要求，而此施工内容属隐蔽工程，属不可逆施工内容，建设单位、施工单位、工程监理单位、环境监理单位等均应高度重视，管理好每个施工环节，使项目储罐基础防渗工作顺利开展，本文从以下几个方面给出施工期监管的建议。

3.1 建设单位方面

建设单位要在基础设计、详细设计阶段严格落实环评中提出的要求，根据项目设计进度实时开展基础设计环境保护专篇、详细设计施工图等的审核工作，及时提出设计与环评及技术规范不相符内容，督促设计单位及时整改。

3.2 施工单位方面

施工单位要严格按照施工图进行施工，落实好抗渗混凝土、防水材料、合格证等工程材料报审，及时送检抗渗混凝土试块和防水材料，完善混凝土强度和抗渗检测报告申请表，隐蔽工程报验申请表等，报审表、申请表等及时送工程监理单位签字验收。

3.3 工程监理单位方面

工程监理单位应加强储罐基础防渗工作的监督和管理，落实好每个施工环节的质量检查，对施工单位报送的工程材料报审表、隐蔽工程申请表等及时签字验收。

3.4 环境监理单位方面

如果建设单位聘请了专业的第三方环境监理单位，环境监理单位应不定期现场巡查储罐基础防渗施工情况，对防渗工程施工节点进行旁站，填写隐蔽工程专项检查记录表(表1)，检查施工单位是否完善了施工图中具体要求，抽查施工单位工程材料报审表、送检报告、隐蔽工程报验申请表等是否完备，核实其与施工图符合性，检查工程监理单位是否及时验收等，对存在问题及时上报建设单位。

表1 隐蔽工程专项检查记录表

环境监理机构		编号	
储罐名称/位置		施工单位(土建/安装)	
建设单位项目部		检查日期	
检查项目			
条款	检查项	内容	落实情况
1	工程材料报审表	厂家合格证	
		厂家质量检测报告	
2	抗渗混凝土试块送检情况	第三方检测报告	
3	防水材料施工记录	隐蔽工程检验批报审表	
4	抗渗混凝土施工记录	留置记录表	
5	隐蔽工程验收记录	隐蔽工程报验申请表	

注：落实：打“√”；未落实：打“×”。

执行标准：

1.《XX项目环境影响报告书》；

2.《XX项目环境影响报告书的批复》；

3.《石油化工工程防渗技术规范》(GB/T50934-2013)；

4. XX储罐基础施工图等。

检查结果：

环境监理工程师签字：

日　期：

续表

施工单位签字： 项目经理/环保负责人： 日　期：	建设单位签字： 项目部环保负责人： 日　期：

结论

近几年，各级生态环境部门高度重视高污染项目施工期隐蔽工程防渗措施落实情况，本文作者通过近几年对炼化项目施工期环境保护工作的经验，提出了些许建议，希望各建设及参建单位共同努力，落实好建设项目储罐基础防渗各项要求，使建设项目污染地下水和土壤的风险降至最低，履行好生态环境环保的责任。

常减压装置典型腐蚀问题及控制措施

孙春明 王炳强 王 亮 王 超

（中国石油大港石化公司第一联合车间）

摘 要 本文阐述了常减压装置常压塔、减压塔、常压塔顶馏出线在生产中发现的腐蚀问题，以及针对问题采取的各项措施，通过采取常压塔盘材质升级，减压塔塔壁、填料、塔内件材质升级，减压塔扩径降低气速，常顶系统改造、管线材质升级等方案，逐步减轻腐蚀问题，保证装置长周期运行。

关键词 常顶系统腐蚀 减压塔腐蚀 材质升级 改造

大港石化公司常减压装置设计加工能力为500万吨/年，装置原常压蒸馏部分按低硫低酸原油设计，设备及管道材质均采用碳钢，由于原油酸值升高、部分设备腐蚀严重，在2010年对常压蒸馏部分进行设备和管道材质更换并进行异地改建，改建主要针对装置对含酸原油的适应性进行改造，改建后于2011年5月投产。目前所加工原油密度将为913.6kg/m^3，酸值1.22mgKOH/g，硫含量维持在0.17%(m)左右。

1 常顶系统腐蚀问题及解决措施

常顶系统腐蚀主要发生部位包括：常压塔顶部塔盘、塔壁以及封头环焊缝、常顶馏出系统管线、塔顶冷凝换热设备。

1.1 腐蚀现象

（1）空冷出口管线腐蚀泄漏：2015年1月，常顶空冷北一出口弯头泄漏，其他各弯头出现不同程度的腐蚀减薄情况，低温腐蚀严重。2014至2016年期间，常顶循环回流泵P-1005/1、2自冲洗管多次出现砂眼泄漏情况，且机泵出入口阀和预热阀内漏严重（图1）。

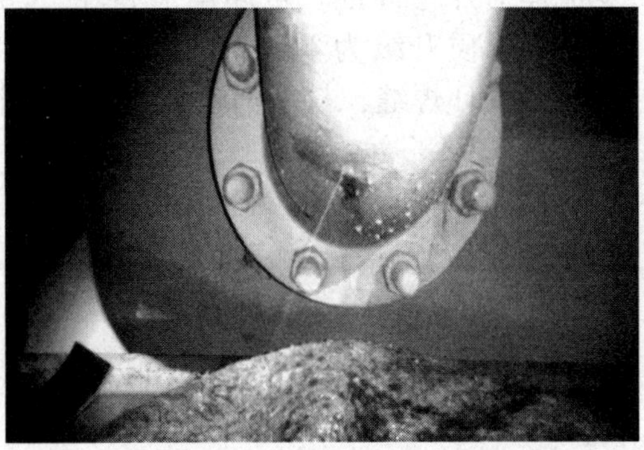

图1 常顶空冷出口管线腐蚀

（2）2017年检修发现常压塔顶腐蚀：塔顶塔壁及封头环焊缝两侧密集点蚀坑连成沟槽，其中最严重部位位于塔顶回流管线与塔连接处上方焊缝边缘，密集点蚀2~3mm，接近穿透0Cr13Al(3mm厚)合金衬里层；顶部封头环焊缝及热影响区出现裂纹，长度分别为800mm、100mm、60mm，经打磨最大深度达11mm，几乎接近裂透(图2)。

塔顶第1至5层浮阀腐蚀减薄严重，塔盘表面腐蚀面貌为坑点状，部分浮阀孔腐蚀变大，无法固定浮阀，浮阀几乎全部脱落(图3)。

1.2 腐蚀分析

常顶系统腐蚀主要是HCl-H_2S-H_2O腐蚀环境引起的，一般在气相部位腐蚀较轻，液相部位腐蚀较重，气液相变的部位即露点部位腐蚀严重。腐蚀环境中的HCl由原油中的无机盐(氯化钠、氯化镁、氯化钙等)在一定温度下水解生成。H_2S来自原油中的硫化氢和原油中硫化物在260℃以上的分解产物。H_2O来自原油中含有的水以及塔顶注入的水。在这种腐蚀环境中，HCl腐蚀为主，H_2S起促进作用，它和HCl相互促进，形成腐蚀循环。碳钢表现为均匀腐蚀，0Cr13 为点蚀，奥氏体不锈钢为氯化物应力腐蚀开裂。

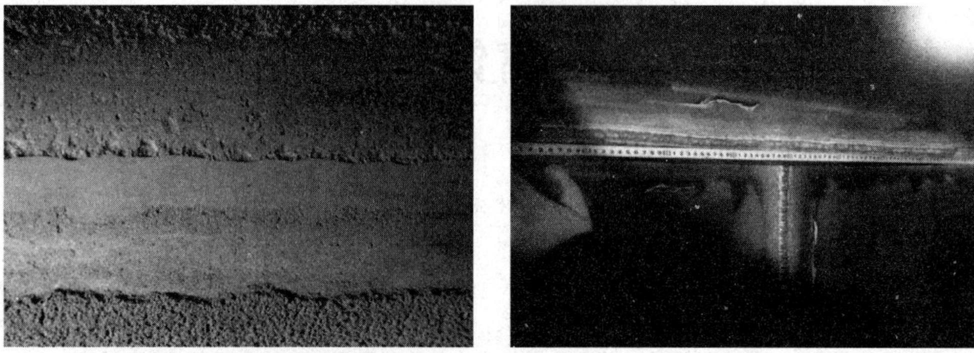

图 2　塔壁腐蚀及环焊缝裂纹

图 3　常压塔 1-5 层塔盘腐蚀情况

1.3　解决方案

为解决常压塔顶系统腐蚀问题，并合理利用常顶系统热量，2017 年改造取消常顶循环流程，增加常顶油气与原油换热流程，增加常顶回流罐，P-1005/1、2 将 110℃常顶油打回流至常压塔 1 层(图 4)。将常顶空冷后至常顶水冷器流程材质升级为双相钢，同时减少管线弯头数量，减少流体对外弯冲蚀。常压塔更换 1-5 层塔盘及浮阀，材质升级为不锈钢 316L。对常压塔顶出现裂纹的环焊缝，打磨消除裂纹，重新补焊。

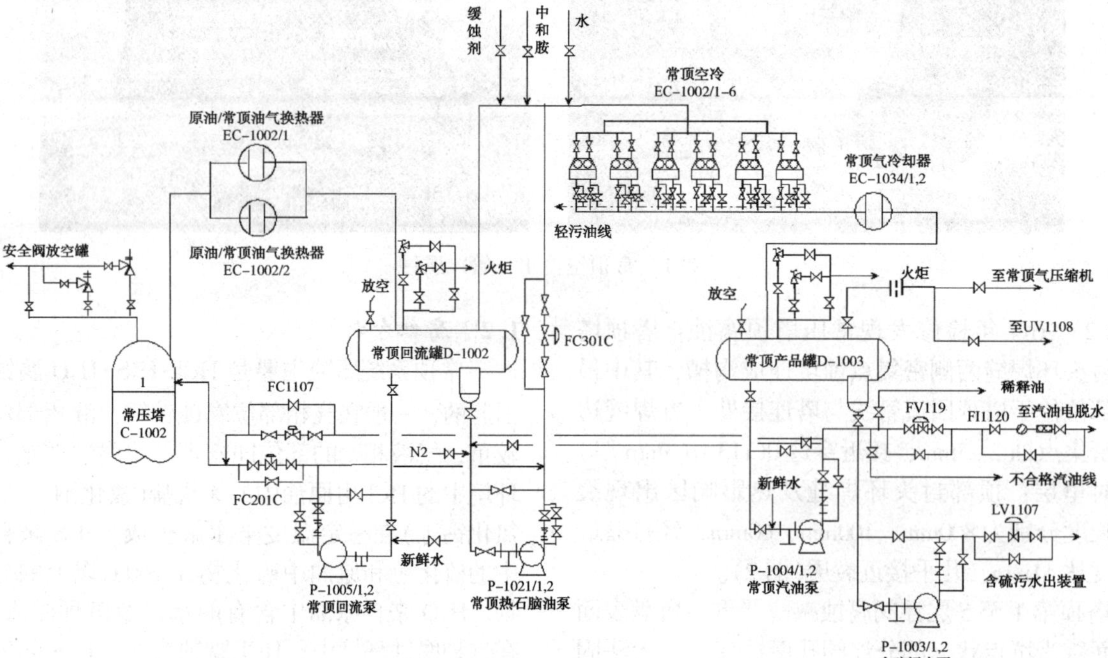

图 4　17 年改造后常顶系统流程图

1.4 改造效果

从17年改造后到21年检修，常顶空冷出口弯头腐蚀问题得到解决，腐蚀速率控制小于0.1mm/a。21年检修中对常压塔进行检查，塔盘、浮阀及各支撑塔内件均未发现明显腐蚀，塔壁焊缝无明显腐蚀，对塔顶环焊缝进行渗透检测，检查结果正常(图5)。

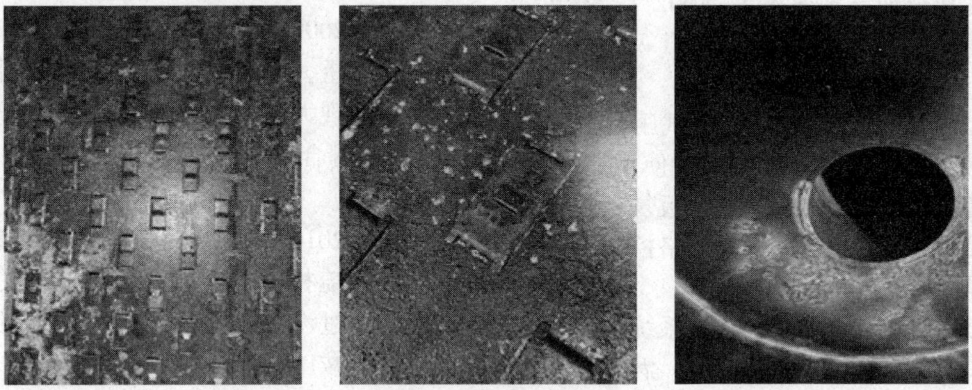

图5 21年常压塔塔盘检查正常

1.5 改造出现的新问题

(1) 常顶热回流泵P-1005出入口管线腐蚀问题：2018年7月10日发现机泵入口管线远端至泵入口处逐渐减薄(9.1→4.5mm)，与泵体配对的法兰最薄处仅剩4.5mm(材质20#，壁厚9.27mm)(图6)。

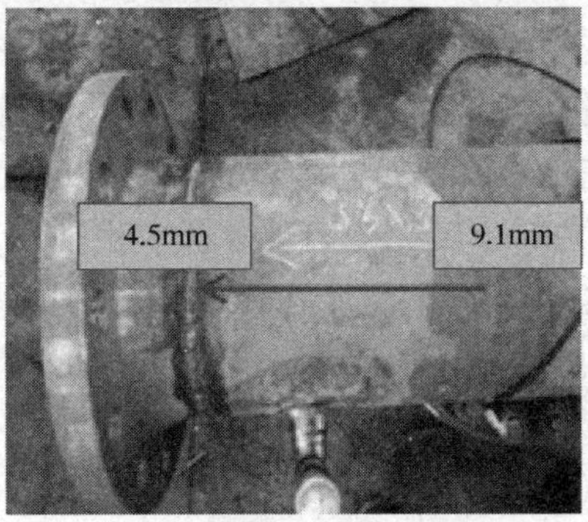

(a)泵入口短节

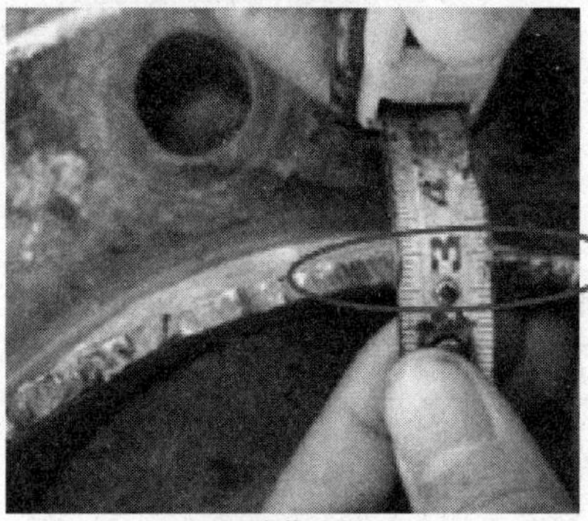

(b)减薄法兰

图6 P1005入口管线减薄情况

(2) 原油-常顶油气换热器E-1002(管束材质TA1，2017年7月投用)腐蚀问题：2018年9月，换热器管束2处泄漏，泄漏处管口焊肉腐蚀缺失严重，管板钛材复合层存在较多凹坑，最深处达到2mm。2021年检修拆检，换热器管板下沿腐蚀严重，复合层钛板腐蚀深度4mm左右，40余根管口焊口焊肉腐蚀缺失严重，局部腐蚀穿透(图7)。

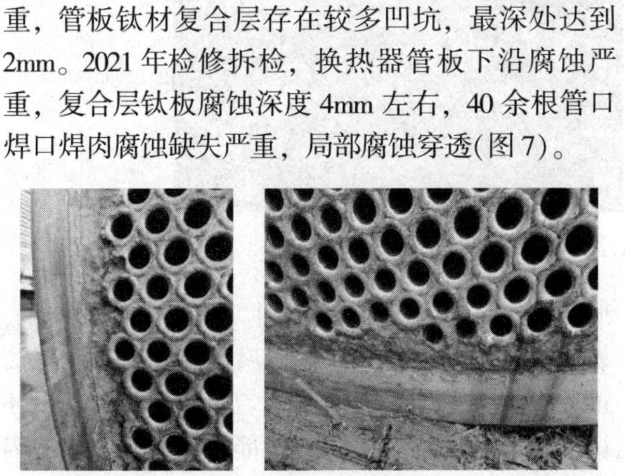

图7 常顶油气换热器E-1002/2管束腐蚀情况

(3) 原油-常顶油气换热器E-1002出口(管程)管线腐蚀问题：2017年7月开工后，换热器出口管路在线腐蚀监测探针(材质20#，壁厚0.5mm)5次腐蚀穿透失效，腐蚀速率达到2.68mm/a左右。2021年4月检修拆检发现出口管线腐蚀严重，其中出口法兰下部管路最为严重，出现明显的沟槽状腐蚀，深度最深处达12mm，出口后路弯头整体腐蚀减薄，深度3mm(图8)。

图8 E-1002腐蚀探针和出口管线腐蚀

1.6　针对问题2021年检修改造

（1）对常顶热回流泵P-1005/1、2出入口管线进行材质升级，升级为超级双相钢材质SAF2507；

（2）对常顶油气换热器E-1002/1、2出口至热回流罐段管线进行材质升级，升级为超级双相钢材质SAF2507；

（3）常顶油气换热器E-1002试压过程中出现管束泄漏，打磨清理腐蚀层后，使用TA1堵头进行封堵，之后进行焊接。对钛板复合层打磨清理腐蚀层后进行补焊，补焊时严格控制焊接质量，避免焊接过程中出现氧化。

在后续工作中继续加强对常顶系统的腐蚀监控和防护，设备方面通过定点测厚、涡流扫查和在线腐蚀监测系统等多种手段进行腐蚀监控。工艺方面严格执行工艺防腐规定，合理调整日常工艺腐蚀控制，如注剂、注水调整、含硫污水水质分析、原料分析等。加强换热器冷媒温度和露点温差控制，严格控制常顶系统腐蚀速率。

2　减压塔腐蚀问题及解决措施

2.1　减压塔简介

减压塔参数见表1。

表1　减压塔参数表

温度/℃	380℃	压力/MPa	0.095
操作介质	常渣	投用时间	2004/10/1
主体材质	316L+Q245R	规格/mm	Φ5200/Φ7400/Φ8200/Φ4200×49330×(3+18)/(3+22)/(3+26)/(3+18)

2.2　腐蚀现象

减压塔投用至今，由于塔内件填料腐蚀、真空度低等原因，前后更换填料共计六次，其中两次实施较大技术改造：

（1）2006~2008年，减三段、过汽化油段填料腐蚀严重，填料出现穿孔、坍塌的情况，减三段塔壁出现大面积蜂窝状坑点坑蚀，严重部位腐蚀穿透复合层。更换3次填料，材质升级为317L。

（2）2010年，减三段填料腐蚀塌陷，集油箱升气筒盖板约70%已腐蚀掉，减三集油箱腐蚀泄漏。过汽化油段上层填料部分腐蚀损坏。泽华公司对减压塔内件进行改造。

（3）2012年，减三段填料腐蚀塌陷，减三段塔壁部分区域腐蚀穿透复合层，汽化油段人孔复合层腐蚀开裂。苏尔寿公司对减压塔内部改造，材质升级317L。

（4）2014年，减三段、过汽化油段填料、支撑格栅严重腐蚀坍塌，塔壁部分区域复合层腐蚀穿透。减三集油箱90%升气筒腐蚀减薄穿孔，支撑梁腐蚀达到4mm，浮球腐蚀穿孔。分布器大部分二级槽出现穿孔。更换减三段填料，厚度由0.2mm增加至1.0mm，材质仍为317L；过汽化油段填料厚度由0.2mm增加至0.5mm，材质升级为904L。过汽化油集油箱材质升级至317L（图9、图10）。

图9　2014年减三集油箱浮球、塔壁腐蚀情况

2.3　腐蚀分析

（1）减压塔内部高温环烷酸和高温硫腐蚀。沈阳中科韦尔公司于2011年对严重腐蚀减三填料进行失效分析：从宏观和金相检验，填料腐蚀形态为均匀腐蚀和点蚀穿孔，从蚀坑底部尖锐的形状判别是高温环烷酸腐蚀。从能谱分析结果，表面硫含量较高，与高温硫腐蚀有关。减压蒸馏过程中，高温硫腐蚀呈现均匀腐蚀形貌，高温环烷酸腐蚀呈现均匀腐蚀与局部高速冲刷造成的沟槽状腐蚀，从减三填料上部塔壁看到的沟槽形

图 10　2014 年减三集油箱、填料腐蚀情况

貌，进一步证实环烷酸腐蚀的存在。判断腐蚀为高温环烷酸腐蚀与高温硫腐蚀。

（2）流速也是影响环烷酸腐蚀的重要因素。减压塔原设计操作压力塔顶残压 15mmHg(a)，2012 年减压改造后，抽空系统能力大大提高，塔顶残压达到 8~10mmHg(a)，减压塔全塔总压降也大大降低，原设计塔顶至汽化段压降为 10mmHg，2012 年改造设计降低为 8mmHg。改造后使减压拔出率提高的同时，塔内气相流速也增大，不同塔顶残压条件下减压塔内各填料段空塔气速见表 2。

表 2　减压塔内各填料段空塔气速

床层	减压塔					
	塔径/mm	空塔气速/(m/s)				
		15~25mmHg	12~20mmHg	10~18mmHg	8~18mmHg	8~16mmHg
减一下抽出段	5200	3.6	4.4	5.1	5.95	6.19
减一下抽出段	5200	3.6	4.4	5.0	5.61	5.90
减二段	7400	5.4	6.7	7.4	7.99	8.67
减三段	8200	7.3	9.0	9.9	10.43	11.45
过汽化油段	8200	6.2	7.6	8.3	8.60	9.53

从表 2 中看出，随着减顶残压的降低，空塔气速提高，在塔顶残压 8mmHg(a)时减三线段和过汽化油段空塔气速达到 10m/s 和 8.6m/s，气速较高增强了环烷酸对减三线段和过汽化油段的腐蚀程度。

2.4　解决方案

（1）提升减三段和过汽化油段材质。材质升级为 AL-6XN 材质的填料、内件和 Inconel Alloy625+Q245R 材质筒体。Al-6XN 和 Inconel Alloy625 含有较高水平的 Cr、Mo、Ni，其中 AL-6XN Mo 的含量达到 6%~7%，Inconel Alloy625 更高达 8%~10%，使 Al-6XN 和 Inconel Alloy625 有优异的耐点蚀和缝隙腐蚀的能力。

（2）增大减三段和过汽化油段筒体直径。将减三段和过汽化油段筒体直径自 φ8200mm 增大至 φ9800mm，降低气速减少对塔壁及内件的冲刷腐蚀。由于减压塔顶抽空系统能力增强，减顶残压可达到 10mmHg(a)，该操作压力下，原减压塔减三线段和汽化段(φ8200mm 段)空塔气速达到 10m/s，增大减三线和汽化段塔径能将空塔气速降低至 6.9m/s 和 5.78m/s，能进一步减缓环烷酸腐蚀。

2.5　改造效果

2021 年检修中对减压塔进行全面检查，各床层填料、分布器、塔内件、塔壁均未发现明显腐蚀，尤其是减三段和过汽化油段填料、内件和塔壁未发现腐蚀，达到了 2017 年改造预期效果，彻底解决了存在十多年减压塔严重腐蚀问题（图 11）。

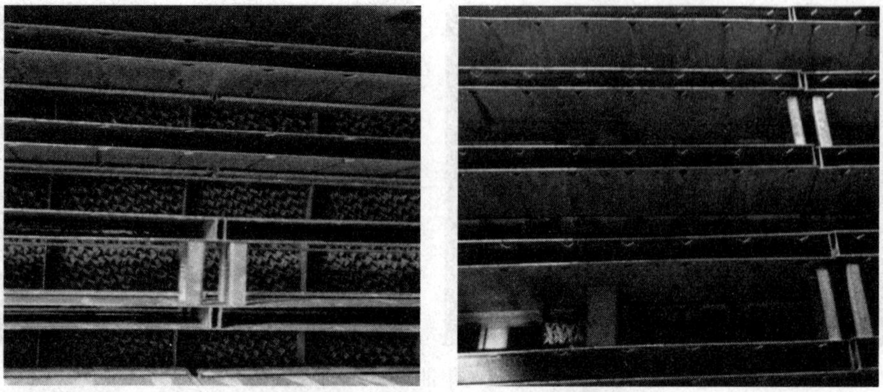

图11　21年检查各床层填料、分布器正常

3 结论

2017年检修，通过采取常压塔塔盘、减压塔塔壁、填料以及其他部分塔内件的材质升级措施，经过一个生产周期观察，常压塔和减压塔内部腐蚀问题基本得到了有效控制，但常顶系统腐蚀问题仍较为突出。2021年检修已完成对常顶热回流系统管线的材质升级，在接下里的一个生产周期内，在做好常减压装置关键腐蚀部位的腐蚀监控工作的基础上，要重点加强对常顶系统管线腐蚀速率的监控，严格管控注剂注水、含硫污水水质分析、换热器冷媒温度和露点温差控制等工艺防腐手段，利用好在线腐蚀监测系统，结合定点测厚等手段，保证常减压装置长周期运行，并持续将取得良好效果的改造方法和防腐措施在行业内分享，使炼油装置的防腐水平进一步得到提升。

高参数加氢反应器大型化工程技术探讨

邓 矛[1,2]

（1. 中石化广州工程公司；2. 中石化洛阳工程公司）

摘 要 随着加氢技术不断进步，加氢装置朝着更高温度、更高压力和规模大型化方向发展，给加氢装置关键核心设备加氢反应器带来巨大的挑战和机遇。本文从反应器壳体和内构件两方面，总结了高参数加氢反应器大型化带来的部分技术问题和近年来工程技术方案，给出国家目前加氢反应器相关行业现状以及后续建议关注方向，为工程建设单位、制造厂、用户提供一定参考。

关键词 加氢装置 加氢反应器 高参数 大型化 工程技术

近年来，随着石化产品质量标准的逐渐升级和环保法规的日益严格，加之炼化企业为提高经济性对原料油“吃干榨尽”的要求，加氢技术在炼油工业中发挥着越来越重要的作用，并朝着更高温度、更高压力、原料更劣质、规模更大型化的方向不断发展。

加氢反应器作为加氢处理关键核心设备，一定比例氢气和原料油在一定温度和压力下，借助催化剂的作用，完成各类加氢反应。加氢反应器是加氢反应的场所，反应器性能决定着整个装置处理量和产品质量，并对装置能耗和平稳运行产生重要影响。更高反应温度、更高反应压力、原料更劣质、规模更大型化的发展方向对加氢反应器带来了更大的挑战和机遇。

催化剂、反应器壳体、内构件共同决定着反应器性能。催化剂的作用是降低反应发生所需的活化能、提高反应速率和反应选择性，对加氢反应得以实现、提高反应速率和收率、降低能耗、减缓副反应具有重要作用。正因为催化剂极其重要的地位，催化剂一直是各专利商、工程公司关键核心和重要保密技术，且催化剂在规模大型化过程中的挑战不如反应器壳体、内构件突出，本文仅从壳体、内构件两方面探讨高参数反应器在大型化过程中的挑战和工程技术方案，为工程建设单位、制造厂、用户等提供一定的参考。

1 反应器壳体

加氢反应器设计、制造难度大、要求高，是压力容器的标志性产品和“大国重器”的重要代表，标志着国家重型装备的设计和制造能力。工程技术主要涉及材料、设计、制造运输安装等方面。

1.1 材料

加氢反应器长期在高温、高压、临氢等环境下工作，工作时存在的腐蚀和损伤类型主要有高温氢腐蚀、高温氢-硫化氢腐蚀、高温硫腐蚀等，其它工况下还可能存在堆焊层剥离等损伤。

对于高温区的腐蚀，目前以材料防腐为主，能取得较好的解决，壳体常用的选材方案为基层加耐蚀层。铬钼钢由于出色的耐热性和抗氢腐蚀性，已成为加氢反应器基层材料的首选；由于氢的扩散系数在奥氏体钢中约比铁素体钢中大约低2个数量纸，密实冶金贴合的复合层或堆焊层能够降低氢分压作用在基层母材的影响，不锈钢成为耐蚀层的主要解决方案。

近年来，随着原料的劣质化，重油、超重油等加氢新工艺的出现，反应器设计压力超过20MPa、设计温度超过450℃，反应器直径达到5400mm以上，原来常用的铬钼钢由于强度相对较低，造成设备壁厚、重量大幅增加至3000吨及以上，给制造、运输、吊装带来诸多困难，甚至难以实现工艺要求，传统的铬钼钢已经难以满足发展需要。加钒铬钼钢通过添加微量元素提高钢的淬透性和钢的强度等级，具有更高的高温强度、更优的抗高温蠕变性能、更好的抗回火脆化能力、更好的抗氢侵蚀、氢脆和氢致裂纹的能力、抗不锈钢堆焊层剥离性能，提高了材料使用温度、降低承件元件壁厚，有利于反应器的运输和吊装，降低相关的工程建设费用，目前已成为高参数、大型化加氢反应器材料重要解决方案。

但是由于加入钒元素后会产生碳化钒析出，在焊接与热处理时影响到钢的氢陷阱、氢扩散与应力松弛，而这些影响规律至今还未充分了解，因此加钒铬钼钢制造时仍不断有开裂、硬度高、韧性低和持久强度低等问题发生。目前国内外对加钒铬钼钢研究开展较多，裂纹产生机理、裂纹控制、焊接等是研究热点，取得一定的成果，设计、制造、使用过程中仍需要密切关注。

由于加氢反应器的设计温度和设计压力通常较高，导致耐蚀层较基层母材厚度往往较薄，目前国内耐蚀层采用堆焊的方案居多。反应器在停工过程中和停工期间容易产生堆焊层氢剥离，这是由于操作过程中的氢渗入钢中，停工时压力降低，材料中的氢开始向内、外扩散，由于反应器壳体其实是两种不同材料，氢扩散系数不同，高浓度的扩散氢聚集在堆焊层与基层的界面处，加之铬钼钢和不锈钢热膨胀系数不同引起高应力，高应力导致裂纹的产生并从堆焊层金属表面沿壁厚向内部发展。堆焊层的氢剥离切实存在并难以根除，目前主要选择抗剥离性能好的方案、通过氢剥离评定等方案来确保反应器的正常使用。

1.2　设计

综合考虑，高参数大型加氢反应器通常采用分析设计。目前我国分析设计采用的标准是JB4732-1995(2005年确认)，随着相关法律法规的更新和国家整体设计制造水平的提升，分析设计标准与时俱进，正在更新升版中。截至目前，新版分析设计标准已按推荐性国家标准发布征求意见稿，从通用要求、材料、典型受压元件及结构、应力分类方法、弹-塑性分析方法、制造、检验和验收6个部份进行规定。待正式实施后，加氢反应器的分析设计将更加经济、更安全、更有标准可遵循。另外，还可以采用先进的有限元法模拟温度场和应力分析技术，确保高应力区、大温度梯度区域的安全与结构合理，确保加氢反应器的安全、经济、可靠。

加氢反应器往往涉及蠕变、蠕变疲劳、大温度梯度、密封等工况和设计难题，是压力容器的标志性产品，代表着国家压力容器设计的高端水平。目前已有设计压力超过20MPa、设计温度超过450℃，直径达到5800mm，2000吨以上、多种床型反应器设计经验，加氢反应器设计技术达到国际先进水平。

1.3　制造运输安装

随着我国基础设施的不断完善和装备制造能力的大幅提升，装备制造水平、交通运输能力、起吊运输能力的发展有力地促进了国内加氢技术的发展，部分技术和能力已达到国际先进水平。当前，我国已成为全球最大的2¼Cr-1Mo-¼V钢制加氢反应器生产基地，制造技术已经进入世界先进水平行列。吊装机具、起吊能力达到国际领先水平，有全球最重3000吨加氢反应器起吊的能力和业绩。制造、运输、安装等技术的进步使我国加氢技术的不断发展成为可能。

除特殊要求外，大型加钒铬钼钢筒体锻件、法兰锻件基本实现国产化，与国外产品性能相当，大幅降低了工程造价和生产周期。堆焊层焊材和加钒铬钼钢主焊缝焊材有国内相关企业实现了中国产品，目前已有自主知识产权2¼Cr-1Mo-¼V钢交流埋弧焊焊剂/焊丝、电弧焊焊条通过中国机械工业联合会组织的鉴定，工业化批量产品技术水平达到国外同类产品的先进水平。

有港口或码头的沿海或沿江炼化企业，由于加氢反应器长度目前基本在100米以内，固定床加氢反应器大多在50米以内，可基本不受吨位和尺寸限制而整体运输。海上运输的不锈钢堆焊反应器，内部应充氮气保护，同时封闭所有开口，最好安装压力表，确保整个运输过程中该内压得以保持。对于内陆炼化企业或改造装置，反应器运输过程中可能受公路和场内空间限制，考虑运输方案时应尽量采用整体运输，以节省现场制造工作量、缩短工期和提升制造质量。实在受场地和运输过程限制无法整体运输的，可先考虑从非受压元件如裙座进行分段，在使用场地内进行组装；仍不具备条件的，再考虑分段运输、厂内组装的方案。目前某制造单位实现了中石化某炼厂2000吨级加氢反应器炼厂内组装的经验和业绩，在炼厂内完成了环缝组对焊接、无损检测、热处理、水压试验、防腐刷漆等工作，反应器成功制造和吊装。只是现场需要配套相应土建、水电等基础设施，工程造价有所升高，工期相对较长。

2　内构件技术

加氢技术经过快速发展，种类很多，加氢技术的分类方法也多种多样，主要的分类方法有按加工原料、目的产品、反应机理、反应苛刻度、反应器床型分类等等。但加氢技术的特点一是有催化剂，二是必须有加氢反应，因此无论是什么加氢类型，都会使用到内构件，且内构件随加氢技术的种类不同差别较大。但总体来说，内构件大致有支撑、分散、收集等功能和种类，实现反应器内部反应的正常进行和强化反应。

2.1 设计

以最为成熟、应用相对最多的固定床加氢反应器为例，内构件通常有入口扩散器、积垢篮(过滤盘)、分配盘、催化剂支撑格栅、卸料管、冷氢箱、热电偶保护管和出口收集器等。

入口分配器是反应物料进入反应器最先接触的内构件，一方面使进入反应器的气液物料产生预先混合，尽量将进料均匀的分布到反应器的整个截面；另一方面尽量消除气、液两相反应物料对于顶部分配盘垂直高速的冲击，为顶部分配盘的稳定工作创造条件。随着装置大型化带来的设备大型化，但反应器入口直径的增长有一定的限制，导致反应器直径与反应器入口直径之比达到5甚至更大，对加氢反应器入口扩散器提出了更高的要求。此时，需要扩大气液两相的喷洒面积，促进气液两相的混合，使气液两相更均匀地进入分配盘，促进加氢装置平稳运行。

积垢篮(过滤盘)一般设置于反应器上部催化剂床层顶部，在催化剂床层顶部捕集更多的机械杂质的沉积物，同时又不至于引起较大的压降，缺点是占据了催化剂和顶部空间，在进料前有过滤器的也有不设置积垢篮(过滤盘)的。

催化剂支撑盘一般由支撑主梁、格栅、不锈钢丝网等部件组成，占反应器内构件总重的很大一部份。主要考虑载荷为催化剂和瓷球重量、催化剂的持液重量以及床层的压力降、支撑盘自身的重量等。设计时应保证支撑主梁和格栅有足够的高温强度和刚度，设备大型化后主梁跨距大，此时可采取多根主梁的选择方案，同时可采取“上翻梁”以利用反应器壳体空间。

出口收集器主要作用是阻止反应器底部瓷球从出口漏出，并导流出反应产物，目前受设备大型化影响较小，但要防止瓷球被压碎后进入后续流程发生沉积、阻塞换热管等不良后果。

由于加氢反应是气、液、固三相存在的强放热反应，随着反应的进行反应器内温度会升高，催化剂在温度过高时会失活甚至结焦、板结，同时，为了实现反应器内的温度可控，需要往反应器内加入冷氢气来控制床层温升的速度。反应器内设置2个及以上催化剂床层时，床层之间设置冷氢箱，其作用是将冷氢管注入的低温氢气与上方催化剂床层流下的高温反应物混合，以降低反应物料的温度，以充分发挥催化剂的性能。冷氢箱是冷氢气和热物流进行混合传热的场所，是加氢反应器的关键内构件之一，对加氢反应的稳定性、催化剂寿命、产品质量和装置的运转周期有直接影响，受设备大型化影响较大，可通过延长冷热物流接触时间、将冷氢与热物料混合充分等方法提高冷热物料的传热效果，同时要尽可能降低压降和冷氢箱高度，以达到降低能耗、压减投资的目的。

分配盘及盘上的气液分配器一般设置于催化剂床层上方，由于加氢反应是强放热反应，催化剂床层中液相多的部位反应剧烈，生成热量多，催化剂局部温度高，形成过热点，导致这部份催化剂过早失活，严重时造成催化剂局部的结焦、板结，物料无法正常通过，降低催化剂的使用寿命和装置的开工周期、增加床层压降，造成装置能耗升高。因此，分配盘应使反应器径向液体分配尽量均匀，尽量减少反应器内物料的偏流和降低整体压力降，来实现物料与催化剂的良好接触，进而达到径向和轴向的均匀分布。分配盘是加氢内构件中气液两相分配、控制反应器径向温差最为关键的元件，设备大型化对带来的挑战也最大。现有的气液分配器按液相进入的方式，可分为溢流型、抽吸型和混合型三类，有各自的优点和使用范围，但总体来说设备大型化后可以从增强气相雾化液相能力和喷洒均匀性、增大气液两相喷洒面积、减小气液分配器管内壁流等方面着手考虑。

洛阳/广州工程和洛阳技术研发中心长期致力于大型加氢反应过程强化工程技术开发，目前已形成有自主知识产权的大型固定床加氢反应器过程强化技术，开发出LYHC-III成套内件三代技术，成套技术见图1，共获得15项国家专利，具有在大型加氢反应器分配性能优、具有大操作弹性、占用空间小等特点，气液分配器大扩散角示意图见图2。此技术目前已在中石化某炼厂实现应用，展现出良好的性能，径向温差小于2℃，性能指标达到国际领先。

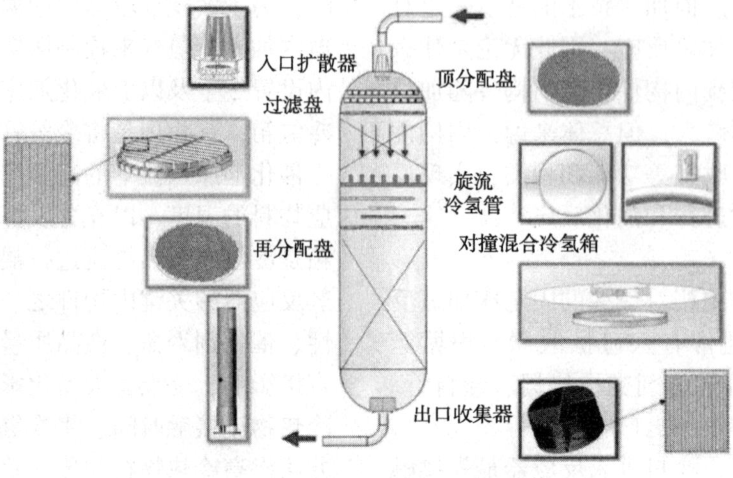

图1　LYHC-Ⅲ成套内构件三代技术示意图

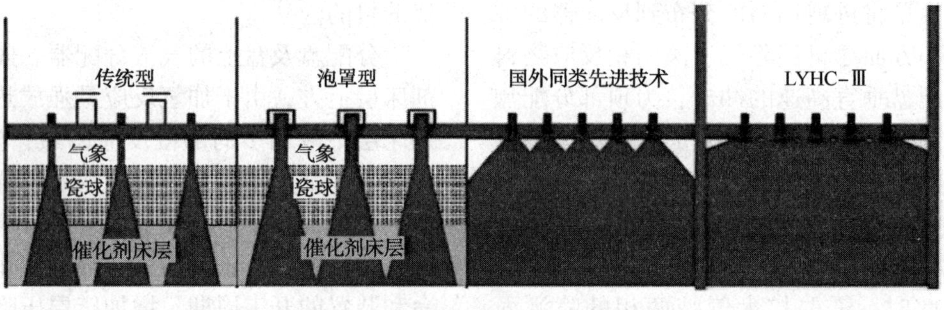

图2　气液分配器大扩散角示意图

2.2　安装

内构件安装是达成设计意图、实现内构件功能的重要环节，没有可靠的内构件安装，再好的内构件也无法发挥性能甚至对生产带来负面的影响。目前加氢反应器内构件有可拆和不可拆部分，不可拆内构件在反应器制造厂或安装现场通过焊接等方式进行连接，现场安装工作量和需要关注的问题更多的是可拆内构件的安装。

可拆内构件的安装往往是在反应器吊装就位后，再从人孔或其它开孔将内构件送入反应器内，施工人员在反应器内进行安装，因此空间较狭小、工作环境恶劣、质量检测较为困难。安装过程中，尤其要关注分块的分配盘、冷氢喷射盘之间的间隙，重点做好分块之间、分配盘(含冷氢喷射盘)与反应器壳壁之间间隙的密封，使气液两相尽可能全部从盘上的分布器(孔)之间进入反应器催化剂床层，避免“局部偏流”或“局部轴向沟流”，达到均匀分配的目的。

此外，内构件的设计应尽可能模块化、标准化，采用简单的机具和安装方法即可完成安装，以减轻劳动强度，保证安装质量。制造厂发货时要最大程度完成预制，最大化减少现场制作、安装工作量，提升内构件安装效率和质量。

3　后续建议关注方向

3.1　材料国产化优势及相关方向

材料的国产化既可节约投资，又可缩短建设周期。如能实现2¼Cr-1Mo-¼V钢及焊接材料的国产化，既能使国外引进材料价格大幅降低，有效节省投资，又能促进国内材料制造业的转型升级及产品的多样化，经济效益显著，社会效益良好。对于国内自主开发的加钒铬钼钢，不能完全盲目照搬ASME标准许用应力值，需要进行高温蠕变、高温持久以及高温蠕变-疲劳交互作用的试验，以获得必需的基础数据，同时材料在高温、临氢环境下长时间运行的可靠性还有待进一步验证。由于这些数据需要通过长期的、持续的在高温下进行试验才能获得，因此需要抓紧时间尽快完善相关基础性能数据，形成中国标准，方可在工程设计中有所依据。

3.2　催化剂装填的影响

除了设备大型化的影响，催化剂装填也可能是造成反应器径向温差大的原因。根据调研的情况，同一套反应器内构件不同的催化剂装填公司后，有着不同的径向温差表现；同一套反应器内构件同一家催化剂装填公司，也有着不同的径向温差表现。因此，径向温差表现不理想可能不完全是设备直径变大的影响，也有可能是催化剂装填不均匀造成的，在催化剂应引起关注。

4　总结

本文总结了高参数加氢反应器大型化带来的部分技术问题和工程技术方案，从反应器壳体和内构件两方面，总结给出目前国家加氢反应器相关行业现状以及后续的关注方向，为工程建设单位、制造厂、用户提供一定的参考。

加氢反应器是加氢处理的关键核心设备，加氢反应器的进步是加氢技术不断发展的关键环节，解决加氢反应器相关技术难题，将有力推动我国高端装备制造安装能力迈上新台阶，推动加氢技术不断进步。

参考文献

[1] 钱俊锋，陈学东，卜华全 . 2¼Cr-1Mo-¼V 钢焊材用 Gleeble 再热裂纹试验参数研究[J]. 压力容器，2015，32(04)：11-15.

[2] 陈崇刚 . 我国加氢反应器制造面临的课题[J]. 炼油技术与工程，2011，41(07)：16-20.

[3] 陈崇刚，黎国磊 . 我国 2(1/4)Cr-1Mo-(1/4)V 抗氢钢的开发[J]. 石油化工设备技术，2002(05)：38-42.

[4] 邓林涛，刘志颖，王庆光，杜军毅，张明康 . 2¼Cr-1Mo-¼V 纯净钢筒体锻件的工艺与性能[J]. 压力容器，2005(01)：1-8.

[5] 柳曾典，陈进，卜华全，陈学东 . 2¼Cr-1Mo-¼V 钢加氢反应器开发与制造中的一些问题[J]. 压力容器，2011，28(05)：33-40.

[6] 马天恒 . 加钒钢加氢反应器的焊接控制研究[J]. 化学工程与装备，2016(10)：165-167.

[7] 段莉蕾 . 2¼Cr-1Mo-¼V 低合金钢用焊接材料的检验[J]. 机械制造文摘(焊接分册)，2011(03)：34-36.

[8] 郭为民 . 国产 2(1/4)Cr-1 Mo 特厚钢板的开发和应用[J]. 炼油技术与工程，2013，43(07)：40-42.

[9] JB4732-1995(2005 年确认). 钢制压力容器—分析设计标准，2005.

[10] 李立权 . 加氢技术的最新进展及分类探讨[J]. 石油与天然气化工，2002(3)：116-120.

[11] 叶正才 . 固定床加氢反应器内件的结构及应用[J]. 化学工程与装备，2018(7)：209-211.

完善DCS系统功能，实现报警分区

——乌石化3号炉机实现报警分区

李华山

（中国石油乌鲁木齐石化公司）

摘　要　本文重点分析乌石化公司热电厂3号炉机DCS系统由于设计原因，对锅炉、汽机装置报警没有分区，对工艺带来较大困扰。通过利用现有DCS系统的报警分级功能，结合报警声音文件的配置，以及报警筛选功能，实现锅炉、汽机报警分操作站显示报警功能，解决了工艺操作困扰。

关键词　报警分区　报警级别　声音文件　过滤功能

乌鲁木齐石化公司热电厂3号炉机DCS系统是2010年改造后投入使用，系统选用西屋的Ovation OCR400系统，系统设置6对冗余控制器，1台工程师站，1台历史站，4台操作站。其中两台操作站用于锅炉操作，两台操作站用于汽机部分操作。系统投用后整体运行平稳，控制性能良好，但在使用中发现报警无法分区显示，锅炉汽机部分报警在各个操作站都有报警，当报警出现时，操作人员发现不是自己装置的报警，就不去管它，久而久之就会产生麻痹思想，严重影响工艺人员监屏操作，有可能无法及时发现报警信息，导致工况波动或非计划停工。前期一直通过攻关想解决这个问题，但一直没有缺的实质性进展。

1　改进思路及方案实施

我公司电厂共有5台锅炉及5台发电机组，1、2号炉机采用的是ABB公司的AC800F系统；4、5号炉机采用的是FOXBORO公司的I/A系统；3号炉机采用的是西屋的Ovation OCR400系统，实现锅炉以及汽机系统过程控制以及保护。

Ovation系统的设计是基于开放式的思路，采用了目前由工业控制专家开发的最好的技术。系统采用了目前广泛认可的硬件、软件、网络和通讯接口，取代了过时的、有专利的DCS结构。同样，在Ovation软件平台的设计中也应用了同样的指导思想，大多数的软件是基于大家所熟悉的第三方软件包。如AutoCAD、Oracle相关数据库等软件，这样，操作人员和工程技术人员就比较容易上手。Ovation系统一般为电厂的定制化系统，在国内外的电厂自动化领域应用广泛，支持DP与FF协议，与Emerson内部的各设备集成性较好。具有较多优点：

（1）支持SEMA图组态的方式，很符合有电力知识背景人员的使用习惯。系统的设计上较为负责，使用了商用数据库Oracle来进行数据管理，同时Ovation支持跨系统，可运行于Unix与Windows等多种操作系统上。

（2）Ovation的硬件系统较为稳定，普遍反映硬件质量良好。

（3）Ovation提供了丰富的算法库，可快速实现控制逻辑。

（4）控制回路支持在线查看、调试，便于操作人员了解所操作设备的控制逻辑。

但是Ovation系统也有较多不足：

（1）经济性：Ovation系统多采用商用的软硬件，如Cisco、Oracle等产品，导致系统的成本偏高，价格上没有竞争力。

（2）易用性：从组态操作等方面看，其易用性较其他厂商的产品还有一定差距，加上严格的License管理，搭建系统工作量巨大，必须有专门的培训才能掌握。

(3)灵活性：Ovation系统复杂，网络配置等灵活性较差。

此套Ovation系统自投用以来运行较为可靠，没有发生过大的故障，但是由于当时系统投用时，时间比较仓促，加之项目工程师能力问题，导致锅炉汽机操作站分区报警一直无法实现，严重影响操作人员正常监屏、操作。利用装置停工检修期，我们组织攻关，分析系统功能，希望能够找到办法实现分区报警功能。通过多次与厂家系统工程师沟通，我们发现，Ovation 系统的报警功能本身非常完善，每一个参数都分配了 8 个不同的报警等级来区分报警重要程度，但实际我厂报警基本没有区分这么多等级，可以将锅炉的参数和汽机的参数分配成不同的报警等级，这样根据报警等级的的不同就可以区分锅炉还是汽机的报警。于是我们进入组态软件，打开锅炉参数的点信息组态，将锅炉参数的报警级别都设置为 8 级，由于参数点数量巨大，我们采用了批量修改的方式，将锅炉参数统一修改为 8 级。同时将汽机参数报警级别统一修改为 1 级。这样就可以区分锅炉和汽机的报警(图 1、图 2)。

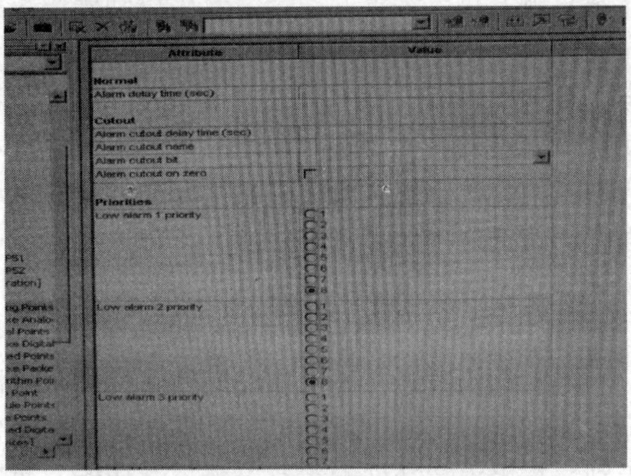

图 1　锅炉报警分级设置为 8 级

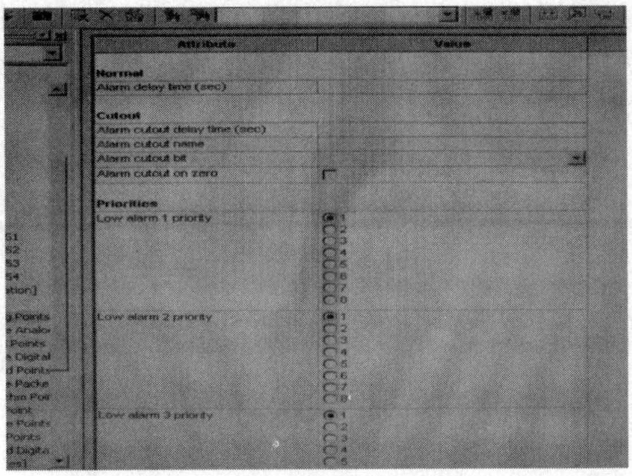

图 2　汽机报警分级设置为 1 级

报警等级区分以后，考虑到实际不管报警是那个级别，对于系统来说都是报警，都会触发报警功能，于是又在锅炉和汽机的操作站配置上，只给它自己装置的对应的报警等级配置声音文件，其他等级都不配置，具体是打开组态软件，点开相应锅炉汽机操作站前面的加号，再点开 Configurtion 前面加好，右键点击 Alarm，选择 open 打开设置窗口，在 Audio Files 选项卡中删除报警级别中多余的声音文件，锅炉操作站只留下 8 级的声音文件，汽机操作站只留下 1 级的声音文件。这样即使其他装置报警发生，自己的操作站也不会触发声音报警。这样就不会产生无效的声音报警，不会对操作人员产生误导(图 3、图 4)。

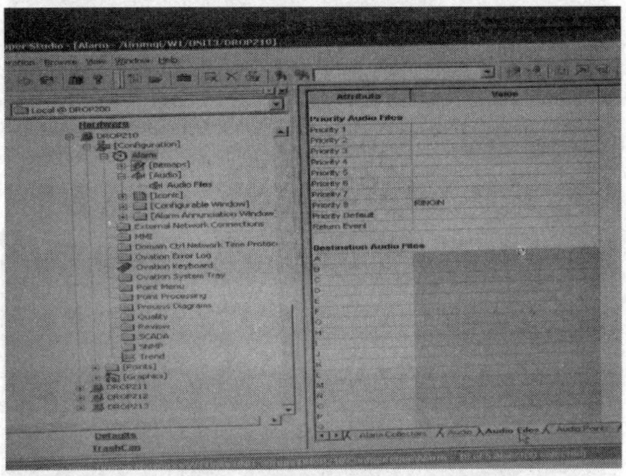

图 3　锅炉操作站报警声音文件配置

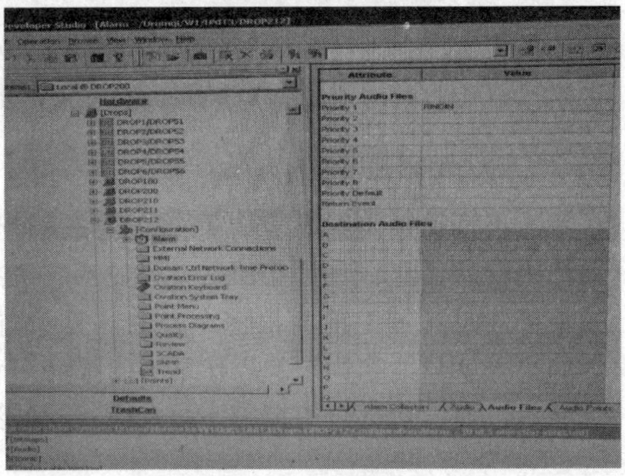

图 4　汽机操作站报警声音文件配置

声音文件配置完成后，基本就可以实现锅炉和汽机操作站的报警分别在自己对应的操作站报警了，但实际应用发现，虽然报警声音没有了，但实际报警还是会产生，在锅炉和汽机的操作站上打开报警窗口，还是会看到所有的报警都被记录，影响工艺人员查看分析报警。经过分析发现，在操作站的报警窗口中有过滤功能，可以实现只显示自己选中的报警，于是我们在锅炉的操作站报警窗口中点击 NORMAL MODE 按钮，在弹出的设置画面中将优先级别 Priority 选项中 1~7 级全部取消，只保留 8 级；同样在汽机的操作站报警窗口中将优先级别只保留 1 级(图 5、图 6)。

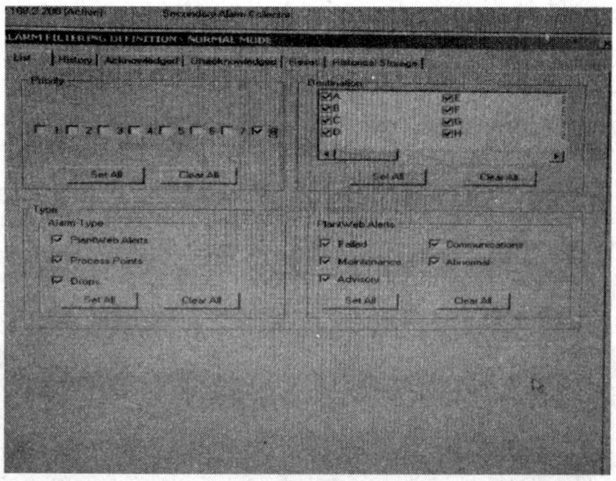

图5　锅炉报警筛选设置

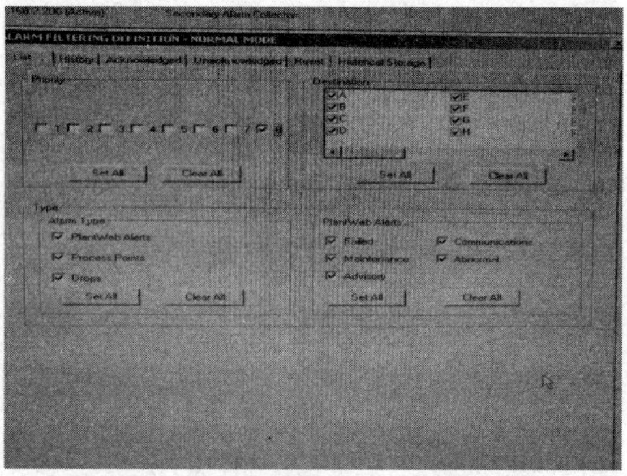

图6　汽机报警筛选设置

完成报警筛选设置之后，锅炉操作站就只显示锅炉报警的信息，汽机操作站就只显示汽机部分的报警信息。加上前面报警声音的区分设置，锅炉的报警就只能在锅炉的操作站上出报警声音并且显示，而汽机部分的报警不会响应；同样汽机的报警只能在汽机的操作站触发，这样就实现的报警的分区显示。

2　应用效果

利用装置大检修期，实施了此项技术攻关改造，DCS系统内对所有仪表重新进行报警分级，将锅炉、汽机仪表分别定义不同的报警级别，同时锅炉、汽机操作站上针对各自级别定义报警声音，只有自己片区的仪表发生报警才会触发报警声音。在锅炉、汽机操作站报警窗口中设置报警过滤，只有自己片区的仪表报警才可以显示。通过调试效果良好，交付工艺使用，检修结束3号机开机运行以来，系统运行稳定，锅炉、汽机操作站只触发自己装置的报警，效果得到操作人员充分认可。6月至7月期间3号炉处于检修状态，报警比较多，没有在汽机操作员站上显示，使操作人员的精力能够专注于有效的报警中，不会被其他报警干扰，大大降低了操作人员的劳动强度，改造应用效果良好。

3　结束语

本次创新改造在不增加任何软硬件成本的情况下，利用Ovation系统自身已经有的报警优先级别、报警声音文件配置及报警过滤功能，通过将这几个功能有效的组合使用，实现了热电厂3号锅炉的报警分区显示功能，解决了长期以来困扰操作人员的问题，虽然不能直接创造经济效益，但社会效益显著。

石化转动设备磨损实时监测技术应用研究

陈 峰[1] 张西宁[2] 武通海[2] 陆 军[1]

(1. 中国石油独山子石化分公司研究院；2. 西安交通大学机械工程学院)

摘 要 本文阐述的磨损实时监测技术主要通过基于堆栈空间的磨粒分割方法、基于BP神经网络及图像小波变换特征提取算法，建立的磨粒类型的智能分析模型，实现了磨粒磨损特征图像及监测信息采集与提取，该磨损及润滑实时监测技术弥补了现有离线监测技术局限性，对机组的预知性维修与主动性维护提供及时、准确的技术支持。磨损实时监测技术在石化低速重载设备上的成功应用对石化转动设备在线油液实时监测技术的发展有着积极的借鉴与推动作用。

关键词 磨损实时监测 监测界限值 油品劣化 预知维修 主动维护

1 机组监测现状及存在问题

1.1 机组概述

某厂聚烯烃联合某生产线挤压机机组型号CMP335，系日本JSW公司设计与制造。机组主电机功率11000kW，机组输入转速980rpm，输出转速300rpm，为同向双螺杆挤压机结构，基本功能是进料、输送、熔融、混合、泵送和给聚合物加压。齿轮泵型号为JSW GP500T-M，为熔融物提供足够压力，使其通过换网器、模板由切粒机进行切粒，后经循环水输送、干燥器干燥、振动筛除大小粒子后，合格粒子均化包装。机组基本机构如图1~图3所示。

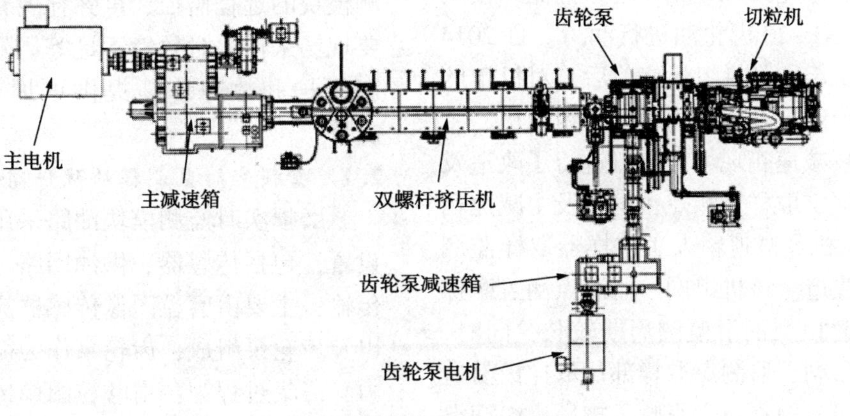

图1 挤压机结构示意图

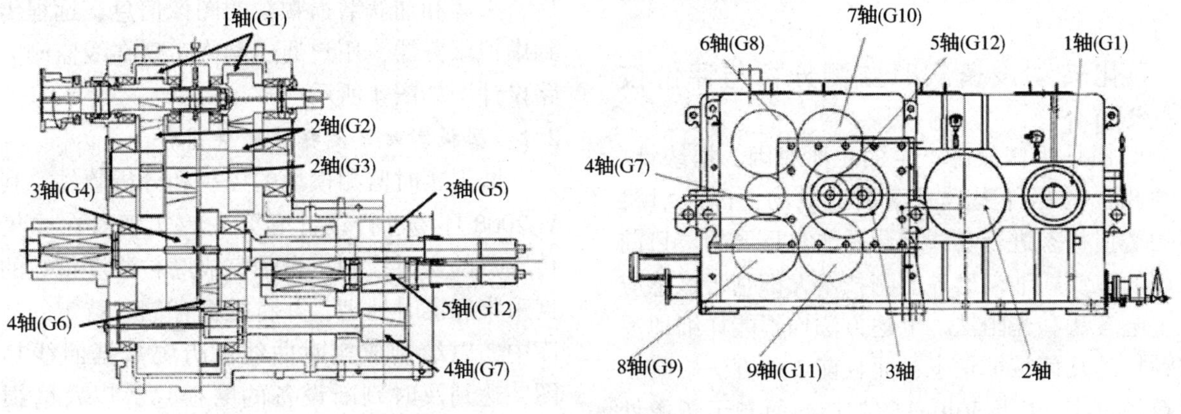

图2 主减速箱基本结构

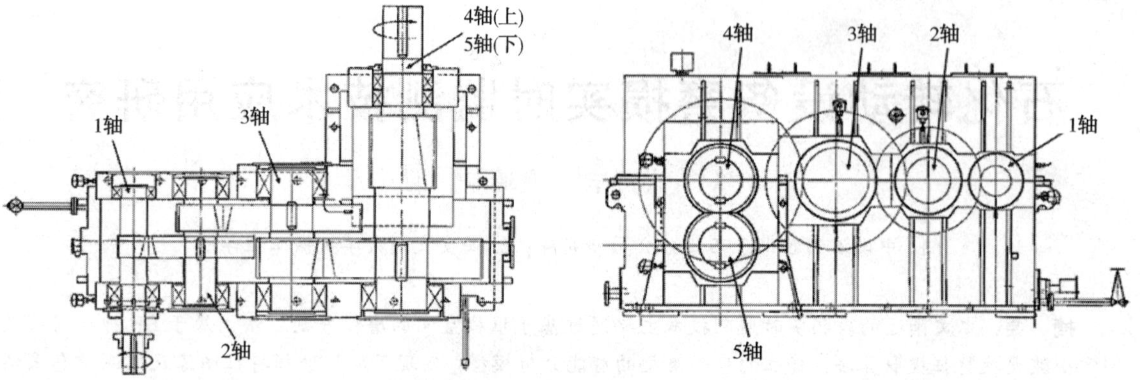

图3　齿轮泵减速箱基本结构

自2014年8月，机组主减速箱G7齿轮轴齿轮及G8齿轮轴内外侧SKF调心滚子轴承(型号为SKF23168 CC/W33)因发生严重疲劳失效，造成机组故障停机检修，机组大修更换主减速箱失效齿轮轴、轴承、油封，并更换齿轮泵减速箱部分轴承及油封后，机组一直运行平稳。

1.2　监测现状及存在的问题

该型挤压机组为公司级重点设备，机组主要磨损及润滑部位为电机减速箱、主减速箱及齿轮泵减速箱，共计15根齿轮传动轴及68副滚动轴承，主减速箱及齿轮泵减速箱所有摩擦副均使用BP安能高GR-XP220齿轮油进行润滑。自2014年11月至2015年4月机组检修前后，对机组的磨损监测点实施改造及优化，对于机组电机、主减速箱及齿轮泵减速箱现场监测点进行了改造及优化，增加了固定取样监测点主电机及主减速箱2处，齿轮泵电机及减速箱人工取样器取样监测点2处的优化改造。该机组同一监测点涵盖摩擦副较多，离线磨损及润滑监测周期较长，同时，由于现场条件限制，监测点取样部位取样极易造成油品污染，诸类因素极大影响了挤压机组润滑及磨损监测的时效性，不利于挤压机组长周期运行。

2　石化转动设备实时监测分析与评价技术简介

磨损是机械故障产生的主要原因，据统计，大约80%的零件失效是磨损造成的，因此对机器的磨损状态进行在线监测是非常重要的。目前常用的在线式油液磨粒监测技术大都基于磁感应法、电容法和光阻法。上述方法均不能详细地反映颗粒的几何特征信息，而且前2种方法检测不出粒径过小(小于30μm)的物体。而基于图像处理的油液在线检测系统，完全克服了上述这些缺点。本文所述的磨损及润滑实时监测技术是通过并联在润滑油循环系统现场的监测模块，采用电磁沉积法先使磨粒沉积，由计算机远程控制磨粒显微图像的自动采集，然后进行分析，在进行图像分割时采用自动获取阀值法，建立的基于电感应和显微图像的油液磨粒监测系统，实现了对机组在用润滑油磨粒进行实时持续性显微图像及监测数据的自动采集与信息提取，随时掌握和了解设备运转过程中润滑油磨粒浓度的变化状况，及时进行数据分析处理。该磨损及润滑实时在线监测模块的远程监控，可弥补现有离线监测技术需要现场采样、时效性不足等局限性，为机组的状态维护和故障诊断提供更加充足可靠的数据支持。

2.1　磨损实时监测模块硬件简介

磨损实时监测模块油路采用油液循环回路的设置，包括传感器、供油回路、控制模块、数据传输，主要由磨粒图像传感器流道、油嘴、油管以及齿轮泵组成，齿轮泵作为循环油液的供油动力，采集过程为：由磨粒图像传感器利用高梯度磁场将铁磁性颗粒在流道沉积区域有规律的排布后，采集和捕获磨损颗粒的图像信息，远程传递到虚拟服务器，用户通过网络实现在线监测。油路设计图如图4所示。

2.2　磨损实时监测模块软件简介

磨损实时监测模块的控制和分析软件，利用VS2008环境进行设计和开发，实现对在线集成传感器的实时控制，自动完成磨粒浓度指数的数据采集和实时处理，并将数据存储于特定的数据库中，以绘制成实时曲线、历史数据曲线趋势图，达到及时判断设备的磨损趋势以及磨损状态，软件界面如图5、图6所示：

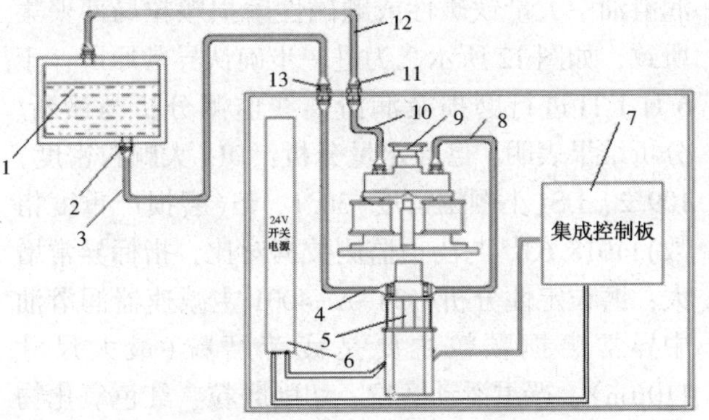

图 4　润滑油磨粒图像分析仪油路设计图

1—油箱；2—油嘴(油箱出油口)；3—油箱出油管；4—油管；5—齿轮泵；6—直流稳压电源；7—集成控制板；8—油管；9—磨粒图像传感器；10—油管；11—双向油嘴(监测模块出油口)；12—油管；13—双向油嘴(监测模块进油口)。

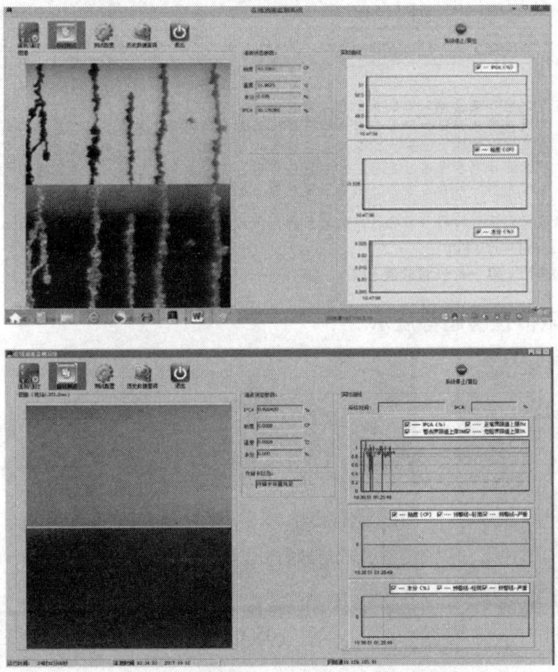

图 5　磨损实时监测模块软件实时界面

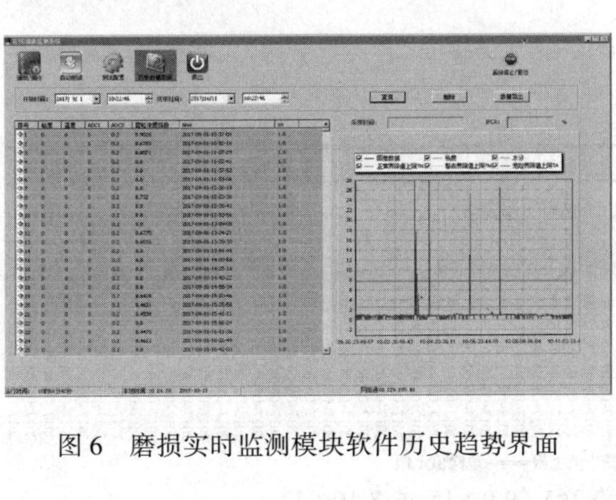

图 6　磨损实时监测模块软件历史趋势界面

3　磨损实时监测与评价技术在某型挤压机组运维中的应用

该机组磨损在线实时监测系统自 2016 年 11 月 24 日投入试验运行，在解决了现场应用的一些关键问题后于 2017 年 4 月 15 日正式投入运行。截止目前系统运行稳定。并先后于 5 月 4 日、5 月 25 日成功预警了机组异常状态，为机组 5 月 8 日的换油和 6 月 4 日的运行异常故障的分析和评价提供了及时、准确的技术支持(图 7)。

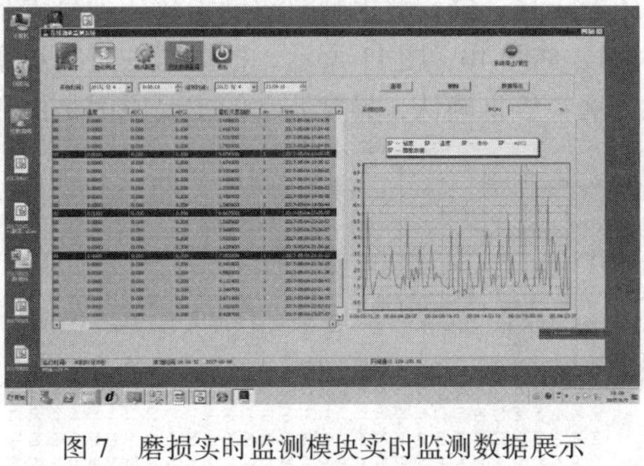

图 7　磨损实时监测模块实时监测数据展示

2017 年 5 月 4 日 18：20、20：05、21：21 三个时间点磨损颗粒浓度指数监测指标先后出现三次大的突变，最大为 9.07，(正常监测范围在 1~4 之间)。三次异常突变数据信息如图 8 所示。机组自 5 月 4 日 0：12 起磨损颗粒浓度指数(IPCA)即开始剧烈波动，在实时采集的 420 组监测数据中，其中超过正常值上限的监测数据有 40 次，超过警告值上限的监测数据有 17 次，超过危险值上限的监测数据有 9 次。5 月 7 日 23：20 磨损颗粒浓度指数达到最大值 10.348。根据同一时间点采集的磨粒信息确认，造成磨粒浓度指数异常波动的主要原因可能是由于润滑油中大量的水或气泡所致。如图 9 所示。为进一步确认异常原因，分别于 5 月 5 日、8 日进行磨损及润滑离线监测分析与诊断。分析结果表明，主减速器润滑油水分超标，氧化值、硝化值明显增大。主减速器润滑油中异常磨损颗粒主要是疲劳磨粒(最大尺寸 110μm)、滑动磨粒、切削磨粒、红色氧化物、有色金属磨粒及摩擦聚合物。其中，红色氧化物锈蚀磨粒明显增多。主减速器润滑油水分超标，油品性能发生劣化。建议立即对挤压机组主减速器停机进行润滑油系统检查，并择机换油。5 月 9 日对机组停机进行润滑油系统检查，发现主减速箱润滑油系统油冷器泄露，致使冷却水泄露至润滑油系统中。润滑油品乳化较严重。进行油冷器更换及润滑油系统换油。随后，监测数据显示，系统磨损颗粒浓度指数趋势趋于平缓。继续关注其趋势变化。

自 2017 年 5 月 25 日 0：14~6 月 8 日 16：37 远程实时监测系统智能巡检界面持续监测发现，磨损颗粒浓度指数监测指标在 5 月 31 日 9：06 开始出现再次异常波动，达到 23.04。此后自 5 月 31 日 15：57 起磨损颗粒浓度指数(IPCA)即开始剧烈波动，磨粒浓度指数波动最剧烈的时间点为 6 月 2 日 16：51，磨损颗粒浓度指数达到最大值 35.91，如图 10、图 11 所示。根据同一时间点采集的磨粒信息确认，异常波动的主要原因是由于润滑油中大量铁磁性或顺磁性磨损颗粒局部聚集所致，如图 12 所示。为进一步确认异常原因，于 6 月 1 日进行磨损及润滑离线监测分析与诊断。分析结果表明，磨粒定量分析：DL(大颗粒密度) 109.2、DS(小颗粒密度) 30.1、IS(磨损严重度指数) 11018.63。与历史监测数据对比，指标异常增大；磨粒定性分析：34-A-4001 主减速器润滑油中异常磨损颗粒主要是疲劳磨粒(最大尺寸 110μm)、严重滑动磨粒、切削磨粒、红色氧化物及摩擦聚合物。其中，红色氧化物锈蚀磨粒对比 5 月 8 日分析结果明显增多，同时存在中量的切削磨粒(三体磨损属性明显)。通过氧化锈蚀磨粒形貌特征分析，可能来源于外界污染物。

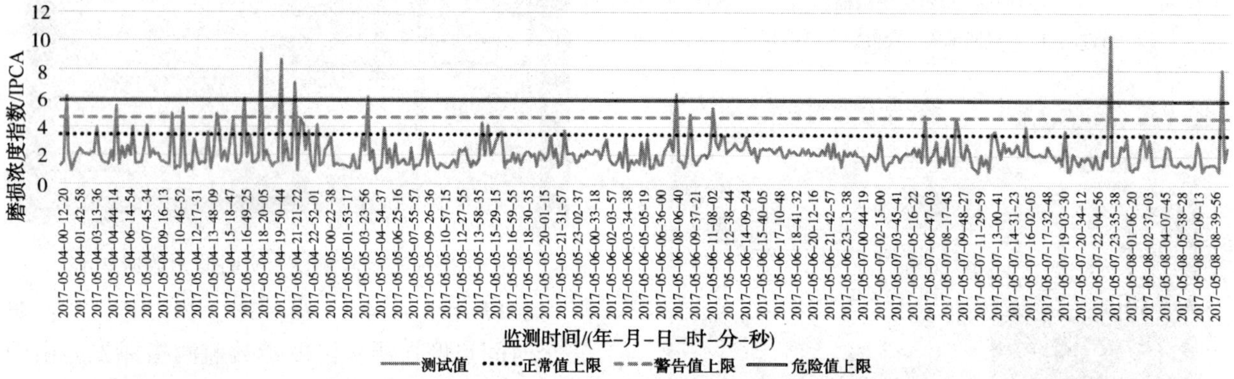

图 8　磨损实时监测模块界限值预警趋势展示

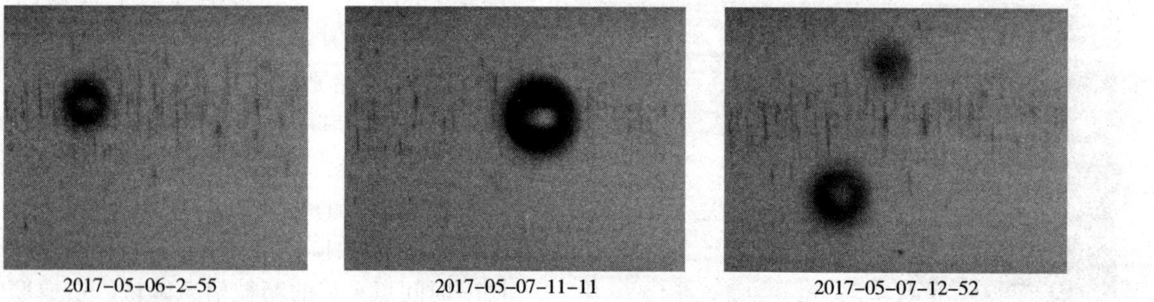

图 9　磨损实时监测模块在线采集的磨粒图像

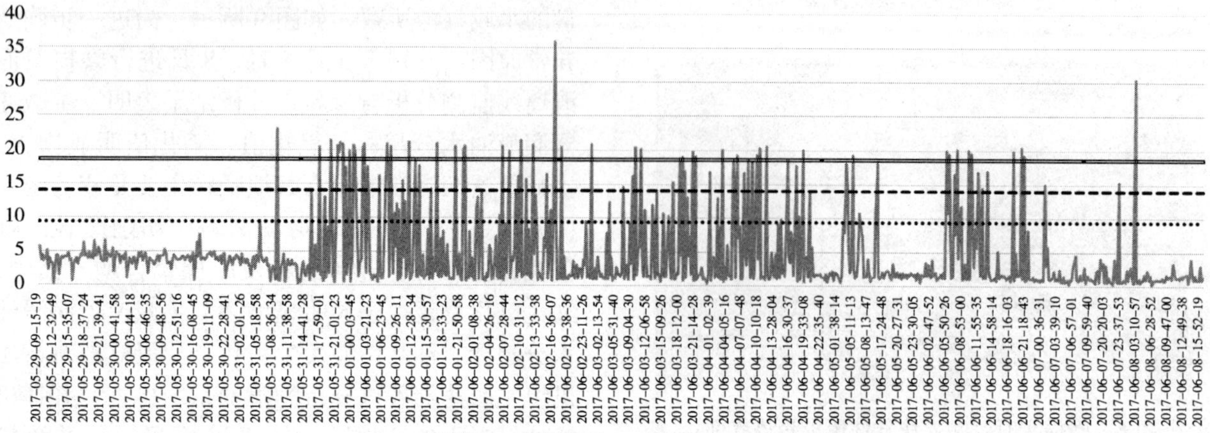

图 10　磨损实时监测模块界限值预警趋势 2(5.29 9：15~6.8 16：37)

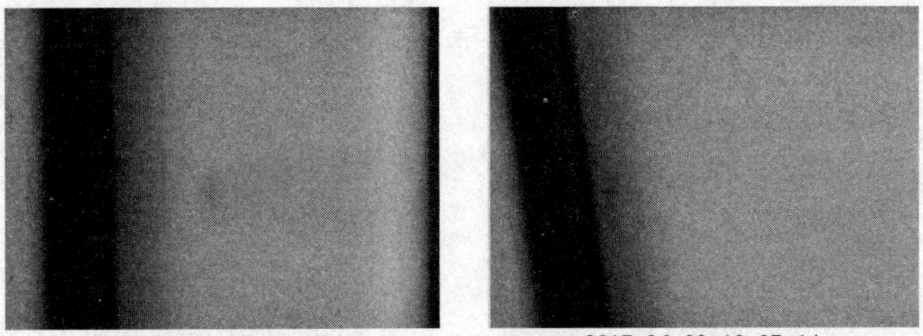

图 11　磨损实时监测模块在线采集的磨粒图像

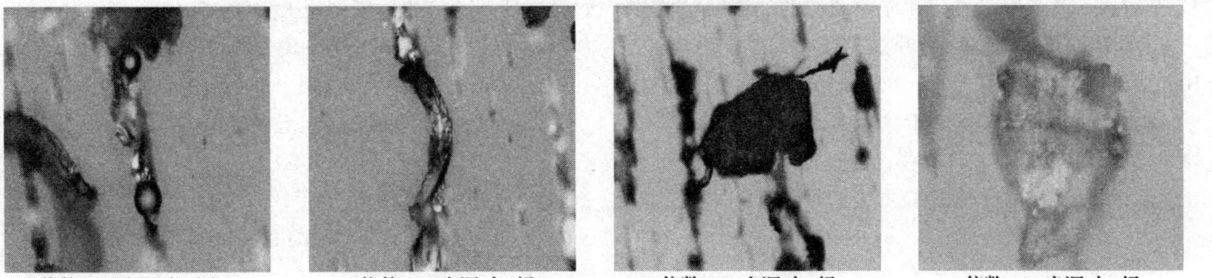

图 12　磨粒定性分析典型异常磨粒形貌

综上分析：主减速器传动齿轮及部分轴承存在局部润滑不良，大量存在的锈蚀物磨粒可能加剧齿轮油品性能发生劣化。鉴于上述情况，建议该厂立即对挤压机组主减速器进行润滑油油冷系统上次检修情况进行调查，加强润滑油过滤与净化并密切关注油滤系统压差变化情况，定期检查滤芯中磨屑沉积情况，持续跟踪监测，若异常趋势继续持续，并加剧，即停机进行挤压机组主减速箱、电机及润滑油路系统检查。

该厂根据诊断建议，反馈该机组 5 月 9 日对油冷器失效换热管采取同材质堵丝封堵措施。同时在系统换油后，进行油品理化测试发现水含量在 5 月 10～11 日最高达到 400μg/g。水含量超标，且不稳定波动。随后装置投用油品自动净化除水装置 5 小时后，水含量为痕迹。恢复正常。上述情况与离线与在线测试结果基本一致。目前，机组运行稳定。

4　结　论

低速重载设备齿轮箱磨损实时监测系统在挤压机组的应用，通过设备关键摩擦副磨损颗粒浓度指数(IPCA)、铁磁性磨损颗粒形态、粘度、水分以及润滑油温度等磨损监测信息的实时自动采集与智能分析，及时设备磨损状态的趋势变化情况，随时掌握设备运转过程中润滑油磨粒浓度的变化趋势情况，弥补现有离线监测技术需要现场采样、时效性不足等局限性，极大地提高了工作效率，实现了设备关键摩擦副磨损状态的远程监测与预警。该技术的应用为机组的状态维护和故障诊断提供更加充足可靠的数据支持，使得磨损实时监测系统成为挤压机组磨损及润滑状态监测的重要组成部分。磨损实时监测的预警功能与离线磨损及润滑精密诊断手段的有机结合，提高了设备故障诊断的预知性和精准性，为低速重载边界润滑挤压机组齿轮箱预知性维修提供及时准确的技术支持。该技术的应用为提高低速重载边界润滑机组的磨损状态预控水平，建立系统、全面的设备状态监测与评价平台奠定了较好的基础。

参　考　文　献

[1] 郝延龙，何红坤，常青，等．基于显微图像识别的在线润滑油中磨粒分析方法[J]．润滑与密封，2016，41(05)：59-64.

[2] 严新平，张月雷．在线油液监测技术现状与展望-2011 年全国在线油液监测技术专题研讨会简述[J]．润滑与密封，2011，36 (10)：1-3.

[3] 李建武，方建华．我国润滑油在线监测技术的研究现状及展望[J]．合成润滑材料，2016，43(03)：21-24.

[4] 赵方，谢友柏，柏子游．油液分析多技术集成的特征与信息融合[J]．摩擦学学报，1998，18(1)：45～52.

[5] 李进．内燃机润滑油在线监测系统设计与应用[J]．徐州工程学院学报(自然科学版)，2018，33(02)：89-92.
[6] 孙衍山，邓可．液压油在线污染度连续监测传感器研究[J]．润滑与密封，2015，40(3)：73-78.
[7] 高广清，赵晓林．主机润滑油油质在线监测技术的研究[J]．电力安全技术，2017，19 (5) ：41-44
[8] 武通海，邱辉鹏，吴教义，等．图像可视在线铁谱传感器的图像数字化处理技术[J]．机械工程学报，2008，44(9)：83-87.
[9] 李绍成．基于静电感应和显微图像的油液磨粒监测技术研究[D]．南京：南京航空航天大学，2009.
[10] 王爱民，沈兰荪．图像分割研究综述[J]．测控技术，2000，19(5)：1-5.
[11] 师杭军，刘玉斌，许留存，蔡晓光．Weibull分布在基于磨屑群理论的铁谱技术中的应用[J]．润滑与密封，2001(5)：51-53.
[12] PengZ，Kessissoglou N. An integrated approach to fault diagnosis ofmachinery usingweardebris and vibration analysis [J]. Wear，2003，255 (8)：1221~1232.
[13] 刘敬智，宋鹏，白恺，等．风力发电机组故障预测技术研究[J]．华北电力技术，2016 (12) ：49-54.
[14] 何毅斌，徐建生，顾卡丽，赵源，陈定方．BP网络在摩擦学系统建模和预测应用中的研究．润滑与密封，2002(5)：26~28.
[15] 宁啸．在线润滑油液金属颗粒传感器技术研究[D]．广州：华南理工大学，2012.
[16] 杨其明．磨粒分析-磨粒图谱与铁谱技术[M]．北京：中国铁道出版社，2002：131-135.
[17] 李柱国．机械润滑与诊断[M]．北京：化学工业出版社，2005：128-141.
[18] 闫辉，贺石中，毛宁．油液监测界限值传统计算方法的改进[J]．润滑与密封，2005(4)：81-83.

永磁屏蔽泵在乙烯装置低温、轻介质、零泄漏工况的应用

周 尖 曹永建 蒋鹏飞 谷 阳 古红星

（中国石油独山子石化公司）

摘 要 低温甲烷泵是乙烯生产装置深冷分离技术中的关键设备。原工艺技术专利商针对该泵输送的介质具有介质轻、温度低、易燃易爆等工艺特性，选择了以甲醇为密封介质带压密封罐结构的密封形式。运行以来，该密封频繁失效，造成冷箱甲醇冻堵，乙烯损失严重，多次进行改造和试用，效果不佳。借装置升级改造时机，换型为永磁屏蔽泵，有效解决低温甲烷泵机封频繁出现泄漏的问题，实现乙烯装置深冷分离区域“乙烯零损失”的降本增效目标。

关键词 乙烯装置 甲烷泵 永磁屏蔽泵 低温 零泄漏 改造 深冷系统 脱甲烷塔

某乙烯装置采用某乙烯技术，其工作流程大致如下(图 1)：通过低温甲烷泵 10-P-4171A/S 将脱甲烷塔顶部的冷凝下来的-97℃的低温液相、易汽化、有毒害的轻组分甲烷增压至 3.51MPa(表)，经过滤器过滤后输送至板翅式冷箱(10-E-4014)内继续冷却降温至-162℃，然后送至碳二吸收塔(10-C-4001)顶作为回流，洗涤塔顶碳二馏分，以稳定氢气产品的纯度、减少乙烯损失，同时维持装置深冷区的冷量平衡。该泵的密封冲洗方式为 PLAN 53C，冲洗介质为甲醇，机械密封原厂家为德国博格曼，厂家资料提供的允许泄漏率为 5ml/h。PLAN 53C 为带压密封型式，密封液甲醇压力高于介质甲烷压力，这必然会有少量甲醇泄漏并进入工艺系统。若密封液甲醇内漏进入工艺系统，会堵塞甲烷通道，导致 10-C-4001 回流量偏低。装置运行十年以后，低温甲烷泵机械密封(简称机封)频繁失效泄漏，导致带压甲醇密封罐的甲醇介质漏入到工艺系统，甲醇在低于-98℃的管路和设备中凝固，堵塞管道，增加压降，限制工艺流路的流量；其后果：一是造成了深冷区域的碳二吸收塔 10-C-4001 塔顶乙烯损失严重，当塔顶乙烯含量在 0.5%~0.6%(体积比)，每天损失可以在 12~16 吨乙烯产量；二是存在乙烯产品中甲醇超标的质量风险；三是甲醇经循环乙烷进入到裂解炉中，裂解气中 CO 浓度波动，给碳二加氢反应器带来操作风险。经多次改造后，甲醇泄漏仍超出原设计值 5mL/h，无法满足下游冷箱设备的安稳运行。

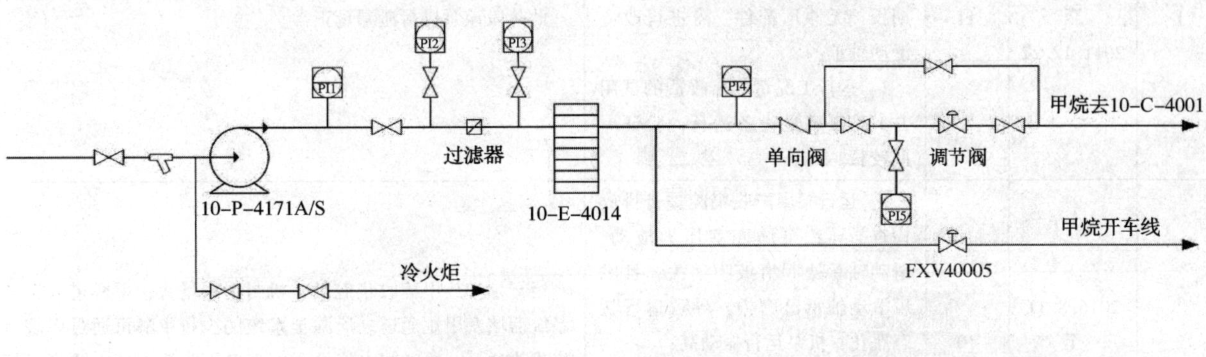

图 1 低温甲烷泵工艺流程示意

1 低温甲烷泵介绍

低温甲烷泵作为乙烯生产装置深冷分离技术中的关键设备，布置为 2 台泵，1 开 1 备。作为乙烯装置甲烷和碳二精细分离的核心设备，其运行的稳定性对降低乙烯损失、提升乙烯收率至关重要。该泵为 SVN-V 1 x 11 型立式悬臂泵，单级闭式叶轮。设计工况为输

送介质：甲烷，额定进、出压力：3.27/3.51MPa(表)，介质温度：-97.16℃，流量：8～21m^3/h，转速：2925r/min，止推轴承：2×7311，滑动轴承：MB5560DU，该泵配套密封为 API682 3CW-FB 带压串联面对背结构的接触湿密封，以甲醇作为密封液，冲洗方案采用 API682 Plan02+53C+61(图 2)，介质侧采用耐低温的金属波纹管作为密封元件，大气侧采用浮装式 L 型静环配合动环作为密封元件。

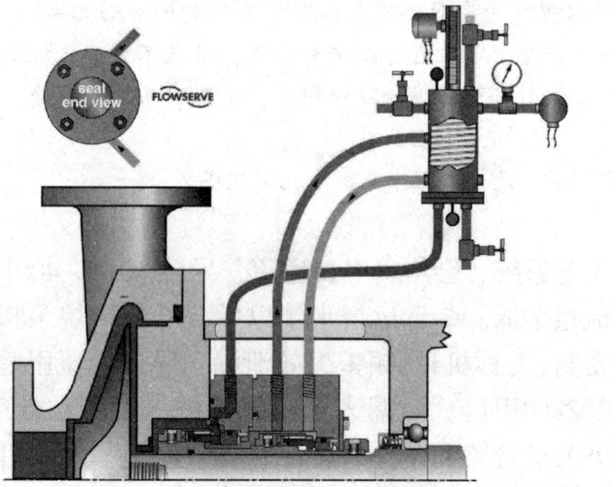

图 2　Plan53C 冲洗方案布置图

2　原因分析及改造经过

2.1　原因分析

自 2009 年开工以来，对甲烷泵检修情况进行了统计，除检修较频繁的三个阶段外，其余均为日常维护检修。较频繁的三个阶段检修情况、原因分析(表 1)如下：

2011 年 5 月至 12 月，共计检修 11 次，主要原因是原厂滑动轴承设计缺陷，抗波动能力较差，轴衬易磨损，造成泵振动高。通过改造滑动轴承为锡青铜材质，消除了滑动轴承易磨损的问题，延长了泵的运行周期。

2016 年 8 月至 2017 年 1 月，共计检修 10 次，主要原因是泵体甲醇收集腔排放检查，导致滑动轴承处润滑液膜消失，滑动轴承磨损造成泵振动高；同时机械密封动静环端面动态平衡打破，造成甲醇泄漏量增大。因此车间完善该泵的操作巡检管理要求，明确运行泵不允许排放检查甲醇腔，同时车间于 2016 年 11 月开始对甲醇密封罐进行标定，现场密封罐粘贴刻度标尺，便于计算泄漏量。

2018 年 8 月至今，共计检修 10 次，主要原因是更换后的机械密封泄漏量较大，甲醇密封液进入工艺系统，造成冷箱甲烷通道局部堵塞。

表 1　检修原因分析表

序号	阶段	次数	检修原因	备注
1	2011-05-19 至 2011.12.22	11	1、原厂滑动轴承设计缺陷，振动较高后轴衬易磨损，运行状态进一步恶化； 2、进口配件采购周期及供货周期长，无原厂配件，需进行改造滑动轴承； 3、运行工况苛刻，改造的试用方案难以满足设备运行，验证周期较长。	此阶段该泵机封泄漏量正常。
2	2016.8.11 至 2017.1.31	10	1、运行泵甲醇收集腔进行排放检查，导致泵体腔室压力波动，滑动轴承处润滑液膜消失，且原厂滑动轴承已磨损，导致运行状态恶化，机泵运行振动高； 2、运行泵甲醇收集腔进行排放检查，导致机封动静环端面动态平衡被打破，造成机封泄漏量增大。	运行泵排放甲醇收集腔后，机封泄漏增大，甲醇进入工艺系统后堵塞甲烷通道。泄漏至系统的少量甲醇可通过甲烷带出冷箱通道，短时间内流量由 4.5t/h 下降至 3.8t/h 逐渐又恢复至 4.5t/h。

续表

序号	阶段	次数	检修原因	备注
3	2018.8.3至今	10	1、原厂博格曼机封投用后泄漏量逐渐增大，导致甲醇进入工艺系统，堵塞甲烷通道； 2、对机封进行改造，根据改造方案验证，周期较长； 3、滚动轴承定心轴套间隙大，导致机泵振动偏高，更换新定心轴套，消除机泵振动偏高问题。	由于机封泄漏突然增大，较大量甲醇进入工艺系统，出口流量逐渐由4.5t/h降低至2.4t/h，切换机泵后流量逐渐恢复至3.0t/h。由于进入冷箱的甲醇量较大，造成冷箱通道堵塞，甲醇结晶无法被带出工艺系统，导致流量长时间未恢复。对冷箱通道进行冲洗、单向阀下线后有一定效果，但是流量仍偏低在3.4 t/h左右。

2.2 滑动轴承改造

原设计叶轮侧滑动轴承采用自润滑方式，滑动轴承表面起自润滑作用的聚四氟乙烯PTFE涂层薄，厚度仅为0.02-0.06mm，一旦发生磨损极易将PTFE润滑层磨损完毕，滑动轴承与铜粉层接触摩擦导致滑动轴承失效。查阅物料物性手册可知，在3.51MPa(表)下，甲烷的泡点温度约-85℃。当设备运行状态不好或工艺操作波动的时候，引起设备或泵内输送介质温度升高，在该位置液态甲烷会产生汽化现象，使得滑动轴承处的润滑液膜出现液膜断层甚至干磨的恶劣工况，引起轴套磨损，振动过大(图3)。对于立式泵而言，其机械密封的追随性较差，设备的振动加剧了动、静环分离，导致动、静环密封端面损坏 。

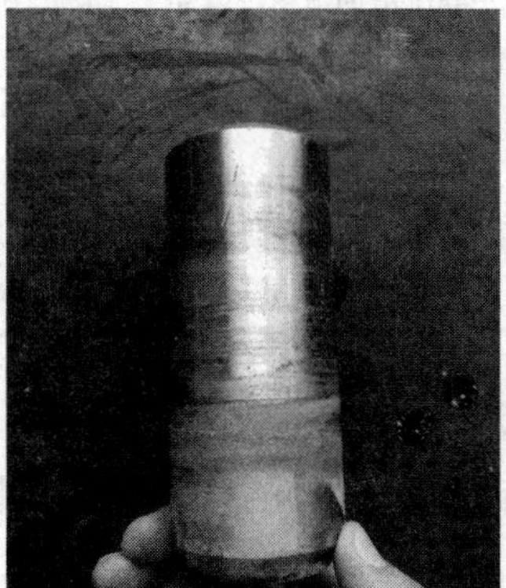

图3　原轴衬磨损情况示意

考虑到输送介质为低温的液相甲烷，轴承材料改用锡青铜ZQSn10，锡青铜属于合金铜，具有硬度高、耐磨性能好、自润滑功能的特点。考虑到轴承润滑液膜不稳定的情况，在整体锡青铜衬套内壁增加上3条轴向导流槽(图4)，可使润滑液在导流槽内排出气相，并形成一层稳定连续的液膜，减少干磨等恶劣工况的出现。同时对原316奥氏体不锈钢材质的轴套进行表面渗碳处理，渗碳层深度为0.8~1.2mm，表面硬度提高到58~63HRC，轴衬与轴套配合间隙为0.15mm。改造后投用运行一段时间后，机械密封仍然出现泄漏。

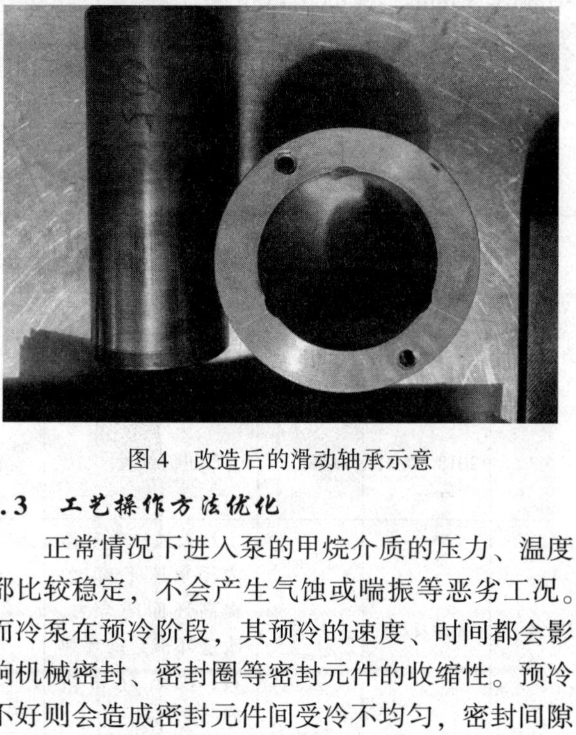

图4　改造后的滑动轴承示意

2.3 工艺操作方法优化

正常情况下进入泵的甲烷介质的压力、温度都比较稳定，不会产生气蚀或喘振等恶劣工况。而冷泵在预冷阶段，其预冷的速度、时间都会影响机械密封、密封圈等密封元件的收缩性。预冷不好则会造成密封元件间受冷不均匀，密封间隙增大等问题。针对冷泵保冷质量和预冷操作提出新的操作要求。

要求每次检修后，试车前必须恢复好保冷。保冷施工必须在冷介质输入以前进行，当采用一种保冷材料，保冷层厚度超过80mm时，应分为两层或多层逐层施工，各层厚度宜接近，上下层应压缝，同层应错缝，上下层应压缝，其搭接长度不宜小于50mm。绝热制品的拼缝宽度，不应大于2mm。凡大于2mm的缝隙，均应用超细玻璃棉予以堵塞，大于10mm的间隙应用相同材料碎块填塞密实，并用密封剂予以密封。防潮层露天施工时，应在晴天进行，严禁雨雪天气或阳光曝晒下作业。冬季施工应采取防冻措施，环境温度应在+5℃以上。防潮层的结构应符合下列规定：

(1) 第一层为阻燃型沥青玛蹄脂胶层或阻燃型防水冷胶料层，厚度为3~5mm。

(2) 第二层为无蜡粗格平纹玻璃布，厚度为0.1mm~0.2mm。

(3) 第三层为阻燃型沥青玛蹄脂胶层或阻燃型防水冷胶料层，厚度为3~5mm。总厚度必须保证不小于5mm。

(4) 玻璃布搭接位置应正确，搭接长度应大于50mm，粘贴牢固，无明显皱纹。

金属保护层一般使用铝板(1mm以下)或镀锌薄钢板，纵向接口采用搭接，接口量为30mm~50mm，横向接口也采用搭接，搭接量为30mm~50mm，搭口处用空芯拉铆钉或自攻螺钉紧固，用自攻螺钉紧固时不得刺破防潮层。

预冷前，前向预冷介质温度、压力达到正常值。气相预冷：流程为打开最小流量线及泵体上下LD手阀进行气相预冷预冷时间约为2小时，气相预冷过程中逐次缓慢增大预冷的流量，盘车间隔时间为10-15分钟盘车一次，每次半圈；液相预冷：预冷合格后缓慢打开泵入口手阀进行灌泵，并打开安全阀旁路进行排气，排气合格后关闭安全阀旁路及泵体LD手阀，盘车间隔时间为20分钟，每次半圈。

2.4 机械密封元件改造

乙烯厂机动处组织机械密封厂家某甲和某乙对甲烷泵机械密封进行改造，两家机械密封厂家的改造方案及机械密封运行情况见表2。

表2　10-P-4171A/S 机封改造情况

序号	改造时间	改造厂家	改造方案	位号	泄露量/(ml/h)	备注
1	2018.9.29	某甲	增大波纹管环面内径承压平衡比	S	72	试运期间，机泵运行正常，10-C-4001塔回流量稳定在3.0 t/h，机封二级密封可见外漏。
2	2018.10.12	某甲	增大波纹管环面内径承压平衡比、增加外密封压缩量	A	64	试运期间，机泵运行正常，10-C-4001塔回流量稳定在3.0 t/h，机封二级密封可见外漏。
3	2018.10.31	某乙	改进波纹管	A	32	试运行96h后，机械密封一级密封泄漏突然变大，10-C-4001塔回流量下降至2.2 t/h，立即切换至备用泵运行流量上升至3.0t/h。
4	2018.11.9	某甲	增大波纹管环面内径承压平衡比，提高环面闭合力、改造外密封动环弹簧、改造外密封静环。	A	20	试用期间，机泵运行正常，10-C-4001塔回流量稳定在3.0 t/h，机封二级密封可见外漏。

某甲改造的机封在试用过程中，泄漏量超过允许值5ml/h，现场检查确认二级密封处存在甲醇外漏，但10-C-4001塔回流量稳定在3.0 t/h左右，分析认为甲醇密封液少量泄漏进入工艺系统，甲烷通道堵塞情况无变化。

某乙厂家密封改造情况：现场对失效机械密封打压测试正常，解体后发现，静环环面明显可见内径有内凹陷变形磨损痕迹，但内径没有明显的磨损痕迹。经测量计算原设计环面平衡比约78.6%，而当环面外径磨损至φ56mm时，环面平衡比变为50%，在高压情况下环面闭合力不足，密封端面容易形成一种厚液膜的临界状态。针对以上分析，将外密封静环由原来的能承压3.8MPa(表)、20mm规格的浮装式L型静环更换为能承压4.0MPa(表)、47.6mm规格的PG型矩形截面的静环，将密封动环弹簧增加了4根弹簧，提高环面闭合力。同时查阅资料发现原机封大气侧动环密封圈材质采用为适用于-30~+120℃工况的丁晴橡胶(NBR)材料，不能满足-97℃低温工况要求。大气侧动环密封圈改用能满足低温工况的进口C形(聚四氟乙烯+弹簧)圈。经过此次改造后，机械密封泄漏量满足低于5mL/h的设计要求，检修次数得到有效减少，但运行一段时间后，泄漏量有偏大趋势。

3　选用新的密封形式

3.1　永磁屏蔽泵的选择

经过多次改造后，机械密封泄漏量虽然满足低于5mL/h的设计要求，但从生产操作维护上依然存在以下隐患：(1)甲烷泵10-P-4171滑动轴承结构形式及材质在设计上存在缺陷，滑动轴承易损坏造成甲烷泵故障停机，无法满足工艺生产需要，同时泵厂家确认此结构形式的滑动轴承在设计制造上存在缺陷。(2)甲烷泵冲洗方案采用02+53C+61维护难度大，由于缓冲液与介质密封型式为浮动密封，密封损坏造成泄漏时无法快速准确判断，由于甲醇比甲烷压力高，甲醇泄漏进入甲烷，进入冷箱中结晶堵塞通道，因此冲洗方案的选择与工艺生产需要不符。(3)检修频率高，检修原因为滑动轴承磨损及机械密封内漏超标，由于配件为进口配件，配件费用高，采购周期长，检修频率高，严重制约装置的温度运行。(4)冬季检修难度大，由于甲烷泵为低温冷泵，泵体及周围附属管线均需做隔热施工。新疆冬季气温低，环境温度不满足保冷施工规范中关于施工温度不得低于5℃的要求，在运行过程中易出现甲烷汽化，泵出现汽蚀不上量的情况。

结合装置实际情况和历次改造经验，决定选用永磁屏蔽泵替代原来的离心式甲烷泵。永磁屏蔽泵(型号：＊＊＊＊)是一种无旋转密封的泵，由屏蔽电机(型号：＊＊＊)和泵直联组成，不需要联轴器，叶轮直接固定在电机的轴上并置于同一个密封壳体内，省去了盘车操作(图5)。相对于之前的低温离心泵，轴承处无需外加润滑油和冷却水系统，还能避免一些润滑事故。滑动轴承的润滑与磁力联轴器的冷却通过泵所输送的介质进行润滑和冷却。磁力泵的磁块是高质量的稀土永磁材料，其最高不可逆退温度可达350～400℃，充分保证了磁力联轴器具有可靠的性能。定子和转子分别用非磁性薄壁套隔离起来，转子由前后轴承支撑浸在输送介质中，泵轴通过磁力联轴器传动(图6)，因而不需要任何型式的旋转密封来防止被输送介质的外向泄漏，这种方式能够完全实现“零泄漏”。此外，为保证设备运行稳定，设置了电机转向错误联锁保护、电机绕组线圈高温180℃联锁保护，为避免由于轴承润滑介质因温度高汽化而发生轴承干磨的恶劣工况，根据甲烷相应压力下的汽化温度设置了润滑介质-85℃高温联锁保护(图7)。

图5　永磁屏蔽泵现场结构示意

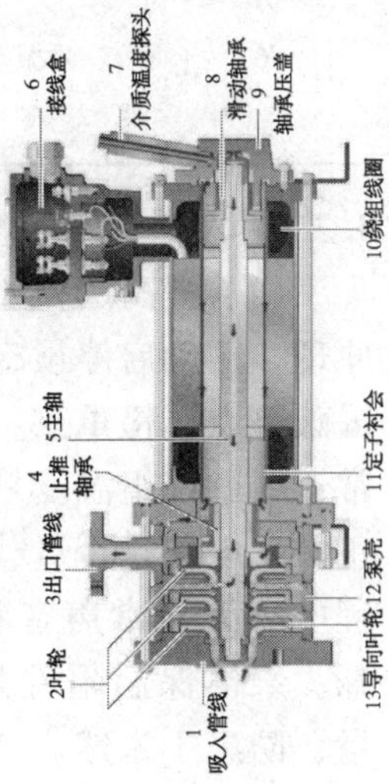

图6　永磁屏蔽泵结构示意

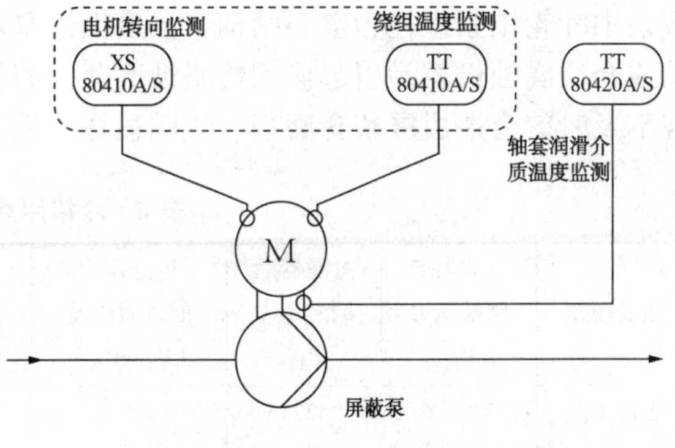

图7　永磁屏蔽泵联锁保护示意

3.2　永磁屏蔽泵常见问题及处理措施(表3)

表3　永磁屏蔽泵常见问题及处理措施

序号	常见运行问题	原因	措施
1	泵无法起动	1. 电源缺项，旋转方向不对； 2. 转子卡涩	1. 检查接线； 2. 检查轴承是否烧坏和转子组件有无碰触。
2	轴承、轴套磨损	1. 介质含有颗粒物； 2. 润滑介质汽化或缺润滑介质磨； 3. 泵气蚀； 4. 轴弯曲变形。	1. 重新排气，预冷泵； 2. 清理入口过滤网； 3. 更换损坏轴承，校正轴； 4. 避免泵长期在过高、过低负荷下运行，造成绕组线圈产生大量热量。

续表

序号	常见运行问题	原因	措施
3	泵体温度高	1. 保冷效果差； 2. 叶轮与壳体或转子与定子接触；	1. 及时修复保冷设施； 2. 检查配合间隙，更换受损件。
4	转子、定子屏蔽套磨损	1. 物料含有颗粒物； 2. 叶轮锁紧螺栓脱落； 3. 轴承损坏未及时检查；	1. 清理入口过滤网； 2. 把紧锁紧螺栓，提高材质等级； 3. 加强定检定修管理； 4. 稳定操作工况。
5	流量不足	1. 发生气蚀； 2. 叶轮堵塞或损坏。	1. 重新排气预冷，消除起因； 2. 清理叶轮和更换。
6	泵振动异常或噪音	1. 地脚螺栓松动； 2. 泵轴弯曲； 3. 轴承磨损； 4. 发生气蚀；	1. 紧固地脚螺栓； 2. 校正泵轴或更换； 3. 更换轴承； 4. 重新排气[5]。

3.3 永磁屏蔽泵日常维护要求

（1）提高巡检质量：对操作工进屏蔽泵结构原理、正确启停预冷操作、等方面的培训，掌握屏蔽泵点巡检重点：检查出口压力表指针是否异常；线圈绕组温度是否正常；润滑介质温度是否正常；电流是否过载，是否异常；屏蔽泵运行过程中有无异常声音和振动；现场有没有液体泄漏；泵体保温附件是否完好。从而提高巡检质量，防患于未然。

（2）定检定修管理：由于屏蔽泵采用滑动轴承，运行时噪音低，轴承外部有定子屏蔽套、定子线圈及壳体隔离，故泵运行异常很难判断。屏蔽泵中叶轮锁紧螺栓为空心结构，强度低，泵振动或介质腐蚀极容易引起该螺栓腐蚀脱落，若发现不及时就会造成屏蔽套磨损、线圈损坏。需定期对泵进行解体检查，对绕组及相间绝缘进行测量，且做好记录。根据拆检情况及时更换叶轮锁紧螺栓（最好提高材质等级）。

4　永磁屏蔽泵投用效果验证

原甲烷泵的甲醇密封罐由于机械密封失效，甲醇将泄漏到工艺介质中，造成下游管路、冷箱设备堵塞，通道压差增大。经2019年大检修期间将低温甲烷泵更换为永磁屏蔽泵后，现场设备运行平稳，出口压力稳定，流量也稳定，振动小，噪声低，介质温度以及绕组线圈温度稳定，冷箱设备压差恢复正常，乙烯损失也得到控制。永磁屏蔽泵完全满足低温、轻介质、零泄漏的工况。压差测量数据位置见图1。压差测量数据对比见表4。

表4　冷箱甲烷通道压差测量数据对比　　kPa

测量压差	过滤器前倒淋压力 P_{12}	过滤器后倒淋压力 P_{13}	过滤器前前、后压差 ($P_{12}-P_{13}$)	单向阀前倒淋压力 P_{14}	冷箱10-E-4014前、后压差 ($P_{13}-P_{14}$)	调节阀前倒淋压力 P_{15}	单向阀前、后压差 ($P_{14}-P_{15}$)
正常工况	3427.6	3422.6	5	3407.6	15	3401.6	6
改造前	3428.6	3422.6	6	3388.1	40.5	3254.1	134
改造后	3522.2	3517.2	5	3503.2	14	3496.2	6

泵外送量恒定在6.8t/h，满足工艺需求，确保乙烯在深冷区0损失。

5　结　语

针对原低温甲烷泵机械密封失效原因，多次检修情况进行深入分析，结合屏蔽泵在卢姆斯乙烯技术中绿油泵的应用以及装置低温、轻介质、零泄漏工况，重新选择密封形式进行更换改造屏蔽泵，并提出相应的机泵常见故障情况以及运行维护要求。

实践证明永磁屏蔽泵密封性能好，在输送低温、易燃易爆极度危害轻介质时可靠性能高，日常维护简易，有效保障了乙烯装置的降本增效、五年一修的长期运行。为低温、轻介质、零泄漏工况中解决密封泄漏问题提供一种新的方法和思路。丰富了乙烯装置苛刻工况下（有毒剧毒、易燃易爆、低温高压等工况)机泵选型目录，为广大乙烯技术设计和乙烯装置运维人员所共享。

参 考 文 献

[1] 王汝美．实用机械密封技术问答[M]．北京：中国石化出版社．1995.
[2]黄佰朋．乙烯装置低温甲烷泵滑动轴承的国产化改造[J]．石油化工设备技术，2013，34(6)：59-60.
[3]王文廷，孔繁余，周水清，高翠兰．低温屏蔽泵技术[J]．低温工程，2010，02(174)：51-54.
[4]李云鹤．石化用屏蔽泵使用探讨[J]．中国设备工程，2020，04(上)：177-178.
[5]刘宏峰．屏蔽泵常见故障现象的原因分析及处理措施[J]．设备与安全，2015，24：15-17.

冷凝式汽轮机低压侧间歇性异常振动分析及根治措施

张锡德　代　盛　陈小龙　郭亮亮

(中国石油独山子石化公司塔里木石化分公司)

摘　要　原料气压缩机在运行时冷凝式汽轮机两侧出现间歇性异常振动，随着时间推移，振动幅值越来越大，已超过了报警值，危机安全生产。根据状态监测频谱分析，振动为一倍频，相位随振动幅值的变化而变化，同时结合异常振动图貌，确认汽轮机油封内碳化物与轴摩擦是造成汽轮机异常振动的根本原因，汽轮机低压侧振动导致了高压侧振动。加大汽轮机高压侧冷却分布器吹风量，同时降低高压侧轴承进油压力，未收到明显效果，利用大机组状态监测，对汽轮机两侧轴心轨迹图进行分析，发现高压侧进动方向一直未变，而低压侧在出现异常振动后，进动方向便发生改变，从而确定结碳振动是汽轮机低压侧造成的，而非高压侧。对汽轮机低压侧转子轴表面进行吹风冷却，振动随之消除。为彻底根治结碳振动，对油封进行改造，增加隔热板、增设回油孔、加工内吹风孔，用干燥仪表空气进行内吹风，效果非常明显。

关键词　冷凝式汽轮机　低压侧振动；油封结碳　冷却分布器　油封　改造

1　引言

中国石油塔里木石化分公司是年产45万吨合成氨/80万吨尿素项目。在合成氨装置中设置有原料气压缩机组，压缩机由沈阳鼓风机集团有限公司制造，驱动汽轮机是美国埃里奥特公司生产，机组于2010年5月投入化肥装置生产。2010年6月5日汽轮机两侧转子轴4个探头均出现异常振动，低压侧振动高于高压侧，振动值越来越高见图1。汽轮机异常振动已严重影响到机组安全运行，进而影响到整个化肥生产。在此过程中，对可能引起振动的原因进行排查，开大高压侧吹风量，增加冷却分布器的风量，同时降低高压侧润滑油压力，但效果并不明显，振动值继续上升。

利用状态监测图谱对振动进行分析，最终找到振动的根源，采取相应措施，在线消除了振动，在2020年7月装置窗口检修时，对油封进行改造，增加内吹风，汽轮机低压侧异常振动得到了根治。

2　机组有关情况

压缩机为单轴多级离心式，机壳为垂直剖分式，型号为BCL405，汽轮机为中压冷凝式蒸汽透平，型号为SVKJPE5，用膜片联轴器直联，其作用是将天然气压缩至4.46MPa，送至一段转化炉进行反应。

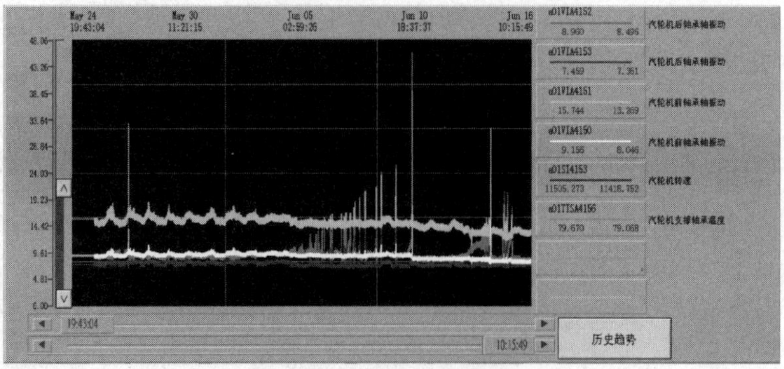

图1　汽轮机异常振动情况

2.1 汽轮机基本参数，见表1

表1 有关参数

项目		单位	设计值
功率		KW	2300
转速		rpm	12300
进汽	压力	MPaA	4.46
	温度	℃	398
排汽	压力	MPaA	0.0137
	温度	℃	52
轴振动	报警值	um	41
	联锁值	um	51

2.2 汽轮机振动监控

在汽轮机两侧可倾瓦上，安装了4只涡流式位移传感器，用于测量转子轴X方向和Y方向振动，将位移振动信号转化成电信号，经过前置放大器传送到Bently3500系统，通过RS485通讯，显示在计算机屏幕上，以便对汽轮机轴系振动进行监控见图2。VI4150、VI4151、VI4152及VI4153分别代表汽轮机四个振动探头。

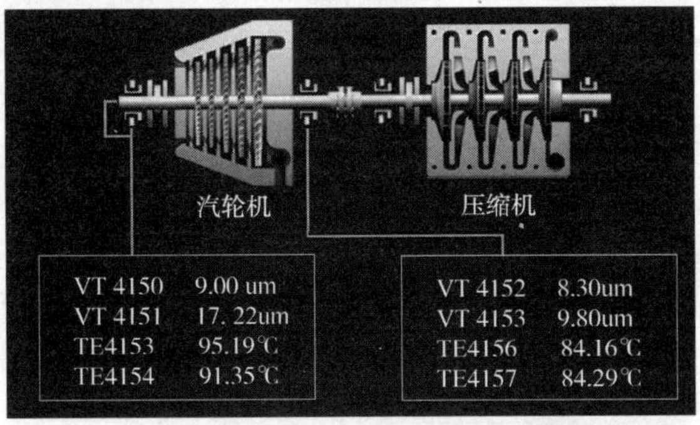

图2 汽轮机振动监控

3 汽轮机异常振动情况

原料气压缩机于2010年5月投入装置正常生产，当时汽轮机最大振动值为11.72 mm，同年7月4日汽轮机高压侧出现了异常振动，探头VI4151达到41mm，已报警，另一个探头VI4150为24 mm，异常振动持续时间约为3分钟，随着运行时间推移，振动间隔期越来越短，振动值越来越高，2010年12月3日16：53因探头VI4151和VI4150振动值双双达到了100 mm以上，且持续时间达到60s以上，造成汽轮机连锁跳车，经分析为结碳振动，该振动显著特点是振动频率是一倍频，且振动相位随振幅变化而发生变化。

后对油封进行了更换检修，但汽轮机运行不久，再次出现了结碳振动，为在线消除振动，避免机组连锁停车，在汽轮机高压侧安装了冷却分布器见图3，对轴进行降温处理，有效消除了汽轮机异常振动。

图3 冷却分布器

2020年6月5日16：37：20汽轮机再次出现了异常振动，汽轮机两侧四个探头的振动值都很高，随着时间推移，振动值越来越高，VI4150、VI4151、VI4152及VI4153探头的振动值分别为18.07、38.856、45.494及43.834um，高点已到达报警值见图4。

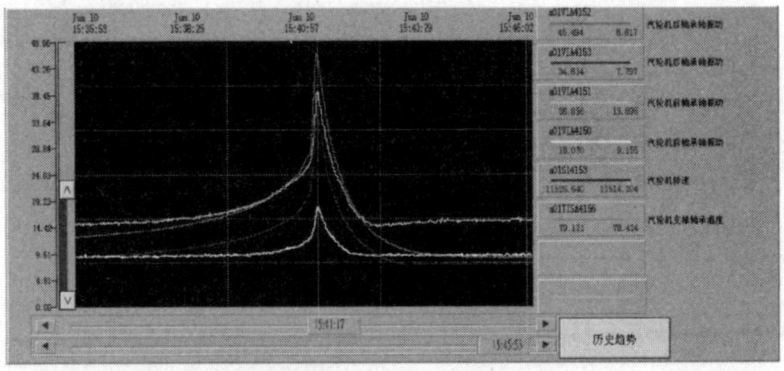

图4 四支探头振动情况

对状态监测图谱分析，振动为一倍频，相位随振幅的变化而变化，确认为汽轮机结碳振动。

北京化工大学博华信智专家也给出了结论，属于汽轮机结碳振动，要求局部吹风冷却，若振幅超过报警值，择机处理，改善密封效果和清理积碳。

4 异常振动分析

汽轮机异常振动出现后，根据振动图貌，利用大机组状态监测，进行频谱分析，很快确定了振动形式，是油封内积碳而产生的碰磨振动，因汽轮机是一个冷凝式透平，排气端温度较低，对油封内润滑油影响较小，不会结碳，初步认为结碳来源于汽轮机高压侧，低压侧的振动是高压侧异常振动而引起的，而汽轮机高压侧一直安装有冷却分布器，进行吹风冷却，分析后采取了以下措施：

(1) 增大冷却分布器吹风量

因冷却分布器吹风过小，不能有效遏制油封内的润滑油高温结碳，所有将风管阀门全开，加大风量，但效果不明显，振动并没有得到好转。

(2) 降低轴承润滑油压

经现场观察，汽轮机高压侧轴承润滑油压力为0.12MPa，轴瓦温度最高为93.7℃，而轴瓦温度报警值为115℃，连锁值为127℃。分析认为可能是油封运行时间较长，间隙增大，同时回油孔堵塞，产生了结碳，降低油压，可减小润滑油进入油封内，从而减小润滑油在油封内的结碳量，减轻振动，将油压降至0.085MPa后，轴瓦温度上升至96.3℃，而汽轮机异常振动并没有得到缓解。

对状态监测轴心轨迹图分析发现，VI4150和VI4151这两点进动方向一直为反进动，而VI4152和VI4153这两点进动方向经常发生改变，从反进动到正进动，再从正进动到反进动见图5，每次进动方向改变发生在异常振动时，说明VI4152和VI4153两点产生了碰磨。

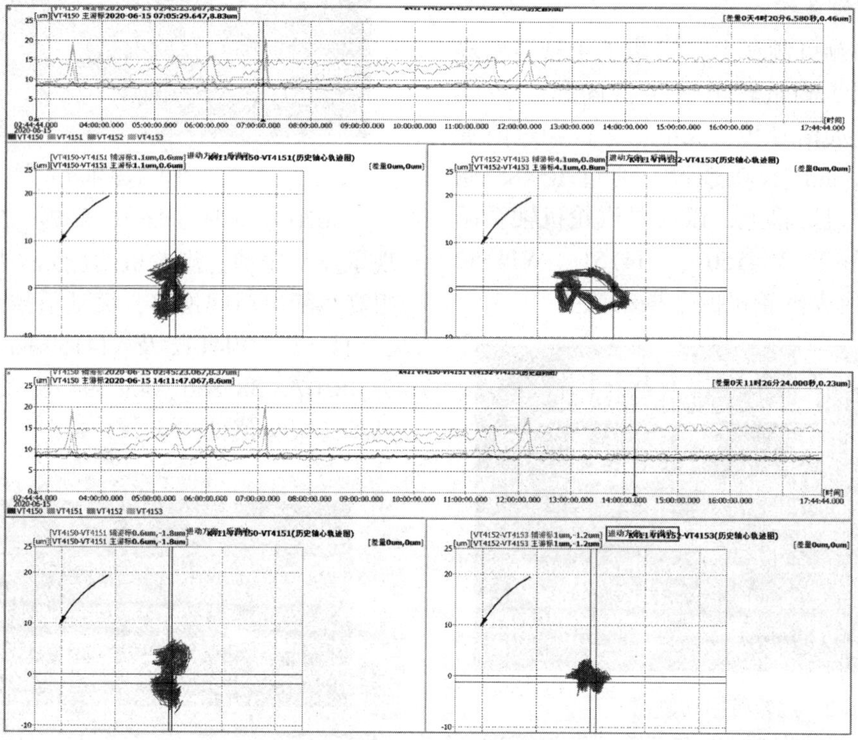

图5 四个探头轴心轨迹图

5 采取措施

5.1 在线采取措施

通过以上分析，确定了汽轮机异常振动部位及振动原因，对汽轮机低压侧油封部位外表面测温，温度为250~265℃，油封内部温度会更高，为防止振动跳车，在机组运行情况下，对汽轮机低压侧转子轴表面吹风，振动立即消除见图6。

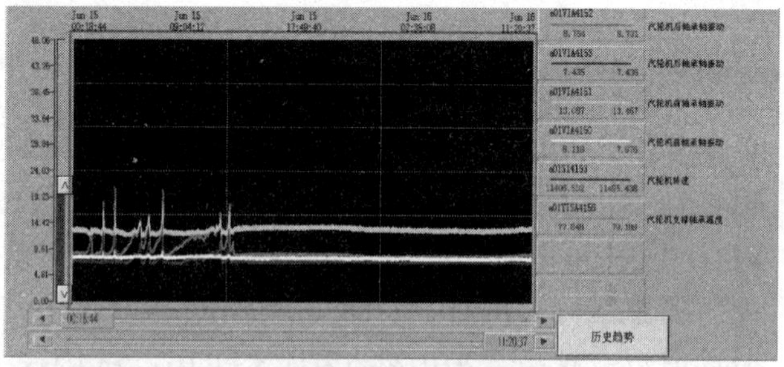

图6 汽轮机运行情况

5.2 根治措施

为根治油封内结碳产生的异常振动，对油封结构进行了分析，从两个方面入手，其一是减轻汽轮机高温对润滑油的影响，其二是缩短润滑油在油封内的停留时间，同时防止润滑油堵塞回油孔。对油封进行改造见图7，具体措施如下：

(1) 油封增设隔热板

在油封的外侧增设两块材质是铝合金的隔热板，防止汽轮机高温向油封传导。

（2）油封增加回油孔

为尽可能增大回油通道，在油封梳齿内增加了5个回油孔，两边4个回油孔尺寸为φ5mm，中间为长条回油孔，尺寸为6×10mm，使油封内的油能快速流回轴承箱内。

图7　油封改造情况

（3）油封增设吹风孔

为阻止润滑油外泄，同时对油封及转子轴冷却，在油封梳齿外侧加工了内环槽，宽度为6mm，在环槽内均匀分别4个喷气孔，直径为φ6mm。

（4）内吹风孔接仪表空气

为防止内吹风气带水，将干燥仪表空气接入内吹风孔。

2020年7月15日利用窗口检修机会，对油封进行改造和安装，汽轮机运行后效果非常明显，异常振动得到了根治。

6　结论

原料气压缩机汽轮机两侧出现间歇性异常振动，对振动原因进行分析及排查，确认为低压侧引起的结碳振动，取得以下几点认识：

（1）油封中碳化物与转子轴碰磨是引起汽轮机低压侧异常振动的根本原因。

（2）低压侧油封中碳化物是润滑油受到汽轮机高温作用而引起的。

（3）在汽轮机乏汽侧，油封中也会生成碳化物，碳化物不只是在汽轮机高压侧产生。

（4）碳化物与汽轮机转子轴碰磨造成轴颈磨损，严重时影响转子动平衡。

（5）对于汽轮机结碳振动，振动形式表现为间歇性，振动峰值会越来越高，振动间隔时间会越来越短。

（6）在汽轮机壳体与油封之间安装冷却分布器可有效解决汽轮机结碳振动，防止装置停车。

（7）油封中润滑油停留时间越短，润滑油受高温影响越小，结碳可能性越小。

（8）碳化物与汽轮机转子轴碰磨振动，其频率为一倍频，相位随振动幅值的变化而变化，与汽轮机动静部件碰磨产生的振动相仿。

（9）根据状态监测轴心轨迹图进动方向是否发生改变，可准确判断结碳碰磨发生的部位。

（10）油封增加隔热板，可有效防止汽轮机高温对油封内润滑油的影响。

（11）油封增加回油孔，回油孔截面积尽可能大，可减小油在油封中停留时间，防止油孔被堵，减轻润滑油结碳。

（12）在油封中增设吹风孔可防止润滑油外泄，同时对润滑油直接冷却，可有效避免润滑油在油封中结碳。

（13）油封增设内吹风比外吹风效果更好。

参　考　文　献

[1] 张锡德，王西林．一段炉鼓风机汽轮机振动原因分析及处理[J]．大氮肥，2011，34(3)：49-53.

[2] 徐厚庆．丙烯制冷压缩机汽轮机的振动原因分析及改进[J]．化工机械，2001，(5)：293-294.

[3] 郭玉杰．油碳化物积聚诱发的燃气轮发电机组不稳定振动诊断[J]．热力发电，2011，40(8)：71-72.

[4] 白云山，蔡灿，石永锋，等．某F级燃气轮机发电机组振动故障诊断及处理[J]．汽轮机技术，2019，61(3)：230-232.

[5] 沈存五，于海．某型燃气轮机油封漏油和结焦问题分析和处理[J]．热力透平，2020，(2)：99-102．

[6] 张锡德，王西林．原料气压缩机组在安装及运行中出现的问题及对策[J]．通用机械，2012，(2)：48-52.

[7] 王波，侯文富，李强．汽轮机间歇性振动故障分析与处理[J]．通用机械，2015，(1)：56-59.

[8] 边技超，白雅贺，高倩．给水泵汽轮机间歇性振动故障的分析与诊断[J]．电站辅机，2018，39(1)：35-38.

[9] 邵士铭，张锡德，卢海鹰．蒸汽轮机轴端结碳对振动的影响及对策[J]．设备管理与维修，2011，(1)：49-50.

[10] 汪江，金锐，陆颂元. 大型机组动静碰摩故障振动特征分析与现场处理[J]. 汽轮机技术，2002，44(1)：45-47.

[11] 郭玉杰.300MW 汽轮机端部碰摩振动故障的诊断[J].热力透平，2005，34(4)：238-241.

[12] 文立斌. 油档积碳引起汽轮机转子振动异常分析和处理[J]. 广西电力. 2010,（4）：48-50.

[13] 李俊峰. 汽轮机油挡积碳问题的分析与处理[J]. 江西电力，2017，39(2)：55-88.

[14] 吴松华. 某汽轮机振动大原因分析及处理[J].. 风机技术，2016,（3）：94-97.

[15] 宋光雄，张亚飞，宋君辉. 大型汽轮发电机组碰摩故障案例研究及分析[J]. 汽轮机技术，2013，55(4)：241-246.

[16] 张锡德，杨学彤，肖华，等 蒸汽管道应力对引风机汽轮机的影响及措施[J]. 石化技术，2012，19(4)：18-22.

[17] 郭宇. 汽轮机振动的机理及其危害[J]. 石油和化工设备，2013，16 (10)：68-70.

[18] 李录平，邹新元，陈荐，等. 汽轮发电机组碰磨故障的典型特征研究[J]. 振动、测试与诊断，2001，21(4)：281-285.

[19] 何成兵，蒋迪，张亚飞，等. 大型汽轮发电机组碰磨故障分析与处理[J]. 汽轮机技术，2013，55(1)：47-50.

焦化加热炉辐射炉管长周期运行评价

王 希 张宏锋 赵玉升 马 辉

(中国石油独山子石化公司)

摘 要 某焦化装置加热炉辐射炉管部分炉管在红外测温中发现多次超温，为了保障加热炉长周期安全运行，通过成分测试、壁厚测试、常温拉伸试验、高温拉伸试验、硬度测试、金相检验、许用金属壁温及完整性操作窗口(IOW)计算，超温炉管的使用性能进行分析和评价，并对在用炉管的使用提出建议。

关键词 辐射炉管 超温 P9 红外测温 长周期

2015 年 4 月对焦化加热炉进行了检验，金相检验发现加热炉辐射炉管球化级别均为 3~4 级，通过长期温度监测数据显示，下部炉管多次存在超温现象。为此，2019 年 8 月对焦化炉四个炉腔的下半部分共计 48 根辐射炉管进行了更换，为了保障加热炉整体长周期安全运行，对炉管进行试验分析和评价。

辐射炉管材质：P9，规格：Φ127×8mm，设计压力：1MPa，设计温度：591℃，介质：原料油。

炉管入口在北侧上部，成“S”状至北侧下部出口。对四个炉腔进行命名，从西向东分别为西、西中、东中、东，每个炉腔炉管序号从上至下为 1~24，并将炉管分为北、中、南三个区域。温度检测部位及试验取样部位编号均采用“炉腔命名+序号+区域”的编号方式。

调查 2019 年 1 月、4 月、6 月三个不同时期的炉管红外热成像监测数据，调查序号 19、24 的温度监测数据见表 1，根据炼油工程师手册，温度监控设置门槛值为 650℃。调查数据显示，下部序号 24 的炉管监测温度超过门槛值的部位明显高于序号 19 的炉管，且序号为 24 的炉管北部温度明显高于中部和南部(图 1、图 2)。

表 1 红外测数检测数据

炉管位置编号	2019.06 监测温度℃		2019.04 监测温度℃		2019.01 监测温度℃		均值 ℃
	南看火孔	北看火孔	南看火孔	北看火孔	南看火孔	北看火孔	
西-24-北	*685*	*678*	*701*	*682*	*674*	*650*	678
西-24-中	645	644	*674*	645	*654*	*650*	652
西-24-南	*665*	*661*	*662*	*660*	638	670	659
西中-24-南	*656*	*652*	647	643	600	618	636
西中-24-中	627	646	607	629	621	612	624
西中-24-北	*665*	*660*	*680*	*657*	649	597	651
东-24-北	*661*	*669*	*656*	*654*	629	632	650
东-24-中	*679*	624	*694*	638	*689*	643	661
东-24-南	*663*	*669*	618	631	594	601	629
东中-24-南	*681*	625	621	*657*	585	640	635
东中-24-中	*659*	648	609	605	590	616	621
东中-24-北	*705*	*690*	*683*	*657*	*654*	625	669
西-19-北	624	625	*660*	633	592	630	627
西-19-中	623	634	635	622	631	625	628
西-19-南	639	656	*658*	646	606	633	640

续表

炉管位置编号	2019.06 监测温度℃		2019.04 监测温度℃		2019.01 监测温度℃		均值
	南看火孔	北看火孔	南看火孔	北看火孔	南看火孔	北看火孔	℃
西中-19-北	625	641	634	619	582	594	616
西中-19-中	599	630	621	591	567	586	599
西中-19-南	608	623	629	616	590	596	610
东中-19-北	631	652	640	635	618	584	627
东中-19-中	647	628	575	595	556	598	600
东中-19-南	637	601	614	619	578	580	605
东-19-南	637	618	603	614	563	567	600
东-19-中	599	615	619	608	599	585	604
东-19-北	630	629	610	670	579	582	617

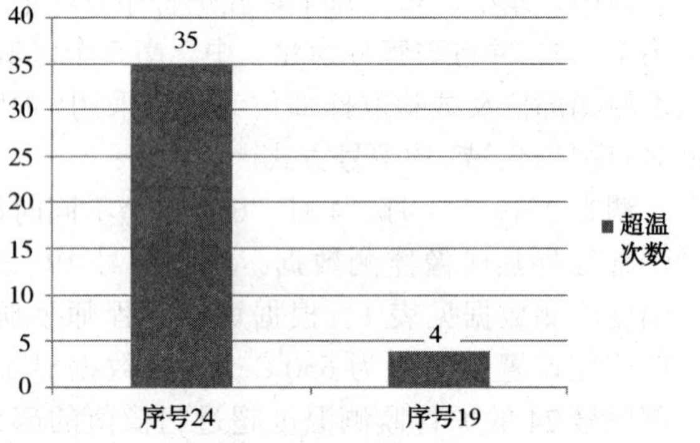

图1　序号24、19超温次数比对

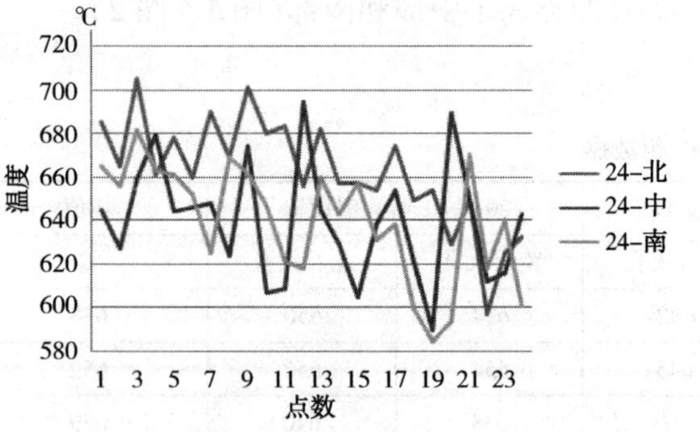

图2　南中北区域监测温度比对

1　试验

根据温度调查和上次检验结果制定试验方案，对更换下来的炉管进行取样，截取了外观明显变色的西炉腔第24根炉管，编号为西-24-红，该段炉管位于西炉最底层北侧出口附近。分别截取4个炉腔内序号为13、19、24的北、中、南三个区域的炉管作为试样，共计37个，开展如下试验：

1.1　壁厚测试

对炉管进行壁厚测试，测试值为8.34mm～8.80mm，壁厚测试值符合ASTM-A335的要求。

1.2　成分检测

对炉管进行成分检测，检测值均符合ASTM-A335的要求。

1.3　常温拉伸试验

对37根炉管进行常温拉伸试验，其中编号为西-24-红炉管抗拉强度、屈服强度、延伸率指标均不合格，且抗拉强度和延伸率下降指标较多；其他试件34根延伸率不合格，其中4根指标低于15%，下降比较严重，详见表2。延伸率指标低于15%的4根炉管均为序号为24的炉管，且均位东中炉和西炉的中部和北部，对比情况见图3、图4。

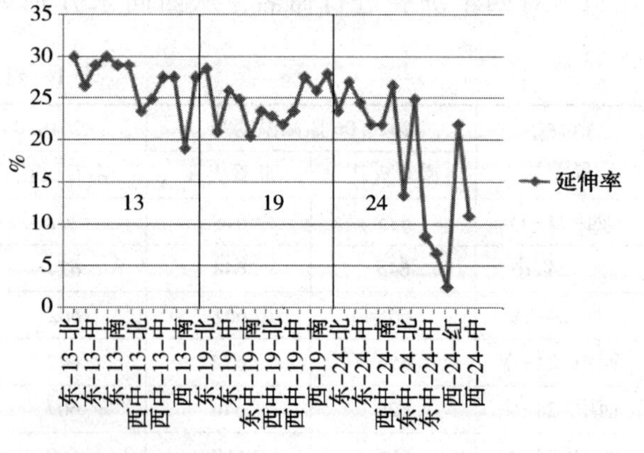

图3　序号13、19、24炉管延伸率对比

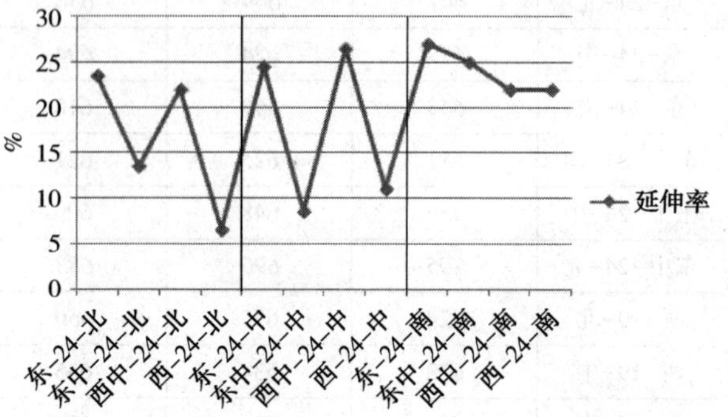

图4　序号24炉管南、中、北区域延伸率对比

1.4 高温拉伸试验

对西-24-红取样进行600℃高温拉伸试验，因规范ASTM-A335最高给出525℃，根据参数表[2]，绘制温度-规定塑形延伸强度、温度-抗拉强度趋势曲线，根据趋势600℃对应抗拉强度Rm约220MPa，600℃对应规定塑形延伸强度RP0.2约110MPa，参照趋势曲线，Rm指标低于趋势曲线对应的指标，进行强度校核，经强度校核，强度满足当前使用条件见表2、图5~图6。

$\delta_{校}=P\times D_0/(2Rm/2.7+P)$

$=1.2\times127/(2\times181/2.7)+1.2$

$=1.12mm$

$\delta_{实测}=8.56mm$

$\delta_{校}<\delta_{实测}$ $\delta_{校}$—强度校核所需壁厚，mm；

$\delta_{校}$—实测壁厚，mm；

P—实际操作压力，MPa。

表2 高温拉伸试验结果

试样编号	试验温度/℃	$R_{P0.2}$/MPa	R_m(MPa)	A/%
1#	600	121	181	66.0
2#	600	116	187	57.5
3#	600	121	187	66.5

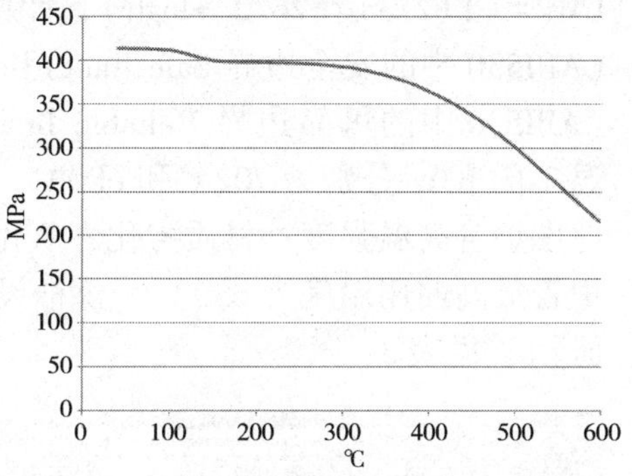

图5 温度-抗拉强度曲线

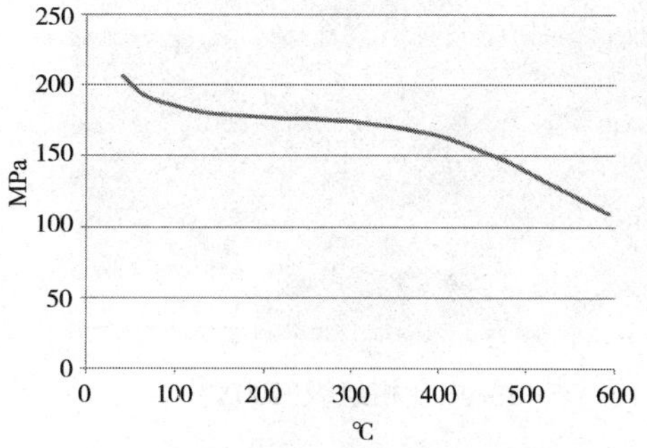

图6 温度-规定塑形延伸强度曲线

1.5 硬度测试

对37个试样进行硬度测试，测试值在139~161HV，因规范中未给出相应的硬度指标，参照国内相同强度级别钢材的硬度指标（125~170HV），硬度正常。

1.6 金相检验

对37个试样进行金相检验，金相组织为粒状贝氏体+碳化物，部分试样含少量铁素体，部分碳化物在晶内及晶界开始分散或已经分散，碳化物在晶界上存在不同程度的聚集，碳化物在晶内晶界分散和聚集现象从上向下成严重趋势。参考DL/T-884非珠光体的组织老化评定，少部分区域碳化物在晶界上聚集的试样老化程度为轻度老化，老化级别为2级，其他碳化物在晶界上聚集较多区域的试样老化程度为中度老化，老化级别为3级(图7~图10)。

通过序号13、19、24炉管组织的纵向比对，序号13的炉管全部为轻度老化，序号19、24基本为中度老化，仅有个别轻度老化(图11)。

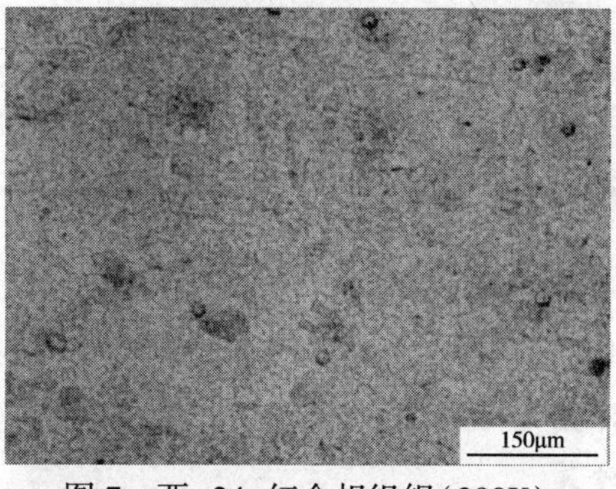

图7 西-24-红金相组织(200X)

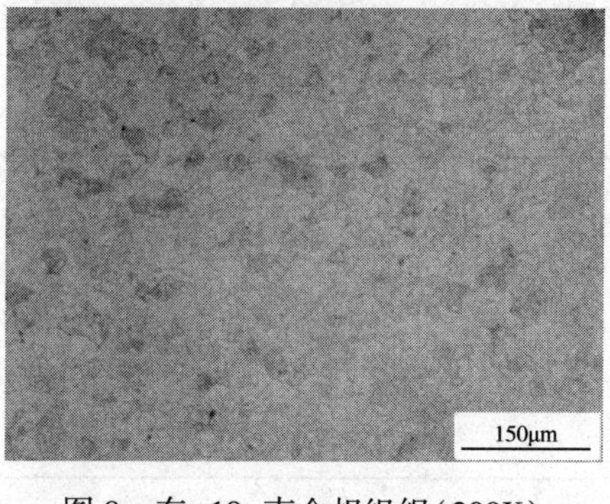

图8 东-19-南金相组织(200X)

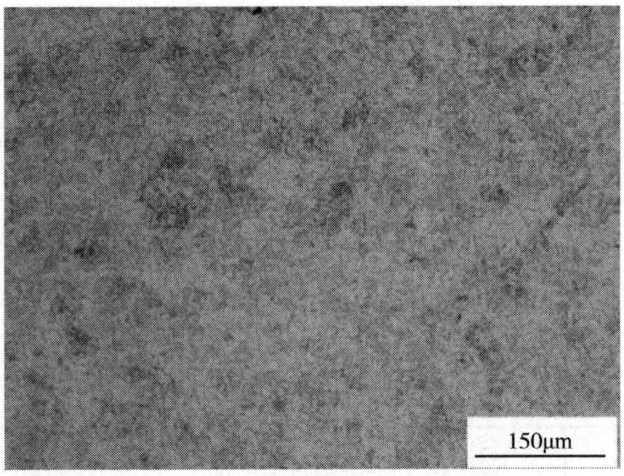

图9　东-24-中金相组织(200X)

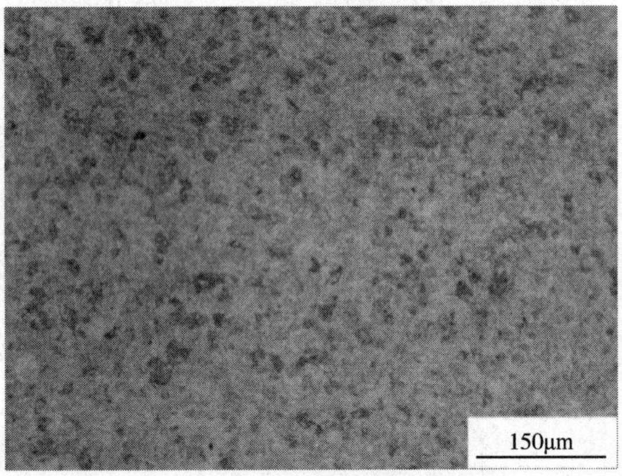

图10　东-13-中金相组织(200X)

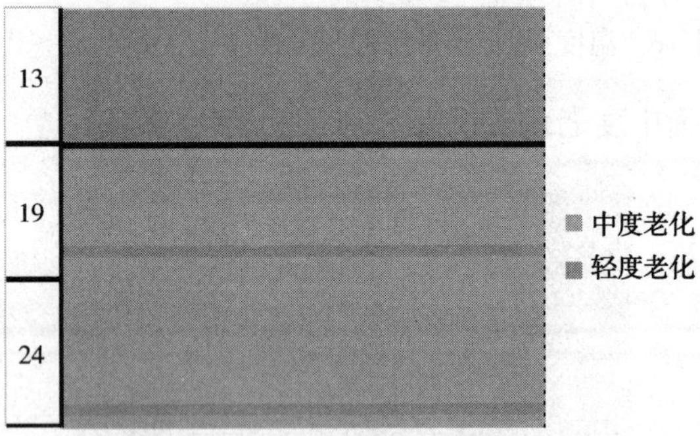

图11　序号13、19、24炉管组织老化程度对比

1.7　许用金属壁温及完整性操作窗口(IOW)计算

依据炉管最大操作压力、名义壁厚、腐蚀情况以及材料蠕变断裂性能，并根据API584及API530附录A规定，计算炉管的许用金属壁温及其完整性操作窗口(Integrity Operating Windows)。计算流程图如下：

(1)确定最大操作压力：按最大操作压力保守值取P=1.2MPa；

(2)确定炉管外径：D0=127mm；

(3)确定腐蚀后的炉管壁厚：δ=8.0mm(未检测到腐蚀，实测壁厚大于名义壁厚8mm，因此保守取名义壁厚进行计算)

(4)按下式计算应力：S=P/2×(D0/δ-1)=8.925MPa；

(5)按API530附录E图E.27查找A335 P9材料LMP参数为29.76，最小LM常数为26.22(图12)；

(6)对于新炉管按拉森米勒(L-M)公式：LMP=(T+273)×(26.22+logtr)，计算tr=20000h(API530中的安全边界Safe limit)和tr=100000h(API530中的可靠边界Reliable limit)的炉管壁温T的IOW分别为702℃和680℃，另外还综合考虑炉管高温强度、材质劣化、氧化等因素给出炉管最高使用温度为650℃(《炼油设备工程师手册》)，见表3；

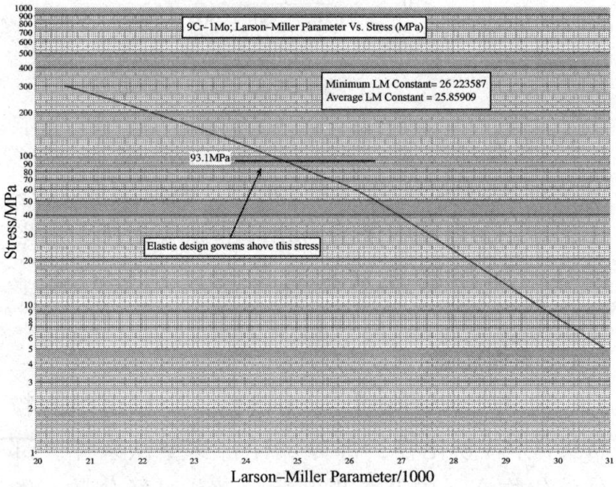

图12　A335 P9材料LMP参数及LM常数

表3　新炉管壁温IOW计算结果

边界类型	温度	寿命	IOW边界	可能的后果	建议控制措施
最高使用温度(已有IOW)	650℃	综合考虑高温强度、材质劣化、氧化等因素	信息边界	(超出该边界)设备长期可靠性可能受到影响，出现材质劣化可能性	注意温度监控，进行专家分析并针对超温位置制定必要的检验计划

续表

边界类型	温度	寿命	IOW边界	可能的后果	建议控制措施
可靠边界 Reliable limit	680℃	100000h	标准边界	（超出该边界）设备会发生蠕变等损伤，降低设备正常使用寿命	需要警告并进行专家分析，确定超温原因，并进行温度控制，对超温位置制定检验计划，以及进行必要的剩余寿命计算
安全边界 Safe limit	702℃	20000h	临界边界	（超出该边界）设备会在短期过热失效，包括蠕变断裂和抗拉强度大幅降低	需要预警并马上采取温度控制措施或停炉

(7) 对于目前已服役10年的炉管，按以上方法计算继续运行1个周期(15年累积132000h)、2个周期(20年173000h)的炉管壁温T的IOW，计算结果如表4。

表4 已服役10年炉管壁温IOW计算结果

边界类型	温度	寿命	IOW边界	可能的后果	建议控制措施
最高使用温度(已有IOW)	650℃	综合考虑高温强度、材质劣化、氧化等因素	信息边界	（超出该边界）设备长期可靠性可能受到影响，出现材质劣化可能性	注意温度监控，进行专家分析并针对超温位置制定必要的检验计划
继续运行2个周期	673℃	173000h	标准边界	（超出该边界）设备会发生蠕变等损伤，无法继续运行2个周期	需要警告并进行专家分析，确定超温原因，并进行温度控制，对超温位置制定检验计划，以及进行必要的剩余寿命计算
继续运行1个周期	676℃	132000h	临界边界	（超出该边界）设备会发生蠕变等损伤，无法继续运行1个周期	需要警告并进行专家分析，确定超温原因，并进行温度控制，对超温位置制定检验计划，以及进行必要的剩余寿命计算

(8) IOW建议：对于新炉管可按照表5给出的炉管壁温IOW进行预警和控制；对于已服役10年的炉管，可按照表6给出的炉管壁温IOW进行预警和控制；已服役炉管最高操作温度未超过676℃的，可以继续运行一个周期。

2 分析

通过以上试验分析结果，得出以下几点分析：

(1) 通过试验壁厚、成分等符合规范要求，硬度指标参照国内同等级钢材，硬度测试值无异常，常温拉伸延伸率指标两个样品合格，其他均不合格，西-24-红拉伸试验指标均不合格，高温拉伸试验抗拉强度低于趋势曲线对应指标。

(2) 根据介质的流向为上部北侧进下部北侧出、火焰由下向上的特点，越靠近下部炉管温度越高，炉管性能下降越多，介质出口部位为理论温度最高部位，最容易发生超温结焦。温度监测表明序号24的炉管超温次数远超序号19的炉管，而序号24炉管的北部超温温度和超温次数均高于中部和南部。对序号19、24炉管的红外热成像温度监测数据分析、拉伸延伸率数据分析、金相组织分析结果进行对比，对比结果表明超温越严重的部位延伸率指标下降程度、组织老化程度越严重。

(3) API530指出P9的极限设计金属温度为705℃，极限设计金属温度是断裂强度数据可靠值的上限，长期接近该温度运行会加速炉管性能的下降。红外热成像温度监测抽取数据中东中-24-北最高温度为705℃，西-24-北最高温度为701℃，已达到和接近极限设计金属温度。且该两个部位的炉管平均监测温度也是最高，分别为669℃、678℃，对应的两根炉管的中部和北部延伸率下降最严重，且组织老化程度最严重。

3 结论和建议

（1）更换的炉管组织性能、力学性能越靠近下部下降越严重，其中下部的19、24炉管老化程度基本为3级，24炉管4个部位延伸率低于15%，全部位于介质出口部位附近，与温度监控结果一致。

（2）根据检验情况、工况现状和IOW计算结果，上部未更换炉管不超温超压情况下在两个检修周期(10年)内可以安全使用。

（3）下部新更换的炉管，壁温监测超过650℃的部位停车检修时需要制定针对性检验计划，超过680℃的炉管，进行分析，确定超温原因，并进行温度控制，对超温位置制定检验计划，以及进行必要的剩余寿命计算。

（4）建议加强下部序号为24的炉管壁温监测力度，做好其他炉管各时期壁温监测值的统计和比对。

（5）炉管在长期运行后常温延伸率、组织性能明显下降，建议开停工过程严格按照要求平稳操作，避免脆性开裂。

参　考　文　献

[1] 中国石油和石化工程研究会．炼油设备工程师手册[M]. 北京：中国石化出版社．2010. 1：114~177.

[2] ASME锅炉及压力容器材料委员会．ASME Ⅱ-D篇性能(公制)锅炉及压力容器规范[M]. 北京：中国石化出版社．2016. 4：46~60.

HIPS 线搅拌器 41-M-3280 减速箱运行故障分析及处理

范小兰　王朝雨　张江锋　古力孜热·托儿孙

（中国石油独山子石化公司）

摘　要　针对乙烯某装置 HIPS 线搅拌器 41-M-3280 减速箱运行状态出现异常、润滑油出现劣化变质的现象，进行了宏观检查、润滑油理化性能、族组成、齿轮油红外光谱定性与定量分析。结合各种检测分析，查找出齿轮油性能衰变原因，提出的产品改进及隐患风险削减建议现场得到实施，并取得较好的效果。

关键词　齿轮油　衰变　理化性能

1　前言

某装置人员巡检发现 HIPS 线第三段反应器搅拌器减速箱振动及声音较以往变大，运行状态出现异常，现场状态监测及诊断判断减速箱存在轴承故障，轴承出现磨损。组织停工检修，减速箱润滑油发出较大的刺激性气味，润滑油变色、粘度明显降低，润滑油出现劣化变质的现象。41-M-3280 减速箱输入端轴承外圈滚道损伤呈现磨料磨损损伤特征。其余部件现场目视及无损探伤检查未发现异常。停工检修后取样分析排查，发现 41-M-3270、41-M-3280 用油粘度异常。该装置所有搅拌器减速机独立安装，没有与外界的物料接口，不存在被外界介质污染的可能性。

2　设备情况简介

HIPS 线搅拌器 41-M-3280 是美国 Chemineer 生产制造，主要是对 HIPPS 线搅拌反应器内的介质进行搅拌反应本次故障的减速箱是第二级减速箱。减速箱设备型号：8HTN-7.5，电机额定功率：5.5KW，电机转速：1500RPM，变频调节；搅拌桨转速：5.12-2.63RPM。该搅拌器分两级减速，第一个减速箱减速比 7.59：1，第二个减速箱 40：1，减速箱原用油为 BP Enersyn SG-XP150，因润滑油国产化，2019 年 9 月更换为昆仑 KG/S 150 合成齿轮油。减速箱结构如图 1 所示。

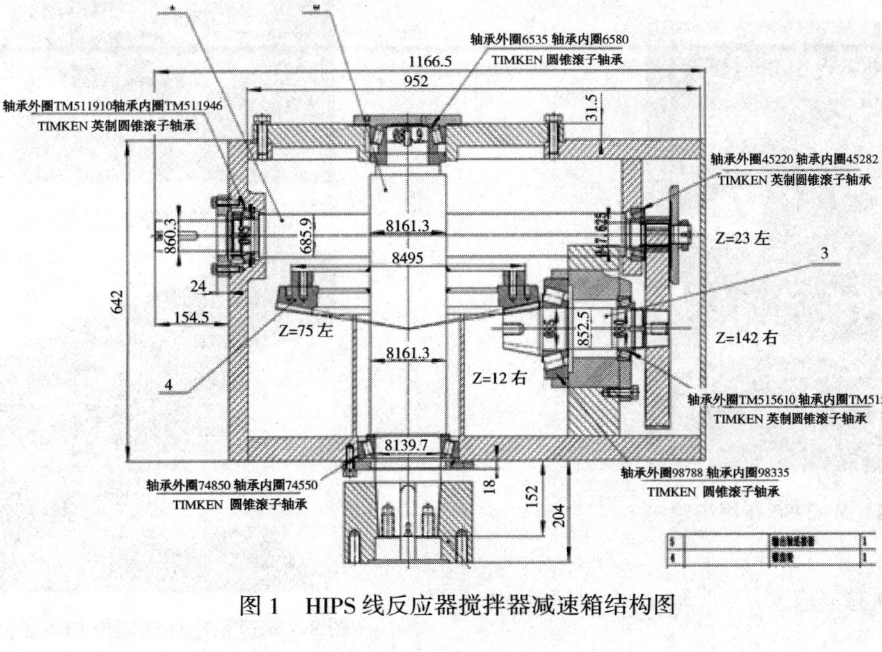

图 1　HIPS 线反应器搅拌器减速箱结构图

3　检测分析

为查找齿轮油性能衰变原因进行宏观检查、润滑油理化性能、族组成、齿轮油红外光谱定性与定量分析。分析结果简述如下:

3.1　设备检修检查情况

2020年1月2日聚苯乙烯装置HIPS线停工后,41-M-3280/3270减速箱解体,发现减速箱润滑油发出较大的刺激性气味,润滑油变色、粘度明显降低,润滑油出现劣化变质的现象。41-M-3270和41-M-3280两台减速机在用油外观颜色与新油对比颜色逐步加深,同时明显可见有较强的刺激性挥发气体。透光观察新油及3270、3280在用油中均存在一定量的絮状物质。三种油品底部均无明显可见的固体沉积物。如图2~图4所示。

图2　KG/S150齿轮油新油

图3　M-3270在用齿轮油

图4　M-3280在用齿轮油

41-M-3280减速箱输入端轴承外圈滚道出现波浪形损伤,轴承存在润滑不良。内部轴承及齿轮目视检查未见异常。对齿轮齿面做着色检验,未发现异常,如图5~7所示。

41-M-3280/3270电加热器上存在较多黑色、硬质结焦物,如图8所示。

图5　减速箱输入端轴承外观形貌

图6　减速箱输入端轴承外圈外观形貌

图7　减速箱齿轮表面情况

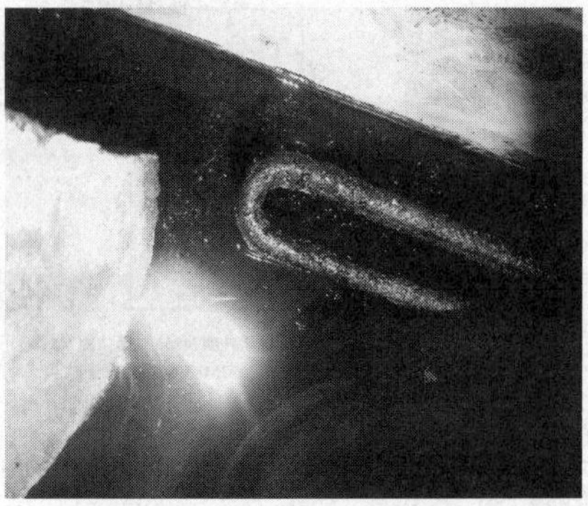

图8　减速箱电加热器电热棒表面胶质物

3.2 齿轮油理化性能对比监测分析

KG/S150 齿轮油理化性能对比检测分析，分析结果如表 1 所示，四组成分析如表 2 所示，元素光谱分析 chilunyo 结果如表 3 所示，新油与在用油红外光谱定量分析如表 4 所示。红外光谱定性官能团分析结果如图 9～图 11 所示。

表 1　KG/S150 在用油与新油对比分析检测数据

分析项目	KG/S150 新油	$m^3$280	$m^3$270	试验方法
粘度(40℃)/($mm^2.s^{-1}$)	144.0	34.49	89.57	GB/T265-1988
粘度(100℃)/($mm^2.s^{-1}$)	20.01	7.540	13.91	GB/T265-1988
酸值/(mgKOH.g^{-1})	0.46	1.94	1.26	GB/T 4945-2002
闪点/℃	286	80	127	GB/T 3536-2008
倾点/ ℃	-49	-44	-48	GB/T 3535-2006
前 24℃(泡沫性)/ml	0/0	280/0	360/10	GB/T12579-2002
93.5℃(泡沫性)/ml	0/0	30/0	40/0	GB/T12579-2002
后 24℃(泡沫性)/ml	0/0	250/0	130/0	GB/T12579-2002
水分离性/min	40-40-0(10)	42-38-5(10)	39-38-3(10)	GB/T7305-2002
PDSC 氧化诱导期(200℃)/min	37	11	21	SH/T0719-2002

表 2　KG/S150 在用油与新油四组成对比分析检测数据

分析项目		KG/S150 新油	$m^3$280	$m^3$270	试验方法
薄层色谱	饱和烃，m%	85.14	82.90	90.47	SH/T0753-2005
	芳烃，m%	14.78	16.34	9.18	SH/T0753-2005
	极性物，m%	0.08	0.77	0.35	SH/T0753-2005
四组成(参考数据)	饱和烃，m%	76.8	69.9	77.2	SH/T0509-2010
	芳烃，m%	3.9	3.9	1.2	SH/T0509-2010
	胶质，m%	19.0	25.8	21.3	SH/T0509-2010
	沥青质，m%	0.3	0.4	0.3	SH/T0509-2010

表 3　KG/S150 在用油与新油元素光谱对比分析数据

分析项目	KG/S150 新油	$m^3$280	$m^3$270	试验方法
铁/mg.kg^{-1}	1.00	3.48	0.80	SH/T0715-2002
镍/mg.kg^{-1}	<0.01	0.01	<0.01	SH/T0715-2002
铜/mg.kg^{-1}	0.02	0.02	未检出	SH/T0715-2002
钒/mg.kg^{-1}	<0.01	0.06	0.07	SH/T0715-2002
钙/mg.kg^{-1}	8.62	0.83	2.21	SH/T0715-2002
钠/mg.kg^{-1}	0.63	1.25	1.67	SH/T0715-2002
镁/mg.kg^{-1}	未检出	未检出	0.27	SH/T0715-2002
铅/mg.kg^{-1}	0.12	0.10	未检出	SH/T0715-2002
锌/mg.kg^{-1}	0.18	1.38	2.90	SH/T0715-2002

表4　KG/S150在用油与新油红外光谱定量对比分析数据

分析项目	新油	在用油	
	KG15150	M-3270	M-3280
氧化值/Abs. 0. 1mm^{-1}	49. 301	46. 315	35. 643
硫酸化/Abs. 0. 1mm^{-1}	43. 391	36. 315	45. 643
胺类抗氧剂/Wt%	0. 674	1. 503	3. 206
酚类抗氧剂/Wt%	2. 383	2. 888	2. 85
水分/mg. kg^{-1}	1067	1347	358
硝化值/Abs. 0. 1mm^{-1}	2. 00	2. 96	4. 756
酯类污染/Abs. 0. 1mm^{-1}	36. 834	33. 53	33. 844

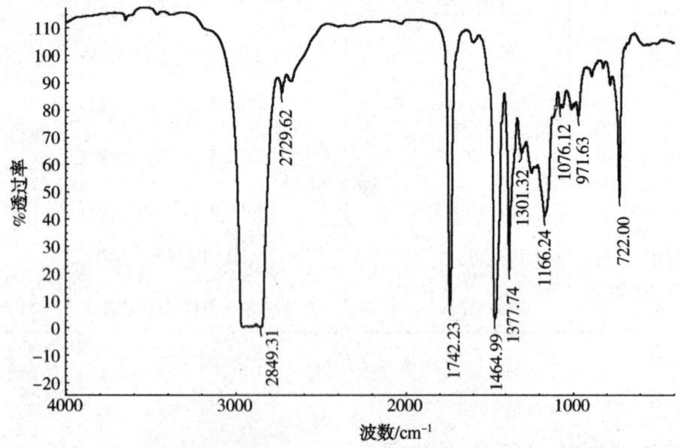

图9　KG/S150新油红外光谱官能团谱图

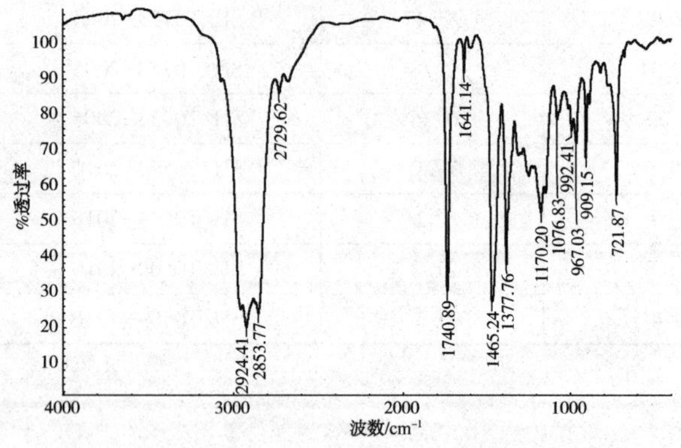

图10　41-M-3280在用油红外光谱官能团谱图

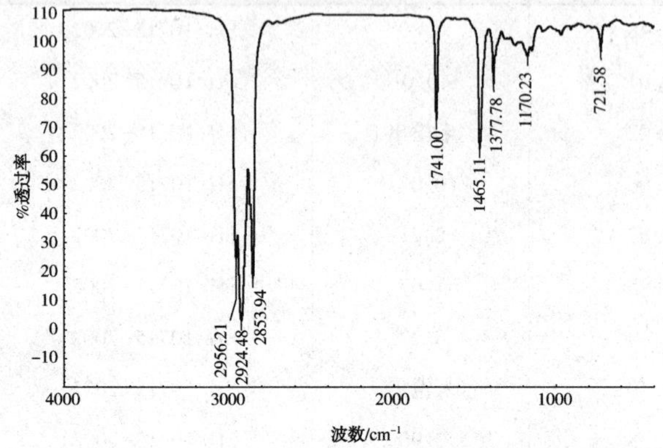

图11　41-M-3270在用油红外光谱官能团谱图

4　结果分析与讨论

4.1　常规理化分析结果与讨论

通过表1检测数据可以看出，运动粘度方面，41-M-3280减速机在用油40℃运动黏度由新油的144 mm^2. s^{-1}降低至34. 49 mm2. s^{-1}，下降了76%。41-M-3270减速机在用油40℃运动黏度由新油的144 mm2. s^{-1}降低至89. 57 mm^2. s^{-1}，下降了37. 8%；开口闪点方面，41-M-3280与41-M-3270在用齿轮油闪点分别由286℃下降至80℃、127℃；其他如酸值、泡沫特性、分水性、氧化诱导性能均有不同程度的劣化趋势。

KG/S150齿轮油基础油组成为美孚聚α-烯烃(PAO 10(18%)、PAO 40(60%))和合成酯类油(20%)，基础油占比98%。其中聚α-烯烃(PAO)以1-癸烯为原料经催化齐聚而成，该油品中使用的为PAO 10和PAO40热分解温度超过300℃。而基础油组分中的合成酯结构为己二酸二异十三醇酯，热分解温度同样超过300℃。氧化诱导实验表明，200℃下37min氧化，新油的热氧化稳定性明显不能满足要求。

根据该齿轮油的基本构成及上述理化指标的物理意义，该齿轮油性能衰变的主因应该是齿轮油基础油的酸值与氧化诱导性能衰变原因，运动粘度、开口(闭口)闪点、泡沫特性及分水性能的衰变是结果。

4.2　润滑品质定量检测分析与讨论

通过表2、表3、表4 KG/S 150在用油与新油四组成、元素光谱及红外光谱定量检测数据可以看出，新油中芳烃含量偏高，在用油极性物质、胶质物含量增加明显。新油中含有一定量的磨损元素铁含量。新油硫酸化指标偏高，酸化趋势明显，硝化值明显增加。上述定量分析结果发现：

KG/S150 齿轮油新油：四组成分析中胶质物、芳烃含量偏高，会严重影响齿轮油的热安定性，即便是抗氧剂也不能明显地改善油品的热氧化稳定性；磨损元素定量分析发现铁元素含量偏高，且来源不明；红外光谱定量分析发现氧化值、硝化值与硫酸化测试值偏高，胺类抗氧剂含量偏低。因胺酚类双型抗氧剂加注不均匀以及油品硝化与氧化值高会促使油泥、漆膜等物质的生成，加剧磨损。会使酸值上升，增加零部件腐蚀的风险。

KG/S150 齿轮油在用油：族组成分析中极性物质、胶质物含量增加明显，芳烃含量不稳定，表明聚 α-烯烃（PAO）基础油红外光谱定量分析发现硝化值、硫酸化增加明显，设备腐蚀磨损风险进一步增加。

润滑油基础油的化学组成对其氧化安定性有重要影响。基础油的热氧化稳定性主要由芳烃含量决定，随着芳烃含量增加，其氧化速率逐渐增加。以重芳烃的影响最为显着。烯烃聚合反应过程中，除了聚合主反应外，还有异构化，环化脱氢，烷基化等副反应发生，这些副反应的反应速率随着温度升高而逐渐加快，最终导致 PAO 油品中含有一定量的芳烃。如果加氢后 PAO 油品中的全部烯烃基本饱和，影响 PAO 热氧化稳定性的主要因素为芳烃类不饱和物质。这些不饱和物在氧气，热能，光能等的作用下，易于氧化，缩合，最终形成胶质和沉淀，导致油品出现变黄，浑浊的现象。

润滑油的氧化是一个自由基的链反应，在反应过程中会产生脂肪酸、醛和酮等酸性物质，而这些酸性物质又进一步对润滑油的氧化起到催化作用。酚类抗氧剂的作用机理是与链反应过程中生成的自由基进行反应，生成较为稳定的化学物质，从而中断链反应的进行，延缓氧化速度；胺类抗氧剂是通过与氧化反应过程中生成的酸性物质反应，减少这类化合物在润滑油氧化过程中的催化作用，降低氧化反应速度，进而提高润滑油的氧化安定性。通常酚型抗氧剂的使用温度范围相对较低，胺类抗氧剂的使用温度较高，而 PAO 的氧化温度要达到 200 ℃以上，因此当添加高温条件下稳定性较好的胺型抗氧剂时，PAO 的起始氧化温度升高幅度较大，抗氧化性能明显。

4.3 红外光谱官能团分析与讨论

通过图 4~6 红外光谱定性分析，存在以下典型特征：

在用油与新油在 3000cm^{-1}~2850cm-1 处为甲基和亚甲基中 C-H 键的伸缩振动，在 1740cm^{-1}处为酯基的 C = O 伸缩振动吸收峰，在 1166 cm^{-1}、1170 cm^{-1}处为酯基的 C-O 伸缩振动峰，三油样的吸收峰基本一致，均为聚 α 烯烃基础油及合成酯（已二酸二异十三醇酯）类。三油样在指纹区均存在 721 cm^{-1}典型的亚甲基 C-H 面外摇摆吸收峰。可以排除用错油的可能性。但与新油相比，两种在用油合成酯类损耗均较大。而 41-M-3280 甲基和亚甲基损耗较大；

由图 5 m3280 在用油红外光谱官能团谱图可看出，反应 1-癸烯齐聚反应中期的 1641.14cm-1 C=C 键伸缩振动吸收峰仍然低强度存在。910 cm^{-1}处=CH_2面外弯曲振动吸收峰与 992.41 cm^{-1}处两个反式=C-H 键的面外弯曲振动吸收峰中度强度存在。说明含有 C=C 结构且为直链 α-烯烃与直链 α 烷烃。表明烯烃聚合反应不完全，低聚的不饱和烃中的双键未能加氢，降低了合成烃的热氧化稳定性。

由图 5 图 6 可看出，1-癸烯齐聚反应初期的 1464.99 cm^{-1}、1465.24 cm^{-1}、1465.11 cm^{-1}C=C 振动吸收峰均强烈存在。三样品都含有 722cm^{-1}的中等强度吸收峰，说明链长超过 6 个碳。

由图 5 图 6 可看出，三油样在 1724cm^{-1}~1684cm^{-1}处均未见明显吸收峰，而 PAO 类合成齿轮油的氧化吸收峰位一般在 1724cm^{-1}~1684cm^{-1}处，由此初步可以排除齿轮油因高温氧化降解的可能。

上述分析结果初步表明，三油样的聚 α-烯烃（PAO）基础油可能均存在齐聚反应过程不完全且程度不一的问题。低聚的不饱和烃双键，降低了合成烃的热氧化稳定性。

已二酸二异十三醇酯属性为酯基，这一极性官能团强烈地吸附在金属表面，进而在摩擦点处形成有效边界润滑膜，减少黏附磨损，但是在摩擦表面也会产生腐蚀磨损；而混合基础油中的 PAO 具有稀释羧酸的作用，进而可减少腐蚀磨损。已二酸二异十三醇酯与金属表面的反应包括两个相互竞争的过程。

5 结论与建议

5.1 通过常规理化分析。

41-M-3280、41-M-3270 减速箱 KG/S150 在用齿轮油 40℃、100℃运动黏度、开口闪点、酸值、泡沫特性、分水性、氧化诱导性能均有不同程度的劣化趋势。依据 NB/SH/T 0586-2010《工业闭式齿轮油换油指标》41-M-3280、41-M-3270 减速箱 KG/S150 在用齿轮油已不能满足设备润滑基本要求。为确保设备安全运行，建议充分评估后，更换合适的合成齿轮油。

5.2 氧化诱导实验表明

，KG/S150 齿轮油新油 200℃下 37min 氧化，新油的热氧化稳定性明显不能达到该聚 α-烯烃+合成酯类合成齿轮油 300℃热裂解的性能要求。聚 α-烯烃基础油质量存在较大缺陷。因此，在聚 α 烯烃合成油调配 PAO 系列基础油原料选择上，建议通过 FTIR、GC/MS 以及核磁共振等技术手段做好原材料的质量管控。

5.3 润滑油品质定量分析及官能团定性分析结果表明

KG/S150 齿轮油聚 α-烯烃基础油存在齐聚反应过程不完全且程度不一的问题。低聚的不饱和烃双键，降低了聚 α-烯烃齐聚基础油的热氧化稳定性，导致聚 α-烯烃基础油抗热氧化能力不足。无论在采购聚 α 烯烃基础油环节还是在合成油制备及封装环节均应该严格监控基础油原料中非添加剂金属尤其是铁磁性磨损类金属含量以及稠环芳烃含量，确保合成类润滑油热氧化稳定性能能够满足石化设备的使用要求。

5.4 基础油重要组成合成酯类油(20%)

即己二酸二异十三醇酯在部分基础油调配过程中可能存在配额比超限(大于 20%上限)，极性官能团在减少黏附磨损的同时，却对设备本体带来了腐蚀磨损的危害。建议采用 FTIR、GC/MS 分析润滑油分子结构的变化，监控并掌握聚 α-烯烃合成润滑油衰变，为及时掌握准确的换油期提供技术支持。

6 实施效果

装置于 2020 年 1 月 20 日在完成检查减速箱轴及齿轮，更换失效轴承后，现场回装减速箱，联轴器，附属管线及护罩，并更换润滑油为 MobilSHC629 后开机运行，设备运行至今一切正常。

参 考 文 献

[1] 关子杰. 从 API 基础油分类谈对基础油质量认识[J]. 润滑油，1998.(5)：2-5.

[2] 张志峰，丁洪生，权成光，钱建华. 癸烯-1 聚 α-烯烃合成油的合成及性质[J]. 辽宁石油化工大学学报，2005，(3)：24-27.

[3] 刘维民，许俊，冯大鹏，王晓波. 合成润滑油的研究现状及发展趋势[J]. 摩擦学学报，2013，(1)：91-104.

[4] 张晓丽，臧树德，于廷云，等. α-烯烃(C8)聚合润滑油基础油的研究[J]. 工业催化，2007，(1)：29-32.

[5] 辛仁轩. ICP-AES 光谱分析技术与应用[J]. 化学工业出版社，2005，(1)：131- 134.

[6] 顾静静，江洪波. 聚 α-烯烃合成油加氢工艺的研究[J]. 润滑油，2013，(4)：52-56.

[7] 马兰芝，褚小立，田松柏，等. 红外光谱法在润滑油分析中的应用与研究进展[J]. 分析仪器，2010，(2)：1-3.

[8] 田高友，褚小立，易如娟，等. 润滑油中红外光谱分析技术[M]. 化学工业出版社，2014，(1)：119-148.

[9] 王敬尊，王霆. 如何解释红外谱图[J]. 大学化学，2016，(6)：90-97.

[10] 李东胜，孙朝霞，孙桂大，刘四运. 我国蜡裂解 α-烯烃的综合利用[J]. 抚顺石油学院学报，1999，(3)：4-8.

[11] 韩雪梅，高宇新，曹婷婷，等. 聚 α-烯烃润滑油的工艺技术进展[J]. 炼油与化工，2011，(3)：1-3.

SPM 监测系统在 LCM450H 及 CMP335 挤压造粒机中的分析应用

易高升　俞长鹏　王小红　郑　涛　曹红艳

（中国石油独山子石化公司）

摘　要　本文讨论了某石化公司乙烯厂神钢 LCM-450H 机型及日制钢 CMP335 机型挤压机在线状态监测系统的实际应用，对机组的运行状态实时监控，并利用 SPM 公司开发的诊断系统及时对减速器的轴承、齿轮、润滑状态及及工艺运行参数异常做出诊断并予以实际验证，丰富了 SPM 监测系统的应用数据库。做到早发现、早诊断、早预防和早检修，为指导聚合物生产线的平稳运行操作、提高生产管理、预防事故发生、预知维修等提供科学依据。

关键词　挤压造粒机　轴承　齿轮　润滑状态　SPM 运行参数；

1　SPM 系统简介

1.1　冲击脉冲技术

（1）冲击脉冲技术的优势是其采用的是冲击脉冲采用专用冲击脉冲传感器，通过硬件和软件的共同作用，保持传感器频率在 32kHz 共振，同振动信号相比，所获得的信号被放大 5~7 倍（图 1）。针对放大了的信号进行分析，可得到原脉冲信号的周期和相应的幅值，比照轴承的频率，确定振源，通过实践证明，冲击脉冲来诊断滚动轴承故障具有振动无法比拟的优势。

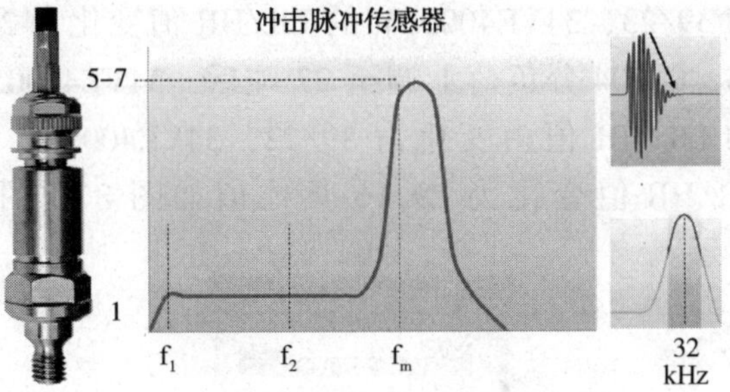

图 1　SPM 监测原理图

（2）该系统简单易用

系统根据监测的值会直接给出轴承运转状态值及国际标准的“绿、黄、红”状态指示，同时给出：①. 专利的 LR/HR © 技术，给出强冲击与平均冲击指标，根据 ISO 标准进行趋势监控，是整个系统中最常用的技术指标，并且对出现报警的点能够出现红色小旗作为提示作用，让整个观察和数据监控更有目的性；②. 状态代码 Code（A 为最佳，B 为干磨擦，C 为轻度损伤，D 为严重损伤）作为综合分析的一项参数，对轴承的运行状态有着综合的评价分析，具有很强的代表性；③. 润滑状态代码 LUB（油膜厚度：0，1，2，3，4…），其中如果代表的油膜厚度较大，则轴承的润滑情况较好；④. 损伤程度值 Cond（<30 为轻度，30－40 为中度，>40 为重度）。⑤. 它包括一个庞大而丰富的轴承库，以及专利的 LUBMASTER 轴承润滑寿命分析模块。

1.2　系统操作

SPM 系统监测的是通过安装监测软件 Condermaster Ruby 来实现电脑监控，从电脑登录用户名后即可进入观察操作界面，操作简单。常见的作用按钮如图 2 所示。

其中报警清单主要是起到报警提示作用，如果该挤压机系统中当前出现报警或者历史存在报警都可以电机该按钮进行简单的查询；如果出现的报警经过现场确认为误报或者通过现场判断出现该报警的情况下挤压机仍然运行正常，则可以考虑删除报警。

通过点击趋势图可以看到 LR/HR 测量趋势，通过整体趋势的观察可以判断挤压机系统主减速箱以及齿轮泵减速箱的运行情况；频谱图、瀑布图和彩色频谱预览主要是通过不同的表现手法表现出监测点的运行情况，其中频谱图对信号干扰分析和故障诊断作用非常明显，如图 3 所示。

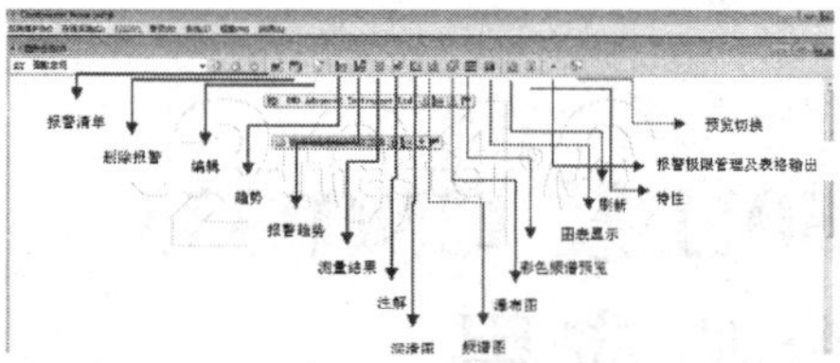

图2　SPM常用操作按钮

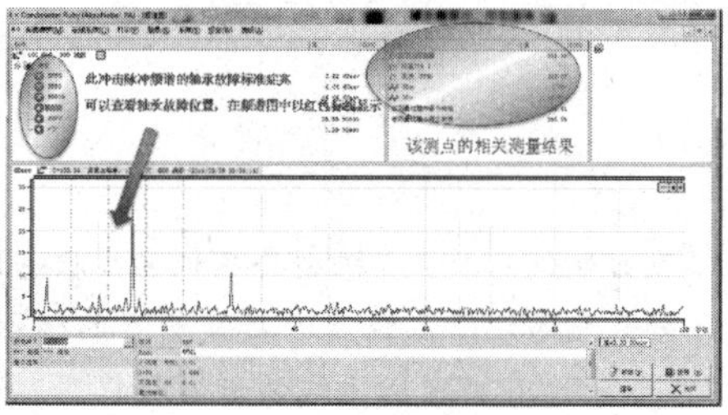

图3　SPM测量频谱图示意图

以上所述的各项功能中最重要也最常用的功能是趋势功能，而在趋势数据化中也常用到测量结果清单，这样可以将测量的数据清晰直观的表现出来，如图4所示。

此外，通过数据的计算判断系统会智能地给出该检测点的润滑情况分布图，如图5所示。

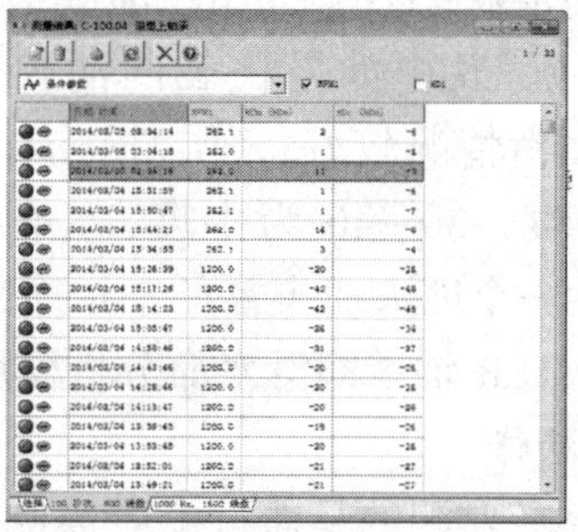

图4　SPM测量结果示意图

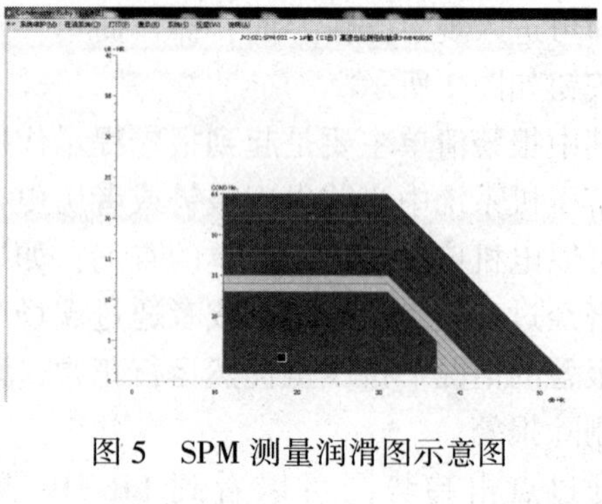

图5　SPM测量润滑图示意图

通过该点润滑所处的位置可以帮助判断该检测点的运行情况，当处于绿色区域则表示该点润滑效果良好，处于黄色区域表示需要关注，处于红色区域则表示轴承润滑情况较差，可能出现了干磨等情况，需要进行检查或者检修维护。

2　SPM系统的分析应用

2.1　挤压机负荷对SPM的影响分析

乙烯厂聚丙烯装置34线挤压机SPM系统中主减速箱3#轴34VE40005K点LR/HR值于2015年12月22日00：19发生高报，LR/HR由18/10涨至30/12，最高波动至45/27；34VE40005M点的LR/HR值于2015年12月22日11：14发生高报，由16/13涨至21/15，最高涨至32/20。趋势如(图6、图7)。

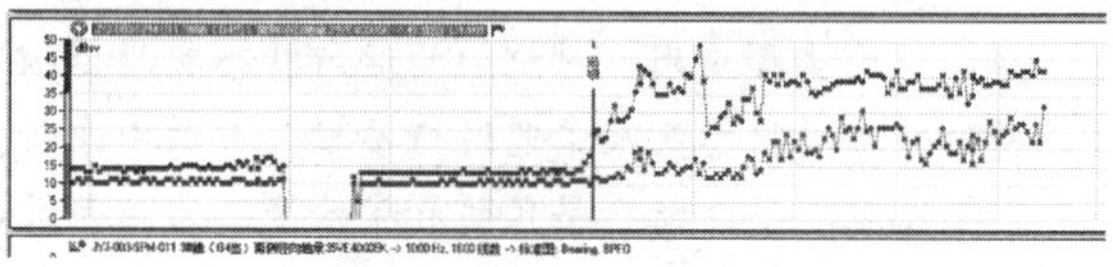

图6　34VE40005K点LR/HR值趋势图

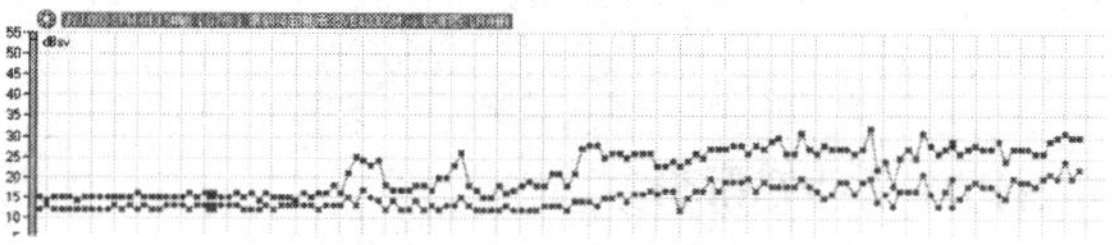

图7　34VE40005M点LR/HR值趋势

通过查看挤压机相关参数，2015年12月22日8：03左右挤压机负荷由27吨降至23吨左右。为排除挤压机负荷对SPM的影响，于2015年12月25日19点起将34线挤压机负荷由22.5吨上调至25吨，其中25日23：31至26日1：20期间挤压机负荷为27吨。

经过测试，19：04分34线负荷上调至25吨后，34VE40005K的LR/HR值由41/20变化为39/23，34VE40005M的LR/HR值变化为26/15；0：04分负荷上调至27吨后，34VE40005K的LR/HR值由变化为39/22，34VE40005M的LR/HR值变化为29/16具体值如图8和图9所示：

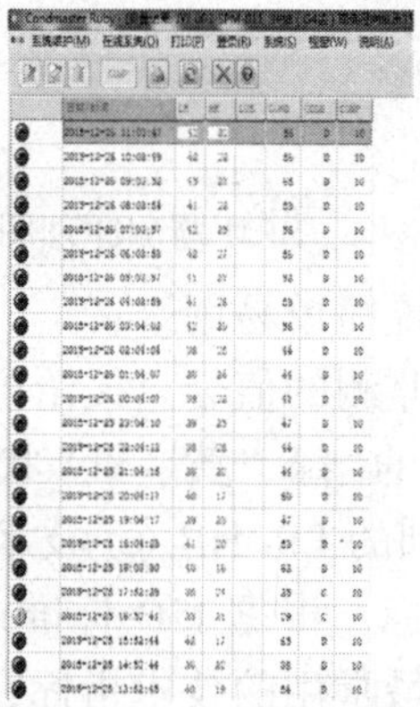

图8　34VE40005K点LR/HR测量值

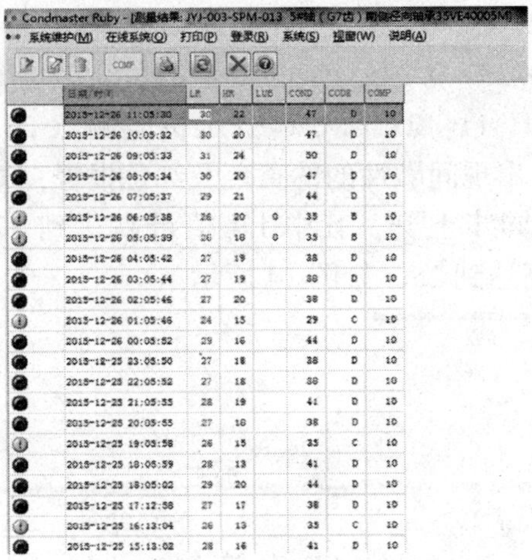
Condmaster Ruby - [测量结果: JYJ-003-SPM-013 5#轴（G7齿）剛侧径向轴承35VE40005M]
系统维护(M)　在线系统(O)　打印(P)　登录(R)　系统(S)　提醒(W)　说明(A)

日期/时间	LR	HR	LUB	COND	CODE	COMP
2015-12-26 11:05:30	30	22		47	D	10
2015-12-26 10:05:32	30	20		47	D	10
2015-12-26 09:05:33	31	24		50	D	10
2015-12-26 08:05:34	30	20		47	D	10
2015-12-26 07:05:37	29	21		44	D	10
2015-12-26 06:05:38	26	20	0	35	B	10
2015-12-26 05:05:39	26	18	0	35	B	10
2015-12-26 04:05:42	27	19		38	D	10
2015-12-26 03:05:44	27	19		38	D	10
2015-12-26 02:05:46	27	20		38	D	10
2015-12-26 01:05:46	24	15		29	C	10
2015-12-26 00:05:52	29	16		44	D	10
2015-12-25 23:05:50	27	18		38	D	10
2015-12-25 22:05:52	27	18		38	D	10
2015-12-25 21:05:55	28	19		41	D	10
2015-12-25 20:05:55	27	18		38	D	10
2015-12-25 19:05:58	26	15		35	C	10
2015-12-25 18:05:59	28	13		41	D	10
2015-12-25 18:05:02	29	20		44	D	10
2015-12-25 17:12:58	27	17		38	D	10
2015-12-25 16:13:04	26	13		35	C	10
2015-12-25 15:13:02	28	16		41	D	10

图 9　34VE40005M 点 LR/HR 测量值

通过上述情况可以得出结论：34 线挤压机负荷在 22.5t/h 至 25t/h 之间，SPM 测量值变化不大，说明正常范围内的负荷调整对挤压机的运行状况影响不大。但低于或者高于挤压机负荷设计范围的时候，物料对该机型的螺杆支撑、反作用以及润滑等方面都有着较大的影响，SPM 系统的监测值会出现明显的变化。

2.2　产品性能对 SPM 的影响分析

2015 年 2 月份聚丙烯装置 34 线共计转产 3 次，依次生产牌号 K8003、K8516、K9928H，负荷维持在 31T/h 左右，物料熔融指数在 2-34 g/10min 之间(图 10 所示)。2 月 7 日前生产牌号为 K8003，物料熔融指数在 2-3g/10min；2 月 7 日至 2 月 11 日生产 K8516，物料熔融指数在 10-16g/10min；2 月 11 日至 2 月 17 日生产 K9928H，物料熔融指数在 21-34g/10min；2 月 17 日之后转回 K8003。

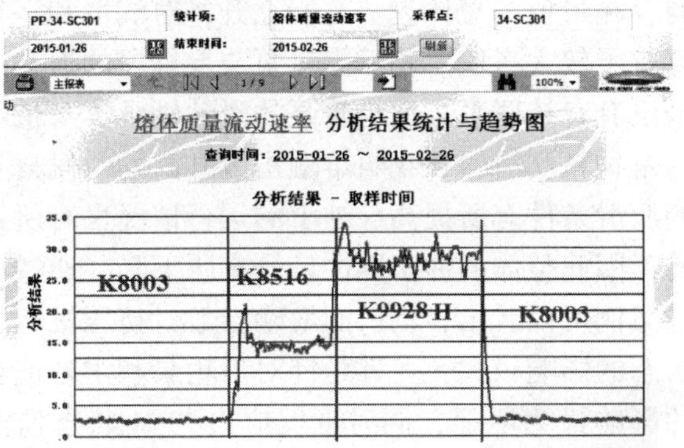

图 10　聚丙烯装置 34 线转产牌号熔融指数趋势图

生产牌号具体时间及相关参数如表 1 所示。

表 1　聚丙烯装置 34 线物料牌号及物料融指数据表

聚烯烃一联合车间聚丙烯装置 34 线挤压机主要运行参数					
日期	2 月 5 日	2 月 10 日	2 月 15 日	2 月 20 日	2 月 25 日之后
生产牌号	K8003	K8515	K9928H	K8003	K8003
物料熔融指数/(g/10min)	2~3	10~16	21~34	2~3	2~3
挤压机主电机电流/A	340	311	316	363	346
挤压机负荷/t/h	31	31	30.5	30.4	30.4

在转产过程中，挤压机 SPM 在线状态监测系统中，挤压机主减速箱 G4 齿测点 34VE40005K 的 LR/HR 值也随物料熔融指数上涨而上升，当转回 K8003 后，SPM 在线状态监测系统中 LR/HR 也逐渐恢复正常(图 11)。

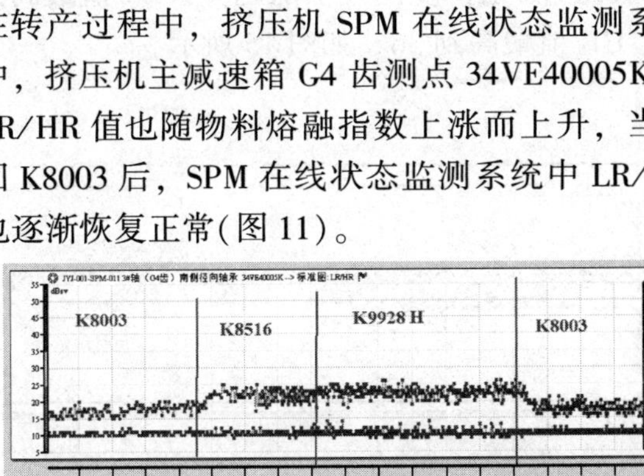

图 11　34VE40005K 测点的 LR/HR 趋势与物料牌号之间的联系

挤压机齿轮泵减速箱 G1、G6、G7 齿等测点 34V40034H 等测点 LR/HR 值随物料熔融指数上涨而下降，当转回 K8003 后，SPM 在线状态监测系统中 LR/HR 也逐渐恢复正常(图 12)。

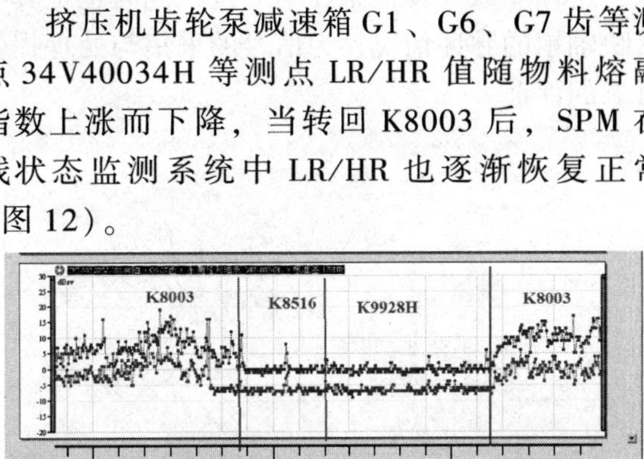

图 12　34VE40005H 测点的 LR/HR 趋势与物料牌号之间的联系

通过上述的三张图的对比可以看出，K9928H的融融指数在三个生产牌号中是最高的，物料的流动性较好，但是对应下来在主减速箱和齿轮泵上的参数趋势确实呈现的两个截然相反的现象。

主减速箱的总体趋势上升，齿轮泵的总体趋势下降且平稳，主要原因在于K9928H的流动性较强，在高负荷的运行条件下混炼段的物料抗冲击性能有所减弱，而混炼段与主减速箱的冲击情况直接关联，导致主减速箱的抗冲击性能有所减弱，测量值的总体趋势有所上升，对润滑和运行都有了较大考验。相反齿轮泵与混炼段的振动冲击没有直接联系，而齿轮泵的滑动轴承本身依靠的是物料润滑，在物料熔融指数升高的时候自身的润滑条件有所提高，轴承的运行情况也有所好转，因此整体的冲击脉冲信号有所下降。通过上述案例可以看出，物料的熔融指数对挤压机运行状态的影响较大，尤其是针对齿轮泵和主减速箱的影响最为明显，同时也反应出SPM状态监测系统能够准确反映出挤压机的运行状态。

2.3　挤压机运行参数调整对SPM的影响分析

高密度聚乙烯装置自开工以来经常涉及到转产操作，牌号主要是HD5502XA和TUB121N3000两种，由于生产需求，目前挤压机正常运行期间近98%的时间处于高负荷生产状态，生产负荷相对稳定，在这种情况下针对SPM系统监控报警指导操作参数调整具有一定的代表意义。

部分的测点分布如图13所示，所测量的点均选择在轴承部位，且现场的安装尽量接近轴承，这样能减少其他条件的干扰，同时也更真实反映轴承的脉冲情况，为信号的采集与处理提供可靠的保证。

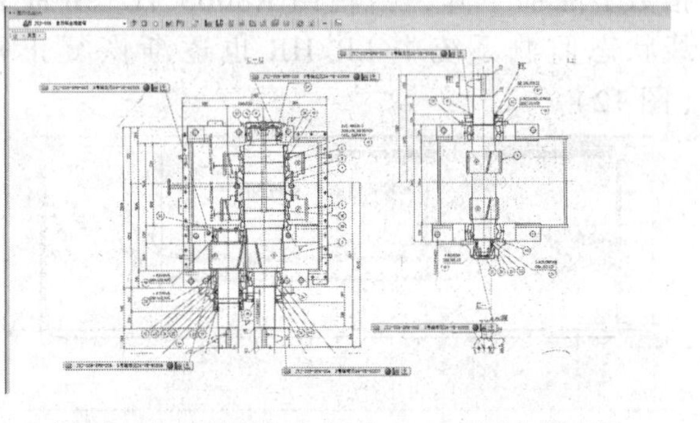

图13　自然料挤压机部分SPM监测点分布图

2016年8月期间，高密度聚乙烯装置生产TUB121N3000，密度为946-952Kg/m^3，熔融指数未0.23~0.34g/10min，生产负荷为37t/h。8月18日11：28自然料挤压机监测点24-VE-60507出现间歇性的的黄色及红色报警，LR值和HR值同步上升，其中LR值最高达到37，HR值最高达到25，如图14所示。

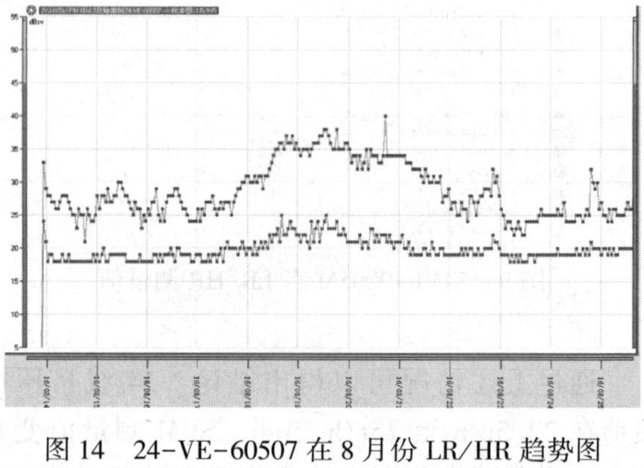

图14　24-VE-60507在8月份LR/HR趋势图

针对此状况，车间以及检修公司组织对挤压机系统运行情况进行全面检查，判断设备正常，没有出现故障。于是车间对挤压机运行参数进行调整，调节门的开度由原来的36.7%缓慢调整至38.5%，变向降低了物料在挤压机内停留时间，8月20日报警恢复正常，LR值降低至32左右，HR值降低至22左右。

2017年3月份，高密度装置生产TUB121N3000，该产品密度为946~952Kg/m^3，熔融指数未0.23~0.34g/10min，生产负荷为37t/h。3月25日07：40监测点24-VE-60506出现间歇性的的黄色报警，至3月26日23：39监测点24-VE-60506出现间歇性的的红色报警。LR值和HR值同步出现上涨趋势，LR值最高到43，HR值最高到36，如图15所示。

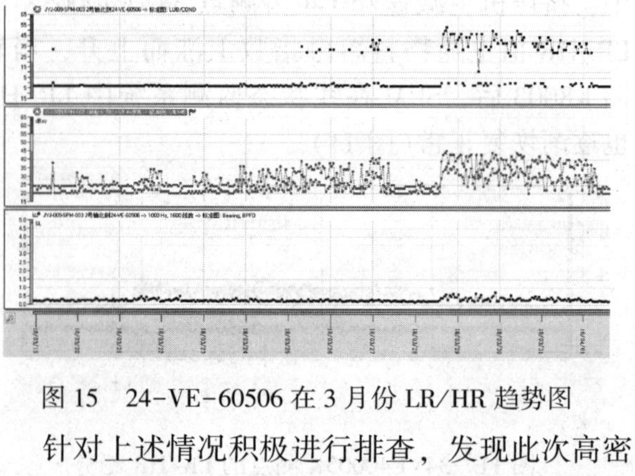

图15　24-VE-60506在3月份LR/HR趋势图

针对上述情况积极进行排查，发现此次高密度在生产TUB121N3000期间，由于驱动端油封磨损老化失效，导致粉料沿着螺杆轴向窜至油箱，并通过润滑油过滤器分散至各个轴承润滑点，造成轴承润滑环境有所下降，同时润滑油过滤器压差也异常升高，由正常的 0.04MPa 上升至 0.098MPa，润滑油趋势图如图 16 所示。经过分析和诊断，3 月 30 日车间对整个自然料挤压机润滑油系统进行置换除杂，至 31 日 23：38，监测点 24-VE-60506 红色报警消失，润滑油过滤器压差趋于平稳。

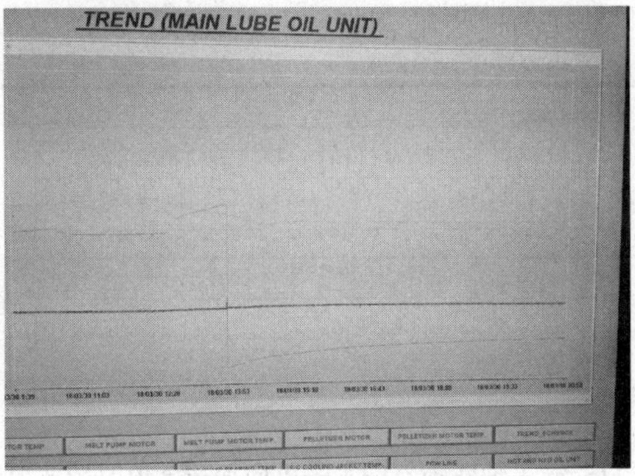

图 16　润滑油趋势图

通过 24-VE-60506 在除杂前后的润滑显示图也可以看出差别，如图 17 所示，在出现报警期间该润滑点的润滑状态处于红色报警区域，而机械除杂后该点的润滑状态恢复到绿色区域，也正好验证了 SPM 系统对轴承运行状态监控非常灵敏，对挤压机的运行状态也起到了实时监控的作用。

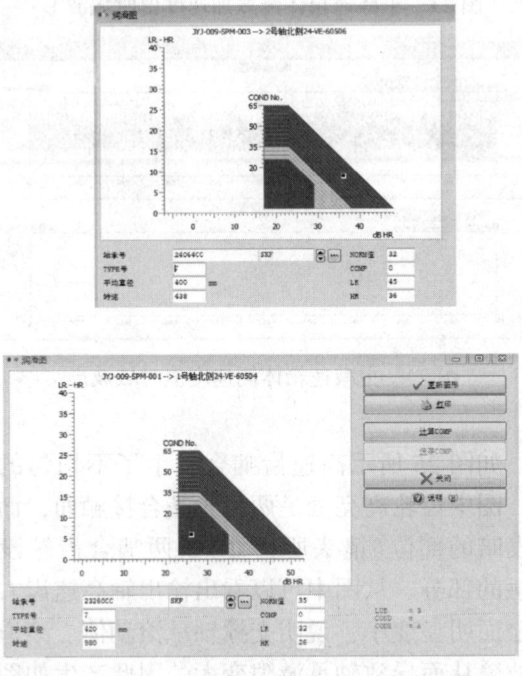

图 17　24-VE-60507 在除杂前后润滑图对比

从上述分析我们可以得出结论：SPM 对挤压机系统的运行状态监控比较敏锐，细微的调整已经能让挤压机系统的轴承保持在良好的运行状态，同时 SPM 对轴承润滑状态的监测也比较敏感，初期的润滑问题都能具体的显现出来，为挤压机处理初期故障和提高系统的稳定运行提供了可靠的保证。

2.4　轴承及齿轮运行状态异常对 SPM 的影响分析

(1)2016 年 8 月至 12 月期间，全密度聚乙烯装置二线挤压机 30-A-7301 的 2 号输出长轴的监测点经常出现大幅度的波动，监测点的分布示意图如图 18 所示。

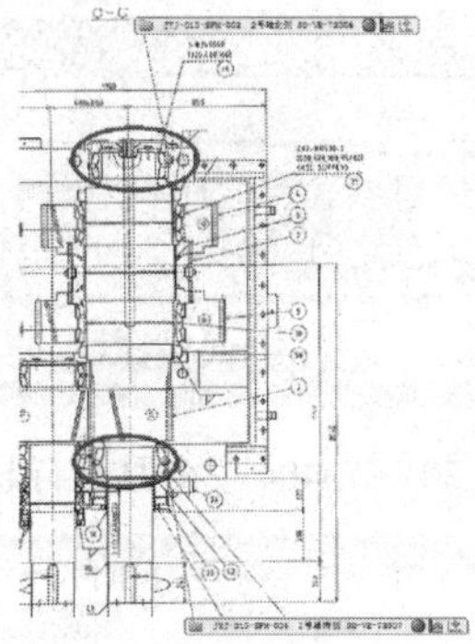

图 18　全密度 30-A-7301 的 2 号轴监测点示意图

该挤压机自安装 SPM 系统以来，30VE73404 点 LR 值波动一直比较大如图 19 所示，全密度 2 线挤压机主减速箱输入轴 30VE73404 点的一年运行趋势图。从图中可以得出以下 3 点：LR 值波动范围越来越大；LR 值增大的速度越来越快；前期 HR 值波动较小，今年 8 月后 HR 值波动也相应增大。从 11 月份开始减速箱箱体振动有所增大，至 12 月 4 日 LR 值运行出现最大值 50。现场情况与上述 3 点比较相符，说明减速箱输入轴 30VE73404 点的轴承可能已出现故障，但每次停车转产后 30VE73404 点的轴承的冲击值都可以平稳运行 3~5 天，判断 30VE73404 点的轴承故障仍在早期阶段。

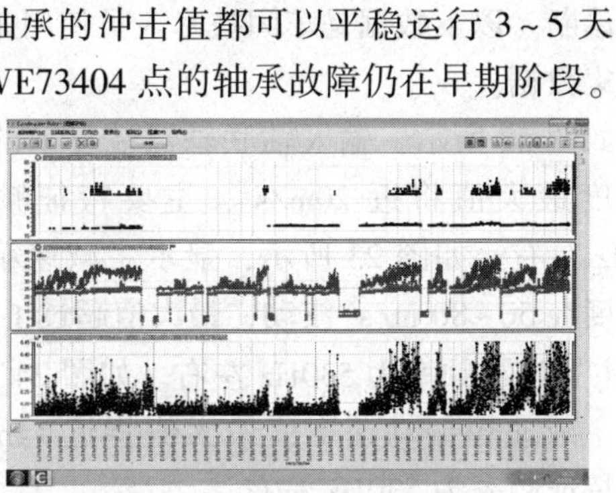

图 19　30VE73404 一年运行趋势

图20显示输入轴30VE73404点轴承冲击值在高近一个月的运行趋势。LR值不完全是在高位运行，而是在高位和正常之间来回波动，波动范围大于20，说明轴承故障现象非自身原因或者故障情况比较轻微。

如图21所示，可以看出当输入轴30VE73404点报警时，其频谱图的主要特征率是轴承滚动体的故障频率。说明输入轴输入端轴承的滚动体已出现故障。

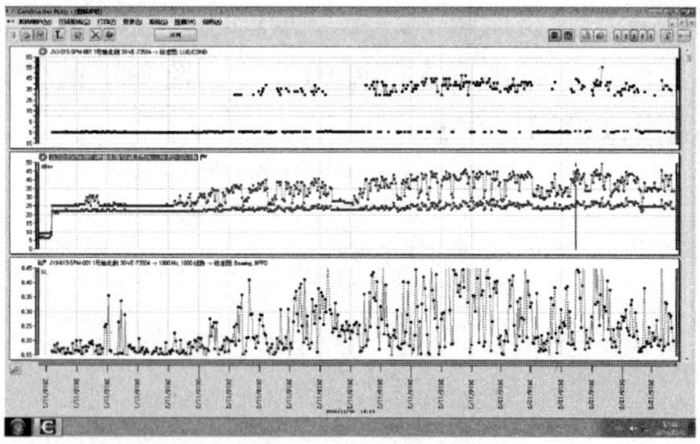

图20　30VE73404一个月运行趋势图

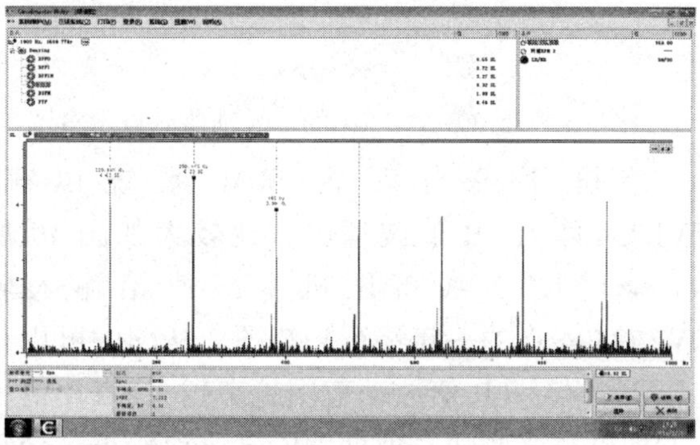

图21　30VE73404点LR值报警时频谱图

为了核实上述情况，在12月4日输入轴30VE73404点LR值出现最大值50后，6日车间组织技术人员到现场对挤压机主减速箱进行数据采集诊断。以下数据是车间技术人员使用BH550所采集数据。

如图22所示，输入轴联轴器端显示的振动加速度最大值将近20m/s²，主要特征频率为530Hz左右。如图23所示，显示主减速箱振动加速度在50~80 m/s²波动，最大值超过了80m/s²，主要特征频率为530Hz左右。如图24所示，显示主减速箱振动速度值最大值将近14mm/s。主要特征频率为530Hz左右。

从图23~图24三图的离线采集数据中可以得出：振动的主要特征频率是530Hz；2振动加速度、速度值幅度很大。经过计算挤压机主减速箱高速输出时，输入轴高速齿轮啮合频率是533Hz，说明输入轴高速齿轮啮合已出现故障。12月6日钳工车间形成结论：1. 全密2线挤压机主减速箱输入轴30VE73404点轴承出现早期故障；2. 输入轴高速齿轮啮合已出现故障。12月8日全密2线停车转产，利用停车机会检修公司打开主减速箱观察孔，对齿轮进行了外观检查，发现高速齿啮合确实发生故障。

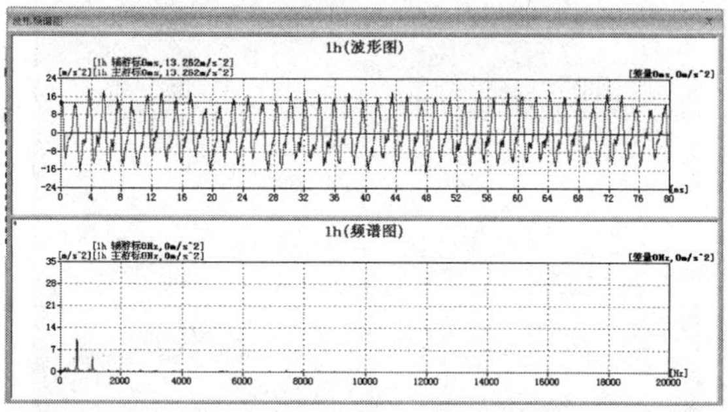

图22　输入轴联轴器端水平方向加速度值时域波形图

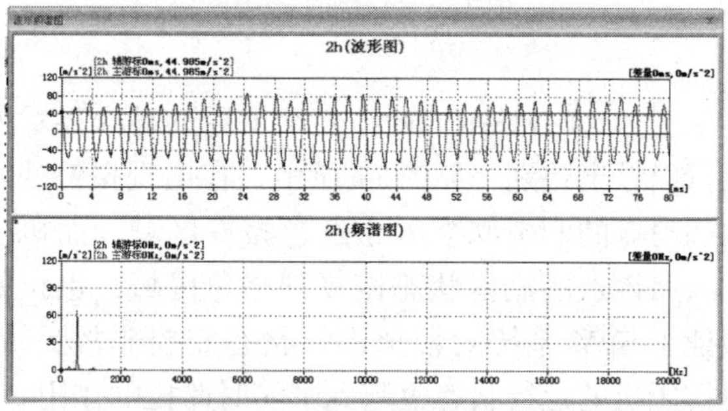

图23　主减速箱体侧方加速度值时域波形

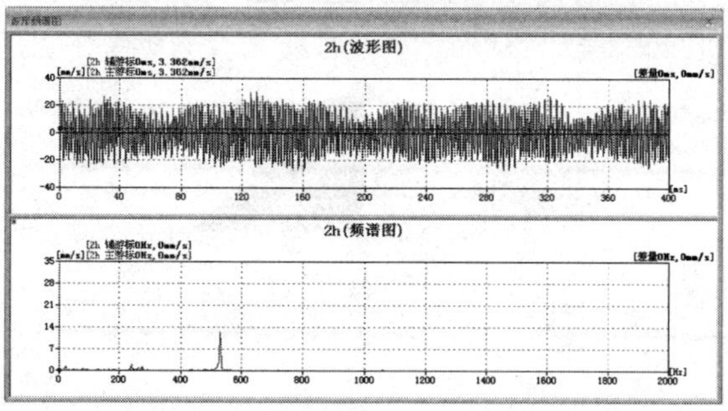

图24　主减速箱体侧速度值时域波形

如图25所示高速齿啮合发生了不均匀的现象，图中齿轮高亮处是两齿轮啮合接触面，而之上发暗的部位(箭头所指处)是两啮合齿轮没有接触的部分。从图中可以看出输出轴高速齿右端接触面明显变小，说明支撑轴承滚动体、滚道发生故障从而导致轴承游隙变大，因此产生如图这种现象。12月14日晚进行连夜抢修，解体主减速箱发现高速齿轮支撑轴承滚动体磨损、锈蚀，如图 26 所示。

图 25 高速齿啮合图

图 26 轴承滚动体腐蚀图

此次检修为彻底消除隐患，车间更换了改造后的新输出长轴。2016 年 12 月 16 日检修完成之后挤压机重新运行，通过对比发现 30-VE-73406 的 LR/HR 值趋势变的平稳，且监测值相比检修之前大幅下降，如图 27 所示。

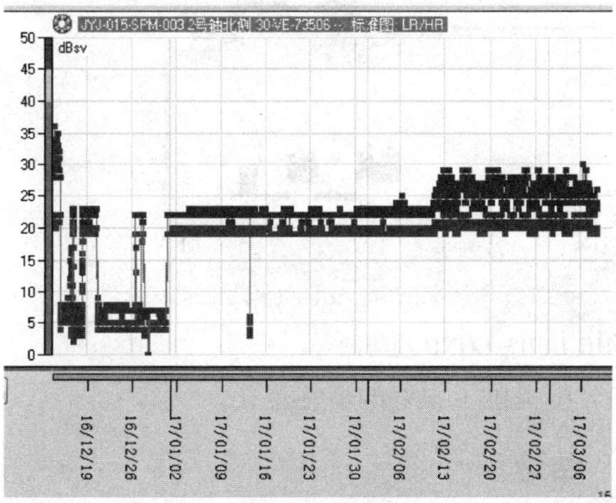

图 27 检修后 30-VE-73406 LR/HR 趋势图

不仅如此，该轴的另一个监测点 30-VE-73407 虽然在之前的监测中很少出现异常报警，但是在此次检修完成之后 LR/HR 值也存在着大幅度下降，如图 28 所示。

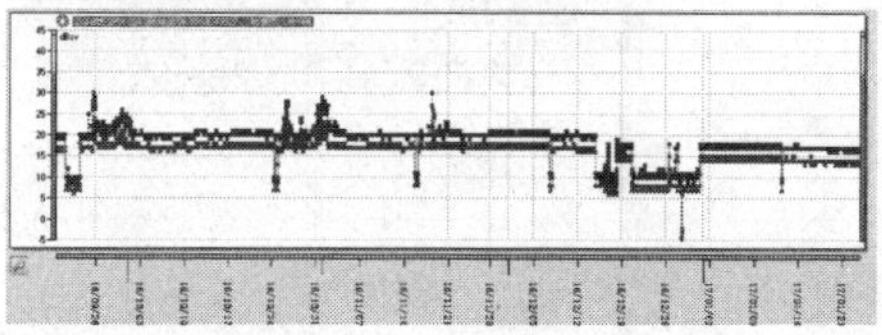

图 28 检修后 30-VE-73406 LR/HR 趋势图

通过此次检修前后 LR/HR 的趋势对比可以看出，此次检修很好地消除了隐患，保障了全密度二线挤压机 30-A-7301 的正常平稳运行。同时也验证了 SPM 确实具有优秀的指导检维修的能力，此次检维修预警已经提前了至少 3 个月，同时也准确地反映出了具体的故障点就是 30-A-7301 的 2 号轴，很好地避免了盲目检修，为现场检维修施工节省了故障判断和处理的时间。

(2)2018 年 11 月，高密度聚乙烯装置自然料挤压机主减速箱 3 号轴北侧轴承出现间歇性的黄色报警，监测点的冲击值报警如图 29 所示。

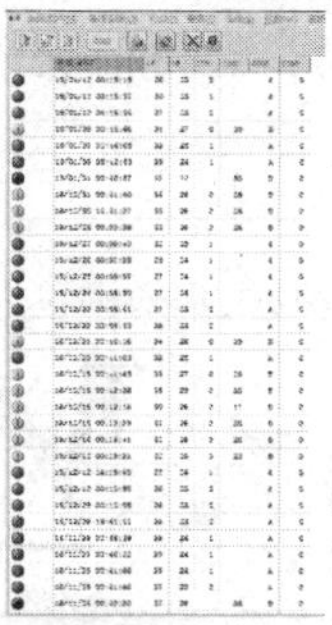

图 29 出现间歇性黄色报警图

该挤压机自 2015 年大检修以来，24VE60508 点 LR、HR 值波动较小，趋势平稳，自 2018 年 11 出现黄色报警，LR、HR 值整体趋势出现缓慢上涨，至 2019 年 3 月 LR/HR 值出现连续红色报警，运行趋势如图 30、图 31 所示。

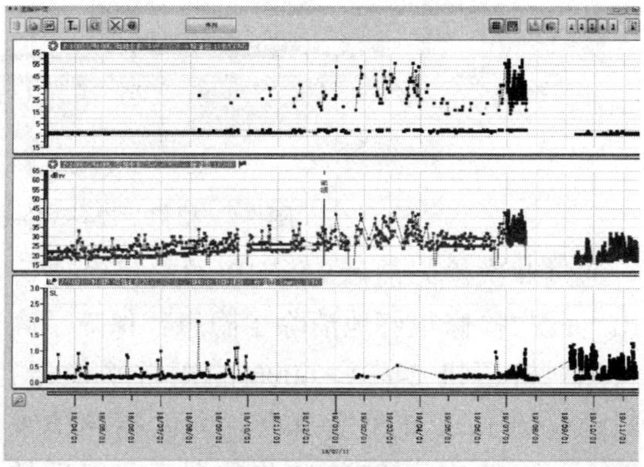

图 30 24-VE-60508 LR/HR LUB \ COND 趋势图

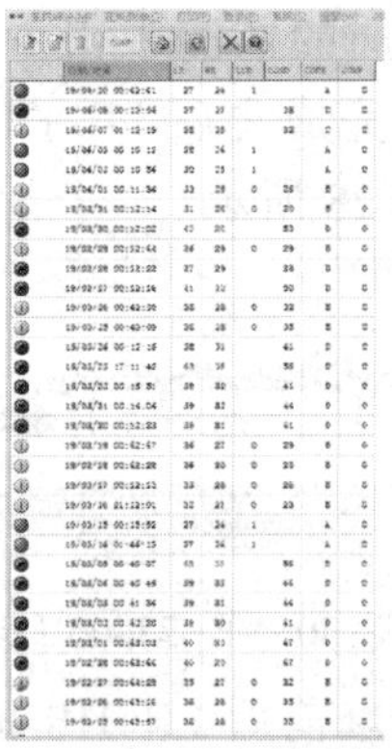

图 31　出现连续性红色报警

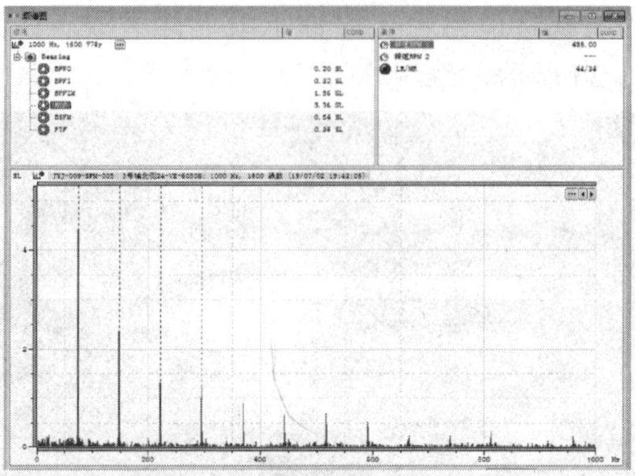

图 32　滚动体故障频谱图

2019 年 7 月高密度聚乙烯装置停工，自然料挤压机主减速箱进行解体检修，主减速箱 3 号轴北侧轴承在大检修解体后发现轴承外圈存在磨损剥落，滚珠也存在缺陷，与检修前 SPM 报警的故障频率吻合(图 32、图 33)。检修完开机后，自然料挤压机 24-A-6006 各点 SPM 监测值显示正常，同产牌号 HD5502XA 负荷 43t/h，3 号轴北侧轴承 7 月份 LR/HR：36/30，9 月份 LR/HR：20/17，冲击值较停机检修前大幅下降，目前趋势平稳，运行情况较好(图 34)。

图 33　轴承磨损图

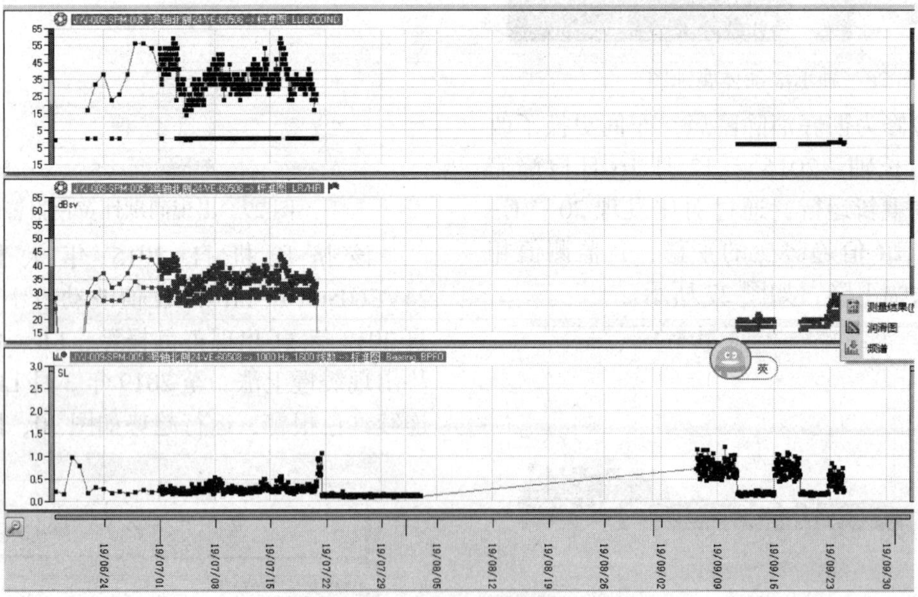

图 34　检修后 24-VE-60508 LR/HR LUB \ COND 趋势图

通过此次检修前后 LR/HR 的趋势对比可以看出，此次检修很好地消除了隐患，保障了高密度自然料挤压机 24-A-6006 的正常平稳运行。同时也验证了 SPM 确实具有优秀的指导检维修的能力，对于丰富 SPM 监测数据库和以后的预知分析提供了很好的借鉴意义。

3　结论

通过上述典型的案例可以看出，SPM 状态监测系统对挤压机的运行状态非常敏感，响应也非常迅速，在不同物料的情况下可以指导现场对挤压机各参数进行调整，使挤压机能够达到较好的运行状态；同时对轴承、齿轮及润滑状态缺陷的预警作用也非常的明显，且能够基本准确反映出故障点以及故障的原因，为指导现场检修提供有力保障。

SPM 在线监测系统的投用填写了该厂挤压机系统无在线持续监测的技术空白，在线上为挤压机的工艺参数和设备操作参数的更改提供了科学依据，保证挤压机处于良好的运行状态，变相延长了挤压机连续正常运转的时间，提高了挤压机的使用寿命；在线下为检修争取了较长的准备时间，SPM 在线监测系统的预警周期长达 3 个月，并且能够准确反映出故障的原因以及故障点，这样能为备件的准备提供充足的准备时间，减少了挤压机系统检修的物力、人力和时间的损耗，为检修降低大量的成本，同时也降低了聚合物装置因挤压造粒机重大机械故障导致非计划停工的风险，因此 SPM 在线监测系统的应用能够产生非常高的经济效益。

某加氢装置离心机组旋转失速故障分析及诊断处理

徐豪杰　宿伟毅　李　鹤　李　充　孙存龙

（中国石油独山子石化公司）

摘　要　本文主要针对某石化公司炼油厂 100 万蜡油装置在开工阶段，由于物料组分发生变化，循环氢纯度上升，介质变轻，机组多次出现旋转失速，并伴随振动突变，达到联锁值后触发停机。本文作者对整个工艺操作及机组 SG8000 系统状态监测数据进行分析，总结了离心式压缩机在运行过程中出现旋转失速具备的 8 个典型特征。锁定了机组出现旋转失速的根源，制定了针对性的纠防措施，对今后同类离心式压缩机组的操作、运行及异常处理有着很好的指导意义。

关键词　压缩机　循环氢　纯度　流量　振动　喘振　纠防措施

某石化分公司炼油厂 100 万吨蜡油装置于 2016 年建成投产，该装置由原 60 万吨/年加氢裂化装置改造而成，循环氢压缩机机组采用调速系统、超速保护以及防喘振控制系统（ITCC），具备机组的调速、防喘振控制、负荷控制、过程控制、联锁保护等功能。该机组是加氢装置最关键的动力设备，担负着保持反应系统氢分压、带走反应热以及控制反应床层温度等重要使命，因此循环氢压缩机的运行可靠与否关系到加氢装置的正常运行。

1　故障现象

2019 年 9 月 13 日 23：04 100 万蜡油加氢装置循环氢压缩机 C-1001 轴瓦振动 VA1804B 出现高高报警并触发振动联锁停机。生产车间立即启动应急处理，经过调取工艺操作参数及机组 SG8000 系统状态监测数据进行分析：判断压缩机机体内气体出现了旋转脱离，引起机组振动 VA1804B 高高联锁停机。经检查现场机组盘车正常，无卡涩，确认机组本体无机械故障后，立即组织循环机组开机，4：30 开机运行，机组各项参数运行正常。

2　原因分析

2.1　过程记录

从 SIS 历史趋势查看，22：57：51.453 到 23：04：58.863（机组联锁停机）压缩机轴瓦振动 VT1803A/B、VT1804A/B 发生跳动 8 次，其中 VT1804B 出现振动高于联锁值（90μm）触发联锁停机，在此期间防喘振阀总计自动调节了 8 次，最大开度为 71%。每次防喘振阀打开后，入口流量逐步上升，压缩机振动会下降，防喘振阀关闭后振动再次上升。初步判断压缩机机体内气体出现旋转脱离，形成突变失速引起的机组振动联锁停机，见图 1。

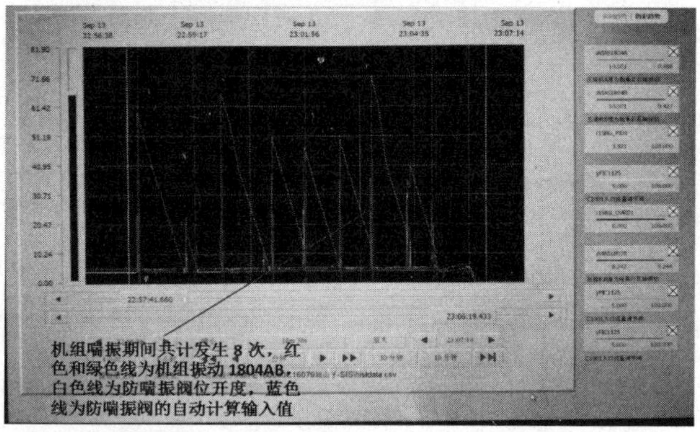

图 1　SIS 画面相关参数变化情况

2.2　操作调节

从机组转速、原料切换、贫胺液流量、调速器阀位，机组进出口流量等参数分析如下，见图 2。

（1）20：43 至 21：12，循环氢压缩机 C-1001 机组转速在 9000rpm，轴位移上升至 0.45mm，岗位人员将机组转速从 9000rpm 缓慢降至 8525rpm，这时机组的循环氢流量维持在 124328Nm^3/h，机组工作点远离喘振线。

（2）装置按照开工节点切换原料，蜡Ⅱ单独进料，20：04 开始进料穿透，蜡Ⅱ原料与正常生产工况相比组份偏重，反应器总压降由 0.22MPa 上升至 0.404MPa，后逐步下降至 0.38MPa。

(3) 21：18 车间按照开工操作卡的节点，向循环氢脱硫塔 T-4001 注入贫氨液，21：32 开始将循环氢脱硫塔 T-4001 的副线手操器 HC3101 从 100%缓慢关到 55%，对循环氢中硫化氢经过贫氨液进行脱硫处理，氢气纯度逐渐上升。

(4) 21：32 至 23：04(机组联锁停机)，机组转速保持在 8525rpm，调速器阀位 76.279%下降至 61.028%。21：56：05 至 22：56：45 压缩机入口循环氢量缓慢下降，由 119377Nm^3/h 降低至 93434Nm^3/h，流量下降，说明循环氢纯度上升，组分变轻。

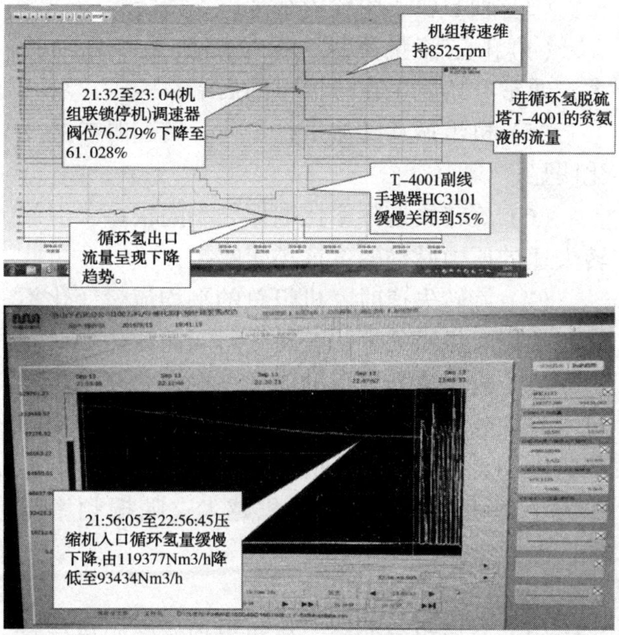

图 2　操作调节过程相关参数变化

2.3　状态监测

2.3.1　振动趋势分析

该机组自从 2019 年 9 月 7 日带负荷运行以来，总体趋势平稳，最大振幅 13um。9 月 13 日 22：58－23：04，该机组压缩机非驱动端 VI1804A、VI1804B 探头振动波动 9 次，波动范围 8-46.5um，最终导致振动超标联锁停机，可以看出此次波动为短期内突发事件，见图 3。

2.3.2　频谱瀑布图分析

如图 4 所示，在机组振动波动期间，频域内主导频率为亚异步振动频率，主要成分是

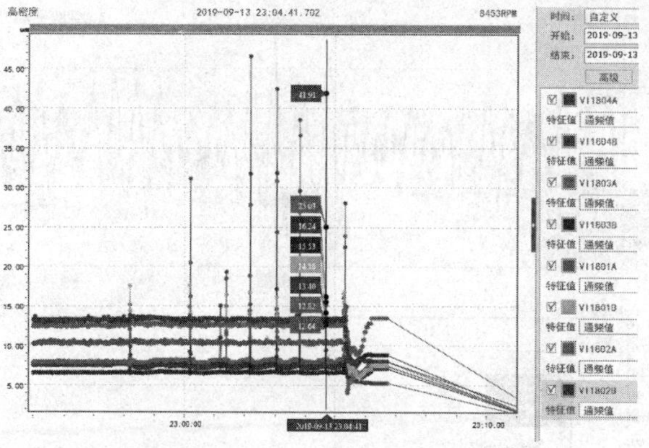

图 3　机组振动趋势图

0.63-0.69X，最大振幅为 19.69um，远远大于工频振幅 6.5um，与机组旋转失速故障特征吻合。

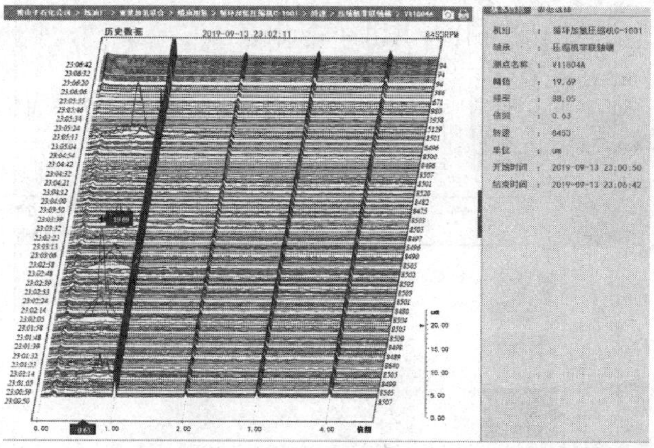

图 4　机组频谱瀑布图

2.3.3　波形频谱图分析

从波形频谱图中来看：无论是 23：01 分最小波动，还是 23：02 分最大波动，压缩机前后端四个探头，几次波动波形频谱形状一致，波形重复性差，高低不一，存在周期性变化趋势；频域中主要存在 0.63-0.75X，同时还存在 0.06X 等频率成分，说明该压缩机存在旋转失速类故障特征，见图 5。

2.3.4　转速波动分析

查看机组转速趋势，机组在振动波动期间，转速从正常的 8500rpm 上升至 8658rpm，下降至 8484rpm，平均波动时间为 2~3 秒，转速波动范围为 163~174rpm，印证了波形频谱中的旋转失速故障，见图 6。

2.3.5　轴心轨迹分析

从机组轴心轨迹上可以看出，机组在振动波动期间，转速波动时压缩机提纯后前后轴承轴心轨迹发散杂乱，与机组旋转失速典型特征中轴心

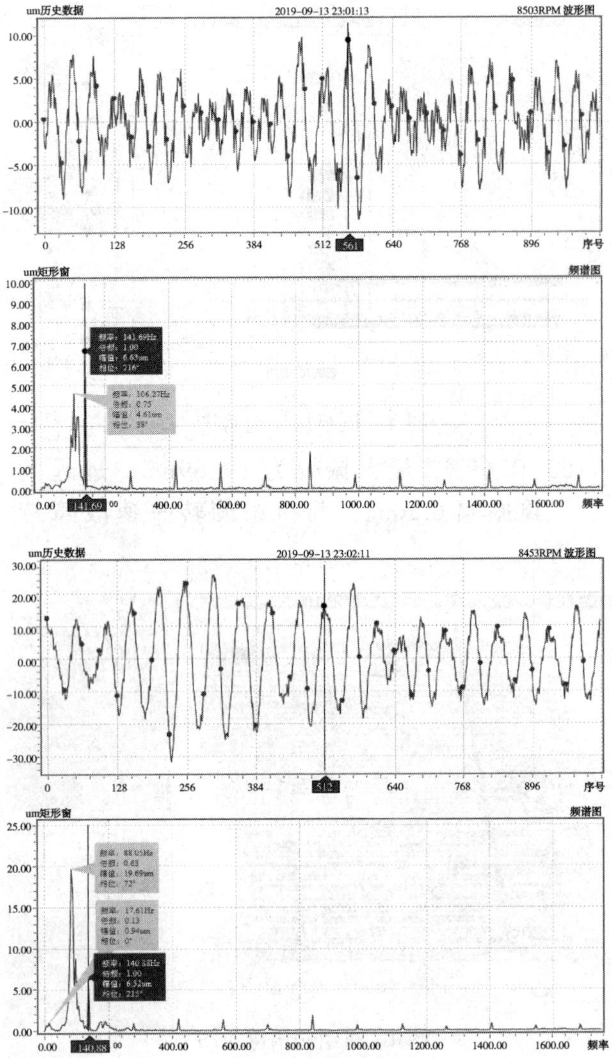

图5　机组波形频谱图

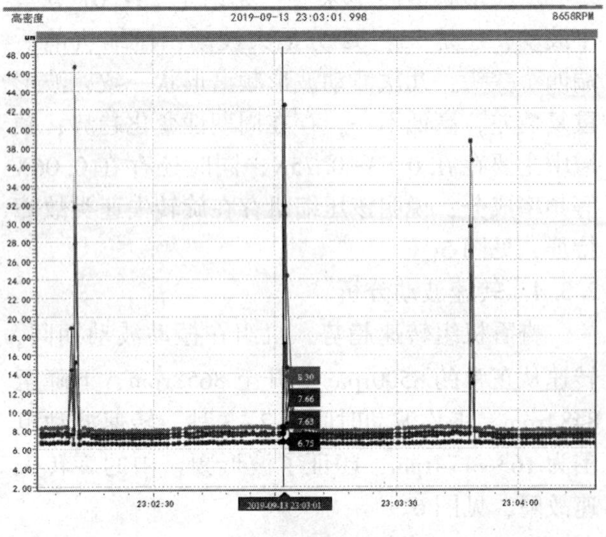

图6　机组转速波动趋势图

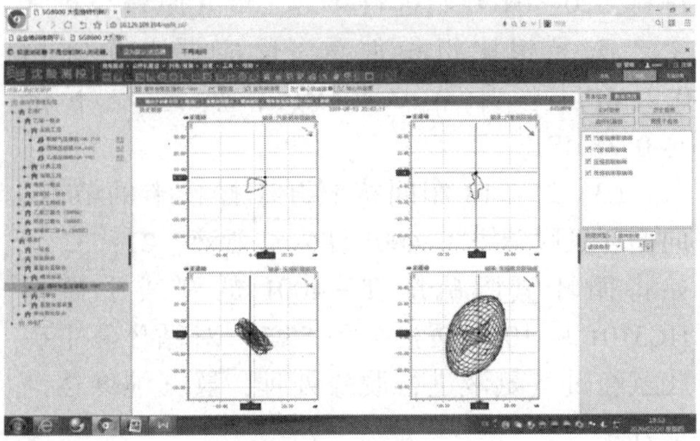

图7　机组轴心轨迹图

轨迹紊乱比较一致，见图7。

从以上状态监测数据趋势分析进一步验证了离心式压缩机在运行过程中出现旋转失速时具备以下典型特征：

(1) 时域波形为各成分叠加波形，波形幅值不均；

(2) 频谱图中同时出现0.5X～0.8X及1X两个频率成分；

(3) 轴心轨迹图较为杂乱，不稳定；

(4) 工艺流量降低，振幅随流量降低而增大，通常开始发生在压缩机的后端；

(5) 机组振动随流量、负荷、转速等参数变化明显；

(6) 旋转失速频率比喘振频率高很多，但旋转失速的压力脉动幅度远小于喘振；

(7) 旋转失速时，机组总的平均流量变化不大，喘振时机组的平均流量随时间而变化；

(8) 机组旋转失速的频率、振幅主要与压缩机本身的叶栅几何参数、转速有关，而与管网容积的大小无关。但喘振的频率、振幅却与管网容积大小密切相关，管网容积越大，喘振频率越低、振幅越大。

2.4　原因确定

(1) 介质组分变轻，机组出现旋转脱离导致振动增大联锁停机是本次事件的直接原因。

(2) 装置开工阶段，工况发生变化，机组实际喘振线出现偏离，随着压缩机入口流量缓慢降低，工作点还未到喘振线，机体内气体就出现旋转脱离，防喘振控制系统余度不足是本次事件的主要原因。

(3) 岗位人员将机组转速从9000rpm缓慢降至8525rpm，导致机组在同工况下压缩比下降，切换原料后反应器总压降逐步上升，投用循环氢脱硫塔后氢纯度上升，介质密度下降，是导致压缩机出口逐步达到阻塞工况的原因。

(4) 装置处于开工阶段，技术及岗位人员忙于关注DCS画面各项参数的调节，而未关注到防喘振画面的工作点位置，压缩机循环氢量下降，机组发生旋转失速，而未作出及时调节是本次联锁停机的管理原因。

3 纠防措施

(1)优化机组报警运行管理，将机组振动、位移等参数设定的高、低报值与正常运行工况相差10%，便于机组出现异常时，提前预警发现。

(2)指定专人定期查看SG8000系统状态监测数据及图谱变化趋势，出现异常波动及时分析处理。

(3)制定压缩机组不同工况下的各种参数边界条件及异常调节方法，确保岗位人员能够熟练掌握，提高应急处理能力。

(4)当原料工况和工艺操作发生变化时，明确专人负责关注机组防喘振画面的工作点位置，一旦工作点靠近防喘振线时，及时汇报并调节防喘振阀的开度。

4 结论

作者通过异常工况下对机组操作中各参数、SG8000状态监测数据图谱等方面综合分析，并与机组旋转失速典型理论图谱特征进行比对验证，快速锁定了机组故障类型，找出了造成本次联锁停机的工艺操作因素。针对机组本次故障分析，补充完善了机组旋转失速的8个典型特征，制定相应的纠防措施，在以后离心式压缩机组运行期间防止出现旋转失速方面，提供了强有力的科学支撑，确保了机组安稳长运行。

小电流接地系统单相接地故障处理优化

梁　莹

(中国石油兰州石化公司)

摘　要　小电流接地系统广泛应用于中央变电站6kV和35kV系统，目前中央变电站所使用的小电流选线装置在复杂的配网环境中，不能准确选出故障线路，而传统的“拉推试验法”查找故障需要的时间较长，不能满足供电可靠性的要求。因此，为了有效改善中央变电所运行人员仍然采用“拉推试验法”进行选线的现状。本文针对小电流接地系统单相接地故障选线方法进行深入研究，分析了小电流接地系统单相接地故障特征，提出一种利用故障时线路零序电流变化的方法来确定故障线路，并利用Matlab/simulink模块进行仿真分析，结果符合理论推导，使运行人员能够准确地、快速地确定故障线路，缩短故障排查时间，提高系统安全运行水平。

关键词：单相接地故障　小电流接地系统　故障处理优化

1　引言

目前，单相接地故障是最常见的故障，虽然系统能继续运行1至2小时，但是如果不及时切除故障，不仅会对设备造成损害，还会引起重大的用电事故。中央变电站已有的小电流接地故障选线方法主要是基于CAN总线通讯方式的零序电流、零序电压集中采集，集中监控的微机小电流接地选线。它对各支路的零序电流及电网的零序电压进行同步采集，然后进行分析，求出各次有用谐波，综合基波的功率方向型接地保护原理、五次谐波方向型接地保护原理、基波的有功分量、残流增量法、能量法五种判别方法，采用模糊决策理论得出选线方案。虽然上述方法在理论上都有较好的选线效果，但在实际应用过程中由于我厂电网规模的扩大，结构的复杂化，对单相接地故障时零序电流产生了较大的影响，由于小电流接地系统单相接地故障电流幅值较小，可用的故障信息不够明显，且易受CT不平衡电流及变电站强电磁环境干扰的影响，从而严重影响了小电流选线的准确性，较低的小电流选线正确率严重影响运行人员处理接地故障的速度和准确性。若有单相接地故障发生，则靠值班人员逐条馈线顺序拉闸停电来确定故障线路。这也导致我厂中变在实际运行过程中，仍然主要采用最原始的“拉推试验法”进行选线。

当发生单相接地故障后，主控室监控发出接地报警信号，值班人员马上复归音响，并通过监控显示的三相电压变化情况作好记录(接地相电压降低，其余两项电压升高为线电压)，迅速报告当值调度和有关负责人员，结合综保及小电流选线装备所选择的线路寻找接地故障。

如果将小电流选线装置所选择的线路排除后接地故障仍然无法消失，则详细检查所内电气设备有无明显的故障迹象，如果不能找出故障点，再进行线路接地的寻找，寻找接地故障点的方法：拉推试验法。

拉推顺序为：

(1) 空载线路或备用线路；

(2) 存在施工作业，平时容易出现接地故障的线路；

(3) 电压互感器、电容器等；

(4) 可将负荷转移的线路。

这种“拉推试验法”既浪费人力物力，又严重影响其他线路供电的可靠性和安全性。现阶段，运行人员在处理故障时能够参考的信息只有线路稳态零序电流的幅值，单相接地时，故障线路的零序电流与非故障线路的零序电流不仅方向相同，大小也相差不多。如果只利用此时的稳态零序电流来判别故障线路，可能会出现漏判、错判，直接影响供电可靠率和故障处理的效率。因此，如何利用现有的条件，在不停电的情况下，准确查找故障线路，有效改善运行人员主要依靠“拉推试验法”进行选线的局面，就成了一个亟待解决的问题。

2　中央变电站小电流接地系统单相接地故障处理方法优化

1.1　小电流接地系统单相接地故障稳态特征量分析

中央变电站采用中性点经消弧线圈接地的方式，下面就中性点经消弧线圈接地系统在发生单相接地故障时稳态情况下的基波零序电流分布情况进行分析。

图 1 给出了一个中性点经消弧线圈接地系统简图。当线路 3 发生单相接地故障时，线路 1 和 2 的零序电流分布状况分别为：

$$3 I_{01} = j3 U_{ow} C_{01}\text{、}3 I_{02} = j3 U_{ow} C_{02}$$

其大小和方向均保持不变。

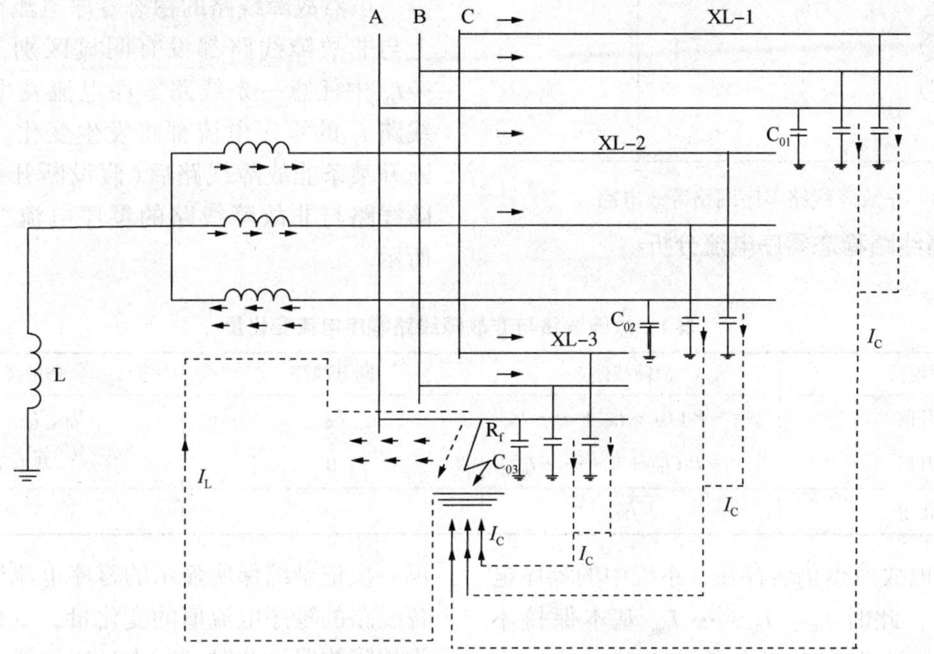

图 1　中性点经消弧线圈接地系统单相接地时电容电流分布

由于消弧线圈的作用，此时故障点的接地电流由原来的电容电流变为由消弧线圈产生的电感电流补偿后的残流，仍具有零序性质此时故障线路 3 的基波零序电流为：

$$3 I_{03} = -3(I_{01} + I_{02}) - I_L \tag{1}$$

定义失谐度为：$V = (I_C - I_L)/I_C$ 式中 I_C 为电网对地电容电流之和，I_L 为消弧线圈产生的电感电流。

$$3 I_{03} = -j3 U_{0w}\left[v(C_{01} + C_{02}) + (v-1) C_{03}\right] \tag{2}$$

由此可知，在中性点经消弧线圈接地系统中，随着消弧线圈的补偿程度不同，故障点零序电流的方向也会发生改变。实际中消弧线圈多运行在过补偿方式，在过补偿状态下，故障线路和非故障线路的基波零序电流的方向相同，且通常消弧线圈靠近谐振点运行，故故障线路零序电流数值也很小，因而无法再通过基波稳态零序电流比值的方法来选择故障线路。如图 2 所示，由于电感电流补偿了电容电流，接地电流大大减小，且所有线路零序电流方向相同，稳态判据失效。

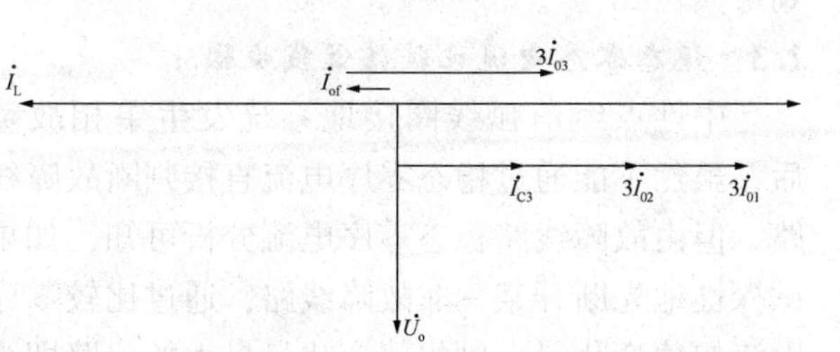

图 2　中性点经消弧线圈接地系统单相接地时电容电流向量图

2.2　利用稳态零序电流变化幅值方法查找故障线路优化选线方法

2.2.1　非故障线路稳态零序电流分析

根据图 1 建立故障时刻非故障线路零序网络等效电路，如图 3 所示。图 3 中，C_m 为线路 m 的对地电容，R_m、L_m 为线路 m 的等效零序电阻和电感，I_{0m} 为流经线路 m 的零序电流。由零序网络等效电路可知，非故障线路零序电流只受系统中的零序电压影响，单相接地故障后只要零序电压保持不变，非故障线路的零序电流也将保持不变。

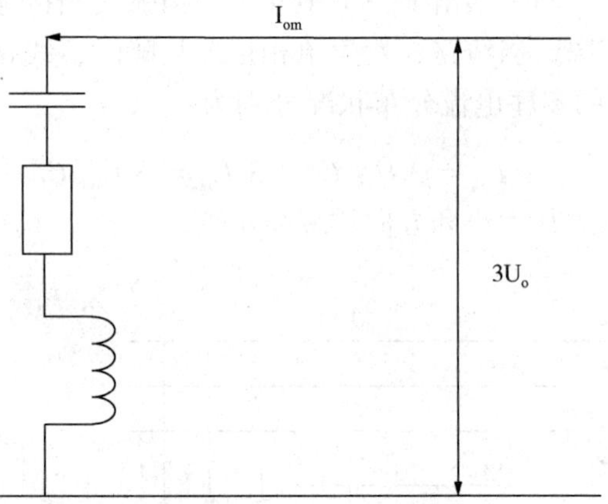

图 3　非故障线路零序网络等效电路

2.2.2　故障线路稳态零序电流分析

消弧线圈通常采用过补偿方式运行，假设其补偿度为 P，如式(3)所示：

$$I_L = (1 + P)\ (I_{01} + I_{02} + \cdots + I_{0m}) \quad (3)$$

此时，故障线路零序电流为：

$$I_{of} = - P\ (I_{01} + I_{02} + \cdots + I_{0m}) \quad (4)$$

式中：I_{of}为故障线路零序电流；I_{01}，I_{02}，$\cdots I_{0m}$分别为非故障线路 1、线路 2 至线路 m 的零序电流；I_L为消弧线圈补偿的零序电流。

虽然故障线路的稳态零序电流在幅值和方向上与非故障线路都没有明显区别，但 I_{01}，I_{02}，$\cdots I_{0m}$中任意一条线路零序电流发生变化，故障线路I_{of}的零序电流都将发生变化。此时，任意断开某条非故障线路后(假设断开线路 L_2)，故障线路与非故障线路的零序电流变化量如表 1 所示。

表 1　故障线路与非故障线路零序电流变化量

零序电流	故障线路	断开线路	非故障线路
断开前	$I_{of} = - P\ (I_{01} + I_{02} + \cdots + I_{0m})$	I_{02}	I_{01}、I_{03}、$\cdots I_{0m}$
断开后	$I_{of} = - P\ (I_{01} + 0 + \cdots + I_{0m})$	0	基本不变
变化量	$P\ I_{02}$	——	0

由于接地故障点仍然存在，系统中的零序电压变化不大，此时 I_{01}、I_{03}、$\cdots$ I_{0m} 基本保持不变，而故障线路零序电流少了线路 L_2的零序电流 I_{02}后，其幅值将变化 PI_{02}，与非故障线路相比，故障线路零序电流幅值变化量在理论上将达到最大。

2.3　稳态零序电流比较法选线步骤

中性点经消弧线圈接地系统发生单相故障后，虽然不能通过稳态零序电流直接判断故障线路，但由故障线路稳态零序电流分析可知，如果试探性地先断开某一非故障线路，通过比较零序电流幅值变化量，则幅值变化量最大的线路即为故障线路。同时，由表 1 可知，断开线路的零序电流幅值越大(即 I_{02}越大)，则故障线路零序电流幅值的变化量也越大(即 PI_{02}越大)。因此，在发生单相接地故障后，实际选线操作过程中运行人员的选线步骤为：

首先运行人员通过记录综保显示的零序电流及结合小电流选线内容判断，断开小电流选线装置所选择的第一条线路，如果接地现象消失则小电流选线装置判断正确；如果接地信号没有消失，即小电流选线装置选择错误，运行人员通过再一次记录综保所显示的零序电流值，对比之前各线路的零序电流值的变化量，变化最大的线路为故障线路，此时运行人员应选择零序电流值变化量最大的线路为故障线路。

综上所述，运行人员在中性点经消弧线圈接地系统中的故障线路选择步骤如图 4 所示。

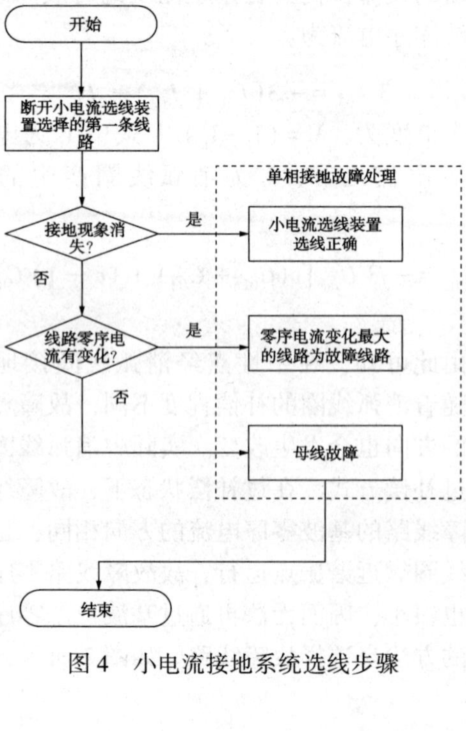

图 4　小电流接地系统选线步骤

3 仿真验证

3.1 建立故障仿真模型

某中央变电站 6kV I 段运行简图如图 5 所示，1#消弧线圈在运行。

利用 Matlab /simulink 搭建中央变电站 6kV I 段仿真模型(图 6)，模拟在 0.04 秒线路中 3I-91I A 相发生单相接地故障。

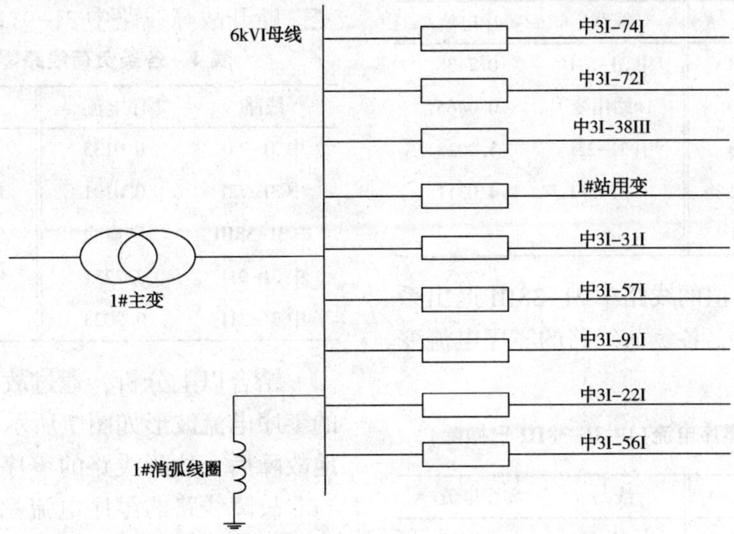

图 5 某中央变电站 6kVI 段运行简图

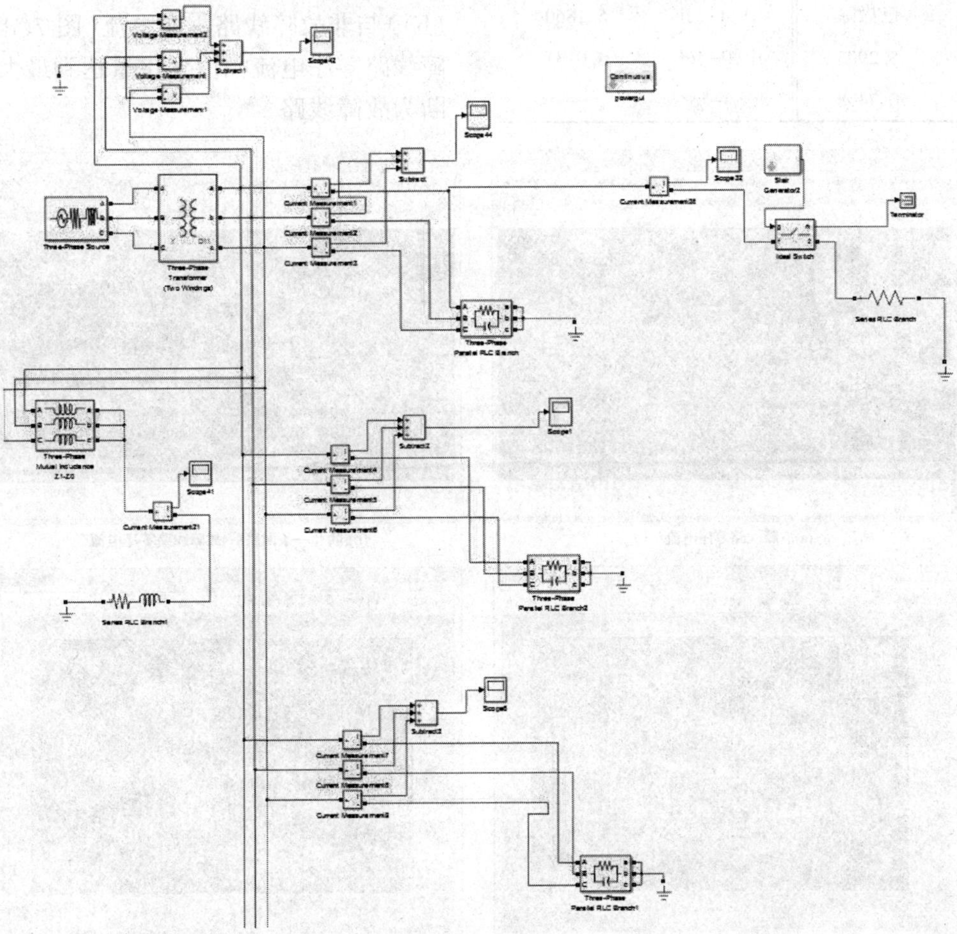

图 6 Matlab/simulink 环境下中央变电站 6kV I 段仿真模型

3.2 故障仿真分析

当发生单相接地故障时，中央变电站6kV I段上负荷线路零序电流如表2所示。

表2　各条负荷线路零序电流

线路	零序电流/A	线路	零序电流/A
中3I-74I	3.7178	中3I-57I	0.7438
中3I-72I	5.2055	1#站用变	0.0465
中3I-38III	5.3456	中3I-22I	5.2023
中3I-91I	2.0672	中3I-56I	4.0311
中3I-31I	0.7431	—	—

将零序电流最大值的线路中3I-38III退出系统后，故障并未消失，各负荷线路的零序电流变化情况为表3所示。

表3　各条负荷线路零序电流(中3I-38III已撤除)

线路	零序电流/A	线路	零序电流/A
中3I-74I	3.7045	中3I-57I	0.7409
中3I-72I	5.1864	1#站用变	0.0463
中3I-38III	已撤除	中3I-22I	5.1860
中3I-91I	5.2903	中3I-56I	4.0131
中3I-31I	0.7408	—	—

根据发生单相接地故障后各线路零序电流值及运行人员撤除一条线路后各线路零序电流的变化量表4所示，故障线路的零序电流幅值变化量最大，其余线路的零序电流变化量很小或基本不变。断开故障线路中3I-91I后，接地故障消失。

表4　各条负荷线路零序电流变化量

线路	零序电流/A	线路	零序电流/A
中3I-74I	0.0133	中3I-57I	0.0029
中3I-72I	0.0191	1#站用变	0.0002
中3I-38III	已撤除	中3I-22I	0.0163
中3I-91I	3.2231	中3I-56I	0.0180
中3I-31I	0.0023	—	—

结合以上分析，通过故障线路与非故障线路的零序电流波形如图7所示，当发生系统单相接地故障后，故障线路的零序电流幅值(图7(a))与非故障线路的零序电流幅值(图7(c))的大小不能直接判断出故障线路，但是，当人为的拉开一条线路后，通过故障线路的零序电流(图7(b))与非故障线路零序电流(图7(d))相比，故障线路零序电流幅值变化量达到最大，可直接判断为故障线路。

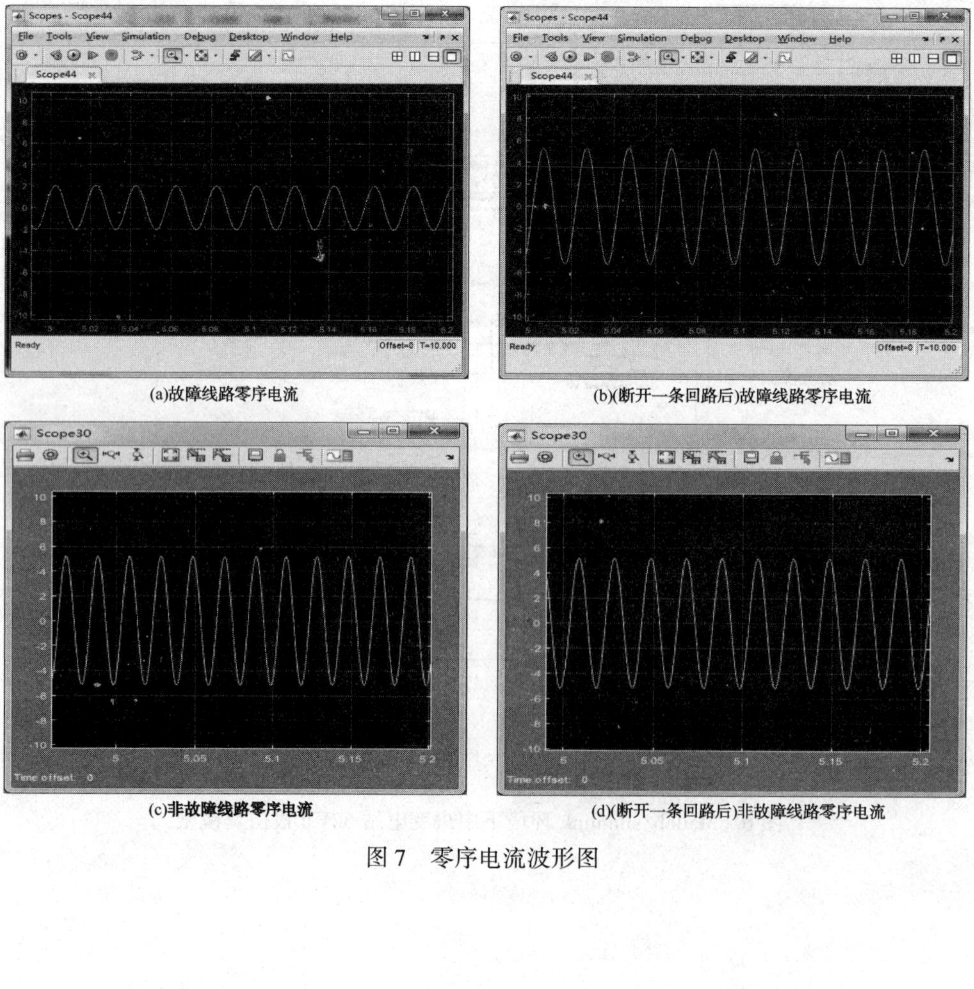

(a)故障线路零序电流　(b)(断开一条回路后)故障线路零序电流

(c)非故障线路零序电流　(d)(断开一条回路后)非故障线路零序电流

图7　零序电流波形图

4 结论

稳态零序电流比较选线方法的提出，利用各条线路的零序电流值和零序电流值的变化量进行选线，在单相接地故障的情况下，若改变电网结构(通过拉开一条线路)，则故障线路中的零序电流(故障点的残余电流)会随之改变。因此，各条出线在电网结构改变前后零序电流的变化最大的即为故障线路。

主要结论如下：

(1) 对于中性点经消弧线圈接地的系统，在断开任意一条线路(小电流选线选出的第一条线路或者空载线路、电容器等)后，若故障没有消失，则零序电流值变化量最大的线路为故障线路；

(2) 稳态零序电流比较选线方法是一种定量判别故障线路的方法，只与线路零序电流值以及幅值变化量的相对大小有关，而与零序电流的绝对大小无关，选线策略无需设定专门的判断阈值；

(3) 稳态零序比较选线方法与目前中央变电站所用的小电流选线方法相比，仅增多了 1 次“拉路”倒闸操作，但无需新增专门的选线装置或对变电站中性点进行改造，简单易用、适用性强，该方法的灵敏度、可靠性较高，处理单相接地故障速度更快，对故障选线十分有利，特别适用于配网结构复杂且拥有大量电缆线路的变电所，在中央变电站日常的工作中具有很高的实用价值。

参 考 文 献

[1] 要焕年，曹梅月. 电力系统谐振接地[M]. 北京：中国电力出版社，2002.

机械逆流通风冷却塔工艺优化的技术探讨

梁　瑾　闫　俊

（中国石油兰州石化公司）

摘　要　由于循环水的处理会直接影响化工企业的排污情况，因此，在循环水的处理是化工企业发展过程中的重要环节，而冷却塔是决定循环水温度的决定性因素，所以有必要对冷却塔存在的问题进行分析，需要对循环水冷却塔运行存在的问题提出相应的对策，来探索合理的解决方法。

关键字：能耗，循环水冷却塔，优化

引　言

某单位循环水厂冷却塔于 2012 年 11 月投运，主体为 18m×18.5m 钢混结构支撑机械逆流通风冷却塔，分为 1#塔和 2#塔，单塔处理水量 $5000m^3/h$，总循环水量 $10000m^3/h$。

2013 年 8 月标定，标定结果该凉水塔冷却效果只达到设计能力的 48.92%，飘滴损失率 0.0054%，实际进出水温差最大 6℃，未达到设计冷却能力。2015 年 6-8 月热水温度 33.5℃时，冷水温度 28.6℃，平均温差 4.9℃，二循循环水冷水温度超标 140 次（指标≤26℃）。

为此，急需开展提高二循冷却塔冷却能力的技术攻关，为炼油厂 MTBE、连续重整、两酸等装置提供合格温度循环冷水。

1　分析凉水塔冷却效果差的原因

（一）、通过对比、筛选，选择适用于炼油区循环水场凉水塔的干、湿球温度频率统计法，建立冷却塔的典型数据库和风机动压数据库。

根据气象情况，对对干、湿球温度频率计算法、干球温度频率统计法、湿球温度频率计算法、焓值平率曲线法等方法进行筛选对比，最终使用干、湿球温度频率计算方法得出的频率数值与实际中出现的频率气象参数基本吻合。

采用此种方法，选取、统计冷却塔周边环境数据，建立冷却塔的典型温度数据库，计算冷却塔的冷却能力，以便符合现场实际工况。

在冷却塔周围设置观测点，测点高度 2m。对干、湿温度测量数据每 10s 采样一次，取 10min 的算术平均值作为一个测量点数据。每个工况持续时间 1 小时。

干球温度℃	湿球温度℃	大气太 Pa		进塔水温℃	出塔水温℃			
27.8	19.2	82350		30.25	24.99	24.91	24.34	24.56
27.8	19.2	82350		30.29	22.48	21.82	21.96	24.2
28	19.4	82350		30.29	24	24.61	25.15	25.06
28	19.2	82350		30.31	26.18	26.68	25.41	24.64
27.8	19.4	82330	平均	30.28	25.06			
28	19.2	82330		30.58	25.34	25.77	25.29	24.38
27.9	19.2	82350		30.59	26.14	25.54	24.19	22.77
28	19.2	82350		30.59	22.91	25.58	25.54	26.06
27.91	19.25	82350		30.6	26.41	27.14	27.4	27.06
28.8	19.2	82350	平均	30.29	25.9			
29	19.4	82330		30.27	25.26	24.88	25.83	25.97

续表

干球温度℃	湿球温度℃	大气太 Pa		进塔水温℃	出塔水温℃			
29.2	19.4	82330		30.75	24.48	26.06	24.57	26.73
29.2	19.4	82330		30.47	22.03	23.29	25.83	26.07
29.2	19.4	82330		30.48	26.02	27.78	27.33	26.17
29.4	19.6	82330	平均	30.61	25.6			

在相同工况下，用 L 型皮托管和电子微压计测量风筒喉部动压，建立风机动压数据库。

入口全压	入口动压	出塔空气密度
141	0	0.9088
135	10	0.9088
121	40	0.9088
117	57	0.9088
85	61	0.9088
83	59	0.9088
88	56	0.9088
60	53	0.9088

（二）、引入逆流塔热力模型和空气动力学模型，对现有的冷却塔设备进行研究，建立冷却塔性能模型，选择采用 W 型高效折波填料、改性 PVC MWDP 型收水器等方式，解决冷却塔整塔阻力大，通风量小的问题，提高冷却塔的实际冷却能力。

1. 通过建立逆流塔热力模型，确定冷却塔的实际冷却量，并结合空气动力学模型，明确冷却塔整塔阻力大、通风量小和实际冷却能力差的原因。

采用 $\frac{K \cdot Ka \cdot V}{1000Q}=\int_{t_2}^{t_1}\frac{C_w \cdot dt}{h_t''-h_\theta}$ 公式，建立逆流塔热力数学模型：

采用 simpson 近似积分法对方程求解：将温差 $\Delta t=t_1-t_2$ 分成 n 等份，$n=20$，$dt=\Delta t/n$，与水温 t_2，t_2+dt，t_2+2dt，……，$t_2+(n-1)dt$，$t1$ 对应的焓差 h''_t-h_θ，分别为 Δh_0，Δh_1，Δh_2，……，$\Delta h_{(n-1)}$，Δh_n，则方程解为：

$$\Omega=\frac{C_w\Delta t}{3n}\left(\frac{1}{\Delta h_0}+\frac{4}{\Delta h_1}+\frac{2}{\Delta h_2}+\frac{4}{\Delta h_3}+\frac{2}{\Delta h_4}\cdots\cdots+\frac{2}{\Delta h_{n-2}}+\frac{4}{\Delta h_{n-1}}+\frac{1}{\Delta h_n}\right) \quad (1)$$

Ω——冷却塔的冷却数；

Δt——进、出塔水温，℃；

Δh——饱和空气与湿空气焓差，KJ/Kg

通过查找饱和空气焓值表和冷却塔运行数据库中的数据，对运行冷却塔的冷却数进行计算。经过计算得出现冷却塔的冷却数平均为 1.3361。

依据热力性能方程：$\Omega=1.725\lambda^{0.566}$，可计算出现冷却塔的汽水比 λ 为 0.6316；

通过空气动力计算确定冷却塔风机的进塔空气量，即应用皮托管实测喉部动压计算风机风量：

$$G_1=3600FK_0\sqrt{2h/\rho}$$

G_1——体积风量，m^3/h；

K_0——皮托管校验系数，$K_0=0.99$；

ρ——出塔空气密度，Kg/m^3；

h——风机喉部动压，Pa；

F——风机喉部截面积，m^2

根据风机风量计算公式可算出，风量 $124.280\times10^4 m^3/h$，仅为设计风量 $360\times10^4 m^3/h$ 的三分之一。依据风机计算公式可看出，风机喉部截面积的大小对风机风量有较大影响。而风机原检修平台为通铺花纹钢板，使得风筒喉段通风面积减小约 10%（风筒喉段通风面积 $80m^2$，平台面积 $8.6m^2$）。

根据计算出的工作气水比和进塔空气量可计算出冷却塔的实际冷却能力（在实际条件下将水温从 t1 冷却至 t2 的实际运行水量）

$$单塔冷却水量\ Q=\frac{G_1\rho_{1DA}}{1000\lambda_c}$$

G_1——体积风量，m^3/h

λ_c——由热力计算确定的气水比

ρ_{1DA}——设计工况下的进塔干空气密度，$1.265Kg/m^3$

根据以上冷却塔风机及热力方程计算可知，冷却水塔的实际冷却水量为 $2446m^3/h$，仅为实际设计冷却能力的 48.92%。结合现场风机实际工况运行，得出风机冷却效果差的几点重要原因：

① 冷却塔整体阻力大，其中填料和收水器阻力占整塔阻力的 50%以上。

② 冷却塔布水不均，淋水密度过大，是造成冷却塔水量处理能力不足的主要原因。

③ 风机喉管净面积因检修平台减小，是造成风机风量减小。

2 凉水塔工艺优化

通过对形成整塔阻力的11个阻力进行了计算、分析，发现其中填料阻力和收水器阻力占整体阻力的50%以上。此外，在实际运行中，发现风机检修平台影响了风筒喉段得净通风面积，也是造成冷却塔实际运行风量小的重要因素。对此我们采用改善填料、收水器和风机检修平台的技术改造来提升冷却塔的工作能力。

① 经计算整塔阻力平均为72.4Pa，通过实际测量计算得到，填料阻力为22.4Pa，收水器阻力为16.7Pa，从中可看出填料和收水器的好坏是冷却塔风量大小影响的重要因素。

② 通过计算原填料的阻力为22.4Pa，为减小填料阻力技术人员通过计算选型和对市面新型小阻力系数、高强度折波填料进行选用，最终选用W型高效折波填料，其填料阻力为18.9Pa，仅为原冷却塔填料阻力的84%。

对新旧填料波纹对比发现，填料高度均为50cm，原填料波纹为"S"型，新填料波纹为"W"型，现场测量原填料波长为54cm，新填料波长为60cm，新填料可以更有效地延长水流经过填料时的滞留时间，从而延长了循环水在下流过程与空气的接触时间，使得冷却更充分。

3. 技术人员使用材料阻力计算，确定冷却塔所需收水器的阻力。经过计算，技术人员发现若将原收水器的阻力系数降低50%，可使收水器阻力降低50%。为此，根据冷却塔设计淋水密度、收水效率和阻力系数对国内外多种形式收水器进行比较选用改性PVC MWDP型收水器，其阻力系数为1.5，仅为原收水器阻力的50%。

4. 通过现场观察测量，核对冷却塔的淋水密度，得出冷却塔淋水密度为16.62$m^3/m^2\cdot h$，未能达到设计值(15.02$m^3/m^2\cdot h$)。现场补水不均，是致使淋水密度过大的重要原因。经过分析喷头中心受力不均匀，喷水存在死角。采用水压平差设计方法，对现有冷却塔采用的各类配水技术对比筛选，最终决定选用新型分段变径管段配水方式和蜗壳式喷头。

图1 原喷头喷洒效果图

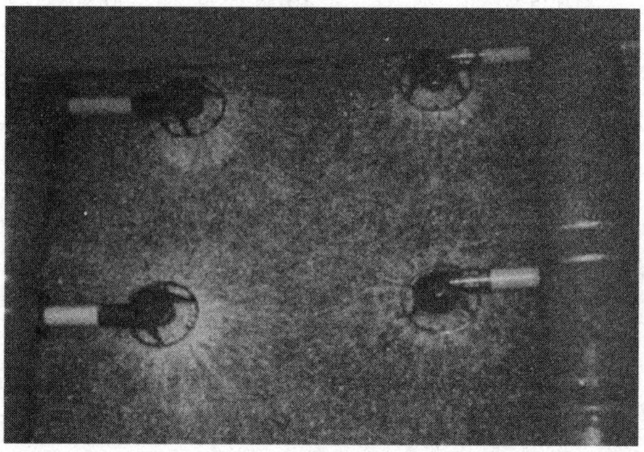

图2 新喷头喷洒效果图

5. 应用皮托管实测喉部动压实测法，确定冷却塔风机的进塔空气量。二循冷却塔风机风量为124.280 * $10^4m^3/h$，仅为设计风量的(360 * $10^4m^3/h$)1/3。技术人员判断风机检修平台采用全密封钢制平台，造成风筒喉段通风面积减小约10%(风筒喉段通风面积80m^2，平台面积8.6m^2)。改造后，冷却塔风机进塔空气量提高5%。

3 改造前后冷却塔参数对比

改造前，温差4.9℃(二循循环水冷水温度超标140次)。改造后平均温差8.11℃，循环冷水温度全部控制在指标范围内；冷却塔冷却数由1.4025增加至2.9705；容积散质系数由12902kg/(m^3/h)提高至24095kg/(m^3/h)；飘滴损失率由0.0054%，降至0.0002%塔上无雨感，提升了凉水塔冷却能力。

4 结论

通过对机械逆流通风冷却塔的工艺优化，既提高了冷却塔冷却能力，又达到了检修预期效果，为炼油生产装置长周期、经济运行提供了保证。降低了新鲜水及排污量，为社会节约了资源。

参考文献

[1] 王新；许玉玲；祁伟．循环水水质的控制与优化[J]．聚氯乙烯，2019 年 04 期．

[2] 郭浩．化工企业循环水处理存在问题与解决策略[J]．化工设计通讯，2018 年 01 期．

[3] 刘志平．化工企业循环水多功能净化节能减排效益浅析[J]．上海化工，2008，(02)．

炼厂冷凝水站的节能优化

张凯辉

(中国石油兰州石化公司)

摘　要　本文研究的是在146/1凝结水站工作过程中，接入大气式冷凝器来解决经过汽水分离器分离出的二次汽以及凝结水收集罐产生的二次闪蒸汽造成的资源浪费和环保问题，另外冷凝器的减温水可以使用位于146/1凝结水站西侧2#热水伴热换热站的热媒水，以用作补水提温。在解决现有问题的同时，创造经济效益。

关键词　冷热源优化　大气式冷凝器　设计计算

1　选题背景

146/1凝结水站主要工艺流程如图1所示，其主要回收14#路以东炼化装置产生的凝结水，炼化装置外排凝结水压力0.20~0.30MPa，温度120~130℃，凝结水实际为汽水混合物，该凝结水至146/1凝结水站后进行汽水分离，存在的问题首先是装置汽水分离效果不好，造成乏汽管网带水，乏汽管网缺乏有效排凝措施，给乏汽管网安全运行带来隐患，造成乏汽系统水击严重。其次厂区乏汽压力常低于0.3MPa且压力不稳定，不能满足部分装置的工艺要求，分离出的二次汽无用户使用，同时在夏季由于无法平衡乏汽，剩余乏汽排凝不但造成了资源浪费，也成为了环保的一个关注点，另外分离后的凝结水进入凝结水收集罐进行二次闪蒸，二次闪蒸汽对空排放，造成装置现场大量冒“白烟”，形成“白色”热量污染以及能源浪费等问题。

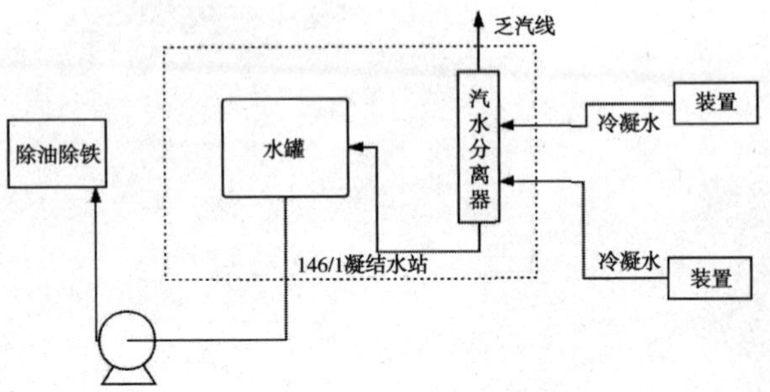

图1　146/1凝结水站主要工艺流程简图

凝结水泵房也存在的诸多客观现状：现有汽水分离器液位自动控制阀失效，无法修复；凝结水泵房收集罐液位自动控制系统使用已超过40余年，现无法使用；所有凝结水泵房均为地下泵房，且为无人值守，每4小时巡检一次，易发生机泵抽空、大罐冒罐等事故事件；各采暖站为90年代所建，主要依托于各凝结水泵房产生的二次汽对采暖水进行加温，由于建设时期没有配套自动控制系统，导致采暖补水罐出现冒罐或机泵抽空等现象。

2　选题意义及具体方案

为了解决146/1凝结水站存在的以上问题，对凝结水及乏汽系统进行完善改造，统一回收后利用设计的大气式冷凝器换热回收热能，在解决上述问题的同时，可创造经济效益。

凝结水首先通过汽水分离器进行分离，分离出的二次汽与凝结水收集罐产生的二次闪蒸汽汇合，汇合后接入乏气系统用于大气式冷凝器换热，以做到冷凝水热源的优化；另外冷凝器的减温水可以使用位于146/1凝结水站西侧2#热水伴热换热站的热媒水，以用作补水提温：该装置每年10月中旬开工至次年3月停工，因为开工运行期间使用大量低压蒸汽对热媒水进行辅助加温，故可以将146/1凝结水站富裕热量用于2#热水伴热换热站热媒水加温，可减少凝结水闪蒸等损失，实现热能高效利用，其次可多回收凝结水站凝结水，实现水资源的高效利用。2#站热媒水系统流程如图2所示。

大气式冷凝器采用管壳式换热器，对其设计计算首先根据乏汽系统输出蒸汽的流量、温度、压强等数据，然后根据输出冷凝水与热媒水升温等条件，对大气式冷凝器进行热平衡计算与设计计算。

工艺流程简图如图3所示。

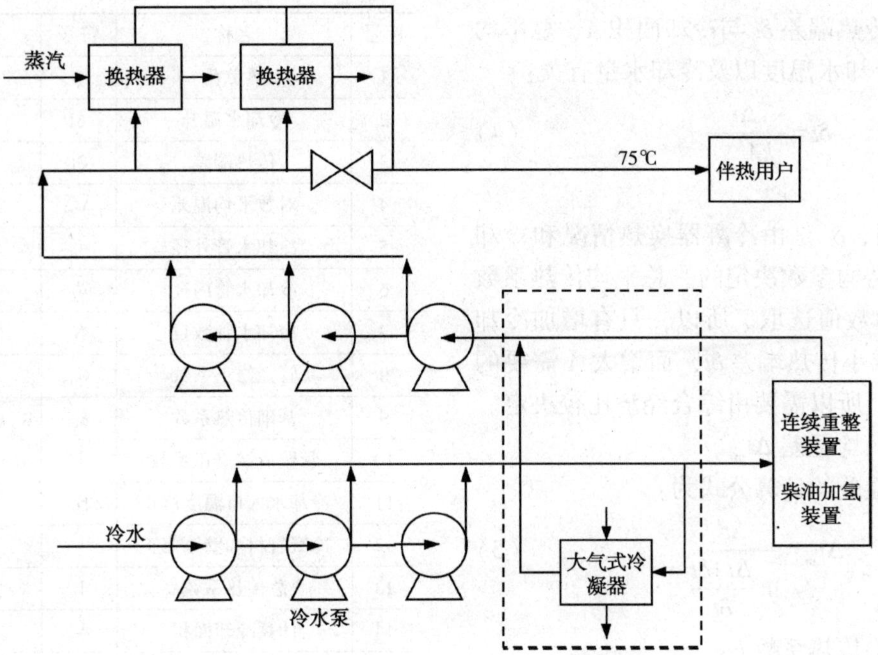

图 2 2#站热媒水系统流程简图

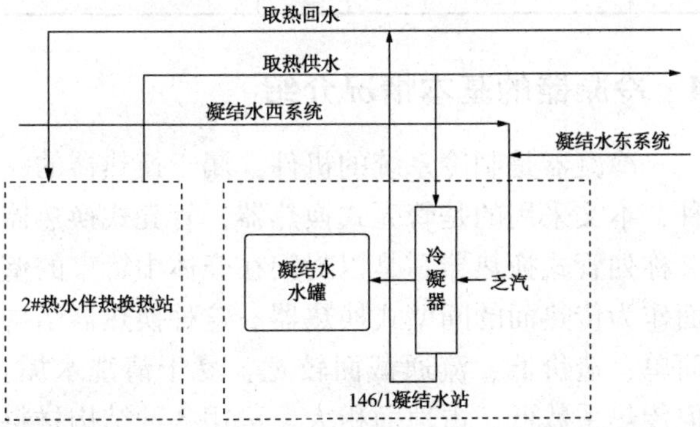

图 3 工艺流程简图

具体方案如下：

(1)拆除146/1凝结水站东侧冷却箱，在此处增加大气式冷凝器；

(2)将146/1凝结水站二次汽与凝结水收集罐产生的二次闪蒸汽汇合后的乏气作为冷凝器热侧入口；

(3)将冷凝器热侧出口凝结水引至现凝结水收集罐内；

(4)自2#热水伴热换热站取热供水线(146/1凝结水站北侧管架)引一条管线作为新增冷凝器冷侧入口；

(5)将冷凝器冷侧出口热媒水接入取热回水系统管线(146/1凝结水站北侧管架)。

3 大气式冷凝器的热平衡计算

大气式冷凝器工作的主要过程是蒸汽在冷凝器壳侧的冷凝放热过程。要对其进行设计计算首先应对其进行热力计算，求出其热负荷，再对其进行进一步的计算。主要理论与公式如下：

(1) 热平衡方程式

不考虑散发到周围环境之中的热损失的话，那么冷流体的吸热量就等于热流体的放热量，则冷凝器的热平衡方程为：

$$Q=m_1(h'_1-h''_1)=m_2(h''_2-h'_2) \quad (1)$$

式中 Q——热负荷，kW；

m_1，m_2——分别为热流体与冷流体的质量流量，kg/s；

h_1，h_2——分别为热流体与冷流体的焓，kJ/kg。

(2) 冷却水温升 Δt

冷凝器的热平衡方程(1)可以改写为：

$$Q=m_1(h'_1-h''_1)=m_2(h''_2-h'_2)=m_2c_{pw}\Delta t$$
$$=4.1868m_2(t''_2-t'_2) \quad (2)$$

式中 Δt——冷却水温升，℃；

t'_2，t''_2——分别为冷却水进出口温度，℃。

由式(2)可得：

$$\Delta t=\frac{h'_1-h''_1}{4.1868m_2/m_1}=\frac{h'_1-h''_1}{4.1868m} \quad (3)$$

式中 m——冷凝器的冷却倍率，它表明冷却水量是被冷凝蒸汽量的 m 倍。设计时应通过综合技术经济性比较后确定，一般在50~120之间。

(3) 传热端差 δt

冷凝器的传热端差 δt 与冷却面积 A、总平均传热系数 k、冷却水温度以及冷却水量有关：

$$\delta t=\frac{\Delta t}{e^{\frac{kA}{c_{pw}m_2}}-1} \quad (4)$$

式(4)表明，δt 是由冷凝器换热情况和冷却水运行参数与结构参数决定的。总平均传热系数 k 只能按照经验数值选取。所以，只有增加冷却面积 A，才能减小传热端差 δt，而增大 A 需要的成本也会增加，所以需要由综合经济比较决定。

(4) 对数平均温差 Δt_m

对数平均温差的计算公式为：

$$\Delta t_m=\frac{\Delta t}{\ln\frac{\Delta t+\delta t}{\delta t}} \quad (5)$$

(5) 总平均传热系数 k

工程上冷凝器的总平均传热系数计算公式为：

$$k=k_0\beta_3\beta_t\beta_m \quad (6)$$

式中　k_0——平均传热系数，假定其正比于冷却水流速的平方根，即 $k_0=C_d\sqrt{\omega_2}$(ω_2 是冷却水流速，m/s，C_d 是系数)；

β_3、β_t、β_m——分别为管子内壁清洁情况修正系数、冷却水入口温度修正系数及管材和壁厚修正系数，都可根据图表查取。

(6) 传热面积 A_c

根据冷凝器的热负荷 Q、对数平均温差 Δt_m 和总平均传热系数 k，可按下式求得传热面积 A_c：

$$A_c=Q/(\Delta t_m\cdot k) \quad (7)$$

工程中，根据冷却面积需要，一般留有10%左右的堵管余量，最终采用的冷却面积可取 $1.10A_c$。

根据冷凝器的蒸汽和冷却水流量，参照工程基础框架尺寸对冷凝管数和管长进行选择，根据相关热力计算结果，参照工程设计经验进行冷凝器的冷凝管束的排列布置和总体外形尺寸设计，根据设计结果和实际条件反复多次的计算对管束结构和外形尺寸进行调整，逐步得到较为精确的计算结果。表1是本实验中冷凝器的最终计算结果。

表1　冷凝器的热平衡计算结果

序号	名称	符号	单位	结果
1	热负荷	Q	KW	1013
2	冷却水温升	Δt	℃	10.01
3	传热端差	δt	℃	53.1
4	对数平均温差	Δt_m	℃	57.9
5	冷却水管外径	d_0	mm	16
6	冷却水管内径	d_i	mm	13
7	冷却水管数目	N	根	220
8	管径修正系数	C_d	—	2747
9	基础传热系数	k_o	W/(m² · K)	2503.52
10	管壁清洁修正系数	β_3	—	0.85
11	冷却水入口温度修正	β_t	—	1.3
12	冷凝管材和壁厚修正		—	0.47
13	总传热系数	k	W/(m² · K)	1300.2
14	计算冷却面积	A_c	m²	20.06
15	冷却水管有效长度	L	m	1.976
16	采用冷却面积	A_K	m²	22.07
17	冷却面积堵管余量	B	—	1.09

4　冷凝器的基本情况介绍

冷凝器是制冷系统的机件，属于换热器的一种，本文采用的是管壳式换热器，管壳式换热器又称列管式换热器，是以封闭在壳体中管束的壁面作为传热面的间壁式换热器。这种换热器结构简单、造价低、流通截面较宽、易于清洗水垢；但传热系数低、占地面积大。可用各种结构材料(主要是金属材料)制造，能在高温、高压下使用，是应用最广的类型。

管壳式换热器由壳体、传热管束、管板、折流板(挡板)和管箱等部件组成。壳体多为圆筒形，内部装有管束，管束两端固定在管板上。进行换热的冷热两种流体，一种在管内流动，称为管程流体；另一种在管外流动，称为壳程流体。为提高管外流体的传热分系数，通常在壳体内安装若干挡板。挡板可提高壳程流体速度，迫使流体按规定路程多次横向通过管束，增强流体湍流程度。换热管在管板上可按等边三角形或正方形排列。等边三角形排列较紧凑，管外流体湍动程度高，传热分系数大；正方形排列则管外清洗方便，适用于易结垢的流体。管壳式换热器由于管内外流体的温度不同，因之换热器的壳体与管束的温度也不同。如果两温度相差很大，换热器内将产生很大热应力，导致管子弯曲、断裂，或从管板上拉脱。因此，当管束与壳体温度差超过50℃时，需采取适当补偿措施，以消除或减少热应力。

经过汽水分离器后的蒸汽（蒸汽压力0.25MPa、蒸汽温度107℃，流入冷凝器壳程，自上向下流动，在管束外逐步凝结成60℃的过冷水进入冷凝器下部的热井，由凝结水泵输送至凝结水收集罐；冷却水由循环水泵加压后通过冷凝器内的管束，与壳侧的蒸汽进行热交换。

5　大气式冷凝器的结构设计

大气式冷凝器多为卧式管壳式换热器，如图4所示，换热管水平布置，蒸汽在壳侧为两相流动，蒸汽从上方入口进入，进入壳体后蒸汽迅速向周围扩散，经整流孔板后蒸汽竖直向下冲刷管束，整体壳侧流动方式为错流，蒸汽在壳侧竖直冲刷水平管束并释放潜热变为液相，壳侧表现为复杂的两相流动与传热问题。管内冷却剂为冷却水的单相流动，冷却剂的作用是保持管束表面温度低于蒸汽的饱和温度，因此，大气式冷凝器的合理设计不仅要求满足工程中的换热需求，还要求其换热面富裕程度尽可能的合理，以减小金属耗材及冷凝器总重量，在此基础上，还应对结构进行优化，受体积限制，大气式冷凝器结构应尽量紧凑以减小其占据的空间，但冷凝器的压降应位于合理范围内以减小运行费用。

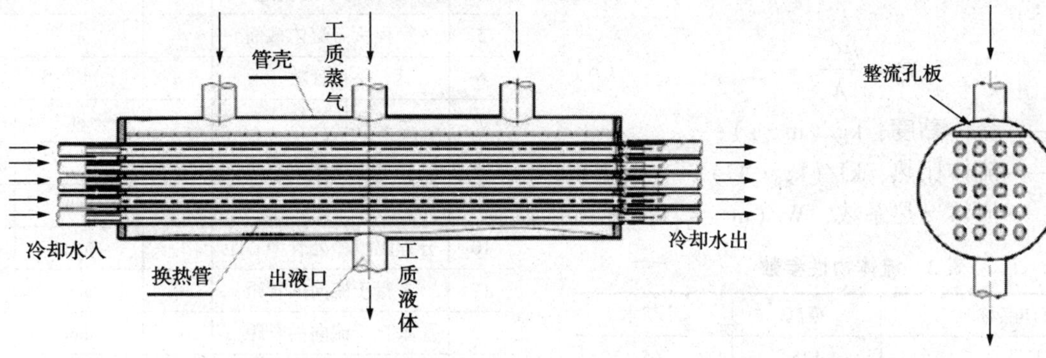

图4

在设计热交换器时，如果只作简单的估算，或盲目地加大传热面积的安全系数就会造成浪费。只有进行比较详细的计算，才能使投入运行的热交换器在安全性和经济性方面都得到可靠的保证。但在设计过程中，许多因素之间相互关联，设计过程错综复杂，因而设计程序应因设计任务和原始条件的不同而不同。

本文中大气式冷凝器的设计流程为：

（1）根据设计任务搜集相关资料，并选定换热器的型式等。其中需要的原始资料包括：流体的物理化学性质，流通的流量、压力、温度、热负荷，设备安装场所的限制，材料的限制，压降的限制等。

（2）确定定性温度，并查取物性数据。

（3）由热平衡计算热负荷及热流体或冷流体的流量。

（4）选择壳体和管子的材料。

（5）选定流动方式，确定流通的流动空间。

（6）求出平均温差。

（7）初选传热系数 K'，并初算传热面积 F'。

（8）设计换热器的结构，包括：①选取管径和管程流体流速；②确定每程管数、管长、总管数；③确定管子的排列方式。管间距。壳体内径和连接管直径等；④确定壳侧程数及纵向隔板数目、尺寸、间距等壳程结构尺寸。

（9）管程换热计算及阻力计算。当换热系数远大于初选传热系数且压降小雨允许压降时，才能进行下一步计算，否则要重选 K'，并调整结构。

（10）壳程换热计算。

（11）校核传热系数和传热面积。

（12）核算壁温。

（13）计算壳程阻力，使其小于允许压降，若压降不合要求要调整流速或结构尺寸。

（14）核算管、壳热应力和管子接口处的拉脱力，考虑热补偿措施并对振动进行校核计算。

（15）对热交换区的零部件进行强度计算。

（16）绘制正式图纸，编写材料表等。

以上步骤中的一些可以视具体情况而进行适当调整。

表 2　大气式冷凝器主要性能指标

流体分配	壳程	管程
流体名称	蒸汽	冷却水
流量/(t/h)	40	1200
温度(入口/出口)/℃	125/83	65/90
入口压力/MPa	常压	0.5
压降/kPa	1.39	2.8
热功率/kW	1013	

由已知条件，选用单管程的管壳式换热器，水蒸气在壳程流动，冷却水在管程流动(表 2)。流体的物性参数如表 3 所示。其中普兰德数的计算公式为：

$$Pr=\frac{\mu c_p}{\lambda} \tag{8}$$

式中　μ——流体黏度，kg/(m·s)；

c_p——流体比热，kJ/(kg·℃)；

λ——流体导热系数，W/(m·℃)。

表 3　流体物性参数

流体名称	蒸汽	冷却水
定性温度/℃	125	65
比热/(kJ/(kg·℃))	4.197	4.178
密度/(kg/m³)	1.296	0.994
黏度(kg/(m·s)	0.3465	0.7523
导热系数(W/(m·℃))	0.675	0.619
普兰德数	2.1	4.8

下一步初选传热系数 K'，令 $K'=300$W/(m·℃)，然后估算传热面积，其公式为：

$$F'=\frac{Q}{K'\Delta t_m} \tag{9}$$

式中　F'——估算的传热面积，m²；

Q——传热量，kW；

Δt_m——对数平均温差。

然后选取管子材料与规格以及管程内水的流速，并计算管程所需流通截面积：

$$A_t=\frac{M_2}{\rho_2\omega_2} \tag{10}$$

式中　A_t——管程所需流体截面积，m²；

M_2——冷却水量，kg/s；

ω_2——冷却水的流速，m/s。

接下来计算管子数目：

$$n=\frac{4A_t}{\pi d_i^2} \tag{11}$$

每根管子的长度：

$$l=\frac{F'}{nZ_t\pi d_0} \tag{12}$$

式中　Z_t——管程数。

最后计算管束外缘直径与壳体内径，计算结果如表 4。

表 4　传热面结构估算数据表

序号	项目	符号	单位	数值
1	初选传热系数	K'	W/(m·℃)	300
2	估算传热面积	F'	m²	20.06
3	管子材料及规格		mm	φ16×1.5
4	管程内水的流速	ω_2	m/s	1
5	管程所需流体截面	A_t	m²	0.024
6	每程管数	n		220
7	每根管长	l	m	2
8	管子排列方式			正三角形
9	管中心距	s	mm	22
10	分程隔板槽处管中心距	l_E	mm	35
11	平行于流向的管距	s_p	mm	19.1
12	垂直于流向的管距	s_n	mm	11
13	拉杆直径		mm	12
14	六边形层数	a		8
15	传热面积	F''	m²	22.11
16	管数外缘直径	D_L	m	0.421
17	壳体内径	D_s	m	0.5
18	长径比			4

设计冷凝器结构时可先进行管程的设计，因为管程结构较简单，因此先计算管程接管直径，其公式为：

$$D_2=1.13\sqrt{\frac{M_2}{\rho_2\omega_2}} \tag{13}$$

然后进行壳程结构计算，选择折流板形式，计算折流板缺口高度：

$$h=0.25D_s \tag{14}$$

选取折流板间距，计算折流板缺口面积：

$$A_{wg}=\frac{D_s^2}{4}\left[\frac{1}{2}\theta-\left(1-\frac{2h}{D_s}\right)\sin\frac{\theta}{2}\right] \tag{15}$$

式中　A_{wg}——折流板缺口面积，m²；

θ——折流板圆心角，度。

计算错六区内管数占总管数的百分数：

$$F_c=\frac{1}{\pi}\left\{\pi+2\left(\frac{D_s-2h}{D_L}\right)\sin\left[\arccos\left(\frac{D_s-2h}{D_L}\right)\right]-2\arccos\left(\frac{D_s-2h}{D_L}\right)\right\}\quad(16)$$

缺口处管子所占面积：

$$A_{wt}=\frac{\pi d_0^2}{8}n_t(1-F_c)\quad(17)$$

流体在缺口处的流通面积：

$$A_b=A_{wg}-A_{wt}\quad(18)$$

流体在两折流板之间的错流流通截面积：

$$A_c=l_s\left[D_s-D_L+\frac{D_L-d_0}{s}(s-d_0)\right]\quad(19)$$

壳程流体截面积：

$$A_s=\sqrt{A_b\cdot A_c}\quad(20)$$

错流面积中旁流面积所占分数：

$$F_{bp}=\left[D_s-D_1+\frac{1}{2}N_E l_E\right]l_s/A_c\quad(21)$$

一块折流板上管子和管孔间的泄露面积：

$$A_{tb}=\pi d_0(d_H-d_0)\frac{1}{2}(1+F_c)n_t\quad(22)$$

折流板外缘与壳体内壁之间的泄露面积：

$$A_{sb}=\frac{D_s(D_s-D_b)}{2}\left[\pi-\arccos\left(1-\frac{2h}{D_s}\right)\right]\quad(23)$$

冷凝器结构计算计算结果如表 5 所示。

表 5　冷凝器结构计算结果

序号	项目	符号	单位	数值
1	管程接管直径	D_2	mm	ϕ180×5
2	折流板缺口高度	h	m	0.125
3	折流板间距	l_s	m	0.10
4	折流板数目	N_b	块	19
5	折流板上管孔数		个	188
6	折流板上管孔直径	d_H	m	0.0164
7	折流板缺口面积	A_{wg}	m^2	0.038
8	错流区内管数占总管数的百分数	F_c		0.67
9	缺口处管子所占面积	A_{wt}	m^2	0.012
10	流体在缺口处的流通面积	A_b	m^2	0.026
11	流体在两折流板之间的错流流通截面积	A_c	m^2	0.031
12	壳程流通截面积	A_s	m^2	0.027
13	壳程接管直径	D_1	mm	ϕ200×6
14	错流区管排数	N_c	排	9
15	每一缺口内的有效错流管排数	N_{cw}	排	3.7
16	旁流通道数	N_E		1
17	旁通挡板数	N_{ss}	对	3
18	错流面积中旁流面积所占分数	F_{bp}		0.401
19	一块折流板上管子和管孔间的泄漏面积	A_{tb}	m^2	0.0035
20	折流板外缘与壳体内壁之间的泄漏面积	A_{sb}	m^2	0.0024

6　换热系数的相关计算和换热系数的校核

先进行管程的换热系数计算，要进行换热系数计算应先求出流体的雷诺数，其雷诺数公式为：

$$Re_2=\frac{\omega_2\rho_2 d_i}{\mu_2}\quad(24)$$

然后可以求得管程换热系数为：

$$\alpha_2=\frac{\lambda_2}{d_i}\times0.023Re_2^{0.8}Pr_2^{0.4}\quad(25)$$

再对壳程进行计算，同样先求出壳程流体的雷诺数：

$$Re_1=\frac{M_1 d_0}{\mu_1 A_c}\quad(26)$$

壳侧换热系数计算公式为：

$$\alpha_1=j_0G_sc_{p1}Pr_1^{-2/3}(\mu_1/\mu_{w1})^{0.14}\quad(27)$$

式中　j_0——壳程传热因子，$j_0=j_Hj_cj_lj_b$；

G_s——壳程质量流速，kg/(m^2·s)；

μ_{w1}——壁温下冷却水黏度，kg/(m·s)。

总传热系数为：

$$\frac{1}{K_i}=\frac{1}{\frac{1}{\alpha_1}+r_1+r_2\frac{d_0}{d_i}+\frac{d_0}{\alpha_2 d_i}}\quad(28)$$

式中　r_1——管内壁的污垢热阻，m^2·℃/W；

r_2——管外壁的污垢热阻，m^2·℃/W。

由 K_i/K 校核可知，所求换热系数符合要求。

热交换器内流动阻力引起的压降，是衡量运

行经济效果的一个重要指标。如果压降大，则消耗的功率就多，就需要配备功率较大的动力设备来补偿因为压力降低所消耗的能量。

由流体力学可知，产生流动阻力的原因与影响因素有：流体具有黏性，流动时存在着内摩擦，是产生流动阻力的根源；固定的管壁或其他形状的固体壁画，促使流动的流体内部发生相对运动，为流动阻力的产生提供了条件。

热交换器中的流动阻力可分为两部分，即流体与壁面间的摩擦阻力和流体在流动过程中由于方向改变或速度改变所产生的的局部阻力。

管壳式换热器的管程阻力和壳程阻力必须分别计算。

管壳式换热器的管程阻力包括沿程阻力、回弯阻力和进出口连接管阻力三部分，其中沿程阻力计算公式为：

$$\Delta p_i = 4f_i \frac{L}{d_i}\frac{\rho\omega_t^2}{2}\phi_i \tag{29}$$

式中　f_i——范宁摩擦系数，也可称为摩擦因子；

ϕ_i——管内流体黏度校正因子。

回弯阻力用下式计算：

$$\Delta p_r = 4\frac{\rho\omega_n^2}{2}Z_t \tag{30}$$

式中　Z_t——管程数。

进、出口连接管阻力的计算可用下式：

$$\Delta p_N = 1.5\frac{\rho\omega_n^2}{2} \tag{31}$$

管程总阻力为：

$$\Delta p_t = \Delta p_i + \Delta p_r + \Delta p_N \tag{32}$$

对于相同的雷诺说来说，壳程摩擦系数大于管程摩擦系数，因为流过管束的流动有加速、方向变化等。但壳程的压降不一定大，因为压降与流速、水力直径、折流板数、流体密度等有关，因此，在同样的雷诺数时，壳程压降有可能比管程低。

对于装有弓形折流板的壳程阻力，先应计算每一理想错流段的阻力：

$$\Delta p_{bk} = 4f_k \frac{M_s^2 N_c}{2A_c^2\rho}(\mu/\mu_w)^{-0.14} \tag{33}$$

式中　M_s——壳程流体质量流量，kg/s。

然后计算每一理想缺口阻力：

$$\Delta p_{wk}\frac{M_s^2}{2A_bA_c\rho}(2+0.6N_{cw}) \tag{34}$$

壳程总阻力为：

$$\Delta p_s = [(N_b-1)(\Delta p_{bk})R_b + N_b\Delta p_{wk}]$$
$$R_1 + 2(\Delta p_{bk})R_b\left(1+\frac{N_{cw}}{N_c}\right)R_s \tag{35}$$

式中　R_b——旁路校正系数；

R_1——折流板泄露校正系数；

R_s——折流板间距不等的校正系数。

管壳式换热器允许的压降如表 6 所示。

表 6　管壳式热交换器允许的压降范围

热交换器的操作压力/Pa	允许的压降/Pa
$p<10^5$(绝对压力)	$\Delta p=0.1p$
$p=0\sim10^5$(表压)	$\Delta p=0.5p$
$p>10^5$(表压)	$\Delta p<5\times10^4$

计算得出的管程压降 $\Delta p_t=11528$Pa，壳程压降 $\Delta p_s=9694$Pa，根据上表可以看出，本文所求的管程压降与壳程压降均符合要求。

7　结论

本文以 146/1 凝结水站为研究对象，设计了一套对应的大气式冷凝器来解决经过汽水分离器分离出的二次汽以及凝结水收集罐产生的二次闪蒸汽造成的资源浪费和环保问题，另外冷凝器的减温水可以使用位于 146/1 凝结水站西侧 2#热水伴热换热站的热媒水，以用作补水提温。完成了大气式冷凝器的结构设计。该冷凝器为单管程卧式管壳式换热器，冷凝管数量为 220 根，管长 2m，换热面积为 22.11m²，采用正三角形排列。并对其进行了换热系数的计算与校核，以及壳程与管程压降的计算与校核，确认了所设计设备的合理性与可靠性。

本文所设计与计算的设备与系统还存在许多可以进一步修改与完善的地方，对实施方案和换热器选取还可以进行进一步研究：

(1) 由于未进行实验研究，本文所设计的设备具有一定的参考价值，但其可靠性与经济性有待进一步研究与考证。

(2) 由于供汽系统的复杂性，有许多参数并未纳入计算范围之内，可能对本文的计算结果产生一定影响，需要进行深入详细的计算，来消除这些因素的影响与干扰，从而得到更精确可靠的结果。

参 考 文 献

[1] 李路江，杨海生，唐广通．国产机组旁路系统存在的问题及优化改造[J]．电力建设，2010.

[2] 史美中，王中铮．换热器原理与设计[M]．南京：东南大学出版社，2009.

[3] 汪国山．电站凝汽器热力性能数值仿真及其应用[M]．北京：中国电力出版社，2010.

[4] 郑静，阎昌琪，王建军．冷凝器重量优化设计[J]．核动力工程，2011.

[5] 卢婉珍．超超临界燃煤机组旁路系统设计分析[D]．北京：华北电力大学硕士学位论文，2010.

大庆石化催化裂化装置主风机组节电降耗思路

崔雪涵

(中石油大庆石化分公司)

摘　要　为实现"碳达峰与碳中和"目标，石油化工行业面临着节能减排等重要课题。本文以大庆石化200万吨/年催化裂化装置主风机组为节电着眼点，提供了炼厂通过优化工艺操作以达到减排目的的示例。

关键词　碳达峰　节能减排　催化裂化　主风机组

1　引言

2020年9月，习近平总书记在联合国大会上宣布"二氧化碳排放力争在2030年前达峰，努力争取2060年实现碳中和"。这彰显了我国走绿色低碳发展道路的坚定决心，促使石油化工行业加速推进绿色化、低碳化、智能化、价值化工厂建设和高质量发展。为贯彻党中央和国务院的系列部署，中石油集团公司积极研究制定碳达峰、碳中和的行动方案，并于2021年3月29日新能源新材料事业发展领导小组第二次会议上明确提出，要力争2025年左右实现碳达峰，2050年左右实现近零排放目标。中石油大庆石化公司按照会议要求果断落实减排措施，将节能作为从源头控制碳排放、降低后续CO_2回收成本的首要举措，对各装置能耗进行排查分析，对高能耗装置提出能量系统优化、设备能效提升等分析建议。其中200万吨/年催化裂化装置通过不断优化操作，探索主风机-烟机机组节能增效的方法和途径，在保证装置安全运行的前提下，烟机能量回收效率显著提高，在装置处理量提高的前提下，机组电动机电流由原来日平均292A下降为199A，装置于2021年4月节电849411度。

2　技术思路和研究方法

2.1　200万吨/年催化裂化装置主风机组设备概况

大庆石化200万吨/年催化裂化装置主风机组由中石油华东设计院有限公司总体设计，主要由烟气轮机、轴流式主风机和电动机组成。烟气轮机为渤海装备兰州石油化工机械厂生产的YL-26000A，轴流式主风机为西安陕鼓动力股份有限公司生产的AV80-12，电动机为上海电气集团上海电机厂有限公司生产的YCH1120-4，机组基本参数见表1。

表1　催化主风机组基本参数

设备	参　数	
烟气轮机	流量/(Nm^3/min)	5450
	入口压力/MPa	0.355
	入口温度/℃	665
	出口压力/MPa	0.108
	出口温度/℃	484
	轴功率/kW	25500
	操作转速/(r/min)	4180
轴流式主风机	流量/(Nm^3/min)	5500
	入口压力/MPa	0.098
	入口温度/℃	4.4
	出口压力/MPa	0.45
	出口温度/℃	180
	操作转速/(r/min)	4180
	级数	12
电动机	额定功率/kW	22000
	额定电压/V	10000
	额定电流/A	1423
	额定转速/(r/min)	1487

主风机组作为催化装置的核心大型转动设备，主要有两个作用：(1)通过主风机做功，提供烧焦所需的氧气，并保证催化剂在再生器和烧焦罐内处于流化状态。(2)通过烟机回收烟气中的热能和压力并将其转化为动能，再通过转轴直接将能量传递给风机做功。机组正常运行期间，电动机和烟机为机组提供动力，风机由烟机和电动机共同带动运行。如何提高烟机回收烟气中能

量的效率，从而降低电机做功比例进而达到降低装置能耗的效果是一个重要问题。

2.2 机组节能调整思路

烟机能量回收能力高低主要取决于烟气入口流量、烟气入口温度、烟气入口压力、烟机热效率、烟气膨胀比等参数。当烟气入口流量、入口温度以及入口压力提高，会使得烟机功率增大，反之则会使烟机功率降低。装置的传统工艺操作控制思路为：通过烟气中的氧含量来判断机组的节能情况，烟气中氧含量越低则主风机的无用功越小，机组耗能减少。经查阅相关文献，发现这种想法并不全面。烟气中氧含量偏高代表再生器内主风过剩，主风机做了部分无用功，使得主风机的能耗上升，但这并不意味着电机需要输出更多的功来带动主风机运行。因为再生器内主风量偏高，将使得再生器输出的烟气量也随之上升，经三旋进入烟机的烟气量将会更多，促使烟机的输出功率得到提升，有效降低电机的负荷。

由此可见，烟气中氧含量的提高一方面会使主风机能耗增加，电机输出功率增加；另一方面再生器内将会有更多的烟气携带更多的能量进入烟机，提高烟机的输出功率，降低电机负荷。所以理论上必然存在一个能够使得主风机供风和能耗适宜、烟机输出功率最高且电机输出功率最小的主风机组最佳匹配点。因此，200 万吨/年催化装置以开大烟机入口蝶阀、降低电机电流值为控制目标，对主风流量进行调解，寻找主风机组运行的最佳匹配点，从而达到降低机组能耗的目标。

2.3 操作调整过程

如图 1(a)、(b)所示，200 万吨/年催化裂化装置 3 月日均处理量约为 5866.7t/d，4 月日均处理量约为 6107.7t/d，4 月日处理量有所上升。如操作不做调整，机组电机耗电量应相应上涨。

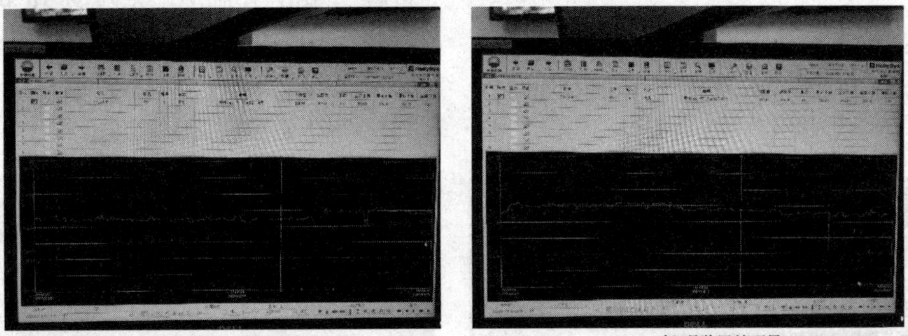

(a)2021年3月装置处理量　(b)2021年4月装置处理量

图 1

为寻找主风机组运行的最佳匹配点，实现机组节能目的，在保证工艺操作安全的前提下，对操作参数进行了部分调整。具体的操作方法为：将双动滑阀开度尽量维持在最小开度，使得烟气经过双动滑阀一路的跑损量尽可能小。缓慢提升主风量(图 2)的同时，因再生压力在操作过程中通常设定为一恒定值，双动滑阀将逐渐开大以保证再生器压力稳定。然后缓慢开大烟机蝶阀(图 3)，关小双动滑阀至最小开度。在调节的整个过程中，保证再生压力尽量平稳，无大幅波动。

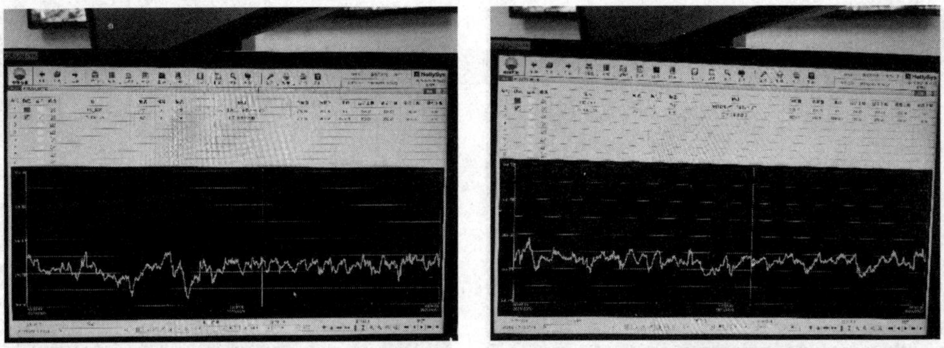

(a)2021年3月主风量　(b)2021年4月主风量

图 2

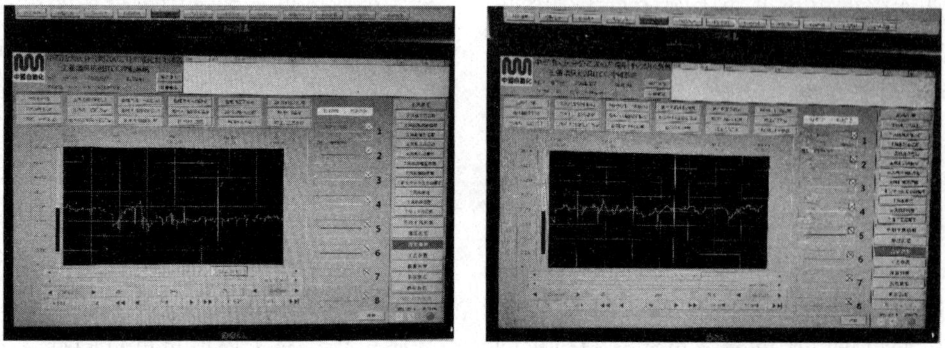

(a)2021年3月烟机入口蝶阀开度　(b)2021年4月烟机入口蝶阀开度

图 3

3 结果和效果

由图 2 可以看出，主风量由 $281Km^3/h$(3 月)提升至 $287Km^3/h$(4 月)，烟机入口蝶阀开度由 26.2%(3 月)逐渐开至 31.2%(4 月)，经上述操作变化后，电机电流由 292A 逐渐下降至 199A(图 4)，电机功率也由 4010kW 降至 1576kW(图 5)。

保持再生器压力恒定，在缓慢提高风量的过程中，主风机消耗功率增大，但随着烟机入口蝶阀不断开大，烟机做功逐渐增加，烟机做功能力上升的速度超过主风机消耗功率上升速度，因此电机功率逐渐减小，电流下降。即电机功率=主风机消耗功率+其他损失-烟机功率，因此，只有主风机功耗与烟机功率之间的差值最小时，电机输出功率方能最小，电机电流值达到最小。通过此次调整，200 万吨/年催化裂化装置耗电量由 7.35kgEO/t(2021 年 3 月)降至 6.21kgEO/t(2021 年 4 月)，节电效果显著。

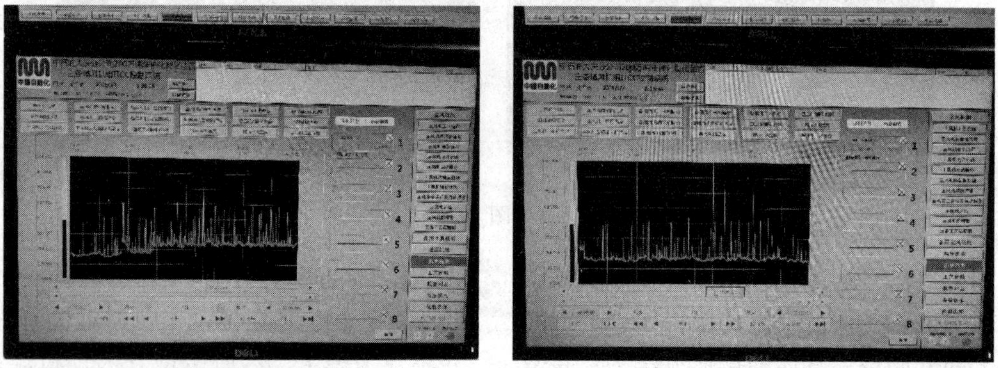

(a)2021年3月电机电流变化　(b)2021年4月电机电流变化

图 4

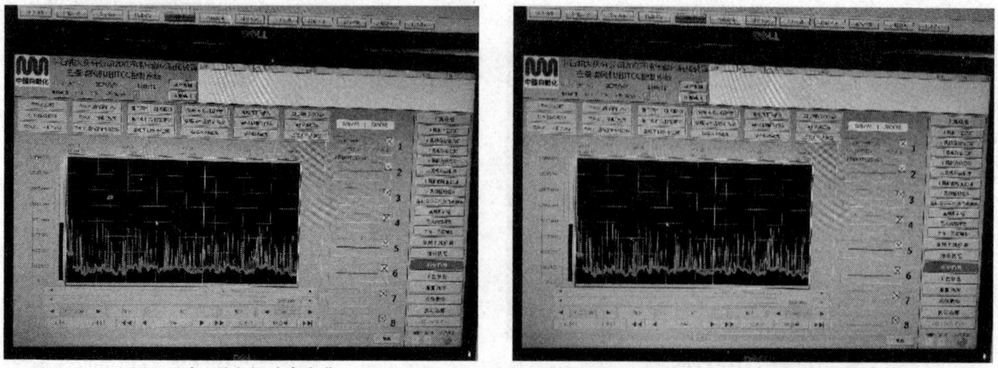

(a)2021年3月电机功率变化　(b)2021年4月电机功率变化

图 5

4 总结

石油化工企业温室气体的排放形式多样，既有直接的如燃料燃烧排放、火炬燃烧排放、工业生产过程中的逸散排放等，也有净购入电和热力的隐含排放。因各项减少碳排放应用如重油加工路线优化、回收乙烷乙烯、加热炉提效等项目需要前期统筹、施工等有序推进，需要大量时间与项目资金。因此在各专项项目未投用前，炼厂可先对工艺及操作进行优化，开展装置内部能耗优化，并可进行装置间协同优化，对公用工程系统配置方式和操作运行进行优化。

参 考 文 献

[1] 傅向升．石化“双碳”的解题思路[J]．中国石油石化，2021，6：30-31.

[2] 刘建新，路军平，萨丽塔娜特等．新的操作控制方法在催化装置烟机机组中的研究及应用[J]．新疆石油天然气，2007，3(4)：72-75.

[3] 刘建新，张华东，张玉勒等．新的操作控制方法在催化裂化装置烟气轮机中的应用[J]，炼油技术与工程，2008，38(5)：48-50.

[4] 王栋．碳达峰背景下我国石油化工企业参与碳排放权交易市场建设路径分析[J]．现代管理科学，2021，5：3-9.

焦炉单燃烧室自动加热系统的优化

王　鑫　王　云

(国家能源集团煤焦化有限责任公司)

摘　要　随着目前我国焦炉生产企业的热工自动化温度控制专业技术水平的快速发展和不断提高，对焦炉的实时热工温度控制也已经做出了一些比较自动化的控制尝试，采用了自动加热控制系统对立火道的温度实时自动测量，通过该仪器模型对其自动加热控制系统对焦炉温度进行了实时测量和自动控制，实现了对焦炉回炉煤气的控制，在一定大的程度上它可以有效减少因为人工控制参数的巨大差异而直接导致温差造成的温度控制值的波动，减少了对回炉煤气使用量，降低了焦炉的标准温度，减少了污染物的排放。目前焦炉的整体热工工艺控制仍然是还存在较大技术提升中的空间，如何才能更好地有效实现焦炉对单炭化燃烧室和焦炉煤气总阀的整体燃烧加热性能进行优化流程控制，进一步地有效实现目前焦炉的清洁节能和低碳减排，提升目前焦炉工业生产的热工技术流程自动化管理程度和质量管理水平，也仍然是目前焦炉生产热工工艺质量安全控制流程管理的一个深入实践研究发展方向。

关键词　焦炉单燃烧室　自动加热　优化　节能

本文以神华巴彦淖尔能源有限责任公司的 2 座焦炉的自动加热控制系统为研究对象，针对其现存问题进行优化。神华巴彦淖尔能源有限责任公司的 2 座焦炉前期采用了马鞍山市蓝天化工自动化科技有限公司的焦炉源头控硝与自动加热控制系统，两座焦炉也分别配置红外测温测点，但是由于测点数量太少，焦炉全自动测温控制系统没能到达精准调温的作用。未能达到减少四班测温次数和取代人工测温的目的，自动测温数据较人工测温数据偏差偶尔会有较大偏差，尤其是以前的自动测温只测量了焦炉一侧的立火道直行温度，且都是间隔测量。根据自动测温计算的温度指导加热煤气的调节还是会存在一些问题，焦炉在采用高温高压加热工艺生产过程中的工艺流程仍然主要采用粗放式，这样的焦炉生产工艺方法主要认为存在以下几个基本问题：

(1) 标准温度的确定完全由人工经验确定，并且往往偏高，导致能耗加大；

(2) 温度误差较大；立火道温度的测量采用传统的人工测温方法，测温精度低，误差大；调火工用红外温度计瞄准立火道底部，测量鼻梁砖表面温度，每 4 小时巡测一次。人工测量受测温点、受测温时间、测温地点、测温人员的熟练程度以及外部气候条件等因素的影响，测量误差很大。立火道底部温度不是均匀分布的，不同的人，选择不同的测量点，测量点的偏差对测量结果有很大的影响，测量点的偏移对温度的影响非常大；直行温度的测定时间是规定在换向后 5 分钟进行，往往会引起 4~6℃的测量误差；

(3) 加热控制手段落后，仍采用人工加减煤气流量的方法；

焦炉的加热过程是单个燃烧室间歇、全炉连续、受多种因素干扰的热工过程。焦炉的热惯性非常大，增减煤气流量后，温度要在 4~6h 以后才能反映出来，另外测温时间间隔大，温度调节不及时，炉温波动大。

1　单燃烧室控制

目前国内外的焦炉自动加热系统主要是控制煤气总管煤气流量，而不考虑单个燃烧室的温度变化或炭化室的结焦状态，即无论炭化室需要的热量的多少，燃烧室的加热煤气流量是相对固定的。结焦末期，炭化室几乎不需要热量，但燃烧室仍然有同样大的煤气在燃烧，导致结焦末期立火道温度急剧上升，浪费煤气。

在燃烧室煤气支管上设置气动调节阀，根据燃烧室立火道的温度和变化趋势、火落方向和持续时间，实时调节相应燃烧室内加热煤气流量。特别是在炭化室结焦末期，吸热很小，立火道的温度迅速增加，可以把煤气的流量减下来，以降低炭化室温度。单燃烧室压力控制系统框图如图 1 所示。

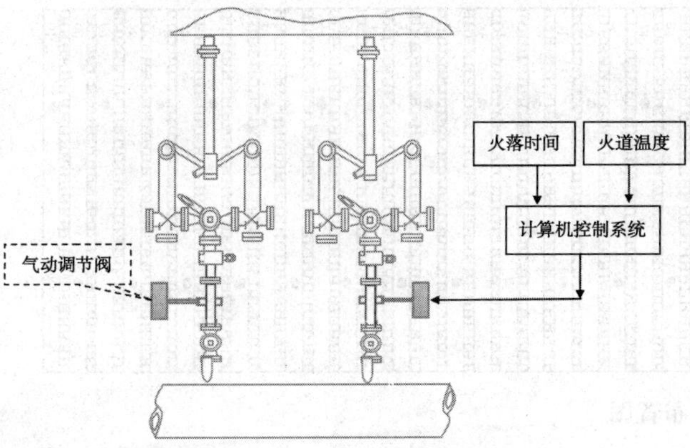

图 1　单燃烧室压力控制系统框图

2　理论依据

焦炉是炭化室和燃烧室交替配置的复杂炉窑，一个燃烧室与两个炭化室比邻，同样一个炭化室连接着相邻的两个燃烧室。煤气在燃烧室中与空气混合燃烧，热量通过炉墙传递给炭化室，煤在炭化室中吸收热量，高温干馏，最终形成焦炭。

焦炉每一个序列炭化煤气燃烧室都分别连接着两个焦炉中间相邻的两个序列炭化煤气燃烧室，同一特定区间时刻两个序的炭化煤气燃烧室会分别同时处于不同的焦炉结焦燃烧状态，炭化室在结焦周期内吸收的热量是不同的，在结焦初期，炭化室刚刚装进去大量的冷煤，需要蒸发大量的水气和挥发份，需要吸收大量的热量，而在结焦末期，煤基本变成焦炭了，挥发份非常少，吸收的热量也非常少。炭化室吸收的热量大，燃烧室火道温度就低，反之，炭化室吸收热量少，燃烧室的火道温度就高，因此燃烧室的火道温度取决于相邻的两个炭化室的结焦状态。

以 9-2 串序的焦炉模型为例，把相邻的两个炭化室结焦时间错开，但立火道温度波动仍然较大，在其中的一个炭化室处于推焦装煤前后，立火道温度最高，而装煤后的 4~6h 前后，立火道温度最低，一般温度的波动在 60℃，有时可达 100℃；炭化室处于不同的结焦时刻，吸收的热量是不同的，在结焦初期，需要蒸发大量的水分和挥发份，吸收大量热量，导致立火道温度下降，在结焦末期，焦炭基本成熟，吸收的热量很小，立火道温度迅速上升。

根据以上的模型分析，温度波动变化时的倾向预测可以直接通过一种简化仪表方法进行实现，如图 2 所示。

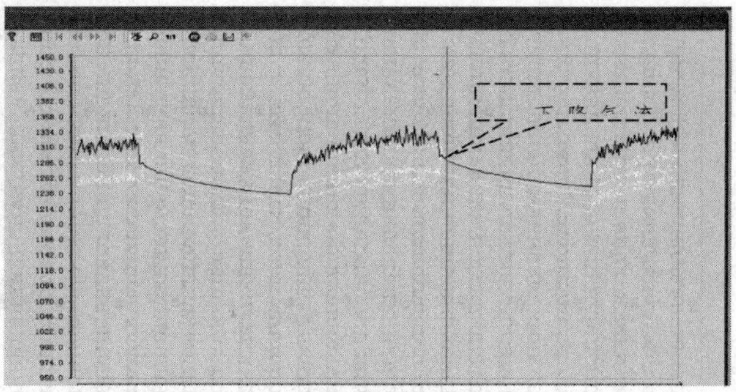

图 2　温度趋势图

3　优化方案

3.1　测温原理

具有一定温度的物体都在不停地向周围空间发出红外辐射能量，

物体的红外辐射能量的大小与它的表面温度有着十分密切的关系，因此，通过对物体自身辐射的红外能量的测量，便能准确地测定它的表面温度，这就是红外辐射测温所依据的客观基础。物体向周围空间辐射红外的强度分布为：

$$E(\lambda,\ T)=\varepsilon 2\pi hc^{2}\lambda^{-5}\left(e^{\frac{hc}{k\lambda T}}-1\right)^{-1} \qquad (1)$$

其中，C—光速、h—普朗克常数、k—玻尔滋曼常数、T—绝对温度、λ—光波波长、ε—黑度系数(发射率)。如图 3 所示为外辐射强度分布规律。

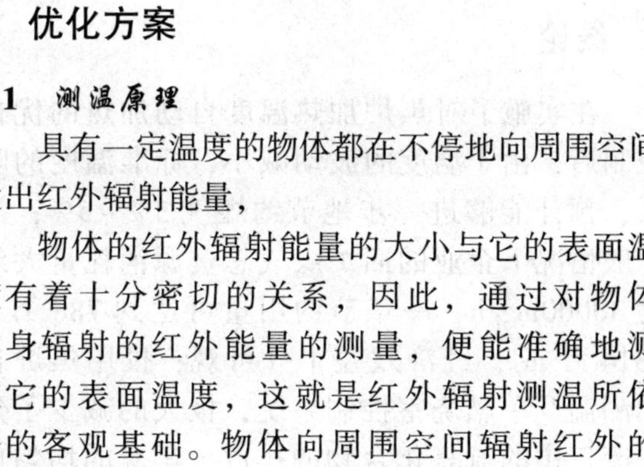

图 3

3.2　测量点与安装位置的选择

测量点选择：红外测温装置瞄准三角区的中心位置，与目前人工测量时间完全相同。由于红外测温装置是固定安装，测量点不受人为因素影响。测温点配置如图 4 所示，机焦侧全部安装，每座焦炉 61 个测点。

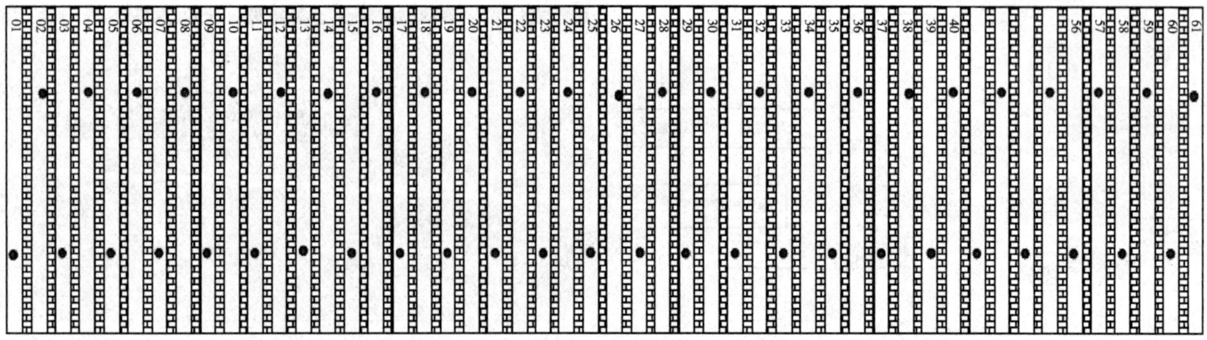

图4　测点布置图

4　结论

在实施了对焦炉加热温度自动加热的优化控制后，由于温度的波动减小，标准温度的降低，预计能够进一步地节约煤气3%~5%；按一般情况下企业的回炉煤气总资源消耗量大约为30000m^3/h，一年节约用量可达到788万~1314万m^3，经济效益十分可观；投用焦炉自动测温及单燃烧室控制系统，极大的减少了焦炉废气中的氮氧化合物的排放，焦炭的均匀成熟可以减少粉尘等大气污染物的排放；同时，解决了焦炉热工的操作一直还停留在人工操作中的技术瓶颈，使得焦炉热工的管理和控制水平会有一个质的突破和新高峰，为今后我国焦炉的生产走向现代化，智能化的发展打下了坚实的基础；由于焦炉的温度稳定性、标准温度下降、炉体的使用寿命和时间延长、劳动强度的下降和操作者数量的减少而带来的间接经济效益都是非常明显的。

参考文献

[1] 王学武，顾幸生．焦炉加热过程智能控制综述[J]．自动化仪表，2005，(2)：1-4.

[2] Yu Zhendong, Zhang Changqing. 7m High Top-charging Coke oven Technology and Equipment[C], Proceedings ´Abstracts of Asia Steel International Conference 2012 (Asia Steel 2012).

[3] 刘保成，陈凤昌，王洪博．改善炉头温度的双火道补充加热方案[J]．燃料与化工，2013，(5)：28-29.

[4] 马志，王进先．焦炉加热废气中CO含量的控制[[J]．燃料与化工，2014，(1)：11-13.

[5] 罗时政，刘成雷，许明．旅 焦炉碳化电压力自动调节技术的应用[J]．燃料与化工，2014，45(2)：33-35.